U0512092

中国古代法律文献研究

第 七 辑

中国政法大学法律古籍整理研究所　编

徐世虹　主　　编

赵　晶　执行编辑

社会科学文献出版社
SOCIAL SCIENCES ACADEMIC PRESS（CHINA）

目 录

《中国古代法律文献研究》第七辑
2013年，第1～15页

中国古代交通法规的"贱避贵"原则[*]

王子今[**]

摘　要：中国古代交通法规的制定和执行坚持"贱避贵"的原则。在律令体系的保障下，帝王贵族高官通常在路权使用方面据有绝对的优势地位。这种优势往往使得社会下层民众的交通权利受到侵害，实际上也使得社会的公权受到侵害。秦汉驰道制度确定了道路专有形式。帝王出行时，又有在一定时间内全面占有道路，强制性禁止平民通行的制度，即"趱"或"跸"。上层权力集团"行李自大""道路相高"的风习，也是危害社会的丑恶现象。唐宋以来，"贱避贵"著为令文，标示各地，成为明确的法规内容。还应当注意，在帝制时代，以"贱避贵"为原则的交通法规，通常由武装人员执行，是以暴力方式维护的。例如，负责"清道"的武士竟然可以随时随意决定"犯跸"者的生死。

关键词：交通法规　贱避贵　驰道　警跸　街卒

中国古代在专制体制得到强化的年代，社会权利的分享形式会发生畸变。拥有行政权的社会等级往往享有其他各种特权。以交通形式而言，帝王贵族高官通常在路权使用方面据有绝对的优势地位。这种优势往往使得社会下层民众的交通权利受到侵害，实际上也使得社会的公权受到侵害。这一情形得到律令体系全面而明确的肯定和保障，是法制史学者应当关注的事实。

---

　*　本文为中国人民大学科学研究基金（中央高校基本科研业务费专项资金资助）项目"中国古代交通史研究"（10XNL001）成果之一。
**　王子今，中国人民大学国学院教授。

一　驰道制度

秦帝国实现统一的第二年，即秦始皇二十七年（前220），有"治驰道"的重大行政举措。这一行政内容载入《史记》卷六《秦始皇本纪》，说明这一工程是由最高执政集团策划并主持施工的。驰道的修筑，可以说是秦汉交通建设事业中具有最突出时代特色的成就。通过秦始皇和秦二世的出巡路线，可知驰道当时已经结成了全国陆路交通网的基本要络。《史记》卷八七《李斯列传》记载，曾经作为秦中央政权主要决策者之一的左丞相李斯被赵高关押，在狱中向秦二世上书自陈，历数功绩有七项，其中第六项就是"治驰道，兴游观，以见主之得意"。可见这一交通建设工程是由丞相这样的高级官僚主持规划施工的，而秦的交通道路网的重要作用，是在炫耀皇帝的"得意"。刘邦见到过秦始皇出行，感叹道："嗟乎，大丈夫当如此也！"[①]　项羽目睹"游会稽，渡浙江"的秦始皇，说："彼可取而代也。"[②]　刘项看到秦始皇出巡车队时的观感，都真切体现出秦始皇出行时的"得意"。

《礼记·曲礼》中说到国君遇灾年时自为贬损诸事，包括"驰道不除"。或许"驰道"之称最初可早至先秦，然而当时尚未形成完备的道路制度。孔颖达解释说："驰道，正道，如今御路也。是君驰走车马之处，故曰驰道也。"《说文·马部》："驰，大驱也。"段玉裁注："驰亦驱也，较大而疾耳。"看来，驰道是区别于普通道路的高速道路。所谓"是君驰走车马之处"，体现"驰道"行走权的等级限定。

从史籍记载可知，秦汉驰道制度有不允许随意穿行的严格规定。史载汉成帝为太子时故事，"初居桂宫，上尝急召，太子出龙楼门，不敢绝驰道，西至直城门，得绝乃度，还入作室门。上迟之，问其故，以状对。上大说，乃著令，令太子得绝驰道云。"[③]　刘骜在元帝急召的情况下，以太子身份，仍"不敢绝驰道"，绕行至直城门，"得绝乃度"。此后元帝"著令"，特许太子可以"绝驰道"。所谓"乃著令，令太子得绝驰道云"，颜师古注："言'云'者，此举著令之文。"就是说，所谓"令太子得绝驰道"，正是令文内容。驰道不能随处横度，大约设置有专门的平交道口或者立交道口，以使行人"得绝"而度。史念海曾指出："畿辅之地，殆因车驾频出，故禁止吏人

---

① 《史记》卷八《高祖本纪》，中华书局，1959，第344页。
② 《史记》卷七《项羽本纪》，第296页。
③ 《汉书》卷一○《成帝纪》，中华书局，1962，第301页。

穿行。若其他各地则不闻有此,是吏民亦可行其上矣。"① 以驰道分布之广,推断关东地区不致有如此严格的禁令。确实"畿辅"以外的"其他各地"没有看到禁令如此严格的实例。

秦汉驰道制度的另一条严格规定,是非经特许,不得"行驰道中"。云梦龙岗秦简有涉及"驰道"的内容:

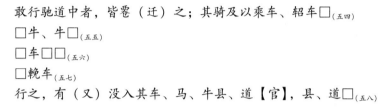

敢行驰道中者,皆罪(迁)之;其骑及以乘车、轺车□(五四)

□牛、牛□(五五)

□车□□(五六)

□辇车(五七)

行之,有(又)没入其车、马、牛县、道【官】,县、道□(五八)

整理者以为这几枚简可以缀合,释文为:"敢行驰道中者,皆罪(迁)之;其骑及以乘车、轺车(五四)牛、牛(五五)车、辇车(五七)行之,有(又)没入其车、马、牛县、道【官】,县、道□(五八)。"② 简文记录了禁行"驰道中"的制度。秦汉驰道是有分行线的高速道路,中央三丈为皇帝专有。

汉武帝时禁令似乎最为严格,《汉书》卷四五《江充传》记载,江充拜为直指绣衣使者,"出逢馆陶长公主行驰道中",于是拦截斥问,公主辩解说:"有太后诏"。③ 江充则强调,即使有太后诏准,也只有公主一人得行,随行车骑是不允许的。于是"尽劾没入官"。颜师古注引如淳曰:"《令乙》:骑乘车马行驰道中,已论者没入车马被具。"也说相关规定明确列入法令。据颜师古注,馆陶长公主是"武帝之姑,即陈皇后母也"。可知执法的严厉。江充又曾逢太子家使乘车马"行驰道中",也加以扣押。太子刘据请求从宽处理,被江充严辞拒绝。江充因此得到汉武帝欣赏,一时"大见信用,威震京师"。④ 汉武帝尊奉其乳母,"乳母所言,未尝不听",于是"有诏得令乳

① 史念海:《秦汉时代国内之交通路线》,《文史杂志》第 3 卷第 1、2 期,收入《河山集》第 4 集,陕西师范大学出版社,1991。
② 中国文物研究所、湖北省文物考古研究所:《龙岗秦简》,中华书局,2001,第 95 页。
③ 刘攽曰:"是时太后已崩,言太后诏者,素得此诏,许其行驰道中也。"(清)王先谦:《汉书补注》,上海师范大学古籍整理研究所整理,上海古籍出版社,2008,第 7 册,第 3576 页。
④ 《汉书》卷四五《江充传》:"后充从上甘泉,逢太子家使乘车马行驰道中,充以属吏。太子闻之,使人谢充曰:'非爱车马,诚不欲令上闻之,以教敕亡素者。唯江君宽之!'充不听,遂白奏。上曰:'人臣当如是矣。'大见信用,威震京师。"(第 2178 页)

母乘车行驰道中"。① 未有诏令而"行驰道中",应依法受到严厉的处罚。

《汉书》卷七二《鲍宣传》记述了汉哀帝时任长安附近地区行政治安总管的司隶校尉鲍宣直接维护驰道行车制度的故事:"丞相孔光四时行园陵,官属以令行驰道中,宣出逢之,使吏钩止丞相掾史,没入其车马,摧辱宰相。"颜师古注引如淳的说法:"《令》:诸使有制得行驰道中者,行旁道,无得行中央三丈也。"也说明正式颁布的法令中有驰道禁行的内容。鲍宣的处理有偏执之嫌,随即受到皇帝处置,而后又引发了太学生的抗议。② 除了丞相孔光属下的掾史"行驰道中"被司隶鲍宣拘止,车马均被没收之外,③ 翟方进"为丞相司直,从上甘泉,行驰道中",为司隶校尉陈庆劾奏,"没入车马"。④

到汉宣帝时,当时人已经注意到"今驰道不小也,而民公犯之,以其罚罪之轻也",又有"乘骑车马行驰道中,吏举苛而不止"情形。⑤ 驰道制度实际上已受到严重破坏,当权者已无法对违禁者一一进行严厉处罚。到了汉平帝元始元年(公元1年)六月,终于"罢明光宫及三辅驰道"。⑥ 罢三辅驰道不可能是毁断已有道路,应理解为禁行"驰道中"的制度终于废止。驰道制度的这一变化,不仅仅是皇权衰落的标志,应当说也是顺应了交通事业进一步发展的要求,是以乘马和高速车辆的空前普及为背景的。然而王莽地皇三年(公元22年)下书说到"常安御道",⑦ 反映帝王专有道路在都城及附近地区依然存在。

《史记》卷六《秦始皇本纪》"治驰道"句下,裴骃《集解》引应劭曰:"驰道,天子道也,道若今之中道然。"可见东汉时仍有近似于驰道的皇家专用道路。"御道"存在的直接例证又有《后汉书》卷三三《虞延传》:"(建武二十三年)帝乃临御道之馆,亲录囚徒。"《太平御览》卷一九五引陆机《洛阳记》:"宫门及城中大道皆分作三,中央御道,两边筑土墙,高四尺余,外分之,唯公卿、尚书,章服,从中道,凡人皆行左右。"所谓"中央御道",大致可以沟通所谓"中道"和"御道"概念的涵义。⑧ 曹植"尝乘车

---

① 《史记》卷一二六《滑稽列传》褚少孙补述,第3204页。

② 参看王子今《西汉长安的太学生运动》,《唐都学刊》2008年6期;《王咸举幡:舆论史、教育史和士人心态史的考察》,《读书》2009年6期。

③ 《汉书》卷七二《鲍宣传》,第3093页。

④ 《汉书》卷八四《翟方进传》,第3412页。

⑤ 《盐铁论·刑德》。王利器:《盐铁论校注(下)》,中华书局,1992,第566、567页。

⑥ 《汉书》卷一二《平帝纪》,第351页。

⑦ 《汉书》卷九九下《王莽传下》,第4174页。

⑧ 《晋书》卷二八《五行志中》:"义熙中,宫城上及御道左右皆生蒺藜,亦草妖也。蒺藜有刺,不可践而行。生宫墙及驰道,天戒若曰:人君不听政,虽有宫室驰道,若空废也。故生蒺藜。"(第861页)卷二九《五行志下》:"(元帝永昌元年)八月,暴风坏屋,拔御道柳树百余株。"(第887页)

行驰道中，开司马门出。太祖大怒，公车令坐死。由是重诸侯科禁，而植宠日衰"。① 汉魏之际都城中大约又有驰道制度，但可能只局限于宫城及附近大道的部分区段，不像西汉早中期那样全线都禁止通行了。

《晋书》卷二八《五行志中》："义熙中，宫城上及御道左右皆生蒺藜，亦草妖也。蒺藜有刺，不可践而行。生宫墙及驰道，天戒若曰：人君不听政，虽有宫室驰道，若空废也。故生蒺藜。"所谓"御道"和"驰道"在正史中互用，说明两种表述方式的指代对象是大体一致的。后世"驰道"名号涵义或有不同。《宋书》卷六《孝武帝纪》："（大明五年闰月）初立驰道，自阊阖门至于朱雀门。又自承明门至于玄武湖。"此"驰道"应即"御道"。而《隋书》卷三《炀帝纪三》："（大业三年五月）戊午，发河北十余郡丁男凿太行山，达于并州，以通驰道。"则"驰道"应指高速道路，未必有禁行限行制度。但是史籍仍多见有以"驰道"称皇家专有道路或皇家拥有特殊通行特权者，继承了秦汉以来的传统交通意识。②

二 警趩、儌跸

帝王出行时，又有在一定时间内全面占有道路，强制性禁止平民通行的制度。即"趩"或"跸"。

《说文·走部》："趩，止行也。"段玉裁注："今礼经皆作'跸'。惟《大司寇》释文作'趩'。云本亦作'跸'。是可见古经多后人改窜。亦有仅存古字也。《五经文字》曰：'趩、止行也。'《梁孝王传》：'出称警。入言趩。'"《史记》卷五八《梁孝王世家》："得赐天子旌旗，出从千乘万骑。东西驰猎，拟于天子。出言趩，入言警。"司马贞《索隐》："《汉旧仪》云：'皇帝辇动称警，出殿则传跸，止人清道。'言'出''入'者，互文耳，入亦有跸。"《汉书》卷四七《文三王传·梁孝王武》："得赐天子旌旗，从千乘万骑，出称警，入言趩，儗于天子。"颜师古注："警者戒肃也。趩止行人也。言出入者互文耳。出亦有趩。《汉仪注》：'皇帝辇动，左右侍帷幄者称警，出殿则传跸，止人清道也。"

---

① 《三国志》卷一九《魏书·陈思王植传》，第558页。
② 以正史为例，有《旧唐书》卷九六《宋璟传》，《新唐书》卷四九上《百官志上》、卷五〇《兵志》、卷一一五《狄仁杰传》、卷一二四《宋璟传》，《宋史》卷三二八《安焘传》，《金史》卷一一《礼志三》、卷一二八《循吏列传·刘焕》，《元史》卷七八《祭祀志三》、卷一八五《盖苗传》、卷二〇三《方技列传·田忠良》，《明史》卷四八《礼志二》、卷四九《礼志三》、卷六八《舆服志》、卷一三六《崔亮传》、卷三〇九《流贼列传·李自成传》等。

所谓"趡"或"跸"，即道路戒严形式。

《史记》卷一〇二《张释之冯唐列传》讲述了这样一个故事："上行出中渭桥，有一人从桥下走出，乘舆马惊。于是使骑捕，属之廷尉。"主持司法的廷尉张释之对此案的处理，成为中国法制史和中国法律思想史上著名的案例。司马迁记述的原文是："廷尉释之治问，曰：'县人来，闻跸匿桥下，久之，以为行已过，即出，见乘舆车骑即走耳。'廷尉奏当一人犯跸，当罚金。"汉文帝大怒，以为惩罚过轻："此人亲惊吾马，吾马赖柔和，令他马，固不败伤我乎？而廷尉乃当之罚金！"张释之则坚持说，"法者，天子所与天下公共也。今法如此而更重之，是法不信于民也。且方其时，上使立诛之则已。今既下廷尉，廷尉，天下之平也，一倾而天下用法皆为轻重，民安所措其手足？唯陛下察之。"以为现在法律条文规定如此，而处罚却要依据陛下个人的情感倾向无端加重，则必然会使法律在民众心目中的确定性和严肃性受到损害。既然交由廷尉处置，自然应当秉公办事。事后，汉文帝承认张释之的意见是正确的。张释之执法的这一著名故事，说明了"法者，天子所与天下公共也"意识的早期形成，也告知我们，西汉"跸"的制度以及"犯跸"处罚规定推行的情形。所谓"方其时，上使立诛之则已"，说明现场执行"跸"的制度由皇帝亲自决策使用残酷杀戮的处罚形式，开明如张释之也是以为可以接受的。

"跸"应当是在先秦时期已经形成的交通制度。《周礼·夏官司马·隶仆》："掌跸宫中之事。"郑玄注："宫中有事则跸。郑司农云：跸，谓止行者清道，若今时儆跸。"《周礼·天官冢宰·宫正》："凡邦之事跸。"郑玄注："凡邦之事跸，国有事，王当出，则宫正主禁绝行者，若今时卫士填街跸也。"《周礼·秋官司寇·大司寇》："凡邦之大事，使其属跸。"郑玄注："故书'跸'作'避'。杜子春云：'避'当为'辟'，谓辟除奸人也。玄谓'跸'，止行也。"《礼记·曾子问》："主出庙入庙，比跸。"郑玄注也说："'跸'，止行也。""跸"的本义是"止行者"，也就是禁止一般人通行。其最初有谋求安全的动机，即所谓"辟除奸人"。"儆跸"即"警跸"，也就是在君王出行时，于所经路途侍卫警戒，清道止行，实行交通道路戒严，用禁止他人通行的方式保证最高政治权力拥有者出入的安全与畅通。

"警跸"不仅仅限于交通优先权的问题，实际上体现出专制帝王对公共交通条件的强力霸占。而由《汉官旧仪》卷上所谓"出殿则传跸，止人清道"，可以知道这种强制性的道路专有，对公共交通的阻碍往往是相当严重的。张释之故事中"闻跸匿桥下"者"久之，以为行已过"，也说明"警跸"对公共交通设施的霸占往往时间超长。

《唐律疏议》卷二六《杂律》明确规定："诸侵巷街、阡陌者，杖七十。"【疏】议曰:"'侵巷街、阡陌',谓公行之所,若许私侵,便有所废,故杖七十。"可见法律是维护公共交通条件"公行之所"的,"私侵"即私人有所损害侵犯者,应予依法惩罚。那么,"警跸"对交通道路的"侵",为什么被看做是合法的呢?这是因为在专制制度下,帝王的地位至高无上,而且帝王就是国家的代表,这种侵害是不被看做"私侵"的。

三 行李自大,道路相高

对公共交通条件的占有,也表现在贵族将相高官出行时"清道"成为常规。权贵官僚出行时为了提高"止人清道"的效率,往往采用以声响威慑的方式。《古今注》卷上写道:"两汉京兆河南尹及执金吾司隶校尉,皆使人导引传呼,使行者止,坐者起。"这种"传呼",唐代又通常称作"喝道"。

《旧唐书》卷一六五《温造传》记载,御史中丞温造"尝遇左补阙李虞于街,怒其不避",捕其随从予以笞辱。他在路遇中书舍人李虞仲时,又曾经强行牵走李虞仲乘车的"引马"。与知制诰崔咸相逢,竟然"捉其从人"。之所以在道路行走时就避与不避"暴犯益甚",就是因为温造自以为权势高大,"恣行胸臆,曾无畏忌"。于是有大臣上奏:"臣闻元和、长庆中,中丞行李不过半坊,今乃远至两坊,谓之'笼街喝道'。但以崇高自大,不思僭拟之嫌。"以为如果不予纠正,则损害了古来制度。唐文宗于是宣布勅令:"宪官之职,在指佞触邪,不在行李自大。侍臣之职,在献可替否,不在道路相高。并列通班,合知名分,如闻喧竞,亦已再三,既招人言,甚损朝体。其台官与供奉官同道,听先后而行,道途即只揖而过,其参从人则各随本官之后,少相辟避,勿言冲突。又闻近日已来,应合导从官,事力多者,街衢之中,行李太过。自今后传呼,前后不得过三百步。"这是皇帝亲自就交通规则发表权威性具体指示的罕见的史例。官僚"笼街喝道","街衢之中,行李太过",迫使皇帝干预,可见这种现象对社会的危害已经相当严重了。"行李自大","道路相高",形成了官场风气。从唐文宗指令"自今后传呼,前后不得过三百步",可以推知以往高官出行道路占有,到了何等程度。所谓"行李太过",是说随从车骑队列规模过大。顾炎武《日知录》卷三二"行李"条写道:"唐时谓官府导从之人亦曰'行李'。"所举例证,就是温造故事。"元和、长庆中,中丞行李不过半坊",《山堂肆考》卷六二写作"中丞呵止不过半坊"。

韩愈《饮城南道边古墓上逢中丞过赠礼部卫员外少室张道士》诗:"偶上城南土骨堆,共倾春酒三五杯。为逢桃树相料理,不觉中丞喝道来。"说到赏春时遭遇"喝道"的情形。王伯大注:"中丞,谓裴度也。"① 《说郛》卷七六李商隐《义山杂纂》"杀风景"条所列凡十二种情景,第一种就是"花间喝道"。宋人周密《齐东野语》卷一五"花憎嫉"条所列十四项,包括"花径喝道"。宋人胡仔《渔隐丛话》前集卷二二:"《西清诗话》云:《义山杂纂》品目数十,盖以文滑稽者。其一曰'杀风景'。谓:'清泉濯足、花上晒裈、背山起楼、烧琴煮鹤、对花啜茶、松下喝道。'""王荆公元丰末居金陵,蒋大漕之奇夜谒公于蒋山,驺唱甚都。公取'松下喝道'语作诗戏之云:'扶襄南陌望长楸,灯火如星满地流。但怪传呼杀风景,岂知禅客夜相投。'自此'杀风景'之语,颇著于世。"明人徐㶿《徐氏笔精》卷三"杀风景"条:"松间喝道,甚杀风景。严维《游云门寺》云:'深木鸣驺驭,晴山耀武贲,实不雅也。'蔡襄云:'欲望乔松却飞盖,为听山鸟歇鸣驺。'庶几免俗。"无论是"花间喝道""花径喝道",还是"松下喝道""松间喝道",都是对文人雅趣的粗暴干扰。明人王廷陈《梦泽集》写道,有人游衍别墅,"闻唱驺声,惊曰:'何物俗吏喝道入吾林!'"也体现了同样的愤懑。而通常"喝道"这种对"公行之所"的"私侵",社会危害显然远远比"杀风景"更为严重。

在官场日常生活中,"出从笼街驭,时观避路人",② 是极平常的感觉。然而"路巷街"这种"公行之所",并非一般的生存空间,对于经济往来、文化交流、信息沟通,有特别重要的意义。对公共交通条件的霸占,实际上是一种严重的罪恶。这种现象,形成渊源久远的社会公害。

对于以"笼街""喝道"宣示威权是否特别看重,在权力阶层中,其实也是因人各异的。宋人周紫芝诗句"何处笼街引旆旌,老翁高卧听鸡声",③"可笑只今春梦里,五更欹枕听笼街",④"客至未妨频叩户,人生何必要笼街",⑤ 表露了对"笼街"这种作威作福形式的不满。

我们又看到,同样是从宰相职位上退下来的王安石和陈升之,对于炫耀声威的交通条件占有方式,态度是截然不同的。宋人王铚《默记》卷中写道:"陈秀公罢相,以镇江军节度使判扬州。其先茔在润州,而镇江即本镇也。每岁十月旦、寒食,诏许两往镇江展省。两州送迎,旌旗舳舰,官吏锦绣相属乎道,今古一时之盛也。是时王荆公居蒋山,骑驴出入。会荆公病

① 钱仲联:《韩昌黎诗系年集释》,上海古籍出版社,1984,下册,第917页。
② (宋)苏颂:《苏魏公文集(上)》卷七《和丁御史出郊雩祀夕雨初霁》,王同策等点校,中华书局,2004,第73页。
③ (宋)周紫芝:《太仓稊米集》卷三八《再酬得臣》,文渊阁《四库全书》集部四。
④ (宋)周紫芝:《太仓稊米集》卷二八《晓枕不寐书所感三首》。
⑤ (宋)周紫芝:《太仓稊米集》卷一九《次韵静翁雪中见过三首》。

愈,秀公请于朝许带人从往省荆公,诏许之。舟楫衔尾,蔽江而下,街告而于舟中喝道不绝,人皆叹之。荆公闻其来,以二肩鼠尾轿迎于江上。秀公鼓旗舰触正喝道,荆公忽于芦苇间驻车以俟。秀公令就岸大船回旋久之,乃能泊而相见。秀公大惭。其归也,令罢舟中喝道。"

以"笼街""喝道"等形式表现的侵夺"公行之所"的恶劣情形,在帝制时代的后期似乎已经逐渐有所收敛。清人王士禛《香祖笔记》卷一一记述当时的制度:"京朝官三品已上,在京乘四人肩舆,舆前藤棍双引喝道。四品自佥都御史已下,止乘二人肩舆,单引不喝道。宋人喝道,皆云'某官来',以便行人回避。明代阁臣入直,呵殿至闻禁中。今则棋盘街左右即止,凡八座皆然。行人亦无回避者矣。今京官四品如国子监祭酒、詹事府少詹、都察院佥都御史,骑马则许开棍喝道,肩舆则否。""凡巡抚入京陛见,多乘二人肩舆,亦不开棍喝引。"不过,如果说中国社会表现在相关交通制度方面的进步确实有所表现,这种演进的速度也显得过于缓慢,这种演进的历程也显得过于漫长。甚至直到今天,社会生活现实中,我们依然可以看到一些现代"俗吏"对"行李自大"和"道路相高"的迷恋。

四 "贱避贵"法规

实际上,在帝制时代,不仅是皇帝,社会上层不同等级的权力者都对公有道路有占有的欲望。在交通实践中,这种占有权的制度化,有维护"贱避贵"原则的法规予以强力保障。

宋王朝曾经正式规定将"贱避贵,少避长,轻避重,去避来"的交通法规条文公布于交通要害之处,以便全面推行。《宋史》卷二七六《孔承恭传》记载:"承恭少疏纵,及长能折节自励。尝上疏请令州县长吏询访耆老,求知民间疾苦,吏治得失。及举令文:'贱避贵,少避长,轻避重,去避来。'请诏京兆并诸州于要害处设木牌刻其字,违者论如律。上皆为行之。"据《续资治通鉴长编》卷二四的记录,孔承宗建议公布的"令文",正是《仪制令》:"承恭又言:《仪制令》有云'贱避贵,少避长,轻避重,去避来',望令两京诸道各于要害处设木刻其字,违者论如律,庶可兴礼让而厚风俗。甲申诏行其言。"所谓"违者论如律",体现这一规定的法律效力。

看来,《宋史》所谓"举令文",未可理解为孔承宗始制《仪制令》。他建议的,应当只是在交通要害地方公布这一法令。

《山西通志》卷五八《古迹一·襄垣县》"义令石"条写道:"县郝村之北,道隘,有义令立石,大书'轻避重,少避老,贱避贵,来避去'四言,今存。"我们今天仍然可以看到的记录这一法令的实物,有陕西略阳灵隐寺宋代《仪制令》石碑。碑高0.6米，宽0.4米，中刻"仪制令"三字，其下刻"贱避贵，少避长，轻避重，去避来"。款识"淳熙辛丑邑令王立石"。这应当是迄今所见年代最早的公布交通法规的文物遗存了。① 陕西略阳《仪制令》石碑年代为南宋孝宗淳熙八年（1181年）。福建松溪也发现《仪制令》石碑，年代为南宋宁宗开禧元年（1205年）。一件发现于渭田镇竹贤村，高1.5米，宽0.6米。碑文楷书："松溪县永里廿一都地名东领村，东至本县七十里，西至浦城界二五里。贱避贵，少避老，轻避重，去避来。开禧元年八月一日義役长陈俊、功郎县尉林高立。"另一件发现于旧县乡河边码头，碑高1.34米，宽0.54米，厚0.15米。碑文五行，中刻"松溪县叛伏里十三都，地名故县"，两边刻："贱避贵，少避长，轻避重，去避来"，"东趣马大仙殿五里，西趣麻布岭后五里"，落款是"开禧元年四月望日，保正魏安迪、功郎县尉林高立"。② "邑令"和"县尉"立碑，可知是政府行为。虽然福建发现的《仪制令》石碑包括指示里程方向的内容，但是宣传的主题依然是"贱避贵，少避长，轻避重，去避来"。"贱避贵"，是首要的要求。

《仪制令》其中所谓"贱避贵"，强调卑贱者应当避让尊贵者，通过公共交通条件的使用权利的差别，鲜明地体现了古代交通管理的等级制度。

也有人以为，《仪制令》是孔承恭建议制定的。宋人江少虞撰《事实类苑》卷二一"牓刻仪制令四条"，其一据《杨文公谈苑》说："孔弧次恭为大理正。太平兴国中，上言《仪制令》云：'贱避贵，少避长，轻避重，去避来。'望令两京诸州于要害处刻牓以揭之，所以兴礼让而厚风俗。诏从之，令于通衢四刻牓记，今多有焉。"其二又据《玉壶清话》："孔承恭上言《仪制令》四条件，乞置木牌，立于邮堠。"又记录了宋太宗与孔承恭就《仪制令》内容的对话："一日，太宗问承恭曰：'《令》文中贵贱、少长、轻重，各自相避并记，何必又云去避来？此义安在？'承恭曰：'此必恭戒于去来者，至相回避耳。'上曰：'不然。借使去来相避，止是憧憧，于通衢之人密如交蚁，焉能一一必相避哉？但恐设律者别有他意。'其精悉若是。"从宋太宗时代有关交通法规的御前讨论看，事实当如《玉壶清话》所说，孔承恭其实并不是《仪制令》的"设律者"。

通过法律文献记录可以知道，实际上，早在唐代，这样的制度已经明确

① 张在明主编《中国文物地图集·陕西分册》，西安地图出版社，1998，上册，第324～325页，下册，第1057页。

② 郑国珍主编《中国文物地图集·福建分册》，福建省地图出版社，2007，上册，第262～263页，下册，第645页。

见于"令文"。

《唐律疏议》卷二七《杂律》"违令式"规定"诸违令者笞五十……",注文:"谓令有禁制而律无罪名者。"【疏】议曰:"'令有禁制',谓《仪制令》'行路,贱避贵,去避来'之类。"刘俊文《唐律疏议笺解》指出:"按此令已佚,《大唐开元礼》卷三《序例杂制》载有类似之内容,疑即令文。文云:'凡行路巷街,贱避贵,少避老,轻避重,去避来。'"①

"贱避贵"的交通规则,其实有十分久远的渊源。人们熟知的"将相和"的故事中,有蔺相如行路避让廉颇的情节。《史记》卷八一《廉颇蔺相如列传》记载:"既罢归国,以相如功大,拜为上卿,位在廉颇之右。廉颇曰:'我为赵将,有攻城野战之大功,而蔺相如徒以口舌为劳,而位居我上,且相如素贱人,吾羞,不忍为之下。'宣言曰:'我见相如,必辱之。'相如闻,不肯与会。相如每朝时,常称病,不欲与廉颇争列。已而相如出,望见廉颇,相如引车避匿。"这一故事,有人称之为"廉蔺门易轨"。② 这样的表现,与蔺相如"位在廉颇之右"的地位不相符合,所以身边舍人自羞请辞。③ 按照常规,原本应当廉颇避让蔺相如。这样的制度甚至表现在水路交通活动中。《三国志》卷五七《吴书·虞翻传》写道:"(虞)翻尝乘船行,与麋芳相逢,芳船上人多欲令翻自避,先驱曰:'避将军船!'翻厉声曰:'失忠与信,何以事君?倾人二城,而称将军,可乎?'芳阖户不应而遽避之。"看来,"先驱"呼"避将军船"是当时礼俗制度,应当类似前说王荆公、陈秀公故事所谓"舟中喝道"。虞翻坚意不自避,而最终迫使麋芳"遽避之",是因为傲然蔑视对方人格,而麋芳亦内心羞愧的缘故。和蔺相如"引车避匿"同样,这是一种反常规的表现。

五 "执金吾清道""卒辟车"与"街卒"职任

前引郑司农《周礼》注所谓"今时卫士填街跸",说明帝王出行时,"警跸"常常是由武装人员执行的。《汉官旧仪》卷上所谓"卫官填街,骑

---

① 刘俊文:《唐律疏议笺解》,中华书局,1996,下册,第1944页。
② (晋)曹摅《感旧》诗:"廉蔺门易轨"。《文选》卷二九。(清)何焯《义门读书记》卷四七《文选·诗》"曹颜远《感旧》诗'廉蔺门易轨'"条:"注引《史记》曰'蔺相如出望见廉颇,相如引车避匿'云云,按因廉公客去之事,并蔺牵连及之,不用相避事也。"
③ 《史记》卷八一《廉颇蔺相如列传》:"……于是舍人相与谏曰:'臣所以去亲戚而事君者,徒慕君之高义也。今君与廉颇同列,廉君宣恶言而君畏匿之,恐惧殊甚,且庸人尚羞之,况于将相乎!臣等不肖,请辞去。'"

士塞路"，体现了"警跸"的形式。《续汉书·百官志四》："（执金吾）本有式道左右中候三人，六百石，车驾出，掌在前清道。""警跸"往往采取暴力手段。《周礼·秋官司寇·条狼氏》："执鞭以趋辟。"郑玄注："趋辟，趋而辟行人，若今卒辟车之为也。"张释之对汉文帝说："方其时，上使立诛之则已。"也体现了这一制度的严酷。《古今注》卷上说，这些"在前清道"的武士"皆持角弓，违者则射之"，负责"清道"的武装人员竟然可以随时随意决定"犯跸"者的生死。

《后汉书》卷八一《独行列传·范式》记述范式和他的朋友孔嵩的故事，说到孔嵩的"街卒"身份："（范式）举州茂才，四迁荆州刺史。友人南阳孔嵩，家贫亲老，乃变名姓，佣为新野县阿里街卒。式行部到新野，而县选嵩为导骑迎式。式见而识之，呼嵩，把臂谓曰：'子非孔仲山邪？'对之叹息，语及平生。曰：'昔与子俱曳长裾，游息帝学，吾蒙国恩，致位牧伯，而子怀道隐身，处于卒伍，不亦惜乎！'嵩曰：'侯嬴长守于贱业，晨门肆志于抱关。子欲居九夷，不患其陋。贫者士之宜，岂为鄙哉！'式勑县代嵩，嵩以为先佣未竟，不肯去。"① "阿里街卒"，李贤注："阿里，里名也。"关于"县选嵩为导骑迎式"，李贤解释说："导引之骑。"可知有仪仗意义。但是这种"导引"，其实也是一种交通管理的方式。

理解"街卒"负责"街"的治安与交通管理的情形，可以借助后世若干资料作为参考。如《异苑》卷八可以看到这样的神异故事："元嘉初，建康大夏营寡妇严，有人称华督与严结好。街卒夜见一丈夫行造护军府。府在建阳门内。街卒呵问，答曰：我华督造府。径沿西墙而入。街卒以其犯夜，邀击之，乃变为鼍。察其所出入处，甚莹滑，通府中池。池先有鼍窟，岁久因能为魅。杀之乃绝。"② 可知"街卒"负责对"犯夜"者的纠察，有权力"呵问"甚至"邀击"。纠止夜间行走，汉史中是可以看到相关例证的。《艺文类聚》卷四九引《汉官解诂》说卫尉职责："从昏至晨，分部行夜，夜有行者，辄前曰：'谁！谁！'若此不解，③ 终岁更始，所以重慎宿卫也。"可知

---

① 《太平御览》卷四八四引华峤《后汉书》的说法与《后汉书》卷八一《独行列传·范式》略有不同。

② 《太平广记》卷四六八"寡妇严"条："建康大夏营寡妇严，宋元嘉初，有人称华督与严结好。街卒夜见一丈夫行造护军府。府在建阳门内。街卒呵问，答云：'我华督还府。'径沿西墙欲入。街卒以其犯夜，邀击之，乃变为鼍。察其所出入处，甚莹滑，通府中池。池先有鼍窟，岁久因能为魅。杀之遂绝。出《异苑》。"

③ 《太平御览》卷二三〇引作"若此不懈"。

汉代都市有专职查禁夜行的武装人员。赵王刘彭祖"常夜从走卒行徼邯郸中",① 有可能也是纠察违禁夜行者。曹操任洛阳北部尉"有犯禁者,不避豪强,皆棒杀之","灵帝爱幸小黄门蹇硕叔父夜行,即杀之",② 是为以极端手段执行这一禁令的罕见特例。③

甘谷汉简如下简文涉及"街"的治安,可以在我们讨论"街卒"职任时引为参考:

> 广陵令解登、巨鹿鄘守长张建、广宗长□、□、福登令丞曹掾许敦、门下吏肜石、游徼龙进、
> 侯马徐、沙福亭长樊赦 等 ,令宗室刘江、刘瑜、刘树、刘举等,著赤帻为伍长,守街治滞。谧 (正文)
> 弟十 (背文)④

研究者指出:"根据同墓共存的灰陶罐上朱书文字,有' 刘氏 之泉'、'刘氏之家',乃知埋于东汉晚期的刘姓墓地。"我们看到,对甘谷汉简进行初步研究的成果中,"考释"部分的释文,与"释文"部分略有不同。甚至格式亦有异。正面文字作:

> 广 陵令解登巨鹿鄘守长张建 广 宗长□□福登令丞曹掾许敦门下吏
> 肜石游徼龙进 侯 马沙福亭长樊赦 等 令宗室刘江刘 瑜 刘树刘举等著赤
> 帻为伍长守街治滞 谧 ⑤

有研究者解释"刘江""刘瑜""刘树""刘举"等四人名,都是宗室族属。"赤帻",一种红色的头巾,卑贱执事者,皆著赤帻。⑥ "伍长",主伍家之

---

① 《汉书》卷五三《景十三王传·赵敬肃王刘彭祖》,第2420页。
② 《三国志》卷一《魏书·武帝纪》裴松之注引《曹瞒传》,第2页。
③ 参看王子今《秦汉都市交通考论》,《文史》第42辑,中华书局,1997;《西汉长安的交通管理》,《西安古代交通文献汇辑》,《西安古代交通志》,陕西人民出版社,1997;《秦汉"夜行"考议》,《纪念林剑鸣教授史学论文集》,中国社会科学出版社,2002。
④ 张学正:《甘谷汉简考释》,甘肃省文物队、甘肃省博物馆编《汉简研究文集》,甘肃人民出版社,1984,第90页。
⑤ 张学正:《甘谷汉简考释》,《汉简研究文集》,第106~108页。
⑥ 原注:"《后汉书·光武帝纪》注引蔡邕《独断》云:帻,古者卑贱执事不冠者之所服也。董仲舒《止雨书》曰:'执事者皆赤帻。'"

长，是为汉时治民的"什伍"组织，互相进行检察。①"滞"者，《说文》曰
"滞，凝也"，含有阻止之意。以"阻止"解释这里"滞"的字义，似有不
妥。而《散见简牍合辑》的释文又有所不同：

> □广陵令解登巨鹿鄘守长张建广宗长□□福登令曹掾许敦门下吏彤
> 石游徼龙进□
> 兵马徐沙福亭长樊赦□令宗室刘江刘俞刘树刘举等著赤帻为伍长守
> 街治滞□□□（正面）
> 第十（背面）（34）②

不过，释文虽然有不同的意见，但是"令宗室刘江刘俞刘树刘举等著赤帻为
伍长守街治滞"的释读，判断都是大体一致的。③

所谓"著赤帻为伍长守街治滞"中"著赤帻"的意义值得重视。阳陵从
葬坑出土陶质士兵俑有额上束红色带状织物的实例。发掘者曾经解释为"陌
额"："有一圈颜色鲜亮的朱红色绕过前额，两鬓和后脑勺，宽仅2厘米。在
颜色上有经纬编织纹的痕迹，显然是丝织品腐朽后留下的残色所染。此物就
是用作束敛头发的'陌额'。"④ 这种特殊装束形式，其实很可能就是所谓
"著赤帻"。"著赤帻"者并非兵俑普遍装束，暗示其身份有特殊性，或许与
甘谷汉简所谓"著赤帻为伍长"者有接近处。徐州狮子山汉墓出土汉代兵俑
头部也发现类似红色痕迹，应当也表现了同样的装饰样式。⑤ 这种装束的士
兵在军阵中的数量比例，或许可以与阳陵从葬坑进行比较。很可能所表现的
军人身份是相近的。咸阳杨家湾汉墓出土步兵俑的头饰，也有突出的红色束
带状形式。⑥ 由于发掘简报没有相关记述⑦，我们不清楚这种装束的士兵在俑
阵中的数量和位置。当然也不排除这种可能，即此类士兵有接近"伍长"的
身份。

---

① 原注："《后汉书·百官志》：'民有什伍'，'什主十家，伍主五家，以相检察。'"张学
　正：《甘谷汉简考释》，《汉简研究文集》，第141页。
② 李均明、何双全编：《散见简牍合辑》，文物出版社，1990，第6页。
③ 王子今：《汉代"街卒"与都市交通秩序》，《古代文明》2012年4期。
④ 王学理：《阳陵汉俑——陶塑美的旋律》，陕西省考古研究所汉陵考古队编：《中国汉阳陵
　彩俑》，陕西旅游出版社，1992，第8页。
⑤ 徐州汉文化风景园林管理处、徐州楚王陵汉兵马俑博物馆编《狮子山楚王陵》（葛明宇编
　著），南京出版社，2011。
⑥ 陕西省咸阳市文物局编《咸阳文物精华》，文物出版社，2002，第71~73页，第79页。
⑦ 陕西省文管会、博物馆、咸阳市博物馆杨家湾汉墓发掘小组：《咸阳杨家湾汉墓发掘简
　报》，《文物》1977年10期。

《续汉书·礼仪志下》陈述"大丧"制度:"校尉三百人,皆赤帻不冠,绛科单衣,持幢幡。候司马丞为行首,皆衔枚。"① 说服务与"大丧"之礼的军官编队以"赤帻"为标识。《续汉书·百官志五》:"鼓吏赤帻行滕,带剑佩刀,持楯被甲,设矛戟,习射。"也说"赤帻"是特殊武装人员的标志性装束。《续汉书·舆服志上》:"铃下、侍合、门兰、部署、街里走卒,皆有程品,多少随所典领。驿马三十里一置,卒皆赤帻绛韝云。"这里说到"街里走卒"即李贤所谓"伍伯之类也"著"赤帻"②,与甘谷汉简提供的信息是一致的。③

据《续汉书·舆服志下》记述,"帻"的使用,不同历史时期有所变化。其中说道:"三代之世,法制滋彰,下至战国,文武并用。秦雄诸侯,乃加其武将首饰为绛袙,以表贵贱。"又说:"武吏常赤帻,成其威也。"④ "赤帻"有突出显示"武""威"的作用,而规定"街卒"作为具有制服意义的冠戴,说明这些执行交通管制任务的专职人员,是以暴烈手段武力执法的。⑤

在帝制时代,以"贱避贵"为原则的交通法规,通常是由武装人员执行,是以暴力方式维护的。我们考察中国古代的交通史和法制史,不能忽略这样的事实。

---

① 《后汉书》卷九《献帝纪》李贤注引《续汉书》言天子葬仪,参与者包括"校尉三人,皆赤帻,不冠,持幢幡,皆衔枚。"

② 《后汉书》卷五八《虞诩传》:"永平、章和中,州郡以走卒钱给贷贫人。"李贤注:"走卒,伍伯之类也。《续汉志》曰:'伍伯,公八人,中二千石六人,千石、六百石皆四人,自四百石以下至二百石皆二人。黄绶。武官伍伯,文官辟车。铃下、侍阁、门兰、部署、街里走卒,皆有程品,多少随所典领,率皆赤帻绛韝。'即今行鞭杖者也。此言钱者,令其出资钱,不役其身也。"

③ 《后汉书》卷六三《杜乔传》记载,杜乔死狱中,"乔故掾陈留杨匡闻之,号泣星行到洛阳,乃著故赤帻,托为夏门亭吏,守卫尸丧,驱护蝇虫,积十二日,都官从事执之以闻。梁太后义而不罪。匡于是带鈇锧诣阙上书,并乞李、杜二公骸骨。太后许之。成礼殡殓,送乔丧还家,葬送行服,隐匿不仕。"说"亭吏""著""赤帻",其身份和职任或许与"街卒"有类似处。

④ 《后汉书》卷三八《法雄传》:"永初三年,海贼张伯路等三千余人,冠赤帻,服绛衣,自称'将军',寇滨海九郡,杀二千石令长。"《后汉书》卷八六《南蛮传》:"(安帝元初三年)零陵蛮羊孙、陈汤等千余人,著赤帻,称将军,烧官寺,抄掠百姓。"《三国志》卷四六《吴书·孙坚传》:"坚移屯梁东,大为卓军所攻,坚与数十骑溃围而出。坚常著赤罽帻,乃脱帻令亲近将祖茂著之。卓骑争逐茂,故坚从间道得免。茂困迫,下马,以帻冠冢间烧柱,因伏草中。卓骑望见,围绕数重,定近觉是柱,乃去。"也都应看作武装人员使用"赤帻"的史例。

⑤ 参见王子今《说甘谷汉简"著赤帻为伍长守街治滞"——以汉阳陵兵俑为对证》,《汉阳陵与汉文化研究》第2辑,三秦出版社,2012。

《中国古代法律文献研究》第七辑
2013年，第16～65页

西周金文法律资料辑考（上）

王　沛*

摘　要：金文资料是研究先秦法制史，特别是西周法制史的第一手资料。在已公布的一万多篇周代铭文中，有160余篇资料和法律史研究相关。通过阅读这些资料可以发现，铭文信息往往彼此相关，如能结合传世文献加以整体性研究，将有利于廓清上古法制状况的面貌。本文对较为重要的西周金文法律资料进行考释，疏通字句，翻译大意，并对其法史价值加以分析。

关键词：西周　金文　法制史

笔者自2007年起开始系统整理先秦金文法制史料，先后从已公布的上万篇铭文中拣选出160余篇与法律史相关的资料。[①] 通过阅读这些资料可以发现，铭文信息往往彼此相关，如能结合传世文献加以整体性研究，将非常有利于廓清上古法制的面貌。2012年秋季起，笔者在华东政法大学法律古籍整理研究所举办的"出土法律文献研读班"上逐篇讨论这些铭文，本文即是在研读班讲稿之基础上加以修改补充后形成的。本文列举的金文篇章，大致依其年代而加以排列，但是为了便于研究，也会根据铭文的关联性而调整次

---

* 王沛，华东政法大学法律古籍整理研究所副教授。

① 这个数字涵盖了西周和东周两个时期。以往亦有学者从事过金文法律资料的辑录工作，如刘海年、杨升南、吴九龙编著的《甲骨文金文简牍法律文献》中的"金文法律文献译注"（本部分的执笔者为杨升南先生，收入刘海年、杨一凡主编《中国珍稀法律典籍集成》甲编第一册，科学出版社，1994）；由松丸道雄、竹内康浩撰写的"西周金文中の法制史料"（收入滋贺秀三编著《中国法制史——基本资料の研究》，东京大学出版会，1993）等，都是较为重要的整理成果，有50篇左右的两周铭文被纳入到这些著作之中。不过仍有很多重要铭文尚未被收录，而近年来不少新公布铭文，更是具有重要的法律史研究价值，有待引起学界的关注，并加以深入研究。

序。青铜器的制作年代一般采用通说，并在标题旁的括号中注出。出于排印方便的考虑，释文尽量用通行文字写出。文中谬误之处，祈请方家批评指正。

一 天亡簋（武王）

天亡簋亦名大豊簋、朕簋，道光末年出土于陕西岐山县礼村，一说1844年出土。本器原藏于陈介祺，1956年被北京故宫博物院从"振寰阁"收购，现藏于中国国家博物馆。器内底铸铭文78字（其中合文1）。本器的主要著录文献及编号为：《三代吉金文存》9.13.2，《愙斋集古录》11.15.2，《殷周金文集成》04261，《商周青铜器铭文选》23。铭文之释文如下：

> 乙亥，王又（有）大豊（礼），王凡三方，王祀于天室，降，天亡又（佑）王，衣祀于王不（丕）显考文王，事喜（糦）上帝，文王德（监?）才（在）上，不（丕）显王乍眚（作省），不緐（丕肆）王乍庚（作庸），不（丕）克乞衣王祀。丁丑，王卿（饗）大宜，王降亡助爵、退（禩）囊，隹（唯）朕有蔑，每（敏）启王休于尊簋。

本铭作器者为天亡，于省吾先生认为天亡即太公望。① 作器者天亡辅助天子祭祀，受到武天子的赞扬。天亡称扬天子的休美而陈辞于此尊簋。铭文中的相关史实，可与《逸周书》中的《度邑》《世俘》对读。本铭的法律史价值主要体现在以下两方面：

（一）关于礼的记载。金文中直接提及"礼"字的地方很少。传世文献中说周公"制礼作乐"，本铭记录了此时代君王祭祀于天室的场景。铭文中说"不（丕）克乞衣王祀"，指终结了殷王朝祭祀于天室的历史。天子在会同三方诸侯之后，在天室举行大礼，象征着周王朝的统治具有合法性。"天室"即"太室"。《尚书·洛诰》中有"王入太室祼"，可参阅。本铭是研究"礼"之法律功能的重要资料。

（二）关于德的记载。铭文中的"文王监在上"，唐兰、于省吾释为"文王德在上"。② 如果依照唐兰的解释，此处的"德"则为较早出现的该字字

---

① 于省吾：《关于"天亡簋"铭文的几点论证》，《考古》1960年第8期。
② 参见唐兰《西周青铜器铭文分代史征》，中华书局，1986，第15页；于省吾《双剑誃吉金文选》，中华书局，2009，第172页。郭沫若将此字释为"监"，参见郭沫若《两周金文辞大系图录考释》（下），上海书店出版社，1999，第1页。

型了。"明德慎罚"为西周的法律原则,而"德"本身也有社会规范的含义。① 所以本铭亦为研究"德"之法律功能的早期资料。

二 何尊(成王)

本器在 1963 年出土于陕西宝鸡县贾村镇,现藏宝鸡青铜器博物馆。内底铸铭文 122 字(其中合文 3)。本器的主要著录文献及编号为:《文物》1976 年 1 期,《殷周金文集成》06014,《商周青铜器铭文选》32。铭文之释文如下:

> 隹(唯)王初䢹(迁)宅于成周,复禀珷(武)王豊(礼),祼自天,才(在)四月丙戌,王喜(诰)宗小子于京室,曰:昔才(在)尔考公氏,克逨(弼)玟(文)王,肆(肆)玟(文)王受丝(兹)大命,隹(唯)珷(武)王既克大邑商,则廷告于天,曰:余其宅兹中国,自之辥(乂)民,乌乎(呼),尔有唯(雖)小子亡戠(识),覝(视)于公氏,有爵(勋)于天,叡(徹)令(命),苟(敬)亯(享)弋(哉)。叀(唯)王龏(恭)德谷(裕)天,顺(训)我不每(敏),王咸喜(诰),㢱(何)易(锡)贝卅朋,用乍(作)圂(庚)公宝尊彝,隹(唯)王五祀。

本铭记述了成王迁都成周,在京室发布诰令的史实。诰令发布完毕后,成王赏赐给作器者何三十朋的贝,何为此制作了纪念庚公的礼器。对于法律史研究而言,以下诸方面尤其值得注意:

(一)关于礼的记载。铭文中说,成王沿用武王的典礼,祼礼自天室开始。天子通过"廷告于天"的礼仪,宣示自己有统治天下之中(中国)、治理人民的合法权力,这和天亡簋是一样的。

(二)天子的诰令的内容。文中讲述到"王诰宗小子于京室"时,特别强调他们要"视于公氏",② 即效法自己的父亲。西周时代法令的贯彻,很大程度上是通过仿效的方式完成的:子孙仿效父祖、下级仿效上级、地方仿效中央。金文册命资料中常见继任者做出"帅井(型,效法之意)祖考"之类的表述,其意同于"视于公氏"。成王对同宗小子提出要求,让他们仿效父

---

① 参见王沛《〈论语〉法观念的再认识:结合出土文献的考察》,《华东政法大学学报》2012 年第 1 期。
② 《尔雅·释诂》:"视,效也"。

辈以贯彻政令，这与当时世卿世禄、宗族内自治性较强的社会特征是一致的。作器者何作为宗小子，接受诰令后，特制作了纪念其父庚公的礼器，或有呼应"视于公氏"之用意。

（三）关于德的记载。铭文中说天子恭德顺天，训示臣子，德、天作为西周社会秩序的渊源所在，于此可见一斑。

三　大盂鼎（康王）

据《愙斋集古录》记载，本器于道光初年出自眉县礼邨沟岸中，而《缀遗斋彝器考释》则说道光中岐山河岸崩出三大鼎，本器为其一。器内壁铸铭文 291 字（其中合文 5）。本器的主要著录文献及编号为：《三代吉金文存》4.42.1～43.2，《愙斋集古录》4.12～17，《殷周金文集成》02837，《商周青铜器铭文选》62。铭文之释文如下：

> 佳（唯）九月，王才（在）宗周，令（命）盂，王若曰：盂！不（丕）显玟（文）王，受天有大令（命），杠（在）珷（武）王嗣玟（文）乍（作）邦，闢（辟）氒（厥）匿，匍（敷）有（佑）四方，畯（峻）正氒（厥）民，杠（在）雩（于）御事，酙！酉（酒）无敢䣈（酖？添？），有髭（祡）蒸（烝）祀无敢䣈，古（故）天异（翼）临子，瀍（法）保先王，匍（敷）有四方，我闻殷述（坠）令（命），佳（唯）殷边侯、甸雩（与）殷正百辟，率肆于酉（酒），古（故）喪㠯（师）巳（已，矣），女（汝）妹（昧）辰又（有）大服，余佳（唯）即朕小学，女（汝）勿龏（麷）余乃辟一人，今我佳（唯）即井（型）㐭（禀）于玟（文）王正德，若玟（文）王令二三正，今余佳（唯）令（命）女（汝）盂㠯
>
> （绍）荣，苟（敬）雝（拥）德坙（经），敏朝夕入谏（谏），享奔走，畏天畏（威）。王曰：而，令（命）女（汝）盂井（型）乃嗣且（祖）南公。王曰：余乃㠯（绍）夹死（尸）司戎，敏谏罚讼，凤夕㠯（绍）我一人烝（烝）四方，雩（雩）我其遹省先王受民受强（疆）土，易（锡）女（汝）鬯一卣，门衣、市（韍）、舄、车、马，易（锡）乃且（祖）南公旗，用遒（狩）。易（锡）女（汝）邦司四白（伯），人鬲自驭（驭）至于庶人六百又五十又九夫，易（锡）尸（夷）司王臣十又三白（伯），人鬲千又五十夫，逎迁自氒（厥）土。王曰：盂，若苟（敬）乃正，勿瀍（废）朕令（命）。盂用对王休，用乍（作）且

（祖）南公宝鼎，隹（唯）王廿又三祀。

本铭记录了天子对贵族盂的册命过程，内容十分丰富，涉及禁酒令、司法、分封制度等诸方面：

（一）铭文关于禁酒的记载，可以和《尚书·酒诰》等传世文献相呼应。天子说，"在于御事，敲，酒无敢酴（酖？舐？），有紫烝祀无敢醺"，其意为御事之官吏不能酖醉于酒，在冬天行蒸祭时亦不得因酒而迷乱。接着解释为什么这样作的原因："我闻殷坠命，唯殷边侯、甸与殷正百辟，率肆于酒，故丧师矣"。其意为殷商的诸侯及百官官员，正是因为酖酒而失去了天命，失去了人民。①

《尚书·酒诰》中说，"有正、有事，无彝酒；越庶国，饮惟祀，德将无醉"，即官员们不得经常喝酒。而诸国因祭祀而饮酒时，亦不得沉醉。禁酒非禁绝饮酒，而是区分程度和场合，命令特别针对官员和诸侯而发，对此记载，铭文和《酒诰》是一致的。《酒诰》又说，"今惟殷坠厥命，我其可不大监抚于时"，与铭文的用词也是一致的。《酒诰》为周公所作，铭文为康王所述，而内容用语非常相似，或许两者有共同的底本，只是在引述时会根据具体情况而口语化地增减文句。②《酒诰》后有对周人群饮、及殷之旧臣百官饮酒的处罚方式，对此铭文略去未言。

（二）铭文关于"井"与"德"的用法，和上古法律形式密切相关。"井"在文献中写作"刑""型"，即效法的意思。"德"为周人所崇尚的行为准则，亦有规范、制度的意思。天子说他本人将"井禀于文王正（政）德"，即效法于文王的为政之德，同时要求盂"井乃嗣祖南公"，即效法其先祖南公。康王说，他如此要求盂，乃是"若文王令二三正"。"正"是官员的意思，这表明康王是以效法文王对群臣的命令而为此命令的。康王要求盂"敬拥德经"，"德经"者，德之纲纪也。所遵循的准则为"德"，所遵循的方式为"井（即效法）"，是为西周确立社会秩序的重要方式。每级统治者均强调效法本人的先祖，是为宗法社会中亲族集团较为独立的体现。

（三）在册命内容中，有关于诉讼职责的记载。王说"盂，乃绍夹尸司戎，敏谏罚讼"，即命令盂协助管理兵戎之事，敏于处理惩罚和争讼。唐兰认为司戎类似于司马，敏谏罚讼则类似于司寇，由此推测盂所任之职或是司

① "师"义为众。《诗·大雅·文王》："殷之未丧师，克配上帝"。
② 限于书写材料及文本性质，铭文在引述天子册命内容时，应当已做删减，但是口语化的词汇亦时常出现，以使现场情景得以生动体现。如"敲"等叹词的使用。

马而兼司寇。① 按，司寇之职出现甚晚，铭文只能说明盂有审判之职责，不必确定其官职名为司寇。

（四）在铭文最后，天子说他将效法先王之制度受（授）民受（授）疆土，赐予盂以土地民人。这是研究西周分封制度的珍贵资料。从铭文中可知，赏赐的民人分为两种，一种为"邦司"，一种为"夷司"。前者似为周族，后者似为外族。前者包括邦司四伯，即管理者四人，以及从驭者至于庶人的普通人六百五十九人；后者包括夷司王臣十又三伯，即管理者（王臣）十三人，以及普通人一千零五十人。他们将迁到被分封的土地上。由此我们得知，在分封中，人民连带其管理机构和土地一起完整转移。而西周时代人民聚族而居，这两组团体或为两组血缘宗族，并不因为迁移而改变其组织形态。

四　叔尊、叔卣(康王、昭王时期)

叔尊、叔卣两器由海外私人藏家收藏，两器铭文相同，各112字，著录于朱凤瀚：《新出金文与西周历史》，上海古籍出版社2011年版，第1～20页。铭文之释文如下：

> 侯曰：叔，不（丕）显朕文考鲁公夂（各）文遗工，不（丕）朁厽侮。余令女自穹虢来侮鲁人，为余宽。有妹具成，亦唯小羞。余既肯，余既处，亡不好、不龖于朕侮。侯曰：叔，若，自今往，弜其又达女于乃万。赏女贝马用，自今往，至于音万年，女曰其赏，勿替乃工，日引。唯三月叔易贝于原，叔对扬辟君休，用乍（作）朕剌考宝尊彝。

本铭作于西周前期，作器者则是鲁国的贵族。铭文是研究早期西周的法律史、特别是诸侯国法制状况的重要资料。关于铭文的释读，朱凤瀚先生和董珊先生都写有很好的论文，"简帛研究"网站上也有不少颇具启发性的讨论。② 不过由于铭文过于晦涩，故学界之释读尚存不少分歧。笔者先将大意语译如下：③

---

① 唐兰：《西周青铜器铭文分代史征》，中华书局，1986，第177页。
② 参见朱凤瀚《叔器与鲁国早期历史》，载《新出金文与西周历史》，上海古籍出版社，2011；董珊《新见鲁叔四器铭文考释》，发表于简帛研究网站：http://www.gwz.fudan.edu.cn/SrcShow.asp? Src_ ID=1611，访问日期为2012年7月16日。
③ 本译文并不完善，仅作参考，关于字词考释，笔者另著有《新见鲁器与西周邦国法制》，待刊。

鲁侯说，戥，我那显赫的文考鲁公上通先祖，遗留功业，其教令光辉照耀。我命令你从穹骁来到这里，教诲鲁人，治理朝廷，如今美政俱成，实为可贵。我省视工作，身居朝堂，无处不好，都未违背我的教令。鲁侯说，从今以后，你的功业必然比肩你的父祖。我赏赐你钱贝宝马，从今以后以至于亿万年，你日日都会享用我的赏赐。不要废弃你的功业，而要将其日日延续。这是在三月，戥受赏赐于原这个地方。戥称扬君主的休美，并制作了这件祭祀自己烈考的铜器。

从传世古书中可知，西周王畿内外的法律实施状况差异很大。畿内虽也有邦国，但以周人为主干，故而能够比较顺利的贯彻周人之价值观、社会制度与规范准则。而在畿外广阔的疆域内，治理远超过周人自身人数的各古老部族，推行周人的制度规范，就显得十分困难了。《史记·鲁周公世家》则说，鲁公伯禽就国，"变其俗，革其礼"，强行推行周人的制度。铭文中的"诲"有教令之义。鲁候对戥委以重任，令他贯彻自己的教令。戥果然不负众望，其工作的成效非常显著，此即是变俗革礼，推行周人教令的例证。

五　戥提梁卣（穆王）

本器由海外私人藏家收藏，为两件盒形器，两器铭文相同，各50字，著录于朱凤瀚：《新出金文与西周历史》，上海古籍出版社2011年版，第1～20页。铭文之释文如下：

> 侯曰：戥，女（汝）好（孝）友。朕姆（诲）才（在）兹鲜，女（汝）生（姓）䵼（继）自今，弜（弼、必）又不女（汝）井（型）。易（锡）女（汝）贝用。唯六月，戥易（锡）贝于帚（寝），戥对扬辟君休，用乍（作）朕文考宝尊彝。

本器的作器者和前器相同，铭文内容和前铭相关。笔者将大意语译如下：

> 鲁侯说：戥，你为人孝友，我在鲜地发布教令，你的族氏自今日加以继承，必然光大发扬你的法规准则。我赐给你钱贝。在六月，戥获赐于帚，戥称扬国君之休美，并因而制作了这件祭祀自己文考的宝器。

"弜（弼、必）又不女（汝）井（刑）"这句话中的"弜"即"弼"，通"必"，"又"通"有"。"不"即"丕"字。"丕"在金文写作"不"，其义是"大也"。"井"在金文中通"刑"，但并非"刑罚"的含义。此字在后世写作"型"，是规范的意思。《尔雅·释诂》中说"刑，法也"即此义。从现有资料来看，刑具备刑罚之义项，已是东周的事情了。[①]"必有丕汝刑"，其义为"一定发扬光大你的法规、准则"。从前一篇铭文可知，作器者戴的工作就是帮助鲁侯贯彻教令，古人世卿世禄，或戴的家族都从事此项事业，故云。又，在鲁侯所推行的教令中，孝友原则或为其核心准则。金文中常见"孝友是井（刑）"，本铭开篇即赞作器者孝友，此处又言"必有丕汝刑"，可能都是就此准则而言的。

六　鬲簋（康王）

本器藏于美国纽约范季融先生首阳斋，共30字，著录于首阳斋、上海博物馆、香港中文大学文物馆编《首阳吉金》，上海古籍出版社2008年版，第83页。铭文之释文如下：

> 唯九月，诸子具服。公乃令才（在）辟，曰：井朕臣兴诲。鬲敢对
> 公休，用作父癸宝尊彝。

首阳斋藏鬲器于1989初年出土于滕州庄里西村滕国墓地，当地砖瓦厂取土时发现该墓地，其中的铜器遭到哄抢，本器为流出境外者。[②] 铭文中的诸子指滕国的诸公子。具服，指就其职位。公指滕公，韩巍先生认为此滕公为滕国的第二代国君，主要活动于康王世，[③] 这就和前述戴器的年代比较接近了。铭文说滕公在辟地（或指辟雍）发布命令，其内容是"井朕臣兴诲"。井（型）为效仿之义，如西周金文之通例。朕臣，即滕公的臣子。兴诲，即作诲，意思是制作之教令。《大戴礼记·四代》"兴民之阳德以教民"，王聘珍注："兴，作也"。[④] 从铭文可知，滕公有臣子专门负责发布教令之事，而这位"朕臣"或许就是作器者鬲。而滕国之诸公子都要井（型）其兴诲，这和鲁国戴器铭文反映的情况是一样的。鲁、滕都为周的同姓诸侯国，就封于东方，地域邻近，其政治举措颇为一致，这是不难理解的，但有趣的是，鬲

---

① 参见王沛《"刑"字古义辨正》，《上海师范大学学报》2013年第4期。
② 参见杜传敏等《1989年山东滕州庄里西西周墓发掘报告》，《中国博物馆馆刊》2011年第1期。
③ 韩巍：《读〈首阳吉金〉琐记六则》，载朱凤瀚《新出金文与西周历史》，上海古籍出版社，2011。
④ 王聘珍：《大戴礼记解诂》，中华书局，1983，第165页。

可能是商遗民。铭文中鬶说，他制作此器是用来纪念其父，其父名癸。以日得名，这是商人的习俗。首阳斋另藏有鬶觯一件，由该器铭文得知，鬶在滕国担任史官。鬶觯铭文说：

> 隹（唯）伯初令（命）于宗周，史鬶易（赐）马二匹，用作父癸宝尊彝。

铭文中的伯即滕公，滕公在初次受王命于宗周时，赐予鬶两匹马。在这里，鬶表明了自己的史官身份。如著名的史墙盘，作器者属微氏家族，为殷人后裔，其祖在武王伐商后迁居周地，担任史官。史墙在称其先祖时亦用日名，如乙祖、祖辛、乙公等，与本铭同。

鬶以殷遗民的身份，在周人建立的诸侯国发布教令，这并不奇怪。《尚书·康诰》记载，康叔就封卫国时，周公对其教导谆谆。周公特别说，康叔一定要"往敷求于殷哲王，用保乂民，汝丕远惟商耈成人，宅心知训"，即要遍求殷商哲王的治国之道，以此治理百姓；要心存殷商老成之人，听取他们的教导。在运用刑法时，更要效法殷商旧制中的合理部分，此谓之"师兹殷罚有伦"。鬶簋铭文为我们理解《尚书》，探求周初邦国的法制状况提供了重要的佐证。

又按，1982年滕州庄里西村出土了一套春秋晚期的编钟，作器者为滕国之司马楙。此器虽为东周作品，但是铭文古雅，有些词句和周代法制相关，故附于此，以供参考。司马楙编钟铭文之释文如下：

> 隹（唯）正孟岁十月庚午，曰古朕皇祖悼公，严恭天命，哀命（矜、怜）鳏寡，用克肇谨祑（先）王明祀，朕客（文）考懿叔，亦帅刑瀍则，祑（先）公正惠（德），卑（俾）乍（作）司马于滕，茕茕羊非敢惰禰（嗣？祠？），楙乍（作）宗彝，用享于皇祖客（文）考，用旂（祈）吉休畯（允）楙（茂），子孙万年是保。①

在铭文中，司马楙赞扬了其祖父悼公、父亲懿叔。司马楙说父亲"亦帅刑瀍则先公正德"，这句话的断句颇有疑问。在西周金文中"帅刑（井）"句式常见，帅为遵循义，刑为效法义，"帅刑"后所跟的多为先公先祖，后跟"瀍则"很少见，而从已公布的金文资料来看，"瀍"大都为"废除"义，或通作"大"。作为动词"效法"或名词"法则"来使用者，此处为最

---

① 参见山东省博物馆《山东金文集成》，齐鲁书社，2007，第104～108页。

早。如果把"瀍则"解释为名词"法则"，全句断为"亦帅刑瀍则，先公正德"。前半句的意思是"遵循效法规则"，后半句"先公正德"就没了谓语动词。有学者认为，可将帅、刑、瀍、则，都看作动词连用，因为此四字意思相近，① 那么全句的含义是"遵循效法先公的正德"，然而这在金文资料中鲜见类似辞例。笔者认为，或可将本句断为"亦帅刑瀍，则先公正德"，"刑"为动词效法义，"瀍"为名词法度规范义，"则"为动词效法义。句意为"遵循效法规则，效法先公的正德"。这样解释基于"帅刑"连用，以合金文通例。此外还有一种理解方式，即"帅刑"不连用，仅将"帅"解释为遵循，刑、瀍均为名词法度义并用，可能会更加通顺些，其义为"遵循规范法度，效法先公的正德"。② "帅"做动词单独使用、刑做名词法度义，在金文资料中用例甚多。如毛公鼎铭文说："女母敢弗帅先王乍（作）明井用"即是。而在荆门左冢楚墓出土的战国早期棋局（或为式盘）上，刑、瀍并列，与信、典、详、常、义、侧（则）等6个有准则规范含义的名词共同构成一组词汇。该棋盘（式盘）的时代与司马楙编钟较为接近，③ 表明此时刑、瀍作为意义相近的名词连用，已较常见。

七　历鼎（康王）

本器又名历方鼎，原藏曹秋舫、沈仲复、徐问渠、长白张氏等，现藏上海博物馆。内壁铸造铭文19字。本器的主要著录文献及编号为：《三代吉金文存》3.45.1，《殷周金文集成》02614，《商周青铜器铭文选》332。铭文之释文如下：

> 历肈对元德，孝友隹（唯）井（型），乍（作）宝隣（尊）彝，其用夙夕享。

在这篇铭文中，作器者历颂扬元德，说他将以孝、友作为自己遵循效法

---

① 董珊：《试说山东滕州庄里西村所出编钟铭文》，发表于简帛研究网站，网址为 http://www.gwz.fudan.edu.cn/srcshow.asp?src_id=408，访问日期为2013年8月8日。

② 在华东政法大学法律古籍整理研究所的金文研读班上，博士生邬勖提出，对"帅刑瀍则"的理解，可以参考秦玉牍铭文。按，秦玉牍铭文说"周世即没，典瀍散亡"，又云"东方有土姓，为刑瀍民"，其中的"典瀍""刑"都指祭祀的规则，这和本铭的语境是一致的。

③ 参见自湖北省文物考古研究所等编著《荆门左冢楚墓》，文物出版社，2006，第184、189页。

的规范。本铭是论述早期德刑（井）关系的重要资料。西周时代刑（井）的用法不同于东周，为动词效法、或名词效法之准则之义。而孝、友是效法的核心内容，亦是周人崇尚的元德所在。

八　麁父鼎（西周早期）

据《积古斋钟鼎彝器款识》说，本器又名周麻城鼎，盖得自湖北麻城。麁父鼎有两器，铭文相同。内壁铸铭文，一器存23字，一器存24字。本器的主要著录文献及编号为：《积古斋钟鼎彝器款识》4.15，《殷周金文集成》02671，《山东金文集成》168。铭文之释文如下：

> 麁父乍（作）龏宝鼎，征（诞）令曰：有女（汝）多兄，母（毋）又（有）遹（违?）女（汝），隹（唯）女（汝）率我友吕（以）事。

本器著录最早见于宋代王厚之的《复斋钟鼎款识》，阮元据以收入《积古斋钟鼎彝器款识》，现仅存拓片。本铭的作器者为麁父，但从行文口气来看，鼎之所有者似乎并非麁父，而是麁父将此鼎赐予了鼎之所有者，鼎之所有者即铭文中的"汝"。麁父作宝鼎之因，是发布了一条命令，即铭文所谓"诞令曰"。诞为发语词，无义，如沬司徒簋铭文有"诞令康候鄙于卫"，即命令康候守卫卫国之郊野。麁父的命令说，你有多位的兄长，但是他们都不能违背你，[1]只有你能率领我友（亲族成员）以从事。友在西周多指亲族成员，[2]麁父可能是诸友之首，因为他称呼诸友为"我友"。麁父授权与铭文中的"汝"，当是赐此鼎给他，以作为获得授权的依据。这种功能的鼎在目前所见的礼器中非常独特，可能和古代之"刑鼎"体裁有关。[3]《积古斋钟鼎彝器款识》认为铭文中的"兄"通"贶"，为贶赐之义。兄通贶在金文中很常见，但用在此处则语法欠通。

九　麦方尊（康王）

本器又名作册麦方尊，原藏清宫，内底铸铭文169字（其中重文3）。本

---

① "遹"字或释为"達（达）"，"毋有达汝"，即没有人能赶得上你。
② 参见朱凤瀚《商周家族形态研究》，天津古籍出版社，2004，第292页。
③ 关于刑鼎问题，参见王沛《刑鼎源于何时——从枣阳出土曾伯陭钺铭文说起》，《法学》2012年第10期。

器的主要著录文献及编号为：《西清古鉴》8.33，《殷周金文集成》06015，《殷周青铜器铭文选》67。铭文之释文如下：

王令辟井（邢）侯出坏（坯），侯于井（邢）。雩若二月，侯见于宗周，亡述（尤），迨（合）王窭莽京，酌（肜）祀。雩若翊（翌）日，才（在）壁（辟）雝（雍），王乘于舟，为大豊（礼），王射大龏（鸿）禽，侯乘于赤旗舟，从，死咸之日，王以侯内（入）于寝（寝），侯易（锡）幺（玄）囲（琱）戈；雩王才（在）庙（斥），已夕，侯易（锡）者（赭）臣二百家，剂（赍）用王乘车马、金勒、冂（冋）衣市（韨）、舄，唯归，遅天子休，告亡尤，用龏（恭）义（仪）宁侯，覭孝于井（邢）侯，乍（作）册麦易（锡）金于辟侯，麦扬，用乍（作）宝隮（尊）彝，用鬳侯逆舟（覆），遅明令，唯天子休于麦辟侯之年铸，孙孙子子其永亡终，终用受（周）德，妥（绥）多友，享旋（奔?）走令（命）。

本铭记载了作器者麦的君主邢侯朝见天子，获得赏赐，继而邢侯又赏赐其臣属麦以铜，麦用来制作了这件礼器，以之献享邢侯的往来使者，光美明令，并期望传之子孙，用周遍之德来安抚同族兄弟，以奔走之劳以效君命。本铭值得关注的地方有以下几处：

（一）关于周礼的记载。铭文中的肜祀，可以和《尚书·高宗肜日》对读。肜祀之后又有射礼，可以和下篇令鼎铭文对读。

（二）从本铭可看出制作礼器的目的，是用以光美君主之“明令”。类似的表述见于西周晚期的史颂鼎，其铭曰：

隹（唯）三年五月丁子（巳），王才（在）宗周，令史颂省苏姻友、里君、百生（姓），帅鶤（偶）盩于成周，休又（有）成事，苏宾（傧）章（璋）、马四匹、吉金，用乍（作）鬻彝，颂其万年无疆，日遅（扬）天子覭（景、耿）令（命），子子孙孙永宝用。①

周王命令颂视察苏国的姻友、里君、百姓，事情办得很圆满。苏人敬奉了玉璋、马、铜，史颂用以作鼎，以光美天子之“覭（景、耿）令”，“覭（景、耿）令”相当于本铭的“明令”。

---

① 史颂簋铭文参见中国社会科学院考古研究所：《殷周金文集成》（第3册）04232，中华书局，2007，第2443～2444页。

（三）铭文末尾所说用德来安抚多友、来奔走效命，可知当时"德"在规范社会、校正行为上的作用。

十　令鼎（昭王）

本器出土于山西芮城县，又名大搜鼎、耤田鼎、諆田鼎，内壁铸铭文70字。本器的主要著录文献及编号为：《三代吉金文存》4.27.1，《殷周金文集成》02803，《殷周青铜器铭文选》97。铭文之释文如下：

> 王大糣（耤）晨（农）于諆田，锡，王射，有司眔（暨）师氏、小子卿（佾）射，王归自諆田，王馭，澅（澫、濂）中（仲）麿（仆），令眔（暨）奋先马瘇（走），王曰：令眔（暨）奋，乃克至，余其舍（舍）女（汝）臣十家，王至于澅（澫、濂）宫，令拜稽首，曰：小子乃学，令对吼（扬）王休。

本铭和西周的礼制密切相关，涉及到藉礼、射礼。藉礼和西周土地制度相关，射礼和选任制度相关。铭文说，周王在諆田举行藉礼，午后，又举行射礼。有司官员、师氏、小子们一起射箭。王回程时，亲自驭马，濂中为仆，令和奋二人奔走于马前。王因此赏其臣十家。

（一）关于藉礼的内容，各家解释有所不同。但大多学者认为，藉礼的目的在于以其仪式确认井田制度的合法性。《孟子·滕文公上》说井田制即"八家皆司百亩，同养公田，公事毕然后敢治私事"，同养公田就是"藉"，赵岐注："藉者，借也，犹人相借力助之也。"《国语·周语上》说西周土地制度的崩坏始于"宣王即位，不藉千亩"，虢文公在劝止宣王时说，废藉礼将导致"匮神乏祀而困民之财"，即缺乏祭品以祭神祀祖，又使人民财物受损。春秋时期各诸侯国确立新土地制度，亦是从破坏藉礼开始的。如鲁宣公十五年"初税亩"，《左传》说"初税亩，非礼也。谷出不过藉，以丰财也"；《穀梁传》说"古者什一，藉而不税。初税亩，非礼也"，均是言此，本铭则为研究西周藉礼的重要资料。金文藉田资料又见于载簋，在其铭文中，周王册命载担任司土，主管藉田。①

（二）关于射礼资料，金文出现较多。杨宽先生曾论证过射礼在拣选人

---

① 载簋著录于（宋）吕大临《考古图》，中华书局，1987，第50页；《殷周金文集成》04255。

才方面的重要作用。①《礼记·射义》说："是故古者天子以射选诸侯、卿大夫、士"，即是言此制度。本铭说有司、师氏和贵族小子共射，是用礼的方式进行军事训练，作器者令自称小子，因其出色表现而获赏赐，故铸铭以纪念。

十一　作册令方彝（昭王）

本器又名矢令彝，据传为1929年出土于河南洛阳马坡，现藏美国华盛顿弗利尔美术馆。盖、器同铭，各187字（其中重文2）。另有同铭方尊，藏于台北故宫博物院。本器的主要著录文献及编号为：　《三代吉金文存》11.38.2，《殷周金文集成》06016，《商周青铜器铭文选》96。铭文之释文如下：

> 隹（唯）八月，辰才（在）甲申，王令周公子明保尹三事四方，受卿事寮。丁亥，令矢告于周公宫，公令𢓉（诞）同卿事寮，隹（唯）十月月吉癸未，明公朝至于成周，𢓉（诞）令舍三事令，眔卿事寮、眔诸尹、眔里君、眔百工、眔诸侯，侯、田（甸）、男，舍四方命令。既咸令，甲申，明公用牲于京宫；乙酉，用牲于康宫。咸既，用牲于王，明公归自王，明公易（锡）亢师鬯、金、小牛，曰：用褝（袚）；易（锡）令鬯、金、小牛，曰：用褝（袚）。乃令曰：今我隹（唯）令女（汝）二人亢眔矢，爽左右于乃寮以乃友事，乍（作）册矢令敢扬明公尹人（氏），用乍（作）宝尊彝，敢追明公赏于父丁，用光父丁，雋册。

本铭的作器者为矢，也即作册令。铭文说，八月甲申这天，周王命令周公的儿子明保（也就是后文中的公、明公）管理三事四方、卿事寮。所谓三事，或指司徒、司马、司空等金文常见的"三有司"，卿事寮则是西周主要的执政机关。丁亥这天，公命令矢告此事于周公之宗庙。十月初的癸未日，明公到成周发布命令，对象是三事、卿事寮、各尹、各里君、各种专业官吏，以及侯、甸、男等官员。明公发布四方之命令结束后，在甲申日，于京宫举行祭礼，乙酉日，在康宫举行祭祀礼。在这些礼仪完毕之后，又在王城举行祭礼。在从王城回来后，公赏赐给亢和矢两人以酒、铜、和小牛等礼物，命令他们协助自己处理寮事和友事。矢为此制作了本器祭祀自己的父亲（父丁），用以光耀其父。

---

① 杨宽：《西周史》，上海人民出版社，1999，第734页。

本铭十分重要。首先，铭文展示了最高执政大臣接受任命，并向天下发布命令的场景。铭文详细列举了发布命令的对象，其中包括文武百官和四方君主。虽然命令的详细内容不得而知，但是对于了解西周权力运作及政令贯彻却是难得的资料。在命令发布之后，明公又举行了各种用牲之祭礼，更体现出了西周时代礼制和法制之间的关系。其次，公在任命亢和矢时，赐予他们礼物，这是当时之礼仪，以此确立上下级的主从关系，亦为以礼制确立秩序的体现。

十二 师旂鼎（穆王）

本器又名师旅鼎、弘鼎。原藏刘体智，后归于省吾，现藏北京故宫博物院。内壁铸铭文 79 字。本器的主要著录文献及编号为：《三代吉金文存》4.31.2，《两周金文辞大系图录考释》12，《殷周金文集成》02809，《殷周青铜器铭文选》84。铭文之释文如下：

> 唯三月丁卯，师旂众仆不从王征于方器（雷）。使氒（厥）友弘以告于白（伯）懋父。在芳，白（伯）懋父乃罚得、系、古三百孚。今弗克氒（厥）罚，懋父令曰：义敊（宜播），戲！氒（厥）不从氒（厥）右征。今母（毋）敊（播），其又（有）内（纳）于师旂。弘吕（以）告中史书，旂对氒（厥）贅（劾）于尊彝。

本铭是研究西周司法的重要资料，很多相关论著都加以引用。铭文说，在三月丁卯这天，师旂的属下"众仆"不跟随周王征发方雷，师旂令其僚属弘向伯懋父控告此事，伯懋父则对得、系、古三人处以罚金。然而得、系、古并未缴纳罚金。于是伯懋父命令说，应当将三人流放。不过三人后来缴纳了罚金，于是就不再流放了。本铭有如下几点当引起特别的注意：

（一）铭文记载了上级控告属下的案例。原告是师旂，被告是师旂的众仆。在西周分封制度下，每级的贵族，或氏族集团对于其上级而言，都具有相当的独立性，这在金文资料中有多次表现。故师旂的众仆不听其调度，师旂自己无法直接处罚他们，而是要向其他高级贵族控告。本案的审判者是伯懋父。原告师旂本人并不亲自到场，而是让其助理代为起诉，是为"命夫命妇不躬坐狱讼"。[①]

（二）从铭文中可以看出，被告缴付的罚金，并非由审判官收取，而是

---

① 《周礼·秋官·小司寇》。

直接给了原告。如以现代法学观点来看，这笔款项不具有惩罚性质，而属于赔偿性质。在匜铭文中，被告牧牛也被罚了三百锊的金（铜），而原告、即胜诉者儵说他将"用作旅盉"，是否亦会用此罚金来铸旅盉？如果是，那么该罚金亦为赔偿性质了。

（三）本文中的法律术语用法较为典型。如"告于""义播""劾"（劾）等。其中劾字的名词含义是判词，动词含义是审判。"旗对乲（厥）于尊彝"的意思是"师旂称颂审判官的判词，乃铸此尊彝"。匜铭文说"伯扬父乃成劾"，意思就是"审判官伯扬父确定判词"，师裒鼎铭文说"劾乲（厥）邦酋"，意思是审问敌方的首领。劾与劾发音相近，《尚书正义·吕刑》"狱成而孚，输而孚"句之疏曰："汉世问罪谓之鞫，断狱谓之劾"，故释为劾。

十三　班簋（穆王）

班簋亦名毛伯彝、毛父班彝、毛伯班簋，原藏清宫，后来流失。1972年6月北京市物资回收公司有色金属供应站拣选到本器之残余部分，经复原后收藏于首都博物馆。现在见到的班簋与清宫旧藏有别，但铭文内容相同，或为同时所作的数器之一。内底铸铭文197字。本器的主要著录文献及编号为《西清古鉴》31.12，《两周金文辞大系图录考释》9，《殷周金文集成》04341，《殷周青铜器铭文选》168，《文物》1972年第9期。铭文之释文如下：

佳（唯）八月初吉，才（在）宗周，甲戌，王令毛白（伯）更虢城（城）公服（服），屛（屛）王立（位），乍（作）四方工（亟、极），秉緐、蜀、巢令，易（锡）铃、鞶（勒）。咸，王令毛公召（以）邦冢君、土（徒）驭、载人伐东或（国）痟（㾖）戎。咸，王令吴白（伯）曰：召（以）乃自（师）左比毛父，王令吕白（伯）曰：召（以）乃自（师）右比毛父，（遣）令曰：召（以）乃族从父征。祗（诞）城（城）卫父身，三年静（靖）东或（国），亡不成屺（尤），天威，否奥（畀）屯（纯）陟，公告乲（厥）事于上，佳（唯）民亡祗在彝，怷（昧）天令（命），故亡，允才（哉）显，佳（唯）苟（敬）德，亡逌（攸）违。班拜稽首曰：乌乎（呼），丕（丕）环孔皇公受京宗歃（懿）厘，毓（后）文王、王妣（姒）圣孙，隥于大服，广成乲（厥）工（功），文王孙亡弗褢（怀）井（型），亡克竞乲（厥）剌（烈），班非敢觅，佳（唯）乍（作）邵（昭）考爽，益（谥）曰大政，子子孙孙，多世其永宝。

本铭和《穆天子传》《尚书》等古文献的关系十分密切。作器者为毛班（毛伯），《穆天子传》中说穆王十七年徐偃王寇京，毛班驰京克之，既而又受命东征，这与铭文的记载是相契合的。本铭具有重要的法律史研究价值，这表现在以下几方面。

（一）铭文说王令毛伯"作四方极，秉緐、蜀、巢令"，其中"作……极"是为……之准则的意思；"秉……令"是执掌发布命令之权柄的意思。"四方"为天下之泛称，而"緐、蜀、巢"则具指三地。这是天子授予毛伯对特定地区发布政令之权限。类似的表述可参见兮甲盘铭文之"王令甲政司成周四方积，至于南淮夷"。

（二）铭文中说，辅助毛班的人为吕伯，吕伯或即为作《吕刑》的吕侯。本铭与《吕刑》中的遣词用句尤其类似。《吕刑》中穆王说要求"率乂于民棐彝"、[1]"尔尚敬逆天命""以成三德"，而本铭说东国之民因为"亡䖒（顺）在彝""昧天命"，故亡。只有"敬德"，才能"亡攸违"。类似的用语亦见于《尚书》其他篇章，如《尚书·召诰》中说"其惟王勿以小民淫用非彝"等。《尚书孔传参正》："彝，法，常也"。[2]

（三）铭文中说"文王孙亡弗褱（怀）井（型）"，井为法度的意思。东周以后抄写为"刑"，《论语》"君子怀刑，小人怀惠"，即为此用法。《尚书·召诰》中"小民乃惟刑用于天下"的"刑"亦是此义。过去学者大多《吕刑》的"刑"统一解释为"刑罚"之义，然而清代学者戴均衡在分析《吕刑》"伯夷降典，折民惟刑"句时说：

> "折民惟刑"，旧解以为刑罚之刑，夫下文始言"士制百姓于刑之中"，此三后乃教民、安民、养民之事，不宜插入刑言。且伯夷何尝兼刑官乎？说者盛谓教民以礼，折绝斯民入刑之路，其意巧而是迂。窃谓"刑"，法也，即典也。《诗》曰："尚有典刑"。"折"读曰"制"，陶潜诗曰："伯夷降典，制民惟刑"，是"折""制"古通也。制民者礼，所谓固肌肤束形骸之谓。"惟"犹"以"也。言伯夷降布典礼制以轨法也。[3]

---

[1] 彝训为常法。
[2] 参见王先谦《尚书孔传参正》，中华书局，2011，第718页。
[3] 戴钧衡：《书传商补》，载《续修四库全书·经部》第50册，上海古籍出版社，2002，第178页。

戴氏之观点，并不被很多学者认同。然以西周铭文考之，则可知其为卓见。《吕刑》中"刑"字的涵义，有再做具体分析的必要。传说中《吕刑》作于穆王时期，而班簋亦为穆王时的青铜器，故在研究《吕刑》方面，其价值是不言而喻的。

十四　静簋（穆王）

本器原藏清宫，后归李山农，罗振玉。现藏美国萨克勒艺术博物馆。器内底铸铭文90字（其中重文2）。本器的主要著录文献及编号为：《西清古鉴》27.14，《殷周金文辞大系图录考释》27，《殷周金文集成》04273，《商周青铜器铭文选》170。铭文之释文如下：

佳（唯）王六月初吉，王才（在）莽京，丁卯，王令静司射学宫，小子眔服（服）、眔小臣、眔尸（夷）僕（仆）学射，雩八月初吉庚寅，王吕（以、与）吴弐、吕犁（梱）卿（会）嚜（幽）蓥（师）邦君射于大池，静学无眈（戗），王易（锡）静鞞剌，静敢拜稽首，对趴（扬）天子不（丕）显休，用乍（作）文母外姞尊簋，子子孙孙其万年用。

本铭说六月初吉这天，周王在莽京，丁卯这天，周王命令静管理学宫之射箭事。学习者有贵族小子、官员、小臣、夷仆。八月初吉庚寅这天，周王和吴弐、吕犅会同幽师、蓥师的邦君在大池射箭，由于静教学无差错，所以得到赏赐。铭文是研究射礼及其政治意义的重要资料，铭文中的吴弐和吕犅，应当是班簋中的吴伯和吕伯，在班簋中，吴、吕二伯为主帅毛公的左右助手。而吕伯当为《吕刑》的制定者吕侯，由此可知，吕候之名当为吕犅。

十五　吕方鼎（穆王）

本器原藏罗振玉，现藏旅顺博物馆。本器内壁铸铭文，现存43字（其中重文2，合文1），主要著录文献及编号为：《三代吉金文存》4.22.1，《殷周金文集成》02754，《商周青铜器铭文选》173。铭文之释文如下：

唯五月既死霸，辰才（在）壬戌，王祼于大（太）室。吕征（延）于大（太）室，王易（锡）吕臸（秬）三卣、贝卅朋。对扬王休，用乍（作）宝鼎，子子孙孙永用。

本器的器主当为《吕刑》的制定者吕侯，此人在班簋和静簋中也出现过。铭文内容涉及裸礼，天子在太室举行该礼，吕任赞礼之职，此亦标示了吕的地位很重要。

十六　吕簋（穆王）

本器为香港某藏家收藏，盖、器各铸铭文62字，内容基本相同，著录于张光裕、黄德宽《古文字学论稿》，安徽大学出版社2008年版，第167页。铭文之释文如下：

> 隹九月初吉丁亥，王格大室，册命吕。王若曰："吕，更乃考颧司奠师氏，易女玄衣黹屯、载市冋黄，戈琱戜彁必彤沙、旂鋚，用事。"吕对扬天子休，用作文考尊簋，万年宝用。

本铭说，在九月初吉丁亥这天，周王在太室册命吕，让吕继承父考之职，并赏赐以玄衣黹屯等物，以供王事。① 在铭文中，吕所继承其父的职位是"奠师氏"。"奠""甸"在上古音中声纽相同，可通假。"甸师氏"见于《周礼》《礼记》。《周礼·天官·甸师》曰："甸师……王之同姓有罪，则死刑焉"，郑玄注："王同姓有罪当刑者，断其狱于甸师之官也。"由此可知，甸师氏、或甸人掌刑杀公族之有罪者，且有断狱的职责。从《周礼》来看，其地位并不高，属于"下士"。吕簋铭文来看，吕的职责是管理奠师氏，这个职位是由吕氏世袭的。

又按，在金文资料中，"司某某"为管理某部门之义，非任某职之义。如蔡簋铭文中命令蔡"司王家"，即管理王家，而非其职务为"王家"。司为官名则写作"作司某"，如牧簋铭文中命令牧说"作司徒"，即担任司徒。两种"司"的用法，在扬簋铭文中区分的最为明显。扬簋铭文中说扬"作司工，官司量田佃"，其义为担任司工，职责是管理量地的田佃。笔者曾着文论述，吕簋铭文表明吕曾担任甸师氏之职，② 这种说法是不正确的，在此特作修正。

《吕刑》中说周穆王命吕候作刑，本铭的制作时间和穆王时代大致相符，对研究《吕刑》而言有重要的参考价值。

---

① 关于"用事"的理解，各家意见有所不同。此处采用了陈汉平的解释，参见氏著《西周册命制度研究》，学林出版社，1986，第263页。

② 王沛：《古文献与古代法律二题》，《华东政法大学学报》2009年第6期。

十七　录伯戓簋盖（穆王）

本器原藏吕尧仙，内底铸铭文 112 字（其中重文二，合文一），主要著录文献及编号为：《三代集金文存》9.27.2，《殷周金文集成》04302，《商周青铜器铭文选》180。铭文之释文如下：

> 隹（唯）王正月，辰才（在）庚寅，王若曰：彔白（伯）戓，繇自乃且（祖）考有毕（勋）于周邦，右（佑）闢四方，叀（惠）圅天令（命），女（汝）肇不（墜），余易（锡）女（汝）𢍌（秬）鬯一卣、金车、贲愼较、奉（贲）圅朱虢（鞃）靳（靳）、虎冟（冪）窠（朱）里、金甬（筩）、画輴、金厄（轭）、画鞞、马四匹、鋚勒，彔白（伯）戓敢拜手稽首，对扬天子不（丕）显休，用乍（作朕）皇考釐王宝隮殴（尊簋），余其永万年宝用，子子孙孙其帅井（型），受兹休。

本铭中的"录"为国族名，或即《左传·文公五年》"楚人灭六"之"六"，旧说认为其为传说中的上古法官皋陶之后。[1] 天子说录伯之祖"叀（惠）天令（命）"，是为西周天命思想的反映。铭文最后说："子孙孙其帅井（型）"。井为效仿之义，宾语省略，其义为子孙都遵循效仿其祖先的行为，以之为准则。金文中井后省略宾语的用例较少，但是兮甲盘铭文中有类似的用例："毋敢或入蛮宄贾，则亦井"。[2]

又按，本铭属于金文资料中的册命文书，据张懋镕先生研究，册命文书确立于穆王时期，册命礼仪亦于此时成熟。从金文资料中可发现，穆王时代各种新制度开始定型，而后代诸王则很少改动。[3] 这或为《尚书》所云，穆王时代"作刑"、也即"作型（井）"的体现。

十八　趞簋（穆王）

本器旧误作趞鼎（实为簋），据《愙斋集古录》云，本器原藏李山农，现藏日本东京书道博物馆。器内、底各铸铭文 80 字。本器的主要著录文献及

---

① 郭沫若：《两周金文辞大系图录考释》，上海书店出版社，1999，第 63 页。
② 参见王沛《西周的"井"与"誓"：以兮甲盘和鸟形盉铭文为主的研究》，《当代法学》2012 年第 5 期。
③ 张懋镕：《新见金文与穆王铜器断代》，《文博》2013 年第 2 期。

编号为:《愙斋集古录》5.10,《殷周金文集成》04266,《商周青铜器铭文选》172。铭文之释文如下:

> 唯三月王才(在)宗周,戊寅,王各(格)于大(太)朝(庙),密叔右趞即位,内史即命。王若曰:趞,命女(汝)作爕师冢司马,啻(适)官仆、射、士,讯小大有邻,取征五乎,易(锡)女(汝)赤市(韨)、幽亢(衡)、銮、旗,用事。拜稽首,对扬王休,用乍(作)季姜尊彝,其子子孙孙万年宝用。

本铭记载了有关册命的内容。铭文说,某年三月,周王在宗周,戊寅这天,周王来到太庙,密叔陪同趞就位。内史传达命令。王如此说:趞,命令你担任爕师的冢司马,并往任仆、射、士。[①] 讯问大小有邻,收取五乎之费用。赐予你红色的围裙、黑色的带子、銮铃和旗子,以供王事。趞拜稽首,称扬王的休美,用来做祭祀季姜的彝器,子孙万年都将珍藏使用。

趞所担任的冢司马一职,还见于觐簋铭文,为与军事相关的职务。所不同的是,觐担任的是王朝之冢司马,而趞担任的是爕师之冢司马。爕或释为幽,西周的幽国,在今陕西省旬邑县。西周中期器静簋的铭文中亦出现有幽师,与蓝师并列,其首领称为“邦君”,知其为畿内诸侯。美国旧金山亚洲艺术博物馆藏有爕王盂,亦为西周中期器。由此可知,趞担任诸侯之冢司马,也是由天子册命的。

趞担任的职官中有“士”,或为《周礼·秋官·司寇》中所说的“士师”,为司法官员。讯小大有邻,指审讯辖区内大小邻里组织中的狱讼案件。关于“有邻”,金文中通常写作“又叕”。[②] 唐兰先生认为“又”通作“友”,《周礼·太宰》说“以九两系邦国之民……八曰友,以任得民”,注:“友谓同井相合耦锄作者”,其地位比吏更低。“邻”即《说文》所谓“五家为邻”;《尚书大传》:“古者八家为邻”;《周礼·大司徒》下有邻长。[③] 而李学勤先生则认为,“又”读为“有”,“叕”从炎声,读为匣母谈部的“嫌”,

---

① 关于原铭之“啻”的解释,学界主要有三种意见:(1)通敌(敌)。《尔雅·释诂》:“敌,匹也。”敌为同官而较卑者。(2)通嫡,嫡官指嫡承旧官。(3)通适(适),往也,往任某官。译文用第三种意见。参见唐兰《西周青铜器铭文分代史征》,中华书局,1986,第308页;马承源《商周青铜器铭文选》第3册,文物出版社,1985,第112页。
② 字炎下的口字为一个或数个,数目不等。
③ 唐兰:《西周青铜器代史征》,中华书局,1986,第309页。

"有盩"的意思是"有嫌"，即审讯嫌犯。① 笔者认为"又盩"当释为"有邻"。"又"即有，金文常见，不必通"友"。有，助词，有邻，邻也。《经传释词》："有，语助也。一字不成词，则加有字以配之。若虞、夏、殷、周皆国名也，而曰有虞、有夏、有殷、有周是也。推之他类，亦多有此。"邻为西周基层的居民组织，有邻则泛指此类基层组织。讯有邻，即担任处理基层邻里纠纷案件的法官，审讯其狱讼之事。

十九　师㝬鼎（恭王）

本器于 1974 年 12 月 5 日出土于陕西省扶风县强家村西周窖藏，现藏陕西历史博物馆。器内壁有铭文 196 字（其中合文 6）。本器的主要著录文献及编号为：《文物》1975 年第 8 期，《殷周金文集成》02830，《商周青铜器铭文选》202。铭文之释文如下：

> 唯王八祀正月，辰才（在）丁卯。王曰："师㝬！女（汝）克盩（茶）乃身，臣朕皇考穆王，用乃孔德琏（逊）屯（纯），乃用心引正乃辟安德。叀（唯）余小子肇盩（淑）先王德，易（锡）女（汝）玄衮、黼（黼）屯（纯）、赤市（韍）、朱横（黄、衡）、緐（鎣）旗、大（太）师金雁（膺）、攸（鋚）勒。用井（型）乃圣且（祖）考，陪明秢（令）辟前王，事余一人。"㝬拜稽首，休白（伯）大（太）师肩（肩）㸬（任）臣皇辟，天子亦弗諲（忘）公上父獣（胡）德，㝬穆曆（历）白（伯）大（太）师，不（丕）自乍（作），小子凤夕専由先且（祖）剌（烈）德，用臣皇辟。白（伯）亦克骉（款）由先且（祖）壨，孙子一册皇辟懿（懿）德，用保王身。㝬弄（敢）严（厘）王，卑（俾）天子万年，夷韐白（伯）大（太）师武，臣保天子，用卒（厥）剌（烈）且（祖）介德。㝬敢对王休。用妥（绥）。乍（作）公上父尊，于朕考啚（郭）季易父牧（秩）宗。

本器出自陕西扶风强家村窖藏，如果将同窖出土的本器、即簋、师丞钟、及已著录的师望鼎铭文相互参看的话，可知他们同属虢国公族，其家族世代为"师"。② 本铭说，在周王八年正月丁卯这天，天子册命了师㝬。天子说，师㝬在侍奉自己的父亲，也就是已经去世的穆王时，德行纯美，用其心

---

① 李学勤：《中国古代文明研究》，华东师范大学出版社，2005。
② 李学勤：《西周中期青铜器的重要标尺》，《中国历史博物馆馆刊》1979 年第 1 期。

智引导匡正穆王，使穆王安于其德。现在天子继承穆王之德，赏赐师𩠓诸物，让师𩠓效法自己的祖考，像他们善事先王那样侍奉自己。师𩠓赞美了伯太师，因为当年伯太师保举自己臣事先王。师𩠓并表示自己今后要效法伯太师来保卫天子。

在本铭中，恭王非常强调"德"，而且说师𩠓在侍奉先王穆王时，不但自己德行纯美，而且引导穆王安于其德。恭王自己也将修善穆王传下的美德。这和《吕刑》中穆王大力提倡"德"的记载是一致的。恭王同时指出，师𩠓要效法其祖考，侍奉自己。效仿的含义用"井"字来表示，通"型"，这和西周惯用法是一致的。铭文朿禆末"白（伯）大（太）师武"，据裘锡圭先生解释，"朿禆"读作"范围"。《易·系辞》："范围天地之化而不过"，韩康伯注："范围者，拟范天地而周备其理也"，正义："范谓模范，围谓周围。言圣人所为所作模范周围天地之化养，言法则天地以施其化，而不有过失违天地者也"。铭文的意思是法则伯太师所作所为而不离违。① 本铭对研究西周世卿世禄背景下的官员继任制度很有帮助，同时也体现出前任官员、也即继任者之祖考的行为模式在确立行政规范方面具有重要作用。

二十　裘卫盉（恭王）

本器在 1975 年 2 月 2 日出土于陕西省岐山县京当公社董家村，现藏岐山县博物馆。共 12 行，132 字。本器的主要著录文献及编号为：《文物》1976 年第 5 期；《殷周金文集成》09456；《殷周青铜器铭文选》193。铭文之释文如下：

> 隹三年三月既生霸壬寅，王再旗于丰。矩白庶人取堇章于裘卫，才八十朋。氒寅，其舍田十田。矩或（又）取赤虎两，鹿素两，素一，才廿朋，其舍田三田。裘卫乃蒞告于白（伯）邑父、荣白（伯）、定白（伯）、𤦎白（伯）、单白（伯），白（伯）邑父、荣白（伯）、定白（伯）、𤦎白（伯）、单白（伯）乃令参有司：司土微邑、司马单旗、司工邑人服眔受田，嗣趙、卫小子辂，逆者其卿（饗），卫用乍朕文考惠孟宝盘，卫其万年永宝用。

本器出土于古周原的窖藏，该窖藏出土了大量青铜器，后文所列的五祀

---

① 以上裘锡圭先生的论述，参见《裘锡圭学术文集》第 3 卷，复旦大学出版社，2012，第 19 页。

卫鼎、儣九年卫鼎、匜等都出在此窖，而器主则属于同个家族，即裘卫家族。从相关铭文来看，裘卫家族当为嬴姓，① 从事畜牧、造车、皮毛等产业。《史记·秦本纪》中说，嬴姓部落"佐舜调训鸟兽"（大费）、"以善御幸于周缪王"（造父）、"好马及畜，善养息之"（非子），这和裘卫家族的背景非常相似。裘卫诸铭所反映的以诉讼争取权利之特点尤其突出，故在西周法制史研究论著中常被引用，价值重大。

本铭说，周恭王三年三月即生魄壬寅这天，天子在丰京举行建旗之礼。矩伯庶人从裘卫那购置了朝觐用的玉璋，价值八十朋，用十田来交换。同时购置了两张赤色老虎皮、两张鹿皮饰，以及一张杂色蔽膝，价值二十朋，用三田来交换。裘卫将此事详细呈报了执政大臣伯邑父、荣伯、定伯、琼伯、单伯，诸位执政大臣遂命三有司官员微邑、单旟、邑人服到场交付田地。作为接待者的幽趚以及裘卫的办事人员辅举办了宴会。裘卫因此而铸造了祭祀父亲孟惠的宝盘（西周中期前流行盘、盉配套使用，故铸盘铭于盉上），并将万年永远珍藏使用。

本铭使我们了解到西周时代田土买卖方面的若干习惯法规则。在本铭中，买卖双方分别是土地贵族矩伯和手工业贵族裘卫。从铭文用词上看，矩伯地位高于裘卫（裘卫仅为司裘之类的低级官员），而矩伯买某物，亦称之为"取"某物。但事实上，裘卫的经济地位正在不断的攀升中。矩伯购买玉器、皮货等物品，是用田地来交付的，不过在交付之前，这些物品被折合以货币价值，以便结算。田地交易是件大事，必须在天子或执政的监督下完成。本铭中，裘卫将交易事宜禀告伯邑父等执政大臣，并在相关有司监督下完成受田，其后宴请各方人士。报告朝廷、官方介入受田、宴请来宾，这是西周田土交易合法有效的一般规则。

二十一　五祀卫鼎（恭王）

本器在 1975 年 2 月 2 日出土于陕西省岐山县京当公社董家村，原藏岐山县博物馆，现藏陕西历史博物馆。内壁铸铭文 207 字（重文 5，合文 1）。本器的主要著录文献及编号为：《文物》1976 年第 5 期，《殷周金文集成》02832，《商周青铜器铭文选》198。铭文之释文如下：

　　　　隹正月初吉庚戌，卫以邦君厉告于井白（伯）、白（伯）邑父、

---

① 周瑗：《矩伯、裘卫两家族的消长与周礼的崩坏——试论董家青铜器群》，《文物》1976年第6期。

定白（伯）、白（伯）、琼白（伯）俗父，曰：厉曰，余执恭王恤工，
于邵大室东逆燮二川，曰余舍女（汝）田五田。正乃讯厉曰，女
（汝）賣田不？厉乃许曰，余害（審）賣田五田。井白（伯）、白
（伯）邑父、定白（伯）、白（伯）、白（伯）俗父乃顜，使厉誓，乃
令参有司：司土邑人趞、司马颎人邦、司工隆矩、内史友寺刍帅履裘
卫厉田四田，乃舍，寓于毕邑。毕逆强（疆）眔厉田，毕东强（疆）
眔散田，毕南强（疆）眔散田、眔政父田，毕西强（疆）眔厉田。邦
君厉眔付裘卫田，厉叔子夙、厉有司馫季、庆癸、燹襄、㓝人叡、井
人偈屖、卫小子者，其卿（饗）匍。卫用乍朕文考宝鼎，卫其万年永
宝用，隹王五祀。

　　本铭记录了一件田土争讼案件。铭文说，周恭王正月初吉庚戌这天，裘
卫向邢伯、伯邑父、定伯、琼伯、伯俗父控告邦君厉。裘卫指控道：邦君厉
曾参与恭王利民大业，从事邵王太室东北两条河流的治理工程，当时厉对自
己说会补偿给他五田。执政大臣们讯问厉说：你答应过补偿给他田地吗？厉
承认说：我确曾核定过补偿给裘卫五田。邢伯、伯邑父、定伯、琼伯、伯俗
父于是公正地进行裁断，让厉发了誓言，命令三有司官员——司土邑人趞、
司马人邦、司工附矩、内史友寺刍前往勘定裘卫所接受厉的四田，交付田
地，并在邦君厉的田邑内划定了疆界。其北界到厉的田，其东界到散的田，
其南界到散和政父的田，其西界到厉的田。邦君厉到场交付裘卫田地。邦君
厉的小儿子夙、厉的有司（家臣）馫季、庆癸、燹襄、㓝人叡、井人偈屖、
裘卫的家臣参加了宴会和送礼的仪式。卫因此制作了祭祀其先父的宝鼎，并
将万年永远珍藏使用。
　　尤其让人感兴趣的是，本案诉讼之一方带有公权力之性质。据铭文记
载，邦君厉受周恭王的指派，承担两条河流的治理任务。正是从事这项水利
工程时，出于某种原因，邦君答应给裘卫以五田的补偿，但这并非厉和裘卫
个人之间的田土交易。诉讼请求之标的是五田，最后何以改为四田，不得而
知。主张本案例属于田土交易的学者，认为铭文是说裘卫用四田交换了邦君
厉的五田，或是邦君厉用四田交换了裘卫的五田，这都基于对铭文中"舍"
"賣"等字的理解不同而做出的论断。① 在交付土地的时候，依旧遵循了如卫
盉铭文所载的程序。

---

① 参见王沛《裘卫诸器集释》，载王沛《金文法律资料考释》，上海人民出版社，
2012。

二十二 九年卫鼎（恭王）

本器在 1975 年 2 月 2 日出土于陕西省岐山县京当公社董家村，现藏岐山县博物馆。共 195 字（其中重文 1、合文 3），主要著录文献及编号为：《文物》1976 年第 5 期，《殷周金文集成》02831，《商周青铜器铭文选》203。铭文之释文如下：

> 隹九年正月既死霸庚辰，王才周驹宫，各庙，眉（眉）敖者肤为吏见于王，王大赏。矩取眚车较、画、虎冟、鞞鞍、画㝬、旆、帛鞶乘、金麃锾，舍矩姜帛三两，乃舍裘卫林𠫑里。豦焚隹颜（颜）林，我舍颜（颜）陈大马两，舍颜（颜）姒㠱各，舍颜（颜）有司寿商㻌裘、盠冟。矩乃眔遧舜令寿商眔甬曰：𩭿。𡍼付裘卫林𠫑里。则乃成夆四夆，颜（颜）小子𡲝夆夆，寿商閠。舍盠冟梯牵皮二，坒皮二，𢶀鸟俑皮二，肶帛金一反，牵吴喜皮二。舍遧麃冟、㦰莽、𫐎画，东臣羔裘、锾（颜）下皮二。眔受：卫小子家；逆者其匄：卫臣𧶘肶。卫用乍朕文考宝鼎，卫其万年永宝用。

本铭是罕见的关于西周林地交易的案例。铭文说，周恭王九年正月既死霸庚辰这天，天子在周驹宫，并前往宗庙。眉敖的使者者肤前来朝觐天子，天子举行了盛大的接待礼。矩伯从裘卫处购置了一辆好马车，附带车上曲钩、有装饰的车轼、虎皮罩子、兽皮袋子、彩绘车下索、鞭子、大皮索、四副白色的辔头、铜马嚼子、锁，裘卫同时给予矩姜十二丈的帛。矩伯交付给裘卫林𠫑里。我裘卫收取林𠫑里中的颜林，并赠予颜陈两匹大马，赠予颜姒一件青黑色的衣服，赠予颜有司寿商貉裘和猪皮罩子。矩伯和遧舜命令寿商和畜敲定此事，勘定、交付林𠫑里给裘卫。随后在四面封土起界，颜小子（家臣）们都参与了起封仪式，（颜有司）寿商加以察看。裘卫赠予盠冟梯两张羝羊皮，赠予业帛金一块，赠予牵吴喜皮两张，赠予遧麃皮做的罩子，柔软的、带有装饰的皮带裹起来的马车把手，赠予东臣羔裘，赠予颜两张五色皮子。到场受田的是裘卫家臣家，迎接及送礼的是裘卫的家臣𧶘肶。卫因此制作了祭祀先父的宝鼎，并将万年永远珍藏使用。

从这则案例中，我们可以直观了解到西周贵族在分封制下的相互关系。在本铭的诸家解释中，颜林问题分歧最大，是为认识本案性质的关键之处。贵族矩伯因参加天子的朝会，向裘卫购买一副马车，其代价是一片唤作"颜林"的林地。颜林为颜氏之林，而颜氏，则为世代居住于此的血缘部落，其首领为本里（林酋里）的里君，也是矩伯的家臣。给付颜林，意味着颜氏宗主权发生变更，宗主由矩伯转为裘卫。文中说，裘卫向新下属颜氏送礼，此行为或有笼络之意，抑或为当时通行的规则。① 值得注意的是，颜氏亦为功能完备的低级贵族，有属于自己的职能官员（有司）。在交易颜林的时候，颜氏家臣、有司等都参与了相关仪式。与上两铭相比，在本铭的土地交付过程中，没有王朝有司的参加，此或为林地交易不同于田地交易之处。

二十三　𤼈匜

本器在 1975 年 2 月出土于陕西岐山县董家村，现藏岐山县博物馆。器内底铸铭文 90 字，盖内 67 字，共 157 字（其中合文 3）。本器的主要著录文献及编号为：《文物》1976 年 5 期，《殷周金文集成》10285，《商周青铜器铭文选》258。铭文之释文如下：

> 佳三月既死霸甲申，王才蒡上宫。白（伯）扬父乃成𧪳曰：牧牛，歔！乃可湛。女（汝）敢吕（以）乃师讼。女上卟先誓，今女亦既又卟誓，尃趄啬觐𤼈，宥亦兹五夫，亦既卟乃誓。女（汝）亦既从辞从誓，弋可。我义俊（鞭）女（汝）千，黜𩏩女（汝）。今我赦女，义俊女千，趆𩏩女（汝）。今大赦女（汝），俊（鞭）女（汝）五百，罚女（汝）三百寽。白（伯）扬父乃或吏（使）牧牛誓曰："自今余敢嫢乃小大史（事）"。"乃师或吕（以）女（汝）告，则致乃俊（鞭）千，黜𩏩。牧牛则誓，乓吕（以）告事虬、事智于会。牧牛辞誓成，罚金。𤼈用乍旅盉。

本铭为最重要的西周法制史史料之一，在各种论著中反复被征引。但关于本铭的释字、性质和内容理解方面，仍有很多难点有待考证。本铭的大意是，三月既死霸甲申这天，天子在蒡地的上宫，伯扬父定下了判词：牧牛啊，你应当接受审问，你还敢和你的上司争讼，你已背弃曾作出的誓言了。现在你重新践行誓言，前往啬地以修好于𤼈，交付了那五个人。你能够履行誓言、认可供辞、服从誓言，这应当获得肯定。我本要鞭打你一千下，并施以黑巾裹头、面颊刺字的墨刑。现加以赦免，改为鞭打一千下，并仅施以面颊刺字的墨刑。我对你进一步大赦，更减轻为鞭打五百下，罚三百寽的铜。伯

---

① 参见王沛《裘卫器铭中的公社与礼制——西周时期法律关系设立的再思考》，《上海师范大学学报》2011 年第 5 期。

扬父于是又让牧牛发誓说：从今以后，我再也不敢以大小之事打扰您。伯扬父说道：如果你上司再次把你控告上来，那我就要鞭打你一千下，并处以黑巾裹头、面颊刺字的墨刑。牧牛照此立誓。嗣后将此事告知官吏虢、曶，完成归档工作。牧牛的供辞、誓言已定，被处以罚铜。师毓因此制作了宗旅之盉。

本铭的意义，学者多已详细论述过。特别是铭文关于墨刑、鞭刑、赎刑的记载，可以和《吕刑》《舜典》《周礼》对读，印证了传世文献某些信息的可靠性。笔者需要补充的是，以往学界多认为牧牛被惩罚的原因是他讼其上司，① 但细读铭文可知，牧牛被处罚的原因乃在于违背了以前的誓言，而非控告自己的上级。本器出土于董家村窖藏，同窖出土的五祀卫鼎铭文就记载了毓所在的地位并不高贵的裘卫家族和地位较高的邦君历之间的诉讼。当然历可能并非裘卫的直接上级，但至少说明地位高低并不太会影响周人的诉讼。此外，鞭在已公布金文资料中，分别出现于九年卫鼎、曶鼎、散氏盘②、大河口鸟形盉和本铭中。除了九年卫鼎中作名词的"鞭（马鞭）"外，其余4铭中的"鞭"均为动词，而且都和刑罚有关，录之于下：

曶鼎：（匡）稽首曰：余无由具寇正［秾］，不出，鞭余。
散氏盘：我既付散氏田器，有爽，实余有散氏心贼，则鞭千罚千，传弃之。余有爽变，鞭千罚千。
鸟形盉：余某弗再公命，余自无，则鞭身（千）、第传出。
毓匜：我义鞭汝千。

我们可以从上述铭文中发现，1. 鞭均指鞭刑。2. 最高鞭刑数目为一千。3. 曶鼎、散氏盘、鸟形盉铭文中的鞭刑，都出现在当事人的誓言中；而毓匜铭文中的鞭刑数目，虽为审判官宣布，但审判官明言这是当事人牧牛违背了自己誓言后的惩罚，故而可推测为这是牧牛之前誓言中的内容。毓匜铭文在最后，牧牛新作出的誓言中，也有"鞭千"的内容。鞭刑的内容不见于《吕刑》，而载诸《舜典》。《舜典》在《吕刑》所载的"五刑"（墨、劓、刖、宫、大辟）之外，又指出了四种较低的刑种，即流、赎、鞭、扑。而金文资料则提醒我们，《舜典》中的说法是值得重视的。由誓言引发的刑罚中，后四种似乎亦形成一个体系，如散氏盘中即有鞭、罚（赎）、传弃之（流）；本

---

① 参见盛张《岐山新出毓匜若干问题探索》，《文物》1976年第7期。
② 散氏盘中的"鞭"，或释为"寽"，笔者赞同张桂光先生的意见，认为应当释为"鞭"。参见张桂光《古文字考释四则》，《华南师院学报》1982年第4期。

铭后文中的鞭和罚（赎）。曶鼎中鞭前有缺字，有学者认为是笞（扑）。① 此外，"五刑"中的最低刑等"墨"（黥𢧵）也会出现在誓言中，和这四刑一道构成（通常是土地纠纷引起的）誓言刑罚体系。从已知材料来看，一千是鞭刑的最高数目。

二十四　佣生簋（恭王）

本器现藏上海博物馆，共三器，各器铭文均不全，内容相同。综合来看，每篇铭文当有83字（其中重文2）。本器的主要著录文献及编号为：《筠清馆金文》3.25.1~3.26.1，《两周金文辞大系图录考释》64.2~65.1，《殷周金文集成》04262，《商周青铜器铭文选》210。铭文之释文如下：

> （唯）正月初吉癸子（巳），王才（在）成周，格白（伯）取良马乘于佣生，毕（厥）賮卅田，则析，格白（伯）履，殹妊彶佫毕从，格白（伯）安彶佃（甸）殴，毕（厥）𢆶雫
>
> 谷杜木，邎谷旅桑，涉东门，毕（厥）书史戬武立誓、成塈。铸宝簋，用典格白（伯）田，其万年子子孙孙永宝用，𤴐。

在研究西周田土交易时，本铭内容常被称引。本铭说，在某年正月初吉癸巳这天，周王在成周。格伯从佣生这里买了匹良马，价值三十田。双方剖析券契，格伯履田，殹妊、彶佫跟随，展现了土地交易时的程序。格伯行至田殴，② 在𢆶雫谷立杜木、在邎谷植桑树以为标志。然后经过东门，其书史戬武立誓、③ 成塈，④ 铸造此簋，用来记录卖给格伯田地的事情，并将万年子孙永远珍藏使用。

格伯以良马购买了佣生卅田，在铭文中用"賮"，其含义是价格，与卫盉铭文同。交易土地时同时书券契而分之，称为"析"。《周礼·天官·小宰》："四曰听称责以傅别"，"七曰听买卖以质剂"，注："傅别之剂，皆今之券书也"。之后详述履田的程序。最后立誓，并铸造礼器来记录此事。《周礼·秋官·司约》说："凡大约剂，书于宗彝；小约剂，书

---

① 盛张：《岐山新出儳匜若干问题探索》，《文物》1976年第6期。
② 即田所在之殴地。参见杨树达《积微居金文说》，中华书局，1997，第11页。
③ 此处释文从杨树达，参见杨树达《积微居金文说》，第11页。
④ 此词含义不明，塈字不见于字书，或认为此字从土从二邑，指田界的边道。参见马承源《商周青铜器铭文选》，文物出版社，1985，第144页。

于丹图，若有讼者，则珥而辟藏，其不信者服墨刑"。本铭即为"书于宗彝"的例证。

二十五　伯狱簋（穆王或恭王）

此处所说的伯狱簋，又称为"一式狱簋"，共两件，由上海崇源艺术拍卖公司和诚源文化艺术公司于 2005 年从海外购回，现藏崇源艺术品拍卖公司。同批购回的青铜器还有"二式狱簋""狱盘"等一组狱器。据传这组铜器出土于陕西关中东部。一式狱簋盖内壁铸铭文 68 字（其中重文 1），器内底铸铭文 16 字（其中重文 2）。本器著录于《考古与文物》2006 年第 6 期。铭文之释文如下：

> ［盖铭］狱肇乍（作）朕文考甲公宝鷺彝，其日夙夕用毕（厥）馨香享示（祀）于毕（厥）百神，亡（无）不鼎（则），熒（齒）夆馨香则登于上下，用勾百福，万年俗（裕）丝（兹）百生（姓），亡（无）不穿临畔鲁，孙孙子其迈（万）年永宝用丝（兹）彝，其謚（世）毋忘。
>
> ［器铭］白（伯）狱乍（作）甲公宝尊彝，孙孙子子其万年用。

本铭内容很独特，有大量关于祭祀的论述，正如李学勤先生所说，这些文句可作礼书阅读。[①] 铭文说，狱制作了祭祀其父亲甲公的礼器，日夜用其馨香享祀诸神，无不符合法度。其芬芳馨香升于上下，用以祈求百福，万年丰裕各家贵族，百神无不赐福，子孙万年都将珍藏使用此簋，永世毋忘。

本铭之重点在于"馨香则登于上下"，这种用法和《吕刑》是一致的。《吕刑》云："上帝监民，罔有馨香德，刑发闻惟腥"。自孔传以来，人们多将文中的"德刑"并举以理解，《蔡传》说："天视苗民无有馨香德，而刑戮发闻，莫非腥秽"，即为具有代表性的看法。不过也有学者认为这里的"德"应通"升"。《说文》："德，升也"。孙星衍说《吕刑》"罔有馨香德"含义即"天帝视民无有馨香升闻"，升、登同义，从本铭之"馨香则登于上下"来看，孙说是。狱或释为"狱"，或释为"熙"。本铭的断代在穆王、或与穆王相近的恭王时代，铭文用语有接近《吕刑》的地方，而《吕刑》传为穆王时作，这尤应引注意。

---

① 李学勤：《伯狱青铜器与西周典祀》，载氏著《文物中的古文明》，商务印书馆，2008，第 289～294 页。

铭文中"无不鼎",据下篇卫簋铭文,其"鼎"字当作"勅",即"则"字,为效法、法度的意思,在本铭中,引申为"符合法度",具体当指祭祀的法度。

与本铭相关的猷器还有:

(一)猷盘,著录于《考古与文物》2006年第6期。内底铸铭文78字(其中重文3)。其释文如下:

> 唯四月初吉丁亥,王各(格)于师再父宫。猷曰:朕光(?)尹周师右告猷于王,王赐(锡)仲(佩)、弋(缁)市(黻)丝亢、金车、金勒。曰:"用凤夕事。"猷拜稽首,对扬王休。用乍(作)朕文祖戊公盤盉,孙孙子子其万年永宝用兹王休,其日引勿牀(替)。

另有猷盉铭文与之相同。

本铭记录了周王对猷的册命、赐物,并说佑其见王的上级官长(尹)是周师。猷接受册命后,制作此盘盉以纪念其祖戊公。

(二)二式猷簋,至少应有四件,其中一件藏于台北乐从堂。[1] 盖与器均有铭文,内容相同。盖铭89字(其中重文3),器铭88字(其中重文3),著录于《考古与文物》2006年第6期。其释文如下:

> 唯十又一月既望丁亥,王各(格)于康大(太)室。猷曰:朕光(?)尹周师右告猷于王,王或(又)赐(锡)仲(佩)、弋(缁)市(黻)、釹(朱)亢,曰:"用事。"猷拜稽首,对扬王休。用乍(作)朕文考甲公宝障(尊)簋,其日凤夕用卓(厥)茜香享祀于卓(厥)百神,孙孙子子其万年永宝,用兹王休,其日引勿牀(替)。

本铭记录了周王对猷的赏赐,铭文说"王又赐",即再次赏赐,佑者仍然为猷的上级官长周师。猷接受册命后,制作此簋以纪念其父甲公。猷盘和二式猷簋铭文为早期的册命记录,对研究册命制度非常有帮助。[2]

(三)猷鼎,内壁铸铭文30字(其中重文2),著录于《考古与文物》2006年第6期。其释文如下:

---

① 张光裕:《乐从堂藏簋及新见卫簋三器铭文小记》,《中山大学学报》(社会科学版)2009年第5期。
② 吴镇烽:《猷器铭文考释》,《考古与文物》2006年第6期。

獙肇乍（作）朕文考甲公宝尊彝，其日朝夕用享祀于丕（厥）百中（神），孙孙子子其永宝用。

本铭说獙制作了纪念其父亲甲公的礼器，用以日夜享祀诸神。獙器铭文一再叙说祭祀百神，故李学勤先生猜想作器者身份可能是岐周的礼官。[1] 然而本器据传出土于关中中东部，作器者父祖名甲、戊，以日记名，因此有可能其为移居关中的商人之后。

二十六　卫簋（穆王或恭王）

本器为香港藏家私人收藏，有甲、乙两器。据朱凤瀚先生披露，另有同铭、同形二簋，已为内地博物馆与私家收藏。[2] 本器盖、器同铭，各123字（其中重文3，合文1）。本器著录于《南开学报》（哲学社会科学版），2008年第6期。铭文之释文如下：

唯八月既生霸庚寅，王各（格）于康大（太）室。卫曰：朕光（？）尹中（仲）侃父右告卫于王，王易（锡）卫仲（佩）、戈（缁）市（韍）、粂（朱）亢、金车、金䡑。曰："用事。"卫拜稽首，对扬王休。卫用庫（肇）乍（作）朕文考甲公宝䵼彝，其日夙夕用丕（厥）馨香享祀于丕（厥）百神，亡（无）不剌（则），燹（齍）粢盛（馨）香（香）剌（则）登于上下，用匄百福，万年俗（裕）（兹）百生（姓），亡（无）不雺鲁，孙孙子子其万年永宝用丝（兹）王休，其日引勿狋（替），泄（世）毋忘。

本铭与前述獙簋铭文十分类似，基本融合一式獙簋和二式獙簋铭文为一体。从铭文来看，作器者卫的父亲和獙的父亲是同一人，都为甲公。但獙自称为伯獙，故知獙为大宗，卫为小宗。小宗始作彝器，标志着其已从大宗家族分出，另立门户。但是从铭文内容来看，却和大宗的礼器保持獙一致。这说明大宗在祭祀活动和礼器制作方面，仍然享有主导权。[3] 本铭对研究西周时代的家族制度有重要意义。铭文中卫接受天子册命后始作礼器，或为小宗

---

① 李学勤：《伯青铜器与西周典祀》，载氏著《文物中的古文明》，商务印书馆，2008，第289~294页。
② 朱凤瀚：《卫簋与伯诸器》，《南开学报（哲学社会科学版）》2008年第6期。
③ 参见朱凤瀚《卫簋与伯诸器》，《南开学报（哲学社会科学版）》2008年第6期。

分家的原因。而天子对小宗卫的册命赐物几乎完全和大宗伯獏一致，表明两人官职大体相同，故得以"分庭抗礼"，而卫的上级官长则和伯獏不同，是仲侃父。正因如此，本铭在研究宗法背景下的册命制度时，具有特殊的价值。铭文中的"无不则"，其义为"无不合乎法度"，法度者，祭祀之法度也。

二十七　师虎簋（恭王）

本器又名虎簋，原藏潘祖荫，现藏上海博物馆。器内底铸铭文 124 字（其中重文 3）。本器的主要著录文献及编号为：《愙斋集古录》11.7，《两周金文辞大系图录考释》58，《殷周金文集成》04316，《商周青铜器铭文选》240。铭文之释文如下：

> 隹（唯）元年六月既望甲戌，王才（在）杜宲，格于大（太）室，丼（邢）白（伯）内（入）右师虎，即立中廷，北卿（嚮），王乎（呼）内史吴曰：册令（命）虎。王若曰：虎，截（载）先王既令（命）乃祖考事，啻（適）官司左右戏繇（繁）荆，今余隹（唯）帅丼（型）先王令（命），令（命）女（汝）更乃祖考，啻（適）官司左右戏繇（繁）荆，敬夙夜，勿灋（废）朕令（命），易（锡）女（汝）赤舄，用事。虎敢拜稽首，对扬天子不（丕）环鲁休，用乍（作）朕烈考日庚尊簋，子子孙孙其永宝用。

本铭较为完整地展现出了西周的官员选任、册命制度。铭文说，在恭王元年六月既望甲戌这天，天子在杜宲（即杜地的行宫），来到太室，内史吴引领师虎站在中廷，朝北而立。天子对内史吴说：册命虎。天子说，虎，以前先王既已任命你的祖考官职，掌管左右军御马，今天我遵循效法先王的命令，命你继承祖上的官职，掌管左右军御马。你要日夜克勤职守，不要荒废我的命令。赐予你红色的鞋子，以供王事。虎跪拜稽首，称赞天子之伟大休美，并铸造了纪念其父考的礼器，将子孙万代珍藏使用。本铭值得注意的地方有：

（一）天子在太室册命，接受册命者由地位较高的"右者"引导觐见天子。李峰认为，右者通常和接受册命者在同一行政部门任职。特别是在王家官员的任命中，"右者"实际上是被任命为王家行政官员的未来上司。① 虎簋铭文中记载作器者在二十年前或三十年后再次接受了册命，参见下篇铭文。

---

① 参见李峰《西周的政体：中国早期的官僚制度和国家》，吴敏娜等译，三联书店，2010，第 128 页。

（二）因为西周世卿世禄的制度，所以天子强调自己是效法先王的册命，令虎承袭其祖考的职位，"勿废朕命"，则为册命中的套语。天子任命的依据是"帅井（刑）"其先王；臣子尽职表示要"帅井（刑）"其祖考。"井（刑）"信为西周秩序确立的关键所在。

二十八 虎簋盖（穆王或恭王）

本器于1996年8月出土于陕西丹凤县西河乡山沟村，出土时已经断裂为4块，但经过拼凑，铭文并无残损。本器现藏商洛市文物管理委员会。盖内铸铭文161字（其中重文1）。本器的主要著录文献及编号为：《考古与文物》1997年第3期，《近出殷周金文集录》491。铭文之释文如下：

> 隹（唯）卅年四月初吉甲戌，王才（在）周新宫，格于大（太）室，密叔入右虎，即立。王乎（呼）入（内）史曰："册令（命）虎。"曰："甗，乃且（祖）考史（事）先王，司虎臣，今命女（汝）曰：更乓（厥）且（祖）考，疋（胥）师戏司走马驭人眔（暨）五邑走马驭人，女（汝）毋敢不善于乃政。易（锡）女（汝）载市（韍）、幽黄（衡）、玄衣、黹屯（纯）、銮旗五日、用史（事）。"虎敢拜稽首，对扬天子不（丕）杯鲁休。虎曰：不（丕）显朕剌（烈）且（祖）考靠明，克史（事）先王，辥（肆）天子弗忘乓（厥）孙子，付乓（厥）尚（常）官，天子其万年申兹命。虎用乍（作）文考日庚尊簋，子孙其永宝用，夙夕享于宗。

本铭的断代有穆王说与恭王说二种，[1] 笔者暂取恭王说。铭文说，在卅年四月初吉甲戌这天，天子在周新宫，进入了太室。密叔引导虎接受册命。王对内史说：册命虎。接着说，你的祖先侍奉先王，管理虎臣，今天命令你继承祖考，辅佐师戏管理走马驭人和五邑走马驭人，你一定要忠于职守。然后赐物。虎在叩拜赞扬了天子之后说，自己的祖先很圣明，恪尽职守侍奉先王。天子不忘先祖的子孙，授予自己世袭的常官，万年都会重申此命。自己因此制作了纪念其父考的礼器，子孙永远珍藏使用，日夜享祀于宗庙。

和上铭一样，天子在册命虎的时候说，这是继承其祖考而得来的官职。而虎说，天子交付世代承袭的官职（付常官），且万年都会重申此命。这都体现出册命制度的特点，即在西周官制中，虽然官职世袭，但还是要经过册

---

[1] 参见《虎簋盖铭座谈纪要》，《考古与文物》1997年第3期。

命才有会生效，且具体的职守会有变动。官员的子孙虽然享有世袭的期待权，但是最终是否得到官职，或者说职权大小的确定，都要取决于王朝的任命。

二十九　史墙盘（恭王）

本器于 1976 年出土于陕西省扶风县法门乡庄白村一号铜器窖藏，现藏扶风县周原博物馆。器内底铸铭文 284 字。本器的主要著录文献及编号为：《文物》1978 年 3 期，《考古学报》1978 年 2 期，《殷周金文集成》10175，《商周青铜器铭文选》1.225。铭文之释文如下：

> 曰古文王，初觳（鉴）龢于政，上帝降懿德大弃（屏），旬（敷）有（佑）上下，迨（会）受万邦。繇囿武王，遹征四方，達殷畯民，永不（丕）巩（恐）狄虐，岂（微）伐尸（夷）童。宪圣成王，左右綏（绶）豰刚鲧，用肇徹周邦。冊（渊）哲康王，分（遂）尹意（亿）彊（疆）。宯（宏）鲁卲（昭）王，广骸楚荆（荆），隹（唯）奂（焕）南行。肖（祇）覣（景）穆王，井（型）帅宇誨，齰（申）窡（宁）天子，天子圝（恪）屋（缵）文武长刺（烈），天子罾（眉）无匄（害），繇（裹）卯（示）上下，亜（丞）儳（宣）慕（谟），昊翌（照）亡昊（斁），上帝司夏愈（擾）尤保，受（授）天子竊（绾）令（命），厚福、丰年，方繼（蛮）亡不虱见。青幽高且（祖），才（在）凯（微）霝（灵）处，雩（雩）武王既戈殷，凯（微）史刺（烈）且（祖）延（乃）来见武王，武王则令周公舍圖（宇）于周，卑（俾）處。甬（通）重（惠）乙且（祖），迷匹毕（厥）辟，远猷萄（腹）心，子（兹）厵（纳）舜明。亜且且（祖祖）辛，毼毓（育）子孙，龑（繁）訷（福）多摩（釐），櫰（齐）角鬉（牺）光，义（宜）其禋祀，害（胡）犀（遲）文考乙公，豦（遯）趰趄（爽）冕（得）屯（纯）无諫，农嗇（穑）戉（越）曆（历），隹（唯）辟孝友，史墙夙夜不肆（墜），其日蔑曆（历），墙弗敢取（沮），对扬天子不（丕）显休令（命），用乍（作）宝尊彝。刺（烈）且（祖）文考，弌（式）竆（贮）受（授）墙爾髓福，裹（怀）訷（福）彔（禄）、黄耇弥生，龕（堪）事毕（厥）辟，其万年永宝用。

本器为微氏家族所铸。微氏为商人之后，在殷周变革之际投奔周人。在铭文中，作器者历数各代周王和自己祖先的功绩，为我们提供了难得的史料。铭文大意是，文王初定天下，天降懿德，遍有天下，万邦臣服；武王征讨四方，伐殷征夷；成王睿智通达，任用能臣；康王治理万邦；昭王安抚楚荆；穆王遵循教令；今天子（恭王）敬神明察，所以四方拜谒。自己的高祖原居于微（或说即微子启的封地，在今陕西潞城县东北），武王伐纣后，高祖派其子烈祖前来朝觐武王，武王命周公赐其土地，使居于周。自己的乙祖、亚祖以及父亲乙公，均勤于政事，德行完美。自己身为史官，朝夕勤勉，不管懈怠，自己称颂天子之休美政令，制作了这件礼器，列祖文考将赐福，自己将善事君王，万年珍藏使用此器。在这篇长铭中，有如下法制史信息值得我们注意：

（一）关于"德"的阐述。铭文说在文王时，上帝赐予周人懿德，文王因此奄有天下。"德"在周初有社会规范的含义，而德为上帝所赐的观念，至西周中期已较普遍了。在西周法律思想史研究中，应当区分不同时期"德"的含义，本铭提供了具有"节点"价值的研究资料。

（二）关于"宪圣成王"的"宪"，很多学者认为是法度的意思，[1] 但笔者持有疑义。懿簋铭文中有"陁陁降余多福宪蒸"，井人钟铭文中有"宪宪圣爽"，[2] 宪的意思当同于《中庸》之"宪宪令德"，据郑注：宪宪，兴盛之貌，墙盘铭文之意当同于此。

（三）本铭可以和前文所列的盠提梁卣铭文对读。

　　本铭：井（型）帅宇誨。
　　隹（唯）辟孝友。
　　盠提梁卣铭文：女（汝）好（孝）友。朕姟（誨）才（在）兹鲜，女（汝）生（姓）继自今，弜（弼、必）又不女（汝）井（刑）。

本铭中的"井帅"，在铭文中通常作"帅井"，是效仿、遵循的意思。所效仿的准则，也称为"井"。从提梁卣铭文来看，"誨"有发布教令的意思，"宇誨"则指广大、重要的教令。"帅井宇誨"当指效仿先王之教令。在本铭中，"井帅宇誨"的人是穆王。古书中说穆王颁布《吕刑》。根据古文字资料，西周时《吕刑》当写作《吕井》，"井帅宇誨"或与其有关？这有待于

① 参见徐中舒《西周墙盘铭文笺释》，《考古学报》1978 年第 2 期；唐兰《略论西周微史家族窖藏铜器群的重要意义——陕西扶风新出墙盘铭文解释》，《文物》1978 年第 3 期。
② 作簋铭文参见中国社会科学院考古研究所《殷周金文集成》04317，中华书局，2007，第4 册，第 2689 页。井人钟铭文参见中国社会科学院考古研究所：《殷周金文集成》00111，中华书局，2007，第 1 册，第 106 页。

进一步的考证。在本铭中，作器者还说自己的父亲"惟辟孝友"，这也和提梁卣铭文的记述是一致的。

（四）在本铭中，作器者说自己的父亲乙公"曼（得）屯（純）无諫"，諫为"刺责"的意思，亦有国家司法机关调查侦讯的意思。相关资料可参见珣生诸器铭文，笔者亦曾著文论述。①

三十 亲簋（穆王？）

本器据传于清末民初出土于陕西宝鸡，原收藏者的祖父在 1949 年之前以一座小中药铺换得，② 2005 年国家博物馆征集入藏。铭文铸造于器底，共110 字。本器著录于《中国历史文物》2006 年第 3 期。铭文之释文如下：

> 隹（唯）廿又四年九月既望庚寅，王才（在）周，各大室，即立（位），司工趞入右亲立中廷，北向。王乎（呼）乍（作）册尹册申命亲曰：更乃且（祖）服作冢司马，女（汝）乃谏讯有舜（邻），取微十乎。易女（锡汝）赤市（韍）、幽黄（衡）、金车、金勒、旂，女（汝）乃敬夙夕勿灋（废）朕命。女（汝）肇享。亲拜稽首，敢对扬天子休，用乍（作）朕文且（祖）幽白（伯）宝簋，亲其万年孙子其永宝用。

本铭说，二十四年九月既望庚寅那天，王在周，来到太室，即位。司工遹引导亲站在中庭，面向北方。王呼作册尹重申册命于亲说：你继承你祖先，担任冢司马的职务。③ 你审讯基层邻里的狱讼之事，可收取十乎之费用。此给你红色蔽膝、黑色带子、金车、金勒、旗子。你要早晚敬职，不要荒废了我的命令，你要勤勉于职事。④ 亲再拜稽首，称扬天子之休美，用以制作纪念其文祖幽伯的宝簋，世代子孙都珍藏使用。

铭文显示，作器者亲接受册命，继承其祖的职务，担任王朝之"冢司马"一职。冢司马之职又见于簋铭文，在簋铭文中，趞同样担任此职，不过

① 参见王沛《"狱刺"背景下的西周族产析分——以珣生诸器及相关器铭为主的研究》，《法制与社会发展》2009 年第 5 期。
② 参见《亲簋考释》编者按，《中国历史文物》2006 年第 3 期，第 4 页。
③ 李学勤先生释为"冢司马"，参见李学勤《论簋亲的年代》，《中国历史文物》2006 年第 3 期。
④ 陈英杰先生认为，"肇享"的意思是"敏于供职，敏于奉事王命"。参见陈英杰《文字与文献研究丛稿》，社会科学文献出版社，2011。

是其他贵族的冢司马，而非王朝的冢司马。的职权是"讯小大有邻"，取徽五寽，与本铭类似。司马属于三有司之一，负责与军事相关的事务。在金文资料中，被赋予讼职权的官员，常有"取徽"若干寽的权力。何谓"取徽"？历来众说纷纭。较有影响的说法是日本学者贝塚茂树和陈梦家先生的观点，他们都认为这是处理争讼时征收罚金的意思。也有学者将此解释为征收诉讼费用。但是金文资料同时表明，没有讼职责的官员在接受册命时也有资格取徽，所以取徽和诉讼没有必然的联系。关于"取徽"的解释，马承源先生论证尤其值得关注。① 徽在金文中有各种写法，很多学者将其释为"徵"，然而金文中自有"徵"字，和徽区别较大。马承源先生结合各种资料，正确地分析了徽的字形，指出此字的本字当即。《集韵》释之为"小有财"。② 依照马承源先生所说是西周的官俸。但是从取徽数额来看，不过五寽、十寽；身份极其高贵的毛公，取数目亦不过三十寽，而这已经是目前所见的最高额了。金文诉讼案件中的罚款标准则远高于此，师旂鼎和徽匜铭文所反映的罚款数额都为三百寽。如此微小的取徽数额作为年俸，似乎不太可能。至于是否为月俸，抑或是其他种类的俸禄，则有待进一步研究。此外，朱凤瀚先生认为取徽是朝廷就讼而支付的俸禄；③ 而张光裕先生认为取徽是审理者从败诉者罚金中抽取的酬金。④ 这两种说法都可供参考。

三十一　羚簋（恭王）

本器于 2004 年由中国国家博物馆征集入藏，器、盖上各有一篇铭文，内容相同，分别为 63 字。本器著录于朱凤瀚：《西周金文中的"取徽"与相关诸问题》，载陈昭容主编：《古文字与古代史》（第一辑），中央研究院历史语言研究所 2007 年版。铭文之释文如下：

> 隹（唯）正月初吉丁丑，昧爽，王才（在）宗周，各（格）大（太）室。濂叔右羚即立中廷。乍（作）册尹册命羚，易（锡）銮。令邑于郑，讯讼，取徽五寽。羚对扬王休，用乍（作）朕文祖丰中（仲）

---

① 参见马承源《说㝅》，载《古文字研究》第 12 辑，中华书局，1985；朱凤瀚《西周金文中的"取徽"与相关诸问题》，载陈昭容《古文字与古代史》第 1 辑，台湾中央研究院历史语言研究所，2007。

② 具体分析参见马承源《说㝅》，《古文字研究》第 12 辑，中华书局，1985。

③ 参见朱凤瀚《西周金文中的"取徽"与相关诸问题》，载陈昭容主编《古文字与古代史》第 1 辑，中研院历史语言研究所，2007，第 192～211 页。

④ 参见张光裕《读新见西周簋铭文札迻》，载《古文字研究》第 25 辑，中华书局，2004。

宝簋，世孙子其永宝用。

本铭说，在五年初吉丁丑这天黎明，王在宗周，前往太室。濂叔引领矜站在中庭。作册尹册令矜，赐给他銮铃，令他建邑于郑地。审讯狱讼，收取五寽之资。赞扬王之休美，用以制作纪念其文祖丰中的宝簋，子孙永远珍藏使用。

本铭之重点在于建邑、讯讼与取徽。在册令文书中，建新邑于郑地后缀以讯讼，是指在其邑内享有审讯之权，还是对建邑过程中的纠纷享有审讯之权，抑或是其他范围内的审讯之权，对此无法从铭文中获知更多信息。关于取徽，参见上铭的分析。从本铭取徽的数额来看，级别并不算高。

三十二　师望鼎（恭王）

本器相传为左宗棠征新疆时所得，器内壁铸铭文 94 字（其中重文 3）。本器的主要著录文献及编号为：《三代吉金文存》4.35.1，《两周金文辞大系图录考释》63，《殷周金文集成》02812，《商周青铜器铭文选》213。铭文之释文如下：

> 大（太）师小子师望曰：不（丕）显皇考宽公，穆穆克盟（明）氒（厥）心，慇（哲）氒（厥）德，用辟于先王，睪（得）屯（纯）亡（无）叹（愍），望肇帅井（型）皇考，虔风（夙）夜出内（纳）王命，不敢（敢）不夸不夒，王用弗忘圣人之後，多蔑历易（锡）休，望敢对扬天子不（丕）显鲁休，用乍朕皇考宽公乍（作）尊鼎，师望其万年，子子孙孙永宝用。

本铭对研究世卿世禄背景下的职官制度、行政制度都有帮助。铭文以作器者太师小子师望的口吻说，自己的父亲宽公明其心，知其德，臣事先王，得之厚而无有忧。师望将效法其父，勤于政事，而天子也未曾忘记师望这位圣人之后，多次褒扬赏赐。师望赞颂天子之休美，制作了纪念自己父亲的礼器，并将子孙万年珍藏使用。铭文提及师望将效法其皇考，执行王命时，使用的词汇是不敢"不夸不夒"。夸为"遂"的异文，是"顺"的意思，[1]"夒"出现于杨家村出土的四十三年逨鼎中，该文作"不夒不井（刑）"，当是规范的意思。"夒"当释为"规"，规矩同义，如《荀子·礼论》说："规矩诚设

---

① 参见马承源《商周青铜器铭文选》第 3 册，文物出版社，1985，第 146 页。

矣，则不可欺以方圆。君子审于礼，则不可欺以诈伪"；《管子·七臣七主》说："法律政令者，吏民规矩绳墨也"。《尔雅》说"矩，法也"；"矩，常也"，与之相类，规也应当是法也、常也的意思。这表明，西周的官员处理政务、贯彻王命时，必须依照既有的规范行事，乃是共识。而这种规范、惯习或许是其前任官员，也即其历代祖考逐步确立下来的，故继任者屡屡强调要"帅井"祖考，即遵循、仿效其父祖先人以行事。

三十三 遂公盨（恭、懿、孝时期）

2002 年春保利艺术博物馆的专家在香港古董市场上偶然发现的本器，后购买并收藏于保利艺术博物馆。本器之盨盖已失，只存器身，盨底铸铭文 98 字。本器著录于《中国历史文物》2002 年第 6 期。铭文之释文如下：

> 天命禹敷土，随山浚川，乃差方设征，降民监德；乃自作配飨。民成父母，生我王、作臣，厥贵唯德。民好明德，顾在天下。用厥绍好，益美懿德，康亡不懋。孝友吁明，经齐好祀，无欺心。好德，婚媾亦唯协天。釐用孝信，复用祓禄，永御于宁。遂公曰：民唯克用兹德，无悔。

由于本铭多次言及"德"与社会规范的关系，所以成为研究中国法律思想史中难得的早期资料。自 2002 年保利艺术博物馆收购遂公盨并公布其铭文以来，很多学者对铭文加以研究，因为铭文涉及大禹治水，并出现了 6 次"德"字，以至于学者大多认为，盨铭的中心思想在于颂扬大禹之德、或大禹的德政。① 但笔者细读铭文，发觉其内容与大禹之德并无直接联系。铭文所称举的德，是社会成员，尤其是"民"所当遵守的一种规范。

遂公盨铭文公布以后，很多学者都做出了释文。周宝宏教授曾汇集各家观点做出集释，② 此后亦不断有学者发表新见。然而遂公盨铭文仍有不少费解之处，需要继续探究。故笔者在前人研究的基础上，重新释读，陈陋见以

---

① 保利艺术博物馆所编辑介绍遂公盨并收录诸家论文的著作，题目即是《遂公盨——大禹治水与为政以德》，线装书局，2002。其他类似的观点可参见饶宗颐《遂公盨与夏书佚篇〈禹之总德〉》，《华学》第 6 辑，紫禁城出版社，2003；杨善群《论遂公盨铭与大禹之"德"》，《中华文化论坛》2008 年第 1 期。
② 参见周宝宏《近出西周金文集释》，天津古籍出版社，2005。

请教于方家。为了便于讨论，笔者按照铭文意义加以分段：

第一段：天命禹敷土，……乃自作配飨。
第二段：民成父母，……康亡不懋。
第三段：孝友吁明，……永御于宁。
第四段：民唯克用兹德，无悔。

　　第一段开篇就提到了禹，说其依据天命，敷土、随山浚川、差方设正、降民监德。由于有这样的功绩，于是自作配飨。敷土、随山浚川之事见于《禹贡》《大戴礼记·五帝德》《诗·长发》等，如《禹贡》说"禹敷土，随山刊木，奠高山大川"。虽然上述古籍和铭文字句略有差异，但大体意思当相去不远。
　　之后出现两个由"乃"字开头的句子，其中何谓"差方设正"，诸家解释分歧最大。裘锡圭先生释作"畴方设正"，方，法也；正，官也。① 但是方在东周以后的文献中才具有法、礼法或法术的意思。西周金文中的"方"字毫无例外都用作方位词，如"四方""东方"之类。故不当解释为"法"。李学勤、朱凤瀚、周凤五等学者认为此句指相地制贡之事，应当是比较合理的。
　　下文"降民监德"和"差方设正"同为"乃"所引领，其主语相同，均是禹。裘锡圭、周凤五等学者认为降民的主语是天，指上天授予降民给大禹并监视大禹的德行，但从文句来看，其义并非如此。从《禹贡》等古书上看，行"设征"，即有制定贡赋事迹的人均为禹，而非抽象的天。既然"设征"者为禹，那么从语法上看，"降民监德"的也应该是禹。否则短短数句间，主语来回变动，文义就很混乱了。朱凤瀚引《楚辞·天问》"禹之力献功，降省下土方"，指禹受命省视下土四方称为"降"，是正确的。监，是视察、省视的意思。降民监德，即大禹受天之命，下人间万民之中，视察人民之"德"。
　　第二个"乃"字句，其主语依旧是禹。徐难于先生根据金文和传世文献，指出配可作名词，也可作动词。但在西周，其名词和动词的使用场合、意义截然不同：作动词时指人君去匹配天命；作名词是指天地选立可配天命者。周人自己绝不会自作为配，故主语当是天。② 但目前所见到金文资料中，

① 裘锡圭：《遂公盨铭文考释》，《中国历史文物》2002 年第 6 期。
② 徐难于：《遂公盨铭："乃自作配飨民浅释"——兼论西周"天配观"》，《中华文化论坛》2006 年第 2 期。

配在绝大多数场合都以动词出现，名词者仅有此例；① 较早的传世文献如今文《尚书》中，配做名词亦仅一例，在《吕刑》中，其文曰："今天相民，作配在下"，主语确是"天"，但为孤证。徐文所举其他例证均出自《诗经》，其年代较晚，不能完全依靠其考证西周观念。徐文的发现非常有价值，但这种情况可能更多是东周思想的反映。

《吕刑》又说"惟克天德，自作元命，配享在下"，这是说君主能肩负天德，就可以自己获得"元命"，金文和《尚书》中使用"自作"一词的主语，都是从人，而无从天者。其语境甚至含有恭卑之义。诸如"自作不典"、② "自作不和"、③ "自作弗靖"，④ 则有申斥义；而"自作孽不可道"，⑤ 甚至有贬斥义。这或许和上古作为代词的"自"的使用范围有关。"乃自作配飨"，是说禹以自己的行为而获配飨上天的资格。

以上这一段都在说禹的功绩。在治理洪水后进而治理社会，这是上古文献讲述历史的套路。根据铭文，禹治理社会的重点，就在于"监德"，即省视人民是否依据德的准则来行事。铭文叙述这段故事，是为了表示重视德，由来久矣，远古圣王即已如此。

第二段开始讲述"我王"，即周的君主。从这里开始，就和大禹没有关系了，而开始论述本朝（周）的价值观。

"民成父母，生我王，作臣，厥贵惟德"的意思是，周的君主受人民拥戴，而成就其天子地位的，天子由此设置辅佐之臣，周王受拥戴的根源就在于"德"。"父母"即代指"王"，这种用法屡见于古籍，如《尚书·洪范》中说"曰天子作民父母，以为天下王"。学者大多认为"我王"是大禹，但以器者遂公的角度和语气来看，王只能是周王。从《尚书》用例来看，"我"和"王"搭配者均为周王。如《多方》中所说"惟我周王灵承于旅""尔曷不夹介乂我周王，享天之命"；《立政》中说"自古商人亦越我周文王立政立事牧夫准人"。周凤五先生说，我王谓时王，犹言"今上"。考诸金文，凡称王者通常指时王，而对前代周王或通称先王，或直称文王、武王等谥号。但是本铭很独特，论证王何以成为王，或许为泛指。此处存疑。

"民好明德，顾在天下。用厥绍好，益美懿德，康亡不懋"这句话中的个别字词，如"顾""美"等字当如何释读，学界尚有分歧。不过其整体意

---

① 根据《殷周金文集成引得》及《近出殷周金文集录》，其义为男子之配偶者不列入考查之列，如金文中的"元配季姜"之类。

② 《尚书·康诰》《尚书·多方》。

③ 《尚书·多方》。

④ 《尚书·盘庚》。

⑤ 《尚书·太甲》。

思大致可以把握，即人民好慕光明之德，行之于天下。以其努力，增益美德，永不懈怠。这段的主语是周王。民好明德是统治者（周王）·行德的原因，因为民好明德，所以统治者要努力推行德于天下。

第三段是推行德的效果，其效果表现在四个方面，即"孝友吁明""经齐好祀""无欺心""婚媾亦唯协天"。

"孝友吁明"之"吁"当如何释读，各家意见不同。但其大意可知，亦为光大之类的意思。"孝友吁明"是指遵行孝友，其道彰明。孝友为西周社会的伦理基石，对孝友行为的称颂，屡见于金文之中。经齐好祀的经齐，为《乐记》中的"经正庄诚"之意，① 祀，指祭祀。这句话是说敬重地对待祭祀。

无欺心之"欺"字，释文差异也相当大。周凤五先生释作"讻"，并引《诗集传》"讻，讼也"，指出这句话说"无争讼之心也"。但金文中尚未见到其他讻字，较早"讻"字的文字资料在楚帛书、诅楚文和《汗简》中，写法和此字差别较大。从铭文字形来看，左部从其，右部似从兑、或从鬼。本文暂从朱凤瀚说，释为欺。② 婚媾亦唯协天，是说婚姻合于天意，而只有"好德"才能做到这点。

"釐用孝信，复用被禄，永御于宁"中的"釐"是赐、予的意思。被禄，即福禄。这句话是说赐用孝、信之准则，则回报以福禄。赐的主语仍为"我王"，即周天子。孝、信分别和前铭之孝友、无欺心相对应，是德的体现。铭文中的御，其写法同于微匜铭，指履行、实践，③ 在本铭中是永享安宁的意思。

最后一段是遂公的总结。遂公说："民唯克用兹德，无悔"。悔是过错、错误、罪的意思。④ 即人民只有用此德，才会没有错误，不会犯罪。

通过对铭文的整理，我们可以看出，第一段指明大禹的作用在于"监德"，二至四段是说周天子因重视德而受到人民的拥戴，人民履行德，天下才安宁。遂公盨铭文关于"民德"的提法，是德观念的演变中的一个重要节点。目前学界关于西周"德"内涵之演变，以及德与政治原则、社会规范的关系的论述仍较模糊，此论题尚有待结合出土文献与传世文献进行更为深入、细致的分析。

---

① 从裘锡圭说，参见裘锡圭《遂公盨铭文考释》，《中国历史文物》2002 年第 6 期。

② 朱凤瀚：《遂公盨初释》，《中国历史文物》2002 年第 6 期。

③ 参见王沛《儝匜集释》，《中国古代法律文献研究》第 4 辑，中国政法大学出版社，2010。

④ 《公羊传·襄公二十九年》："尚速有悔予身"，何休注："悔，咎"；《经义述闻·诗·庶无罪悔》"后稷肇祀，庶无罪悔"，王引之按引王念孙说："悔，与罪义相近"。

三十四　乖伯簋（恭王）

本器原藏潘祖荫，后归上海博物馆，现藏中国国家博物馆。内底铸铭文150字（其中合文1）。本器的主要著录文献及编号为：《愙斋集古录》11.22.2，《两周金文辞大系图录考释》137，《殷周金文集成》04331，《商周青铜器铭文选》206。铭文之释文如下：

> 隹（唯）九年九月甲寅，王命益公征眉敖，益公至，告。二月眉敖至，见，献帛，己未，王命中（仲）致（致）归（馈）乖白（伯）貔裘。王若曰：乖白（伯），朕不（丕）显且（祖）玟（文）、珷（武），膺受大命，乃且（祖）克弼（弼）先王，異（翼）自它邦，又（有）芇于大命，我亦弗宋（深）享邦，易（锡）女（汝）貔裘，乖白（伯）拜手稽首，天子休弗忘小裔邦，归𠭰敢对扬天子不（丕）杯鲁休，用乍（作）朕皇考武乖幾王尊簋，用好訇（孝）宗朝（庙），享夙夕，好（朋）友雩（与）百者（诸）婚媾，用旙（祈）屯（纯）彔（禄）、永命，鲁寿子孙，归𠭰其万年，日用享于宗室。

本铭说，在周王九月甲寅这天，天子命令益公出师眉敖，益公归周而告其功。二月眉敖觐见周王，献帛。己未，周王命馈赠乖伯（也即后文中的"归𠭰"）以貔裘。周王说，自己的祖先文王、武王膺受大命而成为大子，乖伯的祖先从别的邦国前来辅弼周王，也是符合大命的。自己将不废国祚，赐乖伯以貔裘。乖伯拜谢天子，并说自己因此制作自己父亲"幾王"的礼器，用以早晚享孝宗庙，喜乐朋友及诸姻亲。铭文关于"天命"之论述，是研究西周政权合法性观念的资料。乖伯的祖先附自他邦，也被认为是符合天命的。乖伯称其父考是"武乖幾王"，是为非姬姓之诸侯称王，此现象亦见于其他矢、吕等器铭。铭文提及的朋友、婚媾关系，指同宗和姻亲，是西周时代最为看重的社会关系，主要的社会规则都围绕这些社会关系而制定，可以和遂公盨铭文对读。

三十五　同簋（恭王）

本器原藏刘鹗，现藏北京故宫博物院。内底铸铭文91字（其中重文4）。本器的主要著录文献及编号为：《两周金文辞大系图录考释》73.2，《殷周金文集成》04271，《商周青铜器铭文选》233。铭文之释文如下：

佳（唯）十又二月初吉丁丑，王才（在）宗周，各（格）于大（太）庙。荣白（伯）右同，立中廷，北卿（向）。王命同：左右吴大父司场、林、吴（虞）、牧，自淲东至于河，毕（厥）逆（朔）至于玄（玄）水，世孙孙子子左右吴大父，母（毋）女（汝）又（有）闲，敢扬天子毕（厥）休，用乍（作）朕文考惠中（仲）尊宝簋，其万年子子孙孙永宝用。

本铭反映出西周官制的一些特点。铭文说，在十二月初吉丁丑这天，王在宗周，来到太庙。荣伯佑导同，立于中庭，其面向北。周王命令同说，辅助吴大父管理场、林、虞、牧，从淲水往东，一直到黄河，其北方至于玄水。同的世代子孙都要辅佐吴大父，不得闲暇荒慢。同赞扬天子之休美，制作了纪念自己父考惠中的宝簋，并将万年子孙永远珍藏使用。

天子命令同辅助吴大父管理场、林、吴（虞）、牧，其职守如《周礼》所示。《周礼·场人》："场人掌国之场圃，而树之果瓜珍异之物，以时敛而藏之"；《周礼·林衡》："林衡掌巡林麓之禁令，而平其守，以时计林麓而赏罚之，若斩木则受法于山虞，而掌其政令"；《周礼·山虞》："山虞掌山林之政令"、《泽虞》："泽虞掌国泽之政令"；《周礼·牧人》："牧人掌牧六牲，而阜蕃其物，以供祭祀之牲牷"。根据李峰的观点，吴大父就是虞大父，而虞就是掌管自然资源的官员。[①]《舜典》孔传："虞，掌山泽之官。"关于虞及其职守，还可以参看在四十二年、四十三年逑鼎明文。天子说同辅助吴大父的职位是世世代代继承的，这正是西周官僚制度与宗法制度相结合的体现。

三十六　永盂（恭王）

本器在1976年出土于陕西省蓝田县泄湖镇。内底铸铭文123字（其中重文2）。铭文的主要著录文献及编号为：《文物》1972年第1期62页图3，《殷周青铜器铭文集成》10322，《商周青铜器铭文选》207。铭文之释文如下：

佳（唯）十又二年初吉丁卯，益公内（入）即命于天子，公廼（乃）出毕（厥）命，易（锡）奥（畀）师永毕（厥）田：湇（阴）易（阳）洛，疆眔（暨）师俗父田，毕（厥）眔（暨）公出毕（厥）命，井白（伯）、荣白（伯）、尹氏、师俗父、遣中（仲）。公命郑司徒囧父，

---

① 李峰：《西周的政体：中国早期的官僚制度和国家》，第180页。

周人司工屖、敞史、师氏、邑人奎父、毕人师同，付永畀（厥）田，畀
（厥）率履，畀（厥）疆宋句，永拜稽首，对扬天子休命，永用乍
（作）朕文考乙白（伯）尊盂，永其万年，孙孙子子，永其率宝用。

本铭是研究西周赐田程序的珍贵资料。铭文说十二年初吉丁卯这天，益
公入宫接受天子的命令，赐给师永位于阴阳洛的田土，边界至师俗父的田
土。和益公一起传达王命的人有井伯、荣伯、尹氏、遣仲。益公命令郑司徒
凾父，周人司工屖、敞史、师氏、邑人奎父、毕人师同交付师同田地，然后
履田，① 定疆界的人是宋句。永拜稽首，称扬天子，并制作了纪念其父亲乙
伯的礼器，并将万年子孙珍藏使用。

本铭是完整记录赐田程序的珍贵资料。天子赐田之命令由益公传达，和
益公一起传达王命的还有井伯等四位大臣，他们都是铭文特别是在恭王时期
涉及田土转让铭文中常常见到的官员名称，我们从下表中可以看出：

器名	官员名称	案件性质
卫盂	伯邑父、荣伯、定伯、琼伯、单伯	田土交易
五祀卫鼎	井伯、伯邑父、定伯、琼伯、伯俗父	田土纠纷
永盂	井伯、荣伯、尹氏、师俗父、遣仲	田土赐予

表中五祀卫鼎中的伯俗父即永盂中的师俗父。或许这几位大臣主管田土
转让相关之事务，也有可能是因为其田土和永所受赐之田土临近。铭文说永
的田土疆界到达师俗父的田土处，师俗父便出现在传达王命的官员名单中。
铭文说永的赐田在阴阳洛，而敔簋铭文则说，某年南淮夷侵犯阴阳洛，敔击
退他们，解救被俘之周人，就将他们安置在荣伯之处，② 由此可知，荣伯的
田土亦近阴阳洛。敔簋铭文还说，天子命令尹氏赏赐敔，而尹氏亦出现在本
铭中。在永接受赐田之王命后，还有履田的程序。这和西周田土转让之共通
程序是一致的。

三十七　南季鼎（懿王）

本器原藏吴式芬，现藏北京故宫博物院，今有三足为后配。内壁铸铭文
55 字（其中重文 2）。本器的主要著录文献及编号为：《攈古录金文》3 之

---

① 关于铭文"率履"的考释，参见戚桂宴《永盂铭残字考》，《考古》1987 年第 5 期。
② 参见《殷周金文集成》04323。

1.36,《两周金文辞大系图录考释》98,《殷周金文集成》02781,《商周青铜器铭文选》264。铭文之释文如下:

> 隹(唯)五月既生霸庚午,白(伯)俗父右南季,王易(锡)赤ᐣ市(韍)、幺(玄)衣、黹屯(纯)、䜌(鸾)旅(旗),曰:用又(左)右俗父司寇,南季拜稽首,对扬王休,用乍(作)宝鼎,其万年子子孙孙永用。

本铭大意是说,五月既生霸庚午这天,伯俗父佑导南季见周王,周王赏赐南季诸物,命令南季辅佐伯俗父管理缉拿贼寇,南季叩拜、称扬周王,作此宝鼎,并将万年子孙永远使用。

本铭中有"司寇"一词,过去通常认为是司寇的职官名。但是根据金文句例,这里的司寇两字应为动宾结构,而非名词,对此已有学者指出。① 左右俗父司寇,即协助俗父缉拿贼寇之义。

本铭中的伯俗父曾出现在五祀卫鼎铭文中,在五祀卫鼎铭文中,伯俗父是以审判者身份出现的,从本铭来看,俗父亦从事缉拿事务,或许其在王朝固定担任司法类的职务。

三十八　扬簋（懿王）

本器现藏北京故宫博物院,失盖,内底铸铭文107字(其中重文3),主要著录文献及编号为:《攈古录金文》3之2.33,《两周金文辞大系图录考释》102.2,《殷周金文集成》04294,《商周青铜器铭文选》257。铭文之释文如下:

> 隹(唯)王九月既眚(生)霸庚寅,王才(在)周康宫,旦,各(格)大(太)室,即立(位)。司徒单白(伯)内(入)右扬,王乎(呼)内史史敖册令(命)扬。王若曰:扬,乍(作)司工,官司量田佃、眔司宝、眔司𥼽、眔司寇、眔司工史(事),赐(锡)女(汝)赤𤊾市(韍)、鸾旗,讯讼,取徵五乎。扬拜手稽首,敢对扬天子不(丕)显休,余用乍(作)朕烈考宪白(伯)宝簋,子子孙孙其万年永宝用。

---

① 陈絜、李晶:《南季鼎、扬簋与西周法制、官制研究中的相关问题》,《南开学报》2007年第2期。

本铭说，在周王九月既眚（生）霸庚寅这天，王在周康宫。清晨，王来到太室，即位。司徒单伯佑导扬，王呼内史史敖册命扬。王说命扬担任司工，管理量地的田佃、里居、刍人、缉拿盗贼，赏赐诸物，并命扬审理案件，收取五寽之金。扬叩拜、赞美天子，并制作了纪念其父宪伯的礼器，并将子孙万年珍藏使用。

在铭文中，天子册命扬担任司工，司工的职责很多，其中包括司寇——缉拿贼寇。铭文又说杨可以讯讼，即处理狱讼之事，从取微五寽来看，数额较小。可能管辖的案件级别较低。微匜铭文中的审判者为伯扬父，当即本铭中的扬。

三十九　姬凫母温鼎（西周早中期）

本器为台北陈氏所藏，有铭文 13 字，著录于张光裕、黄德宽《古文字学论稿》，安徽大学 2008 年版，第 246～257 页。铭文之释文如下：

> 姬凫母作鲁鼎，用旨尊厥公厥姊。

本铭大意是姬凫母制作精美之鼎，以精美之食祭祀其公其姊。本铭对研究西周的婚姻制度很有帮助。公为作器者姬凫母的配偶，姊为其姐。或其姐为正妻。姬凫母可能是在其姊死后，以嫡娣的身份继承其姊的位子，有权力作器祭祀其公其姊。①

四十　夃鼎（康王）

据马承源称，本器于 1998 年得于香港古玩肆，现藏上海博物馆。内壁铸铭文 49 字（其中合文 6），主要著录文献及编号为：《上海博物馆集刊》第 8 期，《新收殷周青铜器铭文暨器影汇编》1439。铭文之释文如下：

> 乙未，公大（太）保买大珇于美亚，才（财）五十朋。公令（命）夃归美亚贝五十朋，吕（与）茅薎、畠齹（坛）、牛一。亚宾夃淬（驿）金二勺（钧）。夃对亚宝，用乍（作）父己，夫册。

---

① 参见黄国辉《略论"姬凫母温鼎"中的人物关系及婚姻制度》，《中国史研究》2010 年第 1 期。

本铭的大意是，在乙未这天，公太保从羑亚购买了"大珏"①，价值五十朋。公命令亢送给羑亚贝五十朋，以及青茅、②鬯酒、牛等物。羑亚送给亢红色之牛和铜二钧。亢称赞羑亚，并制作了纪念父己的礼器。

本铭为用贝购买珠玉的案例。西周时代贵族购买大宗商品后，除了支付价款外，对卖者还有赏赐。卖方对卖买方贵族派来支付价款的人员亦有礼物赠与，这是西周买卖规则中"礼"的体现。铭文云："亚宾亢淋（骍）金二匀（钧）"，可参见《周礼·秋官·司仪》："宾继主君，皆如主国之礼"，贾公彦疏："按聘礼君遗卿劳及致馆等皆宾，宾者报也。"是为礼在交易规则中之功能体现。

四十一　任鼎（西周中期）

本器于 2004 年入藏中国国家博物馆，内壁铸铭文 63 字。本器的主要著录文献及编号为：《中国历史文物》2004 年第 2 期，《新收殷周青铜器铭文暨器影汇编》1554。铭文之释文如下：

> 隹（唯）王正月，王才（在）氏（泜）。任蔑历，事（使）献为（货）于王，则齍（毕）买。王事（使）孟联父蔑历，易（锡）脡牲大牢，又齍束、大弜、莠（郁）拳。敢对扬天子休，用乍乒（作厥）皇文考父辛宝齍彝，其万无疆，用各大神。妏。

本铭的大意是，在正月，周王在氏，任受到了嘉勉。任献给周王"货"，即某些贵重物品，周王全部购买了这些东西。周王命令孟联父嘉勉任，赏赐给他脡牲（或指鱼牲）、牛羊豕之三牲太牢，以及酿酒所用的香草香料等物。任称扬天子之休美，制作了这件纪念其父辛的礼器。

本铭可以和亢鼎铭文对读。在本铭中，天子购买了货，但却表述为任"献"货于王。这就像裘卫盉铭文那样，矩伯购买了瑾，却说是矩伯"取"瑾于裘卫。天子在购买了货之后，还要对卖方任进行赏赐，这也是"礼"的体现。据董珊先生分析，亢、任二鼎的赏赐物里都有

---

① 珏为某种玉器，马承源认为是"球"。《诗·商颂·长发》："受大球小球，为下国缀旒，何天之休"，毛亨传："球玉缀表旒章也"。参见马承源《亢鼎铭文——西周早期用贝交易玉器的记录》，《上海博物馆集刊》第 8 期。

② 关于"茅蒩"，用陈絜、祖双喜之解释，参见氏著《亢鼎铭文与西周土地所有制》，《中国历史文物》2005 年第 1 期。

用于祭祀的郁草和郁鬯，是为很高规格的祭祀用品。这属于"以礼假人"。①

四十二 大河口鸟形盉（西周中期）

2007 年山西省考古研究所等单位对翼城县大河口西周墓地进行发掘，获取很多霸国青铜器，其中有鸟形盉一件，内铸铭文 52 字，著录于《中华遗产》2011 年第 3 期，铭文之释文如下：

> 乞誓曰：余某弗再公命，余自无，则鞭身、笰传出。报氒誓曰：余即日余再公命，襄余亦改朕辞，出弃。对公命，用作宝盘盉，孙子其万年用。

本铭对研究西周法律史来说十分重要。其中关于誓辞、鞭、出弃的内容对于了解西周时期的制裁方式、制裁依据而言，是相当珍贵的第一手资料。李学勤、董珊、裘锡圭等先生均对铭文做出释文，但是观点分歧较多。② 笔者将铭文翻译如下，以供参考。乞立下誓言说：如果我图谋不遵奉公的命令，自谋其利，则身受鞭刑，遭到流放。如果违背上述誓言，将受惩罚。其辞曰：我已经立下誓言要遵奉公命，倘若我更改自己的誓辞，愿遭流放之刑。我对扬公命，铸此宝盘盉，以传子孙万年使用。③

本铭体现出西周时代的适用刑罚的特色，即由当事人自行约定违约后的制裁方法，这完全不同于秦汉后由律条规定罚则的模式。尽管通过《尚书》《逸周书》的记载，我们了解到西周审判时应当有所谓的"刑书"作为定罪量刑的依据，但是刑书的内容如今已不可考。而从金文资料来看，很多情况下制裁方式是由当事人通过立誓的方式自己约定的。关于"誓"，《说文解字·言部》已经作出了直接明了的解释："誓，约束也。"《尚书》中的《甘誓》《汤誓》《牧誓》《费誓》诸篇中，誓的概念莫不如此。只是《尚书》所载，是军纪方面的约束，而铭文反映出来的，则是社会生活中的约束。

---

① 董珊：《任鼎新探——兼说康鼎》，载《黄盛璋先生八秩华诞纪念文集》，中国教育文化出版社，2005。

② 参见李学勤《试释翼城大河口鸟形盉铭文》，《文博》2011 年第 4 期；裘锡圭《翼城大河口西周墓地出土鸟形盉铭文解释》，《中国史研究》2012 年第 3 期。

③ 详细考释参见王沛《西周的"井"与"誓"：以夨甲盘和鸟形盉铭文为主的研究》，《当代法学》2012 年第 5 期。

《中国古代法律文献研究》第七辑
2013年，第66～81页

睡虎地秦简法律文书集释（一）：
《语书》（下）[*]

中国政法大学中国法制史基础史料研读会

　　摘　要：本文是对睡虎地秦简《语书》9～15简内容的集释。集释在诸家之说的基础上提出见解，如，10简的"恶与人辨治"之"辨"或可有二解，其一为"办理""治理"之意，"辨治"为一语，其二辨作辩，作争辩解；同简的"争书"之"书"泛指各种官方文书，"争书"可理解为就公文交办之事而争辩；11简的"冒抵之治"与"无公端之心"互为因果，泛指履职冒犯律令规则与职业操守；11～12简的"力""治""险""强"是同位关系，"险"指刻薄、严苛；13简的"以告府，"读"以告府。"，文脉以此作顿，前针对不受此令者，意在确保该令到位；后则针对恶吏的惩治，意在确保该令执行。

　　关键词：睡虎地秦简　语书　集释

---

*　本文是《睡虎地秦简法律文书集释（一）：〈语书〉（上）》（刊载于《中国古代法律文献研究》第6辑）的续篇。本文研读的主持人为徐世虹教授，参与者有（以姓氏笔画为序）：山姗、支强、石璠、朱潇、庄小霞、齐伟玲、陈鸣、杨怡悦、杨静、周静怡、姜晓敏、郭瑞卿、慕容浩、颜丽媛。感谢日本皇学馆大学荆木美行教授寄送日文资料，北京语言大学具滋元博士翻译相关韩文。

　　本文所引张家山汉简皆出自张家山汉墓竹简整理小组《张家山汉墓竹简［二四七号墓］》（文物出版社，2001）；所引龙岗秦简皆出自中国文物研究所等编《龙岗秦简》（中华书局，2001）；所引居延汉简则出自谢桂华、李均明、朱国炤《居延汉简释文合校》（文物出版社，1987），甘肃省文物考古研究所、中国社会科学院历史研究所《居延新简——甲渠候官》（中华书局，1994）。为避文烦，文中不再逐一出注。

【简文】

凡良吏明灋律令事無不能殹有廉絜敦愨而好佐上乚以一曹事不足獨治殹
故有公心又能自。端殹而惡與人辨治是以不爭書·惡吏不明法律令不智事不
廉絜毋以佐上綸隨疾事易₁₀口舌不羞辱輕惡言而易病人毋公端之心而有冒柢
之治是以善事喜爭＝書＝因恙瞑目扼₁₁掐以視力訏詢疾言以視治詑訛醜言麤
斫以視險阬閬强肮以視强而上猶智之故如此者不₁₂可不爲罰發書移書曹＝莫
受以告府＝令曹畫之其畫最多者當居曹奏令＝丞＝以爲不直志₁₃千里使有籍
書之以爲惡吏₁₄

語書₁₅

【释文】

凡良吏明灋（法）律令，事［1］無不能殹（也）；有（又）廉絜（潔）
敦愨［2］而好佐上；［2］以一曹［3］事不足獨治［4］殹（也），故有公
心；［5］有（又）能自。端［6］殹（也），而惡與人辨治，［7］是以不爭
書。［8］·惡吏不明法律令，不智（知）事，不廉絜（潔），毋（無）以佐
上，綸（偷）隨（惰）疾事，易₁₀口舌，［9］不羞辱，輕惡言而易病人，毋
（無）公端之心，而有冒柢（抵）之治，［10］是以善斥（訴）［11］事，喜
爭書。爭書，因恙（佯）瞑目扼₁₁掐（腕）以視（示）力，［12］訏詢疾言
以視（示）治，［13］詑訛醜言麤斫以視（示）險，［14］阬閬强肮（伉）
以視（示）强，［15］而上猶智之殹（也）。［16］故如此者不₁₂可不爲罰。
發書，［17］移書曹，［18］曹莫受，以告府，［19］府令曹畫［20］之。其
畫最多者，当居曹［21］奏令、丞，令、丞以爲不直，［22］志₁₃千里使有籍
書之，［23］以爲惡吏。₁₄

語書［25］₁₅

【集释】

［1］事

睡虎地秦简研究会：事图版与“吏”同字，他处皆然，今改。案甲骨文
“吏”“事”亦同字，详见李孝定《甲骨文字集释》。①

早大秦简研究会：据李孝定《甲骨文字集释》第三卷“屰”项，金文中
“史”“吏”“事”三字用多用“史”字表示。又中国科学院考古研究所编
《甲骨文编》“屰”项，作“乙二七六卜辞用吏为重见吏下”。白川静《说文
新义》卷一上“吏”项：“字的立意与史、事完全相同”，“字与事同形。事

---

① 睡虎地秦简研究班：《睡虎地秦简校注》，《简牍学报》1981 年第 10 期，第 13 页。

指祭事。古代也指吏治，金文中有卿事、四事、死事等语"。①

吴福助：按王国维《观堂集林·释史》（卷六）："'史'之本义为持书之人，引申而为大官及庶官之称，又引申而为职事之称。其后三者各需专字，于是'史'，'吏'、'事'三字于小篆中截然有别，持书者谓之'史'，治人者谓之'吏'，职事谓之'事'，此盖出于秦汉之际，而《诗》《书》之文尚不甚区别。"②

【按】事，职事，职守。

［2］敦慤

整理小组：忠厚诚实。

早大秦简研究会：《荀子·王霸篇》："关市几而不征，质律禁止而不偏。如是则商贾皆不敦慤而无诈矣。"③

【按】"敦慤"是秦汉时期对官吏履职操守的评价指标之一。《岳麓书院藏秦简（叁）》148 简正："洋精（清）絜（洁），毋（无）害，敦嫛（慤）；守吏（事），心平端礼。"169 简正："彭沮、衷劳、年中令。皆请（清）絜（洁），毋（无）害，敦嫛（慤）；守吏（事），心平端礼。"④ 张家山汉简《奏谳书》227～228 简："今狱史举阕得微难狱，为奏廿二牒，举阕毋害，谦（廉）絜（洁）敦慤（慤），守吏也，平端，谒以补卒史，劝它吏，敢言之。"

［3］曹

整理小组：古时郡、县下属分科办事的吏，称为曹，如贼曹、议曹等；其衙署也称为曹。

黄盛璋："曹"指县曹。⑤

吴福助：秦汉郡县官司分职，多以曹为名，有右曹、诸曹之分。曹事，谓一处衙署的事务。⑥

高桥庸一郎：曹最初是审判之语，以后指主管审判、治狱之事的官府或与此有关的官吏，进而又表示所有的官署……在发布《语书》的秦代，曹作

---

① 〔日〕早稻田大学秦简研究會：《雲夢睡虎地秦墓竹簡〈语书〉譯注初稿（二）》，《史滴》1991 年第 12 号，第 77 页。

② 吴福助：《睡虎地秦简论考》，文津出版社，1994，第 54～55 页。

③ 〔日〕早稻田大学秦简研究會：《雲夢睡虎地秦墓竹簡〈语书〉譯注初稿（二）》，第 78 页。

④ 朱汉民、陈松长主编《岳麓书院藏秦简（叁）》，上海辞书出版社，2013，第 181、191 页。

⑤ 黄盛璋：《云梦秦简辨正》，《考古学报》1979 年第 1 期，第 19 页。

⑥ 吴福助：《睡虎地秦简考论》，第 57～58 页。

为表达衙署、属吏的用语，一般化到了何种程度尚不清楚，但它还是保留了曹的最初含义……所谓"一曹事"，或可解作有关词讼、罪法、治狱的处理。①

尹在硕：官署下属的实务部门。②

【按】曹，此指郡县中的具体办事机构。里耶秦简所见秦迁陵县有狱东曹（5～22）、狱南曹（8～728）、"仓曹"（8～3）、尉曹（8～71）、廷吏曹（8～1126）、"户曹"（8～488）、司空曹（8～269）等。③

［4］独治

整理小组：独断专行。

吉大考古专业纪南城开门办学分队："以一曹事不足独治"，靠一个官吏是不能办成事的（译）。④

早大秦简研究会：注释者将"不足独治"解作限制职权的"不能独断专行"，但由于这是所列举的良吏要件，所以从文脉考虑，还是当解作"……不应该做"。⑤

尹伟琴、戴世君："不足独治"应指一曹的事务具有整体性、综合性，因而每一个官吏不能够单纯满足于完成一己的部分，有时还要对他人予以支持和帮助。不难看出，这与后文"公心"的意义最相吻合。⑥

戴世君：《墨子·尚同下》："天子以其知力为未足独治天下，是以选择其次，立为三公……诸侯又以其知力为未足独治其四境之内也，是以选择其次，立为卿之宰。"又《尹文子·大道》："所贵圣人之治，不贵其独治，贵其能与众共治。""独治"应为当时熟语，其义均为"一人治理"，而非"独断专行"。⑦

【按】整理小组的注释思路可循。独治，义同独断，独自决断。《淮南子·说林训》："是而行之，故谓之断；非而行之，必谓之乱。"高诱注："断，犹治也。"⑧ "以一曹事不足独治殹（也）"一句，或可承上读作"有

---

① 〔日〕高橋庸一郎：《睡虎地秦簡〈語書〉釋文注解》（下Ⅳ），《阪南論集》（人文·自然科学編）第 29 卷第 2 号，1993，第 5～6 页。

② 〔韩〕尹在硕：《睡虎地秦墓竹简译注》，昭明出版社，2010，第 68 页。

③ 湖南省文物考古研究所编：《里耶秦简（壹）》，文物出版社，2012。

④ 吉林大学考古专业纪南城开门办学分队：《〈南郡守腾文书〉和秦的反复辟斗争》，第 312 页。

⑤ 〔日〕早稻田大学秦簡研究會：《雲夢睡虎地秦墓竹簡〈语书〉譯注初稿（二）》，第 78～79 页。

⑥ 尹伟琴、戴世君：《秦律三种辨正》，《浙江社会科学》2007 年第 2 期，第 163 页。

⑦ 戴世君：《〈睡虎地秦墓竹简〉注译商榷六则》，《江汉考古》2012 年第 4 期，第 116 页。

⑧ 刘文典撰，冯逸、乔华点校《淮南鸿烈集解》，中华书局，1989，第 580 页。

（又）廉絜（洁）敦愿而好佐上，以一曹事不足独治殹（也），故有公心"，意为"（良吏）廉洁、敦厚，愿意辅助上级，原因是一个机构的事务不能独自决断，所以具有公心"。《为吏之道》有"五失"，"擅裂割（擅自决断）"为其一，可与此对读。岳麓书院藏秦简《为吏治官及黔首》有"吏有五善"，"一曰忠信敬上"，① 亦可对读。

［5］公心

整理小组：公正之心（译）。

戴世君：犹今日之集体观念、团队精神，而非"公正"意识。②

【按】公，如秦简所见"完入公""衣食公""从事公""冗居公"之"公"，指公家、官府，公心即为符合公家意志、职业伦理的观念。"一曹之事不独断"，符合"佐上"的公权意志与职业伦理，所以说具有公心。

［6］自端

【按】端，正。里耶秦简8～894简："年至今可六十三、四岁，行到端，毋它疵瑕，不智衣服、死产、在所☒。"自端，自正。《史记·循吏列传》："公仪休者，鲁博士也。以高弟为鲁相。奉法循理，无所变更，百官自正。"这里的"自端"指能够自我约束，行为端正。

［7］恶与人辨治

整理小组（1977）：辨，争辨。

整理小组：辨，读为别。辨治，分治，与上文独治意近。

吉大考古专业纪南城开门办学分队：不愿同别人争功绩（译）。辨，简文原作"辦"，同评判之意。治，功绩。③

张世超、张玉春：辨即分辨、比较，"辨治"指与人争治功，故下云"讦询疾言以视（示）治"。④

早大秦简研究会：从"凡良吏"到"而恶与人辨治"，并列叙述了良吏的要件，由于具备了这些要件，所以才如下文"不争书"，故释文改读为"恶与人辨治。"⑤

高桥庸一郎：辨，分。治，《周礼·天官》"听其治讼"，孙诒让言"凡

① 朱汉民、陈松长主编《岳麓书院藏秦简（壹）》，上海辞书出版社，2010，第188页。
② 戴世君：《〈睡虎地秦墓竹简〉注译商榷六则》，第116页。
③ 吉林大学考古专业纪南城开门办学分队：《〈南郡守腾文书〉和秦的反复辟斗争》，第312页。
④ 张世超、张玉春：《〈睡虎地秦墓竹简〉校注简记》，《古籍整理研究学刊》1985年第4期，第31页。
⑤ 〔日〕早稻田大学秦简研究會：《雲夢睡虎地秦墓竹簡〈语书〉譯注初稿（二）》，第79页。

咨辨陈诉请求必有辞，故治亦曰辞"，治与辞音本通……但难以理解为何"辨治"与"分治"同义，也有可能是完全相反之意。①

陈伟：应与"冒抵之治"相对，不宜着眼于"分治"。治与辞二字在上古音中为之部叠韵，故治可读作辞，辨治即为辩辞，大概是争辩的意思。②

尹伟琴、戴世君："辨"或"辨治"系秦汉法律习语，其涵义是官吏各按权责范围处理事务。本句意为：良吏在处理事务时能正确看待分工，遇事可以出力的乐于出力，不愿过分计较。③

朱湘蓉："辨"可以通"别"，但只是在指"古代借债的契券"这个意义上通假。"辨"的本意有"分""别"的意思。整理小组用"读为"来解释句中的"辨"，这让人误以为这里的"辨"是"别"的借字，而实际上"辨"用其本意，并非通假。④

戴世君：整理小组注释"辨治"为"分治"是正确的，但说与独治意近则非。"辨治"（分治）应指办事中缺乏集体观念，于集体中不愿意多做事，只管自己一份的行为。⑤

【按】此句可有二解。一解，"辨"与"治"同，为"办理""治理"之意。《吕氏春秋·贵直论·过理》："王名称东帝，实辨天下。"高诱注："辨，治也。"⑥《二年律令·置吏律》216简"官各有辨，非其官事勿敢为，非所听勿敢听"，"官各有辨"指官府各有其职掌，其中"各"为分别之意，"辨"为治理之意。居延汉简 E.P.T57：1："皆坐辨其官事不辨，论罚金各四两，直二千五百。"因此辨治也是办理、治理之意。《汉书·张敞传》："……武意欲以刑法治梁。吏还道之，敞笑曰：'审如掾言，武必辨治梁矣。'武既到官，其治有迹，亦能吏也。"居延汉简 E.P.T50·1A："苍颉作书，以教后嗣。幼子承昭，谨慎敬戒，勉力风诵，昼夜勿置。苟务成史，计会辨治。超等轶群，出尤别异。"二解，辨作辩，争辩。以恶吏"争书"的种种表现反推，此亦可解作"讨厌与人争辩治理之事"，所以不就公文政令争辩。因此"恶与人辨治"句意为，"讨厌将自己的工作交给别人"或"讨厌与人争执工作"。前句"不足独治"言不独断，此句则言不推诿、不争执，与下文恶吏的"繻（偷）随（惰）疾事""善斥事"对应。

① 〔日〕高橋庸一郎：《睡虎地秦簡〈語書〉釋文注解》（下Ⅳ），第7页。
② 陈伟：《睡虎地秦简〈语书〉的释读问题（四则）》，载《湖南省博物馆院刊》2007年第4辑，第287页。
③ 尹伟琴、戴世君：《秦律三种辨正》，第163页。
④ 朱湘蓉：《〈睡虎地秦墓竹简〉通假辨析九则》，《语言科学》2008年第2期，第208页。
⑤ 戴世君：《〈睡虎地秦墓竹简〉注译商榷六则》，第116～117页。
⑥ 许维遹撰，梁运华整理《吕氏春秋集释》，中华书局，2009，第633页。

[8] 争书

整理小组（1977）：疑指核考时争功。一说指争论律令上的文字。①

整理小组：书，疑读为"署"，处理事务。

吉大考古专业纪南城开门办学分队：书，在此专指记功劳。②

睡虎地秦简研究会：不争书，不在公事上舞文弄墨，装腔作势闹意气。下文"因恙（佯）瞑目扼指（腕）"以下四句，即是争书的情况。③

张世超、张玉春："书"皆作"文书"解，"争"指争议，即对文书持异议。下文"而有冒柢之治""移书曹，曹莫受"，正对此言。此即《韩非·八说》所谓"交争逆令谓之'刚材'"。④

陈玉璟：《语书》所用三"书"字，均为"书功""书勋"的省略，所谓"书"是记载、铭书功勋的意思。⑤

张政烺：常常夸大自己的功绩。⑥

高桥庸一郎：这里的"书"解作一般的"书"即文书、文字等，意思不通。也许是作为其他音通字使用的。⑦

刘桓：争辩文书之是非。⑧

尹伟琴、戴世君："书"当为本字而非"署"，指秦汉考察官吏一年工作情况的"文书期会"制度的"文书"，是对官吏工作成绩的文书记录。⑨

【按】"书"泛指各种官方文书，秦汉律中的《行书律》即为有关传送官方文书的法律。此指公务政事。"争书"可理解为就公文交办之事而争辩。"不争书"就是不争辩政令的执行，而是立刻执行不推诿。良吏的"恶与人辨治，是以不争书"与下文恶吏的"善斥事，喜争书"相对，良吏厌恶与人争执工作（或将工作交给他人），因此对公文不争辩而立即执行，恶吏则或善于推诿工作，或喜欢争辩政事的执行。

[9] 易口舌

整理小组：口舌，争辩。此处指拨弄是非。

① 睡虎地秦墓竹简整理小组：《睡虎地秦墓竹简》，第 19 页。
② 吉林大学考古专业纪南城开门办学分队：《〈南郡守腾文书〉和秦的反复辟斗争》，第 312 页。
③ 睡虎地秦简研究班：《睡虎地秦简校注》，第 13 页。
④ 张世超、张玉春：《〈睡虎地秦墓竹简〉校注简记》，第 31 页。
⑤ 陈玉璟：《秦简词语札记》，《安徽师范大学学报》1985 年第 1 期，第 76 页。
⑥ 张政烺、日知：《云梦秦简 I》，第 40 页。
⑦ 〔日〕高桥庸一郎：《睡虎地秦简〈语书〉释文注解》（下Ⅳ），第 7~8 页。
⑧ 刘桓：《秦简偶札》，《简帛研究》第 3 辑，广西教育出版社，1998，第 165 页。
⑨ 尹伟琴、戴世君：《秦律三种辨正》，第 163 页。

张政烺、日知：容易发生争辩。①

早大秦简研究会："口舌"，《荀子·非相》中有"听其言则辞辨无统，用其身则多诈而无功。上不足以顺明王，下不足以和齐百姓，然而口舌之均，嚅唯则节，足以为奇伟偃却之属"，因此也可解作"口头功绩"。②

高桥庸一郎：指口头上的辨说。这里意为所言之事每次都有变化而无一定。③

【按】睡虎地秦简《为吏之道》有"吏有五失"，"四曰善言惰行，则士毋所比"，《岳麓书院藏秦简（壹）》有"吏有五则"，"四曰喜言隋（惰）行，则黔首毋所比"。④ 此处的"善言"即为善于言辞，能说会道，与"易口舌"义同。易、善皆有容易之义。从"善言惰行"看，善言辞而怠于实干是秦汉时对官吏的负面评价之一。

［10］冒柢（抵）之治

整理小组（1977）：冒柢，指与法令抵触。⑤

整理小组：有冒犯的行为。冒抵，冒犯。

早大秦简研究会：从"恶吏"到"而有冒柢之治"，并列了恶吏要件，因此与"良吏"对应，改读为"而有冒柢之治。"⑥

陈伟：治读为辞，冒抵之治当读为"冒抵之辞"。⑦

尹伟琴、戴世君：抵指简单排斥、拒绝可以由自己办理或提供帮助的事物的行为。⑧

尹再硕："冒抵"是指"违反"或是"无礼冒犯"的意思。⑨

【按】"冒抵之治"与"无公端之心"互为因果。"公端"指前文的公心、自端，"无公端之心"即为无奉公敬业、行为端正之心，因此"冒抵之治"泛指履职冒犯律令规则与职业操守。"不足独治""与人辨治"及此处的"冒抵之治"之"治"，皆为办理、治理之意。

---

① 张政烺、日知：《云梦秦简Ⅰ》，第40页。

② 〔日〕早稻田大学秦简研究會：《雲夢睡虎地秦墓竹簡〈语书〉譯注初稿（二）》，第80页。

③ 〔日〕高橋庸一郎：《睡虎地秦簡〈語書〉釋文注解》（下Ⅳ），《阪南論集》（人文·自然科学编）第29卷第4号，1994，第4页。

④ 朱汉民、陈松长主编《岳麓书院藏秦简（壹）》，第189页。

⑤ 睡虎地秦墓竹简整理小组：《睡虎地秦墓竹简》，第19页。

⑥ 〔日〕早稻田大学秦簡研究會：《雲夢睡虎地秦墓竹簡〈语书〉譯注初稿（二）》，第80页。

⑦ 陈伟：《睡虎地秦简〈语书〉的释读问题（四则）》，第287页。

⑧ 尹伟琴、戴世君：《秦律三种辨正》，第163页。

⑨ 〔韩〕尹再硕：《睡虎地秦墓竹简》，第69页。

[11] 斥

整理小组：读为"诉"，争讼。

吉大考古专业纪南城开门办学分队：善于夸大自己的功绩。①

张政烺、日知：夸大自己。②

尹伟琴、戴世君：应为本字"斥"，"斥事"即能推拒不做的事务就推拒不做，其与前文"疾事"意义一致。③

【按】"斥事"亦可有二解。一指推诿工作，二指争执工作，与"喜争书"为同位关系。

[12] 争书，因恙（佯）瞋目扼（腕）以视（示）力

整理小组：因，则。恙读佯。

吉大考古专业纪南城开门办学分队：争书因佯，意为争功全凭借假象。④

中央大秦简讲读会：抓住别人的弱处。⑤

张政烺、日知：古无"佯"字，经典皆用"阳"字，意为表面假装着。观下文瞋目扼腕，恶言厱斫是震动感情，不得为假。恙当读为让，《说文》："让，相责让也。"⑥

早大秦简研究会：此句关系到后面的"瞋目扼指以视力，讦询疾言以视治，詆訿丑言厱斫以视险，坑阆强肮以视强"四句，故解作"装出是自己本性……的样子给人看"。⑦

高桥庸一郎：即使处理事务也要引起物议，恣意撒谎，向对方又是怒目而视又是扼腕，以示强力，以使对方屈服。⑧

【按】"因恙"较难理解。恙作佯，于文意略有窒碍。如果"争书"指"争辩公文政事"，则恶吏的种种表现是其自以为是的本能反应，无须假装。或可读作"争书因恙"，恙，疾病，或指下文的各种不良行为。未确。又，全句是从形体上描述"争书"状态。意为瞠眼扼腕，以显示自己有力量。

---

① 吉林大学考古专业纪南城开门办学分队：《〈南郡守腾文书〉和秦的反复辟斗争》，第312页。

② 张政烺、日知：《云梦秦简Ⅰ》，第41页。

③ 尹伟琴、戴世君：《秦律三种辨正》，第163页。

④ 吉林大学考古专业纪南城开门办学分队：《〈南郡守腾文书〉和秦的反复辟斗争》，第312页。

⑤ 〔日〕中央大学秦简講讀會：《〈睡虎地秦墓竹簡〉訳註初稿3——南郡守腾文書（語書）·爲吏之道》，《論究》第12卷第1期，1980，第73页。

⑥ 张政烺、日知：《云梦秦简Ⅰ》，第41页。

⑦ 〔日〕早稻田大学秦简研究會：《雲夢睡虎地秦墓竹簡〈语书〉譯注初稿（二）》，第82页。

⑧ 〔日〕高橋庸一郎：《睡虎地秦簡〈語書〉釋文注解》（下Ⅳ），第7页。

[13] 讦询疾言以视（示）治

整理小组：讦询，诡诈。

吉大考古专业纪南城开门办学分队：讦询，即询讦，喜欢、高兴的样子。全句意为：洋洋得意，信口开河，显示自己善治理。①

张世超、张玉春：《说文》"讦……一曰讦諎"，"讦諎"典籍上作"吁嗟"。询，读为"驾"，《说文》："驾，惊辞也。"讦、询（驾）均象声词，与下"疾言"相应。②

高桥庸一郎：讦，诡讹；询，谋。讦询，错误的谋事。以不好的谋事与强压的说法向人们夸耀治理（译）。③

刘桓：大声询问。④

【按】"讦询"与"疾言"结构相同，"讦""疾"是"询""言"的修饰之语。《尔雅·释诂》："讦，大也。"此句是从言辞上描述"争书"状态。《韩诗外传》卷九："小人之论也，专意自是，言人之非，瞋目搤腕，疾言喷喷，口沸目赤。"⑤ 全句意为：大声询问，快速说话，以显示自己善于治理。

[14] 誣訑醜言廳矴以视（示）险

整理小组（1977）：誣訑（誖）醜言廳矴，大约是凶暴恶言的意思。⑥

整理小组：誣，疑读为駤，《淮南子·修务》注："忿戾，恶理不通达。"訑，疑读为誖，乖戾。醜，惭愧。廳（音标），读为僄、嫖，轻。矴，无知。险，通检，检点约束。

吉大考古专业纪南城开门办学分队：誣訑改作啴谐。《礼记·乐记》有"啴谐慢易"之语。啴，宽缓。谐，调合。却，简文原作廳，今改。却矴，愚顽无知的样子。俭，简文原假为险，今改。在此有约束、克制之意。全句意为：宽容坏话，麻木不仁，显示自己能克制。⑦

中央大秦简讲读会：誣訑，据图版也可看作"诬讼"。本注释为无证据

---

① 吉林大学考古专业纪南城开门办学分队：《〈南郡守腾文书〉和秦的反复辟斗争》，第315页。

② 张世超、张玉春：《〈睡虎地秦墓竹简〉校注简记》，第31页。

③ 〔日〕高桥庸一郎：《睡虎地秦簡〈語書〉釋文注解》（下Ⅵ），《阪南論集》（人文·自然科学编）第30卷第2号，1994，第1、6页。

④ 刘桓：《秦简偶札》，《简帛研究》第3辑，广西教育出版社，1998，第165页。

⑤ （汉）韩婴撰《韩诗外传》，许维遹校释，中华书局，1980，第333页。

⑥ 睡虎地秦墓竹简整理小组：《睡虎地秦墓竹简》，第19页。

⑦ 吉林大学考古专业纪南城开门办学分队：《〈南郡守腾文书〉和秦的反复辟斗争》，第315页。

而轻率提起诉讼。①

张世超、张玉春：訍读为諆是也，然諆当读为倛，《方言一》："凡有物谓之倛。"諆訍谓相反之说，亦即两可之辞。醜，《尔雅·释诂》"众也"，《广雅·释诂三》"类也"。廳，读为摽，《说文》"摽，击也"，"斫，击也"。险，读为譣，典籍通作"验"。②

张政烺、日知：丑言，流言蜚语（gossip）。③

高桥庸一郎：駤，《淮南子·修务》原文"胡人有知利者，而人谓之駤"，高诱注"駤，忿戾恶理不通达"。由于駤是污蔑胡人的语言，所以諆訍含有对他人的轻蔑之意。但后世《龙龕手鉴》以諆为俗字，诬为正字，或諆字在上古也含有诬之意，故将其解为欺骗、诋毁之语。"訍"未见《说文》等历代字典。"八"音具有破、打、撕下等有时与拨共通的意思，訍或亦是表示如此意思的词语。丑言，在别人看来是难听的话语。廳同剽，以器具刺对方，这里的器具指语言。斫，击。廳斫即为攻击对方的语言方式。险，《荀子·天论》"政险失民"，杨倞注："政险，威虐也。"④

【按】"諆"通"駤"，蛮横无理。"諆"亦通"哑"，笑，讥笑。《诗·卫风·氓》："兄弟不知，哑其笑矣。""訍"《说文》无。对比图版，将"訍"解作"讼"似显牵强。丑言，《岳麓书院藏秦简（壹）》1497 简"丑言出恶"可参。⑤ 又，以"争书"所要显示的目的为力、治、险、强来看，力、治、强均意在表明自己的有力、善治、强悍，故"险"若指"检点约束"，略觉隔远。从同位性考虑，"险"在此或有"高峻、严苛"之意。《荀子·非相》："是以小人辩言险，而君子辩言仁也。"此"险"与"仁"相对，指刻薄、严苛。全句意为：以蛮横无理或讥笑轻蔑的恶言攻击对方，以显示严苛。

［15］阬阆强肮（伉）以视（示）强

整理小组：阬（音坑）阆（音浪），高大的样子。

吉大考古专业纪南城开门办学分队：阬阆（音 kēng láng）：空荡、渺茫。全句意为：目空一切，自高自大，显示自己有能力。⑥

---

① 〔日〕中央大学秦简講讀會：《〈睡虎地秦墓竹簡〉訳註初稿 3——南郡守腾文書（語書）·爲吏之道》，第 73 页。

② 张世超、张玉春：《〈睡虎地秦墓竹简〉校注简记》，第 31 页。

③ 张政烺、日知：《云梦秦简Ⅰ》，第 41 页。

④ 〔日〕高橋庸一郎：《睡虎地秦簡〈語書〉釋文注解》（下Ⅵ），第 3～4 页。

⑤ 朱汉民、陈松长主编：《岳麓书院藏秦简（壹）》，上海辞书出版社，2010，彩色图版第 31 页。

⑥ 吉林大学考古专业纪南城开门办学分队：《〈南郡守腾文書〉和秦的反复辟斗争》，第 315 页。

高桥庸一郎：阬阆，这里指言行傲慢。强，对他人有强迫性的威压。强伉，傲慢地昂首，威吓对方。①

【按】《说文·阜部》："阬，阆也。"徐锴《说文解字系传》卷二八："阬阆，高大而空。"阬阆又有"空虚"之义。阬，深陷，坑洞，空虚。阆，空虚。《庄子·外物》："胞有重阆，心有天遊。"郭象注："阆，空旷也。"成玄英疏："人腹内空虚，故容藏胃，藏胃空虚，故通气液。"② 此处阬阆形容自大而又空虚。强伉，强健。《岳麓书院藏秦简（叁）》166 正简："魏，晋人，材犷（伉）。"③《汉书·宣帝纪》："选郡国吏三百石伉健习骑射者，皆从军。"师古注："伉，健也。"全句意为：自大空虚，貌似强健，以显示强干。

［16］上犹智之

整理小组：智之，认为有才能。

高桥庸一郎："有才能"之语未见前文，此"之"指"争书"至"阬阆强肮以视强"的所有情况。④

【按】睡虎地秦简所见"智"多通"知"，但也有用作本字者。《语书》6～7简"若弗智（知），是即不胜任，不智殹（也）"，整理小组将"智"解作"明智"。岳麓书院藏秦简《为吏治官及黔首》1546简"智（知）人者智"，⑤ 后"智"也作明智解。

［17］发书

整理小组（1978）：启视文书，这里发书指收阅本文书。

整理小组：启视文书，这里发书指收阅文书。

【按】发书，拆阅文书。此句以上讲良吏与恶吏的表现，此后讲各县、道收到本文书后应如何处理，故此处的"书"指本文书，"发书"的主体是各县、道。

［18］移书曹

整理小组：移书，致送文书，战国末至秦汉时习语。

睡虎地秦简研究会：移书，如送文书，战国末至秦汉时习语。此句是说各县道收到本文书后，应发文书到所属各曹。⑥

吉大考古专业纪南城开门办学分队：移，发送，转发。书曹，刀笔吏，

---

① 〔日〕高橋庸一郎：《睡虎地秦簡〈語書〉釋文注解》（下Ⅵ），第5～6页。

② （清）王先谦：《庄子集释》，中华书局，1987，第242页。

③ 朱汉民、陈松长主编《岳麓书院藏秦简（叁）》，第190页。

④ 〔日〕高橋庸一郎：《睡虎地秦簡〈語書〉釋文注解》（下Ⅵ），第6页。

⑤ 朱汉民、陈松长主编《岳麓书院藏秦简（壹）》，彩色图版第31页。

⑥ 睡虎地秦简研究班：《睡虎地秦简校注》，第14页。

掌司法文书的官吏。①

　　黄盛璋："曹"指县曹。移书的对象既为各县的书曹，所以必为南郡文移，发书者也应该就是腾。②

　　【按】《里耶秦简》8～122 简："言事守府及移书它县须报。"③ 移书即为发送公文。该文书为郡发给各县、道，县、道收到后只能向更低一级传达。又以此文书的内容来看，当是所有官员都应知晓的，故发送的对象应该是县、道所属各曹。

　　［19］曹莫受，以告府

　　整理小组：莫，不。受，指受命。府，官府，这里指郡府。

　　吉大考古专业纪南城开门办学分队：曹莫受，没有领到文书（译）。府，这里专指令、丞。④

　　黄盛璋：指受书后不要私自受理，要向府报告。⑤

　　中央大秦简研读会：莫受，或为"摸受"，意为形式上的受理。⑥

　　早大秦简研究会：从文脉上看，"发书""移书"之书，与"争书"之书同。⑦

　　高桥庸一郎：如果有官吏不接受文书内容，直接告知地方行政政府（译）。⑧

　　陈长崎：据秦法，郡、县行政首长均有任免自己属吏的权力，故其处置自己的县吏，无须向郡报告，再由郡命郡曹责处。又《睡虎地秦简·法律答问》："'府中公金钱，私貣用之，与盗同法。'可（何）谓'府中'？唯县少内为'府中'，其它不为。"可见县亦可称县府。故此处"府"指县府而非郡府。⑨

---

① 吉林大学考古专业纪南城开门办学分队：《〈南郡守腾文书〉和秦的反复辟斗争》，第312页。
② 黄盛璋：《云梦秦简辨正》，第19页。
③ 陈伟主编《里耶秦简牍校释》第1卷，第66页。
④ 吉林大学考古专业纪南城开门办学分队：《〈南郡守腾文书〉和秦的反复辟斗争》，第312页。
⑤ 黄盛璋：《云梦秦简辨正》，第19页。
⑥ 〔日〕中央大学秦簡講讀會：《〈睡虎地秦墓竹簡〉訳註初稿3——南郡守腾文書（語書）·爲吏之道》，第73页。
⑦ 〔日〕早稻田大学秦簡研究會：《雲夢睡虎地秦墓竹簡〈語書〉譯注初稿（二）》，第85页。
⑧ 〔日〕高橋庸一郎：《睡虎地秦簡〈語書〉釋文注解》（下Ⅵ），第7页。
⑨ 陈长琦：《〈睡虎地秦墓竹简〉译文商榷（二则）》，《史学月刊》2004年第11期，第116～117页。

戴世君：指县、道属各曹不要容忍、认可德才俱差的"恶吏"。①

【按】"莫受"的对象，为前文所"发"之"书"，指惩罚恶吏的命令。府，此指县府。里耶秦简多见"守府某以来"之句，研读者认为是"县府差遣之人"。② 此句指县所属各曹若有不受命的情况，则报告县府。"以告府，"读"以告府。"文脉以此作顿，前针对不受此令者，意在确保该令到位；后则针对恶吏的惩治，意在确保该令执行。

［20］画

整理小组（1977）：画，读为划，疑指标上记号。③

整理小组：读为过，《吕氏春秋·适威》注："过，责。"

黄盛璋：记录与计算。④

中央大秦简研读会：统计争书（夸耀自己的功劳而书写的文书）的数量。⑤

早大秦简研究会：《管子·君臣上》："……而臣主之道毕矣。事故，主画之，相守之。相画之。"伊知章注："画，谓分别其所授事，君既画其事。相则守而行之也。"此处"画"有区分的意义，指标记恶吏的记号。⑥

【按】画，从整理小组（1977）说。《说文·刀部》："划，锥刀曰划。"段注："锥刀之末所画谓之划也。"此指标记、统计吏"恶"的表现。

［21］当居曹

整理小组：应即古书中的当曹，指恶吏所在的衙署。

早大秦简研究会：《礼记·王制》"数各居其上三分"，郑注"居，犹当也"，有"该"之义。简装本、简牍本所释"古书中的当曹，文意不明。按文意读作'当居曹，奏令、丞'。"⑦

吴福助：秦简"居"字用法，除了"居作"之意外，还有"居住"之意，又有"处、位"之意，"当居曹"之"居"字，应是"处、位"之意。⑧

【按】"居"从吴说，为居处之意。整理小组的具体解释可从，即"当居

① 戴世君：《云梦秦律新解（六则）》，《江汉考古》2008 年第 4 期，第 100 页。
② 陈伟主编《里耶秦简校释》第 1 卷，武汉大学出版社，2012，第 46 页。
③ 睡虎地秦墓竹简整理小组：《睡虎地秦墓竹简》，第 20 页。
④ 黄盛璋：《云梦秦简辨正》，第 19 页。
⑤ 〔日〕中央大学秦简講讀會：《〈睡虎地秦墓竹簡〉訳註初稿 3——南郡守騰文書（語書）·爲吏之道》，第 73 页。
⑥ 〔日〕早稻田大学秦简研究會：《雲夢睡虎地秦墓竹簡〈語書〉譯注初稿（二）》，第 85～86 页。
⑦ 〔日〕早稻田大学秦简研究會：《雲夢睡虎地秦墓竹簡〈語書〉譯注初稿（二）》，第 86 页。
⑧ 吴福助：《睡虎地秦简论考》，第 58 页。

曹"指恶吏所在的机构、部门。

[22] 志千里使有籍书之

整理小组：志，记。千里，指郡的辖境。籍，簿籍。

吉大考古专业纪南城开门办学分队："志"改为"至"。①

中央大秦简讲读会："志"，解作向，意为使之相当于辖境内的吏事。籍，官吏的簿籍，指作为记录其治绩，判断官吏能力材料的簿籍，或作为上计时底簿的簿籍。②

黄盛璋："以为不直志"就是用"不直"来记其罪名。"志"应属上不属下。③

早大秦简研究会：从"发书"到"以告府"，由"曹"实行。到"奏令、丞"由"府"实行；到"以为恶吏"由"令、丞"实行。以此根据内容而分别读作：发书，移书曹，曹莫受，以告府，〔。〕府令曹画之，其画最多者，当居曹〔，〕奏令、丞，〔。〕④

张金光：发通报，载入工作档案以为恶吏。⑤

【按】"令、丞以为不直志"不可解。"志"，今核对图版，释文无误，改"至"无据。此从整理小组注，全句意为：在全郡记录，使其登记在籍簿上。

[23] 语书

整理小组：《语书》十四支简简长和笔体一致，但后段的六支简简首位置略低于前八简，似乎原来是分开编的，可能是前段的附件。原有标题在最后一简的背面。《语书》是南郡守腾颁发给本郡各县、道的一篇文告。

早大秦简研究会：从字体与书写在一简上的字数来看，前八简与后六简也不同，因此前后两部分有可能是不同的书写者，或是书写时代不同。⑥

张政烺、日知：《语书》只是后六简的名称，故将前八简命名为《南郡

---

① 吉林大学考古专业纪南城开门办学分队：《〈南郡守腾文书〉和秦的反复辟斗争》，《考古》1976 年第 5 期，第 311 页。

② 〔日〕中央大学秦简講讀會：《〈睡虎地秦墓竹簡〉訳註初稿 3——南郡守騰文書（語書）·爲吏之道》，第 74~75 页。

③ 黄盛璋：《云梦秦简辩正》，第 19 页。

④ 〔日〕早稻田大学秦簡研究會：《雲夢睡虎地秦墓竹簡〈語書〉譯注初稿（二）》，第 86 页。

⑤ 张金光：《论秦汉的学吏教材——睡虎地秦简为训吏教材说》，《文史哲》2003 年第 6 期，第 67 页。

⑥ 〔日〕早稻田大学秦簡研究會：《雲夢睡虎地秦墓竹簡〈語書〉譯注初稿（一）》，《史滴》第 11 号，1990，第 66 页。

守腾文书》，后六简则以《语书》命名。①

杨剑虹：前后简文的性质不同，而且两者发送、传递的方式也各异，是两件文书无疑，但后八简是否为前八简的"附件"，则难以做出确切的判断。②

吴福助：该文书从内容上可分为《案劾吏民犯法令》和《课吏令》两个部分，原定名《南郡守腾文书》似更为妥当。③

张金光："语书"可训为"训语抄录"。它的具体用途乃是关于为吏方面的训语书录，故可称之为训吏明德语录教本之类。《语书》前后两段文字，不论就其内容还是竹简编缀情况来看，原绝非统一物件，而是后人编抄在一起的。这是喜为训练官吏如何从政、行政，以及如何为吏而编的教材。④

【译文】

良吏都通晓法律令，职事无所不能。又廉洁、忠厚诚谨，愿意为上司效力，这是因为一个机构的事务不能独自决断，所以有为公之心。又能够自我端正，厌恶将自己的工作交给别人（或与人争执工作），因此不会就政令的执行争辩。恶吏不通晓法律令，不明职守，不廉洁，不能为上司效力，苟且懒惰，遇事推托，善于言辞，无耻辱之心，随意口出恶言，任意指责他人，没有奉公敬业、自我端正之心，工作中违反律令规则，因此，善于推诿（或争辩）工作，喜欢争执政令的执行。争辩则有各种不良表现：瞪眼扼腕，以显示自己有力量；大声询问，快速说话，以显示自己善于治理；对对方蛮横无理或讥笑轻蔑，以显示自己严苛；自大空虚，骄横强健，以显示自己强干。然而上司却认为他很能干，所以像这种人不能不予以惩罚。（各县、道）收阅这份文书（后），将它发送给所属各机构，各机构官员有不遵守命令的，就上报到县府。县府命令各机构的主管官员对吏的恶行进行统计。恶行最多的吏，由所在机构向令、丞报告，令、丞确认该吏不直，将他记录在籍簿上向全郡通报，将他作为恶吏。

语书

① 张政烺、日知：《云梦竹简Ⅰ》，第13页。
② 杨剑虹：《秦简〈语书〉窥测——兼论〈编年记〉作者不是楚人》，《江汉考古》1992年第4期，第54页。
③ 吴福助：《睡虎地秦简论考》，第39页。
④ 张金光：《论秦汉的学吏教材——睡虎地秦简为训吏教材说》，第66、68页。

《中国古代法律文献研究》第七辑
2013年，第82～102页

睡虎地秦简法律文书集释（二）：
《秦律十八种》（《田律》《厩苑律》）[*]

中国政法大学中国法制史基础史料研读会

　　摘　要：本文对《秦律十八种》中的《田律》《厩苑律》予以集释，在诸家之说的基础上提出按语。例如：《田律》4简的"取生荔"之"荔"，在类别上与律文禁止的其他对象存在差异，故其字存疑；10简的"刍稾彻木、荐"之"彻"或可读作本字，为"通"义，意为"堆积的禾、刍稾贯通（即穿透、毁坏）了木板、草席"。《厩苑律》16简的"其入之其弗亟"读作"其入之，其弗亟"，前"其"为法律术语的"更端之词"，后"其"指代官府；16～17简的"小隶臣疾死者"，指小隶臣放牧马牛致使其病死。
　　关键词：睡虎地秦简　秦律十八种　田律　厩苑律　集释

田　律

【题解】

　　按整理小组整理，"田律"条文共计六条，"田律"之名均抄写于各条文

---

　*　本文研读的主持人为徐世虹教授，参与者有（以姓氏笔画为序）：山姗、王志敏、支强、石璠、司小茹、牟翔、朱潇、庄小霞、齐伟玲、张民硕、陈鸣、杨怡悦、杨静、周静怡、周毅、郭瑞卿、慕容浩、颜丽嫒。感谢日本京都大学法学部海丹博士提供相关日文资料。
　　本文所引张家山汉简皆出自张家山汉墓竹简整理小组《张家山汉墓竹简［二四七号墓]》（文物出版社，2001）；所引龙岗秦简皆出自中国文物研究所等编《龙岗秦简》（中华书局，2001）；所引居延汉简则出自谢桂华、李均明、朱国炤《居延汉简释文合校》（文物出版社，1987），甘肃省文物考古研究所、中国社会科学院历史研究所《居延新简——甲渠候官》（中华书局，1994）。为避文烦，文中不再逐一出注。

之后。沈家本《汉律摭遗》指出："（汉代）《田律》谓田猎之律，非田亩之事也。"① 出土于四川青川县郝家坪 50 号战国秦墓的木牍，记有秦王颁布的《为田律》命书，是关于田亩制度的命令。② 睡虎地秦简面世之后，已知"田律"规定多与农业生产活动相关，故高恒认为"田律"是关于农村社会秩序、农田管理，以及收缴田税的法律，而非"田猎"之法；③ 张伯元则指出"田律"是关于农田生产、牲畜管理方面的律文，而不是纯粹指田猎；④ 李均明亦指出（秦汉简牍文献中出现的）"田律"是关于垦田、缴纳刍藁、保护山林等农业、林业、畜牧业相关的法律。⑤ 池田雄一对相关内容的归纳为：A 生产活动：耕地为公田。报告作物的丰凶、收获量。支付马牛的饲料。刍藁的交纳。B 日常生活：对树木采伐、河川利用、狩猎渔捞的限制。禁止酒的私人买卖。C 管理官府：由县廷管理。设置田啬夫、部佐等作为执行官吏。D 与周边居民的关系：限制禁苑周边的狩猎。猎犬侵入苑中之际的罚则。又，《田律》是对禁苑内公田的管理规定。⑥

本篇《田律》所涉及的内容有：报告雨水对庄稼生长的影响及自然灾害造成的损害情况，季节性的渔猎禁令，纳刍藁规定，刍藁的管理规定，马牛饲料的领取规定，对特定人群的卖酒禁令。

【简文】

雨爲澍及誘粟輒以書言澍稼誘粟及狼田暘毋稼者₁頃數稼已生後而雨亦輒言雨少多所₁利頃數旱及暴風雨水潦螽蚰群它物傷稼者亦輒言其頃數近縣令輕足行其書遠₂縣令郵行之盡八月□□之　　田律₃

【释文】

雨爲澍〈澍〉，及誘（秀）粟，[1] 輒以書言澍〈澍〉稼、誘（秀）粟及狼（垦）田暘毋（無）稼者 [2] 頃數。稼已生後而雨，亦輒言雨少多，所₁利頃數。旱〈旱〉及暴風雨、水潦、备（螽）蚰、羣它物傷稼者，亦輒言其頃數。近縣 [3] 令輕足行其書，遠₂縣令郵行之，盡八月□□之。田律₃

---

① （清）沈家本撰：《历代刑法考》，邓经元、骈宇骞点校，中华书局，1985，第 1380 页。

② 参见四川省博物馆、青川县文化馆《青川县出土秦更修田律木牍——四川青川县战国墓发掘简报》，《文物》1982 年第 1 期。

③ 高恒：《汉律篇名新笺》，《吉林大学社会科学学报》1980 年第 3 期，第 65 页。

④ 张伯元：《〈汉律摭遗〉与〈二年律令〉比勘记（上）》，载"沈家本与中国法律文化国际学术研讨会"组委会编《沈家本与中国法律文化国际学术研讨会论文集》下，中国法制出版社，2005，第 726 页。

⑤ 李均明：《秦汉简牍文书分类辑解》，文物出版社，2009，第 170 页。

⑥ 〔日〕池田雄一：《中国古代の律令と社会》，汲古书院，2008，第 185、200 页。

【集释】

[1] 雨为澍〈澍〉，及诱（秀）粟

整理小组：澍应为澍字之误，及时雨；秀粟，禾稼抽穗结实。

中央大秦简讲读会：诱，释文读秀，但本译文仍作"诱"（使发芽）。①

何四维：此处的"及"系词，意为"影响"。该句意指"雨水对农作物抽穗产生了有益的影响"。②

张政烺、日知：澍是烂泥；诱粟即莠粟，指杂草和粮食作物混杂一处。即"降雨使田地中形成深泥，杂草和庄稼混杂其中"。③

【按】澍，从整理小组说。《说文·水部》："澍，时雨也。所以树生万物者也。"稼，谷类作物。

[2] 狠（垦）田暘毋（无）稼者

整理小组：已开垦而没有耕种的田地（译）。

何四维：已耕种而没有庄稼的土地。④

【按】此句意指已开垦而没有生长禾稼的田地。意即上级需要了解各县耕种土地农作物生长的实际状况，因此应报告的内容有得到雨水浇灌的禾稼、抽穗的谷子与未生长禾稼田地的数量。

[3] 近县

整理小组：距离近的县。

【按】《二年律令·田律》244 简："县道已狠田，上其数二千石官，以户数婴之，毋出五月望。"此处"近县"以及下文的"远县"，即指距离郡治相对近或相对远的县。

【译文】

当降下有利于禾稼生长的雨水，谷子抽穗时，立即以文书报告得到雨水浇灌的庄稼、抽穗的谷子以及未生长禾稼田地的面积。禾稼已经长出后降雨，也要立即报告雨量的多少，所能收获的面积。发生了干旱以及暴风雨、水涝、虫害以及其他造成禾稼损失的灾害时，也应立即报告受灾土地的面积。距离（郡治）近的县让传送书信的人送达，距离远的县则通过邮的系统送达，截至到八月底。

---

① 〔日〕中央大学秦简讲读会：《〈睡虎地秦墓竹简〉训注初稿》，《论究》第10卷第1期，1978，第88页。

② A. F. P. Hulsewé, *Remnants of Ch'in Law*, Leiden E. J. Brill, 1985, p. 21.

③ 张政烺、日知：《云梦竹简Ⅱ》，吉林文史出版社，1990，第5页。

④ A. F. P. Hulsewé, *Remnants of Ch'in Law*, p. 22.

【简文】

春二月毋敢伐材木山林及雍隄水不夏月毋敢夜草爲灰取生荔麛鷇卵毋□□□□□₄毒魚鱉置穽罔到七月而縱之唯不幸死而伐絔享者是不用時邑之斦皂及它禁苑者麛₅時毋敢將犬以之田百姓犬入禁苑中而不追獸及捕獸者勿敢殺其追獸及捕獸者殺₆之河禁所殺犬皆完入公其它禁苑殺者食其肉而入皮　　　田律₇

【释文】

春二月，[1] 毋敢伐材木山林及雍（壅）隄水。不夏月，[2] 毋敢夜草爲灰，[3] 取生荔、[4] 麛鷇（卵）鷇，毋□□□□□₄毒魚鱉，置穽罔（網），到七月而縱之。唯不幸死 [5] 而伐絔（棺）享（槨）者，是不用時。邑之斦（近）皂及它禁苑者，麛₅時毋敢將犬以之田。百姓犬入禁苑中而不追獸及捕獸者，勿敢殺；其追獸及捕獸者，殺₆之。河（呵）禁所 [6] 殺犬，皆完入公；其它禁苑殺者，食其肉而入皮。　　　田律₇

【集释】

[1] 春二月

李学勤："二"字有可能是"三"字之误。《逸周书》的《大聚》云："春三月，山林不登斧，以成草木之长。夏三月，川泽不入网罟，以成鱼鳖之长。"①

工藤元男：秦楚月名之间相差三月……因此……田律起头之"二月"当为"三月"，即"春三个月"之意，就是说春这三个月以内原则上禁止狩猎及采集植物，到"夏月"就可以。②

[2] 不夏月

李学勤：张家山汉简也有类似的一条……两条互相对照……甚至可以猜测……"不"字其实是"泉"字的误写，因为当时这两个字非常形似，而"夏"字下又脱了"三"字，不过，这一点还无法证明。③

尹在硕："不"与"非"用法一样。④

[3] 夜草为灰

整理小组：夜，疑读为择。夜草为灰，意为取草烧灰，作为肥料。《礼记·月令》：仲夏月"毋烧灰"。

---

① 李学勤：《竹简秦汉律与〈周礼〉》，载《法律史研究》编委会编《中国法律史国际学术讨论会论文集》，陕西人民出版社，1990，第 149 页。

② 〔日〕工藤元男：《云梦秦简〈日书〉与秦史研究》，中国秦汉史研究会编《秦汉史论丛》第 5 辑，法律出版社，1992，第 310～311 页。

③ 李学勤：《竹简秦汉律与〈周礼〉》，第 149 页。

④ 〔韩〕尹在硕：《睡虎地秦墓竹简译注》，第 77 页。

李学勤：“夜”字，应为“燔”或其同义字之误。①

陈伟武：“夜”可读做“畬”（义为“烧榛种田”）。②

刘桓：按夏月以草为灰做肥，不单有用火烧之法，还有水沤之法，故夜当读为液，渍液之意……“夜草”既读为“液草”，当释为以水殄草的沤肥方法。③

赵久湘、张显成：“夜”，应读为“爇”，意思是“烧”。爇草为灰，即烧草成灰，以用作肥料。④

何有祖：各家对“夜草为灰”的“夜”解释作燃烧一类的意思，比较切合文意……最近我们在翻检岳麓秦简壹，发现《为吏治官及黔首》83号简有“草田不举”一句……我们认为“夜草为灰”的“夜”应该读作“草田不举”的“举”。古文字“舆”与“夜”可通作，如清华简《耆夜》“耆举”写作“耆夜”，新蔡简“平舆君”写作“平夜君”可证。可见“夜”当读作“举”。举，有点燃的意思……“夜（举）草为灰”指点火烧草成灰。“草田不举”当指草田不能人为放火燃烧。⑤

[4] 荔

整理小组：荔，疑读为甲，《释名·释天》：“甲，孚甲也，万物解孚甲而生也。”即植物发芽时所戴的种皮。

何四维：很难理解为什么整理小组将“荔”作为“甲”的借读。从古音上无从证明假借。《礼记》将“荔”解释为“蓝”。出于圆满解释的目的，“荔”指“须芒草（broom sedge）”，这种草在冬天的第二个月开始生长，未经允许禁止采摘。⑥

张政烺、日知：荔即马兰，叶可系物，根制刷子，用途很多。《月令》仲冬“荔挺出”，夏以前取之太早会减产，故禁。⑦

李学勤：注释疑读为“甲”，有学者表示不同意，现在知道是衍文。⑧

朱湘蓉：在目前尚未有新的证据之前，将简文中的“生荔”就视为“生

① 李学勤：《竹简秦汉律与〈周礼〉》，第149页。

② 陈伟武：《从简帛文献看古代生态意识》，《简帛研究》第3辑，广西教育出版社，1998，第136页。

③ 刘桓：《秦简偶札》，《简帛研究》第3辑，第165页。

④ 赵久湘、张显成：《也说〈睡虎地秦墓竹简〉"夜草为灰"的"夜"字》，《古籍整理研究学刊》2011年第2期，第19~21页。

⑤ 何有祖：《读秦简札记（二则）》，http://www.bsm.org.cn/show_article.php?id=1844，2013-04-13。

⑥ A. F. P. Hulsewé, *Remnants of Ch'in Law*, p. 23.

⑦ 张政烺、日知：《云梦竹简Ⅱ》，第6页。

⑧ 李学勤：《竹简秦汉律与〈周礼〉》，第149页；张政烺、日知：《云梦竹简Ⅱ》，第6页。

荔"当比"生甲"说更为可靠。①

【按】与此条内容基本相同的律文，又见张家山汉简《二年律令·田律》249 简："禁诸民吏徒隶，春夏毋敢伐材木山林，及进〈壅〉堤水泉，燔草为灰，取产麛（麛）卵鷇（鷇）；毋杀其绳重者，毋毒鱼"。比较两条律文，禁止行为重合的有伐木、堵水、燔草、取小禽兽、毒鱼；《二年律令·田律》有而睡虎地秦简《田律》所无者，为"杀绳重"，但后者的不识数字"□□□□□"或与此有关；睡虎地秦简《田律》有而《二年律令·田律》所无者，为"取生荔""置穽罔（网）"。"置穽罔（网）"的行为目的在于捕获禽兽、鱼类，与前述的重合行为相似，这或许是《二年律令·田律》未录之由。剩下的"取生荔"，"生荔"若作植物解，不好理解为何在禁止对象为山林、水泉、草木、禽兽及鱼等类别的情况下，会单独就一个具体植物的获取加以禁止。如果"取生荔"是禁止行为之一，也不解为何《二年律令·田律》不加以禁止。再从一"取生"，一"取产"，而二字在"秦至汉初简帛常常互用"来看，②若"产"修饰的是麛、卵、鷇，"生"似乎亦当如此。因此"荔"字姑存疑。

［5］不幸死

【按】据《汉书·高帝纪》所见"金布令"及《二年律令》，对军士"不幸死"者的衣棺配给（《高帝纪》）、受田者"不幸死"后的田宅继承（《户律》312～313 简）、因公"不幸死"者棺椁的出关检查（《津关令》500～501 简）都有特别规定。杨健认为，汉初对因战争捐躯、因公事殉职或行徭役而不幸身亡的给以衣棺收敛。③《龙岗秦简》196～197 简也有类似记载："黔首□□不幸死，未葬□196者棺葬具，吏及徒去辨□197。"《二年律令·户律》312 简所见"不幸死"，研读者认为"是有别于因罪而死的表现"。④此条中"唯不幸死而伐绾（棺）享（椁）"不受禁令限制，其所指应是具有"因公而死"背景或身份为一般平民的死者。

［6］河（呵）禁所杀犬

整理小组：呵禁所，指设置警戒的地域。

何四维：警卫所杀之犬。尝试性地将"呵禁"解释为"警卫"。⑤

① 朱湘蓉：《〈从敦煌悬泉汉简〉看〈睡虎地秦墓竹简〉"荔"字的通假问题》，《敦煌学辑刊》2004 年第 2 期，第 115 页。
② 李学勤：《竹简秦汉律与〈周礼〉》，第 149 页。
③ 杨健：《西汉初期津关制度研究》，上海古籍出版社，2010，第 116 页。
④ 〔日〕冨谷至编《江陵张家山二四七号墓出土汉律令の研究（译注篇）》，朋友书店，2006，第 207 页。
⑤ A. F. P. Hulsewé, *Remnants of Ch'in Law*, p. 23.

【按】从"百姓犬入禁苑中……"到"食其肉而入皮",与此相同的条文又见《龙岗秦简》77～83简:"黔首犬入禁苑中而不追兽及捕□₇₇□者勿□□₇₈□杀;其追兽₇₉□及捕□₈₀□兽者,□₈₁,杀之;河禁所杀犬皆完入公;其□₈₂□它禁苑,食其肉而入其皮。□₈₃"《龙岗秦简》此条虽是整理者据睡虎地秦简缀合,但两相比较,律文内容基本一致。注释者注:"河,黄河。河禁,疑指靠近关中的黄河津关禁区。"①马彪认为,龙岗秦简中的"沙丘苑"(35简)、"河禁"(82简)、"云梦禁中"(1简)等,是始皇帝时代的"禁苑"名称。②从律文看,"河禁"与"它禁苑"明显是有所区分的,对前者的限制要重于后者。

【译文】

春天二月,不准到山林中砍伐木材,不准堵塞水道。不到夏季,不准烧草作为肥料,不准捉取幼兽、鸟卵和幼鸟,不准……毒杀鱼鳖,设置捕捉鸟兽的陷阱和网罟,到七月方可开禁。只有不幸(因公)死亡而需要伐木制作棺椁的,不受季节限制。居邑靠近畜养牛马的苑囿以及其他禁苑的,幼兽繁殖时不准带狗狩猎。百姓的狗进入禁苑,没有追兽和捕兽的,不准杀死;如果追兽和捕兽了,可以杀死。在河禁内所杀死的狗,都要完整地上缴官府;在其他禁苑杀死的,可以吃掉肉而上缴皮。　田律

【简文】

入顷刍稾以其受田之数无垦不垦顷入刍三石稾二石刍自黄䅣及蘑束以上皆受之入刍稾相₈輸度可殹　田律₉

【释文】

入顷刍稾,以其受田之数,无垦(垦)不垦(垦),顷入刍三石、稾二石。[1]刍自黄䅣及蘑束以上皆受之。[2]入刍稾,相₈輸度,[3]可殹(也)。　田律₉

【集释】

[1]石

整理小组:重量单位,一百二十斤。秦一斤约为今半斤。

何四维:"石","蒲式耳(bushel)",20升。从一个世纪之后的汉代税收记录来看,蒲式耳的意思显然不是30公斤,因为这些干草和秸秆的收据以蒲式耳系列的单位记载,即"斗",两升的"担",其或是200立方厘米的升。参见裘锡圭,"湖北",58页,作者认为干草与秸秆可能被切碎。③

---

① 中国文物研究所等编《龙岗秦简》,中华书局,2001,第101～102页。

② 馬彪:《秦帝国の領土経営》,京都大学学術出版会,2013,第123页。

③ A. F. P. Hulsewé, *Remnants of Ch'in Law*, p. 23.

【按】《岳麓书院藏秦简（贰）》中有关于不同物品"一石"标准的记载，如 0780 简"黍粟廿三斗六升重一石。·水十五斗重一石。殉（粝）米廿斗重一石。麦廿一斗二升重一石"，[①] 又 0834 简"刍新（薪）积廿八尺一石。稾卅一尺一石"。[②] 这里的"积"当指体积，即刍 28 立方尺为一石，稾 31 立方尺为一石。上引岳麓书院藏秦简反映了秦时征收刍稾时把重量单位换算成体积的具体规定。又，从江陵凤凰山十号汉墓出土五号木牍中关于刍稾征收的记载可以看出，"石"是和斗、升并用的刍稾征收的单位，如"平里户刍廿七石，田刍四石三斗七升，凡卅一石三斗七升"[③] 等。这里的"斗""升"则指体积，用以计算不是完整一顷的田地的刍稾。

[2] 黄黇及蘑束

整理小组：黇，应即稣字……黄稣即干叶。蘑，疑读为历，……此处疑指乱草。一说蘑读为蘭……是一种喂牛用的水草。

中央大秦简讲读会："黄黇及蘑束"的意思不明，或指刍的长度？[④]

何四维：整理小组对"黄"的解释与整句的句义相反，且没有注意到《说文》将"稣"解释成聚在一起的粮食。"黄"一字的意义即为干草。[⑤]

张政烺、日知：黄黇（稣）指干叶，蘑束指干草束。[⑥]

王子今：黇，黍。黄黇即黄黍，荔，不如释为杂草近是。[⑦]

【按】整理小组以"黇"为"稣（稣）"字，可从。稣（稣），通"苏（蘇）"，疑为一种特定的植物。《说文·艸部》："苏，桂荏也。"《尔雅·释草》："苏，桂荏。"《本草》："紫苏。"《注》："苏，从稣，舒畅也。苏性舒畅，行气和血，故谓之苏。苏乃荏类，而味辛如桂，故《尔雅》谓之桂荏。"《扬子·方言》："苏，芥草也，江淮南楚之间曰苏……关之东西或谓之苏，或谓之荏。""束"可用作量词，用于计量捆起来的东西。《秦律十八种·厩苑律》13 简："赐田啬夫壶酉（酒）束脯。"居延汉简 32.15 简："□丙辰，出茭卌束食传马八匹，出茭八束食牛。"故整理小组第一说可从，"蘑束"即可以捆成束的乱草，其与"黄黇"分别是对上缴刍稾在种类和形态上最低标

① 朱汉民、陈松长主编《岳麓书院藏秦简（贰）》，上海辞书出版社，2011，第 15 页。
② 朱汉民、陈松长主编《岳麓书院藏秦简（贰）》，第 16 页。
③ 裘锡圭：《湖北江陵凤凰山十号汉墓出土简牍考释》，《文物》1974 年第 7 期，第 50 页。
④ 〔日〕中央大学秦簡講讀會：《〈睡虎地秦墓竹簡〉訳註初稿——田律、廄苑律、倉律、金布律、關市律、工律、工人程、均工律、繇律、司空律》，第 88 页。
⑤ A. F. P. Hulsewé, *Remnants of Ch'in Law*, p. 23.
⑥ 张政烺、日知编《云梦竹简Ⅱ》，第 8 页。
⑦ 王子今：《说"上郡地恶"》，收入中国社会科学院简帛研究中心编《张家山汉简〈二年律令〉研究文集》，广西师大出版社，2007，第 111 页。

准的规定。

[3] 相输度

整理小组：输，运输，古时主要指粮草的输送。度，称量。一说，相输度指刍、稾可互相折算。

何四维：字面意义为"相互输送和上交"，从公元前2世纪的税收记录来看，如裘锡圭的讨论，秸秆可以以2比1的比率换算成稻草缴纳，则正文中翻译的正确性毋庸置疑。整理小组（1977）给出了另一种可能性即"兑换"，但是将"输"与"度"字面上翻译为"运输"与"称量"，忽略了"相"，这种处理在语法上难以接受。[1]

杨振红："输"为交出、献纳之义；"度"指改、迁，即刍、稾间的改纳；"相输度"应理解为"刍稾相互折纳"。[2]

【按】整理小组的第二种意见和何、杨之说可从。"输"通"渝"，《尚书·吕刑》："狱成而孚，输而孚。"《经义述闻·书下》："成与输相对为文，输之言渝也，谓变更也。《尔雅》'渝，变也'，《广雅》'输，更也'，狱辞或有不实，又察其曲直而变更之，后世所谓平反也。"[3]

【译文】

根据受田的数额上缴每项田地应交的刍稾，无论耕种了或没有耕种，每顷上缴刍三石、稾二石。（只要）达到干芥草、捆成束的草以上（标准的），都可作为刍收取。上缴的刍稾可以相互替代。　　　田律

【简文】

禾芻稾徹木薦輒上石數縣廷勿用復以薦蓋　　　田律₁₀

【释文】

禾、芻稾徹（撤）木、薦，[1] 輒上石數縣廷。勿用，復以薦盖。[2]
田律₁₀

【集释】

[1] 木荐

整理小组：木，指贮存粮草的仓所用木材。荐，垫在粮草下面的草垫。

中央大秦简讲读会：《前汉书》卷四十九《晁错传》中有"则匈奴之革笥木荐弗能支也"，孟康注曰"木荐，以木板作如楯"，因此或指像用竹子或

---

① A. F. P. Hulsewé, *Remnants of Ch' in Law*, p. 24.

② 杨振红：《从出土简牍看秦汉时期的刍稾税》，载吴荣曾、汪桂海主编《简牍与古代史研究》，北京大学出版社，2012，第99～100页。

③ （清）王引之：《经义述闻》卷四，江苏古籍出版社影印本，1985，第105页。

芦苇编的垫子一类的东西。①

[2] 勿用，复以荐盖

整理小组：勿用，木头和草垫不要移作他用（译）。荐盖，垫盖，均动词。

何四维：勿用，不要使用（谷物和刍藁）。荐，名词，垫子。盖，动词，覆盖。

池田雄一：仓中的禾、刍、藁搬空后，如果撤出垫底的底板与席子，要向县报告垫底所用材料的数量（石），作为仓的垫底材料再次利用。又，如果按照整理小组的注释，则与《仓律》的刍藁规定重复。为了避免这一点，也有可能作如下理解：上缴前的禾、刍、藁，在下面排列木、席（《方言》"彻，列"）保管以防变质，收获的刍藁总量（石数）向县报告。在没有必要用木、席垫底的情况下，加盖，用席子作为覆盖物。②

【按】整理小组读"彻"为"撤"，对该条译为："谷物、刍藁撤下木头和草垫，应即向县廷报告粮草石数。木头和草垫不要移作他用，要再用来垫盖粮草。"然而从律文的衔接看，前条是说禾、刍藁的交纳规定，此条则说禾、刍藁收缴后的保管，因此规范对象是禾、刍藁而不是木、荐。彻，此或可读如本字，贯通之意。《封诊式·穴盗》73~74 简："今旦起启户取衣，人已穴房内，劳（彻）内中。"整理小组注同《说文·支部》："彻，通。"《墨子·备穴》："为铁钩巨长四尺者，财自足，穴彻，以钩客穴者。"孙诒让《墨子间诂》："苏云，彻，通也。"③ "禾、刍藁彻木荐"，是说堆积的禾、刍藁贯通（即穿透、毁坏）了木板、草席。

【译文】

（堆积的）谷物和刍藁毁坏了木材、草席，将谷物和刍藁的石数上报县廷。不要使用（这些谷物与刍藁），重新（对它们）铺垫、加盖。　　田律

【简文】

乘马服牛藁过二月弗藁弗致者皆止勿藁致藁大田而毋恒籍者以其致到日藁之勿深致　　田律₁₁

【释文】

乘马服牛藁，过二月 [1] 弗藁、弗致者，皆止，勿藁、致。藁大田而毋（无）恒籍者，以其致 [2] 到日藁之，勿深致。　　田律₁₁

---

① 〔日〕中央大学秦簡講讀會：《〈睡虎地秦墓竹簡〉訳註初稿——田律、廄苑律、倉律、金布律、関市律、工律、工人程、均工律、繇律、司空律》，第 88 页。

② 〔日〕池田雄一：《中国古代の律令と社会》，第 185 页。

③ （清）孙诒让撰《墨子间诂（下）》，孙以楷点校，中华书局，2001，第 561 页。

【集释】

［1］过二月

整理小组：过期两个月（译）。

戴世君：作"过期两个月"理解，即意味着法律允许"禀、致"饲料可以有一定时间（两个月）的过期或延期，这从立法技术上看很难成立。……秦律中众多涉及办事时间的立法实例证明秦人不允许这种过期或延期的行为。……"二月"表示月份的可能性更大些，且是下限月份。①

【按】《二年律令·田律》256 简记载了官府要用二尺牍逐一写明一年内马、牛及其他牲畜所需要的刍藁量、剩余的刍藁量，报告给内史，截止日期是八月望日；255 简则记载了"十月户出刍一石"。又据《金布律》421 ~ 423 简，规定了不同马牛饲料的日均量分配及供应期限，其期限为冬十一月至三月底。可参读。

［2］致

整理小组：领取饲料的凭券。

【按】汉简中的"致"义有致物于人的文书、出入关所用的文书。② 另如《秦律杂抄》35 简"冗募归，辞曰日已备，致未来，不如辞，赀日四月居边"，又有用于证明士兵返乡证明的"致"。李均明指出致的性质"犹今之'通知书'"，③ 再结合'禀大田而毋（无）恒籍者"一句，这里的"致"似应指随未固定登记在册的马牛而送达目的地的通知书。下句的"勿深致"，是指不要超量发放。

【译文】

驾车牛马的饲料，过了二月还没有领取或发送的，都停止，不再领取、发送。应向大田领取而又没有固定登记在册的，在马牛及相关文书到来之日发放，不要超量发放。

【简文】

百姓居田舍者毋敢酤酉田啬夫部佐謹禁御之有不從令者有皋　　田律₁₂

【释文】

百姓居田舍者毋敢酤（酤）酉（酒），田啬夫、部佐謹禁御之，有不從令者有罪。　　田律₁₂

【按】与此条相同的内容又见岳麓书院藏秦简："田律曰：黔首居田舍

① 戴世君：《云梦秦律新解（六则）》，《江汉考古》2008 年第 4 期，第 97 ~ 98 页。
② 裘锡圭：《汉简零拾》，《文史》第 12 辑，中华书局，1981，第 591 ~ 592 页。
③ 李均明：《秦汉简牍文书分类辑解》，文物出版社，2009，第 61 页。

者，毋敢酤酒，有不从令者迁之。田啬夫、工吏、吏部弗得，赀二甲。"① 比较二律，其中"百姓"与"黔首"的称谓反映了律文的历史变化，"有罪"与"迁之"的罪刑表述的不同又反映了律文流布间的差异。

【译文】

居住在农舍的百姓不准卖酒，田啬夫及部佐应严加禁止，违反禁令的有罚。　　田律

厩苑律

【题解】

按整理小组整理，"厩苑律"条文共计三条，其中前两条在14、15 简末尾都标有"厩苑"字样，应为律名，第三条律文残缺，整理小组据内容将其归入厩苑律。《秦律杂抄·内史杂》简190 有"如厩律"之语，此处"厩律"与"厩苑律"应同指一事。沈家本《汉律摭遗》指出，"厩亦事律也，自以厩事为主"。② 整理小组认为厩苑律为"管理饲养牲畜的厩圈和厩囿的法律"；栗劲则认为整理小组的解释过于狭窄，而且从律文看很少涉及"厩圈"和"厩囿"事宜；③ 孔庆明认为《厩苑律》主要是为国家厩苑主管官吏设定的经济管理规则；④ 曹旅宁认为《厩苑律》涉及按籍检验官马牛的数目、官牛的考课、铁犁等工具的假借等内容。⑤ 另外《龙岗秦简》中有很多关于禁苑的律文，有的在内容上分别与睡虎地秦简中的《田律》《厩苑律》等律篇相关。⑥ 刘俊文认为唐律《厩库律》之始可追溯至秦律。⑦

本篇《厩苑律》主要涉及官有耕牛的考课、对主管官吏和饲养者的奖惩，官有铁器的假借，官马牛死亡的上报、处理、考课等内容。

【简文】

以四月七月十月正月膚田牛卒歲以正月大課之最賜田嗇夫壺西束脯爲旱者除一更賜牛長日三旬殿者₁₃誶田嗇夫罰冗皁者二月其以牛田牛減絜治主者寸十有里課之最者賜田典日旬殿治卅　　厩苑律₁₄

① 陈松长：《岳麓书院所藏秦简综述》，《文物》2009 年第 3 期，第 87 页。
② （清）沈家本撰《历代刑法考》，邓经元、骈宇骞点校，第 1601 页。
③ 栗劲：《秦律通论》，山东人民出版社，1995，第 415 页。
④ 孔庆明：《秦汉法律史》，陕西人民出版社，1992，第 35 页。
⑤ 曹旅宁：《秦〈厩苑律〉考》，《中国经济史研究》2003 年第 3 期，第 148～152 页。
⑥ 中国文物研究所，湖北省文物研究所编《龙岗秦简》，中华书局，2001，第 5 页。
⑦ 刘俊文：《唐律疏议笺证》，中华书局，1996，第 1083 页。

【释文】

以四月、七月、十月、正月膚[1]田牛。卒歲，以正月大課[2]之，最，賜田嗇夫壺酉（酒）束脯，爲旱〈皂〉者除一更，賜牛長日三旬；殿者，₁₃誶田嗇夫，罰冗皂者[3]二月。其以牛田，[4]牛減絜，治（笞）主者寸十。有（又）里課之，最者，賜田典[5]日旬；殿，治（笞）卅。

廏苑律₁₄

【集释】

[1] 膚

整理小组："膚"即"膚"，敘也，在这里意为评比。

何四维：膚为长度单位，一膚为一掌宽，此处用作动词，意为测量。①

古贺登：通过观察牛皮膚的光泽来判断牛的健康。②

大川俊隆："膚"有测量之义，产生于西周后期至春秋。楚简《容成氏》中的"戲天畏之"，意为"具体推测天意，威慑忤逆天意者"。如果"戲天畏之"的"戲"是测量之义，秦简所见两处"膚"作"审查""评比"解是可以肯定的。③

【按】从"以四月"至"罚冗皂者二月"，主要表达的是对饲养耕牛的考核及其奖惩规定，而"膚田牛"是考核的具体手段，因此当有测量牛的身高以评判其生长状况的意思。居延汉简有驿马课，如 E. P. F22·640 简"·不侵部建武六年四月驿马课"，其要件有品种、雄雌、齿岁、身高、能力。推测对田牛饲养的考核主要在于生长状况。

[2] 大课

整理小组：大考核。

张政烺、日知：综合考核。④

【按】从四月、七月、十月、正月的"膚田牛"与正月"大课"的对应关系来看，两者应是具体考核与综合考核或曰季度考核与年终考核的关系。里耶秦简有"四时志"（8～24），相关志中又有"畜官课志"（8～490＋8～501）与"田官课志"（8～479），或与此相关。从本条规范的重点在"田牛"的饲养与合理使用以及相关责任人为田嗇夫等来看，相关考核应在田官系统进行。

---

① A. F. P. Hulsewé, *Remnants of Ch'in Law*, p. 26.
② 〔日〕古賀登：《漢長安城と阡陌·県郷亭里制度》，雄山閣，1980，第185页。
③ 〔日〕大川俊隆：《秦簡"膚"字考》，《中國思想における身體·自然·信仰——坂出祥伸先生退休紀念論集》，東方書店，2004，第54、55页。感谢京都大学法学部海丹博士提供该文。
④ 张政烺、日知：《云梦竹简Ⅱ》，第10页，其英译为"general examination"。

［3］冗皂者

整理小组：冗，散。冗皂者，包括上文牛长及为皂者。

何四维：指派到特定的地点或为特定的人工作。①

广濑薰雄：冗与更是相对的用语，意味着没有固定的服役义务。②

宫宅洁：A，"更"因轮流而意为"倒班（制）"，与此相对的"冗"则是不能纳入此种轮流范畴的勤务方式。B，"皂"是倒班就役的，但在因最下等而成为处罚对象的人中含有"冗皂"，因此处于常态性就役的"皂"也是存在的。③

杨振红：冗是与更相对的一种服役方式，指不更代而长期服役的状态。④

［4］其

整理小组：其，如果。

【按】"其"是中国古代法律术语之一。清人王明德《读律佩觹》："其者，更端之词也。然词虽更端，而事与情实不离乎本条。"⑤ 张建国认为，秦汉律中"其"字最大的功能是开分上下文，由此区分各并列的部分……使各部分实质上成为复杂条文内部的每一款。⑥ 本条主要规定了对耕牛的考核制度。"其"之前为一般性规定，属于饲养的范畴，而"其"后则针对牛在耕作情况下的专项检查以及责任承担方式，故以"其"加以分别。

［5］田典

整理小组：疑为里典之误。

【按】据《龙岗秦简》150 简"租者且出以律，告典、田典，典、田典令黔首皆知之。及□"，《二年律令·钱律》201～202 简"盗铸钱及佐者，弃市。同居不告，赎耐。正典、田典、伍人不告，罚金四两"，又《户律》305 简"田典更挟里门钥，以时开"，可知田典不误。

---

① A. F. P. Hulsewé, *Remnants of Ch' in Law*, p. 27.

② 〔日〕广濑薰雄：《〈二年律令·史律〉札记》，丁四新编《楚地简帛思想研究》，湖北教育出版社，2005，第 426 页。

③ 〔日〕宫宅洁：A《有期劳役刑體系の形成——〈二年律令〉に見える漢初の勞役刑をてがかりにして——》，《東方學報》京都第 78 册，2006，第 32 页；B《漢代官僚組織の最下層——"官"と"民"のはざま———》，《東方學報》京都第 87 册，2012，第 23 页。

④ 杨振红：《秦汉简中的"冗""更"与供役方式》，卜宪群、杨振红主编《简帛研究 2006》，广西师范大学出版社 2008 年，第 84 页。

⑤ （清）王明德撰《读律佩觹》，何勤华、程维荣、张伯元、洪丕谟点校，法律出版社，2001，第 11 页。

⑥ 高敏：《从云梦秦简看秦的土地制度》，收入《云梦秦简初探》（增订本），河南人民出版社 1981 年，第 141 页。

【译文】

在四月、七月、十月和正月测量耕牛。满一年，在正月进行综合考核。名次在前的，赐给田啬夫酒一壶，干肉十条，免除饲养员一次更役，赐给饲养负责人出勤日三十天；名次下等的，训斥田啬夫，罚饲牛者的出勤日两个月。用牛耕田，牛的腰围变瘦，每瘦一寸笞打主事者十下。又在里进行考核，名次在前的，赐给田典出勤日十天，名次下等的，笞打田典三十下。

【简文】

叚鐵器銷敝不勝而毀者爲用書受勿責　　廄苑15

【释文】

叚（假）鐵器，銷敝不勝而毀者，爲用書，[1]受勿責。[2]　　廄苑15

【集释】

[1]用书

整理小组：据简文应为一种报销损耗的文书。

何四维：将工具磨损、毁坏的情况书面记录下来。只需记录并不一定要求上报。[1]

【按】 据《金布律》86~88简所见规定，县、都官于每年七月处理不可修缮的公器，其中也包括"铁器"（铁器的处理方式是"入以为铜"）。推测这里的"用书"是有关出借铁器使用情况的记录，它或随报废铁器一同交付给相关机构。

[2]受勿责

整理小组：受，收下（译）。责，勒令赔偿。

张政烺、日知：读作"为用书，受，勿责。"[2]

戴世君：责，索取，求取。[3]

【按】 意为（官府）接受报废的出借铁器，不要令借者赔偿。据《金布律》77简"百姓叚（假）公器及有责（债）未賞（偿），其日蹙以收责之，而弗收责……"，又《秦律十八种·工律》107简"·其叚（假）者死亡、有罪毋（无）责也，吏代賞（偿）"，可知出借的公器必须到期收回，如果不能收回，要由责任人承担赔偿。铁器也是公器之一，这里只需记录报废情况而无须赔偿的原因，当是因公使用中的正常损耗。

---

① A. F. P. Hulsewé, *Remnants of Ch'in Law*, p. 27.

② 张政烺、日知：《云梦竹简Ⅱ》，第11页。其英译为"hand in"。

③ 戴世君：《云梦秦律新解（六则）》，《江汉考古》2008年第4期，第98页。

【译文】

借用铁制用具，（使用后）破旧不堪而报废的，记录下它的使用情况，收回该用具，不用赔偿。　　厩苑

【简文】

將牧公馬＝牛死者亟謁死所縣＝亟診而入之其入之其弗亟而令敗者令以其未敗直賞之其小隸臣₁₆疾死者告其□□之其非疾死者以其診書告官論之其大廄中廄宮廄馬牛殹以其筋革角及其賈₁₇錢效其人詣其官其乘服公馬牛亡馬者而死縣＝診而雜買其肉即入其筋革角及入其賈錢＝₁₈少律者令其人備之而告官＝告馬牛縣出之今課縣都官公服牛各一課卒歲十牛以上而三分一死不盈₁₉十牛以下及受服牛者卒歲死牛三以上吏主者徒食牛者及令丞皆有皋內史課縣大倉課都官及受服者　　□□₂₀

【释文】

將牧［1］公馬牛，馬【牛】死者，亟謁死所縣，縣亟診而入之，其入之其弗亟［2］而令敗者，令以其未敗直（值）賞（償）之。其小隸臣［3］₁₆疾死者，告其□□之；［4］其非疾死者，以其診書告官論。其大廄、中廄、宮廄［5］馬牛殹，以其筋、革、角及其賈（價）₁₇錢效，［6］其人詣其官。其乘服公馬牛亡馬者［7］而死縣，縣診而雜買（賣）其肉，［12］即入其筋、革、角，及（索）［13］入其賈（價）錢。錢₁₈少律［8］者，令其人備之而告官，官告馬牛縣出之。今課縣、都官公服牛各一課，［9］卒歲，十牛以上而三分一死；不【盈】₁₉十牛以下，及受服牛者卒歲死牛三以上，吏主者、徒食牛者及令、丞皆有罪。內史課縣，大（太）倉課都官及受服者。　　□□₂₀

【集释】

［1］將牧

整理小组：率领放牧。据下文可知这种放牧历经若干县，有游牧性质。

魏德胜："將牧"是一个并列关系的动词，"'將'与'牧'，语义类相似，'將'多用于人，'牧'多用于牲畜。所以一般把前一词解释为'率领'，把后一词解释为'放牧'"，"《睡简》中还有'牧将'一词，与'将牧'词序不同而语义相同"。①

陈伟："將"有守护义，"將牧"就是放牧。②

---

① 魏德胜：《〈睡虎地秦墓竹简〉语法研究》，首都师范大学出版社，2000，第28~29页。
② 陈伟：《云梦睡虎地秦简〈秦律十八种〉校读（五则）》，载武汉大学简帛研究中心、北京大学出土文献研究所《中国简帛学国际论坛2012秦简牍研究论文集》，2012，第228页。

[2] 其人之其弗亟

整理小组："人之其"三字应系衍文。

陈伟："人之其"恐怕并非衍文，其中的"其"系假设连词，简文是说县人死马牛如果不及时而至腐败。[①]

【按】"……县亟诊而人之，其人之其弗亟而令败者"，可读作"……县亟诊而人之。其人之，其弗亟而令败者"。"其人之"前后是分述"人之"及"人之"后的规定。放牧者的义务是"亟谒"，而官府的义务是"亟诊而人之"与"人之"后尽快变卖。因此这里的两个"其"皆有实指，"其人之"之"其"如前述的"更端之词"，提起另一层意思；"其弗亟"之"其"指官府。该句意为：死马牛人官，县未尽快处理而导致马牛腐败。

[3] 小隶臣

整理小组（1977）：小隶臣，指牧牛马的未成年的隶臣。[②]

整理小组：隶臣，刑徒名。隶臣身高不满秦尺六尺五寸为小，此处小隶臣为充任牧童的隶臣。

睡虎地秦简研究班：放牧牛马者。[③]

高敏：替封建国家从事苦役的小奴隶。[④]

吴树平：该担负放牧官有马牛劳役的"小隶臣"是未成年的官奴隶。[⑤]

黄展岳：隶臣妾为官府奴隶，小隶臣妾来源于因父母犯罪被籍没以及隶臣妾的子女。[⑥]

籾山明：与其认定秦"隶臣妾"为"劳役刑"不如说是"身分刑"或者"名誉刑"。其刑罚目的就是要造成罪人比一般人更低一级的身份或者是被排除于庶人以上所形成的爵制秩序以外的效果。[⑦]

---

① 陈伟：《云梦睡虎地秦简〈秦律十八种〉校读（五则）》，第 228 页。

② 睡虎地秦墓竹简整理小组：《睡虎地秦墓竹简》，文物出版社，1977 年，第 28 页。

③ 睡虎地秦简研究班：《睡虎地秦简校注》，第 31 页。

④ 高敏：《〈秦律〉是地主阶级压迫剥削农民阶级的工具——读〈云梦秦简〉札记，兼批"四人帮"的"法家爱人民"等谬论》，《郑州大学学报（哲学社会科学版）》1978 年第 1 期，第 53 页。

⑤ 吴树平：《云梦秦简所反映的秦代社会阶级状况》，《云梦秦简研究》，中华书局，1981，第 112 页。

⑥ 黄展岳：《云梦秦律简论》，《考古学报》1980 年第 1 期，第 19~20 页。

⑦ 〔日〕籾山明：《秦の隶属身份とその及其起源——关于隶臣妾问题に寄せて》，《史林》65 卷 6 号，1982 年。中译本孙言诚译《秦的隶属身份及其起源——关于隶臣妾》，《秦汉史研究译文集》第 1 辑，1983。

富谷至："隶臣妾"是因获罪而降贬身份，属于身份刑的范畴。劳役是身份刑的附加物。[1]

林剑鸣："隶臣"是因犯罪触刑而被罚的刑徒。[2]

何四维："隶臣"是被判处三年苦役的刑徒。身高低于 6 尺 5 寸（1.5 米）的隶臣被视为小，但只要身高达到 5 尺 2 寸（1.2 米）便可使其劳动。[3]

李力：本条律文中的"小隶臣"身份不能确定，可能是未成年的刑徒，也可能是未成年的官奴隶。[4]

【按】关于"小隶臣"的身份此暂不涉及。从目前已知的出土秦简看，小隶臣是当时国家劳动力的组成部分。《秦律十八种·仓律》49~50 简规定："隶臣妾其从事公，隶臣月禾二石，隶妾一石半；其不从事，勿稟。小城旦、隶臣作者，月禾一石半石；未能作者，月禾一石。小妾、舂作者，月禾一石二斗半斗；未能作者，月禾一石。"从官府向隶臣妾发放粮食的数量来看，小隶臣的领粮数量依据隶妾的领粮标准，这说明小隶臣日常的劳役强度应与隶妾相当或较低。自《里耶秦简》又可知小隶臣被役使于出稟。8~448 + 8~1360 简记载："□年三月癸丑，仓守武、史感、稟人堂出稟，使小隶臣就。令史狩视平。"[5] 即在仓守、史、稟人发放粮食时，会役使小隶臣从事劳动，而令史则负责监督。

关于"其小隶臣疾死者"句，整理小组译为"如小隶臣病死"。陈伟主张上读，表明"疾死者"的主体仍是马牛，[6] 其说可从。从该条的律意来看，在"今课县、都官……"句前，应是有关公马牛死亡后的处理及其收益规定，因此所谓"疾死者"不应是小隶臣，而仍是公马牛，此可从《二年律令·金布律》433 简的"牧之而疾死"得到佐证。

此处句读仍按整理小组。"将牧公马牛……未败直（值）赏（偿）之"是一般规定，致马牛死者是一般主体。据《里耶秦简》"畜官课志"（8~490 + 8~501），其中有"徒隶牧畜死负、龁卖课"与"徒隶牧畜畜死不请课"，可知放牧官有牲畜的是"徒隶"；再据《二年律令·田律》253~254 简，也可见从事官有马牛放牧的有城旦舂与鬼薪白粲。其下的"其小隶臣……论之"是特殊规定，致马牛死者是特殊主体小隶臣，因此专门规定了

---

① 〔日〕富谷至：《秦漢の劳役刑》，《東方學報》京都第 55 册，1983 年，第 120 页。

② 林剑鸣：《三辨"隶臣妾"——兼谈历史研究中的方法论问题》，《学术月刊》1985 年第 9 期，第 66 页。

③ A. F. P. Hulsewé, *Remnants of Ch'in Law*, pp. 28, 61~62.

④ 李力：《"隶臣妾"身份再研究》，中国法制出版社，2007 年，第 333 页。

⑤ 陈伟主编《里耶秦简牍校释》第 1 卷，武汉大学出版社 2012 年，第 151 页。

⑥ 陈伟：《云梦睡虎地秦简〈秦律十八种〉校读（五则）》，第 228~229 页。

小隶臣放牧马牛致使其病死的处理方式。

[4] 告其□□之

李力：依据其所对应的下一句"其非疾死者，以其诊书告官论之"的文例，推测所缺为"官论"二字。①

中央大秦简讲读会：推测所缺为"死所"二字。②

陈伟："告其"到"之"之间的缺文，可能是"县出"二字。③

【按】从前述的一般规定推测，此二字或为"官入"。

[5] 大厩、中厩、宫厩

整理小组：均系秦朝廷厩名。《汉书·百官表》有大厩令，系太仆属官。中厩见《史记·李斯列传》。汉代大厩为天子六厩之一，中厩为皇后车马所在。

何四维：汉代的大厩和中厩是皇帝的六厩之一，以及皇后的马厩。④

吴晓懿：大厩、宫厩是御用之厩；中厩因中宫而得名，属于皇后体系的厩官名。⑤

【按】出土于陕西西安未央区六村堡乡相家巷的秦封泥中有"泰厩丞印""中厩"及"中厩丞印""宫厩丞印"，76DG64 号坑出土的铜洗口缘背面还有"大厩四斗三升"铭文，⑥ 可与本条律文的记载对读。

[6] 效

整理小组：《汉书·元后传》："献也。"

何四维："效"，一般表示"检验、管理"；但在本条文中表示"交"。⑦

[7] 亡马者

整理小组：疑有脱误。

陈伟：根据图版，"亡"下一字……依稀有其他笔划，很可能是"冯"字。冯有"陵暴"义。亡冯，指未虐待马。⑧

---

① 李力：《"隶臣妾"身份再研究》，第 331 页。

② 〔日〕中央大学秦简讲读会：《〈睡虎地秦墓竹简〉訳註初稿——田律、廐苑律、倉律、金布律、関市律、工律、工人程、均工律、繇律、司空律》，第 89 页。

③ 陈伟：《云梦睡虎地秦简〈秦律十八种〉校读（五则）》，第 228 页。

④ A. F. P. Hulsewé, Remnants of Ch' in Law, p. 28.

⑤ 吴晓懿：《秦简封泥所见秦厩官名初探》，《中国历史文物》2010 年第 3 期，第 79 ~ 81 页。

⑥ 刘庆柱、李毓芳：《西安相家巷遗址秦封泥考略》，《考古学报》2001 年第 4 期，第 430 ~ 431 页。

⑦ A. F. P. Hulsewé："Chiao 效 occurs frequently in these texts with the meaning 'to check, to control'". A. F. P. Hulsewé：Remnants of Ch' in Law, Leiden E. J. Brill, 1985, p. 28.

⑧ 陈伟：《云梦睡虎地秦简〈秦律十八种〉校读（五则）》，第 230 页。

［8］少律

整理小组：少于数目规定（译）。

何四维：这里的"律"是"齎律"。①

【按】意指未达到法律规定的标准。此处的"律"，指法律中有关出卖相关物品的通则性规定。《二年律令·金布律》433 简："亡、杀、伤县官畜产，不可复以为畜产，及牧之而疾死，其肉、革腐败毋用，皆令以平贾偿。入死、伤县官，贾以减偿。""平贾偿"，按平均价格赔偿。

［9］今课县、都官公服牛各一课

整理小组：现在每年对各县、各都官的官有驾车用牛考核一次（译）。

吉士梅："一课"中的"课"，重复谓语动词"课"以表动作的量，它是动词"课"的临时借用，与甲、金文中重复前一名词以表事物单位的形式实质是一致的。②

魏德胜：数词加动词的结构。③

【按】整理小组将下句的"卒岁"并入此句翻译当有不妥，而动量词之说其义稍近。因此，此句或可如下理解：前"课"为动词，意为核验或考核，后"课"为名词（或量词），指核验的标准或规则。"课……各一课"，其句法同《秦律杂抄》19 简"赀啬夫一甲，县啬夫、丞、吏、曹长各一盾"一样，若"赀……各一盾"可读作"各赀……一盾"，则"课……各一课"亦可读作"各课……一课"，"一课"在此指"一项核验标准"。④ 其用法似乎与《里耶秦简》"课志"简中的"凡……课"如"·凡一课"（8～479）、"·凡三课"（8～482）等较为相似。

【译文】

放牧公家的马牛，马牛发生了死亡，应立即向马牛死亡所在县报告，县立刻加以检验，接收死马牛。县接收死马牛后不及时处理而使死牛马腐败，按未腐败时的价格赔偿。小隶臣放牧致使马牛病死，应报告其（所在官府，接收死马牛）；不是因病死亡的，将检验文书报告官府处理。大厩、中厩、宫厩的马牛，将其筋、皮、角和（肉）的钱款上缴，由责任人送到官府。驾用官马牛而马牛在某县死亡，由该县检验并将肉全部卖出，然后上缴筋、皮、角以及卖肉所得的全部钱款。钱数如少于法律规定的数目，

---

① A. F. P. Hulsewé, *Remnants of Ch'in Law*, p. 29.

② 吉士梅：《〈睡虎地秦墓竹简〉语料的利用与汉语词汇语法之研究》，载四川大学汉语史研究所编《汉语史研究集刊》第 1 辑（上册），巴蜀书社，1998，第 122 页。

③ 魏德胜：《睡虎地秦简语法研究》，第 128 页。

④ 徐世虹：《秦"课"刍议》，徐世虹等《秦律研究》，教育部哲学社会科学研究重大课题攻关项目"秦简牍的综合整理研究"子课题（编号：08JZDH036）结项报告。

由责任人补足并向主管官府报告，由主管官府通知卖马牛的县出不足部分。现在对各县、各都官的官有驾车用牛按下列标准考核：一年间十头以上死了三分之一，不满十头以及领用牛一年间死了三头以上，主管牛的吏、饲牛的徒以及令、丞都有罪。内史考核各县，太仓考核各都官和领用牛的人。

《中国古代法律文献研究》第七辑
2013年，第103～110页

《秦律十八种》中的"有罪"蠡测*

徐世虹**

摘　要：睡虎地秦简《秦律十八种》中的"有罪"之语与秦律罪刑对等的律文结构相比，表现出一定的异质，在现实中不具有操作性；尽管在功能上其与"以律论"有相似之处，但尚不能判断它是立法意义上的准据用语；① 以"有罪"之语唯见于《秦律十八种》，而《秦律十八种》又侧重于县、都官机构职能的履行规范，在文本抄写上具有"摘录"的特征而见，秦律抄本中有无利用者的过滤成分或曰律文在流布过程中有无变异，是需要审慎对待的。

关键词：秦律十八种　有罪　准据　抄本

在睡虎地秦简中，涉及罪刑表述时有一用语，即"有罪"。其见于《秦律十八种》，例如《田律》12 简：

> 百姓居田舍者毋敢酤（酤）酉（酒），田啬夫、部佐谨禁御之，有不从令者有罪。

---

* 本文为教育部哲学社会科学研究重大课题攻关项目"秦简牍的综合整理与研究"（08JZD0036）子课题"秦律研究"的成果之一。

** 徐世虹，中国政法大学法律古籍整理研究所教授。

① 这里的"准据"，指中国古代法律中援引彼罪、彼律文适用此罪的方法。唐《名例律》"称反坐罪之等"条列出了"反坐""罪之""坐之""与同罪""准枉法论""准盗论""以枉法论""以盗论"等语，滋贺秀三认为这些皆为准据用语，该条是有关准据用语的定义规定，"准某罪论"与"以某罪论"是引据特定的其他罪名时使用的语言。〔日〕律令研究会编《译注日本律令》五《唐律疏议译注篇一》，平和堂，1979，第 317 页。

又《金布律》60 简：

> 贾市居列者及官府之吏，毋敢择行钱、布；择行钱、布者，列伍长弗告，吏循之不谨，皆有罪。

另尚有若干，不赘述。关于"有罪"之"罪"，冨谷至已有研究，指出"秦汉律所见的'罪'的语义，既含有犯罪（crime）之意，也用作对犯罪所科的罚（punishment）"，① 本文的"有罪"即指"有罚"之意。

从律文的表述来看，其结构大致是禁止行为 + 有罪。《田律》12 简中的"有不从令者有罪"，其语与晋律的"违令有罪则入律"有些相类，② 后者的含义是不执行令则以律惩治，但是二语的内涵实际上应有本质差异。秦简之语，是在律的范畴内对某一行为确定其责任。关于"不从令"，论者意见不同。池田雄一认为："《语书》所见的'不从令''犯令'之令，有可能不是指律文本身。其他的事例，对民间私行卖酒行为的罪的适用（包括官吏在内）……等，均是对新事态的对策，因此即使在以后作为令而被新追加，也不是不自然的。"③ 冨谷至认为："不从令""犯令"就是违反禁止命令或不履行命令，而律属于当为规定、禁止规定，因而具有命令的形态。秦律条文中的"令"，并非作为单行法令而存留于律文中的令，而是律所具有的当为命令、禁止命令这一属性。④ 以上二说，池田说体现的是令入律的形态，冨谷说则指令为律的属性，无涉实体令，然而无论何者，皆在律的范畴。再看晋律之语，则是在两种规范内明确的行为与责任，即令"施行制度，以此设教"，违令行为则入律惩治。目前尚无证据表明秦时的律令功能区分已达到"违令有罪则入律"的阶段，与令入律或准据律惩治令所认定的行为（可参下文《奏谳书》之文）不同。据此，以该条文所获得的认识，就是以惩治犯罪为目的的立法只界定行为而不规定具体刑罚。然而这显然是有问题的。首先从律文归属看，简 12 末尾明确标示有"田律"二字，表明这是田律而非令文中的条文；其次，定罪量刑是刑罚的基本功能所在，而"有罪"这种笼统的表述则与之相悖，在现实中不具有操作性。事实上罪刑对等是秦律刑罚条文的基本结构，如《效律》12 ~ 16 简：

---

① 〔日〕冨谷至：《二年律令に見える法律用語——その（一）》，《東方學報》京都 76 册，2004 年 3 月，第 232 页。

② 《晋书》卷三〇《刑法志》，中华书局，1974，第 927 页。

③ 〔日〕池田雄一：《中国古代の律令と社会》，汲古書院，2008，第 323 ~ 324 页。

④ 〔日〕冨谷至：《晉泰始令への道——第一部：秦漢の律と令》，《東方學報》京都 72 册，2000 年 3 月，第 97 页。

县料而不备其见（现）数五分一以上，直（值）其贾（价），其
赀、谇如数者然。

十分一以到不盈五分一，直（值）过二百廿钱以到千一百钱，谇官
啬夫；过千一百钱以到二千二百钱，赀官啬夫一盾；过二千二百钱以
上，赀官啬夫一甲。

百分一以到不盈十分一，直（值）过千一百钱以到二千二百钱，谇
官啬夫；过二千二百钱以上，赀官啬夫一盾。①

律文对称量官有物资而与现有数量有出入的行为分为三种后果予以惩罚：第一
为出入达五分之一以上，按所出入物资的价值实施赀、谇；第二为五分之一以
下、十分之一以上，按确定的价值标准实施赀、谇；第三为十分之一以下、百
分之一以上，同按确定的价值标准实施赀、谇。出入比例大则按前条"数而
赢、不备"确定的数额处罚，② 出入比例小则按本条确定的标准处罚。此类条
文规定明确，依据性强，利于操作，可见秦律的立法已具有罪刑相应的原理。由
此产生的疑问是，既然如此，为何又出现所谓"有罪"这种不明确量刑的用语？

在睡虎地秦简的范畴内，由于律文有限而不能对"有罪"的指向做出追
寻。不过新出秦汉法律文本还是提供了可资比较的依据。现将与上述《田
律》12 简、《金布律》60 简相关的后出条文并列如下，A 组（2）为岳麓书
院藏秦简《田律》，B 组（2）为《二年律令·钱律》197～198 简：

A（1）百姓居田舍者毋敢酤（酤）酉（酒），田啬夫、部佐谨禁御
之，有不从令者有罪。

（2）田律曰：黔首居田舍者，毋敢酤酒，有不从令者迁之。田啬
夫、工吏、吏部弗得，赀二甲。·第乙③

B（1）贾市居列者及官府之吏，毋敢择行钱、布；择行钱、布者，
列伍长弗告，吏徇之不谨，皆有罪。

（2）敢择不取行钱、金者，罚金四两。④

---

① 为较清楚地表现律文层次结构，对此条引文作了分款处理。
② "其赀、谇如数者然"，整理小组指出"应如何赀、谇和关于'数'的规定相同，也就是
　按上文'数而赢、不备'一条的原则行事"（《睡虎地秦墓竹简》，第72页），说是。
③ 陈松长：《岳麓书院所藏秦简综述》，《文物》2009年第3期，第87页。"·第乙"据同
　文"图一〇"补出（第82页）。在既往所获的知识中，干支只是令的编号，此处在律文
　后缀以编号，比较罕见。它的存在是否与律文的前后关系乃至上层结构相关，未详。
④ 张家山二四七号汉墓竹简整理小组：《张家山汉墓竹简〔二四七号墓〕》，文物出版社，
　2010，第35页。

A 组两条简文所反映的内容是一致的，一是禁止居住在乡间的百姓卖酒，二是田啬夫等官吏有禁止、察知之责，二者违反了针对各自的相关规定，将受制裁。A（1）的"有罪"即有罚，① 而 A（2）与之对应的则是刑罚明确的"迁"与"赀二甲"。B 组亦如此，（1）（2）的对应部分在于"皆有罪"与"罚金四两"。② 换言之，两者间的差异在于量刑部分的表述，一笼统，一具体。此种差异恐怕还不能用法律的发展解释。如前所述，以刑罚手段惩治犯罪是刑罚的基本功能，其在立法之初便不可或缺，不与法律的发达与否相涉，更不必说秦律已然具有罪刑相应的立法手段；而且从 A 组可以推知，所谓"有罪"指向的正是相关量刑的存在。这种"此"指向"彼"或曰彼此相关的关系，在秦律中也是存在的，所谓"以律论""以某律论"即是如此。冨谷认为"以某律论之""坐某为某"的含义为准据"某"规定、条文进行论断，③ 笔者也认为秦汉法律中的扩大解释，"即在表述此罪之后，以与此行为性质相关的彼罪律文作为论罪依据，以此扩大律文的适用，其较多见的表述即为'以某某律论'。扩大解释有一个重要特征，就是此罪与彼罪存在一定的关联，在立法者的意图中被认定为同一类型的犯罪。换言之，所引证的罪名与此罪具有可比照性"。④ 这种准据用法有律文间的准据，也有令与律之间的准据，如张家山汉简《奏谳书》157～158 简记载："令：所取荆新地多群盗，吏所兴与群盗遇，去北，以儋乏不斗律论；律，儋乏不斗，斩。"在此，令文中的"去北"是罪行，其论处是"以儋乏不斗律论"，而据律的规定，"儋乏不斗，斩"。如果以"此"为 A，以"彼"为 B，其在法律适用上的功能就是援引 B 论 A。

从刑罚适用的关联性而言，"有罪"所指向的律文也可能具有"准据"的含义。如《工律》规定"擅假公器者有罪"，此尚不明有何罪，受何罚。但若以《法律答问》32 简"府中公金钱私贷用之，与盗同法"的立法意图而见，擅假公器亦当受到惩罚。《二年律令·盗律》77 简规定，私自假贷公物，轻者罚金二两，重者与盗同法，也是对秦律的承袭。但如果《工律》该条具有如前述 A 组简文的情形，则是直接将适用该行为的量刑指为"有罪"，因而也就不具有准据的含义。

在此需要明确的是，无论是否"准据"用法，"有罪"是否一个立法用

---

① 冨谷至认为："同罪"不是指罪名相同，而是指对所犯之罪处置的刑罚相同。〔日〕冨谷至：《二年律令に见える法律用語——その（一）》，第 234 页。
② 尽管后者是汉初之律，但从秦律对行为、行为主体的明确规定可以推知，当时对"择行钱、布"的行为应有相应的惩罚。
③ 〔日〕冨谷至：《二年律令に见える法律用語——その（一）》，第 238 页。
④ 徐世虹：《秦汉法律的编纂》，《中国古中世研究》第 24 辑，2010 年，第 232 页。

语？设问之由，在于如果认为"以某律论""以律论""与同罪"是立法用语，则会发现"有罪"与诸语相比呈现出一定的异质。如"以某律论"所准据的条文是具体明确的，在罪刑表述中呈行为＋某律的结构，如《秦律十八种·效律》175 简"以平罪人律论之"，张家山汉简《二年律令·亡律》168 简"以匿罪人律论"。"以律论"虽未明确指明"律"为何律，但在律篇律条中有时也是特有所指，例如《二年律令·贼律》19 简"……匿及弗归盈五日，以律论"，研读者认为在这种情况下"律"指前条。① "与同罪"的结构也同此，当读作"与某某同罪"，如《龙岗秦简》4 简"诈（诈）伪、假人符传及让人符传者，皆与阑入门同罪"。反观"有罪"，尽管以现有律文可以推知，其也具有"准据"或指向同条既有罚则的作用，但从立法意义或法律语言而言，如果说"毋罪"是立法上表述的非罪含义，"有罪"表述的"有罚"在形式上则不具备在所处条文中链接它条既有处罚的作用，缺乏秦汉法律中准据用法的基本要件，即它在法律文本中是有异于"以某律论"等的一个用语。

在目前所知的秦汉法律文本中，具有处罚意义上的"有罪"仅见于睡虎地秦简，且主要集中在《秦律十八种》。《秦律十八种》涉及的规范对象有田、厩苑、仓、金布、关市、工、徭役、司空、军爵、置吏、效等。通览这些律文便不难发现，这些律的利用者的关注点，似乎侧重于制度规定，而对于违反制度的惩罚并未过多着墨。《秦律十八种》共有 201 枚简，涉及制裁的有以下数简（参见下表）。

表 《秦律十八种》所见制裁规定

律篇名	涉及制裁行为	简编号	制裁
田	1. 居田舍卖酒；2. 田啬夫等未禁御之	12	有罪
厩苑	1. 评比耕牛殿者；2. 牛死耗率超标	13～14	1. 谇、笞；2. 有罪
仓	给城旦发放口粮违规	57	以犯令律论
金布	1. 择行钱、布者；2. 列伍长不告；3. 吏循之不谨	68	皆有罪
	逾岁而不入债及不如令	81	皆以律论之
关市	为作务及官府市受钱不入钱，不令市者见之	97	赀一甲
工	弗亟收公器	106	有罪
	擅假公器	107	有罪
徭律	1. 乏弗行；2. 失期；3. 堵坏	115 116	1. 赀二甲；2. 谇一赀一甲；3. 有罪

① 京都大学人文科学研究所"三国时代出土文字资料研究"班：《江陵张家山汉墓出土〈二年律令〉译注稿（一）》，第126页。

续表

律篇名	涉及制裁行为	简编号	制裁
司空	私用公牛车及各种损坏行为	126～127	皆有罪
	监管对象逃亡	135	有罪
	不加讯问而长期拘系刑徒	136	有罪
置吏律	违反任用制度	159	以律论之
效	度禾、刍藁不备	167	以律论其不备
	有赢、不备而匿弗谒,各种作假赔偿	174	与盗同法
	公物未加标记	178	赀一盾
行书	滞留命书及急件	183	以律论之
内史杂	1. 有罪而赦免者从事于官府;2. 非史子学学室	191	有罪
	官库有亡、败、失火	196	有重罪
尉杂	……勿敢行,行者	200	有罪

　　从中可见,在全部的 201 枚简中,涉及罚则的只有 21 简。江村治树在对《秦律十八种》的内容进行详细分析与归类后指出:"《秦律十八种》是为了实施县、都官的管理事务而从各律中挑选出必要的条文汇总而成的书"。① 这意味着《秦律十八种》的关注点在于县、都官机构职能的履行规范,而不在于违反规范的处罚。与此可以形成对比的是《秦律杂抄》,其涉及的规范对象除《除吏律》与《置吏律》相似外,余皆不同,几乎都是制裁规定,反映了抄写目的的不同。整理小组在对《秦律十八种》与《秦律杂抄》解题时都指出了其"摘录"的特点,这表明律文是否完整反映了其原貌是不可确定的,其中有可能掺杂了利用者在抄录时的技术处理。

　　与"有罪"有一定相似的是"以律论"。如前文所引论者之见,"以律论"具有指向他条的含义,但需要明确的是,"以律论"也存在两种情况。一是所在条确定的行为与所论之律确定的行为并不一致,只是性质同一而已。如前述《二年律令·贼律》19 简"……匿及弗归盈五日,以律论",其前条 18 简是对携带毒箭、毒物与调制毒物行为的一般处置,本条则是对军吏违规藏匿、不返还毒箭行为的处置,二者行为不一,但性质相同,故论者"指前条"说可从。二是指同条既有的处置规定。如睡虎地秦简《行书律》183 简:

------

① 〔日〕江村治树:《春秋戰國秦漢時代出土文字資料の研究》,汲古書院,2000 年,第 693 页。

A 行命书及书署急者，辄行之；不急者，日觱（毕），勿敢留。留者以律论之。

新见岳麓书院藏秦简《行书律》：

B ·行书律曰：传行书，署急辄行，不辄行，赀二甲。不急者，日觱（毕）。留三日，赀一盾；四日上，赀一甲。二千石官书₁₂₅₀留弗行，盈五日，赀一盾；五日到十日，赀一甲；过十日到廿日，赀二甲；后有盈十日，辄驾（加）一甲₀₉₇₂。①

论者已指出，由"命书"之用可知岳麓秦简《行书律》的抄录年代要晚于睡虎地秦简《行书律》。② 但这仍然无法判断后者的详备是对前者修订的结果，对王命之书的传送稽缓不确定具体可行的刑罚，则使行为的认定失去了意义。因此 A 中的"以律论之"，必是有可论之律。岳麓简《行书律》体现的或即为此"可论之律"。尽管从律文看，B 中无明指"命书（制书）"，但从 A "命书及书署急者，辄行之"与 B "传行书，署急辄行，赀二甲"二句，可推知"署急辄行"也包含了制书，这从"不辄行"即"赀二甲"的处罚也可得到佐证。③ 据此，二律当为同一规范，至少 B 包含了 A 中的行为。由此看来，A 中的"以律论之"显然不是准据用法，原因是其所制裁的行为与 B 一致。换言之，可以将 A 理解为是对 B 的缩略摘录，即以"留者以律论之"概括了 B 中"留三日"以下的全部罚则。④

以此亦可推知"有罪"与既有律文的关系。即"有罪"不是有待立法确定罚则的用语，而是指代既有律条中的罚则。这个"既有律条"，既有可能原本即属同一律条，也有可能指向其他律条（准据用法）。然而尽管"有罪"一语具有与"以律论"相同的功能，但它在形式上缺乏准据用法如"以＋律＋论""与＋同罪"等基本要件，不具备立法意义上的链接它条既有处罚

---

① 陈松长：《岳麓书院藏秦简中的行书律初论》，《中国史研究》2009 年第 3 期，第 31 页。
② 陈松长：《岳麓书院藏秦简中的行书律初论》，《中国史研究》2009 年第 3 期，第 32 页。
③ 在该律中，稽缓公文的行为共分三种：署急不辄行，留不急，留二千石官书。"署急"而不即刻出发即赀二甲，"不急"留四日以上赀一甲，"二千石官书"留十日到二十日赀二甲。署急不辄行与留二千石官书的最高处罚皆为赀二甲，但前者不辄行即赀二甲，后者留十日到二十日赀二甲，因此以行为的严重性而论，前者显然要重于后者。
④ 支强指出，"以律论"的适用包括"某种具体处断措施的省略""处理事项性质一致""一般性规则的适用"等几种情形。（支强：《秦汉法律用语研究》，中国政法大学博士论文，2013，第 18~19 页）

的作用。

　　"有罪"之语唯见于《秦律十八种》，而《秦律十八种》又侧重于县、都官机构职能的履行规范，在文本抄写上具有"摘录"的特征，综合这些因素再看秦律抄本，其中有无秦律利用者的过滤成分，"有罪"是立法用语还是利用者的技术处理所致，是需要区别对待的。以目前所见的秦汉法律文献，除《秦律十八种》中的田、厩苑、金布、工、徭、司空、内史杂、尉杂诸律见有"有罪"外，《秦律杂抄》《效律》《法律答问》乃至张家山汉简《二年律令》无一例此类用语，这也从另一方面证明该语不具有立法意义上的功能。①

---

　　①　能否将"有罪"视为令入律前的形态，即立法者在要求将此类行为视为有罪的同时，并未具体指出适用的刑罚，而有待负责法律的官僚具体提出方案，其程序一如文帝十三年因废除肉刑诏而产生的刑罚修订。然而在目前见知的资料中，尚未发现有此用例。反之，史料所反映的状况是，有在令中明确表达了法律适用的例子，如前述《奏谳书》157～158简的"以儋乏不斗律论"。《为吏之道》所附两条魏律，为王者之命入律的例子，其虽然不是刑事立法，但反映了王命立法的内容，即在"告相邦""告将军"的命令中，明确表达了核心内容。又如大庭脩所总结的汉令立法程序的第一种形式（皇帝直接行使立法权），其以"核心内容＋具为令"表达了立法意图。（如文帝十三年废除肉刑诏，文帝对立法意图的核心表达是"其除肉刑，有以易之。及令罪人各以轻重，不亡逃，有年而免。具为令。"）至于臣下对立法提出的具体方案，更无提出"有罪"而不明确罚则的可能。又，也许会有如此疑问：如果《秦律十八种》皆为抄手所抄，则何以一照录具体刑罚或"以律论""与……同罪"，一将既有刑罚略缩为"有罪"？对此尚不能确切解答。本文对"有罪"的探讨，目前止步于回答"其是否立法语言"的阶段，更进一步的追问，有待资料的丰富与思考的深化。

《中国古代法律文献研究》第七辑
2013年，第111～126页

秦汉时代律令辨

〔日〕广濑 薰雄*

摘 要：本文试图从律令制定程序的角度阐明秦汉时代"律"和"令"的区别。主要结论如下：一、秦汉时代的"令"是皇帝诏本身，"律"是皇帝诏制定的规定。简单地说，令是命令之令，律是法律之律。二、秦汉律文中出现"不从令""犯令"等词，此"令"指的是该律本身。因为违反某条律等于违反制定该律的令，因此违反律叫"不从令""犯令"。三、秦汉时代的律本是一条一条制定的单行法令。两汉时代有一些人试图搜集整理当时存在的律，如东汉时代的陈宠、应劭等。但《汉书》《后汉书》说他们搜集整理的律文集都没有施行。据此可见两汉时代没有发布过国家统一法典。

关键词：律 令 不从令 犯令

一 问题所在

秦汉时代的"律"和"令"是怎样的规范？两者有什么区别？这是我们要讨论的问题。

我们先确认晋代以后"律"和"令"的定义：

(1)《太平御览·刑法部四·律令下》所引杜预《律序》：律以正罪名，令以存事制。①

---

* 广濑薰雄，复旦大学出土文献与古文字研究中心副研究员。

① （宋）李昉等撰《太平御览》卷六三八，1935 年商务印书馆影印宋本；中华书局影印，1960，第 2859 页。

（2）《唐六典·尚书刑部》刑部员外郎条：凡律以正刑定罪，令以设范立制，格以禁违正邪，式以轨物程事。①

按照现代法律的分类说，律是刑法，令是行政法。这个定义显然不符于秦汉时代的律、令。程树德很扼要地指出这个问题：

魏晋以后，律令之别极严，而汉则否。《杜周传》："前主所是著为律，后主所是疏为令。"文帝五年除盗铸钱令，《史记·将相名臣年表》作"除钱律"。《萧望之传》引"金布令"，《后书》则引作"汉律金布令"，《晋志》直称"金布律"，是令亦可称律也。②

程树德举了三个例子，我们认为其中"盗铸钱令""钱律"的例子最直接，因为"盗铸钱令""钱律"指的是同一条规定。同一条规定有时叫"律"，有时叫"令"。按照晋代以后"律"和"令"的定义，这种现象根本无法解释。

大庭脩先生曾试图从"正文""补充法"的角度解释"律""令"之别：

魏编纂了法典《法经》六篇，正文称为"法"，补充法称为"律"。在秦代，将正文的"法"改称为"律"，补充法也还叫作"律"。汉代继承了秦的六律和补充法的诸"律"，只是从补充法的诸"律"中编纂三篇加入正律作为《九章律》，其余的诸律也原封不动地继承下来。汉代以后的补充法也有对律的补充，大多被称为"令"。只是秦令的存在与否目前尚不清楚。③

这是从睡虎地秦简研究得出来的结论。从当时能利用的资料看，此说确实有一定的道理。但此后张家山247号墓汉简《二年律令》《奏谳书》，④ 岳麓书

---

① （唐）李林甫等撰《唐六典》卷六，陈仲夫点校，中华书局，1992，第185页。
② 程树德：《九朝律考·汉律考一》"律名考"，中华书局，1963，第11页。
③ 〔日〕大庭脩：《律令法体系の变迁と秦汉の法典（律令法体系的变迁与秦汉法典）》，《秦漢法制史の研究》，创文社，1982，第5～19页；中译本，林剑鸣等译《秦汉法制史研究》，上海人民出版社，1991，第10～11页。
④ 张家山二四七号汉墓竹简整理小组：《张家山汉墓竹简〔二四七号墓〕》，文物出版社，2001。本文引用的张家山汉简释文都根据此书所载，以下不一一注记。

院藏秦简《律令杂抄》等秦汉法律文献陆续出土，① 此说现在有很多地方难以成立。例如大庭先生怀疑秦代不像汉代那样有整理编纂后作为追加法的令，但岳麓书院藏秦简《律令杂抄》的发现证明了秦令的存在。大庭先生相信《法经》《九章律》的存在，也是有问题的。② 最有问题的是大庭先生也承认汉代正律的《九章律》以外也有律，那么《九章律》和《九章律》以外的律有什么区别？《九章律》以外的律和补充法的令又有什么区别？

管见所及，关于秦汉时代"律""令"的区别，除了大庭脩先生的说法外，未见有人提出不同的看法。我们试图从律令制定程序的角度解决这个问题。

二　令的制定程序

在讨论秦汉时代令的制定程序之前，需要解决的问题很多。尤其关于秦令，过去的讨论集中在秦令的存在与否，因此秦令的格式、秦令和汉令的关系等问题都是需要讨论的。但由于篇幅的关系，在此只简单地说明一下我们的看法。③

秦始皇二十六年，秦统一天下后，秦王政命令臣下议帝号：

　　A　秦初并天下，令丞相、御史曰："……寡人以眇眇之身，兴兵诛暴乱，赖宗庙之灵，六王咸服其辜，天下大定。今名号不更，无以称成功，传后世。其议帝号。"

　　B　丞相绾、御史大夫劫、廷尉斯等皆曰："……臣等谨与博士议曰，古有天皇，有地皇，有泰皇，泰皇最贵。臣等昧死上尊号，王为泰皇，命为制，令为诏，天子自称曰朕。"

　　C　王曰："去泰著皇，采上古帝位号，号曰皇帝。他如议。"

　　D　制曰：可。④

A 是秦王让臣下议帝号的命令，B 是臣下对这个命令的提议，C 是秦王对其提议的批复，D 是制可。这个格式与汉代的诏基本相同。⑤ 据此我们认

---

① 陈松长：《岳麓书院所藏竹简综述》，《文物》2009 年第 3 期。

② 参看拙著《秦漢律令研究》第二部第二章《〈晋书〉刑法志に见える法典编纂说話について（〈晋书·刑法志〉所见法典编纂传说）》，汲古书院，2010。

③ 详细讨论，参看拙著《秦漢律令研究》第二部第三章《秦代の令について（秦代的令）》。

④ 《史记》卷六，顾颉刚等点校，中华书局，1959，第 235～236 页。

⑤ 汉代诏的格式，参看大庭脩《汉代制诏の形态》，收入大庭脩《秦汉法制史研究》。除非特别说明，本文所引大庭先生的意见都来自该论文。

为《史记》的这个记载很有可能比较完整地保留秦王政定帝号的命令书原文。

在此我们要注意的是 B 中的"命为制,令为诏"。关于这个提议,秦王也没有反对。也就是说,秦王国称为"令"的命令在秦帝国改称为"诏"。那么"令"和"诏"指的其实是同一种命令。里耶秦简 8～455(或 461)号木牍有"以王令曰以皇帝诏"一句。① 这一句更加明确地说明"令为诏"的意思。

中田薰先生指出汉代"令"是来自于皇帝"诏"的,② 大庭脩先生在此基础上探讨"诏"的格式。他们早已正确地注意到汉代"令"和"诏"的关系,只是认为皇帝"诏"不一定都编入"令典",这一点有问题而已。后来富谷至先生指出汉代"令"就是"诏",汉代没有叫"令"的法典:

> 汉代的令来源于皇帝下的诏敕,是要执行的规范。因此,令的格式不外乎诏本身。秦在统一六国之前没有使用"诏"这个词,这类规范都被叫"令"。由此看来,秦统一六国以后的秦令就是皇帝的诏敕,有可能承袭秦制的汉令也是诏敕本身,这是再也自然不过的事。③

这是一个很精辟的意见。"令"就是"诏",这本是秦制,汉代只是继承了这个制度而已,因此秦令和汉令基本相同。我们已经说过秦王政定帝号的命令格式与汉诏相同。可见这道命令是秦王的"令",而且是秦王下的最后一道"令","令"从此被改称为"诏"。

关于汉令的制定程序,大庭脩先生有非常精辟的研究。根据此研究,汉代的制诏可以分为三类:

第一形式:皇帝凭自己的意志下达命令。

第二形式:官僚在被委任的权限内为执行自己的职务而提议和献策,皇帝加以认可,作为皇帝的命令而发布。

---

① 张春龙、龙京沙:《湘西里耶秦简 8～455 号》,武汉大学简帛研究中心主办《简帛》第四辑,上海古籍出版社,2009;湖南省文物考古研究所:《里耶秦简〔壹〕》,文物出版社,2012,简号为第 8 层之 461 号。
② 〔日〕中田薰:《支那における律令法系の發達について(中国律令法系的发展)》,《比較法研究》第一卷第四号,1951;后收入中田薰《法制史論集》第四卷,岩波书店,1964。
③ 〔日〕冨谷至:《晋泰始律令への道——第一部 秦漢の律と令(走向晋泰始律令之路——第一部 秦汉的律与令)》,《東方学報》第 72 册,2000,第 121 页。

第三形式：皇帝以自己的意志下达命令，其对象仅限于一部分特定的官僚，而且需要这些官僚进行答申。这一类再可分为两种：（1）向官僚征求关于政策的意见；（2）指示政策的大纲或皇帝的意向，把促成其实现的详细的立法程序委托给官僚。

汉令的具体例子，大庭先生有介绍，此不赘述。我们介绍一些秦令的例子。第一例是上面引用的秦王政二十六年定帝号的令，这是第三形式的令。第二例是岳麓书院藏秦简《律令杂抄》所收令：

> ·丞相上庐江叚（假）守书言："庐江庄道时败绝不补。即庄道败绝不逋（补），而行水道，水道异远。庄道者……（0556）①

这个部分写的是庐江假守上奏的修路请求。"庄道"是六达之道。《左传》襄公二十八年："得庆氏之木百车于庄。"《释名·释道》："六达曰庄"。张家山汉简《二年律令》津关令中格式与此相同的令文不少，如：

> 廿二，丞相上鲁御史书言："鲁侯居长安，请得买马关中。"·丞相、御史以闻。制曰：可。（520号简）

可见这是第二形式的令。
陈松长先生还透露过岳麓书院藏秦简的另外一条令文：

> 绾请许，而令郡有罪罚当戍者，泰原署四川郡，东郡、参（三）川、颖川署江胡（湖）郡，南阳、河内署九江郡，……（0706）②

这一条规定的是如果有人犯了罪要服戍边刑，哪个郡的犯人要到哪个郡去服役。开头"绾"疑是丞相王绾。这条令本来应该以有人的奏文开始，然后丞相王绾说"请许"，再然后加上他拟的规定。例如《二年律令》津关令509、508号简的一条格式与此类似：

---

① 陈松长：《岳麓书院藏秦简中的郡名考略》，《湖南大学学报（社会科学版）》2009年第2期。本释文中"·丞相上庐江叚守书言"是笔者根据该期刊所载照片做的，其他部分从陈松长先生文章转引。

② 陈松长：《岳麓书院藏秦简中的郡名考略》。该期刊所载图版中有"泰原署四川郡东郡"、"颖川署江胡郡"的照片，不知是否这一枚简的照片。

十二，相国议："关外郡买计献马者，守各以匹数告买所内史、郡守，内史、郡守谨籍马职（识）物、齿、高，移其守，及为致告津关，津关案阅，出，它如律令。"御史以闻："请许，及诸乘私马出，马当复入而死亡，自言在县官，县官诊及狱讯审死亡，皆〔告〕津关。"制曰：可。①

如果这个理解不误，这条令也属于第二形式。

目前我们还没有看到第一形式秦令的具体例子，但既然有第二、第三形式的秦令，不可能没有第一形式的秦令。因此我们认为这些例子已经足够说明秦令的制定程序与汉令（诏）基本相同。

三　律的制定程序

在讨论秦汉律的制定程序前，确认魏晋以后的制定程序：
（1）魏新律：

其后，天子又下诏改定刑制，命司空陈群、散骑常侍刘邵、给事黄门侍郎韩逊、议郎庾嶷、中郎黄休、荀诜等删约旧科，傍采汉律，定为魏法，制新律十八篇，州郡令四十五篇，尚书官令、军中令，合百八十余篇。（《晋书·刑法志》）②

（2）晋泰始律令：

文帝为晋王……于是令贾充定法律，令与太傅郑冲、司徒荀颛、中书监荀勖、中军将军羊祜、中护军王业、廷尉杜友、守河南尹杜预、散骑侍郎裴楷、颍川太守周雄、齐相郭颀、骑都尉成公绥、尚书郎柳轨及吏部令史荣邵等十四人典其事。就汉九章增十一篇，仍其族类，正其体号……凡律令合二千九百二十六条，十二万六千三百言，六十卷，故事三十卷。泰始三年，事毕，表上。武帝诏曰："……"武帝亲自临讲，使裴楷执读。四年正月，大赦天下，乃班新律。（《晋书·刑

---

① 509、508 号简的编连，从杨建先生的意见，说见《张家山汉简〈二年律令·津关令〉简释》，《楚地出土简帛文献思想研究（一）》，湖北教育出版社，2002。
② 《晋书》卷三〇，中华书局，1974，第 923 页。

法志》) ①

首先皇帝下诏命令几个大臣编纂律令，受诏的大臣整理过去的律令、诏书等各种规范，将其编成新的律典和令典。在编纂完成后，皇帝将其向天下公布。

翻检秦汉时代的文献，类似的记载不是完全没有（详下节），但"大赦天下，乃班新律"这种记载却一例也没有。如果秦汉时代有这种大事的话，史书中应该有记载才对。这似乎暗示着秦汉不像魏晋以后把律令制定看作天下大事。

管见所及，过去有三位学者对秦汉律的制定程序发表过意见：（1）堀敏一先生认为，在秦代，"令"不是法典而是单行法令，"律"则是整理"令"而做的具有一定程度法典性质的法令；在汉代，皇帝按照需要下诏勅，然后把它编入律典、令典中。②（2）宫宅潔先生认为"看每条律的内容，它们不像是单行的，而具有一定程度的系统性。在这个意义上，律不是单行的诏令，也不是收集诏令而做的'诏令集'。换句话说，律不是一条一条地堆积起来形成的，而是统一编纂的。律即使来源于诏令，也是在受到整理分类后，重新被编为法典而形成的"。③（3）冨谷至先生认为"汉代没有与律并列的令典。令只不过是诏令的堆积而已，找合适的机会被编入律中，以受分类。令到了此时才根据内容起篇名，并形成所谓法典"。④

三位先生都根据睡虎地秦简、张家山汉简等出土文献中所见律的内容和格式来推测律的制定程序。但其实史书中有一些秦汉时代制定律的记载。我们首先看秦律的例子：

> A　始皇置酒咸阳宫，博士七十人前为寿……博士齐人淳于越进曰："臣闻殷周之王千余岁，封子弟功臣，自为枝辅。今陛下有海内，而子弟为匹夫。卒有田常、六卿之臣，无辅拂，何以相救哉。事不师古而能长久者，非所闻也。今青臣又面谀以重陛下之过，非忠臣。"
> B　始皇下其议。

---

① 《晋书》卷三〇，第 927～928 页。

② 〔日〕堀敏一：《晋泰始律令の成立（晋泰始律令的成立）》，收入堀敏一《律令制と東アジア世界—私の中国史学（二）（律令制与东亚世界—我的中国史学（二）》，汲古书院，1994。

③ 〔日〕宫宅潔：《漢令の起源とその編纂（汉令的起源与其编纂）》，《中国史学》第 5 卷，1995，第 114 页。

④ 〔日〕冨谷至：《走向晋泰始律令之路——第一部　秦汉的律与令》，第 127 页。

　　C　丞相李斯曰："五帝不相复，三代不相袭，各以治，非其相反，时变异也。今陛下创大业，建万世之功，固非愚儒所知。且越言乃三代之事，何足法也。异时诸侯并争，厚招游学。今天下已定，法令出一，百姓当家则力农工，士则学习法令辟禁。今诸生不师今而学古，以非当世，惑乱黔首。丞相臣斯昧死言，古者天下散乱，莫之能一，是以诸侯并作，语皆道古以害今，饰虚言以乱实，人善其所私学，以非上之所建立。今皇帝并有天下，别黑白而定一尊。私学而相与非法教，人闻令下，则各以其学议之，入则心非，出则巷议，夸主以为名，异取以为高，率群下以造谤。如此弗禁，则主势降乎上，党与成乎下。禁之便。<u>臣请：史官非秦记皆烧之。非博士官所职，天下敢有藏《诗》、《书》、百家语者，悉诣守、尉杂烧之。有敢偶语《诗》、《书》者，弃市。以古非今者，族。吏见知不举者与同罪。令下三十日不烧，黥为城旦。所不去者，医药、卜筮、种树之书。若欲有学法令，以吏为师。"</u>

　　D　制曰：可。①

这是史上有名的秦始皇三十四年（前 214）制定挟书律的诏。《汉书·惠帝纪》四年三月条云"除挟书律"，《楚元王传》云"至孝惠之世，乃除挟书之律"，可见这道诏令是作为秦"律"流传到汉代的。这个记载说明挟书律是一条皇帝诏制定的。

再看西汉的例子：

　　A　即位十三年，齐太仓令淳于公有罪当刑，诏狱逮系长安。淳于公无男，有五女，当行会逮，骂其女曰："生子不生男，缓急非有益（也）。"其少女缇萦，自伤悲泣，乃随其父至长安，上书曰："妾父为吏，齐中皆称其廉平，今坐法当刑。<u>妾伤夫死者不可复生，刑者不可复属</u>，虽后欲改过自新，其道亡繇也。妾愿没入为官婢，以赎父刑罪，使得自新。"

　　B　书奏天子，天子怜悲其意，遂下令曰："制诏御史：盖闻有虞氏之时，画衣冠，异章服以为戮，而民弗犯，何治之至也。今法有肉刑三，而奸不止，其咎安在？非乃朕德之薄而教不明与。吾甚自愧。故夫训道不纯而愚民陷焉。《诗》曰：'恺弟君子，民之父母。'今人有过，教未施而刑已加焉，或欲改行为善，而道亡繇至，朕甚怜之。夫刑至断支体，刻肌肤，终身不息，何其刑之痛而不德也。岂称为民父母之意哉。其除肉刑，

---

　　① 《史记》卷六《秦始皇本纪》，第 254～255 页。

有以易之；及令罪人各以轻重，不亡逃，有年而免。具为令。"

    C 丞相张苍、御史大夫冯敬奏言："肉刑所以禁奸，所由来者久矣。陛下下明诏，怜万民之一有过被刑者终身不息，及罪人欲改行为善而道亡繇至，于盛德，臣等所不及也。<u>臣谨议请定律曰</u>：'诸当完者，完为城旦舂；当黥者，髡钳为城旦舂；当劓者，笞三百；当斩左止者，笞五百；当斩右止，及杀人先自告，及吏坐受赇枉法，守县官财物而即盗之，已论命复有笞罪者，皆弃市。罪人狱已决，完为城旦舂满三岁，为鬼薪白粲；鬼薪白粲一岁，为隶臣妾；隶臣妾一岁，免为庶人。〔鬼薪白粲满三岁，为隶臣；隶臣一岁，免为庶人。〕① 隶臣妾满二岁，为司寇；司寇一岁，及作如司寇二岁，皆免为庶人。其亡逃及有罪耐以上，不用此令。前令之刑城旦舂岁而非禁锢者，如完为城旦舂岁数以免。'臣昧死请。"

    D 制曰：可。（《汉书·刑法志》）②

这也是史上有名的汉文帝前元十三年（前168）废止肉刑的诏。B 末尾有"具为令"一句。《汉书·宣帝纪》地节四年九月诏引这条令云："令甲：死者不可生，刑者不可息。"这些例子说明这道书是作为"令"流传的。但丞相张苍、御史大夫冯敬在 C 的奏文中说"臣谨议请定律"，说制定"律"。这个例子也表明西汉时期"律"是下"诏"（即"令"）制定的。

《汉书·刑法志》还有景帝元年（前156）制定律的诏：

> 景帝元年，下诏曰："加笞与重罪无异，幸而不死，不可为人。<u>其定律：笞五百曰三百，笞三百曰二百。</u>"③

此诏明确地说"定律"。

再看东汉时期制定律的记载。《后汉书·章帝纪》元和二年（公元85年）条云：

---

① 补"鬼薪白粲满三岁，为隶臣。隶臣一岁，免为庶人"一句，从张建国先生意见，说见《前汉文帝刑法改革及其展开的再检讨》，收入张建国《帝制时代的中国法》，法律出版社，1999。此外，籾山明先生把《通典》、《唐六典》所收此诏的引文作为张说的傍证，说见《秦漢刑罰史研究の現状——刑期をめぐる論争を中心に——（秦汉刑罚史的研究现状——以围绕刑期的争论为中心）》，《中国古代诉讼制度の研究》，京都大学学术出版会，2006；李力译《中國古代訴訟制度研究》，上海古籍出版社，2009。
② 《汉书》卷二三《刑法志》，西北大学历史系点校，中华书局，1962，第1097~1099页。
③ 《汉书》卷二三《刑法志》，第1100页。

秋七月庚子，诏曰："《春秋》于春每月书王者，重三正，慎三微也。《律》十二月立春，不以报囚。《月令》冬至之后，有顺阳助生之文，而无鞫狱断刑之政。朕咨访儒雅，稽之典籍，以为王者生杀宜顺时气。其定律：无以十一月、十二月报囚。"①

此诏也和景帝元年制定诏一样说"定律"。此外，《后汉书·鲁恭传》也有关于这道诏书的记载，云"孝章皇帝深惟古人之道，助三正之微，定律著令。"②"定律著令"也说明律是下诏制定的。

《二年律令》置吏律（219～220 号简）具体地规定律令的制定程序：

> 县道官有请而当为律令者，各请属所二千石官，二千石官上相国、御史，相国、御史案致，当请，请之。毋得径请。径请者（者），罚金四两。

这条律讲的正是第二形式诏的制定程序，即"官僚在被委任的权限内为执行自己的职务而提议和献策，皇帝加以认可，作为皇帝的命令而发布"的程序。值得注意的是本条律开头说"县道官有请而当为律令者"。第二、第三形式的诏都有"臣请"或与此类似的句子，如制定挟书律的诏有"臣请"，废止肉刑的诏有"臣谨议请定律"，这就是"县道官有请"之"请"。第一形式诏是"皇帝凭自己的意志下达命令"，当然没有"臣请"，但"其定律"起相同的作用。从"臣谨议请定律""其定律"的说法看，诏书中"臣请"或"其定律"以下的内容才是"律"。

以上例子说明，秦、两汉时代，"律"一贯是通过皇帝"诏（令）"一条一条地制定的。因此律的制定程序也就是令的制定程序本身。《后汉书·鲁恭传》"定律著令"，《二年律令》置吏律"县道官有请而当为律令者"，很清楚地说明"律"的制定和"令"的制定其实是一回事。

四　律文中所见"犯令""不从令"的解释

睡虎地秦简的一些秦律中出现"不从令""犯令"等词，此两个词被用为违反律的意思。过去有一些学者根据这两个词主张秦代没有"律""令"

---

① 《后汉书》卷三，宋云彬等点校，中华书局，1965，第 152～153 页。
② 《后汉书》卷二五，第 882 页。

之别。① 本节对这个问题做解释。

睡虎地秦简中"不从令""犯令"各有四例。在此分别举一例:②

(1)《秦律十八种》田律(12 号简)③

　　百姓居田舍者,毋敢酤(酤)酉(酒)。田啬夫、部佐谨禁御之。<u>有不从令者,有罪。</u>

(2)《秦律十八种》内史杂律(191 号简)④

　　令敖史毋从事官府。⑤ 非史子殹,毋敢学学室。犯令者,有罪。

"犯令""不从令"的定义见于《法律答问》142 号简:

　　可(何)如为犯令、法(废)令? 律所谓者,令曰"勿为"而为之,是谓犯令。令曰"为之"弗为,是谓法(废)令殹。廷行吏(事)皆以犯令论。

根据此解说,违反律称为"犯令",不实行律称为"废令"。律文中所见"不从令"当与"废令"同义。

这些例子中,"令"指的是该律本身。"有不从令者"可以解释为"如果不遵守本律的话","犯令者"是"如果违反本律的话"的意思。此"令"

---

① 〔日〕堀敏一:《律令制与东亚世界—我的中国史学(二)》,第 66 页。〔日〕宫宅潔:《汉令的起源与其编纂》,第 115~116 页。〔日〕冨谷至:《走向晋泰始律令之路——第一部　秦汉的律与令》,第 95~98 页。

② 睡虎地秦墓竹简整理小组:《睡虎地秦墓竹简》,文物出版社,1990。本文引用的睡虎地秦简释文都根据此书所载图版,以下不一一注记。

③ "不从令"一词,此外还见于《秦律十八种》关市律(97 号简)、内史杂律(189 号简),《秦律杂抄》除吏律(1~2 号简)。

④ "犯令"一词此外还见于《秦律十八种》仓律(57 号简)、内史杂律(195~196 号简),《秦律杂抄》牛羊课(28 号简)。

⑤ "敖"字之释,从董珊先生意见。说见《战国题名与工官制度》(北京大学博士论文,2002,导师:李零教授)第一章《赵国题名》第三节《铜兵器(下)》三《中央:得工》之【61】【62】。董珊先生说"'敖史'可能是'敖童之史'的简称,即此史年龄在十五岁以上,尚未弱冠(二十岁)或傅籍(十七岁),律文不允许年龄尚小的'敖史'在官府做事,大概是考虑到其尚在学习阶段,阅历和能力均不足以承担大事。"

似乎意为包括律在内的很广泛的命令。若果真如此，这说明秦代没有作为固有的法形式的"令"。

但只要知道律是下诏（令）制定的，律文中出现"令"的问题就涣然冰释了。因为违反某条律等于违反制定该律的令。因此违反律叫"犯令"。这种"令"的用法与挟书律"令下三十日不烧"之"令"完全相同：

> 丞相李斯曰："……臣请：史官非秦记皆烧之。非博士官所职，天下敢有藏《诗》、《书》、百家语者，悉诣守、尉杂烧之。有敢偶语《诗》、《书》者，弃市。以古非今者，族。吏见知不举者与同罪。令下三十日不烧，黥为城旦。所不去者，医药、卜筮、种树之书。若欲有学法令，以吏为师。"制曰：可。（《史记·秦始皇本纪》）

"令下三十日不烧"出现在挟书律文中。但从上下文看，挟书律中的"令"指的不是挟书律本身，而是制定挟书律的皇帝诏。"令下三十日"是"皇帝诏下达后三十天"的意思。

除去肉刑的令也有"不用此令"一句：

> 丞相张苍、御史大夫冯敬奏言："……臣谨议请定律曰：'诸当完者，完为城旦舂；当黥者，髡钳为城旦舂；……其亡逃及有罪耐以上，不用此令。前令之刑城旦舂岁而非禁锢者，如完为城旦舂岁数以免。'臣昧死请。"制曰：可。（《汉书·刑法志》）

丞相张苍、御史大夫冯敬说"臣谨议请定律"，其下的"诸当完者，完为城旦舂""当黥者，髡钳为城旦舂"等几条规定是他们拟的律文。此律文中有"不用此令""前令之刑城旦"云云。此"令"指的也不是律本身，而是制定该律的皇帝诏。

最近公开的岳麓书院藏秦简律令中也有三例"不从令"的例子：

> （3）·田律曰：黔首居田舍者，毋敢酤（酤）酒。有不从令者，迁之。田啬夫、士吏、吏部弗得，赀二甲。·第乙（0993）
> （4）·关市律曰：县官有卖买殹，必令令史监。不从令者，赀一甲。（1265）
> （5）同罪。其徭使而不敬，唯大啬夫得笞之，如律。新地守时修其

令，都吏分部乡邑间。<u>不从令者，论之。</u>·十九（0485）①

值得注意的是（3）末尾的"第乙"和（5）末尾的"十九"。"第乙"让人联想到十干令"令乙"；"十九"这种编号是令文的格式。也就是说，这些简虽然只记录律文，但还保留着皇帝诏（或秦王令）的格式。这些规定的格式可以说是"律"和"令"的中间形态。这种规定应该称为"律"还是"令"？这恐怕只能取决于每个人的理解。

"犯令"一词亦见汉令。《史记·平准书》云（《汉书·食货志下》也有几乎相同的记载）：

公卿言："郡国颇被菑害，贫民无产业者，募徙广饶之地。陛下损膳省用，出禁钱以振元元，宽贷赋。而民不齐出于南亩，商贾滋众。贫者畜积无有，皆仰县官。异时算轺车贾人缗钱皆有差。<u>请算如故。</u>诸贾人末作，贳贷卖买，居邑稽诸物，及商以取利者，虽无市籍，各以其物自占，率缗钱二千而一算。诸作有租及铸，率缗钱四千一算。非吏比者、三老、北边骑士，轺车以一算。商贾人轺车二算。船五丈以上一算。匿不自占，占不悉，戍边一岁，没入缗钱。有能告者，以其半畀之。贾人有市籍者，及其家属，皆无得籍名田，以便农。<u>敢犯令，没入田僮。</u>"②

《平准书》下文有"天子既下缗钱令"，可见这是缗钱令。根据《汉书·武帝纪》元狩四年条"初算缗钱"，缗钱令是元狩四年（前119）下的。《平准书》只引公卿的上奏，但这个奏文应该是得到了武帝的"制曰可"后发布的。此奏文的实质内容是"请"字以下，这个部分应该相当于"律"。也就是说，这也可以看作"律"文中有"犯令"的例子。

如此看来，律文中有"不从令""犯令"等词，正好证明律本来是诏（令）的一部分。史书引用律文时，不仅引用律文，还抄录制定该律的诏书，因此我们能够很清楚地知道律文中所见的"令"指的是什么。但出土文献中的秦汉律只有律文，而看不到制定该律的诏（令），因此引起了学者的种种误解。其实律文所见"不从令""犯令"等词的"令"具有特定的含义，"律"和"令"还是有区别的。

---

① （3）、（4）的图版和释文见陈松长《岳麓书院所藏竹简综述》。但我们所引释文中有一些根据图版修改的地方。（5）引自陈松长《岳麓书院藏秦简中的郡名考略》，但陈先生在该文中没有公开这枚简的图版。

② 《史记》卷三〇，第1430页。

五 结语

总括以上的讨论,秦汉时代"律"与"令"的区别在于"令"是皇帝诏本身,"律"是皇帝诏制定的规定。简单地说,令是命令之令,律是法律之律。

律对人民具有强制力,是因为律是皇帝诏(令)制定的。律文的大部分本来是臣下的上奏,没有任何强制力。但皇帝一旦把这个奏文引到诏(令)中,其奏文在理论上就变成皇帝发的命令,这样才能够具有强制力。可以说,这是将所有权力的来源集中在皇帝的秦汉帝国统治形态的一个表现。

我们现在回到程树德指出的"令亦可称律"的问题。我们在介绍岳麓书院藏秦简时说过,岳麓书院藏秦简所见的一些律文具有令的格式,这种规定称为"律"还是"令",只能取决于每个人的理解。我们用此句解释这个问题。例如,"钱律"指禁止人民私铸钱币的律,"盗铸钱令"是制定钱律的令。称为"钱律",称为"盗铸钱令",只不过是视点不同而已。

回顾过去的秦汉律令研究,中田薰先生、大庭脩先生开辟了汉令研究,他们的主要贡献在于指出汉令来自皇帝诏,阐明汉令的具体制定程序。但他们认为令是经过编纂的法典,不是所有诏都编入令中。冨谷至先生纠正了这一点,指出令和诏是同义,汉代的令不是法典。我们从此更进一步,指出秦汉时代的律也和令同样是一条一条制定的单行法令,并不是法典。

秦汉律本是一条一条制定的单行法令,典籍里有不少明确的记载,当无可疑。但秦汉时代像魏晋以后一样整理这些单行的律令编纂国家统一法典,这个可能性还是要考虑的。但纵观汉代的史书,我们认为这个可能性也基本可以否定。

我们看一下《汉书·刑法志》有关这个方面的记载。首先是武帝时期:

> 及至孝武即位,……律令凡三百五十九章,大辟四百九条,千八百八十二事,死罪决事比万三千四百七十二事。文书盈于几阁,典者不能偏睹。是以郡国承用者驳,或罪同而论异。奸吏因缘为市,所欲活则傅生议,所欲陷则予死比,议者咸冤伤之。①

我们不知道"律令凡三百五十九章"等数量是怎么统计出来的。如果这是武帝时的统计,这说明当时有这个条件,也就是说有地方收藏当时存在的所有

---

① 《汉书》卷二三,第1101页。

律令。但这个记载反而暗示着这些律令没有被编成谁都能看到的国家统一法典，否则怎么会出现"郡国承用者驳，或罪同而论异"这种情况？

其次是宣帝、元帝、成帝到东汉章帝时期：

（宣帝）时涿郡太守郑昌上疏言："……今明主躬垂明听，虽不置廷平，狱将自正；若开后嗣，不若删定律令。律令一定，愚民知所避，奸吏无所弄矣。今不正其本，而置廷平以理其末也，政衰听怠，则廷平将招权而为乱首矣。"宣帝未及修正。

至元帝初立，乃下诏曰："……今律令烦多而不约，自典文者不能分明，而欲罗元元之不逮，斯岂刑中之意哉。其议律令可蠲除轻减者，条奏，唯在便安万姓而已。"

至成帝河平中，复下诏曰："……其与中二千石、二千石、博士及明习律令者议减死刑及可蠲除约省者，令较然易知，条奏……"有司无仲山父将明之材，不能因时广宣主恩，建立明制，为一代之法，而徒钩摭微细，毛举数事，以塞诏而已。是以大议不立，遂以至今。①

这些记载很清楚地说从武帝时期至"今"，汉律令的整理没有完成。

我们接着看章帝以后的情况。和帝时期，陈宠整理了律令：

宠又钩校律令条法，溢于甫刑者除之。曰："臣闻礼经三百，威仪三千，故甫刑大辟二百，五刑之属三千。礼之所去，刑之所取，失礼则入刑，相为表里者也。今律令死刑六百一十，耐罪千六百九十八，赎罪以下二千六百八十一，溢于甫刑者千九百八十九，其四百一十大辟，千五百耐罪，七十九赎罪。《春秋保乾图》曰：'王者三百年一蠲法。'汉兴以来，三百二年，宪令稍增，科条无限。又《律》有三家，其说各异。宜令三公、廷尉平定律令，应经合义者，可使大辟二百，而耐罪、赎罪二千八百，并为三千，悉删除其余令，与礼相应，以易万人视听，以致刑措之美，传之无穷。"未及施行，会坐诏狱吏与囚交通抵罪。（《后汉书·陈宠列传》）②

陈宠在奏文中提到"今律令"的总刑罚数，这跟武帝时期的"律令凡三百五十九章"等统计相似。看来当时确实有条件能统计出当时律令的总数。但陈

---

① 《汉书》卷二三，第1102~1103页。
② 《后汉书》卷四六，第1554页。

宠整理的律令也最后没有施行。

东汉末期，应劭整理律令等规定，编出了几部书：

> 又删定律令为《汉仪》，建安元年乃奏之。曰："……今大驾东迈，巡省许都，拔出险难，其命惟新。臣累世受恩，荣祚丰衍，窃不自揆，贪少云补，辄撰具《律本章句》、《尚书旧事》、《廷尉板令》、《决事比例》、《司徒都目》、《五曹诏书》及《春秋断狱》凡二百五十篇。蠲去复重，为之节文。又集驳议三十篇，以类相从，凡八十二事……"献帝善之。(《后汉书·应奉列传》应劭条)①

应劭编的那几部书，献帝只"善之"而已，并没有向天下发布。当时献帝"巡省许都"，已经失去了实权。但应劭的律令整理与魏新律"制新律十八篇，州郡令四十五篇，尚书官令、军中令，合百八十余篇"、晋泰始律令"凡律令合二千九百二十六条，十二万六千三百言，六十卷，故事三十卷"的编纂很相似。我们认为应劭的律令整理才是魏新律、晋泰始律令的先驱。

总之，经过两汉、魏晋时代的这些人的不断搜集、整理，律到了魏代，令到了晋代才成为国家统一法典。

我们认为，律和令的发展过程是并行的。令本是诏，是一条一条发布的。但根据汉代的文献，汉令可以分为三种：（1）十干令（如令甲、令乙、令丙）；（2）挈令（如御史挈令、廷尉挈令、光禄挈令）；（3）事项令（如津关令、功令、符令）。而且这三种令都有编号，如令甲第六、御史令第四十三、功令第四十五等。据此可知汉代已经对令按照某种标准进行分类、排列。但这些令并不是国家编纂的统一法典，这一点冨谷至先生已有论证。魏编纂新律时，令仍然有州郡令、尚书官令、军中令三种，到了晋代才成为一部法典。

律本是皇帝诏制定的，也是一条一条发布的。秦汉时代对律按照内容进行整理、分类，如盗律、贼律等。这种律可能类似于事项令，不断地增加新的律文，不是作为国家法典的一章存在的。到了魏代，律成为法典。

---

① 《后汉书》卷四八，第1612~1613页。

《中国古代法律文献研究》第七辑
2013年，第127～161页

汉代官僚组织的最下层

——"官"与"民"之间*

〔日〕宫宅　洁 著　顾其莎 译**

摘　要： 在睡虎地秦简、张家山汉简中，"更"这一用语意味着轮流服役。其反义词是"冗"，意味着不在倒班的范围内而随时服役。有趣的是，一部分"佐""史"一级的官吏也是轮流服务的。作为佐、史的上级，"啬夫"具有"百石"以上的秩禄，基本上是"有秩"的官吏。相反，佐、史的秩禄是"斗食"，这原来是以天数为基准支付口粮的一个区分，意味着一天领取一斗的待遇。所以，斗食官吏本来是按照勤务天数领取俸禄的。对此，秦代百石以上的官吏已经领取一定的年禄——"秩"。因此可以说，就报酬方法而言，佐、史近于服徭役的一般民众，本质上的界限倒在于有秩与斗食之间，斗食以下的官吏位于属吏与卒、官与民之间。

关键词： 官僚制度　冗　更　有秩

序　言

　　在汉代官府的最下层，有既不像"官"也不像"民"的公务服役者从事各种杂役。渡边信一郎将这些服役者统称为"卒"。①

　＊　本文为平成二十四年度科学研究费补助金"中国古代军事制度的综合研究"（基础 B）的部分成果。
　＊＊　宫宅洁，日本京都大学人文科学研究所副教授；顾其莎，中国政法大学法律古籍整理研究所。
　①　〔日〕渡边信一郎：《中国古代国家的思想结构》，校仓书房，1994，第339～341页。

渡边将汉代的官府组织区分为三个阶层。最上层是由皇帝直接任命的命官（长吏），他们以官府之长为首而构成干部阶层。其下是由官府之长独立任用的属吏（少吏）层，执掌各官府的行政事务。最下层则是官府必需的日常劳役——警卫、打杂、传达所役使的人们，《续汉书·舆服志》所见的"伍伯""辟车""铃下""侍阁""门兰""部署""街里走卒"等导从者即相当于此。① 在汉代，充任"卒"者为强制征发的一般平民，不过在东汉初已经在征收"走卒钱"，② 特定的任务可以转换为旨在以免役钱为财源的雇佣劳动。这种任务在六朝至隋唐期间发展为色役、番役化，最终构成胥吏阶层的组成部分。以上为渡边的主张。③

如果是特定杂役使用的雇佣劳动者，则意味着执行这些任务的人们相对固定而可持续从事其役。例如三国魏的黄朗，其父为"县卒"，具体就是"铃下、伍伯"，于是发愤游学，最终任长安令与涿郡太守。《三国志·裴潜传》注引《魏略》：

> 黄朗字文达，沛郡人也。父为本县卒，朗感其如此，抗志游学，由是为方国及其郡士大夫所礼异……始朗为君长，自以父故，常忌不呼铃下伍伯，而呼其姓字，至于忿怒，亦终不言。

一般平民徭役义务的一个环节，就是要在较短的期间内交换，然而并不是担任"铃下"与"伍伯"，如果不认为承担其任者只限于社会的特定阶层而且持续具有其地位，则不能理解黄朗为何要发愤至此。如果再深究一步，也可以将此记载读出下意：黄郎若无所事事则将袭其父之辙，即这一职务在事实上是世袭化的。

是否世袭化姑且不论，特定的人持续履行一个职责，这个人究竟是"官"还是"民"，这是很难看清的。有关最下层的官吏与各种"卒"的地位与待遇，由于缺乏能够真实、细致说明的史料，因此往往在两者间难以划界的事例前遇到障碍。例如亦见于上述逸闻的"伍伯"，被认为是原为五人

---

① 《续汉书》卷——九《舆服志》上："公卿以下至县三百石长导从，置门下五吏、贼曹、督盗贼功曹，皆带剑，三车导。……璩弩车前伍伯，公八人，中二千石、二千石、六百石皆四人，自四百石以下至二百石皆二人。黄绶，武官伍伯，文官辟车。铃下、侍阁、门兰、部署、街里走卒，皆有程品，多少随所典领。"

② 《续汉书》卷五八《虞诩传》："寻永平、章和中，州郡以走卒钱给贷贫人。"注："此言钱者，令其出资钱，不役其身也。"

③ 〔日〕渡边信一郎：《中国古代的财政与国家》，汲古书院，2010，第128页。

组（伍）长，① 作为行列的前导者与守门人出现在史料中。② 然而据《汉官》，执金吾所属的"五百（＝伍伯）有20人的名额。《续汉书·百官志》注引《汉官》：

> 执金吾缇骑二百人，持戟五百二十人，舆服导从，光满道路，群僚之中，斯最壮矣。世祖叹曰："仕宦当作执金吾。"

又据居延汉简，明显可见武官之名"五百"，③ 它与作为卒的"伍伯"关系如何，还不清楚。

上述《汉官》所见的"缇骑"也未知其本来面目。在身着红衣任护卫之职这点上，类似于担任导从的"伍伯"，④ 而且他们也是"无秩"。⑤ 另一方面，他们有200人的定员，虽然"无秩"，但可"比吏食奉"，领取相应的工资。⑥ 不得不说他们位于属吏与卒、官与民之间。

围绕着"官"或"民"而历来有所争议的是汉代的兵士，特别是被称为"骑士""材官"的专门兵士。有人认为这是被征发的一般民众之兵，有人认为这是一种职业军人。相关争论的详细情况，高村武幸有详尽叙述。⑦ 高村在梳理先行研究的基础上指出，在骑士的各种待遇按照官吏处理，履行与官吏同样职务的另一面，并无他们受领俸禄的迹象，因此其地位为"半官半民"，被称为里正、三老的当地社会的负责人也同样如此。

"官"与"民"并不是相反的，它所体现的渐进、连续的构造，也可通过官吏职务与徭役劳作者的任务皆称为"事"可窥一斑。⑧ 又"徭"这一用语，不只是指一般民众的徭役劳作，也用作官吏出差事务。如尹湾汉简所见的"东海郡下辖长吏不在署、未到官者名籍"（YM6D5A），列举了因"徭"

---

① 《日知录集释》卷二四《火长》："今人谓兵为户长，亦曰火长。崔豹《古今注》：伍伯，一伍之伯也。五人为伍，五长为伯，故称伍伯。"世界书局，1982，第570页。
② 谢承《后汉书》卷七《华松传》："华松家本孤微，其母夜梦两伍伯夹门，言司隶在此。"周天游：《八家后汉书辑注》，上海古籍出版社，1988，第228页。
③ 谢桂华、李均民、朱国炤：《居延汉简释文合校》560·13："昭武骑士益广里王彊一。属千人霸，五百偃，士吏寿。"文物出版社，1987，656页。
④ 《周礼·春官·司服》注："今时伍伯缇衣，古兵服之遗色也。"
⑤ 《续汉书》卷一一七《百官志四》"执金吾"条："缇骑二百人。本注曰：无秩，比吏食奉。"中华书局，1973，第3605页。
⑥ 参见上注。
⑦ 〔日〕高村武幸：《汉代的地方官吏与地域社会》，汲古书院，2008。
⑧ 〔日〕鹫尾祐子：《关于更卒》，收入《中国古代史论集》续集，立命馆东洋史学会，2005，第167～168页。

而不在部署的 13 名长吏，他们"徭"的具体内容有"送罚戍上谷""送徒民敦煌""送卫士""上邑计""市鱼就（儗）财物河南""市材"等，明显包含了因公出差。又可见下述《汉书·盖宽饶传》：

> 先是时，卫司马在部，见卫尉拜谒，常为卫官繇使市买……卫尉私使宽饶出，宽饶以令诣官府门上谒辞。尚书责问卫尉，由是卫官不复私使候、司马。

以往卫司马为卫官所"徭使"，受令购物等。但新任卫司马的盖宽饶在卫尉"私使"他之际，履行了因公出差手续，为此卫尉受到问责而改掉弊端。这里的"徭使"如果可看做是跑腿，则意味着为上司所私用，绝非是徭役劳作。就这些用语而言，可以说在向一般民众科以义务性的强制劳动与其他劳动力之间，① 严格区分的意识是很淡漠的。

尽管如此，也许还是会有看法认为，在"官"与"民"之间的报酬与勤务方面，应可清楚地划出界限。但是如果追溯到汉初乃至秦代，探寻其俸给制度的演变，则可知报酬的支付有各种方法，对特定服役者的支付方法也因时代而变化。如果先说结论，那就是最下层的官吏们当初不过是依据工作量而领取报酬的公务服役者，但随后便领取固定的俸给，成为在官僚组织中获得"官"地位的人。即使以俸给的有无为标准而在"官""民"之间划一界限，也不可忘记这一界限是不断变动的。

本文以睡虎地秦简与张家山汉简所见的"更""冗"之语为线索之一，探讨下级公务服役者的勤务状况与报酬制度，以此摸索汉代统治机构官制组织化的过程。首先参照相关研究，对"更""冗"的含义进行再探讨，在明确秦至汉初下级官吏劳动形态的基础上，梳理出可窥见的俸给制度的历史发展。

一 "更"与"冗"——考察的端绪

"更"与"冗"是相对的概念，在从事劳役与履行职务之际，它是一种表示劳动方式的术语，这已然可从睡虎地秦简获知。此后《二年律令·史律》条文也出现了该语，为更进一步的讨论提供了线索。不过围绕着这一用语的含义，研究者的意见并不一致。对广濑薰雄、杨振红的"更"指轮流服

---

① 刑徒的劳役也称为"徭"。参见宫宅洁《中国古代刑制史研究》，京都大学出版会，2011，第 273 页注（24）。

役之说，① 又有指官吏等级之说，② 勤务天数的单位之说，③ 还有免除服役的次数之说。④ 笔者以前主张，"更"因轮流而意为"倒班（制）"，与此相对的"冗"则是不能纳入此种轮流范畴的勤务方式。⑤ 在这点上基本赞同广濑、杨说。广濑的《秦汉律令研究》也详细论述了他说的难以成立，在此并无更多的应新增加的内容。只是出于行文之便，以下首先提出基础史料，以确认广濑、杨说的妥当性。

首先提出《二年律令·史律》中的相关条文（以下在现代日译涉及"更""冗"之处时，按前述自己的理解译出）。《二年律令》477～478 简：

> 卜学童能风（讽）书史书三千字，诵卜书三千字，卜六发中一以上，乃得为卜，以为官佐。其能诵三万以上者，以为卜上计，六更。缺，试脩法，以六发中三以上者补之。
>
> 〔今译〕卜学童能读史书三千字，能背诵卜书三千字，六次占卜中一次以上，可以为卜，成为官佐。其中能背诵三万字以上者，作为卜上计，以六班倒制就役。如有缺员，考试修法，以占卜六次而中三次以上者补充。

479 简：

> 以祝十四章试祝学童，能诵七千言以上者，乃得为祝，五更。大（太）祝试祝，善祝、明祠事者，以为冗祝，冗之。
>
> 〔今译〕按祝十四章考试祝学童，如能背诵七千言以上，可以为祝，以五班倒制就役。太祝对祝课以考试，若是熟练于祝的技术、清楚祭祀之事者，可为冗祝，随时令其就役。

484～485 简：

---

① 〔日〕广濑薰雄：《秦汉律令研究》，汲古书院，2010，第292～304页。杨振红：《秦汉简中的"冗""更"与供役方式——从〈二年律令·史律〉谈起》，《简帛研究二〇〇六》，广西师范大学出版社，2008，第81～89页。
② 曹旅宁：《张家山汉律研究》，中华书局，2005，第181页。
③ 朱红林：《张家山汉简〈二年律令〉研究》，黑龙江人民出版社，2008，第233～235页。
④ 臧知非：《从张家山汉简看"月为更卒"的理解问题》，《苏州大学学报》（哲社版）2004年第6期，第92～4页。
⑤ 〔日〕宫宅洁：《有期劳役刑体系的形成——以〈二年律令〉所见的汉初劳役刑为线索》，《东方学报》京都第78册，2006，第32页。

　　谒任史、卜上计脩法，谒任卜学童令外学者，许之。□□学佴敢擅（徭）使史、卜、祝学童者，罚金四两。史、卜年五十六岁，佐为吏盈二岁，年五十六，皆为八更。六十，为十二〔更〕。五百石以下至有秩为吏盈十岁，年当睆老者，为十二更，践更。①

　　〔今译〕在提出推荐史、卜的申请之际，从上计、脩法选拔。② 对推荐卜学童在外学习的申请，许可。……学佴若任意役使史、卜、祝学童，罚金四两。史、卜年五十六岁，为佐吏达到二十年，五十六岁者均以八班倒制就役。六十岁者以十二班倒制就役。五百石以下到有秩，为吏达到十年，已到睆老年龄的，以十二班倒制就役，……践更。

486 简：

　　畴尸、茜御、杜主乐皆五更，属大（太）祝。祝年盈六十者，十二更，践更大祝。

　　〔今译〕畴尸、茜御、杜主乐均五次交替轮换，为太祝所属。祝年满六十，以十二班倒制就役，以太祝践更。

---

① 张家山二四七号汉墓竹简整理小组：《张家山汉墓竹简〔二四七号墓〕》，文物出版社，2001，作"践更□□"，认为有两个字不可释读，但如冨谷至主编《江陵张家山 247 号汉墓出土汉律令研究》"译注篇"（朋友书店，2006）已经指出，以图版所见，此处无文字痕迹，原本就不存在记录的余地。彭浩提出了新的排列：485 简至"践更"而终，其下接 103 简"皆令监临库（卑）官，而勿令坐官"（彭浩：《谈〈二年律令〉中几种律的分类与编连》，《出土文献研究》第 6 辑），武汉大学简帛研究中心等《二年律令与奏谳书》（上海古籍出版社，2007）、陈伟《简牍资料所见西汉前期的"卒更"》（《中国史研究》2010 年第 3 期）从之。"践更"之后，确实应当出现表示服役场所的语句，彭浩的新排列在这点上具有说服力。但是在应当视为那个场所之处，"皆令监临库（卑）官"不能认为是指服役场所之句。另一方面，陈伟将"皆令监临库（卑）官，而勿令坐官"解释为五百石以下吏于践更之际的劳动内容、条件。（《简牍资料所见西汉前期的"卒更"》，第 34 页）这是基于官吏也服所谓"更卒"徭役的理解，如后文所述，笔者对此持有不同意见。作为结论，最稳妥的看法是 485 简应当接于何简，而该简是残缺的，故据此译出。

② 从《江陵张家山 247 号汉墓出土汉律令研究》"译注篇"的解释。又，专修大学《二年律令》研究会将此译为"在提出推荐史、卜（学童）愿望的情况下，由上计、脩法推荐"（《张家山汉简〈二年律令〉译注——秩律、史律》，《专修史学》第 45 号，2008）。两种成果都是将"谒任史、卜"与"上计脩法"分句，将后者看做推荐的对象或主体。但是对无动词的"上计脩法"之句作如此理解，不得不推测有何缺字。此暂从《江陵张家山 247 号汉墓出土汉律令研究》"译注篇"之说，而附记存留问题于此。

以上四条中，史、卜、祝与一般吏按职务能力的优劣与年龄而被分为各种"更"与"冗"。将其分为两种，即可汇总为表（表1、表2）。

表1　因能力而更数的不同

	五更	六更	冗
卜		能诵三万以上	
祝	能诵七千言以上（通常之祝。含畴尸、茜御、杜主乐）		善祝、明祠事

表2　因年龄、勤务年数而更数的不同

	五更	八更	十二更
卜		五十六岁	六十岁
史		五十六岁	六十岁
祝	（通常之祝）		六十岁
佐		连续勤务二十年以上、五十六岁	六十岁
五百石～有秩以上			连续勤务十年以上的皖老

取决于能力的"更"数如何变化，尚不明。但在通常作为"更"而勤务的祝中，有能力者可成为"冗"。另外在年龄上，高龄者增加更数。

既往的诸家注释、研究论文，多将这里所见的"更""践更"与所谓的更卒制度联系起来解释。如臧知非认为，"更"就是作为"更卒"在地方官府服役，高龄者可免除部分服役，六十岁后十二次即一年十二个月的徭役全部免除。[①]

汉代确实存在被称为"更卒"的徭役义务。《汉书·昭帝纪》注：

> 如淳曰：更有三品，有卒更，有践更，有过更。古者正卒。无常人，皆当迭为之，一月一更，是谓卒更也。贫者欲得顾更钱者，次直者出钱顾之，月二千，是谓践更也。天下人皆直戍边三日，亦名为更，律所谓徭戍也。虽丞相子亦在戍边之调。不可人人自行三日戍，又行者当自戍三日，不可往便还，因便住一岁一更。诸不行者，出钱三百入官，官以给戍者，是谓过更也。律说，卒践更者，居也，居更县中，五月乃

---

① 臧知非：《从张家山汉简看"月为更卒"的理解问题》，《苏州大学学报》2004年第6期。

更也。① 后从尉律，卒践更一月，休十一月也。《食货志》曰："月为更卒，已复为正，一岁屯戍，一岁力役，三十倍于古。"此汉初因秦法而行之也。后遂改易，有谪乃戍边一岁耳。遹，未出更钱者也。

《汉书·吴王濞传》：

> 服虔曰：以当为更卒，出钱三百，谓之过更。自行为卒，谓之践更。

关于更卒制度，在滨口重国创始性研究的基础上多有讨论，② 对服虔、如淳注的解释也有诸家之说，但是在"更"为徭役义务的轮换，并由此引申指徭役本身与服役期限这点上，众说一致。关于"践更"，虽然有服虔、如淳的解释，但若据为众人所支持的服虔说以及基于此说的滨口说，则意味着作为更卒而轮流执勤、服徭役。

如果"更"指服徭役执勤，那么《史律》所规定的高龄者增加更数，恰好是残酷使用老年者，这很难理解。为了避开这一矛盾，臧知非将其视为免除徭役的次数。然而此种解释在下述之点上仍不能接受，即在条文中全然不见能推测为"免除"含义的文字。

还有将"更"与"践更"看做徭役的一个科目，对此不持疑问也是有问题的。例如前引《史律》486 简，祝可"践更太祝"。这是指在太祝的官衙内从事其本职工作，而不是承担另外存在的什么徭役义务。又据张家山汉简《奏谳书》案例 17（99～123 简），乐人赴咸阳"践更"，也是指从事其本职工作。③

说起来，官吏通过承担徭役即直接劳动，对他们应当支付的租税是不课的。《周礼·地官·乡大夫》"其舍者，国中贵者，贤者，能者，服公事者，

---

① 《史记》卷一二四《游侠列传》索隐作"律说卒更、践更者，居县中五月乃更也"。（第3186 页）

② 〔日〕滨口重国：《秦汉隋唐史研究》，东京大学出版会，1966，第二部第一，第459～480 页。

③ 这些认识，前述广濑薰雄、杨振红的著述已经指出，鹫尾之文也陈述了同样的主张。另一方面，渡边举出廷使出"徭使"之例（《奏谳书》案例21）与西汉时期丞相之子为戍卒之事，主张下级官吏也在徭役征发的对象之内并通过践更而完成任务，认为这终究是徭役的一环。（《中国古代的财政与国家》，第113～114 页）但是如序言所述，"徭使"是指官吏出差工作的用语，又"丞相之子"为戍卒，也未必能证明"官吏"成为徭役的对象。如本文所述，下级官吏不是徭役的对象，他们通过"践更"而从事的工作，是他们的本职工作。

老者，疾者，皆舍"，郑司农注明言：

> 服公事者，谓若今吏有复除也。

即使是位于官僚组织的末端或其周边者，在履行公职的情况下也是同样的。如三老也有免除徭役的特权。《汉书·高帝纪上》：

> 择乡三老一人为县三老，与县令丞尉以事相教，复勿繇戍。以十月赐酒肉。

又《二年律令》，积有一年修行的工匠与特定地域的邮人等也免除徭役。[1]史、卜、祝无疑也是如此。作为对高龄史、卜的优待措施，这仅限于这些人免除徭役的说明，明显与汉代的制度矛盾。

又，臧知非的"×更"为免除次数的主张，所存疑问在于令高龄者频繁服役的非合理性。另一方面，曹旅宁、朱红林出于同样的疑问而将"更"解释为与服役义务全无关系。首先曹主张，更是史与卜的等级，其旁证是日落以后的时间以"更"为数以及"三老五更"这一称谓。[2]然而夜分为五更，也可以说是卫士据此而轮换，[3]"更"能否与"轮换"全然无涉而作为表示等级的量词使用，存疑。[4]

又，朱红林措意于《史律》484 简所见的"上计"之语，认为"更"是涉及勤务评定的用语。即"更"表示一定的劳役期间，见于《史律》的"×更"，是指在报告勤务评定结果时，将这些天数增加为勤务天数。[5]诚然，在每年秋季上计提出行政记录之际，也要报告官吏的勤务业绩，但由此认为"更"是增加的勤务天数，不免武断。首先在朱说中，就不能找出对同时出现的"践更"的说明。

以上两种主张，也是最终未能摆脱"更"是履行徭役义务而服役的这一先入为主的观念，又加上官吏承担徭役是不合理的，所以不得不说是为了避

---

① 《二年律令·复律》279 简："……新学盈一岁，乃为复，各如其手次。"《二年律令·行书律》268 简："复蜀、巴、汉中、下辨、故道及鸡中五邮，邮人勿令（繇）戍……"
② 曹旅宁：《秦律新探》，中国社会科学出版社，2002，第 324 页。
③ 《后汉书》卷一一六《百官志》注引《汉仪》："卫士甲乙徼相传，甲夜毕，传乙夜，相传尽五更。"（第 3596 页）
④ "三老五更"的"五更"，尽管其原义有各种说法，但都认为与一个职务名"三老"对应的"五更"之"更"，难以认为具有量词的含义。
⑤ 朱红林：《张家山汉简〈二年律令〉研究》，第 233～243 页。

免这点而强行展开的附会之说。

如前所述，"践更"不只是指作为更卒轮替服役。不只是徭役，祝与乐人从事自身的本职工作也表现为"践更"。前引《奏谳书》案例17中的乐人之例进一步给人以启示，在咸阳外乐践更的乐人一般不居住在咸阳，而是自十一月份为就任而赴咸阳。这表明乐人平常并不就役，只是在一年中的特定时期勤务。其他的乐人也同样如此就役，他们组成轮流制完成任务。

鹫尾也曾指出，"更"这一用语不仅限于更卒或就役徭役，也是概指勤务结束后的轮替或其任期的用语。①《汉书·段会宗传》：

> 竟宁中，以杜陵令五府举为西域都护、骑都尉光禄大夫，西域敬其威信。三岁，更尽还，（如淳曰："边吏三岁一更，下言终更皆是也。"）拜为沛郡太守……西域诸国上书愿得会宗，阳朔中复为都护……会宗更尽还，以擅发戊己校尉之兵乏兴，有诏赎论。

天水郡出身的段会宗两次受命为西域都护，其离任表现为"更尽"——如如淳注"终更"。"终更"之语也见于敦煌汉简：

> 出戍卒卅人，终更罢。　　二月戊寅尽三月丙子五十九日，积二千三百六十人。
> D276
> 〔今译〕戍卒卅人出发，终"更"离任。　　二月戊寅至三月丙子五十九天，积二千三百六十人。

边境简中所见的"罢卒"，指完成了戍卒任务的人。这里卒40人乘以59天，计算总计人数的理由不详，但"终更"无疑意味着服役的结束并轮换。再看段会宗事例，与戍卒一样，边境官吏也有一定的任期即义务期限，任期结束即可轮换。如淳之注即使对照敦煌汉简之例也是妥当的。官吏的职务及任期与徭役的场合相同，也称为"更"。

相对于视"更"为更卒服役，即未将其与徭役形态之一的地方官府的劳役分离出来的先行研究，广濑、杨的论考着眼于祝从事其本职工作而在《史律》中被称为"践更"的事实，主张他们的轮替就役并以"×更"表示的更数，表明这或是倒班交换制，如果一次倒班的期限都是相同的，那么更数的增加就是加大了就役的间隔。这一解释合理地说明了高龄者的更数增加，

---

① 〔日〕鹫尾祐子：《关于更卒》，第150页。

笔者也表示赞同。

在广濑引用的新出松柏汉简中，① 有记录了各县卒数与"×更，更×人，余（或不足）×人"数字的简，将更数与一更人数相乘，再加减剩余、不足的人数，所得数字即与卒的总数一致。如第三行：

> 夷陵，百二十五人，参更，更三十六人，余十七人。

三班倒制的各次人数为 36 人，总计 36×3＝108 人。与此相对，夷陵县卒为 125 人，若减去 108 人则余 17 人。"×更"意为"×轮换"，广濑、杨说的合理性在此也可以得到证明。

然而立足这一解释面临的新问题是，"史"即书记官等官吏的部分倒班勤务而非稳定的居处其工作岗位，是在此之前秦汉官僚制度研究的常识中尚未具有的事实。在对此进行再探讨之前，拟再一瞥与"更"相对的"冗"，同时明确轮替勤务者的广泛性。

二 "冗"字字义与其服役方式

据《史律》，特别优秀的祝自"祝五更"拔擢为"冗祝"。睡虎地秦律也同样有"冗"与"更"相对的表现。《秦律十八种·仓律》54 简：

> 更隶妾节（即）有急事，总冗，以律稟食，不急勿总。
> 〔今译〕更隶妾若有急务，招集冗隶妾，按照律支给粮食。如果不急，不招集。

《秦律十八种·工人程》109 简：

> 冗隶妾二人当工一人，更隶妾四人当工〔一〕人，小隶臣妾可使者五人当工一人。
> 〔今译〕冗隶妾二人相当于工一人，更隶妾四人相当于工一人，可役使的小隶臣妾五人相当于工一人。

---

① 荆州博物馆《湖北荆州纪南松柏汉墓发掘简报》（《文物》2008 年第 4 期）与朱江松的《罕见的松柏汉代木牍》（收入《荆州重要考古发现》，文物出版社，2009）发表了部分松柏汉简，相关论考除广濑薰雄的《秦汉律令研究》外，又有陈伟的《简牍资料所见西汉前期的"卒更"》。

从这些记载可知，隶妾刑徒有"更"与"冗"两种，"冗"一方可有较多的劳动期待，而且遇有紧急工作可灵活使用。隶臣妾刑徒并非经常被役使，此前已有指出，① 如"更隶妾"之语所示，他们多轮流就役，只在就役期间提供给粮食。与此对置的"冗隶妾"，如果考虑到优秀的祝可成为"冗祝"，那么就是技能娴熟、可自如完成一般两个隶妾工作量的隶妾，其就劳方式不在倒班的范围内。

笔者在以前的探讨中只是提出了以上的结论，② 而此后发表的广濑、杨的论考，对"冗"的含义进行了更深入的发掘。

广濑将"更"与"冗"比喻为非常勤与常勤的不同，如祝分为"祝五更"与"冗祝"所示，官吏也可区分为此两种。常勤官吏基本上在官衙宿舍生活，只允许在休假时回家。与此相对，非常勤在持有某种职业的另一面，只在上班时间履行职务并得到若干报酬。广濑借用高村武幸的定义，③ 指出此种非常勤官吏为"半官半民的存在"，"他们在官吏中只不过是一部分"，其就役是"劳役的一种"。④

杨振红将"更"与"冗"拟作唐代的"上番"与"长上"，指出唐代以这种形式服役的，除正式任命的职事官外，还有勋官、武散官、四品以下的文散官、卫士等，而相同的制度在汉代也存在。即并非所有的官吏都分为"更""冗"，在有定员配置的官吏（"员吏"）的周围，存在着分为"冗""更"就役的下僚和徭役负担者、徒隶。这是杨的结论。⑤

两者之说，杨说注重于与唐制的相似，值得倾听。广濑说止于"半官半民的存在"这一定义，而分为"冗""更"服役的人群，杨说"定员外的就役者"的界定更为明确。但是能否直接将唐制比拟于秦汉时代，还是应当慎重探讨的。笔者拟在自己的立场上梳理"冗"字字义与以此种形式就役的服役者。

实际上，除去与"更"相对的事实外，几乎没有能够明确证明"冗"具有"常勤""长期服役"字义的证据。本来"冗"多用于"闲""剩余的"之意，它若具有前述的字义，莫如说是反衬出了不自然。据《说文解字·七

① 〔日〕籾山明：《秦的隶属身份与其起源——关于隶臣妾问题》，《史林》第 65 卷第 6 号，1982，第 3 ~ 4 页。
② 〔日〕宫宅潔：《有期劳役刑体系的形成——以〈二年律令〉所见的汉初劳役刑为线索》，第 31 ~ 32 页。
③ 〔日〕高村武幸：《汉代的地方官吏与地域社会》，第 77 ~ 80 页。
④ 〔日〕广濑薰雄：《秦汉律令研究》，第 304 页、第 310 ~ 311 页。
⑤ 杨振红：《秦汉简中的"冗""更"与供役方式——从〈二年律令·史律〉谈起》，第 88 ~ 89 页。

篇下》，"冗（宂）"义如下所示：

> 宂，楸（散）也……人在屋下，无田事也。《周书》曰：宫中之宂食。

所谓冗，为人居屋檐下之象形，这便是不从事农业而居家，由此衍生出"闲""剩余的"这一意义的解释。设置于轮班之外的"冗"，如果改变看法就是其框架外"剩余的"人员。他们被称为"冗"，据《说文》字义也可大致说明。然而"无田事"之解与"长期服役"之意略有不合，这是不可否认的（参见文末"补注"）。

另一方面，白川静不从《说文》之解，认为屋檐下所居之人像庙中的值夜班者，从值夜班者在庙中而不参加祭事的含义引申出"闲"这一字义。①

"冗"为"值夜班者"的象形之说，在《说文》征引的《周礼》"冗食"之语中也有迹可循。《说文》的"宫中之冗食"，是《周礼·夏官·校人》"等驭夫之禄、宫中之稍食"的误引，"冗食"之语实际见同书的《地官·稾人》：

> 掌共外内朝宂食者之食。（注：宂食者，谓留治文书。若今尚书之属，诸直上者。）

指对值夜班者提供伙食。如果"冗食者"是指值夜班者的见解无误，"冗"就是"长期勤务"字义的旁证。作为"冗"而持续勤务者，并不是在轮替执勤的就役场所与自家住宅间往返，而是居住在官衙的何处，处于常态性的值夜班状态。

《说文》与白川的解释何者接近原义，不好确定，但至少可以确认的是，《周礼》郑玄注"冗"有"值夜班"之意。它或许暗示了秦汉时代被视为"冗"者的就役方式。例如睡虎地秦简有"冗居"之语。《秦律十八种·仓律》49~52简：

> 隶臣妾其从事公，隶臣月禾二石，隶妾一石半。其不从事，勿稟……婴儿之母（毋）母者各半石，虽有母而与其母冗居公者，亦稟之，禾月半石。

---

① 〔日〕白川静：《字统》普及版，平凡社，1994，第456页。

〔今译〕隶臣妾从事公家的劳役，每月配给隶臣禾二石，隶妾一石半。不从事者不配给……婴儿没有母亲的，各配给半石，虽然有母亲而随母亲一起在官衙"冗居"的，也配给，每月禾半石。

这是对轮班就役的隶臣妾只在就役时配给粮食的规定，据此推测，他们除了来自官府的配给外，还应有某种生活粮食以及非就役时的生活居住场所。①因此，幼儿的抚育也基本上在隶臣妾的家中独自进行。但据上述规定又可见两个例外：一是在母亲死亡的情况下，另一是在母亲"冗居公——冗居于公"的情况下。

所谓"居公"，是说"居作县官"即在官衙从事劳役。②"冗"的字义若如上探讨所见，则"冗居公"的含义就是长期在官衙就役，居所也是被分配到的官衙的某个处所。在此情况下，母亲被频繁地驱使役作，所以她的孩子和无母的婴儿一样配给口粮。

另一方面，隶臣之妻在"更"的情况下，通常与有妻者同样对待。《秦律十八种·司空律》141~142简：

隶臣有妻、妻更即有外妻者，责衣。
〔今译〕隶臣在有妻、"更"妻及外妻的情况下，征收衣服费。

"妻更"有些不好理解，但应是说尽管妻子也在服某种劳役，然而是轮班出勤。在这种情况下隶臣的衣服自理，在由官府给付时则收取费用。这与身处"冗"的母亲无法分出育儿时间的思路是很好的对照。

"冗"者持续就役的情况亦可窥于《二年律令》。《二年律令·置吏律》217简：

---

① 〔日〕宫宅洁：《有期劳役刑体系的形成——以〈二年律令〉所见的汉初劳役刑为线索》，第31~32页。

② 里耶秦简⑧455简枚举了统一秦成立后名称的变更。其中第二栏第八、九行有"王室曰县官。公室曰县官"，可知"王室""公室"改称为"县官"。（张春龙：《湘西里耶秦简8~455号》，《简帛》第四辑，上海古籍出版社，2009）《里耶秦简牍校释（第一卷）》（武汉大学出版社，2012）的解释为，"王室"为"王朝"，"公室"为"君主之家"，然而如睡虎地秦简所见"公室告"这一术语所示，"王室""公室"之语并不仅指君王家的成员与其家政机构，而具有宽泛的"政府""官府"的含义。经此名称变更，具有"官府"含义的"公"字在《二年律令》中呈现出置换为"县官"的趋向。《二年律令·田律》254简："贫弗能赏（偿）者，令居县官。""居县官"一语与睡虎地秦简中的"居公"同义。居公无疑是居县官即"居作县官"之意。

吏及宦皇帝者，中从骑，岁予告六十日。它冗官，① 卌日。吏官去家二千里以上者，二岁壹归，予告八十日。

〔今译〕官吏以及皇帝的近臣，中从骑每年给予六十天休假。其他"冗官"给予四十天。官吏所在官署离家二千里以上的，两年回家一次，给予八十天的休假。

"冗官"通常指闲散的官职，但是如果将这里所见的"冗官"不经意地认为是"闲官"之意，该规定的内容就变得相当含混了。在此，它还是如"冗祝"一样，将一般轮流勤务者中被视为"冗"的人置于轮流勤务之外，称这些人为"冗官"吧。该规定的内容是，除去一般官吏与"宦皇帝者"，其他"冗官"只给予四十天的假期。这一记载的另一面，意味着"冗"者除休假外需要持续勤务。

要言之，"冗"在用于指某种就役方式的场合下，意味着在勤务处所起居，如果再与"更"相比，它是指有能力者在轮流交替之外、可直接动员的环境下的常态性就役。

以上列举的是《二年律令》时代即西汉初期的史料。但如果将目光转向西汉中期以后，例如亦见于《周礼》的"冗食"之语，则表现出某些不同。《汉书·成帝纪》：

> 遣光禄大夫博士嘉等十一人，行举濒河之郡水所毁伤困乏不能自存者，财振贷……避水它郡国，在所冗食之，（注：文颖曰："冗，散也。散廪食使生活，不占著户给役使也。"如淳曰："散著人间给食之，官偿其直也。"师古曰："文说是也。"）谨遇以文理，无令失职。

《汉书·谷永传》：

> 百姓财竭力尽，愁恨感天，灾异娄降，饥馑仍臻。流散冗食，（注：师古曰："冗亦散也……"）馁死于道，以百万数。

《汉书》各注将此二"冗"均注释为"散也"，以为分散而给予居所。但是

---

① "冗"字，《张家山汉墓竹简〔二四七号墓〕》与《二年律令与奏谳书》释为"内"，但如《二年律令与奏谳书》注，字形当作"冗"（第178页，注三）。杨振红《秦汉简中的"冗"、"更"与供役方式——从〈二年律令·史律〉谈起》一文也读作"冗"。

这一解释与《周礼》中"冗食"的含义不同，诸家是否正确地理解了文意，稍有未安。莫如在此应注意的是，两个记载的关联点都是对贫民的救济。欠缺充分经济基础的贫民们为暂居之处的各官府所收容，并给予一定程度的持续供粮，不正是此处"冗"字所具有的含义吗？

根据与"更"相对的"冗"字字义而对《汉书》中的"冗食"作此理解，姑且有可能做出如上说明，然而不可否认的是，它还是存在与《周礼》"冗食"意义上的隔阂。实际上，这是西汉中期后"冗"字字义逐渐变化的结果。例如《后汉书·皇甫规传》所见"冗官"：

> 臣素有固疾，恐犬马齿穷，不报大恩。愿乞冗官，备单车一介之使，劳来三辅，宣国威泽，以所习地形兵埶，佐助诸军。

为专指闲职之语。如后所述，作为就役方式的"更"字，除去一般民众轮流承担徭役义务的场合外几乎不用。与此相伴，"冗"字字义中失去了"非轮流"之意，所谓"冗官"不是指固定的职务，而是指只是待命的闲官。关于这种语义的历史变化，后文将再次论述。

三　分为"更"与"冗"的就役者及其待遇

在前文比较广濑、杨说时，其最大的不同在于分"冗""更"勤务者的范围。广濑以"冗"为"常勤"，大多数的一般官吏也包含在"冗"中。与此相对，杨指出"冗"有时与"员"相对，处于定员之外的下层公务服役者被分为"冗"与"更"勤务、就役。杨说在前述"冗官"意义变化的思考上富于启发，笔者认为杨说妥当。不过在下结论前，还是先具体列举分为"冗""更"的就役者。

身体障碍者（罷癃）

在此前引述的史料中，可知有卜、祝、乐人、高龄史与佐、高龄有秩以上的官吏及隶臣妾轮流勤务。在此基础上，身体障碍者的就役也属于倒班就役。《二年律令·徭律》408～409 简：

> 金痍，有□病，皆以为罷瘅（癃），可事如睆老。其非从军战痍也，作县官四更，不可事，勿事。
>
> 〔今译〕有刀伤者，患□病者，都视为"罷瘅"。如果可承担劳役，与睆老一样对待。其伤若非从军而受，在官署按四班倒制就役。不能承担劳役时，不役使。

所谓"罢癃"，这里指有刀伤与疾病者，① 明显身矮者也属于此。② 有这些身体障碍的人在户籍中登记为"罢癃"，③ 在承担徭役方面受到优待。④ 在另一方面也具有保障生活的意味，有时令其在官府就役。⑤ 上文所引，规定了非从军负刀伤者在官府按四班倒制就役，四班倒的就役频度为一年总计三个月，较之严苛地使用他们，也可以从一个角度说明需要有一定的生活保障吧。

一般的徭役、兵役从事者

轮流服役是对一般人所课徭役的执行方式。前文所引如淳注"正卒""一月一更"，"践更一月，休十一月"，即以十二班倒制轮流就役。⑥ 戍边也是"一岁一更"，与卫士的任务同样也是一年轮换。但这并不是在一定的周期内轮回执勤义务，准确说来并不能称为轮流。不过睡虎地秦简见有"冗边"之语，《秦律十八种·司空律》151～152 简：

> 百姓有母及同牲（生）为隶妾，非适（谪）罪殹（也）而欲为冗边五岁，毋赏（偿）兴日，以免一人为庶人，许之。
>
> 〔今译〕母亲与姊妹为隶妾者，自己虽未犯罪，但希望去边境防卫五年，不用于抵消征发天数，以此免隶妾一人为庶人，许可。

由于不是一年轮换而是五年戍边，所以才特别冠以"冗"字吧。在《秦律杂

---

① 《江陵张家山 247 号汉墓出土汉律令研究》"译注篇"指出，"□病"有可能是"锢（痼）病"（第 260 页，注 4）。

② 《二年律令·傅律》363 简："当傅，高不盈六尺二寸以下，及天乌者，以为罢（癃）。"

③ 见前注引用的《二年律令·傅律》363 简，又睡虎地秦简《秦律杂抄·傅律》32 简有如下记载："匿敖童，及占（癃）不审，典、老赎耐。"表明在傅籍之际要申告是否罢癃，且其认定具有一定的标准。又松柏汉简中有标题为"南郡罢簿"，总计有南郡辖下各县的"罢癃"人数，其中有多少人"可事"的账簿。

④ 在《二年律令·徭律》408～409 简中，"罢癃"与"睆老"同样对待，而 62 岁以上的老人为睆老（《二年律令·徭律》357 简），专门做"邑中之事"，可享受徭役负担的减轻。

⑤ 关于身体障碍者与其役使的"生活保护"的侧面，可参籾山明《中国古代诉讼制度研究》（京都大学学术出版会，2006，第 271 页，注六）、宫宅洁《中国古代刑制史研究》（京都大学学术出版会，2011，第 352 页），《法律答问》133 简"罢（癃）守官府，亡而得，得比公（癃）不得。得比焉"等，其中列举了罢癃服役的具体例子。

⑥ 《史记》《汉书》注所引"律说"："卒更者，居也。居更县中，五月乃更也。后从尉律，卒践更一月，休十一月也。"（《史记》卷一二四《游侠列传》《集解》所引（3186～3187页），《汉书》卷七《昭帝纪》注（230 页）所引"律说"。此从渡边信一郎《中国古代的财政与国家》的校订〔第 81 页〕，修正了字句。）据此，如果经过五个月践更一个月，即曾经是六班倒制。

抄》与新出的里耶秦简中也见有"冗募"之语。《秦律杂抄》35 简：

> 冗募归，辞日"日已备，致未来。"不如辞，赀日四月居边。
> 〔今译〕"冗募"归乡，述道"已经服满应当勤务的天数，但证明书还没有到"，① 如果不是所说的那样，作为赀刑，科以每未足天数一天罚四个月戍边。

里耶秦简⑧132 + ⑧334 简：

> □冗募群戍卒百卅三人。　　尉守狐课。
> □廿六人。　·死一人。　　十一月己酉视事，尽十二月辛未。
> □六百廿六人而死者一人。

这是对募兵而来并长期戍守边境的士兵特意加上了"冗"字。②

专业技术者

卜、祝、乐人等专业技术者也是轮流担当其职务。再加上发现于汉长安城未央宫遗址的骨器刻文中有"冗工"这种称谓，可知被称为"工"的手工业技术者也是如此。

> 始元二年河南工官守令若秦守
> 丞毕护工卒史不害作府
> 啬夫日佐意冗工充昌
> 建成工安世造③
> 〔今译〕始元二年（前85），河南工官守令若秦，守丞毕，护工卒史不害，作府啬夫日，佐意，冗工充、昌、建成，工安世制造。

这些骨器是附在弓两端挂弦之处的"弓弭"，上面记录了弓弩制作人的姓名。④ 在始于工官之长的人名罗列中，冗工位于作府啬夫与其佐之后，仅在

---

① "致"，指领取物品的收据与通行证等证明文件。（裘锡圭：《汉简零拾》，《文史》第2辑，第23～24页）在此，正是用于归程而发给的通行证。
② 相对于里耶秦简中的"冗戍士五（伍）"（⑧666 + ⑧2006）这一称谓，又有"更戍（之某）"（⑧143、⑧149、⑧694）之语，可知戍卒有"冗""更"之别。
③ 中国社会科学院考古研究所：《汉长安未央宫1980～89年考古发掘报告》3：09109，中华大百科全书出版社，1996，第107页。
④ 〔日〕佐原康夫：《汉长安城未央宫三号建筑遗址》，《史林》第74卷第1号，1991。

"工"之前。这恐怕是相对于一般工人的轮流就役，① 优秀的工匠被当做"冗工"而持续从事弓弩制作，② 所以在地位上要比"工"居上一等吧。

再有睡虎地秦简中，在担当饲养家畜的"皂"中可见"冗皂"。《秦律十八种·厩苑律》13～14简：

> 以四月、七月、十月、正月肤田牛。③ 卒岁，以正月大课之，最，赐田啬夫壹酉（酒）束脯，为皂〈皂〉者除一更，赐牛长日三旬。殿者，谇田啬夫，罚冗皂者二月。
>
> 〔今译〕四月、七月、十月、正月检查耕作用牛。经过一年后，于正月评定，如果成绩最优秀，赐给田啬夫壹酒、束脯，皂者免除一次倒班就役，牛长赐予三十天的出勤日。成绩最差的，谴责田啬夫，夺去冗皂者两个月的出勤日。④

在成绩最优秀的情况下，赐给负责的田啬夫酒肉，而"皂"则"除一更"，即给予免除一次倒班就役的赏赐，在此首先可知，"皂"是倒班就役的。另外在因最下等而成为处罚对象的人中含有"冗皂"，因此处于常态性就役的"皂"也是存在的。睡虎地秦简中有"皂啬夫"，"皂"应在他们的统领之下，但详情不得而知。⑤

什么样的人可充任工、皂乃至卜、祝与乐人，他们的待遇如何，还不清

---

① 骨器中也有可见"更工"之语（3：08506）者，但该处之文为"……作府啬夫猜留工更工丁向造甲"，或应读作"……工之更，工之丁、向"，"更"为人名。然而在这种情况下，"工"这一称谓反复两次，这种写法未见他处。暂俟后考。另一方面，《十三年上郡守寿戈》见有"工更长"这一工人名。（王辉、程学华：《秦文字集证》，艺文印书馆，1999，第40页）虽然时代（昭襄王十三年〈前294〉）、地域不同，但工人的轮替可窥一斑。

② 本文引用骨器中的"工"安世，在记有两年后的始元四年纪年的骨器（3：0649）中，作为"冗工"而见其名。

③ "肤"通"虑"，"计量"、"审查"之意。〔日〕大川俊隆：《秦简"肤"字考》，《中国思想中的身体、自然、信仰——坂出祥伸先生退休纪念论集》，东方书店，2004，第33～59页。

④ 将"罚……二月"对应于前文的"赐……日三旬"译出。《睡虎地秦墓竹简》也采用了同样的解释。但如果将此视同秦简中的"赀……月"，则意味着课以两个月的服役（或与此相当的金钱）。在此考虑到"赐"、"罚"的区别使用而采用前者的思路。

⑤ "皂啬夫"见《秦律杂抄》29～30简："肤吏乘马，笃（觷），及不会肤期，赀各一盾。马劳课殿，赀厩啬夫一甲，令、丞、佐、史各一盾。马劳课殿，赀皂啬夫一盾。"今译："在检查吏乘马时，马极瘦，以及未赶上检查日期，各赀一盾。如果马疲劳而被评为最下等，厩啬夫赀一甲，令、丞、佐、史各一盾。如果马疲劳而被评为最下等，皂啬夫赀一甲。"《睡虎地秦墓竹简》将"笃"解释为"马行迟缓"，然而检查对象是马的饲养状况，马的行走速度是否成为考课对象，存疑。此从何四维，读作"笃"。（何四维：《秦律遗文》，

楚。至少如杨振红指出的那样，乐人在官署履行公务，但绝不是"员吏"。①
《续汉书·百官志二》注引《汉官》：

> 〔太予乐令〕员吏二十五人，其二人百石，二人斗食，七人佐，十
> 人学事，四人守学事。乐人八佾舞三百八十人。

下级祝同样也是置于定员之外。同：

> 〔太祝令〕员吏四十一人，其二人百石，二人斗食，二十二人佐，
> 二人学事，四人守学事，九人有秩。百五十人祝人，宰二百四十二人，
> 屠者六十人。

在《汉官》中未纳入员吏中的，另还有官医、卫士、卒驺、吏从者、执金吾
驿骑。如前所述，杨说认为这些人分为"冗""更"就役。可从。其他方面，
"待诏"也不入员吏，② 其中太史待诏中有相当于"龟卜"者。③
　　这些专业技术者出于工作的专业性，不像被征发的一般人那样作为徭役
的从事勤务。以睡虎地秦简的"均工"所见，工人受"工师"的指导修习技
术，在"新工"与"故工"之间有年数定额的不同。④ 类似的规定也见于

莱顿，1985，第114页）又，《睡虎地秦墓竹简》认为"马劳"是"马服役的劳绩"。"劳"
确实是评定官吏勤务的术语，但它只不过是功绩、功劳，是"勤务天数"，用于马的评定比
较勉强。此从《睡虎地秦墓竹简》注举出的或说。此处"马劳课殿"出现两次，并分别提
出了对厩啬夫与皂啬夫的惩罚，其原因难解。《睡虎地秦墓竹简》认为皂啬夫负责饲养，
厩啬夫则是养马的整体负责人，然而直接责任人（皂啬夫）之罪不当轻于监督者（厩啬
夫）之罪。皂啬夫、厩啬夫以及本文所举条文中与"皂"共同出现的田啬夫之间的相互
关系、职务分工，不得不说尚属不明。

① 杨振红：《秦汉简中的"冗""更"与供役方式——从〈二年律令·史律〉谈起》，第89
　页。
② 《唐六典》卷一〇《秘书省》"灵台郎"条引《汉官》，作"灵台员吏十三人，灵台待韶
　（诏）四十二人"，待诏在员吏之外。中华书局，1992，第304页。
③ 《续汉书》卷一一五《百官志二》注引《汉官》："太史待诏三十七人，其六人治历，三
　人龟卜……"（第3571页）
④ 《秦律十八种·均工律》111~112简："新工初工事，一岁半红（功），其后岁赋红（功）
　与故等。工师善教之，故工一岁而成，新工二岁而成。能先期成学者谒上，上且有以赏
　之。盈期不成学者，籍书而上内史。"今译："'新工'开始工的工作时，一年间以一半
　的工作量为宜。其后每年课以与'故工'相同的工作量。工师若善于施教，故工一年而
　成，新工两年而成。能够早于预定日期而很快熟悉者，报告给上级，给予奖赏。已到预
　定日期仍不能熟悉者，记录在名簿，报告内史。"

《二年律令》，规定对在官衙服务的熟练工人给予复除的特权。① 在具有特殊技能的人群通过世袭与徒弟关系传承技术的另一面也不难想象，② 其中一部分虽然最终置于定员之外，但他们被官府机构所吸收，③ 官府也积极参与人才培养。④

下级官吏

据秦律，秦代地方官衙的各部门置有作为长的"啬夫"，其下配置有佐与史以及更低的属僚。例如仓官，其职务阶梯是仓啬夫—佐—史—禀人。⑤各部门的啬夫，其他又有"库啬夫""田啬夫""司空啬夫""厩啬夫"等，负有特定事务责任的这些啬夫，总称为"官啬夫"。其上又置有称作"县啬夫""大啬夫"的县长官，总领这些啬夫。⑥ 在《二年律令》中，官啬夫的秩禄为百六十石与百二十石，大部分为"有秩"吏。⑦

据前文所引《史律》，高龄的"史"是轮替勤务的。同样高龄的"佐"

---

① 《二年律令·复律》278~280 简："□□工事县官者复其户而各其工。大数（率）取上手什（十）三人为复，丁女子各二人，它各一人，勿筭（算）（徭）赋。家毋当（徭）者，得复县中它人。县复而毋复者，得复官在所县人。新学盈一岁，乃为复，各如其手次。盈二岁而巧不成者，勿为复。"今译："……在官府工作的工匠复除其户之事，按各工匠决定。大体上，熟练的工匠按每十人选三人的比例复除，如果是成年女子，各二人，其他各一人，不课徭役。在对家不课徭役的情况下，可以复除县中的其他人。在县复除然而无对象的情况下，复除官所在县的人。新学如超过一年，实行复除，各按照其技能的高低。在超过两年而技能仍未提高的情况下，不实行复除。"

② 据《汉书》卷九三《李延年传》，身为"倡（乐人）"的李延年，其"父母兄弟皆故倡也"，像这种证明世袭的史料并不少。山田胜芳着眼于东汉青铜器铭文所见的工匠之姓，推测工匠的世袭化是逐步进行的。（山田胜芳：《秦汉时代手工业的发展——基于秦汉时代工官的变迁》，《东洋史研究》第 56 卷第 4 号，1998）

③ 关于手工业技术者，可较详细地看出由官府组织、管理的具体情况。参见山田胜芳《秦汉时代手工业的发展——基于秦汉时代工官的变迁》。

④ 作为隶属于官府的技术者，可想起唐时的官贱人"乐户""工户"，他们也是轮流服役者。关于乐户、工户的地位，参见滨口重国《唐王朝的贱民制度》（东洋史研究会，1966）第三章"官贱人研究"。

⑤ 《效律》27~28 简："入禾，万石一积而比黎之为户，及籍之曰其廥禾若干石，仓啬夫某、佐某、史某、禀人某。"

⑥ 裘锡圭：《汉简零拾》，《文史》第 2 辑，1981。

⑦ 《二年律令·秩律》471~472 简："县、道传马，候厩有乘车者，秩各百六十石。毋乘车者，及仓，库，少内，校长，髳长，发弩，〈卫〉将军、〈卫〉尉士吏，都市亭厨有秩者，及毋乘车之乡部，秩各百廿石。"今译："县、道的传马啬夫与候的厩啬夫有乘车者，秩各一百六十石。无乘车者及仓啬夫，库啬夫，少内啬夫，校长，髳长，发弩啬夫，卫将军、卫尉士吏，都市亭、厨啬夫有秩者，及毋乘车的乡部啬夫，秩各一百二十石。""厨啬夫有秩者"，在表示官啬夫多为有秩吏的另一面，也可理解为其有非如此者。此为"大部分"的缘由。

与有秩以上的官吏也如此。那么未达到年限的少壮者的情况如何呢？首先关于佐、史，睡虎地秦简《秦律十八种·金布律》72～73 简有如下规定：

> 都官有秩吏及离官啬夫，养各一人。其佐、史与共养，十人，车牛一两（辆），见牛者一人。都官之佐、史冗者，十人，养一人，十五人，车牛一两（辆），见牛者一人。
>
> 〔今译〕都官的有秩吏及离官的啬夫，炊事员各一人。其佐、史共有炊事员，每十人车牛一辆与牛的照顾者一人。都官之佐、史身为冗者，每十人炊事员一人，每十五人车牛一辆与牛的照顾者一人。

这是对出公差的啬夫与其属下佐、史的待遇规定，其中出现了"佐、史冗者"这样的语句。可以认为，"佐、史冗者"较之仅记载为"佐、史"的场合，所获得的待遇更低，他们是"佐、史"中更下位且被分为"冗""更"就役的人。详情虽不能确定，但在佐、史群体的官吏中不只是年长者，似乎也有轮替勤务的少壮者。

即使在东汉时代，"贱（践）更小史"这样的下级官吏也可见于《续汉书·舆服志》：

> 通天冠，高九寸……今下至贱更小史，皆通制袍，单衣，皂缘领袖中衣，为朝服云。

这里的"贱更"恐怕是"践更"之误。① 在最底层的书记小吏中，② 即使到后世也有轮替勤务者。

对此，有秩以上的少壮官吏则无任何线索。可以想到的有以下两种可能性。

第一，轮流就役，选拔其中的优秀者作为"冗"（即分"更""冗"就役）。第二，不轮流就役，勤务常态化（即不别"更""冗"，只有高龄者才特别轮流勤务）。如果是第一种可能，有秩以上例如五百石等级的少壮官吏中就有轮流勤务者。但是也很难认为在上级官吏中分"更""冗"，这是因为

---

① 标点本《通典》（中华书局，1988）也改"贱"为"践"（卷六《嘉礼》六），但根据未详。《鲁阳都乡正卫弹碑》"上供正卫，下给更践"，俞伟超认为当时"贱""践"通用。（俞伟超著《中国古代的社会与集团》，铃木敦译，雄山阁，1994，第146页）
② 例如《续汉书》卷一一八《百官志五》注引《汉官》，在河南尹、洛阳令的员吏中，作为最末端的官吏而出现了"干小史"。（第3623页）

睡虎地秦简所见的"冗吏"用例，均指较官啬夫（即"有秩"）为下的下级官吏。如《秦律十八种·效律》164～166简（《效律》22～24简也几乎同文）：

仓扁（漏）荐（朽）禾粟，及积禾粟而败之，其不可食者，不盈百石以下，谇官啬夫。百石以上到千石，赀官啬夫一甲。过千石以上，赀官啬夫二甲。令官啬夫、冗吏共赏（偿）败禾粟。

〔今译〕谷仓漏雨而导致谷物腐败，以及贮藏谷物而致使腐败，其已经不能食用的若不满百石，谴责官啬夫。若百石以上到千石，赀官啬夫一甲。若多于千石，赀官啬夫二甲。官啬夫与冗吏共同承担赔偿。

《效律》2简：

官啬夫、冗吏皆共赏（偿）不备之货而入赢。
〔今译〕官啬夫与冗吏共同赔偿不足的财物，收回多余的部分。

在上述规定中，官啬夫与"冗吏"并列，具体应是指啬夫下属的佐与史。又次简，官长与"冗吏"并列。《秦律十八种·金布律》80～81：

县、都官坐效、计以负赏（偿）者，已论，啬夫即以其直（值）钱分负其官长及冗吏，而人与参辨券，以效少内，少内以收责之。

〔今译〕在因县与都官检查、管理账簿而获罪，承担赔偿责任的情况下，若已经量刑，啬夫等应支付的钱数由其官长与冗吏分担，每人都给予参辨券，收于少内，少内据此收回负债。

"官长"是都官之长，即于地方设置的中央派遣机构的官啬夫。①"冗吏"所指应与前条相同。最后还有一例。《效律》51～53简：

官啬夫赀二甲，令、丞赀一甲。官啬夫赀一甲，令、丞赀一盾。其吏主者坐以赀、谇如官啬夫。其它冗吏、令史掾计者……如令、丞。

〔今译〕官啬夫赀二甲，令、丞赀一甲。官啬夫赀一甲，令、丞赀一盾。负责官吏在触犯了赀罪与谴责之咎的情况下，与官啬夫同样处理。其他冗吏与处理令史的账簿者……与令、丞同样处理。

---

① 《法律答问》95简："·可（何）谓官长。可（何）谓啬夫。命都官曰长，县曰啬夫。"

这里首先规定了对直接责任者（官啬夫）与其管理者的间接责任者（县令、丞）的处罚关系。在叙述了大原则的基础上，补足了"吏主者"为直接责任者（即与官啬夫同等处理），冗吏等为间接责任者（即与令、丞同）的旨意。此处所见的不负直接责任的"冗吏"，无疑是指官啬夫属下的佐、史。佐、史级别的下级官吏有可能是轮替勤务的，① 但官啬夫以上及有秩以上的官吏，只有高龄者才是轮替的。因此《史律》另立有秩以上是有意识的区分。对此后文将从另外的角度详加论述。

表3　下级官吏轮替勤务的有无

	官啬夫(有秩)以上	佐	史
少壮	×	○	○
高龄	○	○	○

至此，对分为"冗""更"服役、勤务的人们作了若干分类并整理，其中卜、祝、乐人、工人等"专业技术者"与以"史"为首的"下级官吏"之间的界限，实际并不明确。《史律》中卜、祝与史并列于同一条文，纳入同一范畴，本身已明示了这一点。

书记官"史"与卜、祝的同位对待，看起来似乎有些奇异，但"史"也是凭借专门知识服务君主的人。不可忽略的是，在秦代，培养"史"的学习场所原则上只能是对"史"的子弟开放，② 其地位是由特定的人群独占的。

---

① 在新出里耶秦简见有"冗佐"（⑧1306、⑧1450、⑧2106）、"史冗"（⑧1275）之语的另一面，未见将啬夫以上冠以"更""冗"。"冗佐"一语见⑧1450 简，好像是"冗佐八岁"的勤务记录，其勤务天数为"·定视事二百一十一日"，未满一年。这是"冗"的勤务方式，还是该记录的读法有问题，目前不能确定。又⑧2106：

　　　　☑□〔迁陵〕□☑☑

　　　　☑□迁陵，有以令除冗佐日备者为

　　　　☑□□谒为史，以衔不当补有秩，当

　　　〔今译〕……按照令任命冗佐，满一定天数者，为……请为史。但衔不当作为有秩，当……。

从中可窥，"冗佐"若满一定天数可以专任他职，其调动后的新的工作岗位与是否"有秩"密切相关。后文围绕"有秩"的讨论也与此相关，这很有意思。但遗憾的是不清楚的字也很多，此将有待于今后史料的增加与研究的深化。

② 《秦律十八种·内史杂》191 简："非史子殿（也），毋敢学学室，犯令者有罪。"今译："如果不是'史'子，不得在学室学习，违反这一规定者有罪。"从中可窥，学习文字的场所由特定的家族独占，其地位原则上是世袭。不过在现实中，世袭的约束松弛，"史"子以外的人似乎也可以登用为书记官。（参见宫宅洁《秦汉时代的文字与识字——竹简、木简所见》，冨谷至编《汉字的中国文化》，昭和堂，2009，第193～223页）

《礼记·王制》总括了史与卜、祝、医等，称其为"执技以事上者"：

> 凡执技以事上者，祝、史、射、御、医、卜及百工（注：言技谓此七者）。凡执技以事上者，不贰事，不移官（注：欲专其事，亦为不德），出乡不与士齿（注：贱也。于其乡中则齿，亲亲也），仕于家者，出乡不与士齿（注：亦贱）。

诚然，"史"在秦代已经发展到了阶层分化，睡虎地秦简中所见的"令史"作为上级之"史"，明显与一般的"史"有所区别。[①] 不能将御史与内史等处于相当高位的"史"与《礼记》所见的下层"史"等同视之。不过那些居处高位的史也是从君主下属的专业技术者中分化出来的，原本也是"不与士齿"的人。

同为"执技以事上者"之一的"百工"，《礼记·王制》将其与身体障碍者同列：

> 瘖、聋、跛躃、断者、侏儒，百工各以其器食之（注：断谓支节绝也。侏儒，短人也。器，能也）。

身体障碍者根据其能力为君主服务，按劳获取食物而保障生活。在强大的君主权威之下频繁地为君主服务，藉此以谋生计，在这点上，无论是技术者还是下级官吏都是没有变化的。如果官僚的一部分，至少支撑其基础的人们是从"执技以事上者"中产生的，那么虽然他们基本上是轮替勤务的，但是对隶臣妾、工人、乐人所采用的令特别优秀者长期服役的就役形态，即使适用于下级官吏，也绝非是不自然的。

但是，将专业技术者与下级官吏进而将刑徒与服徭役的一般民众总括为"公务服役者"，恐怕会产生反驳意见吧，即官吏给予秩禄，在俸给与其他待遇方面也可与其他服役者划出界限。诚然，如据《续汉书·百官志五》"百官受奉例"，百石之秩的官吏所领俸禄为月十六斛（石）。但是最下层的官吏尤其是轮替勤务者，难以认为也是以这种方式领取报酬的。原因在于，表示秩禄称呼的"石"，本来就是表示一年间领取俸禄的数额的，而对轮替勤务的佐与史、卜与祝即非全年勤务的人，是否也采用表示年禄数额由来的地位称呼并由此支付报酬，存疑。

---

① 《秦律十八种·置吏律》161 简："官啬夫节（即）不存，令君子毋（无）害者若令史守官，毋令官佐、史守。"今译："官啬夫如果不在，让君子中的有能者或令史代理。不许官佐、史代理。"

在轮替勤务者中，有关对隶臣妾的口粮支付从睡虎地秦简中可窥其详。据其规定，只有在为公服役期间，支付给隶臣月二石，隶妾月一石。① 它们分别与1/3斗、1/4斗乘以60（一天二食，30天的量）的数字相合，男子一食1/3斗（男子参），女子1/4斗（女子驷）这一标准也包含了对以劳役抵偿财产刑者的支给，是对刑徒的基本支给量。② 但是在从事筑城墙等重体力劳动时，增量为男子白天1/2斗，晚上1/3斗，女子白天晚上均一食1/3斗。③

作为支给量，首先在于月额且是不问月之大小的定额。从这点出发，隶臣妾的轮替应是以月为单位，按月支给已确定数额的口粮。另一方面，在从事较重劳役的情况下，又采用了根据其天数增加口粮的措施。

广濑根据乐人的就役被表现为"践十一月更"（《奏谳书》106简）等，推测其轮替也是以月为单位的。当从。④ 史、卜、祝也同样如此，如果他们是按月倒班勤务的，则无疑只在有勤务之月领取一定的报酬。尽管受领额有多寡之别，但在报酬是已规定好的月额这点上，不论是隶臣妾还是下级书记官都是一样的。莫如说，其界限分隔于有秩禄且定额年禄得到保证的较上级的官吏与其下者之间。

所谓在官府中尽一定的职责，但又与通常的官吏有所区别而被置于下层的人们，说起来《周礼》"士"下所出现的"府、史、胥、徒"就相当于此。以下举天官序官"冢宰"部分中的一个例子：

> 大宰，卿一人，小宰，中大夫二人，宰夫，下大夫四人，上士八人，中士十有六人，旅下士三十有二人，府六人，史十有二人（注：府，治藏，史，掌书者。凡府、史皆其官长所自辟除），胥十有二人，徒百有二十人（注：此民给徭役者。若今卫士矣。胥读如谞，谓其有才知为什长）。

其中的"府、史"也可称为"庶人在官者"，⑤ 而《仪礼·燕礼》郑玄注

---

① 《秦律十八种·仓律》161简："隶臣妾其从事公，隶臣月禾二石，隶妾一石半。其不从事，勿禀。"
② 《秦律十八种·仓律》133~134简："居官府公食者，男子参，女子驷（四）。"
③ 《秦律十八种·仓律》55简："城旦之垣及它事而劳与垣等者，旦半夕参，其守署及它事者，参食之。"59简："免隶臣妾、隶臣妾垣及为它事与垣等者，食男子旦半夕参，女子参。"
④ 前文引用的《秦律十八种·厩苑律》13~14简，对皂的免"更"与对牛长的"三旬"勤务天数的赐予并列，意味着一更＝三十天＝一个月这一关系。
⑤ 《礼记·王制》："制农田百亩，百亩之分，上农夫食九人，其次食八人，其次食七人，其次食六人，下农夫食五人。庶人在官者，其禄以是为差也（注：农夫皆受田于公，田肥墝有五等，收入不同也。庶人在官者，谓府史之属。官长所除，不命于天子国君者。分或为粪）。

"庶人在官者"为"未得正禄"。①"士"与"府、史"之间的报酬状况有所差异，在郑玄的解释中，府、史近于服徭役的一般民众，此莫如说是将上述的汉代制度或受到其影响的郑玄的认识投影到周制所致吧。

另一方面，汉人模仿过去"士"阶层的，为汉代"有秩"以上的吏。《续汉书·百官志》"大尉"条：

> 或曰，汉初掾史辟，皆上言之，故有秩比命士。其所不言，则为百石属。其后皆自辟除，故通为百石云。

以私见，所谓"有秩"原指享受一定额度年禄的人，因此与他们基本上常年勤务的情况相对，不是"有秩"的官吏则无年禄，而是按勤务天数领取报酬，其中只在轮替之年的数个月间被包含在勤务"官吏"之中。有秩以上的官吏除高龄者外一般是经常性勤务的，这一前文的推论也与此假说呼应。不过，我们同时应该考虑到秦至汉初秩禄制度的变化。以下拟另辟一章，论述"有秩"的含义与其随顺时代的变迁。

四　所谓"有秩"

"有秩"一语，见《汉书·百官表》与《续汉书·百官志》的乡官部分。如《续汉书·百官志五》"乡官"条：

> 乡置有秩、三老、游徼。本注曰：有秩，郡所署，秩二百石，掌一乡人。其乡小者，县置啬夫一人。

表明它是指设置于乡的特定官职。然而又可见"有秩士吏""有秩啬夫"这种官职名，② 因此它是表示官吏地位、资格的用语，所谓乡有秩实际是"乡有秩啬夫"的略称。③ 史书中的例子如《史记·范睢列传》：

---

① 《仪礼·燕礼》郑玄注："……谓未得正禄，所谓庶人在官者也。"
② 居延汉简57·6简："张掖居延甲渠塞有秩士吏公乘段尊，中劳一岁八月廿日，能书会计，治官民，颇知律令，文。"（《居延汉简释文合校》，文物出版社，1987，第100页）《礼记·缁衣》郑玄注："纶，今有秩啬夫所佩也。"
③ 裘锡圭《啬夫初探》（收入《云梦秦简研究》，中华书局，1981）引用的肩水金关出土简（未发表）"河平四年七月辛亥朔庚午，西乡有秩啬夫谊、守斗食佐辅敢言之……"，可见乡有"有秩啬夫"这一称谓。

> 今自有秩以上至诸大吏，下及王左右，无非相国之人者。

应是指给予官吏的特定地位吧。

若是指官吏的地位，首先可推测的含义就是秩禄的多寡。"乡有秩（啬夫）"的秩禄为百石，或如《二年律令·赐律》292 简所表示的爵位与官秩的对应关系：

> ……大夫比三百石，不更比有秩，簪褭比斗食，上造、公士比佐史。
>
> 〔今译〕大夫比作三百石，不更比作有秩，簪褭比作斗食，上造、公士比作佐史。

其等级为……三百石→百石→斗食→佐史，再比较"百官受奉例"的秩禄等级，所谓有秩不正是具有百石秩禄者的别称吗？不过《二年律令·秩律》270 简同时又载：

> ……有秩毋乘车者，各百廿石。
>
> 〔今译〕有秩无乘车者，各自百二十石。

此又明言不仅指百石。① 又，《汉书·外戚传》列举了宫中后妃、女官的等级与秩禄的对应关系，据元帝追加完成的"昭仪"之号这一等级，"无涓""共和"比拟百石，其下一等的"上家人子""中家人子"比拟"有秩斗食"。② 这里的"有秩"明显置于百石以下，莫如说与斗食并列。③ 再此后的

---

① 曹旅宁据此条文，提倡"有秩＝百二十石之官"之说，然而与典籍史料的龃龉无任何说明。（曹旅宁：《张家山汉简研究》，中国社会科学出版社，2005，第 188 页）

② 《汉书》卷九七《外戚传》："汉兴，因秦之称号，帝母称皇太后，祖母称太皇太后，适称皇后，妾皆称夫人。又有美人、良人、八子、七子、长使、少使之号焉。至武帝制婕妤、娙娥、傛华、充依，各有爵位，而元帝加昭仪之号，凡十四等云。昭仪位视丞相，爵比诸侯王。婕妤视上卿，比列侯。娙娥视中二千石，比关内侯。傛华视真二千石，比大上造。美人视二千石，比少上造。八子视千石，比中更。充依视千石，比左更。七子视八百石，比右庶长。良人视八百石，比左庶长。长使视六百石，比五大夫。少使视四百石，比公乘。五官视三百石。顺常视二百石。无涓、共和、娱灵、保林、良使、夜者皆视百石。上家人子、中家人子视有秩斗食云。五官以下，葬司马门外。"（第 3935 页）

③ 陈梦家将"有秩"理解为"介于百石与斗石之间""非公式的秩名"（陈梦家：《汉简所见奉例》，《文物》1963 年第 5 期），可能是基于这一史料吧，但如本文所述，此说难以接受。

《续汉书·百官志二》注引《汉官》，例如太祝令的属官、下僚：

> 员吏四十一人，其二人百石，二人斗食，二十二人佐，二人学事，四人守学事，九人有秩。百五十人祝人，宰二百四十二人，屠者六十人。

有秩较斗食与佐更在其下，在"员吏"中最后出现。《汉官》的成书年代不确定，但至少到东汉时，可以说有秩较斗食而居于下位并无不自然之感。[①]

这种"有秩"位置的变化意味着两种可能性。第一，虽然"有秩"是表示官吏地位或其待遇的用语，但多依据的是年禄多寡以外的其他基准、资格。第二，伴随着时代演进，较下级的官吏也出现了成为"有秩"的倾向，其含义内容的变化，或可推测为对下级官吏待遇的变化。

作为有秩与其下官吏间的不同点，第一要考虑的就是任命主体的不同。据前一部分末尾所举出的《续汉书·百官志一》"大尉"条记载，在汉初，不由地方官独自决定选任而需要经过"上言"的任命者有"有秩"，其只区别于"百石"。但是该条下文所叙述的，则是这种任命法不久就不再施行，似乎这一不同点自"汉初"后就消失了。在《百官志五》的乡官条中，所不同的是乡有秩啬夫由郡任命，而乡啬夫由县任命。因此有秩与非有秩虽然有可能存在任命主体的差异，然而可作为线索的只有这两条史料，是否实际存在不同的任命主体，目前尚不能提出更多的讨论。

还有一个不同点，就是俸给的支付方法。如前所述，对有秩本来就支付有一定额度的年禄，而非如此者则按照勤务天数支付，俸给额度是变动的。这是笔者的认识。以下再进一步说明。《续汉书·百官志五》所记东汉建武时期的"百官受奉例"：

> 一百石奉，月十六斛。斗食奉，月十一斛。佐史奉，月八斛。

在官秩中，位于百石之下的"斗食"月11斛，其次的"佐史"月8斛。就此记载所见，百石与斗食以下的不同在于支给量的多寡，由此反映出一个共同点，即每个月乃至全年所支付的是确定的数额。实际上在居延、敦煌的边

---

① 《汉官》未必是从上位开始严格排列属官的。有关河南尹的属僚，百石之次举出"诸县有秩三十五人"（《续汉书·百官志五》注），有秩的位置有所不同。但即便如此，有秩出现在员吏最后，本身即反映了有秩的地位变化。

- 155 -

境出土简中，也有对斗食、佐史等级的官吏支付定额俸给的记载。至少在西汉后半期，斗食与佐史的俸禄不是按照勤务天数变动的。[①] 但是百官受俸例所附注引《汉书音义》：

> 斗食禄，日以斗为计。

反映了斗食俸禄本来是以一日一斗为基准定额的说法。《汉书·百官表上》颜师古注也指出：

> 汉官名秩簿云斗食月奉十一斛，佐史月奉八斛也。一说，斗食者，岁奉不满百石，计日而食一斗二升，故云斗食也。

提出了斗食俸给原本是以日为单位计算的或说。《墨子·杂守篇》有可旁证此或说的记载：

> 斗食，终岁三十六石，参食，终岁二十四石，四食，终岁十八石，五食，终岁十四石四斗，六食，终岁十二石。斗食食五升，参食食参升小半，四食食二升半，五食食二升，六食食一升大半，日再食。

以上是关于粮食支给量类别的整理。所谓"斗食"，是指领取一食五升，一日二食，即合计一日一斗粮食的人，如果按一年360天换算，领取额就是36石。与此比较，"参食"一食3又1/3升即1/3斗，一天为2/3斗，以此乘以360天，一年就是领取24石。"四食"以下也以同样的规则确定支给量。如前文所介绍，睡虎地秦简中的刑徒口粮为"男子参""女子驷（四）"，正好也是按此规则支给的，《墨子》所见记载的可信度很高。因此秦代的"斗食"，是源于一天的支给量并以天数为基准支付口粮的一个区分，在命名原理与支付规则上与表示年禄额的"百石"等称谓全然不同。

　　如果斗食的原义如此，那么它在汉代以后——至迟也是西汉后半期以后成为领取一定年禄的待遇，可以说是"斗食"的语义在此期间发生了大变化的结果。具体而言，即最初对斗食按照勤务天数确定支给，以后固定化，演变成领取一定的月俸乃至年禄的地位称谓。

---

① 据陈梦家《汉简所见奉例》，（《文物》1963年第5期）论证，西汉时期的斗食、佐史的月俸为600钱。〔宣帝神爵三年（前59年）益秩后为900钱〕

对此，秦代百石以上的官吏也领取一定的年禄，享受此种待遇者与按天数支付者有所区别，特称为"有秩"。可推测这一状况的是下述的睡虎地秦简。《秦律十八种·仓律》46 简：

> 月食者已致稟而公使有传食，及告归尽月不来者，止其后朔食，而以其来日致其食。有秩吏不止。
>
> 〔今译〕按月领取口粮者，在已支付后又因公派遣，于驿传领取口粮，以及休假到月末仍不归来的情况下，在下一个朔日停止支付，从归来之日开始支付。有秩吏不停止。

如果不是"有秩吏"，则在出差、休假的情况下停止在勤务所在地的口粮支付，直至回到岗位后再行支付。在此之际，月食的支付量应是按不在的天数调整的。然而有秩吏则无此限制，无论出差还是休假，他们可以不间断地领取一定额度的月食。事实上，他们领取的食粮是固定数额的，没有按勤务天数的变化。

正确地说，上述睡虎地秦简反映了"有秩"的月食是按月支付的定额制，而不能证明其俸禄是固定的。俸禄与月食是不同之事，官吏在食禄的同时，每月也领取一定数额的食粮。例如在居延、敦煌汉简中，官吏按秩禄领取作为月俸的钱，还要领取每月三石三斗三升少的谷物以作为月食。因此以上述秦律论有秩俸禄，也许会受到过于武断的指责吧。

然而说起官吏的俸禄尤其是下级官吏的俸禄，是基于他们每月食粮支付的固定化而形成的。

论述汉代秩禄制度与其起源的阎步克，将战国时代的官吏二分为受年禄者与食月俸者。主张前者的报酬方式起源于"爵禄"，即按爵给予邑、田，每年将收获于此的谷物（或其中的一部分）作为自己收入，"月俸"则来自被称为"稍食"的报酬方式。"稍食"之语，其例可见《周礼·天官·宫正》：

> 宫正，掌王宫之戒令纠禁……几其出入，均其稍食（注：……稍食，禄稟），去其淫怠与其奇衺之民，会其什伍而教之道义。月终，则会其稍食，岁终，则会其行事（注：行事，吏职）。

在宫中担任维持纲纪的宫正在检查人员出入与取缔恶人的同时，也担任均等"稍食"的职务，从而按月算定"稍食"，年终时施行对吏的考课。

与"士"以上者食采邑与禄田即所谓领取年俸相对，以"稍食"这种方法领取月报酬的,则是下级官吏与工人、医师等技术者,兵员也是如此。①随后此"稍食"增额并固定化,进而形成以钱支付、按月给予的"秩"。这一走向规定了报酬制度发展的方向,上级官吏的年禄最终也按月以钱支付,由此产生了汉代的"秩禄"制度。在睡虎地秦律中,"秩"与"月食"是明确区分的,定额化了的"秩"自"稍食"分化的过程在秦代基本完成。以上是阎说的概要。②

阎说条理清楚,但论证过程中多用《周礼》与经传注疏,有时只是说明了注释者对古制及其发展的理解。不过,《礼记·中庸》载:

> 忠信重禄,所以劝士也……日省月试,既廪称事,所以劝百工也……(注:……日省月试,考校其成功也。既读为饩。饩廪,稍食也。稾人职曰:乘其事,考其弓弩,以下上其食)。

证明较之受"禄"之士,还存在位居下位、按每天或每月的工作量领取报酬的人。在汉代的秩禄体系中,本是表示年俸数额的"×石"这一地位与日食、月食等级之一的"斗食"混杂,据阎说而得以首次合理的说明。

如果下级官吏的"秩"是从每月的粮食支给中分化出来的,那么前述睡虎地秦简中得以保障一定数额月食的"有秩"的秩禄,无疑也是固定的。其理由是,连月食都已固定的"有秩",其秩禄却要按日支给,这多少有些难以理解。

裘锡圭曾指出,"有秩"如其文字,为"秩之有"者,非如此者则是"无秩禄",只领取月食。③ 这是从"有秩"的字面产生的推论,但值得倾

---

① 阎步克:《从稍食到月俸——战国秦汉禄秩等级制新探》,《学术界》2000 年第 2 期,后收入《乐官与史官传统政治文化与政治制度论集》,三联书店,2001,第 140~144 页。阎文所依据的是以下《国语·晋语》与《周礼》的记载。《国语·晋语四》:"公食贡,大夫食邑,士食田,庶人食力,工商食官,皂隶食职,官宰食加。"《周礼·夏官·校人》:"校人掌王马之政……凡军事物马而颁之,等驭夫之禄(注:驭夫于趣马仆夫为中,举中见上下)、宫中之稍食(注:师圈府史以下也。郑司农云:稍食曰廪)。"《周礼·天官·医师》:"医师,掌医之政令,聚毒药,以共医事。……岁终,则稽其医事,以制其食。十全为上,十失一次之,十失二次之,十失三次之,十失四为下。"《周礼·夏官·掌固》:"掌固,掌修城郭、沟池、树渠之固。颁其士庶子及其众庶之守(注:众庶,民递守固者也),设其饰器,分其财用,均其稍食。"
② 阎步克:《略论汉代禄秩等级制的特质及倾向》,《杭州师范学院学报》,1999 年第 1 期;同著《从稍食到月俸——战国秦汉禄秩等级制新探》,二文均收入《乐官与史官传统政治文化与政治制度论集》。
③ 裘锡圭:《啬夫初探》,第 240 页。

听。不过，如果考虑到"有秩"与"百石"几乎用于同义，而且考虑到与"斗食"的对置，有秩莫如说是指"有年秩"者吧。在《二年律令·秩律》292简所见的秩禄体系中，有秩下所续的斗食本来是日食、月食的等级，所以不是"有秩"。年禄的最低额为"百石"，受其秩才称为"有秩"，这是笔者的思考所在。在阎说的基础上，若将笔者推论的"有秩""斗食"的变化汇总起来，则如表4所示。

表4　秩禄制度的发展

以年额支给	按月、按日支给
爵禄（禄邑、禄田）：士以上	稍食：府史以下。按业绩、出勤日支给
↓按年额序列化〔1〕	↓固定一天的额度，序列化〔3〕
三百石……二百石……百石	斗食—参食—四食……
↓按月支给〔2〕	↓秩与月食分离〔4〕 ↓斗食变化为秩禄的一个等级
……三百石—二百石—百石—斗食—佐史 ＝百官受奉例所见体系的形成〔6〕	斗食—佐史
	↓按月支给一定的额度〔5〕 ↓＝斗食以下的"有秩"化

本表中所见的秩禄制度的发展，有若干线索可推测其根源，但各自的变化产生于何时则不可确定。可确定的是〔3〕〔4〕的变化在睡虎地秦简时期已经完成，但〔5〕的变化时期不能断言。斗食之领取定额月俸，据居延、敦煌汉简而可判明，至迟在西汉后半期，斗食也在"有秩"的群体之中。如前所述，伴随着时代的演进，较下级的官吏也有"有秩"化的倾向。《汉书·外戚传》所见的元帝时期的女官等级形成"百石—有秩斗食"的区分，有秩与百石的分离即是这种变化的结果。

但是在另一方面，即使是在西汉后半期之后，也有有秩与斗食对置的情况。例如尹湾汉简《集簿》（YM6D1）总计县吏员：

令七人，长十五人，相十八人，丞卌四人，尉卌三人，有秩卅人，斗食五百一人，佐史亭长千一百八十二人，凡千八百卌人。

这里的"有秩"明确是指百石以上的官吏。居延汉简也有若干例子，如57·6简见有秩士吏：

张掖居延甲渠塞有秩士吏，公乘，段尊。中劳一岁八月廿日，能书会计，治官民，颇知律令。文。

又有"有秩候长"（160·11等），而如下例E.P.T86：4：

甲渠塞百石士吏，居延安国里，公乘，冯匡，年卅二岁。始建国天凤上戊六

其与"百石"同义使用。在斗食已经领取一定的年禄之后，"有秩＝百石"的联想依旧根深蒂固地存在，"有秩"之语作为百石地位的称谓也在持续使用。即"有秩"具有"领取一定年禄者"与"百石官吏"的双重含义。

结语——"更""冗"的消失

最后概括本文的要旨，存留的问题则留待今后探讨。

在秦至汉初的下层官吏，具体而言在佐、史一级的官吏中，有以一个月为单位轮流勤务者，他们只在上班期间领取报酬。对此，百石以上的官吏则领取一定额度的年禄，他们被称为"有秩"。《史记·六国年表》秦孝公十三年（前349）：

初为县有秩吏。

这意味着在县所置的书记中，有时常勤务而领取年禄的人。

然而有秩官吏至高龄时也允许轮流勤务。在此之际，对高龄官吏是否依然支付年禄，一年一个月的勤务能否得到工作保障，尚存有若干无法判明的问题。不过关于后者的疑问，在此想指出的是自里耶秦简获知的事实，即在秦代的阳陵县同时存在若干个"守丞"（代理次官。县丞秩禄为三百～四百石），他们有可能轮流勤务。① 关于秦至汉初官吏任命的实际情况与勤务状况，尚有探讨的余地。对此等高龄者的特例措施究竟存续到何时，也是有待今后思考的问题。

此后斗食进而佐史一级的官吏也领取了定额年禄，被纳入"有秩"之中。这同时表明，他们已不是轮替勤务，而是形成了常态化的持续勤务。在汉代的典籍史料中没有可窥官吏轮替勤务的记载，唯一例外的只有《续汉

---

① 〔日〕高村武幸：《汉代的地方官吏与地域社会》，第312～316页。

书·舆服志》中的"贱（践）更小史"。指官吏勤务形态的"冗""更"几乎不再使用，"更"成为一般民众履行徭役义务的轮流就役的专用语。与此相伴，作为与"更"相对的术语，"冗"字的使用也消失，"冗官"与"冗食"的含义也发生了变化。

斗食与佐史"有秩化"的发生时期尚不确定，只能大概推测到西汉后半期，即居延、敦煌汉简的时期已经发生了变化。但是不能忘记的是，《二年律令》所见的汉初秩禄制度与历来所知者有很大不同，其后应发生了相当大的变化。其最甚者，就是"宦皇帝者——宦于皇帝者"的存在吧。

在《二年律令》中屡屡与"吏"对置的"宦皇帝者（皇帝的近臣，具体指郎中与谒者等），尚不明确秩禄规定。当初根据秩禄而置于位阶框架之外的这些近侧官，在《汉书·百官表》中多表现为给予"比×石"这样的秩，在《二年律令》时代以后，"宦皇帝者"的地位以"比于"既存秩禄位阶制的方式纳入其中。①"宦皇帝者"原来以何方式领取报酬并不确定，但上述事实表明，汉初的统治机构尚未对其进行官僚制性质的组织。本文所论述的斗食、佐史的有秩化，也可以看做是在官僚组织的扩大与充实中——借用阎说之语为"秩禄扩大"中的一个现象。②

译自《东方学报》第 87 册，2012 年 12 月

---

① 阎步克：《论张家山汉简〈二年律令〉中的"宦皇帝"》，第 73~90 页。

② 原文提交后，承籾山明指教了徐灏的《说文解字注笺》。徐灏以《汉书·食货志下》所见的王莽时期的政策，即"民浮游无事，出夫布一匹。其不能出布者，冗作，县官衣食之"作为解释的线索。如果如徐灏所识，"无田事"就是不从事农作的浮民，"冗"则意味着给这样的浮民支给衣食，以"冗"为"闲"的解释又辟出一径。有关"冗"字字义的范围与其扩展的详细分析，只能留待他日了。在此谨记籾山明的赐教，从内心表示感谢。

《中国古代法律文献研究》第七辑
2013年，第162～177页

韩国的秦汉法律简牍研究现况 (2000～2013)[*]

——以张家山汉简《二年律令》为中心

〔韩〕金庆浩^{**}

摘　要： 2000年代以后，韩国的秦汉简牍研究以张家山汉简为中心，在法律史方面取得了系列成果。研究的主要特征与动向是共同研究简牍以及展开释文工作，这是在以往时期未曾有过的新动向。研究的主要对象有法律体系、士伍和庶人的身份性质以及译注工作等。与研究同时并进的国际学术活动的活跃，使通过简牍而展开的中国古代史研究水准得到了进一步提高。

关键词： 秦汉法律简牍　二年律令　共同研究　译注工作　学术交流

一　序论

最近三四年间，仅在《文物》上刊登的介绍新出土秦汉简牍资料的内容，就达到了足以让人应接不暇的程度。在介绍资料的一二年后，图版和释文的整理成果的出版，引起众多学者的关心。王国维强调发掘新资料在学术研究中具有重要意义，他的"古来新学问起，大都由于新发现"之语，在经历了100多年后的今天，成为"简牍学"形成独立学术领域的预言。像这样在中国持续地发掘整理并出版简牍资料，让那些对中国简牍资料不是作为"本国学"而是作为"外国学"来研究的韩国等外国学者来说，自然而然地不能不注意新出土资料的消息。特别是随着1992年韩中建交，韩国学界的研

---

　*　此论文得到韩国政府（教育科学技术部）韩国研究财团的资助（NRF - 2007 - 361 - AL0014）。

**　金庆浩，韩国成均馆大学东亚学术院教授。

究环境发生了突变。

就睡虎地秦简和居延汉简的研究而言，1970年代至1990年代韩国的秦汉简牍研究还处于起步阶段。不但研究的学者少，而且在1992年韩中建交前，连购买中国出版的资料都存在困难，更不用说学术交流等所有的研究活动都处于断绝状况，当时只有金烨、李成珪等少数研究者在进行研究。① 但随着2000年以后网络的快速普及以及相关网络服务的利用，韩国学者能够对新出版的简牍资料进行几乎是"同时的"研究，摆脱了以往由于"时间差"而产生的"后发"研究。② 研究环境的改变，使韩国学者可以很容易地看到那些在过去无法购买的简牍资料和论著。不仅如此，在2000年后，由于中国与外国的学术交流日益活跃，也为与韩国秦汉简牍研究者的交流提供了空间，由此可以展开更加有深度的研究。

韩国的秦汉简牍研究与中国的时代变化紧密联系，不断发展。由于韩国学者积极参加学术会议并发表论文，中国学界也开始关注韩国的秦汉史和简牍研究。③ 这样的研究成果，与以往由于政治原因致使学术环境闭塞，信息无法畅通的情况不同，因此2000年以后韩国学者通过与中国（包括香港和台湾）、日本学者间的活跃的学术交流，在简牍研究方面达到了较高的学术水准。

本文将以2001年公布的张家山汉简《二年律令》为中心，致力于整理

---

① 关于1970年代至1990年代的秦简研究，可参考尹在硕《韩国的秦简研究》，武汉大学简帛研究中心编《简帛》第4辑，上海古籍出版社，2009。

② 具有代表性的是CNKI（China National Knowledge Infrastructure）提供的网络服务和武汉大学简帛研究中心的主页（http：//www.bsm.org.cn）等。

③ 相关成果主要刊登在《简帛研究》（卜宪群、杨振红主编，广西师范大学出版社）和《简帛》（武汉大学简帛研究中心编，上海古籍出版社）上。如金庆浩《汉代文书行政和传递体系——以"元康五年诏书册"为中心》（《简帛研究二〇〇六》，2008），金庆浩《张家山汉简〈二年律令·行书律〉译注补》（《简帛研究二〇〇八》，2010）；林炳德《秦汉的官奴婢和汉文帝刑制改革》（《简帛研究二〇〇六》，2008），林炳德《秦汉时期的庶人》（《简帛研究二〇〇九》，2011）；任仲爀《秦汉律中的耐刑——以士伍身份的形成机制为中心》（《简帛研究二〇〇八》，2010），任仲爀《秦汉律中的庶人》（《简帛研究二〇〇九》，2011）；任仲爀《秦汉律的赎刑》（《简帛研究二〇一〇》，2012）；李成珪《西汉的大土地经营和奴婢劳动——以对香港中文大学文物馆所藏〈奴婢廪食粟出入簿〉的分为中心》（《简帛研究二〇〇八》，2010）；李明和《〈李建与精张诤田自相和从书〉中的财产继承与"石"的面积单位》（《简帛研究二〇〇八》，2010）；尹在硕《韩国的秦简研究（1979～2008）》（《简帛》第4辑，2009），尹在硕《评彭浩、陈伟、工藤元男主编〈二年律令与奏谳书〉》（《简帛研究二〇〇八》，2010）；金秉骏《如何解读战国秦汉简牍中句读符号及其阅读过程的关系》（《简帛》第4辑，2009）；等等。

近 10 余年间韩国有关出土秦汉简牍研究中与法律相关的部分。① 这不仅是因为在韩国的秦汉简牍资料的研究中,对《睡虎地秦简》和《二年律令》等法律简牍资料的研究比较活跃,更因为近来随着与法律内容相关的《岳麓书院藏秦简(叁)》的面世,可以预见这方面的研究将会更加活跃地展开。

每次参加在中国和其他国家举办的学术会议时,都能感受到人们对韩国的秦汉简牍研究成果的了解相当不足。产生如此问题的根本原因在于语言的沟通困难。因此本文希望通过对韩国学者相关成果的介绍,使中国等其他国家的研究者至少对韩国的秦汉法律出土资料的研究现状多少能有所了解。

二 韩国学界的秦汉简牍研究概况②

在 20 世纪 70 年代中期至 2000 年以前,出土文献研究的特征是:由于几乎没有直接接触到资料的机会,因此比起释读或考证等基础性工作,更侧重于重建古代中国的历史面貌。在这种状况下,以简牍为主要资料来复原历史面貌是主要倾向。③ 与中国和日本相比,虽然是处于相对"劣势"的研究环境,但即便是在 1970 年代韩国政治状况和有限的情报状况下,随着睡虎地秦简在理念和体制上完全不同的中国的出土,也有像李成珪和金烨那样积极地加以利用并以此解明秦帝国支配构造问题的学者,④ 他们的研究成为了意识到出土资料研究重要性的主要契机。特别是李成珪此后的持续研究,不仅涉及居延汉简、尹湾汉简和上孙家寨汉简,⑤ 最近一部分研究还涉及整理公布

---

① 本稿中未能介绍的关于秦汉史和简牍研究的研究成果,可参考金庆浩、李瑾华的《韩国的战国秦汉简帛研究论著目录(1975～2010.10)》,载《简帛研究二〇一〇》,广西师范大学出版社,2012。

② 此章的内容是在金庆浩的《21 世纪东亚出土文献资料研究现状和"资料学"的可能性》(权仁瀚、金庆浩、李承律主编《东亚资料学的可能性探索》,广西师范大学出版社,2010,第 5～14 页)中的内容基础上修改完善的。

③ 郑夏贤的《韩国的简牍研究和中国古代史理解》(《中国古中世史研究》16 辑,2006),对 70 年代后半期一直到现在与简牍资料有关的研究现况,是按时代划分后整理的。李成珪的《先秦秦汉史研究》(《韩国的学术研究》第二部《东洋史》第二章,大韩民国学术院,2006)总括了这个领域所有的研究成果。请务必参考这两篇论文。

④ 李成珪的《秦的土地制度和齐民支配——通过云梦出土秦简再讨论商鞅变法》(《全海宗博士华甲纪念私学论丛》,一潮阁,1979),提出了秦帝国的支配构造问题,又在其本人的著作《中国古代帝国成立史》(一潮阁,1984)中进行了综合整理。金烨:《云梦出土秦简和汉初的征兵年龄》,《全海宗博士华甲纪念私学论丛》,1979。

⑤ 以上关于李成珪的研究成果请参考前注郑夏贤的论文第 318～322 页。

的里耶秦简和国内外学者不太关注的《香港中文大学文物馆藏简牍》中介绍的汉简内容，① 对出土资料提出了多样的问题意识，取得了研究成果。另外，金烨对连坐制的持续研究，可以说给晚学积极地利用简牍资料研究古代史提供了基础。

以1980年代初期的研究成果为基础进行正式的出土资料研究，是从80年代中叶以后开始的。这个时期的主要研究倾向是以睡虎地秦简为中心展开讨论，② 进入90年代则以简牍资料为基础，围绕这条主线展开多样的讨论。③不过如果说到90年代为止，是为数不多的研究者进行个别分散性的研究，2000年代以后则展开了有条理和系统的研究活动。它的序幕是韩国学者参加了2001年8月16日至19日在湖南省长沙市举行的"长沙三国吴简暨百年来简帛发现与研究国际学术研讨会"。会议结束后发行的论文集刊登了参加者的论文，并且报道了以在会议中发表论文为中心的会议观感，开始在国内正式地介绍海外学界对出土资料的研究动向。④ 另外几乎同一时期，金庆浩还向国内介绍了2000年发表的敦煌悬泉置汉简释文的内容修正等中国学界出土资料的研究动向。⑤

进入21世纪，伴随着出土资料持续性的发掘和公开，与出土资料有关的研究也开始活跃。契机之一就是中国古代史学会（后改为中国古中世史学会）和秦汉简牍研究班的成立。秦汉简牍研究班2005年9月在庆北大学开始第一次活动，此后持续至今。研究班每个月定期轮读简牍资料，同时邀请中国大陆、香港、日本等学者交换意见，这对简牍研究发挥了重要作

---

① 李成珪：《里耶秦简南阳户人户籍和秦的迁徙政策》，《中国学报》57，2008。李成珪：
　《前汉的大土地经营与奴婢劳动——以香港中文大学文物馆所藏简牍〈奴婢廩食粟出入
　簿〉的分析为中心》，《中国古中世史研究》20，2008。香港中文大学文物馆藏简牍见陈
　松长编著《香港中文大学文物馆藏简牍》，香港中文大学文物馆，2001。
② 作为此时期的代表性研究成果有围绕"隶臣妾"展开的身份制论争（林炳德：《云梦秦简
　中展现出的隶臣妾身分的性格》，《成大史林》4，1987；辛圣坤：《对"隶臣妾"身分试
　论的考察》，《서울大东洋史学科論集》，1985），关于罚金刑的研究（任仲爀：《关于云梦
　秦简的赀罚》，《东洋史学研究》24，1986），关于士伍身份的研究（尹在硕：《关于秦代
　"士伍"》，《庆北史学》10，1987）等。
③ 90年代以后多样的论述请参考前引郑夏贤的论文。
④ 会议后，李成珪的《前汉长安武库收藏目录之发现——关于尹湾简牍〈武库永始四年兵
　车器集簿〉之探讨》，收入《长沙三国吴简暨百年来简帛发现与研究国际学术研讨会论文
　集》（长沙市文物考古研究所编，中华书局，2005）。这个论文集较晚出版，会议观感记
　被报导后，关于出土资料的国外研究倾向才开始得到真正的介绍。
⑤ 金庆浩《近一百年主要汉简的出土现况与敦煌悬泉置汉简的内容》，《史林》第15号，
　2001，第294～298页）一文，介绍了甘肃省文物考古研究所何双全发表于"新出简帛国
　际学术研讨会"（2000.8.19～22.北京大学）的释文的修正内容。

用。虽然简牍研究班是在参考中日学界对里耶秦简、额济纳汉简和张家山汉简（《二年律令》和《奏谳书》）等研究成果的同时展开释读的，但是因为在很多地方都存在未能解决的疑问，留下了可待研究的课题，所以本研究班的主要活动目的也是希望通过和中日学者的交流，来解决释读过程中产生的疑问点。秦汉简牍研究班的共同研究活动与前期相比，研究成果相对可观。

2000 年度以后韩国学界关于秦汉简牍资料的研究现况，可以分为秦简和汉简来陈述。秦简研究又可以分为睡虎地秦简和里耶秦简。睡虎地秦简的情况是，相比 1980～1990 年代的 50 多篇专论来说，绝对数量要少得多。其主要原因很可能是与 1990 年代后期多种出土资料的公开，致使中国古代史学者比起出土资料的释读等基础研究，更集中于通过资料再构成秦汉时代场景的学术趋向有密切关系。可是在此过程中不可忽视的是，正是由于前期睡虎地秦简的研究集中于秦代法律体系和秦汉初国家体系的解释，才打下了后述张家山汉简研究的基础。另外，对于 37000 多枚里耶秦简，中日学界关于它的研究已经发表了相当多的研究成果。与此不同，韩国学界的情况是，在 2007 年 10 月中国湖南龙山县举办的学术研讨会的参会论文，[①] 以及相关的资料介绍文章中，[②] 此后在《里耶发掘报告》、[③] 《里耶秦简》与《里耶秦简校释（第一卷)》[④] 中公布的户籍简和文书行政的内容，[⑤] 作为专论都一一得到了介绍，可以断定这与通过睡虎地秦简或龙岗秦简来理解秦帝国的性质有所不同。不过由于介绍的只是出土量数的一部分，还不能以此有把握地弄清秦帝

---

① 中共龙山县委和龙山县人民政府主办的"中国里耶古城·秦简与秦文化国际学术研讨会"于 2007 年 10 月 17 日～19 日在湖南省龙山县举办，参加本次会议的韩国学者有尹在硕、金庆浩、金秉骏和少数的韩国考古学研究者，所提交的涉及里耶秦简研究的论文有尹在硕的《里耶秦简户籍简牍反映的秦朝户籍制度和家庭结构》，金庆浩的《里耶秦简里程简的内容与秦的地方统治》，金秉骏的《秦汉时代的河运——以里耶秦简为线索》。

② 金庆浩：《去往两千年前里耶镇的旅程和"里耶秦简"简介》，《中国古中世史研究》第 19 辑，2008。

③ 湖南省文物考古研究所编《里耶发掘报告》，岳麓书社，2007。

④ 湖南省文物考古研究所编著《里耶秦简》（壹），文物出版社，2012；陈伟主编《里耶秦简牍校释（第一卷)》，武汉大学出版社，2012。

⑤ 李成珪：《里耶秦简南阳户人户籍与秦的迁徙政策》，《中国学报》57，2008；尹在硕《秦汉代户口簿与其运营》及金庆浩《秦汉时期户口文书与边境支配——以记载样式为中心》，权五重、尹在硕、金庆浩等著《乐浪郡户口簿研究》，东北亚历史财团，2010；林炳德：《通过里耶秦简看秦的户籍制度》，《东洋史学研究》第 110 辑，2010；尹在硕：《秦汉初的户籍制度》，《中国古中世史研究》第 25 辑，2011；吴峻锡：《秦汉代的邮传机构与文书传达体系》，《东洋史学研究》第 109 辑，2009；吴峻锡：《通过里耶秦简看秦代文书行政方式与其特征》，《中国古中世史研究》第 21 辑，2009。

国的状况，因此正持续关注之后的发表情况。

在韩国有关中国出土资料的研究中，汉简研究可以说是具有绝对的压倒优势。虽然在研究成果的数量上不能与中日抗衡，但在关心领域或水平上，韩国的汉简研究并不处于劣势。具有代表性的是李成珪关于尹湾汉简的系列研究。① 李成珪从1990年代后期开始，通过对有关资料的精密分析，理清了地方统治的实际情况和帝国统治的局限性等问题，主张依据前后汉的差异来理解汉帝国。2000年代的初期，在通过出土资料对汉帝国的统治制度进行的相关研究中，张家山汉简和二年律令受到关注。对二年律令的关注，与2005年9月举行的第一次秦汉简牍研究班所进行的阅读活动紧密相关。关于张家山汉简研究成果的内容可分为几类。首先关于张家山汉简、二年律令的译注是通过学术期刊发表的。② 1970年代以来，在出土资料研究的起步阶段还未能展开研究，成果不足。到了2000年代，对第一手资料发出自己"声音"，做出初步解释已成为可能。这一点具有深远意义。对第一手资料的单独解释和观点的确立，很快发展为独立的研究成果，推进了继1990年代秦代家族制度研究而来的秦汉时期的后子制研究。③ 以80年代秦代的赏罚研究为开端，④对出土资料中展现的多样化的刑罚制度进行了考证研究；又有以隶臣妾的身份论争为开端而展开的刑罚制度研究；⑤ 还有对秦汉律的行书中关于文书传达的研究，⑥ 通过分析历谱的内容对节日和地方统治进行的研究等。⑦ 2000年以后的研究特点是，研究者在提出自身独到观点的同时，试图进行多样化和新的研究。除此之外，虽然与秦汉时期出土资料的研究相比还不完善，但吴简也成为持续关心和研究的对象。还有对有助于阐明古代东亚细

---

① 李成珪：《秦末和前汉末郡属吏的休息与节日——以〈秦始皇三十四年历谱〉和〈元延二年日记〉的比较分析为中心》，《古代中国的理解（5）》，知识产业社，2001；《汉帝国中央武库收藏目录的发现——尹湾汉简〈武库永始四年兵库器集簿〉的正体》，《历史学报》170，2001；《尹湾简牍所反映的地域性——制约汉帝国一元统治的地域传统之一端》，《中国古中世史研究》第13辑，2005。

② 关于此部分将在下一节展开论述。

③ 尹在硕：《秦简〈日书〉中体现的"室"的构造和性格——作为考察战国期秦的家族类型的试论》，《东洋史学研究》第44辑，1993；《春秋战国期的家系继承与后子制》，《庆北史学》21，1998。

④ 任仲爀：《关于云梦秦简的赏罚》，《东洋史学研究》第24辑，1986。

⑤ 林炳德：《云梦秦简中隶臣妾身分的性格》，《成大史林》4，1987。

⑥ 金庆浩：《居延汉简〈元康五年诏书册〉的内容和文书传达》，《中国古中世史研究》第16辑，2006。

⑦ 金秉骏：《汉代的节日与地方统治——以伏日和腊日为中心》，《东洋史学研究》第69辑，2000。

亚社会层面的乐浪地区出土木简的研究，也成为最近出土资料研究的热点。①

与1990年代以前的研究相比，出土资料研究的比重快速增长，以至于在2004年的《历史学报》（韩国历史学会）的"回顾与展望"中，把出土资料作为独立的研究主题单独介绍。② 又以前面提到的2001年在中国长沙举办的简帛学术会议为开端，韩国学者积极地参加"中国社会科学院简帛学国际论坛"（2006，2010，北京）、"中国简帛学国际论坛"（2006~2012，武汉大学）、"中国里耶古城·秦简与秦文化国际学术研讨会"（2007，中国湖南·龙山）等学术会议，这不只是进行单纯的学问交流，而是通过讨论来增进相互间学术上的理解。与1980~1990年代不同，2000年之后出土资料的研究特点，在于主动地接触新公布的出土资料并发表相关的研究成果，通过积极的学术交流来夯实研究基础。

三 2000年以后秦汉法律简牍的研究动态

如果说在2000年以前的秦汉法律简牍研究中睡虎地秦简是主要资料，那么2000年以后，出土于张家山247号墓的《二年律令》和《奏谳书》则是推究秦汉法律体系及性质非常重要的资料。③ 2001年《二年律令》刊布以后，出现了无数的研究成果，④ 使曾只以睡虎地秦简的内容推究秦汉时期法律的研究更加活跃，秦汉法律的继承关系也得以究明。不仅如此，在整理成

---

① 乐浪木简的研究成果有孙永钟《乐浪郡南部地区的位置——以"乐浪郡初元四年县别户口多少□□"统计资料为中心》，（《历史科学》198，2006）；孙永钟《辽东地方前汉郡县的位置与其之后的变迁（1）》，（《历史科学》199，2006）；尹龙九《资料介绍：新发现的乐浪木简》，（《韩国古代史研究》46，2007）；金秉骏《通过中国古代简牍看乐浪郡的郡县支配》，（《历史学报》189，2006）；金秉骏《乐浪郡初期的编户过程与"胡汉稍别"——以〈乐浪郡初元四年县别户口多少□□〉木简为线索》，（《木简与文字》创刊号，2008）；李成市、尹龙九、金庆浩：《平壤贞柏洞364号墓出土竹简〈论语〉》，（《出土文献研究》第10辑，文物出版社，2011）。
② 尹在硕的《中国古代（先秦秦汉）》（《历史学报》183，2004）"简牍资料的研究"部分介绍了8篇论文，对新出资料的积极运用给予非常鼓舞及有很高水准的评价。对资料的误译和断章取义的倾向，也强调了谨慎的态度（第225~226页）。《历史学报》每两年拿出一期介绍关于秦汉简牍的研究成果。
③ 张家山二四七号汉墓竹简整理小组：《张家山汉墓竹简［二四七号墓］》，文物出版社，2001。
④ 李力：《张家山247号墓汉简法律文献研究及其评述（1985.1~2008.12）》，东京外国语大学，2009。

果公开后不到 5 年，整理小组的释读修正本发行，① 武汉大学简帛研究中心则通过红外线拍摄技术刊布了新的释读结果，对《二年律令》和《奏谳书》表现出了相当大的关注。② 与此同时，日本京都大学人文科学研究所③和专修大学④分别进行了共同译注工作，为理解《二年律令》提供了基础研究的成果。

与以中日为首的国外对《二年律令》的研究呈活跃状态一样，2001 年张家山汉简公布后，韩国的秦汉史研究也通过分析《二年律令》而展开了对秦汉法制史的具体研究。以下本文将以《二年律令》为中心，分成几个研究主题来陈述。⑤

（一）研究成果的整理和完成——共同研究

2000 年代之后，韩国的秦汉史研究最突出的现象是简帛研究的比重逐渐增加。当然这样的研究动向，不是像"简帛学""简牍学""木简学"等多样化用语所表现的独立的学问这种意思。不过与 1990 年代的研究动向相比，可看出的明显差异是，在历史学会从 2004 年开始出版的《历史学报》之"回顾和展望"中，尹在硕在介绍中国古代史研究动向的内容里，首次以独立单元的形式介绍了"简牍资料研究"部分。⑥ 特别是 2008 年任仲爀执笔的《中国古代史研究的回顾与展望》，将"简帛研究"设为单独一章，一共介绍了 10 篇论文，其中 8 篇是关于《二年律令》的（《历史学报》第 199 辑）。2010 年崔振默的《中国古代史研究的回顾与展望》一文，将副标题设为"新出资料的分析与历史空白的填补"，把"简牍与秦汉史研究"列为单独的一章。在 2008～2009 年间发表的 12 篇研究论文中，主要内容涉及《二年律令》的占据了绝大部分。特别是此间研究成果的主要内容，是对在研究者间形成的争论点进行讨论，而不是单纯的讨论某个具体的论文。例如，关于爵制秩序中的庶人与士伍的问题，通过分析新出的里耶秦简和松柏木简，对编户齐民支配体制的实际状况进行了新研究，关于文书传达与文书行政形式的研究也获得了进展（《历史学报》第 207 辑）。另外，2012 年林炳德在"回

---

① 张家山二四七号汉墓竹简整理小组：《张家山汉墓竹简［二四七号墓］》（释文修订本），文物出版社，2006。
② 彭浩、陈伟、工藤元男主编《二年律令与奏谳书》，上海古籍出版社，2007。
③ 冨谷至编《江陵张家山二四七号墓出土汉律令研究：译注篇》，朋友书店，2006。
④ 专修大学《二年律令》研究会：《张家山汉简〈二年律令〉译注》（一）～（十二），《专修史学》35～46，2003～2009。
⑤ 本稿将与秦汉法律有直接关连的研究成果作为首要的陈述对象。
⑥ 尹在硕：《中国古代（先秦秦汉）》，《历史学报》183，2004。

顾与展望"名为"面向研究地平的扩大和质的飞跃"的题目下,将"乐浪户口簿论争"和"《二年律令》与秦汉法制史研究"作为各自独立的部分,介绍了简牍资料的研究成果(《历史学报》第 215 辑)。特别是在"《二年律令》与秦汉法制史研究"中,集中地介绍了 2008 年韩国研究财团的研究课题"出土文献反映的古代中国的社会镜像——以对张家山汉墓竹简(247号)《二年律令》的分析为中心"(研究课题负责人金庆浩)的研究成果。

这是一共由 5 位成员完成的研究课题。内容有金庆浩的《秦、汉初行书律的内容与地方统治》(《史丛》73,2011)、金秉骏的《张家山汉简〈二年律令〉的出土位置与编年——兼复原叙事过程》(《人文论丛》65,2011)、尹在硕的《秦汉初的户籍制度》(《中国古中世史研究》26,2011)、李明和的《秦汉女性刑罚的减刑与劳役》(《中国古中世史研究》25,2011)、任仲爀的《汉初的律令制度与田宅制度》(《中国古中世史研究》25,2011)等。

任仲爀对秦的授田制在秦始皇三十一年以自实田为契机变为私有制,到汉武帝时期开始实行大土地所有制的既往观点,以《二年律令·户律》的授田制记事为依据进行了驳论,同时通过对户律所明确记载的汉爵制为支给田宅的依据且得到实施的证据——《奏谳书》案例 16 的分析,以及汉高祖五年诏书的分析,着力于弄清秦末和汉初土地制度的关系及"复故爵田宅"等土地分配等问题。从中可以发现,汉初的授田制几乎是原封不动地继承了秦律的土地国有制形式。另一方面,他认为《二年律令》所反映的汉初土地允许买卖这点可以追溯到秦代。在取得汉高祖五年诏书中提到的"复故爵田宅"的田宅后,汉的土地所有是否遵守《二年律令》中户律的规定?对此,通过鲁朱家和凤凰山十号汉墓郑里廪簿的内容,可知户律的规定没能很好地发挥作用。其根本原因,在于想要通过五年诏书中"复故爵田宅"来继承秦末土地所有这点上。

金秉骏指出,历来的《二年律令》研究,是一种文本的内在分析,即通过对文字的释读、分章、编连等内容来寻求文本的合理解释,他强调与此同时要着眼于文本的外部分析,需要从根本上讨论资料。即认为《二年律令》卷轴一开始就不是以完整面貌得到保存的,而是根据墓主人的要求把正本的一部分委托给专门的抄史者抄写,然后将抄写好的部分放入墓中保管,如后汉周磐临终前留下遗言,要求把抄写好的一篇《尧典》放在棺木的前面这一事实。因此他认为,张家山汉墓 247 号墓中发现的《二年律令》卷册既不是前汉初期实施的律令全部,也不是墓主人生前使用的原封不动的正本,而是为了埋入墓地,依照墓主人或遗属的意见抄写原本的一部分,然后适当编联而成。由此他得出结论,《二年律令》的释读和简的结合,律的归属,律内的顺序,全体律的顺序,不应依据其出土位置,而应依据对内容的综合考察来决定。

尹在硕指出了对里耶秦简户籍简和《二年律令·户律》现有研究的不足，通过对两者间的有机分析，以秦汉初户籍制度的实行和管理方式为中心，以制度史为切入点，尝试对户籍形态和使用及构造进行分析。他强调，由于秦汉初户籍制度实行的目的，在于确保税役和收集维持基层秩序的人员信息，所以基于立户的户籍开立，不止是单纯地意味着民户是国家征收税役的对象，更与以田宅和家产为中心的经济基础的确保存在着紧密关系。里耶户籍简（K11出土）在一户一牍的原则下，写在长为2尺的木牍上，登记范围除了户主的家眷以外，臣妾、隶、小妻等家里隶属人也作为记载对象包含在内。另外户主的本人明细，由所属迁陵县的里"南阳"，意味着户主的"户人"，楚地域民的"荆"，秦的四级爵位"不更"，以及户主的名字构成。记录于户籍的"毋室""伍长"使用粗大字体，可推论出其含有特别的意义。"毋室"指没有住宅而寄居于他家的家眷，"伍长"则反映出户籍制和伍制关系是密切且联动的。

金庆浩以近年公布的岳麓秦简《行书律》的内容为中心，对睡虎地秦简和《二年律令》行书律的记载进行了比较分析，明确了秦汉初法律发展的时间上的继承关系。他通过比较分析与行书关连的三种律文，指出"命书""制书"这类主要文书具有特殊的规定，文书收发者的身份逐渐专门化，在《二年律令》阶段由"邮人"来负责文书的传达。另外，论证了《行书律》中体现出的处罚规定逐渐得到完善的过程，并提供了对文帝时期刑制改革新理解的线索。还指出《行书律》中的文书传达路线局限于五关地区内，在考虑到地域特色的前提下设置在每10里、20里、30里处，这正好证明是为了强化对以长安为中心的京畿地区的统治需求所引起的组织改组的结果。

李明和指出，《二年律令·具律》对女性的减刑规定，是唐律及唐以后时期的律令所不曾出现的独特规定，且相关研究一直没能从传统女性的视角或观点中摆脱出来。因此她从当时与刑徒劳役紧密相关的古代国家的刑罚体系的视点出发，对《具律》的女性减刑规定进行分析，对她们从事了什么样的劳役以及秦汉国家的女性劳动力的运营问题给予了关注，认为秦汉国家通过减免女性的耐刑，产生出了赎耐刑的隶属庶人的女子，使之成为依据国家的需要而可以确保利用的隶属劳动力，即从事高级纺织的女工。

以上是以《二年律令》为中心的最早的共同研究成果，具有很大的意义。

（二）法律体系

自张家山汉简公开以来，中国古代史研究中最为人瞩目的主题之一，可以说是对秦汉时期法律体系的重新解释，这使得向来依据睡虎地秦简而探究秦代法律性质的路径得以拓宽，也增加了从法律方面对所谓"汉承秦制"的内容查明的可能性。与这一主题相关并受到关注的研究成果，是林炳德的《张家山汉简《二年律令》中的刑罚制度（I）》（《中国史研究》第19辑，2002）和李成珪的《秦汉刑法体系的再检讨——以云梦秦简与《二年律令》的司寇为中心》（《东洋史学研究》85，2003）。林炳德的研究，集中考察了死刑、肉刑制度的性质和《二年律令》罚金刑与赎刑的性质。关于死刑制度，与秦代相同的是，《二年律令》的死刑制度也将腰斩、弃市、磔等刑名作为法定刑名，其中并没有附加黥刑，并将斩右趾、斩左趾、劓刑等看作是单独执行的刑罚。另外关于罚金刑和赎刑的解释是，罚金刑是对较轻犯罪进行处罚的刑罚，赎死、赎刑、赎黥、赎耐等是作为正刑的赎刑，还有作为替代刑的赎刑，《二年律令》的罚金刑和赎刑原封不动地反映了秦律的此种性质。李成珪研究分析了《二年律令》和《里耶秦简》J1⑯59（正面）及J1⑧154（正面）简的内容，探究了秦和汉初的刑罚体系及刑罚的种类、内容、性质，并致力于以此为基础阐明汉文帝坚决执行的刑罚改革的性质。首先，笔者为了说明这些问题，先将自身先行研究中主张的内容进行修正和补充。① 先行研究的主要内容：1. 司寇和候中没有附加"耐"以上刑罚的事例，另外，因为司寇与候与隶臣妾相比刑罚较轻，所以虽然将他们看作是刑徒，但其刑期并不明确。2. 由于在先行研究中，主要是针对身份制度进行的考述，因此没能涉及劳役刑及与之关连的罚金刑问题，导致对秦汉刑罚体制的分析不够明确。因此，在分析文帝刑法改革的详细内容时略显不足。但是，现在可以通过张家山汉简二年律令的内容，来确认寇与赎刑和罚金的具体关系，使对这一问题的论证变为可能。因此，前稿中论证不足的隶臣妾、鬼薪白粲、城旦舂等刑名，证明了轻重互不同的官奴婢可进行买卖，并且明确了鬼薪、白粲不附加黥刑。另外，细究刑罚的轻重可以推定，附加了罚金刑→赎刑→劳役刑→戍，或者迁→肉刑的身份劳役刑的轻重顺序逐渐体制化。以此为基础，对司寇的性质得出以下结论：司寇作为身份劳役刑的最低级刑罚，可附加的肉刑不过是最轻的耐刑，其固定工作是监视城旦舂。作为终身刑徒，虽然不是庶人，却是"庶人"又非庶人，与既是"非庶人"又是庶人的隐官相同，由此阐明了司寇身份的双重性。还有与秦汉刑罚体系相联系，文帝的刑制改革被评价为（刑法史上）最大的革命性措施，另一方面也可将其解读为反映了反酷刑主义的趋势。即与秦律相比，二年律令的儒家色彩浓厚，刑罚的有期劳役刑化的方向比较清晰。另外他强调，如果文帝改革

---

① 李成珪：《秦的身分秩序体制》，《东洋史学研究》第85辑，2003。

的核心仍是肉刑与身份刑的废止和确立以有期劳役刑为中心的刑罚体制，那么，有关文帝刑制改革的考察，就应该从秦末以来持续松弛的刑罚这一方面着手。①

（三）士伍与庶人的身份性质

秦汉简研究中最活跃的主题是庶人与士伍的问题。关于这个主题，任仲爀和林炳德的研究得到关注。依据发表顺序，两者的论争可以整理为如下内容。首先，任仲爀的《秦汉律的耐刑——与士伍的收敛体系相关连》（《中国古中世史研究》第19辑，2008）一文指出，《二年律令》身份制的终极点是士伍身份，人们依据各自的身份拥有田地和宅地；文中还对从一等爵公士到二十等爵彻侯，无爵者（公卒＋0，士伍0，庶人－0），准庶人（隐官－1，司寇－2），徒隶（隶臣妾－3，鬼薪白粲－4，城旦舂－5）等的爵位继承关系进行了考查，主张睡虎地秦简《封诊式》中的士伍频繁出现，是爵制体系收纳了士伍的结果。他认为这一结果的产生是遵循了这样的原则：高爵都降低为公乘以下，最终归结为士伍，无爵者使其继续维持士伍的身份，庶人以下标记为"－"城旦舂的爵被晋升为士伍。即他认为，所谓士伍身份，是爵者和徒隶层可合流的交集点，是战国时代士的含义发生变质，从宗法秩序中解体出来的贵族阶级末端的士和由下层身份上升为士的两者合流的交集点，这两个交集点有着非常类似的特征。他主张这样的爵制体系构造，是耐刑不明者被判为司寇，一代以后自动复归为士伍的体系（耐→司寇→士伍），从而为确保编户齐民助以一臂之力。②

林炳德的《秦汉时代的士伍与庶人》（《中国古中世史研究》第20辑，2008）一文，将《二年律令》中"公士、公卒及士五、司寇、隐官子，皆为士五"一句，释读为庶人之子不能成为士伍，还认为庶人是被排除在任仲爀所主张的有爵者与无爵者最终都会成为"士伍"的当时身份秩序之外的。对于庶人之子不为士伍，其属于何种身份的疑问，他关注到了《二年律令·户

---

① 林炳德认为，汉文帝的刑制改革虽然实际上是加重了刑罚，但在表面上体现的是减轻百姓苦痛的大义名分，汉帝国与秦帝国一样，需要维持中央集权体制。对于维持巨大的帝国所需的秦朝的各种条文与规定，虽然可以通过部分的改正与废除以作为汉王朝自己的法律，但很难在表面上处理其中暗含的法律理念，所以在标榜德治主义的同时，对秦的法治主义一步也不能后退，这通过刑制改革这一典型事例可以明确。

② 与任仲爀的论理类似的研究有于振波的《从张家山汉简看汉名田制与唐均田制之异同》（《湖南城市学院学报》2005年第1期）、杨振红的《秦汉"名田宅"说——从张家山汉简看战国秦汉的土地制度》（《张家山汉简〈二年律令〉研究文集》，广西师范大学出版社，2007）；等等。

律》318 简，将其解读为秦汉律的庶人为特别规定的另外身份，所以庶人之子不会成为士伍而是成为庶人。此种解读不是否认任仲爀的论理，因为汉文帝十三年的刑制改革，庶人并非少数，并且由于刑徒是已经规定了刑期的身份，经过一段时间自动成为庶人，所以自然被排除在买卖的对象之外。

对林炳德关于庶人的差异性解读，任仲爀进行了反论（《秦汉律的庶人》，《中国古中世史研究》第 22 辑，2009）。他就所谓"庶人"这一概念，以在秦汉律中来源于犯人及奴隶的特别的法律概念为前提，致力于考察犯人与奴隶复归为庶人的过程及其职位。他通过赦令分析了复归为庶人的过程，再次言及了国家对由犯人、奴隶恢复为庶人身份者的认识及统制，以及在《二年律令·傅律》364～365 简中，士伍身份中庶人之子被漏掉的原因。首先，他认为收到赦令之后并不是马上被释放，成为庶人回家。秦汉独特的犯人管理法在于，即使免为庶人（以赦令免）也不是马上被释放，而是需要有"毋有复作"的附带条款，才可以即刻放免为庶人。因此，可将复作看作为了避免因赦免而可能发生的突然劳力不足，以持续确保劳力的手段。睡虎地秦简《法律答问》所见被赦免的庶人一直被动员为国家的特别劳役，也是由此背景引起的。因此，复作是成为庶人过程中设定的一个宽限期。同时，对于 364～365 简中没有"庶人"的原因，他认为有可能是傅律的规定有误，漏掉了庶人部分；还有一种可能性是，出于遏制来源于犯人的庶人之子的身份上升的意图而加以排除。又通过对庶人和隐官的比较，得出庶人之子有可能晋升为士伍的结论。即由犯人、奴隶赦免的庶人，以其分配到的 100 亩的土地担负着对国家的税役义务，获得了完全的公民资格。可是因其是犯人出身，因此从以月禀米为代表的赐予对象中排除，从而与公卒、士伍不同，受到干脆排除在皖老之外的不公平待遇。但这种不公平限于庶人本人，其子在晋升为士伍的同时则解除了此种不公平。

（四）其他研究成果

因本文的侧重点在于对《二年律令》文本展开的共同研究和与法律关连的研究成果的介绍，所以其他研究成果只大概介绍一下内容。

首先是关于刑罚制度的研究。朴健柱的《秦汉的居赀赎债与代赎、代役、代刑》（《中国史研究》第 51 辑，2007），关注了在刑罚制度研究中素来已有很多研究的赎刑与赀罚之外的居赀赎债和代刑。他注意到了在里耶秦简 11 个赀钱事例和 1 个赎钱事例中共同出现的"钱校券"这一事实，认为应该看作是由于缺乏赀钱或赎钱而不能缴纳，因此通过服役来偿还，而且从他们大部分的服役日数已经偿还完债务且还有剩余来看，他们的服役包含了代役乃至代赎的可能性非常大。任仲爀的《秦汉律的罚金刑》（《中国古中世史研

究》第 15 辑，2005），以罚金刑证明了秦汉法律的继承关系。他分析鲁法和
二年律令分别规定了窃盗额 100 钱和不到 110 钱情况下的处罚内容，指出秦
律虽没有明示赏罚和窃盗额的关系，但龙岗秦简的赏二甲为 22 钱~110 钱之
内，赏 1 盾为 1 钱~22 钱之内，此可适用于《法律答问》。他认为二年律令
原封不动地继承了秦律的这种窃盗处罚方式，罚金四两是 110 钱未满——22
钱，罚金一两是 22 钱未满——1 钱，罚金刑也可以反映出秦汉法律的继承关
系。

　　金珍佑的《通过秦汉律的为户看编户制的运用性质——以张家山汉简
《二年律令》为中心》（《中国古中世史研究》第 20 辑，2008）一文，注意
到《二年律令》中多次出现"为户（者）"这一用语，由此他考察了"爵"
与"为户"和"授田"的关系，指出"为户"构成户且成为独立的户主，
这是制作单独的户籍并在法律、经济上作为独立的主体而存在；它的形态分
为原样继承现有户的"代户"和新形成的户"（分）为户"，为"代户"只
是"后"的存在问题，但"（分）为户"是后子之外别的子女分家，其以正
常婚姻为重要基准。另外，《户律》中依爵的等级给予田宅的土地规定，与
爵位制度有紧密的关系，特别是"卿级"中爵和田宅的显著减少，形成了享
有各种特权的卿级高爵者的身份只是在当代维持而很难世袭的构造。相反，
九级五大夫以下的有爵者，虽属于履行一般民义务的编户民的范畴，但通过
减爵田宅的继承份额没有大幅减少，编户民内所拥有的优越的身份职位有可
使身份上升的机会。因此，至少在《二年律令》中以爵为基准制定了有阶层
的身份秩序，但这是通过爵和田宅的继承原则，尽量以双向流动的方式运
作，这种流动性身份的潮流可看作是位于编户民上层的九级五大夫以下的
五——九级大夫间的相互交叉。

　　与以专业的研究主题为中心进行的研究成果一起得到关注的，是译注书
的出版和对《二年律令》释文的研讨。代表性的研究成果，是尹在硕经过很
长时间的准备后出版的《睡虎地云梦秦简》的译注书。① 此译注书学术上的
意义在于，它是韩国秦汉简牍研究首次出版的译注书。它的典型特征是，对
原本（原文与注释）进行充实的翻译，对睡虎地秦简刊出后的主要研究成果
则以译者注的形式加以说明，以有助于读者的理解。尤其是译注书的出版，
对学习"古代汉语"的机会逐渐减少的、韩国的古代史研究的年轻起步者和
相关领域的研究者而言，提供了很大帮助，同时在扩大秦汉简牍资料的影响
上也有巨大的贡献。另外，尹在硕发表的关于《二年律令》释文讨论的内
容，也是过去未曾有过的新的研究成果。尹在硕认为，与其他简牍不同，整

---

① 尹在硕：《睡虎地秦墓竹简译注》，昭明出版社，2010。

理小组出版了《张家山汉墓竹简〔二四七号墓〕》（文物出版社，2001）以后，由于释文中存在错误或不足之处，因此于2006年再次出版了修订本。他评价武汉大学简帛研究中心利用紫外线照相技术整理成果《二年律令与奏谳书》（彭浩、陈伟、工藤元男主编，上海古籍出版社，2007）的出版，是为了完成对张家山汉简更正确的释文而进行的努力之一。尹在硕还比较了该书的图版和释文，指出释文上的错误。比如，未将《二年律令》"完成城旦"（192简）的"成"释为"为"，这种很明显的错误应是编辑上的失误。比较《奏谳书》66简"勿令以爵、偿免"与65简中出现的"赏"，应修正为同一字"赏"。① 如此对释文的分析，可以说与一直通过简牍资料复原和理解中国古代历史镜像的研究动向是截然不同的，反映了韩国秦汉简牍研究更深一层的研究水准。

四 结论

除了上述与秦汉法律相关的研究主题外，2000年代以后对秦汉简牍的研究是以多样化的主题展开的，比如有关前汉更卒的征集和服役方式的讨论，② 与秦代土地相关的研究，③ 户籍制度研究等。④ 与法律无关的详细的研究内容，可参考上述尹在硕的《韩国的秦简研究》。

2000年代以后，以二年律令为中心的秦汉法律研究所取得的成果，实际上是通过1970年代中期以后开始的和睡虎地秦简相关的秦汉法律出土资料的研究积累而产出的，此不为言过。继睡虎地秦简的释文公开后，《二年律令》的公开成为韩国的秦汉简牍研究水准更上一层的契机。与2000年代以前的研究比较，此后研究的最大特点是除了研究者的个人研究外，各个大学的研究者（包括研究生）自发地研读《二年律令》，交换意见，进行着活跃的共同研究活动。这样的研究班活动，对研究者完成论文当然产生了很大的影响，而且使年轻的研究者自然地对秦汉简牍产生兴趣。另外与以往不同的是，可以随时获得中日学界研究成果的研究环境，催生了在韩国学界关于秦汉简牍

---

① 尹在硕：《评彭浩、陈伟、工藤元男主编〈二年律令与奏谳书〉》，卜宪群、杨振红主编《简帛研究二〇〇八》，广西师范大学出版社，2010，第324～328页。

② 李成珪：《前汉更卒的征集与服役方式——以对松柏木牍47号的分析为中心》，《东洋史学研究》，2009。

③ 任仲爀：《秦始皇三十一年的自实田》，《中国古中世史研究》第26辑，2011；林炳德：《出土文献中出现的秦汉时期的土地制度——法的规定与其实际及授田制的变化》，《中国史研究》第75辑，2011。

④ 参照前注。

的新研究成果。

　　变化的学术研究环境，特别是比以往任何时期都活跃的邀请中国及海外学者讲演和参加在国内举办的学术会议，为学术交流提供了广阔的空间。尤其是中国古中世史学会每两年举办一次国际学术会议，邀请中国及外国学者参加会议，使韩国的秦汉简牍研究得到进一步深化。① 另外，以成均馆大学东亚学术院为首的众多研究机构在这方面也起到了重要作用。1970 年代中期以后，以少数的研究者开始的韩国的秦汉简牍研究，在进入 2000 年代后，发展到了研究主题多样化的程度。当然为了获得更坚实的研究成果，仍还需要努力，这也是不争的事实。为了扩大活跃的学术研究的空间，也需要将国内学界的研究成果积极地介绍到海外。为此，我认为，与外国学者的共同研究活动，不只是能提高特定国家的秦汉简牍研究水准，即便仅仅是为了"简牍学"或者"简帛学"的成立，也应该成为我们共同推进的课题。

---

① 中国古中世史学会主办的以秦汉简牍主要对象的国际学术会议有第一届"从简牍看中国古代史"（庆北大学，2006.6.16），第三届"古代中国的公、私文书的流通与帝国秩序"（忠北大学，2008.5.22～23），第五届"古代中国的国家资源运用与其原理"（成均馆大学，2010.6.25～26）等。

《中国古代法律文献研究》第七辑
2013年，第178～191页

后汉"旧典"考释*

——兼论前汉法制在后汉的适用问题

秦 涛**

摘 要："旧典"是后汉人称呼前汉法制（包括誓约、律、令、诏书、仪制、惯例、先例等）的习用语，表示汉朝的"祖宗之法"。"旧典"一词带有"经法""良法"的意蕴，反映了前汉法制在后汉人观念中的崇高地位，这也是旧典与故事的区别所在。后汉人经常援引前汉旧典以解决政治、法律方面的现实问题。采行旧典，并不意味着因循前人，有时候恰恰是后汉人托古以改现行之制的做法。采行旧典与法律整理活动一道构成了后汉特殊的立法模式：前者是对前汉法制"现行有效部分"的个别激活，后者则是对前汉法源的系统整理。这两种立法模式一方面反映了前汉法源庞杂的弊病，另一方面也体现了后汉人独特的法律智慧。

关键词：后汉法制 旧典 故事

一 后汉人话语中的"旧典"释义

"旧典"是《后汉书》的一个常见词汇，出现频率很高。对比两汉书可以发现，《汉书》中"旧典"一词凡二见，且均泛指过去的制度，没有

---

* 本文为2013年国家社科基金重点项目"重新认识中华法系"（西南政法大学龙大轩教授主持，项目批准号：13AFX003）的阶段性成果之一。
** 秦涛，西南政法大学行政法学院2011级法律史学博士生。

特定含义。① 而《后汉书》中"旧典"一词出现四十二次,② 其中至少三十次以上均特指某项具体的制度。另外,《后汉书》注引《献帝起居注》《东观记》《汉仪》等后汉文献,"旧典"凡六见;检《太平御览》征引京房《别对灾异》《东观汉记》、袁宏《后汉纪》、司马彪《续汉书》、谢承《后汉书》《益部耆旧传》《会稽典录》等文献所载后汉史迹,"旧典"一词也出现频繁。

本节试图对《后汉书》等传世文献中出现的"旧典"一词一一考察并坐实其指称对象。在此基础上,尝试对"旧典"与"故事"做一番辨异的工作,以图使"旧典"的含义与特点更加明晰。

(一) 作为后汉人习语的"旧典"考实

要考实其指称对象,也许不无必要的一个疑问是:"旧典"一词究竟是后汉人的习语,还是出自后来史家的追记? 通过对传世文献中"旧典"一词的考察,我们不难得出结论:"旧典"应系后汉人的习语。

首先,《后汉书》中出现的四十二处"旧典",有三十处记言、记文,三处略记其言,其余九处记事。其中记言、记文的部分,包括了皇帝的制诏、③大臣的上疏、④ 文家的辞赋、⑤ 以及刻石碑铭,等等、⑥ 可以说是原始资料的实录或节录。由此可证,"旧典"是后汉习语。

其次,虽然本文以传世文献为主要资料来源,但并不意味着出土文献就绝无此例。记载东汉晚期官文书的甘谷汉简第二十一简有"文无旧典"的字

---

① 分别见《汉书》卷二一《律历志》:"今广延群儒,博谋讲道,修明旧典……"(中华书局,1962,第972页)及卷二二《礼乐志》:"更定诗曰:'肃若旧典'。"(第1058页)又,《汉书》注中"旧典"凡二见,一为颜注,一为应劭注:"旧典,天子行幸所至,必遣静室令先案行清净殿中,以虞非常。"(卷四《文帝纪》注,第109页)应劭是后汉人,且此处旧典明确指涉汉朝某项具体仪制,适足佐证正文观点。

② 含今本《后汉书》中之司马彪《续汉书》的"志"部分,下同。

③ 如《后汉书》卷三四《梁竦传》:"其冬,制诏三公、大鸿胪曰:'……朕不敢兴事,览于前世。太宗、中宗,寔有旧典……'"(中华书局,1965,第1174页)

④ 如《后汉书》卷六○下《蔡邕传》:"邕上封事曰:'……先帝旧典,未尝有此……'"(第1997页)

⑤ 如《后汉书》卷四○下《班固传》所载固《东都赋》:"唯子颇识旧典,又徒驰骋乎末流。"(第1369页)值得注意的是,班固本人是后汉人,在所著《汉书》中却非常克制,基本没有使用"旧典"一词。可见他十分明了该词的特定含义,详后文。

⑥ 如《续汉书·祭祀志》:"二月,上至奉高,遣侍御史与兰台令史,将工先上山刻石。文曰:'皇天眷顾皇帝,以匹庶受命中兴……吏各修职,复于旧典……建武元年已前,文书散亡,旧典不具……'"(第3166页)一段碑文之中,旧典出现两次。

样，亦可证"旧典"是后汉习语。①

既然"旧典"是后汉习语，那么后汉人在使用这个词语的时候，具体的指涉对象是什么呢？

排除在泛指的意义上使用该词，可以查明具体指涉对象的"旧典"一词，几乎都表示后汉人对前汉相应制度、惯例、先例的指称。具体来讲，后汉人会用"旧典"来指称前汉的如下"制"或"事"：

第一，高祖约束。所谓高祖约束，即著名的"白马之盟"："非刘氏而王者，若无功上所不置而侯者，天下共诛之。"② 高祖约束在汉人心目中有高出一般律令的神圣地位，因此屡被引为旧典。如赵典抨击"时恩泽诸侯以无劳受封"这一违背高祖约束的现象时上奏说："……且高祖之誓，非功臣不封。宜一切削免爵土，以存旧典。"③ 注引《史记·功臣侯表》（按：即《汉兴以来诸侯王年表》）："高祖与功臣约曰：'非刘氏不王，非有功不侯。不如是，天下共击之。'"再如针对宦官无功封侯的现象，大将军窦武上表："……陛下违汉旧典，谓必可行，自造制度，妄爵非人……"④ 此处的旧典，亦显系高祖约束。

第二，前汉律。前汉律在后汉地位高隆。《汉书·宣帝纪》注引后汉人文颖曰："萧何承秦法所作为律，今律经是也。"⑤ 后汉人将前汉九章律抬举到"律经"的位置。以前汉律为"旧典"的例子也很多，如：梁统提倡恢复肉刑时，认为"宜重刑罚，以遵旧典，乃上疏曰：'……高祖受命诛暴，平荡天下，约令定律，诚得其宜……丞相王嘉轻为穿凿，亏除先帝旧约成律……'"此处的"旧典"，即指高祖以来的"旧约成律"。又，前汉在民族地区施行《蛮夷律》，在徭役赋敛方面予以优待。⑥ 后汉地方官提议"可比

---

① 见张学正《甘谷汉简考释》，载《汉简研究文集》，甘肃人民出版社，1984，第 93 页。可惜此是一残简，无法更多探究其内涵。另，出土文献中"旧典"一词的孤例见于东汉简，应该并非巧合。

② 《史记》卷一七《汉兴以来诸侯王年表》，中华书局，1959，第 801 页。

③ 《后汉书》卷二七《赵典传》，第 948 页。

④ （东晋）袁宏撰《后汉纪》卷二二《孝桓皇帝纪》，张烈点校，中华书局，2002，第 434~435 页。

⑤ 中华书局本点作："萧何承秦法所作为律令，律经是也；天子诏所增损，不在律上者为令。"贝冢茂树认为前一"令"字应作"今"。细玩文气，似以贝冢说为胜，今从之。见〔日〕贝冢茂树：《汉律略考》，转引自〔日〕堀敏一著、程维荣等译《晋泰始律令的制定》，载杨一凡总主编《中国法制史考证》丙编第二卷，中国社会科学出版社，2003，第 285 页。

⑥ 张家山汉墓《奏谳书》第一至七简所载判例可窥《蛮夷律》的大致内容："蛮夷大男子岁出五十六钱以当徭赋"。参见张家山二四七号汉墓竹简整理小组：《张家山汉墓竹简〔二四七号墓〕》（释文修订本），文物出版社，2006，第 91 页。

汉人,增其租赋",虞诩上奏反对:"……先帝旧典,贡税多少,所由来久矣……"这里的"先帝旧典",当为《蛮夷律》。①

第三,前汉令。《后汉书·羊续传》:"旧典,二千石卒官赙百万。"这一关于官员丧葬费的规定,应该出自前汉《公令》。《汉书·何并传》注引如淳曰:"公令,吏死官,得法赙。"

第四,前汉诏书。诏书经过一定程序可以定著为令,但令集中往往仍然保存诏书的形态。前汉诏书被后汉人引为旧典的有:"诏书旧典,刺史班宣,周行郡国,省察治政,黜陟能否,断理冤狱,以六条问事,非条所问,即不省。"② 这里所谓"诏书旧典",即前汉武帝时期的六条问事。③ 再如,《后汉书·和帝纪》载汉和帝因日食下诏求贤:"……是以旧典因孝廉之举,以求其人。"注:"武帝元光元年,董仲舒初开其议,诏郡国举孝廉各一人。"亦是以前汉武帝诏书为"旧典"。

第五,前汉章程。所谓章程者,《史记集解》引如淳曰:"章,历数之章数也;程者,权衡丈尺斛斗之平法也。"大体为乐历律度量衡之标准。《后汉书·顺帝纪》注引《东观记》:"元和以来,音戾不调,修复如旧。"

第六,前汉仪法、制度。如《续汉书·礼仪志上》注引《献帝起居注》:"旧典,市长执雁,建安八年始令执雉。"《通典》卷六七载前汉礼:"至武帝,……六百石雁,四百石以下雉。"按《续汉书·百官志三》注引《汉官》:"市长一人,秩四百石。"则市长依礼固应执雉,此谓至建安间始令执雉,则旧典当为前汉以来仪制。

第七,前汉惯例、先例。所谓惯例,是相沿不变的做法。如《后汉书·贾琮传》:"旧典,传车骖驾,垂赤帷裳,迎于州界。"按《续汉书·舆服志》:"旧典:传车骖驾,垂赤帷裳。唯郭贺为荆州,赦去幨帷。"贾琮是后汉末灵帝时人,郭贺是后汉初光武、明帝时人,可见两点:一,此旧典当为前汉惯例;二,此旧典终后汉一朝相沿弗替,成为无形力量约束之惯例。所谓先例,是偶一为之的做法。如汉桓帝迎娶大将军梁冀妹,"于是悉依孝惠皇帝纳后故事,聘黄金二万斤,纳采雁璧乘马束帛,一如旧典"。④

从以上分析可以考见:第一,后汉人使用"旧典"这一习语时,几乎都

---

① 曾代伟先生《〈蛮夷律〉考略》亦持此观点。见曾代伟、王平原《〈蛮夷律〉考略——从一桩疑案说起》,《民族研究》2004年第3期,第83页。

② 《续汉书·百官志五》注引蔡质《汉仪》,第3617页。

③ 《汉书》卷六《武帝纪》注引《汉旧仪》:"初分十三州,假刺史印绶……所察六条。"(第197页)

④ 《后汉书》卷一〇下《皇后纪下》,第443页。又:《皇后纪》注引《汉旧仪》:"娉皇后,黄金万斤。"(第444页)是为常礼。故所谓"惠帝纳后故事"为特例。

指前汉而言；① 第二，作为后汉人习语的"旧典"，包括前汉的约束、律令、诏书、章程、仪制、惯例等。

（二）"旧典"与"故事"辨异

"旧典"与"故事"，② 大同而小异，甚至于有学者认为是一实二名："在汉人的措词里，故事又可称之为'旧事'、'旧制'、'旧典'、'旧章'……"，"旧典就是故事"。③ 这话大体上是不错的。故事与旧典，在汉人措词中（准确地说，应该是后汉人的措词，前汉人措词中极少称"旧典"）有些时候的确可以互相代换。例如前引"孝惠皇帝纳后故事"，又可称为"旧典"；再如《后汉书·窦宪传》："舅氏旧典，并蒙爵土。"注以"故事"训"旧典"："西汉故事，帝舅皆封侯。"但是，"旧典"与"故事"在大同之下亦有小异，不可不辨。

第一，旧典为后汉人指前汉事，而故事则可以是后汉人指前汉事，也可以是前汉人指前汉事或后汉人指后汉事。例不烦举，只说明一个现象即可：《汉书》正文中"故事"一词出现次数在七八十次左右，其中相当数量为前汉人称前汉事。

第二，旧典与故事并举时，从时间上看，往往旧典在先、故事在后。《后汉书·和帝纪》载戊寅诏书与《续汉书·百官志五》注引《东观记》的和帝时张酺上言两份文本中都同时出现了"旧典"与"故事"，恰可作一对照：

> 例1：昔孝武皇帝致诛胡、越，故权收盐铁之利，以奉师旅之费。自中兴以来，匈奴未宾，永平末年，复修征伐。先帝即位，……探观旧典，复收盐铁，欲以防备不虞，宁安边境。而吏多不良，动失其便，以违上

---

① 唯一的反例来自《后汉书·襄楷传》："延熹九年，楷自家诣阙上疏曰：'……永平旧典，诸当重论皆须冬狱，先请后刑，所以重人命也……'"（第1078页）"永平旧典"，指后汉明帝事。对此可以作出的解释是：一，此处指后汉事，故于"旧典"之上冠以"永平"年号以与一般指前汉事的"旧典"加以区分；二，以"旧典"称永平故事，欲郑重其事也。此外，对这个反例无须曲为之解，总之传世文献中的"旧典"绝大多数指前汉事是没有疑义的。
② 关于"故事"这种"法律形式"的讨论，可以参看邢义田《从"如故事"和"便宜从事"看汉代行政中的经常与权变》，载氏著《治国安邦：法制、行政与军事》，中华书局，2011，第380~449页；闫晓君《两汉"故事"论考》，《中国史研究》2000年第1期；吕丽《汉魏晋"故事"辨析》，《法学研究》2002年第6期；吕丽《故事与汉魏晋的法律》，《当代法学》2004年第3期。
③ 邢义田：《从"如故事"和"便宜从事"看汉代行政中的经常与权变》，《治国安邦：法制、行政与军事》，第383、394页。

意。先帝恨之，故遗戒郡国罢盐铁之禁，纵民煮铸，入税县官如故事。

例2：……故州牧刺史入奏事，所以通下问知外事也。数十年以来，重其道归烦挠，故时止勿奏事，今因以为故事。臣愚以为刺史视事满岁，可令奏事如旧典……

察例1之旧典，是前汉武帝时事，后汉明帝一度恢复，旋即废止；而例1之故事，从文意看则是中兴以来事。至于例2之旧典，《续汉书·百官志五》："孝武帝初置刺史十三人……初岁尽诣京都奏事，中兴但因计吏。"可见是前汉武帝以来至前汉末事。而例2之"故事"，则是"数十年以来"之事，即后汉事。可见，旧典与故事并举时，往往旧典更加久远，而故事则相对晚近。

第三，旧典有经法、常法之意蕴，故事则无。很多学者谈到故事的权威性时，都不约而同地以"先王旧制""祖宗故事"一类词汇来形容。① 其实，如果考虑到中国古人敬宗法祖的心理和汉朝以孝治天下的传统，那么"先王旧制""祖宗故事"便不仅仅表示时间上的久远，更有一种祖先的权威和正当性理据所在。从这个意义上讲，旧典才是更加当之无愧的"先王旧制""祖宗故事"。首先，在后汉人的观念中，"典"字本身具有"常也，经也，法也"的意思。② 这个意思也包含在"旧典"之中。虞诩奏罢"义钱"这项苛敛时说："今宜遵前典，蠲除权制。"③ 以"前典"与"权制"对举，一经一权，其意毕见。其次，在后汉人的观念中，遵守旧典，被誉之为"遵修旧典"，④"动式旧典"成为史官对皇帝的赞语，⑤ 不遵旧典被斥之为"变乱旧典"，⑥ 并且可能引发天火焚烧掉储藏旧典的南宫云台，⑦ 要想对违反旧典引

---

① 如邢义田认为天子诏书例以"如故事"作结，是"恪守祖宗故事"的"一种具体形式"。（《治国安邦：法制、行政与军事》，第394页）；吕丽亦提出"故事是本朝或先王的已行之事，是'祖宗旧制'、'先王旧制'，在中国古代，具有崇高的地位，甚至对当朝君主也有一定的限制、约束作用"（《汉魏晋故事辨析》，《法学研究》2002年第6期）

② 《周礼·天官·大宰》"大宰之职，掌建邦之六典"郑玄注。又：《仪礼·士昏礼记》"吾子顺先典"郑玄注训"典"为"常也，法也"。

③ 《后汉书》卷五八《虞诩传》，第1872页。

④ 《后汉书》卷六一《周举传》："陛下初立，遵修旧典，兴化致政，远近肃然。"（第2029页）

⑤ （宋）李昉等撰《太平御览》卷九一《皇王部》引《东观汉记》序："穆宗之嗣世，正身履道，以奉大业。宾礼耆艾，动式旧典。"（夏剑钦、王巽斋校点，河北教育出版社，1994，第1册，第801页）

⑥ 《后汉书》卷六三《李固传》："前孝安皇帝变乱旧典，封爵阿母……至于裂土开国，实乖旧典。"（第2074页）

⑦ 《续汉书·五行志二》："中平二年二月己酉，南宫云台灾……天戒若曰：放贤赏淫，何以旧典为？故焚其台门秘府也。"（第3297页）

发的各种自然灾害予以挽救，唯有"修旧典，任忠臣"。① 这种近似西方"良法"的意蕴，"故事"一词在通常情况下没有的。正因为如此，当窦武拿出"内官但典门户"的"故事"来反对宦官专权时，太后抬出"汉元以来，世世用事"的"国之旧典"作为反驳。引据合理与否姑且不论，以"旧典"压"故事"之意则昭然若揭。②

二　旧典的保藏与使用

前汉的律令、诏书、仪制、惯例繁多，其中仅律令一项汉人就有"文书盈于几阁，典者不能遍睹"之叹。③ 这些成文或不成文的制度、旧事，既数量庞大，又极容易互相打架。因此，后汉人如何别择前汉的旧典，或予采行、或予否弃，殊值深考。

（一）旧典的保藏与失效

后汉人从哪里采行旧典？这涉及旧典的保藏问题。旧典之保存，与故事的情况大体一致，④ 一赖文献，二赖人。

南宫云台和兰台、石室等，是后汉保存旧典的专门场所。《续汉书·五行志二》："中平二年二月己酉，南宫云台灾……天戒若曰：放贤赏淫，何以旧典为？故焚其台门秘府也。"《后汉书·王允传》："允悉收敛兰台、石室图书秘纬要者以从。既至长安，皆分别条上。又集汉朝旧事所当施用者，一皆奏之。"可证。这类文献保存的旧典，可观、可案、可览，供临事查阅。如《后汉书·和帝纪》："探观旧典"，《后汉书·皇后纪》："主者详案旧典"，《后汉书·梁竦传》："览于前世，太宗、中宗，寔有旧典"，等等。

另一方面，旧典尤其是不成文的旧典，主要依靠熟习之人得以保存。这类人，以尚书台的工作人员居多。例如杨准"累世服事台阁，既闲练旧典"，⑤ 唐约"先服事台阁，闲习旧典"，⑥ 王谭"服事台阁，传习国典，拟

---

① 《太平御览》卷八七六《咎征部》引京房《别对灾异》："人君贼罚良善，政教无常，使命数变，则致暴风，折木、发屋、鸣瓦，或害杀人。其救也，修旧典，任忠臣，思过自改，则风灾消。"（第8册，第25页）
② 《后汉纪》卷二三《孝灵皇帝纪上》，第443～444页。
③ 《汉书》卷二三《刑法志》，第1101页。
④ 关于故事的典藏，邢义田文言之甚详，见《治国安邦：法制、行政与军事》，第395～402页。
⑤ 《太平御览》卷二一二《职官部》引《益部耆旧传》，第3册，第69页。
⑥ （唐）虞世南撰《北堂书钞》卷五九《设官部》引谢承《后汉书》，中国书店，1989，第198页。

议政事尝依旧据法",① 阎章"永平中为尚书","精力晓旧典",等等。② 所以一旦旧典散亡，这些人就可以发挥作用。前引董卓之乱时保存旧典的王允，时任尚书令。又，后汉中兴之初，"时无故典，朝廷又少旧臣，霸明习故事，收录遗文"，侯霸也时任尚书令。③

旧典的失效，主要是政权更替的原因。如"自王莽篡乱，旧典不存"，④"建武元年已前，文书散亡，旧典不具"，⑤"新承王莽之乱，国无旧典"，等等。⑥ 战乱之后，作为文本的旧典散亡，作为习惯的旧典或被新的惯例替代，或因人亡而政息。同时，由于旧典本身并没有刚性的强制力与约束机制作为保障，所以很容易随着皇帝意志的改变而失效，如光武帝"即位以来，不用旧典"；⑦ 或因官员上书请改旧典、皇帝批准而失效，如前引不遵《蛮夷律》事；甚至因为官员怠惰、改变旧惯例形成新惯例而失效，如"永平旧典……所以重人命也。顷数十岁以来，州郡玩习，又欲避请谳之烦，辄托疾病，多死牢狱。"⑧

此外，某些作为先例的旧典，成立之初就没有约束后来之事的意思，所以一旦情势变更，自然就失效了。

（二）采行旧典与"尚因循"辨

已经失效的前汉旧典，能够在尘封多年之后在后汉被重新采行，一个重要原因即在于正统问题。前汉享国两百多年，其统治深入人心，因此后汉皇帝以前汉正统继承者自居。这种做法及其效果，在《后汉书·光武帝纪》一个著名的故事中得到了集中的体现：

> 于是置僚属，作文移，从事司察，一如旧章。时三辅吏士东迎更始……及见司隶僚属，皆欢喜不自胜。老吏或垂涕曰："不图今日复见汉官威仪！"由是识者皆属心焉。

这种令老吏垂涕、识者属心的"汉官威仪"，即是前汉的"旧章"，亦即

① 《北堂书钞》卷六〇《设官部》引谢承《后汉书》，第207页。
② 《后汉书》卷一〇下《皇后纪下》，第435页。
③ 《后汉书》卷二六《侯霸传》，第902页。
④ 《后汉书》卷二六《赵熹传》，第914页。
⑤ 《续汉书·祭祀志上》，第3166页。
⑥ 《太平御览》卷一四八《皇亲部》引《续汉书》，第2册，第420页。
⑦ 《后汉书》卷三三《朱浮传》，第1143页。
⑧ 《后汉书》卷三〇下《襄楷传》，第1078页。

是旧典。因此，前汉的祖宗之法对于后汉的皇帝和臣僚、吏民，具有一种无形的神圣性。职是之故，已经在实际上丧失效力（而非法理上的"失效"）的前汉旧典，会在后汉屡被征引。

就具体情况来分析，旧典的采行有这样几种情况：其一，当初设立旧典时的情势重新出现，需要采行旧典以解决现实问题。如前汉武帝"致诛胡、越，故权收盐铁之利，以奉师旅之费"，而"永平末年，复修征伐"，所以后汉章帝"探观旧典，复收盐铁"。① 其二，出现某种不利的情况，被认为是违背旧典所引发的后果，则需采行旧典以纠偏。前引《续汉志》"南宫云台灾"与京房《别对灾异》均证明后汉人观念认为，违反旧典可能引发天灾人祸，此时则需采行旧典。如"明年夏，大旱，言事者以为不封外戚之故，有司因此上奏，宜依旧典"。②再如前引梁统请恢复肉刑时"以为法令既轻，下奸不胜，宜重刑罚，以遵旧典"。旧典被违反，并没有强制或惩罚的措施，直至出现不利后果才有人援之以为劝谏，这也说明旧典的法律效力并不强。

很有意思的一个问题是，学界普遍认为遵行"故事"是汉朝行政与法制崇尚"因循"的体现，③ 这个观点能否直接套用于旧典，值得探讨。前文已经强调，"旧典"是后汉人称呼前汉典制、成例时的习用语，而前汉的这种典制、成例，在后汉时往往已经实际上失效数十年乃至上百年之久，后汉已经形成了新的故事或者制度作为相关领域行事的依据。④ 在这种情况下，陡然征引并采行一个数十上百年前的"旧典"，恐怕不仅不是一种"尚因循"的表现，反而很大程度上是一种反对现状的变革。之所以要援引旧典而非另起炉灶，只不过是为了给这种变革披上一层"因循"的外衣，以示"朕不敢兴事"而已。⑤

譬如后汉和帝初即位，窦太后下诏："然守文之际，必有内辅以参听断。侍中宪，朕之元兄……当以旧典辅斯职焉。"⑥ 借口"守文之际，必有内辅以

---

① 《后汉书》卷四《和帝纪》，第 167 页。
② 《后汉书》卷一〇上《皇后纪上》，第 411 页。
③ 如前引邢义田文，即持此观点。邢义田以"旧典"为"故事"之异名，则此观点似乎也适用于旧典。
④ 如前引《后汉书·和帝纪》"入税县官如故事"即是对"收盐铁之利"的武帝旧典的取代，《续汉志》"中兴但因计吏"的故事，就是对前汉"州牧刺史入奏事"旧典的取代，等等。
⑤ 汉和帝语，见《后汉书》卷四《和帝纪》，第 1174 页。
⑥ 《后汉书》卷四《和帝纪》，第 166 页。

参听断" 的前汉旧典，① 扶兄长窦宪上马，从而开东汉外戚专权的先河。事实上，东汉前几任君王光武、明、章帝都汲取前汉教训而严格控制外戚势力，窦太后采行前汉旧典，不仅不是 "尚因循" 的表现，反而是破坏后汉的规矩。再如前引后汉桓帝娶梁冀女，"悉依孝惠皇帝纳后故事，聘黄金二万斤"，自然也就违背了东汉 "娉皇后，黄金万斤" 的惯例。

（三）对旧典的否弃

否弃正在发生效力的旧典，分为两种情况：偶尔的破例和彻底的废止。

偶尔的破例，可能出于皇帝和大臣的个人意志。如皇帝可以放着 "旧典，诸王女皆封乡主" 的旧典不管，"独封（东平宪王）苍五女为县公主"；② 对于 "舅氏旧典，并蒙爵土" 的封赏之诏，窦宪 "独不受封"。③ 这种破例，并不影响旧典对类似事情继续发挥效力，但是必须得到皇帝的认可。如前引郭贺对 "传车骖驾，乘赤帷裳" 的旧典并不遵从，得到了皇帝的认可——"敕去幨帷"；而汉末贾琮再一次违反此旧典，可见期间这条旧典一直在发挥作用。再如羊续对 "二千石卒官赙百万" 的旧典不肯接受，"诏书褒美"，予以认可。有时候，皇帝在对某次破例认可的同时，会明令严禁类似的破例。如桥玄担任梁州刺史时擅自开仓赈济灾民，"主者以旧典宜先请"，桥玄不听。诏书对桥玄违反旧典的这一次举动认可的同时，也明确规定 "后不以为常"。④

对正在发生效力的旧典予以彻底的废止，往往需要皇帝的诏令。如前引后汉章帝 "遗戒" 废止了武帝 "收盐铁之利" 的旧典，汉献帝对 "市长执雁" 的旧典，"令改旧典"，皆其例也。

既然采行旧典未必是 "尚因循"，则对旧典的否弃便往往出于对安稳现状和既有利益的维护。如梁统请求恢复肉刑，三公、廷尉议以为现今的法律 "施行日久"，不宜改动，予以否决。朱穆想要改变自光武帝以来中常侍悉用宦官的现状，援引 "汉家旧典"，结果是 "帝怒，不应"。⑤ 值得注意的一点

---

① 汉外戚辅政曰内辅，如《汉书·傅喜传》："傅喜……哀帝祖母定陶傅太后从父弟……大司空何武、尚书令唐林皆上书言：'喜行义修絜，忠诚忧国，内辅之臣也'。" 又《汉书·王莽传》称莽 "登大司马，职在内辅"。所谓 "守文之际，必有内辅以参听断" 之 "旧典"，乃是西汉行政惯例，时曰 "故事"。著者如惠帝时之吕氏、武帝时之窦氏、昭宣时之霍氏、汉季之王氏，皆其前比。《史记·外戚世家》："自古受命帝王及继体守文之君……盖亦有外戚之助也。" 可为佐证。

② 《后汉书》卷四二《光武十王列传》，第1440页。

③ 《后汉书》卷二三《窦宪传》，第818页。

④ 《太尉乔玄碑阴》，（清）严可均：《全上古三代秦汉三国六朝文》，中华书局，1958，第889页。

⑤ 《后汉书》卷四三《朱穆传》，第1472页。

是，但凡臣下援引旧典上奏谏言，皇帝往往通过下群臣议然后支持反对派的办法来拒绝，或者"不应""书奏不省"，① 采取一个消极不回应的态度，很少直接拒绝。从此也可窥见前汉旧典对于"今上"在观念上有一定的约束力。

三　旧典行用的两个范例

对于旧典的采行也好、否弃也罢，对立双方嘴上谈的都是几十、上百年前的前汉古事，而针对的却都是后汉的现实问题。也就是说，旧典的行用有着很强的时代感。

外戚与宦官专权，是后汉政治生活的两大主题。笔者从《后汉书》中辑录的四十二则旧典，用来支持或反对外戚的有九条，用来支持或反对宦官的有五条，都占到了相当的比例。下面，我们就对这两个范例进行专门的讨论，以期对后汉行用旧典的性质有更好的把握。

（一）"外戚恩泽侯"问题中的旧典

所谓"外戚恩泽侯"，其实是对高祖约束予以破例从而形成的旧典。《汉书·外戚恩泽侯表》引高祖誓曰："若有无功非上所置侯者，天下共诛之。"外戚无功而得以破例封侯，则是用"《春秋》褒纪之义""《大雅》申伯之意"，从而渐成惯例，故《后汉书》注曰："汉制，外戚以恩泽封侯，故曰旧典也""西汉故事，帝舅皆封侯"。

后汉建立之初，一方面外戚遭到压制和防范，另一方面外戚自身也保持克制。后汉章帝想要"封爵诸舅"，马太后坚决不同意。第二年夏，大旱，"言事者以为不封外戚之故，有司因此上奏，宜依旧典"，章帝也提出"汉兴，舅氏之封侯，犹皇子之为王也"的旧典，马太后则以"先帝防慎舅氏，不令在枢机之位"的"先帝之旨"对抗旧典，坚辞不从。其后"有司连据旧典，奏封廖等，累让不得已……遂受封为顺阳侯"。

一个有趣的现象是，马太后为了拒绝"封爵诸舅"的旧典，也引用了一条前汉旧典作为针锋相对的依据："有旧典，舅氏一人封也。"② 试图以此表

---

① 如前引襄楷上言，"书奏不省"；《后汉书·张纲传》："时顺帝委纵宦官……（张纲）退而上书曰：'……而顷者以来，不遵旧典，无功小人皆有官爵……'书奏不省"（第1817页）；《后汉书·吕强传》："强上疏谏曰：'旧典选举委任三府……'书奏不省。"（第2532~2533页）
② 《后汉纪》卷一一《孝章皇帝纪上》，第209页。

明不宜封赏过滥。但事实上，这条旧典并不完全符合前汉的情况。《汉书·外戚恩泽侯表》载汉高祖时期就有外戚吕泽、吕释之二人封侯，吕后时期更是遍封诸吕为侯。如果说前者有军功封侯的成分，后者属于非常时期特殊情况的话，那么汉景帝时期窦氏三人分别以皇太后弟、兄子、昆弟子侯，汉武帝时期田氏二人以皇太后同母弟侯，应该更能说明问题。武帝以后外戚封侯更加泛滥，王、许、史、丁氏均不止一人封侯。由此可见，马太后口中所谓"舅氏一人封"的旧典在前汉并不曾得到很好的遵循，甚至连这条"旧典"的有无也要打上问号。从这里可以看出，前汉旧典在后汉人观念中得到美化，这个现象也适足佐证前文对旧典有"经法""常法"意蕴的分析，表明了前汉旧典在后汉人心目中的崇高地位。

但并非所有外戚都如马氏一样谦抑自持。外戚势力急于恢复在前汉的地位，寻求此类旧典就成为他们的有效手段。窦太后扶兄长窦宪上马，即援引了"守文之际，必有内辅以参听断"的前汉旧典，不久窦宪讨伐匈奴获得胜利，诏书再一次以"有司其案旧典，告类荐功，以章休烈"的名义给予破格封赏，继而又以"舅氏旧典，并蒙爵土"为由，封窦氏四人为侯。窦家肇其端，"外戚以恩泽封侯"的前汉旧典也就在后汉成立了，且更甚于前汉。而马、窦二家之后的外戚，受恩泽封侯时，文献中不见再称引旧典。这也正说明，后汉初期在外戚恩泽侯的问题上屡屡称引旧典，正是为了减少来自朝野上下的阻力。

外戚势力壮大之后不必再称引旧典便可受封为侯，而汉末反对外戚专权者则开始以旧典说事。如赵典提出"且高祖之誓，非功臣不封。宜一切削免爵土，以存旧典"，试图以一个旧典来反对另一个旧典。这种做法在外戚势力已然羽翼丰满的大背景下，自然只能招来"帝不从"的结果。

（二）"中官"问题中的旧典

相比起外戚问题上旧典多是用来支持外戚封侯，"中官"问题上旧典则多是用来反对宦官专权的。著者如冯绲上言"旧典，中官子弟不得为牧人职"；[①] 朱穆上疏"臣闻汉家旧典，置侍中、中常侍各一人……皆用姓族。自和熹太后以女主称制，不接公卿，乃以阉人为常侍、小黄门通命两宫……宜皆罢遣"；再如前引张纲上书，称"而顷者以来，不遵旧典，无功小人皆有官爵"；外戚窦武也曾针对当时"诸黄门无功而侯"的情况上表"陛下违汉旧典，谓必可行，自造制度，妄爵非人"。

宦官专权是后汉特有的现象，前汉基本不存在此一问题。所以在这一问

---

① 《后汉书》卷三八《冯绲传》，第1284页。

题上，外戚与士大夫才会如此统一口径，纷纷引用前汉旧典来反对现状。这也印证了前文所下的一个判断：援引、采行旧典，未必是对惯例的因循，恰恰相反，极有可能是对现状的不满与挑战。

以旧典反对宦官专权，基本上没有得到正面回应。甚至于还遭到同样以旧典所作之反驳："太后曰：'此皆天所生，汉元以来，世世用事，国之旧典，何可废也？'"① 但是这并不意味着毫无用处，起码言事者以旧典为据，可以起到自我保护的作用。正如前文所说，但凡臣下援引旧典上奏谏言，皇帝一般都是采取不回应的消极态度。汉末宦官势力很大，反对宦官而因言获罪的例子所在多有。上举诸例无一因言获罪，不能说不是引旧典为据的功效。

此外，引旧典为据反对宦官，间或亦可奏效。例如杨秉的两次上奏：

> 例1：是时宦官方炽，任人及子弟为官，布满天下，竞为贪淫，朝野嗟怨。秉与司空周景上言："……旧典，中臣子弟不得居位秉势，而今枝叶宾客布列职署，或年少庸人，典据守宰，上下忿患，四方愁毒。可遵用旧章，退贪残，塞灾谤。……"
>
> 例2：时，中常侍侯览弟参为益州刺史，累有臧罪，暴虐一州。明年，秉劾奏参，槛车征诣廷尉。参惶恐，道自杀。秉因奏览及中常侍具瑗曰："臣案国旧典，宦竖之官，本在给使省闼，司昏守夜，而今猥受过宠，执政操权……若斯之人，非恩所宥，请免官送归本郡。"②

例1中，帝从之，于是杨秉条奏牧守以下五十多人，"或死或免，天下莫不肃然"。例2中，"帝不得已，竟免览官，而削瑗国"。可见旧典在反对宦官的问题上能起到一定的作用。

四 从"旧典"看后汉法制的新旧纠葛

前后汉是一体相承的两个王朝，甚而目之为一个王朝亦不为过。无论从传世文献还是出土材料来看，后汉都没有大的立法活动，基本沿袭了前汉的法制。这就给后汉带来了两个难题。

首先，正如前文所说，前汉可援以为法的约束、律令、诏书、仪法、制度、章程、惯例、先例，数量庞大、内容庞杂，而且经过王莽改制和战乱，亡佚散乱也很严重。如何从杂而多的前汉法源之中采行需要的成分、否弃过

① 《后汉纪》卷二三《孝灵皇帝纪》，第444页。
② 《后汉书》卷五四《杨秉传》，第1772~1774页。

时的成分，这是第一个问题。其次，前后汉虽然一脉相承，但毕竟前后相隔。两汉享国四百年，如何使得旧的法制能够因应新的情势，这是第二个问题。

后汉采取的对策，是进行大规模系统的法律文件整理活动。以《晋书·刑法志》所见为例，即有汉章帝诏"谳五十余事，定著于令"；陈宠"复校律令，刑法溢于《甫刑》者，奏除之"；陈忠"奏上三十三条，为决事比"；应劭"删定律令，以为《汉仪》"，并"撰具《律本章句》《尚书旧事》《廷尉板令》《决事比例》《司徒都目》《五曹诏书》及《春秋折狱》，凡二百五十篇，蠲去复重，为之节文"。此外，还有郭躬"条诸重文可从轻者四十一事奏之，事皆施行，著于令"；① 曹褒改造叔孙通《汉仪》，"次序礼事，依准旧典……以为百五十篇"；② 等等。这样的事情，在前汉是很少见的，也是研究后汉法制史所必须注意的现象。③

在这一背景下来理解旧典的性质，也许不无启发。简单来讲，旧典即是前汉各种法源在后汉的"现行有效部分"。后汉之初，"时无故典"，侯霸"条奏前世善政法度有益于时者，皆施行之"；④ 汉末大乱，制度亡佚严重，王允又"集汉朝旧事所当施用者，一皆奏之"。这些对"故典""旧事"的重新启用，也都是有一定规模的整理前汉法源的特殊立法活动。至于本文援引的更多的旧典，则是以零星的、个别的形式，对前汉法源各取所需，并且通过采行的方式予以"激活"。以"旧典"的形式零星地个别地激活法源，相较大规模、有系统地对法律文件的整理，也许针对性更强，对前汉法源的采行也会更加细致入微。系统的整理和零星的激活，这两种方式一道成为后汉解决法制新旧纠葛问题的尝试，在某种意义上也许也可以理解为一道构成了后汉特殊的立法模式。这两种立法模式暴露出了前汉法源庞杂的弊病，同时也体现出后汉人在特殊历史条件下的独特立法智慧。

---

① 《后汉书》卷四六《郭躬传》，第 1544 页。
② 《后汉书》卷三五《曹褒传》，第 1203 页。
③ 关于这个现象，徐世虹主编的《中国法制通史》第二卷《战国秦汉》第十一章下"令的整理厘定"一节有详细的归纳和解读。（法律出版社，1999，第 272～278 页）
④ 《后汉书》卷二六《侯霸传》，第 902 页。

《中国古代法律文献研究》第七辑
2013年，第192～204页

魏晋南北朝律博士考

冯　婧[*]

摘　要： 律博士初创于曹魏，两晋南北朝沿袭，直至隋朝，它的历史才终告完结。魏晋南北朝时期的律博士，大部分时间都处于中央司法机构廷尉或大理之下。律博士的职能，包括教授法律、判决罪状、考论律令，并参与司法程序改革的讨论。南北历史环境的差异，造成了律博士南北相异的社会、政治地位。南朝陈时，胄子律博士率先由司法机构转入教育机构，北朝的律博士却始终滞留于司法机构，并呈现膨胀与发展的态势，此种截然相反的发展趋向亦是受南北相异的历史环境的影响。同时，陈胄子律博士步入国学，是律学逐渐从司法官吏的专门之学，发展为官僚士大夫的必备素质这一历史趋势的早期表征。

关键词： 律博士　律学　南朝国学

魏明帝时，设律博士一职，两晋南北朝沿袭，至隋文帝时撤废。对于律博士，沈家本曾有极高的评价："赖有此一官，而律学一线之延遂绵绵不绝……然则律博士一官，其所系甚重而不可无者也。"[①] 认为它是律学传承的重要载体。但现有的研究成果中，关于这一"所系甚重"职官的研究仍十分

---

* 冯婧，中国人民大学历史学院本科生。
① （清）沈家本：《寄簃文存》卷一《设律博士议》，收入氏著《历代刑法考》，邓经元、骈宇骞点校，中华书局，1985，第2060页。

有限，① 尚有进一步补充的余地。笔者拟从律博士的沿革、所属机构、职能、地位等方面入手，试图深化对相关问题的认识。

一 律博士之沿革及其所属机构

律博士创制于太和元年（227）或二年。② 关于其沿革，沈家本已有梳理，③ 但仍有未暇详审之处。现将律博士之沿革重新条理如下。

《唐六典》有言："魏初为大理，后复为廷尉。置律博士。"④ 曹魏律博士应归廷尉管辖。两晋时，律博士仍设于廷尉之下，"廷尉，主刑法狱讼，属官有正、监、评，并有律博士员。"⑤ 宋承晋制，"廷尉律博士，一人"，⑥ 亦隶属廷尉。南齐从之，"廷尉。府置丞一人，正一人，监一人，评一人，律博士一人"。⑦

梁初，廷尉下仍置律博士。⑧ 天监四年（505）二月，武帝新设"胄子律

---

① 与律博士相关的重要研究成果，目前有沈家本《设律博士议》（收入《历代刑法考》，第2060页），梳理律博士的历代沿革；罗新本《律学博士创置年代考》（《现代法学》1987年第2期，第71页），考证律博士的创制年代；邢义田《秦汉的律令学——兼论曹魏律博士的出现》（收入《秦汉史论稿》，东大图书公司，1987，第247页），其中第四部分专论律令学的没落导致律博士的出现；徐道邻《鞫谳分司考》（收入《中国法制史论集》，志文出版社，1975，第114页）与《中国唐宋时代的法律教育》（同书，第178页），前者认为律博士这一职官的设置，是"鞫谳分司"制度化的开端，律博士等律官主要负责判决罪状，而非审问案情；后者提出至隋开皇五年，"鞫谳分司"的制度被停止，律博士因之而废；高明士《东亚古代的明法与律学教育》（收入《东亚传统教育与法制研究（一）教育与政治社会》，台大出版中心，2005，第3页），认为律博士的创立是官方律学教育发展史上迈出的一大步。总的来说，学界关于律博士的研究成果，仍然非常零散，有进一步补充的余地。
② 罗新本：《律学博士创置年代考》，《现代法学》1987年第2期，第71页。对于律博士创制年代的考证，沈家本在《历代刑法考》中亦有零散的考证（《历代刑法考》，第888、1978页），将卫觊奏设律博士一事系于太和二年（228）。而高明士在《中国中古的教育与学礼》一书中，主张太和元年设律博士。（《中国中古的教育与学礼》，台大出版中心，2005，第30页）笔者分析诸家说法，以罗文最优，故取之。
③ 沈家本：《寄簃文存》，收入《历代刑法考》，第2058页。
④ （唐）李林甫等：《唐六典》卷一八《大理寺》，中华书局，1992，第501页。
⑤ （唐）房玄龄等：《晋书》卷二四《职官志》，中华书局，1974，第737页。
⑥ （梁）沈约：《宋书》卷三九《百官志上》，中华书局，1974，第1231页。
⑦ （梁）萧子显：《南齐书》卷一六《百官志》，中华书局，1972，第317页。
⑧ （唐）魏徵等：《隋书》卷二六《百官志上》，中华书局，1973，第735页。

博士，位视员外郎"，① 与原有的廷尉律博士一起，隶属于廷尉。至陈，仍有胄子律博士一职，② 却不明其所属。《册府元龟》学校部总序中称陈国学下有律学博士，"国子助教、太学博士，并品第八，秩六百石。律学博士秩品亦同。"③ 此处的"律学博士"指的是廷尉律博士还是胄子律博士，抑或两者都不是，需进一步考察。

首先，根据《隋书·百官志》，梁廷尉律博士居三品勋位，为典型的流外勋品，较之《册府元龟》所载品第八（相当于梁制流内三班或四班）的陈"律学博士"，一流外一流内，实是相差甚远，很难想象两者之间有传承关系。因此，《册府元龟》中的陈"律学博士"，应不是指廷尉律博士。其次，根据《隋书·百官志》，陈胄子律博士官阶为秩六百石，品第八，④ 恰与《册府元龟》中的陈"律学博士"相符。由此可见，《册府元龟》中的陈"律学博士"与《隋书·百官志》所载陈胄子律博士，两者很可能指的是同一职官。

为进一步证实这个推测，笔者遍览《册府元龟》中关于"律博士""律学博士"以及"胄子律博士"的记载，发现在宋人为《册府元龟》所作序中，有三者概念不清，混淆使用的情况。例如《晋书·职官志》载晋有"律博士"，⑤《册府元龟》刑法部总序记为"律学博士"；⑥《隋书·百官志》载"置胄子律博士，位视员外郎"，⑦《册府元龟》刑法部总序写做"又置律博士，视员外郎"。⑧ 由此观之，《册府元龟》学校部总序将陈胄子律博士误记为"律学博士"，并不足为奇。至此，笔者大体可以确定，《册府元龟》学校部总序中的陈"律学博士"，是由陈胄子律博士误改而来。

确定两者的关系后，我们是否可以直接取信《册府元龟》序文中陈"律学博士"（即陈胄子律博士）隶属国学的相关记载？《册府元龟》中的大、小序，经宋人修撰而成，相当于宋人对于前代的研究成果，与原始材料仍有一定差距。然单就陈"律学博士"隶于国学这条记载而言，笔者认为仍可取信，理由如下：在撰修《册府元龟》序文的过程中，编撰者手上若没有关于

① 《隋书》卷二六《百官志上》，第 725 页。
② 《隋书》卷二六《百官志上》，第 745 页。
③ （宋）王钦若等编撰《册府元龟（校订本）》卷五九七《学校部·总序》，周勋初等校订，凤凰出版社，2006，第 6867 页。
④ 《隋书》卷二六《百官志上》，第 745 页。
⑤ 《晋书》卷二四《职官志》，第 737 页。
⑥ 《册府元龟（校订本）》卷六〇九《刑法部·总序》，第 7026 页。
⑦ 《隋书》卷二六《百官志上》，第 725 页。
⑧ 《册府元龟（校订本）》，卷六〇九《刑法部·总序》，第 7027 页。

陈胄子律博士所属机构的史料，他们很可能会将陈胄子律博士比同于梁胄子律博士，依照梁时制度，划归司法机构。如今我们却看到《册府元龟》序中陈胄子律博士被划归国学，说明编撰时大概有可靠的史料作为依据，只是这些资料后世不传，我们今天无法看到。① 可以说，《册府元龟》将陈胄子律博士区别于梁胄子律博士，归入教育机构而非司法机构，编撰者应是经过认真考虑的。同时，就《册府元龟》的编纂质量而言，无论是正文还是总序，整体水平较高。② 总的来说，"国子助教、太学博士，并品第八，秩六百石。律学博士秩品亦同。"③ 这条史料应是可信的。由此得出陈胄子律博士隶属于国学的结论，也是合理的。

退一步讲，即使是《册府元龟》学校部总序的编修者在陈胄子律博士所属机构的判断上出现了失误，我们也不能否认梁陈两代的胄子律博士已经与国学这一教育机构发生了联系。"胄子"一词，有国子学学生的含义。如晋潘尼《释奠颂》有云："莘莘胄子，祁祁学生。"④ 梁武帝天监九年（510）十二月亦有"舆驾幸国子学，策试胄子"⑤ 一事。若是胄子律博士与国学毫无瓜葛，又为何以"胄子"命名之？若仅为区别于同一机构之下的廷尉律博士，应是可以取用其他名称的。南朝末年的胄子律博士，很可能已经与国学具有了某种联系。甚至在陈时，从廷尉转移到了国学。

大体确定了陈胄子律博士的情况后，我们再来考察陈廷尉律博士的状况。虽然史籍不见陈廷尉律博士的记载，笔者推测南陈可能仍存廷尉律博士，理由有二：第一，"陈承梁，皆循其制官"，⑥ 陈对梁的职官多所保留，改易甚少；第二，根据《隋书·礼仪志》，"廷尉律博士，无佩。并簪笔"，⑦ 后无注文。《隋书·礼仪志》关于梁陈礼制的部分，所述甚详。梁陈两代职官、服制改易者，皆于注文中增补。⑧ 廷尉律博士条后无注文，表明这一职

---

① 司马光修撰《资治通鉴》时，仍能见到大量我们今天见不到的有关魏晋南北朝历史的史料。《册府元龟》的修撰时间比《资治通鉴》稍早，修撰者更有可能接触到我们今天无法见到的史料。虽然其序仅为宋人的研究成果，参考价值仍较大。

② 根据刘乃和主编《册府元龟新探》（中州书画社，1983，第3~8页），宋真宗对《册府元龟》的编撰异常重视，时作指示，不断过问。其取用的材料亦以"正史"为主，兼及经、子，不采说部。每部的总序又统一撰定，反复审阅。

③ 《册府元龟（校订本）》卷五九七《学校部·总序》，第6867页。

④ 《晋书》卷五五《潘岳传附从子尼传》，第1512页。

⑤ （唐）姚思廉：《梁书》卷四八《儒林传》，中华书局，1973，第662页。

⑥ 《隋书》卷二六《百官志上》，第741页

⑦ 《隋书》卷十一《礼仪志六》，第224页。

⑧ 根据《隋书·礼仪志六》："至天嘉初，悉改易之，定令具依天监旧事，然亦往往改革。今不同者，皆随事于注言之。不言者，盖无所改制云。"（第218页）

官在梁陈之际很可能无所改制，陈时廷尉律博士仍存。若真如笔者所推测，南陈仍存廷尉律博士，基于陈承梁制，廷尉律博士应隶属廷尉。

十六国律博士的存废状况已不见于史籍。① 《魏书·官氏志》载北魏有律博士一职，不见其所属机构，但我们可以从其他史料中获得相关信息。《魏书·袁翻传》载正始初年宣武帝诏尚书门下考论律令，在参议者中，律博士侯坚固列于廷尉监张虎后；《魏书·刑法志》载大理正崔纂、评杨机、丞甲休、律博士刘安元议论是否应该采取外行覆审，律博士亦随大理正、评、丞之后；《魏书·常景传》称廷尉公孙良举常景为律博士。由此可知，北魏的律博士很可能仍设于廷尉之下。②

北齐大理寺下设律博士四人。③ 北周律博士的状况没有明确记载。《通典》有《后周官品》，中有"法生"，④ 经阎步克的辩证，"法生"当为律博士弟子。⑤ 则北周很可能存在律博士一职。周隋相承，隋律博士隶属大理寺（详下），北周律博士亦应隶大理。隋初大理寺下统律博士八人，⑥ 至开皇五年（585），"其大理律博士、尚书刑部曹明法、州县律生，并可停废"，⑦ 律博士被废。隋末，与律博士性质类似的职官有可能重设于国子监之下，⑧ 但不知当时称"律博士"还是"律学博士"。唐武德初年，"省置一人，移属国学"，⑨ 将律学博士设于国子监之下。⑩ 此时，已称"律学博士"，而不称

---

① 史籍中有关于"律学祭酒"的记载。根据《晋书·石勒载记下》："署从事中郎裴宪、参军傅畅、杜嘏并领经学祭酒，参军续咸、庾景为律学祭酒，任播、崔濬为史学祭酒。中垒支雄、游击王阳并领门臣祭酒，专明胡人辞讼，以张离、张良、刘群、刘谟等为门生主书，司典胡人出内，重其禁法，不得侮易衣冠华族。"（第 2735 页）律学祭酒与律博士之间的关系，由于史料不足，不敢妄下断言。另外，根据《晋书·姚兴载记上》，后秦姚兴弘始年间，曾设律学于长安："立律学于长安，召郡县散吏以授之。"（第 2980 页）教授者有可能是律博士。

② （北齐）魏收：《魏书》卷六九《袁翻传》，中华书局，1974 年，第 1536 页；同书，卷一一一《刑罚志》，第 2884 页；同书，卷八二《常景传》，第 1801 页。北魏律博士很可能属于司法机构，这一点叶炜已经在《论魏晋至宋学的兴衰及其社会政治原因》（《史学月刊》2006 年第 5 期，第 36 页）一文中明确，并指出张金龙《北魏政治与制度论稿》中关于律博士属于四门小学系统的推测没有举证。

③ 《隋书》卷二七《百官志中》，第 756 页。

④ （唐）杜佑：《通典》卷三九《职官二十一》，王文锦等点校，中华书局，1988，第 1085 页。

⑤ 阎步克：《察举制度变迁史稿》，辽宁大学出版社，1997，第 309～310 页。

⑥ 《隋书》卷二八《百官志下》，第 776 页。

⑦ 《隋书》卷二五《刑法志》，第 712 页。

⑧ 徐道邻：《中国唐宋时代的法律教育》，收入氏著《中国法制史论集》，第 182～183 页。

⑨ 《唐六典》卷二一《国子监》，第 561 页。

⑩ （后晋）刘昫：《旧唐书》卷四四《职官三》，中华书局，1973，第 1892 页。

"律博士"。其隶属部门，从司法机构变成了教育机构，性质与职能也发生了相应的转变（详下）。可以说，律博士的历史在隋开皇五年时便已结束，而后设于教育机构下的"律学博士"，又是一番新的面貌。

二 律博士的职能

魏明帝时，面对司法官吏法律素质低下这一状况，卫觊上奏请设律博士："刑法者，国家之所贵重，而私议之所轻贱。狱吏者，百姓之所悬命，而选用者之所卑下。王政之弊，未必不由此也。请置律博士，转相教授。"① 之所以称之为"博士"，盖承汉博士之意，以传道授业为本职。律博士最初的设置目的，是提高司法官吏的法律素质，教育为其最基本的职能。后秦姚兴弘始年间，曾设律学于长安："立律学于长安，召郡县散吏以授之。"② 教授者有可能是律博士。南齐、北齐、北周、隋皆有律博士弟子的记载。③ 陈时冑子律博士甚至进入了国学。可以相信，律博士教授法律的职能很可能一直延续到隋开皇五年废律博士之前。唐初律学博士设于国子监下，继续在教育机构中承担着教授法律知识的职能。

除了教育职能，这一时期的律博士还具有判决罪状、考论律令的职能，并参与司法程序改革的讨论。东晋成帝咸和五年（330），有散骑侍郎贺乔妻于氏上表一事。于氏无子，养子贺率不事赡养，以故告之。成帝"敕下太常、廷尉、礼、律博士，按旧典决处上"，④ 可见律博士可参与断案、判决罪状。⑤ 律博士亦参预对律令的讨论，如《魏书·袁翻传》载正始初年宣武帝诏尚书门下考论律令一事，参议者中就有律博士侯坚固。⑥ 同时，律博士还参与司法程序改革的讨论。《魏书·刑罚志》载永平三年（510）六月廷尉寺

---

① （晋）陈寿：《三国志》卷二一《卫觊传》，中华书局，1975，第611页。

② 《晋书》卷一一七《姚兴载记上》，第2980页。

③ 《南齐书·孔稚珪传》："今朝廷律生，乃令史门户。"《隋书·百官志》称北齐大理寺下有"明法各十人。"又称隋大理寺下有"明法，二十人"。（第756、776页）《通典》中《后周官品》有"法生"的记载。根据阎步克的考证，以上"律生""明法""法生"皆指律博士弟子。参见阎步克《察举制度变迁史稿》，第307~308页。

④ 《通典》卷第六九《嘉礼一四》，第1912页。中华书局校点本将此句点为"敕下太常、廷尉、礼律博士，按旧典决处上"。礼律博士，史籍无可考，不知点读的依据何在。根据《晋书·百官志》，晋有太常博士，"掌引导乘舆。王公已下应追谥者，则博士议定之"，掌礼仪。以此推之，似断为"敕下太常、廷尉、礼、律博士，按旧典决处上"更加合理。

⑤ 魏晋南北朝的司法审判，似遵循"鞫谳分司"的制度。律博士等律官主要负责判决罪状，而非审问案情。具体参见徐道邻《鞫谳分司考》。（收入《中国法制史论集》，第114页）

⑥ 《魏书》卷六九《袁翻传》，第1536页。

内部争论是否应该采取外行覆审，律博士刘安元亦在议列。①

不过，随着律博士隋初被废，其判决罪状的司法职能未能延续下来。唐初新设的律学博士，并不具有司法职能。隋开皇五年，始平县律生辅恩舞文弄法，陷害侍官慕容天远，文帝遂下诏：

> 人命之重，悬在律文，刊定科条，俾令易晓。分官命职，恒选循吏，小大之狱，理无疑舛。而因袭往代，别置律官，报判之人，推其为首。杀生之柄，常委小人，刑罚所以未清，威福所以妄作。为政之失，莫大于斯。其大理律博士、尚书刑部曹明法、州县律生，并可停废。②

从隋文帝的诏书中，可解读出以下信息：州县律生舞文弄法，撤废情有可原。但为何要将大理律博士与诸曹明法一同撤废？隋文帝的选择，应当是有理由的。在他眼中，大理律博士与诸曹明法应同样是掌杀生之柄的"小人"，于是一同废除。根据这封诏书推测，律博士在隋初仍承担着司法职能，且"报判之人，推其为首"，在判决罪状的过程中握有生杀予夺的大权。

不过，自隋初撤废大理律博士开始，律博士便被逐出司法机构，丧失其司法职能。之后唐武德初年国子监下的律学博士，很可能已成纯粹的法律教授之职，不再参预司法活动，故文献中似不见律学博士参与司法活动的记载。

三　律博士的地位

一职官之地位，与当时的社会风气和制度设计紧密相关。由此两者入手，大致能把握一个职官在一定时期内的社会、政治地位。魏晋南北朝是门阀士族兴盛的时代，世家大族的好恶褒贬直接影响当时的社会风气，他们与皇权的纠葛与博弈亦牵动着政策的走向与制度的选择。可以说，要考察这一时期律博士的地位，首先要讨论当时士族对其的一般态度。南北士族对待法律的不同态度，很大程度上导致了律博士南北截然不同的社会、政治地位。

魏晋以降至南朝，世家大族推崇清望之官而不屑与浊吏为伍，刀笔之吏多为寒门所职，非高门贵族所屑为。早在东晋，熊远便有上疏："今朝廷法吏多出于寒贱"，③ 直接点出当时朝廷司法官员出身微寒；南齐崔祖思亦指

---

① 《魏书》卷一一一《刑罚志》，第2884页。
② 《隋书》卷二五《刑法志》，第712页。
③ 《晋书》卷七一《熊远传》，第1888页。

出："今廷尉律生，乃令史门户，族非咸、弘"，① 言"令史门户"，意即起家微贱；南齐孔稚珪曾建议国学置律助教，言"寻古之名流，多有法学……今之士子，莫肯为业，纵有习者，世议所轻"，② 然这条建议最终没有施行，可见南朝律令已沦为寒门的技艺，不仅为世所轻，连国家统治者也不措意，正如《隋书·刑法志》所言："（梁武）帝锐意儒雅，疏简刑法，自公卿大臣，咸不以鞫狱留意。"③ 在此种社会氛围下，律博士等与法律相关的职官不可避免地遭受轻薄与鄙夷。

这种社会风气直接反映到官阶制度的设计之中。魏明帝初设律博士，其时尚无官品之说，其禄秩亦不可考。④《通典》所载《魏官品》《晋官品》与《宋官品》中，不见律博士官品，⑤ 而廷尉正、监、平皆第六品，⑥ 所以魏末、晋、宋的律博士官品应不高于六品。《通典》阙《南齐官品》，阎步克有《南齐官品拾遗》一篇，其中考得廷尉为第三品，廷尉正、平为第六品，廷尉丞为第七品，⑦ 所以南齐律博士应不高于第七品，同样是在官品的较末位。梁廷尉律博士居三品勋位，⑧ 为典型的流外勋品，多为职能性官职，面向寒人，为士族大家所不屑，亦为世评所鄙。陈很可能仍存廷尉律博士，基于梁时这一职官已别为流外勋品，陈廷尉律博士的地位亦不会太高。

北朝状况大有不同。《魏书·羊深传》称："进必吏能，升非学艺，是以刀笔小用，计日而期荣；专经大才，甘心于陋巷。"⑨《魏书·文苑传》亦言："自孝昌之后，天下多务，世人竞以吏工取达，文学大衰。"⑩ 北朝重武功吏干，无论君主还是士族，于律令法式皆多有关注。南北士族迥异的政治文化取向，亦反映在律博士南北相异的官阶设置上。北魏太和十五年（491）

---

① 《南齐书》卷二八《崔祖思传》，第519页。
② 《南齐书》卷四八《孔稚珪传》，第837页。
③ 《隋书》卷二五《刑法志》，第701页。
④ 洪饴孙《三国职官表》言"六百石，第六品，掌科律，太和元年尚书卫觊奏置"（《三国职官表》（一），收入《丛书集成初编》，王云五主编，商务印书馆，1937，第83页），作者注明引自《三国志·魏书·卫觊传》，而实际上《卫觊传》并未有相关内容，不知其所据为何，故不取用。
⑤ 《魏官品》与《晋官品》中有"诸博士"，置于第六品。《宋官品》中又有"博士"。阎步克认为它们实际上是太常博士，见阎步克《品位与职位——秦汉魏晋南北朝官阶制度研究》，中华书局，2002，第290页。
⑥ 《通典》卷三六《秩品一》，第992页；同书，卷第三七《秩品二》，第1004、1008页。
⑦ 阎步克：《品位与职位——秦汉魏晋南北朝官阶制度研究》，第284页。
⑧ 《隋书》卷二六《百官志上》，第735页。
⑨ 《魏书》卷七七《羊深传》，第1704页。
⑩ 《魏书》卷八五《文苑传》，第1874页。

"大定官品",律博士为从第五品中;① 太和二十三年（499）孝文帝又颁
《后职令》,律博士为从第八品。② 而后北齐律博士为第九品。③ 北周律博士
官品状况不详。隋开皇五年废律博士之前,为正九品。④ 可见,北朝律博士
的官品虽亦不高,但一直处于流内的体系之内。⑤ 而承袭太和官品的梁武帝,
却毅然将廷尉律博士别为流外勋品,降为奖励寒人吏劳之职。律博士地位之
南北差异,于此可见一斑。

南朝胄子律博士的情况较为特殊。梁天监四年新设的胄子律博士,为流
内三班。⑥ 陈承梁制,仍置胄子律博士,秩六百石,品第八,⑦ 相当于梁制的
流内四班或三班。南朝胄子律博士的官阶地位远超廷尉律博士,大概是因其
与国子太学等清要部门发生关系的缘故,也可能有君主表彰法学,注重实务
的需求在其中。

四　南朝末年胄子律博士所属机构的转移

前文已论,魏晋南北朝时期的律博士,大部分时间都处于司法机构廷尉
或大理之下。梁时,廷尉律博士与胄子律博士仍并存于廷尉之下。至陈,胄
子律博士撤出司法机构,转入国学这一教育机构。胄子律博士的设置,及其
由司法机构向教育机构的转移,并非一蹴而就,我们仍能在南朝前期的历史

---

① 《魏书》卷一一三《官氏志》,第 2987 页。
② 《魏书》卷一一三《官氏志》,第 3002 页。
③ 《隋书》卷二七《百官志中》,第 769 页。
④ 《隋书》卷二八《百官志下》,第 788~789 页。
⑤ 虽说北朝律博士的品阶一直在下降（从第五品中→从第八品→第九品）,这与北朝君主、
士族关注律令法式并不矛盾。从北魏至北齐,由于都官尚书,尚书左、右丞和御史台的
发展,廷尉寺、大理寺的职权萎缩,权力外流,整体地位有下降的趋势。（参见卢建荣
《法官与政治权威:中古三法司联合审案制下的实际权力运作（514~755）》,《台湾师大
历史学报》2000 年第 28 期,第 1 页）根据《魏书·官氏志》《隋书·百官志》,廷尉这
一职官在太和十五年时仍是从第一品上,至太和二十三年时降为从第二品,至北齐时,
大理卿为第三品;廷尉少卿在太和二十三年时定为从第三品,至北齐时的大理少卿,降
为第四品;廷尉正、监、评在太和十五年时为从第四品中,至太和二十三年时为从第五
品,至北齐时为第六品。由此可见,不仅是律博士的官阶地位在持续下降,廷尉、大理
中其他主要官员的官阶地位亦在下降。这与尚书台、御史台侵凌廷尉、大理职权有关,
恐怕不能以北朝律博士品阶持续下降这一现象否定北朝君主、士族对律令法式的关注。
而且,根据《隋书·百官志》,北齐设律博士四人,至隋增至八人,这也与北朝对律令法
式的持续重视相符合。
⑥ 《隋书》卷二六《百官志上》,第 732 页。
⑦ 《隋书》卷二六《百官志上》,第 745 页。

中觅得其渊源。

南朝最早提出将律学纳入国学的人是南齐孔稚珪，他建议"国学置律助教，依《五经》例，国子生有欲读者，策试上过高第，即便擢用，使处法职，以劝士流"，① 但这一建议无疾而终。至梁天监四年，新设胄子律博士，虽归廷尉管辖，但似乎已与国学产生了联系。上文已提及，"胄子"有国学学生之意。若是胄子律博士与国学毫无瓜葛，梁武帝又为何以"胄子"命名之？若仅为区别于同一机构之下的廷尉律博士，应是可以取用其他名称的。由于史料所限，我们无法得知梁胄子律博士是通过什么方式与国学发生关系，可以确定的是，律学进入国学这一趋势已酝酿于齐梁两代，是陈将胄子律博士设于国学之下的预演。

胄子律博士进入国学这一教育机构，是南朝历史发展的必然结果。南朝后期，皇权恢复、寒人兴起，出现了更多振兴官僚政治的意愿与尝试，这与始终盘踞于南朝的世家大族发生尖锐矛盾。双方的矛盾点之一，便是南朝国学。

世入南朝，沉沦于两晋的学校渐次复兴，学校策试再次成为重要的入仕途径。然南朝国学多为附庸风雅、轻视文法的高门贵族占据；学校察举对策，又以文义经术为主，不察实务吏能。② 这与南朝君主强化官僚政治的意愿相背，他们对国学这一教育机构的改革势在必行。梁武帝设五馆，招收"寒门俊才"，后又"寒品后门，并随才试吏"，为寒庶人士打开国学策试入仕之途，③ 是南朝国学改革的著名例证。继梁武帝调整国学生员构成、拓宽国学入仕道路后，南陈开始对国学所习科目进行改革，将胄子律博士从司法机构移入教育机构。梁设置胄子律博士，冠之以与廷尉律博士截然不同的高品，以及后来陈胄子律博士步入国学这一清流部门，体现的是君主表彰律学，改进国学科目构成，以培养更多吏干之才的意图，亦是将世家大族纳入官僚政治的范围，提高他们文法素养的重要尝试。

相比之下，北朝的律博士始终滞留于司法机构，不仅没有表现出向教育机构转移的趋势，反而呈现数量膨胀的态势。④ 此种与南朝截然相反的发展趋向实是令人费解。然推考究之，这亦是南北相异的历史环境影响下的结果。首先，如上文所言，北朝选拔人才，重才能吏工，对吏干之才大开利禄之途。即使是世家大族，也不得不迎合国家的选官标准，于律令法式多有关

---

① 《南齐书》卷四八《孔稚珪传》，第837页。
② 阎步克：《察举制度变迁史稿》，第199页。
③ 阎步克：《察举制度变迁史稿》，第217~218页。
④ 根据《隋书·百官志》，北齐设律博士四人，至隋增至八人，第756、776页。

注。在重吏才的官员选拔制度下，无论是国学学生还是地方儒生，自会提升文法修养。在一个法令律例为世所重的时代，法学不需立学表彰，便已赢得欲入仕者的追捧与青睐。在世风崇律的北朝，是否将律博士移入教育机构，是否将律学立于国学以示其重，似已无关痛痒。在这种矛盾并不尖锐的情况下，北朝统治者应不会选择向用以优容贵族的国学大动干戈。其次，北朝一波接一波的造法运动，以及司法机构的不断膨胀，导致国家对专业法律人才保持着较大的需求，亦对律学教育的专业性提出极高的要求。这也在一定程度上限制了律博士从司法机构向教育机构的转移，导致了律博士在司法机构之下的膨胀与发展。

南朝的状况不同。世家大族的势力虽经历了一定的收缩，但权势仍盛。他们把持选举，占据国学，附庸风雅，排斥文法，构成官僚政治发展的巨大阻碍。即使在梁武帝别开五馆之后，寒门入仕者的数量仍无法与士族相比，五馆生的任用亦远不如国子生优越。① 于是，同是优容贵胄的教育机构，南朝的国学却在官僚政治与士族政治的尖锐矛盾之下，被推到了风口浪尖之上，成为重要的改革对象之一。

南朝与北朝走的同样是官僚化的发展道路，却在律博士与国学的关系上呈现完全相反的发展趋向，这是两者相异的历史环境影响下的结果。北朝的世家大族受制于皇权，官僚政治的发展阻力较小；南朝的世家大族虽在衰落过程中，却仍能与皇权相抗衡，官僚政治与士族政治之间形成比北朝尖锐得多的矛盾。这解释了为何南朝胄子律博士率先转入国学，而北朝律博士却迟迟未能步入，反而在司法机构之下发展壮大。

胄子律博士进入国学，从短期来看，似乎仅是南朝官僚政治与士族政治相互摩擦之下引发的一次微小的机构调整。若我们将考虑的时段拉长，便能发现此次机构调整实际上预示着后世律学的发展趋向。叶炜曾经提出，若律学隶属廷尉、大理寺等中央司法机构，其目的是培养专业法律人才；若律学划归国子监等中央教育机构，其目的则是培养具备法律知识的普通文官。唐朝的律学，前期主要在国子监与大理寺之间徘徊，玄宗以后，才稳定在国子监。至宋，在官员的关试与铨选中，加入了试律令、断案等考察内容。从这一较长时段来看，律学的发展趋向，是逐渐从司法机构转向教育机构，由司法官吏的专门之学发展为官僚士大夫的必备素质。② 南陈时，胄子律博士首次从司法机构移入教育机构，是这一趋势的早期表征。

---

① 阎步克：《察举制度变迁史稿》，第 218 页。

② 叶炜：《论魏晋至宋律学的兴衰及其社会政治原因》，《史学月刊》2006 年第 5 期，第 36 页。

而在当时，进入国学的胄子律博士所能发挥的作用是极其有限的，不可过于夸大。首先，南朝社会上始终盘踞着一个权力巨大的士族集团，他们对文法吏术的鄙夷导致律学教育在南朝始终萎靡不振。陈胄子律博士，虽已步入国学，其在品阶上仍远远次于同在国学之下的国子博士与五经博士，① 地位较低，影响有限。其次，陈祚不过三十余年，在胄子律博士能发挥培养综合型人才的作用之前，其国其制便已被南下的隋军荡涤一空。直至唐武德初年，于国子监设律学博士，律学才重新回归国学，开始发挥其在士大夫综合素质培养中应有的作用。

五　结论

本文论述了律博士的沿革、所属机构、职能与地位，并尝试探讨胄子律博士在南朝末年由司法机构转入教育机构的历史动因。从较长时段来看，胄子律博士在南朝末年首次步入国学，是律学由司法官吏的专门之学逐渐发展为官僚士大夫的必备素质这一趋势的早期表征。

而在北朝，由于官僚政治的充分发展，君主对法律的极度重视，以及司法机构的不断膨胀等因素，律博士始终停滞于司法机构。这种情况在唐武德初年发生了改变，"省置一人，移属国学"，② 国子监之下设置了律学博士，③ 并且人数上进行了缩省。

这里有两个值得思考的问题：第一，唐将律学置于国学，是否借鉴了南陈旧制？第二，唐为何改变北朝以来律学设于司法机构的传统，将其另设于教育机构？

唐初国子监设律学博士是否借鉴南朝旧制，由于史料不足，暂时难下定论。不过，律学进入国学，已是历史大势所趋。唐武德初年律学设于国子监后，时设时废，徘徊于国子监与大理寺之间，玄宗以后才稳定在国子监。④ 玄宗以后至宋，律学大体上一直隶属国学，直至元朝入主，律学方被撤废。历史的轨迹表现出律学发展的总体趋向，即逐渐从司法官吏的专门之学发展为官僚士大夫的必备素质。这似乎为第二个问题的解答提供了初步的方向。隋唐之际，先是算学、书学被纳入国学，最终律学也被纳入其中，这种教育

---

① 根据《隋书·百官志》，陈国子博士为第四品，五经博士为第六品，胄子律博士为第八品。三者地位之高低显而易见。
② 《唐六典》卷二一《国子监》，第561页。
③ 《旧唐书》卷四四《职官三》，第1892页。
④ 叶炜：《论魏晋至宋律学的兴衰及其社会政治原因》，《史学月刊》2006年第5期，第36页。

机构的扩充与科目上的完善，体现的是政府对官僚士大夫群体素质要求的不断提高。当然，这仍是过于宽泛的解释。导致这种变化的具体原因，还有待笔者进一步思考。

　　附记：本文是以笔者学年论文为基础修订而成。无论是论题选择，还是撰写修改，无不凝聚着指导教师韩树峰老师的心血。刘后滨老师、皮庆生老师、张忠炜老师亦曾提出宝贵意见。匿名评审专家就文章提出不少修改建议，使文章表述及立论更趋于严谨。于此一并谨志谢忱。唯文中一切问题，笔者文责自负。

《中国古代法律文献研究》第七辑
2013年，第205～224页

《唐律疏义》原创内容质疑举隅

钱大群*

摘　要：中国著名的法律经典《唐律疏义》，其历史地位和现代法文化价值，皆不容置疑。但由于其"义疏"编写时间紧，多人分工而又统稿不力，故在内容上也留下了一些问题。本文所列的前五个问题属内容失错，后一个问题属结构缺陷。指出这些问题，是让今日的唐律阅读者加以留意，明白其中原委，更好地去阅读和研究。

关键词：不符史载　衍增词语　刑罚错算　礼法不一　概念失范　配置失当

《律疏》是《唐律疏义》的简称。① 本文所质疑的问题，主要是指到目前为止，是《律疏》在制订当初本身就存在的问题，而不是在其被传抄刊刻过程中出现的版本分歧的问题。当然，假如随着版本有新的发现，这些情况被证实是版本上的问题，那当然最好。但是，本文中所列举的刑罚计算错误，行文表述不正确，史实交待上的疏漏等诸方面的问题，至少在所见的《律疏》的宋刻本、至正本、岱南阁本、嘉庆本、光绪本及民国诸本乃至《宋刑统》中都一致存在，即这些问题并没有因为历史上的多次校勘刻印而改变。

＊　钱大群，南京大学法学院教授。

①　《唐律疏义》即被俗称为《唐律疏议》者。本人关于唐代《律疏》应正名为《唐律疏义》的观点，可见于《历史研究》2000年第4期《〈唐律疏议〉结构及书名辨析》一文及《北方法学》2008年第2期《扬长避短，整合归真——谈唐代〈律疏〉书名的整合问题》一文。其书名及版式整合的实践，可见于南京师范大学出版社2007年版《唐律疏义新注》一书。

从《律疏》诞生的过程看，其原创中会存在或多或少的问题并不奇怪。无《义疏》之《永徽律》，其制订是从永徽元年（650）至二年十月，而《律》的"义疏"是永徽三年开始编写，到永徽四年十月颁布执行。①《永徽律》与"义疏"的编写时间都不满两年，所以《律》与其"义疏"存在不够周密的地方在所难免。对比今天，某些重要法典有雄厚的人力物力与先进的信息储存技术，亦照样有不周不密之处。那么在一千三百多年前唐代那样的条件下，《律疏》编写上有一点瑕疵，可以说是十分自然的事。笔者不怕袒露个人的粗浅与唐突而指出这些问题，不是为了更改古籍，而只是认为有必要告知当代的唐律阅读者对此留意，并藉此切磋。

一 立法史叙述与史载不符

《律疏》十二篇，每篇之前都有对该篇内容渊源、沿革及次序排列原因的说明。这些说明如果联缀起来，实际上是从汉魏到唐代为止的封建社会刑律发展史的一个简明的概括。由于唐律的经典地位，各篇序中这些有关刑律历史的描述，对于唐以后以至于今天的人研究中国法制史特别是刑法史而言，有着不容忽视的影响。可惜的是，篇序中有相当一部分对封建刑律篇章沿革历史的描述，有漏失甚至错误之处。这里所说历史描述上的问题，有一个衡量标准，就是用与《律疏》作者一样都是唐代人写的《晋书》《隋书》及《唐六典》的记载去对比，去检验。用这样的标准去检验校阅《律疏》中的篇序，这应该是公平的，也是应该的。

（一）《擅兴律》形成的史述与《晋志》及《六典》不一

《律疏》卷一六《擅兴律》的篇序中说："《擅兴律》者，汉相萧何创为《兴律》。魏以擅事附之，名为《擅兴律》。晋复去《擅》为《兴》。又至高齐，改为《兴擅律》。隋开皇改为《擅兴律》。"《擅兴律》，是指擅自发起军事征调及工程兴建方面的违法犯罪之篇。《说文·手部》："擅，专也。"又《舁部》："兴，起也。"兴，就有国家军事征调的意思。《周礼·地官·旅师》："平颁其兴积。"郑玄注："县官征聚物曰兴，今云军兴是也。"

《律疏》中《擅兴律》的序文，在此律篇的发展沿革上与《晋书》及《唐六典》的记载不一。按理，受命编《晋书》的房玄龄、褚遂良等人，与长孙无忌等《律疏》的修定者，都是同时代的人，《唐六典》也是开元时期编成，但《擅兴律》的序疏与这两部书关于此律篇形成的记载颇不一致。

---

① 《旧唐书》卷五〇《刑法志》，中华书局，1997，第2141页。

第一，"魏以擅事附之，名为《擅兴律》"。《律疏》此为新说，与《晋书·刑法志》关于魏调整汉律的篇目制《新律》的记载不符。《晋书·刑法志》说：

> （汉之）《兴律》有擅兴徭役，《具律》有出买呈，科有擅作修舍事，（魏）故分为《兴擅律》。①

《唐六典·刑部郎中》关于魏《新律》之注文，也未说曹魏改萧何《九章》中的《兴律》为《擅兴律》；同时，如按《晋书·刑法志》之说，在魏律中其名当为"兴擅律"，也不是"擅兴律"。

第二，"晋复去《擅》为《兴》"。此说与《唐六典》的记载不符。《唐六典·刑部郎中》关于《晋律》篇目的注文，说其中"十三、《擅兴律》"。按《晋书·刑法志》说晋"就汉《九章》增十一篇"的观点看，《律疏》说"晋复去《擅》为《兴》"的说法似乎是有根据的，因汉《九章》中只有《兴》没有《擅》。可问题在于：汉之《九章》根本就未原封不动地重现在《晋律》中，故在这一问题上，《唐六典》的记载比《晋书》可靠。

第三，关于"高齐改为《兴擅律》"。此说法似嫌笼统。上注已说到，据《晋书·刑法志》记载，魏朝时，《九章》中之《兴律》改为《兴擅律》。而"高齐改为《兴擅律》"的情况，在《隋书·刑法志》及《唐六典·刑部郎中》对北齐制律的说明中都有两段文字涉及，前段是：

> 北齐初命，造新律未成，文宣犹采魏制。

可知北齐初仍以魏律中的《兴擅律》为名。后段是：

> 至武成时，赵郡王睿等造律成，奏上。凡十二篇……四曰擅兴。

所以北齐高洋氏称为《兴擅律》，应该是指文宣帝采用魏制时的情况，而不是武成帝河清年间所制新律的情况。从而也可以证明曹魏时应是称《兴擅律》，而不是《擅兴律》。

（二）忽视北周《大律》的变化记述

北周在历史上，以其政治法律制度有复西周古制之倾向而著称。北周的

---

① 《晋书》卷三〇《刑法志》，中华书局，1974，第924页。

刑律称为《大律》，"大律"之"大"就有尊崇与追随西周"大诰"之"大"的意思。《大律》的制订，在流变的整体上是从北齐的简约又退到了"烦而不当"的境地。《隋书·刑法志》记载说：

> 至保定三年三月庚子乃就，谓之《大律》，凡二十五篇：一曰刑名，二曰法例，三曰祀享，四曰朝会，五曰婚姻，六曰户禁，七曰水火，八曰兴缮，九曰卫宫，十曰市廛，十一曰斗竞，十二曰劫盗，十三曰贼叛，十四曰毁亡，十五曰违制，十六曰关津（《唐六典》曰为"关市"），十七曰诸侯，十八曰厩牧，十九曰杂犯，二十曰诈伪，二十一曰请求，二十二曰告言（《唐六典》曰为"告劾"——引者注），二十三曰逃亡，二十四曰系讯，二十五曰断狱。①

《唐六典》评论说："比于齐律，烦而不当。"《律疏》在诸篇渊源流变的序疏中，也常因对北周态度草率，而置史书记载于不顾。

第一，《律疏》篇序在对《户婚律》流变的叙述中，在"《户婚律》者，汉相萧何承秦六篇律后，加《厩》《兴》《户》三篇，为《九章》之律"后说：

> 迄至后周，皆名《户律》。北齐以婚事附之，名为《婚户律》。

其意为，汉以来包括后周在内，《户律》之名一直未变过，直到北齐才始曰《婚户律》。这种说法，从上述史书对《大律》篇目的记载看是不正确的，因为北周《大律》中"婚""户"是分篇的："五曰婚姻，六曰户禁。"

第二，在对《卫禁律》流变作叙述的序疏中，在谈到"晋太宰贾充等，酌汉魏之律，随事增损，创制此篇，名为《卫宫律》"后紧接着说：

> 自宋洎于后周，此名并无所改。

事实上，后周把宫廷禁卫与关津警卫上的违法犯罪篇目分置，不是"并无所改"，《大律》中其涉及的篇目是"九曰卫宫"，"十六曰关市"。所以，说后周《大律》中"并无所改"，很不客观。

第三，《捕亡律》篇序疏在对"捕亡"篇流变的叙述中，所言"后周名《逃捕律》"的说法，亦与史载不符。《唐六典》所记《大律》篇目中，就明

---

① 《隋书》卷二五《刑法志》，中华书局，1973，第707页。（唐）李林甫等撰，陈仲夫点校《唐六典》，中华书局，1992，第182~183页。

确记载"二十三、《逃亡》"。

《律疏》篇序中对后周刑律篇目这些描述,与同样是唐朝人编写的《隋书》与《唐六典》的记载都不符。

(三) 无视《大业律》的存在

《律疏》在其各律篇渊源变革的序疏中的另一个显著特点,是重视《开皇律》而忽视《大业律》。这其中与唐统治者对炀帝的看法不无关系,因与"开皇"相比,"大业"处于被贬的地位,唐高祖李渊在开始立法时就有这种表现。据《旧唐书·刑法志》记载:"高祖初起义师于太原,即布宽大之令。百姓苦隋苛政,竞来归附,旬月之间遂成帝业。既平京城,约法十二条。"文中"苦隋苛政"主要也是指炀帝而言,这是写《旧唐书》作者的看法,实际也是初唐统治集团的评价。《旧唐书·刑法志》接着书写的内容更能说明问题:"及受禅,诏纳言刘文静与当朝通识之士,因开皇律令而损益之,尽削大业所用烦峻之法。"在正式制订《武德律》时,"撰定律令,大略以开皇为准"。[1] 从法制史的实际情况来说,炀帝法律上行宽大,不但流于形式,而且确实烦而不当,《唐六典》更明确地评论隋炀说:"末年严刻,生杀任情,不复依例"。[2] 所以,《律疏》的编写者忽视《大业律》,有政治评价的因素,也有《大业律》的自身原因。现以唐律律篇序疏为例,说明唐代《律疏》编写者忽略《大业律》的一些表现。

据《隋书·刑法志》记载:

> (大业) 三年,新律成。凡五百条,为十八篇。诏使行之,谓之《大业律》:一曰名例,二曰卫宫,三曰违制,四曰请求,五曰户,六曰婚,七曰擅兴,八曰告劾,九曰贼,十曰盗,十一曰斗,十二曰捕亡,十三曰仓库,十四曰厩牧,十五曰关市,十六曰杂,十七曰诈伪,十八曰断狱。[3]

与《开皇律》比较,律篇的组合变化很大,但是,在《律疏》制订者眼中,这些历史变易都似乎并不存在。

首先,《卫禁律》的序疏中说:"卫禁律者,秦汉及魏末有此篇。晋太宰贾充等,酌汉魏之律,随事增损,创制此篇,名为《卫宫律》。自宋泊于后周,此名

① 《旧唐书》卷五○《刑法志》,第 2133~2134 页。
② (唐) 李林甫等撰,陈仲夫点校《唐六典》,第 183 页。
③ 《隋书》卷二五《刑法志》,第 717 页。

并无所改。至于北齐，将关禁附之，更名《禁卫律》。隋开皇改为《卫禁律》。"文中虽然把"隋开皇改为《卫禁律》"作为交待其溯源沿革的结束语，但要从历史的角度说，在《大业律》中《卫禁律》又有变化。《隋书·刑法志》记载，《大业律》中"二曰卫宫"。即在《大业律》内，《开皇律》中的《卫禁律》之名又恢复到了由晋朝起始的《卫宫律》，而对此《律疏》序疏竟未予理睬。

第二，《职制律》序疏对《职制》篇的沿革交待，也不提《大业律》的变异情况。其序文中说："职制律者，起自于晋，名为《违制律》。爰至高齐，此名不改。隋开皇改为《职制律》。"其实，在开皇改称为《职制律》之后，《大业律》又把《职制律》恢复到了晋代的情况。《唐六典》记载《大业律》中"三、违制"，《律疏》序疏在交待中，对此也不予提及。

第三，《厩库律》序疏对《厩库》篇的沿革交待也不提《大业律》中的变异情况。其序文中说："厩库律者，汉制《九章》，创加《厩律》。魏以厩事散入诸篇。晋以牧事合之，名为《厩牧律》。自宋及梁，复名《厩律》。后魏太和年名《牧产律》，至正始年复名《厩牧律》。历北齐、后周，更无改作。隋开皇以库事附之，更名《厩库律》。"但是，《开皇律》之后，《大业律》中的《厩库律》又被改回到类似南梁分为"仓库""厩律"的情况，《唐六典》记载《大业律》中的情况说"十三、仓库，十四、厩牧"。

第四，《贼盗律》序疏在对《贼盗》篇的沿革交待中，说到隋开皇合为《贼律》时，不但不提大业时刑律中的变化情况，反而加了一句关门落栓的话说"至今不改"："贼盗律者，魏文侯时，里悝首制《法经》，有《盗法》《贼法》，以为法之篇目。自秦汉逮至后魏，皆名《贼律》《盗律》。北齐合为《贼盗律》。后周为《劫盗律》，复有《贼叛律》。隋开皇合为《贼盗律》，至今不改。"其实，大业制新律时，不但改了，而且把开皇的《贼盗》一篇简直又改回到了李悝制订《法经》时的样子。《隋书·刑法志》记载大业新律中的情况是"九曰《贼》，十曰《盗》"。

《律疏》在律篇的溯源沿革史上，对后周及隋炀刑律记叙上的缺误，是因为对这两朝立法持"不屑"的态度。《律疏》的制订者在叙述刑律篇目变革时，以自己的评价趋向取代历史上客观存在的事实，这种做法反而让人不能在充分比较的基础上，了解唐律篇目的确定及其体系的科学性。

二 衍增词语致律生歧义

这里所谓的词语衍增，大多属由思虑不全或推敲不周而造成遣词组句上的失误。法律行文，追求严谨，不容减损字词，亦不容添加字词，否则必定损害律义。可惜《律疏》中也有衍增词语的情况。

第一种情况是误增重要字只致律义前后矛盾。

《贼盗律》卷第一七（总第248条）是惩治谋反与大逆的条文，其第一段疏文在解释"大逆"时说："大逆者，谓谋毁宗庙、山林及宫阙。"此句中之"谋"显然为衍增。其理由是：

其一，可只规定对"谋反"的处罚而不必再规定对"反"罪的处罚。该条律文首句为"诸谋反大逆者皆斩。"律文的意思应是：处"皆斩"的是两项犯罪：一是谋反；一是大逆。其义是如是"反"罪，有"谋"即斩，不必要求有实际的实施行为。而且，唐律中只规定"谋反"，而不明确规定"反"，因为，既然较轻的"谋反"已受最重的斩刑，更重的"反"必斩无疑。这在法律上的制度依据就是《名例律》卷六（总第50条）说的"诸断罪而无正条，其应出罪者，则举重以明轻；其应入罪者，则举轻以明重"。"反"罪唐律中未明文规定，就是有"应入罪者，则举轻以明重"的法例在保证对"反"的绝对镇压——皆斩。

其二，"大逆"罪则必须明确区分"大逆"与"谋大逆"。与"谋反"罪不同，大逆之犯在法条上明确地划分为"大逆"与"谋大逆"两个阶段的犯罪并作两种处罚。其中处"斩"的是与"谋反"一起并列的已行的"大逆"。而在"谋"的"谋大逆"，该条律文另外明确规定说：

其谋大逆者，绞。

关于"大逆"与"谋反"，"大逆"与"谋大逆"犯罪的主观要件上的区分，疏文讲得非常清楚：

反则止据始谋，大逆者谓其行讫。

疏文对"谋大逆"在刑罚上不同于"大逆"作解释说："上文'大逆'即据逆事已行，此为谋而未行，唯行绞罪。"

其三，解释"大逆"时不能谓其是"谋"。但此条律文第一段疏文中，在对谋反及大逆一起讲解时却说：

大逆者，谓谋毁宗庙、山陵及宫阙。反则止据始谋，大逆者谓其行讫。故谋反及大逆者皆斩，父子年十六以上皆绞。①

---

① 此情形，《四库全书》所收《唐律疏义》是这样，台湾商务印务馆1965年版的《唐律疏议》是这样，中华书局1984年版的《宋刑统》也是这样。

故上文中"'大逆'者，谓谋毁宗庙、山陵及宫阙"中，显然衍增了一个"谋"字。判定此"谋"为衍增，还有一个不可推翻的证据，那就是《名例律》卷一（总第6条）十恶中"二曰谋大逆"的注文说：

> 谓谋毁宗庙、山陵及宫阙。

因此只有"谋大逆"才用谋，"大逆"则已行之，岂再得谓"谋"？其刑罚上的区别是：谋大逆，绞；大逆，斩。

第二种情况是衍生词语致生疑惑。

《户婚律》卷一三（总第177条）"有妻更娶妻"的律文说："诸有妻更娶妻者，徒一年；女家，减一等。若欺妄而娶者，徒一年半；女家不坐。各离之。"疏文对律文中男方"若欺妄而娶"解释说："若欺妄而娶，谓有妻言无，以其矫诈之故，合徒一年半。"而对女方处置，疏文解释说：

> 女家既不知情，依法不坐。仍各离之。称"各"者，谓女氏知有妻、无妻，皆合离异，故云"各离之"。

疏文中"无妻"二字似是编写者无意间的衍生字词。因为在男方"欺妄""有妻言无"的状况下，就不可能"无妻"。果真"无妻"，就不能构成"欺妄而娶"罪。同时，在女方"既不知情"的前提下，一般情况下，女方只能是推断男方"无妻"。当然，也不能排除为了特殊目的，女方"知"男方有妻欺妄却仍愿嫁去的个别事例。所以，疏文在规定男方有妻欺妄而娶，女方无论知情与否都必须离异时，就没必要再假定女方"知"其"无妻"，说了反而使读者在理解上会节外生枝。因此，"谓女氏知及不知有妻、无妻"之言，似本应该是：

> 称"各"者，谓女氏知及不知有妻，皆合离之。

第三种情况是因衍增词语致使范围指示错误。

《杂律》卷二六（总第410条）说："诸奸者，徒一年半；有夫者，徒二年。部曲、杂户、官户奸良人者，各加一等。即奸官私婢者，杖九十；奸他人部曲妻，杂户、官户妇女者，杖一百。强者，各加一等。折伤者，各加斗折伤罪一等。"律文中的"强者，各加一等"，是对上述"奸"（包括注文内容）的六种情况性质改变为"强奸"后的统一的规定。可是，疏文解释时却说：

"强者，各加一等"，自"奸良人"以下，强者各加一等。

"强者，各加一等"之法例，在此条中无疑是适用于律文开头所言包括良人男女之"奸"的，绝不只是适用于贱民"奸良人"，这从因强奸造成"折伤"的处置规定上也可以看出。疏文对律中"折伤者，各加斗折伤罪一等"解释说：

"折伤者"，谓折齿或折指以上，"各加斗折伤一等"谓良人从凡斗伤上加。

其实，良人之奸适用强者加等之制，《杂律》卷二六（总第411条）中"奸缌麻以上亲"条中，除基础刑徒三年外，也规定了"强者，流三千里；折伤者，绞"的内容。所以，上述强者加等，言其只适用于"自（部曲、杂户、官户）'奸良人'以下"才加等，良人强奸不加等，当然是错的。所以，上述强奸加一等的范围，应是自"奸"以下，强者各加一等。

三　刑罚计算错失

《断狱律》卷三〇（总第487条）是官司出入人罪的专条，其中有一处在刑罚推算上存在错误。从其计算时的行文环境上看，是在对设"问"作"答"时，把"全出加役流"后"减一等"，与"从加役流出为一年徒坐"这两个例子相混淆了，其性质不属失落字只，而是计算失误。该处出错的"问答"说：

问曰：有人本犯加役流，出为一年徒坐，放而还获减一等，合得何罪？
答曰：全出加役流，官司合得全罪；放而还获减一等，合徒五年。今从加役流出为一年徒坐，计有五年剩罪，放而还获减一等，若依徒法减一等，仍合四年半徒。

有人犯了"加役流"，被法官非法减成"一年徒刑"，应当反坐几年？问题就在全出加役流罪，又发生了"减一等"的情节后，"答"文"合徒五年"的答复是错的，应该是"五年半"才对。

唐代的加役流是在普通流刑都居作一年的基础上再加重二年居作。加役流折成徒刑怎么折？从徒刑枉入流刑，三等流刑都比作一年的居役（因为三等流刑都有一年的苦役居作）。如果枉入加役流的，还要再加上"加役"二年的幅度。那么如果一个无罪的人被枉入加役流，其徒刑应该这样折算：徒刑三年，计3年；流刑有一年居作，再计1年；加役流加长二年居作，又加上2年，共计6年徒刑。唐律中虽未有与此全同的例子，但疏文有对原有一年徒坐者，被枉入加役流例子的计算法可比：

> 假有囚犯一年徒坐，官司故入至加役流；即从一年至三年，是剩入二年徒罪；
>
> 从徒三年入至三流，即三流同比徒一年为剩；加役流复剩二年，即是剩五年徒坐。

既然从原有"一年徒坐"被"故入至加役流"，是"剩五年"徒坐，那么，"答曰"中所设之例为"全出加役流，官司合得全罪"，按律文"入全罪，以全罪论"，"其出罪者，各如之"的制度，全出加役流是把应有"加役流"者，判为全无刑罚（或杖以下），反坐之官司照全罪计徒年，应当是"六年徒坐"。六年徒坐有"放而还获减一等"的情况，已知徒刑以半年为等差，那么六年减一等即为减去半年，就应该是"合徒五年半"，而不是像"答"文中所说，出全罪加役流减一等（半年）后，竟只"合徒五年"。也只有出入全罪加役流的反坐是"六年"，条中先前疏文所举"假有囚犯一年徒坐，官司故入至加役流"，其刑罚是"剩五年徒坐"的例子才能成立；此"答"文后句中"今从加役流出为一年徒坐，计有五年剩罪；放而还获减一等，依徒法减一等，仍合四年半徒"的结论也才能成立。既然全出入加役流的坐罪都是"六年"，那么有"放而还获减一等"的情况，就必定是"五年半"，而不能是"五年"。

上述《律疏》"官司出入人罪"中的"问答"，把合徒"五年半"错算成"合徒五年"，从目前的情况看，似不是版本问题。《四库全书》所收《唐律疏义》、台湾商务印书馆 1965 年版《唐律疏议》、中华书局 1984 年版的《宋刑统》都是这样。① 如果系版本误抄误刻的问题，在现在所有能见的某个版本中有应有不是如此的情况。

最后要特别说明的是，即使此条唐写原本中有"半年"之"失"，那也只是文本问题，而法官判案时依法计算，是不会跟着文本出错的。

---

① 此外，南京大学图书馆所藏王云五主编的收入《丛书集成初编》的《唐律疏议》，南京图书馆所藏嘉庆十三年版（署原藏上海东亚同文书院馆）的《唐律疏议》，光绪十三年版的《唐律疏义》（扉页署《唐律疏义》，每册下口外皆书《唐律疏义》）也是如此。

四 外亲服制"礼法不一"

这里所谓的"礼法不一"是对应于"礼法合一"而言。礼法合一是指一些原属于礼制规范的制度,因由刑律来保障实施而产生的对应的刑法规范。如父母亡故,依礼要服丧三年。三年内,按惯例要服丧二十七个月或二十五个月。①为了保证这种丧服制度的贯彻,刑律把违反这种制度定为"不孝"的表现之一,其罪名为"释服众吉"。《名例律·十恶·不孝》的疏文对"释服从吉"解释说:"谓丧制未终而在二十七月之内,释去缞服而著吉服者"。《职制律》卷一〇(总第120条)规定有此罪处"徒三年",疏文说:"丧制未终","谓父母之丧及夫丧二十七月内释服从吉"。这是"礼刑合一"的例子。可是,今传《律疏》在涉及外亲的服制上,却有礼法不一或说是礼法脱节的现象。脱节之后,一般情况下是制订新的制敕或格条来调整,或者是等待机会修改刑律。

(一) 舅甥的服制未随礼制修改

依古礼,外亲之服皆以"缌麻"为原则。古代服制的权威经典《仪礼》之疏文说:"外亲之服不过缌。"即定级不超过五服中最低的"缌麻"级,其原因是:"外亲之服皆缌也者,以其异姓故云,外姓以本非骨肉,情疏,故圣人制礼无过缌也。"但是,外亲中的外祖父母以及从母(姨母)却被列为"小功"。《仪礼》的《传》文及《疏》文解释其原因说:

> (外祖)何以小功也?以尊加也。(从母)何以小功也?以名加也。"以名加也"者,以有母名,故加至小功。

即是说,外祖因为是母亲的尊亲,所以加重到"小功",姨(从母)因为有与"母"相同的"母"的称谓,所以也加重到小功。这样,在主要的外亲中,原本与从母同等的舅,一直被列于"缌麻",而无资格与姨同列为"小功"。其情况正如长孙无忌描述的那样:"甥为从母五月,从母报甥小功;甥

---

① (宋)王溥:《唐会要》卷三七《服纪上》记开元五年刑部郎中田再思的话说:"重轻从俗,斟酌随时,自古以来,升降不一。三年之制,说者纷然,郑玄以为二十七月,王肃以为二十五月。"(上海古籍出版社,1991,第789~790页)

为舅缌麻，舅亦报甥三月。"① 作为同样血缘关系的舅与姨对甥服制上的差异，常为唐朝君臣所诟病，最终引起朝廷的讨论，欲改变这种不合情理的古制。

1. 贞观中，刑律据制命提高了甥对舅的服制，但却不同时提升舅对甥的反报。贞观十四年（640），太宗因外亲中有"舅之与姨，亲疏相似，而服纪有殊，理为未得"等不合理现象，命令朝臣详议奏闻。结果八座奏议主张甥对舅的服制应同对姨一样升为小功："舅旧服缌麻，请与从母同服小功"。秘书监颜师古等的此建议得到皇帝的支持："制曰可。"皇帝发下敕制，批准实行这项改革。但是刑律在落实贞观廷议这项礼制改革时，却犯了止于片面单边的错误，使自己仍陷入违背礼制的境地。因为按礼制原则：

> 傍亲之服，礼无不报……今甥为舅使同从母之丧，则舅宜进甥以同从母之报。

即既然依廷议提高了甥对舅的服制，同时也应该像对姨母一样，提高舅对甥的反报，而刑律偏偏不顾及这一点。永徽修律及制订《律疏》时，未依这礼制原则修改，证据是今传《唐律疏义》中"十恶·内乱"法例中还是反映了舅父对外甥只依故礼反报缌麻，而未依贞观廷议反报小功。《律疏》对"内乱"注文"谓奸小功以上亲"的解释，"外甥报舅"仍属于"妇人为男夫虽有小功之服，男子为报缌麻"的情况。由此可以肯定，《律疏》只片面地执行了甥对舅的小功，而未执行舅对甥反报小功，从而违反了"礼无不报"的原则，终究又引起了再一次的争论。

2. 显庆时廷议又决定舅对甥以小功反报，而《律疏》不作同步修改，开元刊正《律疏》时又未进行修改。针对贞观廷议后《律》及《律疏》留下的问题，显庆元年（656）朝廷经过争论，又决定《律疏》要纠正舅对甥仍反报缌麻的制度。当时，修礼官长孙无忌等人认为，既然"舅服同姨，小功五月"：

> 而今《律疏》，舅报于甥，服犹三月……修《律疏》人不知礼意，舅报甥服，尚止缌麻，于例不通，理须改正。今请修改《律疏》，舅报甥亦小功。

---

① 本文所引贞观、显庆两朝关于舅甥间服制廷议的史料，均见《唐会要》卷三七《服纪上》，第787页。

对这次廷议提出来的建议，高宗皇帝也"制从之"。即皇帝又下达制敕，命令依照执行，修改《律疏》。但是，从现见的记载及今传《律疏》看，舅对甥的反报并未依显庆之议改为小功。如果《律疏》遵照显庆之制敕，改舅对甥之反报为小功，那"十恶"之"内乱"中"谓奸小功以上亲"所要求的男夫报妇人亦要小功，正适用于舅甥之奸。而舅对甥之反报不改为"小功"，则舅奸甥之犯罪就仍不入"十恶"。

由此可知，对舅服制的重要廷议，曾在贞观及显庆时进行过两次，贞观时甥对舅的小功之服在《律疏》中得到了反映，而显庆时对舅于甥亦要反报小功之议，则并未依从。

（二）《名例》中外祖服制的级别与法条处置不符

开元二十三年（735），唐朝对外亲的服制又进行了一次大讨论。其导火索是皇帝认为"外亲"的服制仍有问题，下命令应重加讨论。《旧唐书》记载说："二十三年，藉田礼毕，下制曰：'服制之纪，或有所未通，宜令礼官学士详议闻奏。'"①

1. 廷议中有人提出把外祖的服制提高到"大功"，但《名例》中的定位未变。在讨论中，太常卿韦縚力主把外祖父母的服制从"小功"提高到"大功"。他说：

> 窃以古意犹有所未畅者也，且为外祖小功，此则正尊情甚亲而服制疏者也，请加至大功九月。②

但《律疏》在服制的级别上，却仍明确地认定外祖父母之服制为"小功"。《名例律》"十恶"之"八曰不睦"，其疏文解释"小功尊属"的范围说：

> 小功尊属者，谓从祖父母、姑，从祖伯叔父母、姑，外祖父母，舅、姨之类。

外祖父母在服制上与舅、姨一样，仍属于"小功"。

2. 外祖父母在服制上属于"小功"，但《律疏》在立法实践上却把"外祖父母"以期亲或至少同于"大功"对待。如《斗讼律》（总第338条）规定"殴兄姊"罪说：

---

① 《旧唐书》卷二七《礼仪志七》，第1031页。

② 除《旧唐书》外，还可见于《唐会要》卷三七《服纪上》，第795页。

诸殴兄姊者，徒二年半，伤者，徒三年；折伤者，流三千里；刃伤及折肢，若瞎其一目者，绞；死者，皆斩；詈者，杖一百。伯叔父母、姑、外祖父母，各加一等。

首先，条中与"外祖父母"同列之"伯叔父母"与"姑"都是期亲，其中出嫁之姑也是大功。所以，外祖父母在此条中，至少也是以大功对待或作特别对待的。又如，《斗讼律》卷二三（总第 338 条）"戏杀伤"律文的后部分规定"不得以和同论"的侵犯对象时说：

其不和同及于期亲尊长、外祖父母、夫、夫之祖父母，虽和并不得为戏，各从斗杀伤法。

律中"外祖父母""期亲"和"大功"同列，其中"夫之祖父母"，属妻之"大功尊属"。①

其次，有些条文把外祖父母排斥于"小功""大功"之外。如《斗讼律》卷二二（总第 323 条）规定"部曲、奴婢过失杀主"罪说：

诸部曲、奴婢过失杀主者，绞；伤及詈者，流。即殴主之期亲及外祖父母者，绞；已伤者，皆斩……殴主之缌麻亲，徒一年……小功、大功，递加一等。死者，皆斩。

律文在将外祖父母与期亲并列的同时，又把"大功"与"小功"另列，这说明外祖父母在此律条中的地位未被置于"小功""大功"之内。

同时，在行政规范中，外祖父母也以"大功以上亲"对待，即使事涉皇帝也是这样。典籍记载皇帝因有事故而"不视事"的制度时曾规定说：

太阳亏，月蚀，五岳、四渎崩竭，及皇帝本服大功以上亲及外祖父母、后父母、百官一品丧，皇帝皆不视事三日。②

在唐代关于外祖父母服制的争论中，《律疏》既不完全迁就情理，按韦縚的主张明确地把外祖父母的服级从"小功"提至"大功"。但也不排斥情理，完全以"小功"对待外祖父母，而是在立法和司法上把外祖父母作为一

---

① 参见《斗讼律》卷第二二（总第 327 条）。
② （唐）杜佑：《通典》卷一百八《开元礼纂类三·杂制》，中华书局，1984，第 571 页。

个特殊的对象加以具体处理。对这种作法，不能简单地用"对"与"错"作二者必居其一的评价。可以设想，如果外祖父母在《律疏》上正式定级为"大功"，那就是说，一般的人（不仅是妻）便都有了"大功尊属"，那么"十恶"之"不睦"及《斗讼律》卷二二（总第327条）疏文中所言的"大功尊长者，依礼，男子无大功尊，唯妇人于夫之祖父母及夫之伯叔父母是大功尊长"，就要删除。而且，《律疏》对所有涉及"大功"为主体的法例，都要考虑是否适合于"外祖父母"这一特殊对象。现在，《名例》在理论上仍将外祖父母定性为"小功"，但在立法和司法的实践上，却把外祖列入"大功"甚至"大功以上"对待，从这个角度上说，《律疏》在对待外祖上虽然是"礼法不一"，但实际上是法理服从了情理。

五　概念运用违反既定规范

《律疏》为了强调某些犯罪的特定性质，并随之在刑罚上作不同对待，对特定的犯罪行为使用特定的词语从而形成特定概念，以显示刑律自身法典化的严密性。如《诈伪律》卷二五规定伪造皇家玺宝及官用印章、符、节的犯罪，其中"伪造"一词在日常一般语言中可不作区别，但为了区别侵犯皇家玺宝及侵犯官印、符节犯罪各自的特质，特别规定侵犯前者的伪造罪称为"伪造"，而侵犯后者的伪造罪则要称为"伪写"。《律疏》行文也都严守这种规范，如《诈伪律》卷二五（总第362条）关于伪造皇家玺宝的罪条中说，"诸伪造皇帝八宝者，斩"；而同卷（总第363条）伪造官文书印的罪条中说，"诸伪写官文书印者，流二千里"；同卷（总第364条）伪造符节的罪条中也说，"诸伪写宫殿门符、发兵符者，绞"。其所以要作这种特定的区分，疏文（总第363条）专门解释说：

> 上文称"伪造皇帝八宝"，宝以玉为之，故称"造"。此云"伪写官文书印"，印以铜为之，故称"写"。

《律疏》对伪造"宝"与"印"，在措辞上都作区别，即使对二种犯罪行为同时兼叙时，也严格遵循。如《诈伪律》同卷（总第365条）是关于把"宝印、符、节"非法地借人、出卖及盖用的犯罪，此罪的特点是这些犯罪者即使不属于自己亲自伪造这些物品，也要以其本罪条（总第362、363、364条）分别规定的伪造、伪写罪论处，其措辞谓这些犯罪人：

> 虽非身自造、写，若将封用：各依伪造、伪写法科之。

这是规范化的使用：伪造的行为依行为涉及对象的不同，分别使用"伪造"与"伪写"；伪造皇家宝玺的法条（总第362条）与伪造官印、符、节的法条（总第363、364条），分别称为"伪造法"与"伪写法"。但是，由于编写者之疏忽大意，曾有不严格遵守此规范的现象，致使在指称犯罪行为性质、法条使用以及刑罚处置上，使读律人以至于用法者产生疑惑甚至误解。

（一）指称犯罪行为时应使用"写"而使用"造"

《诈伪律》卷二五（总第364条）是关于伪写宫殿门符、发兵符、传符、使节、皇城与京城门符及余符的专条，其中关于伪造属于"余符"的处置时就用词失错。疏文在解释"余符"的范畴应包括不属"发兵"用的书契券书在内时说：

> 此条云"之类"者，即是诸契非发兵。伪造者，并同"余符"之罪，各合徒二年。

此疏文在述说伪造非发兵用的书契券书时所使用的"伪造"，应该是"伪写"才对。因为用于发兵的书契以"发兵符"对待，不用于发兵的书契以"余符"对待，在本条中，都在非玺宝"伪写"的大前提之下，奈何独规格低于"发兵符"的"余契"要用"伪造"？显然是词语选用违反概念的规范。

（二）指称律条时应该用"写"处而误用"造"

《诈伪律》同卷（总第363条）是关于伪写"官文书印"及"余印"的犯罪的专条。此条中因为官文书印的规格低于皇家玺宝，故在处罚上特别规定，伪造的官文书印不照伪造御宝那样，即使不能使用亦"造者即坐"，而是如达不到可使用的程度，可以依另一条"伪写未成"之法减轻处罚：

> 上文但造宝即坐，不须堪行用；此文虽写印不堪行用，谓不成印文及大小悬别，如此之类，不合流坐，从下条：造未成者，减三等。

这里的"下条"是指同卷（总第365条）中关于把伪造或捡拾官家失落的宝、印、符、节出借或出卖，以及借进或买进者进行盖用的犯罪规定，这条律文中有关官文书犯罪的内容，都严格地依规范原则表述，说依"下条"中"造未成者，减三等"完全不合事实，因为"下条"中涉于印、符、节的措辞，正是"写"而不是"造"：

　　即以伪印印文书施行，若借与人，及受假者施行，亦与伪写同；未
施行及伪写印、符、节未成者，各减三等。

所以，上述"从下条：造未成者，减三等"中的"造"是错用，应该是：
"从下条：写未成者，减三等"。

（三）规定刑罚处置时把"造""写"二罪误并为"造"之一罪

　　《律疏》编写者在疏文的行文中，有时可能出于求简单而把本应区分为
"伪造""伪写"的二词误合为"自造"一词。《诈伪律》同卷（总第 366
条）是关于执掌人自己或借给及卖给别人盗盖用宝、印、符、节的犯罪，对
这种犯罪，律文规定是：

　　　　各以伪造、写论。

其义是盗盖用宝的以伪造论（总第 362 条）；盗盖用印、符的以伪写论（总
第 363 条）。律文中的"以……论"，按《名例律》卷六（总第 53 条）的概
念使用原则，"皆与真犯同"。条中的"以伪造、写论"就是以真犯"伪造"
宝之罪（总第 362 条）或真犯"伪写"印、符罪（总第 363、364 条）处罚，
律文的规定既明确又简单。但疏文在进一步解释中的最后一句出现了问题。
疏文说盗盖用"宝"和"印"的罪犯：

　　　　若将封用：各以伪造、写论，并依自造之法。

原律文中规定的"以伪造、写论"，经解释又多了"并依自造之法"的内容。
这种解释也是违反"造"与"写"使用的法律规范的。
　　其一，"以伪造、写论"，即是：真犯伪造御宝处斩，伪造后宝及太子宝
处绞，伪造太子妃宝处流三千里；真犯伪写官文书印，流二千里，伪写余印
处徒一年。即使立法者要强调亲自造、亲自写的情节与性质，其实也仍然与
"以……论"的刑罚一样，并无区别。在"以伪造、写论"可以确切表述律
义的情况下，疏文又加上"并依（同时依或都依）自造法"的话，在刑罚上
根本无实际的区别意义。
　　其二，在"并依自造法"实际所能指向的"伪造御宝"条及"伪写官
文书印"的本条中，根本未有"自造法"的提法。专门规定全律制度原则及
名词概念的《名例律》以及此罪的各本罪条中也均无"自造法"的概念。现
在非本罪条中突然出现此概念，又要法官"并依"自造法办，引起疑惑几乎

是必然的：到哪里去找"自造法"？《诈伪律》卷二五（总第365条）在规定非法"封用"（盖用）犯罪时，说"虽非身自造、写，若将封用：各依伪造、伪写法科之"，只是说非法盖用人有"虽不是亲自伪造"也"以真犯论"的情况特点而已，根本不可能以此就认为"伪造""伪写"罪就是"自造""自写"罪，以及那二条法律可以称为"自造""自写"法。

其三，"自造之法"实际所指，既然必定仍是"伪造、伪写"（总第362、363条）律条的内容，那么把侵犯对象、罪名、刑罚幅度都根本不同的二条法律只称"自造"，这就无形中抹去了"自写"的内容。因为按使用规范，"宝"才称为"造"，"印"才称为"写"，在这前提下只说"自造"不说"自写"，势必以"造"取代了"写"。从性质上说，《名例律》卷一（总第6条）"十恶"中明确规定，只有"盗及伪造御宝"才入"六曰大不敬"，而官文书印及符节根本不在其中，现在说"并依自造之法"，岂不是"自造"官文书印、符、节也要入"十恶"，那将会是多么严重的用法错误！

六 制度性通例应入《名例》却入罪条

这里所谈内容，在性质上不属于"正"与"误"或"对"与"错"的问题，而是对《律疏》中原篇一项整体性制度，在配置上被生生地拆开，致使在法典化上形成缺陷的一个问题进行探讨。

作为刑律的《律疏》，通例性的制度原则入于《名例律》，而具体的罪名罪状与刑罚，则入于其余十一篇的"分则"，这是唐律法典化的重大特征之一。但是由于《律疏》是多人分工编写，虽然最后基本得以浑然一体，但仍然有因缺乏统筹而出现的不少缺憾。这中间就包括了有些具有通例性的法律规定，却被憋屈地夹塞在某个罪条中间的情况。这种现象不止一处，这里仅说其中突出的一例。

《律疏》规定，凡国家官吏在公职活动中有属过失的犯罪，都可以减三等处罚，条件是只要其本罪条中未作过减等的规定就可适用。这是个相当重要的通例性法例，而这个法例却以"注文"的形式被置于《职制律》卷九（总第92条）"贡举非其人"条的中间。现摘抄如下（其中有关公事错失减等通例的文句以加黑字表示）：

> 诸贡举非其人及应贡举而不贡举者，一人徒一年，二人加一等，罪止徒三年。若考校、课试不以实及选官乖于举状，以故不称职者，减一等。**失者，各减三等。余条失者准此**……
>
> ［疏］议曰：……**"余条失者准此"**，谓一部律内，公事错失，本

条无失减之文者，并准此减三等……

这条关乎整部法律中凡属过失犯公罪者都要应用的法例，夹杂在"贡举不实"条中，违背了《名例》作为制度原则统率各罪条的法典化规则，这实在不能不说是个缺陷，因为这无疑是人为地让法官对重要法例因不易检索而遗漏创造条件。反之，如把这一通例编进《名例律》中已有的"公事失错自觉举"条中，则可完全避免这些弊病。我们可先看《名例律》卷第五（总第41条）的有关部分：

> 诸公事失错，自觉举者，原其罪；
> 　　［疏］议曰："公事失错"，谓公事致罪而无私曲者……
> 　　　　　　应连坐者，一人自觉举，余人亦原之。
> 　　［疏］议曰：……
> 　　　　　　其断罪失错，已行决者，不用此律。
> 　　［疏］议曰：……

此条律文，是"公事失错自觉举"的处置规定，与上述"公事失错减三等"，都有"公事失错"的共性，可以共同使用"公事失错"的定义；此条中之"原其罪"与上述条中之"减三等"，有处置上从轻的共性；此条中的"断罪已决"与上述条中的"有减文"的规定，都有条文限制使用的共性，最重要的是，这二条都是关系"公罪失错"的制度性通例。如果把后者（总第92条）的内容列于前者（总第41条）之中合为一条，可谓是条件完备又易于实施（合并后原涉及"公事失错减三等"的法例内容以黑体字表示）：

> 诸公事失错，自觉举者，原其罪；
> 　　［疏］议曰："公事失错"，谓缘公事致罪而无私曲者。事未发
> 　　　　　　露而自觉举者，所错之罪得免……
> 　　　　　　应连坐者，一人自觉举，余人亦原之。
> 　　［疏］议曰：……
> 　　　　　　其断罪失错，已行决者，不用此律。
> 　　［疏］议曰：……
> 　　　　　　**公事失错者，各减三等……**
> 　　［疏］**议曰："失者，各减三等"，谓一部律内，公事失错，本**
> 　　　　　　**条无失减之文者，并减三等……**

把"公事失错"罪"减等"与"原其罪"两方面的法例内容合并为一条，皆入于《名例》，这样一是把"公事失错减等"的通例从"应贡举而不贡举"条中移至其所应居之位，有利于司法审判对法例的选用；二是对"公事失错"罪处置的两个通例皆入《名例》，既在立法上免去非其所处的夹塞之患，又充实和加强了《名例律》的作用，有利于《律疏》法典化程度的提高。在唐律中，通例性内容以注文形式插夹在罪条内的情况不止这一处。然而将这一处作为重大缺陷而质疑，是因为明明《名例》中有"公事失错"专条却视而不见，不予合并，这显然违反法典化的要求。

唐律以其法典化形式所蕴涵的博大精深的法学遗产，具有极高的现代法文化价值。对待唐律，我们没必要如以往有些法学家，认为它所有的方面都尽善尽美，甚至像宋玉描写登徒子看邻家美女那样：长一分嫌高，短一分嫌矮，多一分嫌胖，少一分嫌瘦。从而陷入对唐律的神秘化，失去了冷静地批判继承的科学分析态度。本文就是试图从律学研究的层面，对《律疏》中存在问题的内容作一个小小的穿刺取样，以说明探讨和研究唐律律学上的局限性，也是唐律现代研究中一个不可或缺的方面。

《中国古代法律文献研究》第七辑
2013年，第225～235页

唐"永徽东宫诸府职员令残卷"名称商榷

高明士[*]

摘　要："永徽东宫诸府职员令残卷"是由诸多断片构成，分散藏在英、法两处。自20世纪前半叶以来，由中外学者不断解读，至1980年代大致已告一段落，共解读出二百多行，是一长文的残卷，贡献厥伟。此一残卷最后定名为"永徽东宫诸府职员令"，是由S.3375最后的"令卷第六东宫□□□"解读出来的，到现在差不多是用这样的名称。拙稿藉由《英藏敦煌文献》第五卷所刊载图片进行解读，对S.3375不明之处，提出"王府职员"名称之说，旁证是《开元七年令》用此名，残卷第86行标题曰："王公以下……职员"。由此进而推论隋唐令可有两大系统，一为《开皇令》《武德令》《永徽令》《开元二十五年令》；另一为《贞观令》《开元七年令》。此外，对三师三公以及三师三公府性质也提出看法，同时以为有关三师三公之职称规定，应该在卷三，而不是在卷六。在没能发现更直接证物以前，拙稿无意否定既有学说，此处只是提出另一见解，供学界进一步思索。

关键词：永徽职员令　永徽东宫诸府职员令　东宫王府职员令　三师三公　三师三公府

一　前言

"永徽东宫诸府职员令残卷"（以下简称"永徽职员令残卷"）名称，是

---

* 高明士，台湾大学历史系名誉教授。

根据刘俊文《敦煌吐鲁番唐代法制文书考释》,① 以及仁井田陞著,池田温等编集《唐令拾遗补》所定。②

按,"永徽职员令残卷"是由诸多断片构成,从王国维的研究以来,学者在使用此残卷时所用名称不一。例如,王国维曰"唐写本残职官书";③ 泷川政次郎曰"唐职员令断片";④ 那波利贞曰"唐钞本唐令",或曰"法国的永徽令残卷与大英博物馆的唐职员残简";⑤ 仁井田陞曰"唐职员令";⑥ 利光三津夫曰"职员令残卷";⑦ 土肥义和曰"永徽二年东宫诸府职员令";⑧ 冈野诚曰"永徽职员令";⑨ 等等。王重民在《敦煌遗书总目索引》是将 S.1880 号著录为"唐职官令"等、S.3375 号著录为"唐令(?)"、P.4634 著录为"唐代残职官书"。⑩ 从各专家学者之标题看来,对此卷之名称不一,可归为"唐令""唐职员令""东宫诸府职员令""永徽职员令"四类。

名称所以多达四类,是由于早期的研究尚未解读出 S.3375 最后的"令卷第六"。也就是说,还没确定此一残卷是《永徽令》文之故。所以,早期先用《职官令》或《职员令》名称,再推测其年代。例如,王国维即推断

---

① 刘俊文:《敦煌吐鲁番唐代法制文书考释》,中华书局,1989,第 180 页。

② 仁井田陞著,池田温等编集《唐令拾遺補》,東京大學出版會,1997,第 341 页。

③ 王国维:《唐写本残职官书跋》,罗振玉编纂《敦煌石室碎金》(黄永武编《敦煌丛刊初集》第 7 册),新文丰出版公司,1985,第 25 ~ 30 页;亦收入王国维《观堂集林》卷二一,河洛图书出版社,1975,台景印初版。王重民原编、黄永武新编《敦煌古籍叙录新编·史部三》(新文丰出版公司,1986,第 170 ~ 171 页)亦同。

④ 瀧川政次郎:《西域出土の唐職官令斷片に就いて》,《法學協會雜誌》47 ~ 1,1929;亦收入其書《律令の研究》第二編第一章〈唐職官令斷片と比較研究〉,刀江書院,1931 初版,1996 复刻。

⑤ 那波利貞:《唐鈔本唐令の一遺文》,《史林》20 ~ 3、20 ~ 4、21 ~ 3、21 ~ 4,1935 ~ 7、1935 ~ 10、1936 ~ 7、1936 ~ 10。

⑥ 仁井田陞:《敦煌發見唐職員令殘卷》,氏著《唐令拾遺》,東京大學出版會,1933 初版,1964 复刻,第 77 ~ 81 页;《スタイン敦煌發見唐職員令の一斷簡》,氏著《中國法制史研究:法と習慣·法と道德》第十四章,東京大學出版會,1964 初版,1980 ~ 12 补订);《ペリオ敦煌發見唐職員令の再吟味》,仁井田陞著、池田温等编集《唐令拾遺補》,第 293 ~ 305 页。

⑦ 利光三津夫:《敦煌發見職員令殘卷について》,氏著《律令制の研究》,慶應義塾大學法學研究會,1981。

⑧ 土肥義和:《永徽二年東宮諸府職員令の復元——大英圖書館藏同職員令斷令斷片(S.11446)の發見に際して》,《國學院雜誌》83 ~ 2,1982 ~ 2。

⑨ 岡野誠:《唐永徽職員令の復元——S.11446の剝離結果について》,《島田正郎博士頌壽記念論集:東洋法史の探究》,汲古書院,1987。

⑩ 王重民:《敦煌遗书总目索引》,商务印书馆,1962。

S. 1880 残卷是《武德令》。[①] 但那波氏的研究，在其连载的后期，已断定是《永徽令》。而仁井田氏首先由 S. 3375 之末解读出"令卷第六"及其下面的小字曰："东宫_{?职员}"，接着是"永徽二年闰九月十四日删定臣贾敏行"，乃确定为《永徽职员令》无疑。[②] 池田与冈野两氏在《法制史研究》的文章，则首先明确解读那小字为"东宫诸府职员"，[③] 至东洋文库出版山本达郎、池田温、冈野诚编《敦煌吐鲁番有关社会经济史的法制文献》，遂以"令卷第六：东宫诸府职员"为名。[④] 其后冈野氏发表《唐永徽职员令的复原》（1987）一文，仍用《永徽职员令》之名称，[⑤] 等于回头采用仁井田陞所使用的名称。接着，刘俊文参照日本学者公布之拼接照片和录文，发表《敦煌写本永徽东宫诸府职员令残卷校笺》一文，[⑥] 此文即前引刘俊文《敦煌吐鲁番唐代法制文书考释》揭载的《永徽东宫诸府职员令残卷》。

其实《永徽职员令》第六卷并不能涵盖整个《职员令》，以《唐六典》卷六"刑部郎中员外郎条"所载隋《开皇令》及唐《令》（《开元七年令》）就有"职员"令六篇，虽然名称不尽相同（详见表2）。

二 令卷第六宜曰东宫王府职员

"令卷第六：东宫诸府职员"，宜曰"令卷第六：东宫王府职员"。其理由有三：1. "诸"字写法与残卷有异。2.《开元七年令》（或曰《开元前令》）其卷六曰"东宫王府职员"，《贞观令》《永徽令》均当如是。3. 第86行（P. 4634A）标题曰"王公以下府佐、国官、亲事、帐内职员"，故宜曰

---

① 王国维：《唐写本残职官书跋》，第 25～30 页；王重民原编、黄永武新编《敦煌古籍叙录新编：史部三》，第 170～171 页。

② 参看前引仁井田陞《スタイン敦煌發見唐職員令の一斷簡》，第 294 页。

③ 池田温、冈野诚：《敦煌·吐鲁番发见唐代法制文献》，《法制史研究》27，1978～5；高明士译《敦煌·吐鲁番所见有关唐代法制文献》，《食货》（复刊）9～5、6、7、8，1979～9、11；后收入高明士《战后日本的中国史研究》，明文书局，1996 修订四版，第 260 页。

④ Tatsuro YAMAMOTO, On IKEDA, MaKoto OKANO (Co-ed.), *Tun-huang and Turfan Documents concening social and economic history*, *I Legal Texts*（A），*Introduction & Texts*, Committee for the Studies of the Tun-huang Manuscript, The TOYO BUNKO, Tokyo, 1980, p. 27.

⑤ 冈野誠：《唐永徽職員令の復元──S. 11446の剝離結果について》。

⑥ 刘俊文：《敦煌写本永徽东宫诸府职员令残卷校笺》，北京大学中国中古史研究中心编：《敦煌吐鲁番文献研究论集》第 3 辑，1986；后以《永徽东宫诸府职员令残卷》之名收入刘俊文《敦煌吐鲁番唐代法制文书考释》，第 180～220 页。

王府职员。以下进一步说明。

关于第1，"诸"字写法与残卷有异。

兹以 S.3375 残卷内容中具有"言"字部首诸字，尤其"诸"字之写法部分文字列表如下：

表1　S.3375 具有"言"字部首写法一览表

内容＼行数	193	172	173	174	175	177	178	179	181	184	186	190
原文												
言部首字	"诸"？"王"？											

资料来源：3375 文书图片，参看中国社会科学研究院历史研究所等合编《英藏敦煌文献》第5卷，四川人民出版社，1992，第56页。

根据此表，可知第193行所谓"令卷第六东宫诸□□□"，其诸字之位置，释为"诸"字可能有困难，其理由有二：第一，就左边之"言"字部首而言，在残卷该位置左边开始的笔划是"⬛"，二横近乎平行，而非上面一点再往下勾，然后书写一横，正如 S. 3375 残卷所见具有言字部首之"⼇"写法；在此残卷之"诸"字，如⿱、⿰、⿱等。第二，就右边之"者"字笔划而言，如⿰字所示，其下面之"日"字空间位置明显不足，且以残卷所见该位置其实是空白，并无笔划痕迹。根据上述二点理由，诸字之位置要释为"诸"是有困难，反而书写三横"王"字依稀可见，正如此残卷 190 小注"二王"之"王"字：⿰，其多余笔划，可能是背面文字笔划渗透的缘故。所以从残卷书写字形分析，其诸字之位置与其释为"诸"，不如释为"王"字较为妥当。

关于第 2，《开元七年令》（或曰《开元前令》）卷六曰"东宫王府职员"，《贞观令》《永徽令》均当如是。《唐六典》卷六"刑部郎中员外郎"条所载《开元令》二十七篇，分为三十卷，曰：

> 凡令二十有七（注：分为三十卷）：一曰官品（注：分为上下），二曰三师三公台省职员，三曰寺监职员，四曰卫府职员，五曰东宫王府职员……二十七曰杂令。

此处所载之《开元令》，即是《开元七年令》（或曰《开元前令》），官品、卤簿、公式三篇都含有上、下，论篇为三篇，论卷则上下各占一卷，共有六卷，其余各篇，每篇为一卷，所以二十七篇成为三十卷。[①] 其"东宫王府职员"，论篇数顺序，为第五篇；论卷数顺序，则为卷六，篇、卷顺序并不对应。

前引《唐六典》卷六"刑部郎中员外郎"条注曰：

> 隋开皇命高颎等撰令三十卷：一官品上，二官品下，三诸省台职员，四诸寺职员，五诸卫职员，六东宫职员……三十杂。

此即隋《开皇令》，亦是三十卷，但分为三十篇，所以每一卷为一篇。因此，官品、卤簿、公式三篇不是以三篇计，而是将上下分别以一篇计，成为六篇，总数即三十篇。

从《开皇令》到《开元令》，卷数都是三十，篇数则不尽相同，归纳而

---

① 参看仁井田陞《唐令の史的研究》，氏著《唐令拾遗》，第 19 页；池田温《唐令と日本令——〈唐令拾遗補〉編纂によせて》所附"中日令典篇目一覽表"，池田温編《中國禮法と日本律令制》，東方書店，1992，第 168～169 页。

言，可有两个系统。此即《开皇令》《武德令》《永徽令》《开元二十五年令》篇目属于三十篇系统，《贞观令》《开元七年令》为二十七篇系统。兹将两系统从官品令到各职员令之卷篇详目，开列于下：[①]

表2　开皇至开元令官品职员令篇一览表

卷(篇)名称 \ 令典名称	开皇令			武德令			贞观令	
	卷	名称	篇	卷	名称	篇	卷	名称	篇
卷篇名称序列	1	官品上	1	1	官品上	1	1	官品上 官品下	1
	2	官品下	2	2	官品下	2	2		
	3	诸省台职员	3	3	诸省台职员	3	3	三师三公台省职员	2
	4	诸寺职员	4	4	诸寺职员	4	4	寺监职员	3
	5	诸卫职员	5	5	诸卫职员	5	5	卫府职员	4
	6	东宫职员	6	6	东宫职员	6	6	东宫王府职员	5
	7	行台诸监职员	7	7	行台诸监职员	7	7	州县职员	6
	8	诸州郡县镇戍职员	8	8	诸州郡县镇戍职员	8	8	命妇职员	7

卷(篇)名称 \ 令典名称	永徽令			开元七年令			开元二十五年令	
	卷	名称	篇	卷	名称	篇	卷	名称	篇
卷篇名称序列	1	官品上	1	1	官品上 官品下	1	1	官品上	1
	2	官品下	2	2			2	官品下	2
	3	三师三公台省职员	3	3	三师三公台省职员	2	3	三师三公台省职员	3
	4	寺监职员	4	4	寺监职员	3	4	寺监职员	4
	5	卫府职员	5	5	卫府职员	4	5	卫府职员	5
	6	东宫王府职员	6	6	东宫王府职员	5	6	东宫王府职员	6
	7	州县职员	7	7	州县镇戍岳渎关津职员	6	7	州县镇戍岳渎关津职员	7
	8	命妇职员	8	8	内外命妇职员	7	8	内外命妇职员	8

资料来源：此表根据《唐六典》卷六"刑部郎中员外郎"条、池田温《唐令と日本令——〈唐令拾遗补〉编纂によせて》附表而制。

---

① 关于各令典篇数之探讨，参看拙著《律令法与天下法》第二章、第三章，五南图书公司，2012。

从表 2 所列，可知《贞观令》与《开元七年令》均为二十七篇系统，所以两者具有相近性。《永徽令》针对《贞观令》进行修正，而成为三十篇系统。虽是如此，就卷数而言，《东宫王府职员》一篇，两系统均列为卷六。现在可以确定的是《开元七年令》使用此篇名，而《贞观令》与《开元七年令》具有相近性，所以推断用《东宫王府职员》名称取代《开皇令》与《武德令》的《东宫职员》名称，始见于《贞观令》。在《贞观令》与《开元七年令》之间的《永徽令》，应该也是使用此一名称，而《永徽·职员令》残卷的卷六篇名，当然就是《东宫王府职员》。《开元二十五年令》与《永徽令》同属于三十篇系统，所以《开元二十五年令》也应当继续使用《东宫王府职员》名称。这就是自《贞观令》以后到《开元二十五年令》的卷六都设定为使用《东宫王府职员》名称的由来。

关于第 3，第 86 行（P. 4634A）标题曰"王公以下府佐、国官、亲事、帐内职员"，故宜曰"东宫王府职员"。兹依刘俊文的考释为例，略示《永徽·职员令》残卷所见的机构及其顺序如下（参见表 3）。

表 3 永徽东宫诸府职员令残卷内容概览

行数	1~30	31~45	46~103	104~153	154~167
文书出处	P. 6434	P. 4634 C1	P. 4634 A	S. 1880A、S. 11446、S. 1880B	S. 1880B
诸司职员	（前缺） （左春坊） 司经局 典膳局 药藏局 内直局 斋帅局 宫门局 右春坊	内坊、家令寺〔 〕署（45 行后缺）	厩牧署 左卫率府(小字:右卫率府准此) 左宗卫率府(小字:右宗卫率府准此) 左虞侯率府(小字:右虞侯率府准此) 左监门率府(小字:右监门虞侯率府准此) 左内率府(小字:右内率府准此) 王公以下府佐·国官·亲事·帐内·职员 亲王府 （103 行后中缺）	（萨宝府、亲王国） 三师三公府(小字:开府仪同三司府准此) 嗣王府(小字:郡王府准此) 上柱国以下带文武职事府	嗣王国(小字:郡王及二王后公准此) 国公以下带文武职事府 （167 行后缺）

续表

行数	168～192	193	194～196	197～198	199～215
文书出处	S. 3375	S. 3375	S. 3375 S. 11446A	S. 11446B、 S. 11446	P. 4634C2
诸司职员	（前缺）（崇文馆）（诸府佐、国官、亲事、帐内）	令卷第六东宫王	编纂官三名（196 行后缺）	编纂官二名（198 行后缺）	编纂官及校官

资料来源：此表根据前引刘俊文《敦煌吐鲁番唐代法制文书考释》第 180～220 页揭载的〈永徽东宫诸府职员令残卷〉而制；内文中引用残卷文书行数，亦根据刘氏此文。

此即第 86 行起至 192 行的内容，由 P. 4634A、S. 1880A、S. 11446、S. 1880B、S. 3375 诸文书残卷拼成，前辈学者解读之辛劳，由衷感佩。就本残卷所见之内容而言，第 1 行至 85 行，即是东宫的左春坊、右春坊职员编制规定；自 86 行起，为"王公以下"的王官、府官编制规定。所谓"王公以下"，包括亲王府、（萨宝府、亲王国）、三师、三公府（开府仪同三司府准此）、嗣王府、郡王府、上柱国以下带文武职事府、嗣王国（郡王及二王后公准此）、国公以下带文武职事府等。可能因为文书内容包括许多"府"，所以解读为"诸府"。但因 86 行标题为"王公以下"，所以笔者以为仍当沿用《开元七年令》的"东宫王府职员"篇名。也就是说《永徽令》与《开元七年令》在卷六的篇名并无二致。此其一。另外，《旧唐书》卷四二《职官志》曰：

> 流内九品三十阶之内（按，内当作外），又有视流内起居，五品至从九品。初以萨宝府、亲王国官及三师、三公、开府、嗣、郡王、上柱国已下护军已上勋官带职事者府官等品，开元初，一切罢之；今唯有萨宝、祆正二官而已。又有流外自勋品以至九品，以为诸司令史、赞者、典谒、亭长、掌固等品。视流外亦自勋品至九品，开元初唯留萨宝、祆祝及府史，余亦罢之。

据此，刘俊文以为："开元之制亲王以下三师三公等皆不置府属，故改永徽令之'诸府'为'王府'也。"[①] 此说不十分正确。盖开元初所罢废者为诸府之'府官'，而诸府之'王官'并不罢废。所谓王官，指师（傅）至祭

---

① 参看刘俊文《敦煌吐鲁番唐代法制文书考释》，第 219 页。

酒；所谓府官，指长史以下典签以上诸职。① 由于诸府仍建制王官，所以《开元七年令》卷六对'王公以下'的王官编制，依然称为《东宫王府职员》，并无改易《贞观令》《永徽令》以来的名称。此其二。以上两点说明，直接在"永徽职员令"残卷是可获得理解的。

三 "三师三公府"与"三师三公"问题

此处需要再提出来检讨的，是第 112 行至 116 行"三师三公府"与"三师三公"问题。

112 "三师三公府"（小字：开府仪同三司府准此）

113 长史一人，司马一人，掾一人，属一人，主簿一人，

114 记室参军一人，功曹参军二人，仓曹参军

115 一人，兵曹参军二人，行军六人，典签二人

116 亲事五人十（按，"人"与"十"字中间右边打 v，其意为两字写颠倒，应当是"十人"才是正确），帐内八十人。

这一段规定，有如下三个问题。

其一，"三师三公府"（可能在三师三公府之前还有萨宝府）之组织所以放在此卷，主要是配合此卷为府属组织规定。其二，"三师三公府"长史以上并无王官编制。卷六所规定的"三师三公府"府属，指府官（第 113 行长史以下至 115 行典签以上），以及服色役的亲事、帐内（第 116 行），第 113 行长史以上并无王官编制。其三，三师三公之职位应该在卷三。"三师三公"之三师，正一品，"训导之官"，为天子之师；三公，正一品，"论道之官"，以佐天子。（《唐六典》卷一）既非东宫之官，亦非府属之官，所以不适合放在此卷（卷六），如同《开元七年令》所示，应放在卷三"三师三公台省职员"。

如上所述，"三师三公"与"三师三公府"在贞观至开元令篇为卷三与卷六，有再进一步探讨的必要。

第一，《贞观令》三师三公入令并置府，《永徽令》沿袭之。

三师三公置府，不见于其他文献，在此残卷系首见，极为珍贵。按，隋文帝即位后，去北周六官之制，而依北齐建置三师、三公之官，隋《开皇

---

① 参看李锦绣《永徽东宫诸府职员令残卷考释兼论唐前期东宫王府官设置变化》，《唐代制度史略论稿》，中国政法大学出版社，1998，第 66 页。

令》卷第三"诸省台职员",当有是职之规定。炀帝大业三年定令,废三师。唐《武德令》沿袭开皇制,竟无恢复三师官,反而犹沿用大业制。太宗贞观六年(632),下诏置之;十一年定令时,乃改令而置三师之位。《贞观政要》卷四《论尊敬师傅》曰:

> 贞观六年,诏曰:朕比寻讨经史,明王圣帝,曷尝无师傅哉!前所进《令》遂不睹三师之位,意将未可……可即著《令》,置三师之位。

《资治通鉴》卷一九四《唐纪》太宗贞观六年二月条,曰:

> 上以新《令》无三师官,二月,丙戌(初二),诏特置之。

《旧唐书》卷三《太宗本纪》贞观六年二月丙戌(初二),亦曰:"置三师官员"。同书卷四十二《职官志》云:

> (贞观)十一年,改《令》,置太师、太傅、太保为三师。

足见贞观六年二月所谓置三师官员,并非立即任命三师官员,而是有如《贞观政要》所载,"可即著《令》,置三师之位"而已。易言之,即诏令建置三师之位。真正落实,则要等到贞观十一年(637)正月颁行《贞观令》以后。前引文提到"新令""改令"之"令",是指《武德令》。《武德令》沿袭《大业令》,有规定三公之职,所以到《贞观令》才建制三师三公之位,设于卷三。由于《永徽·职员令》残卷之卷六可见到"三师三公府"及其府属,因而推测卷六之制亦已见于《贞观令》。

所以在《贞观令》《永徽令》入令方式有二:一是卷三篇名曰"三师三公台省职员",一是卷六篇名曰"东宫王府职员",其第112行曰"三师三公府"。日本《三代实录》卷四五元庆八年(884)五月廿九日戊子条记载少外记大藏善行奏议引《唐太宗实录》曰:"三师三公在亲王上"。又引"唐礼"(按,指《大唐开元礼》卷一〇八《临轩册命诸王大臣》)曰:"天子临轩,册授三师三公,其位次在亲王上。"三师三公既然在亲王之上,而《永徽·职员令》残卷卷六是由亲王府开始规定,足见"三师三公"之位不在此卷,而在卷三无误。

第二,三师三公之职甚少授与,或为赠官。

《通典》卷二〇《职官典·总叙》曰:"天宝以前,凡三师官,虽有其位,而无其人。"论其实际也是如此,唯见卒后赠官而已。但中唐以后,则见用三师之位来安抚镇帅武夫, 名器已乱。[1]

第三, 开元初罢废府官。

此事已说明于前, 所以《开元七年令》《开元二十五年令》卷六已无 "王公以下" 诸府之府官, "三师三公府" 之府官自亦在罢废之列。

第四, 自《贞观令》至《开元令》, 卷三为 "三师三公台省职员" 篇。

卷三 "三师三公台省职员" 篇设有三师三公职位, 但无置府, 亦无王官, 更遑论府官及诸色役。《唐六典》卷一 "三师三公" 条记载三师三公 "多以为赠官……其或亲王拜者, 但存其名耳。"《通典》卷二十《职官典·总叙三师三公以下官属》亦曰: "大唐三师、三公并无官属。" 所谓 "存其名" 或 "无官属" 说, 均指《开元七年令》及《开元二十五年令》。其为赠官或亲王拜者, 是就事实而言。现在透过《永徽·职员令》残卷可得知其制与开元制不同。

四 结论

拙稿重新检讨敦煌文书《永徽令》卷第六 "东宫诸府职员令残卷" 的篇名。由于文书漫漶, 无法清楚辨识, 目前学界似已多采用 "东宫诸府职员令残卷" 的篇名。拙稿此处无意否定此说, 只是提出 "东宫王府职员" 令名称, 以及《永徽令》卷三为 "三师三公台省职员" 篇名之浅见, 俾便学界多一层思考。其事始于《贞观令》,《永徽令》《开元令》(《开元七年令》《开元二十五令》) 沿袭之。

另外, 拙稿对贞观至开元令典的渊源关系也提出看法。此即后令除继承前令之外,《贞观令》与《开元七年令》具有相近性,《永徽令》则与《开元二十五令》具有相近性。若加上《开皇令》与《武德令》的相近性, 以及《贞观令》对《武德令》的修正, 实际是对《开皇令》至《开元令》的演变, 也作一鸟瞰式的说明。

---

[1] 参看拙著《中国中古的教育与学礼》第二篇第一章《帝王学教育》, 台大出版中心, 2005, 第362~368 页。

《中国古代法律文献研究》第七辑
2013年，第236～249页

从《天圣令》食实封条看中古食封制
向俸给形式的转变[*]

——以封物三分法废止为中心

张　雨[**]

　　摘　要：唐代食实封制中所实行的封物三分法（其一分入国，二分入私）废止于开元二十年。从此，封物全归封家所有。同时，全国课户课丁，无论是否封户封丁，一律向国家缴纳租庸调，然后由国家将封物以等价物形式通过赐坊发放给食实封家。这使得作为贵族身份象征的食封收入，开始向俸给形式转变，并随着租庸调制的破坏、两税法的实施，在唐中后期完成了这一转变。《唐六典》所载唐令文本，反映的正是它修成之时所实行的食实封制。但这是编修者对其所本唐令进行删改的结果。至于依然还保存着有关封物三分规定的《天圣令》所附唐食实封条的时代属性，目前尚难以断定。

　　关键词：《天圣令》食实封　封物三分　俸给形式

　　隋唐时期的食封制度，包含着爵邑、食封和食实封三个相关但并不一致的层面，是汉代以来封爵制度沿着古代国家形态由贵族制向官僚制发展的结果。[①] 食封制度（含食实封制，下同）由衣食租税形式向俸给形式的转变，正是中国古代贵族制国家向官僚制国家过渡的表现之一。唐代食实封制中封

---

　*　本文是国家社科基金项目"天圣令与唐代政务运行机制研究"（批准号：10BZS026）的阶段性成果，也是教育部人文社会科学研究青年基金项目"唐令的复原与研究"（批准号：13YJC820110）的阶段性成果。
　**　张雨，北京联合大学应用文理学院历史文博系讲师。
　①　封爵制度渊源于先秦时期的分封制与赐爵制（民爵、吏爵和军功爵），至汉代中期以后得以确立完善。参见杨光辉《汉唐封爵制度》，学苑出版社，2002，第1～2页。

物三分法的废止，可以说是中古食封制度由衣食租税形式向俸给形式转变的标志性事件。关于此问题的讨论，在20世纪八十年代，一度成为学界的焦点问题。近些年来，随着《天圣令》的发现，唐代封物三分法废止这个老问题，又因"新史料""新观点""新视角"产生了新的学术增长点。

一　封物三分法废止与否的疑问

天一阁藏明钞本《天圣令》残卷的发现，为唐宋史研究，尤其是为唐史研究带出了不少新资料和新问题。比如该钞本卷二二《赋役令》所附唐令第七条（以下简称食实封条），就是一条关于唐代食实封制的新资料：

> 诸应食实封者，皆以课户充，准户数，州县与国官、邑官执帐共收。其租调均为三分，一分入官，二分入国（原注：公主所食邑，即全给）。入官者，与租调同送；入国、邑者，各准配租调远近，州县官司收其脚直，然后付国、邑官司。其丁亦准此，入国、邑者收其庸。①

虽然这不是完全意义上的新资料，但它与《唐六典》《通典》《唐会要》等传统史籍中的相关记载存在着文本差异。其中《通典》记载如下：

> 凡诸王及公主以下所食封邑，皆以课户充。州县与国官、邑官，共执文帐，准其户数，收其租调，均为三分，其一入官，其二入国。公〔主〕所食邑则全给焉。（开元）二十年五月，敕："诸食邑实封，并以三丁为限，不须一分入官。其物仍令封随庸调送入京。"②

可以看出，尽管《天圣令》与《通典》文本有所差异，但在封物三分法上基本一致，都规定将封户所纳租庸调均为三分，封家（或国邑官司）只得到其中的三分之二，即"二分入国"，国家得到其余的三分之一，即"一分入官"。只有公主所食实封，封物不须三分，全数归公主邑司。同时，《通典》还记载了开元二十年（732）"不须一分入官"的敕文，也就是取消了封物三分的规定。因此，在成书于开元二十六年的《唐六典》中，关于唐代食封制

---

① 天一阁博物馆、中国社会科学院历史研究所天圣令整理课题组：《天一阁藏明钞本天圣令校证》，《清本·赋役令》，中华书局，2006，第392页。

② （唐）杜佑著，王文锦等点校《通典》卷三一《历代王侯侯爵》，中华书局，1988，第871页。

度就被记载如下：

> 凡有功之臣赐实封者，皆以课户充，准户数，州、县与国官、邑官
> 执帐共收其租、调，各准配租调远近，州、县官司收其脚直，然后付
> 国、邑官司；其丁亦准此，入国、邑者，收其庸。①

其中没有了将封物三分的规定，也没有公主食邑全给的特别说明。同书还以
注文的形式指出："旧制，户皆三丁以上，一分入国。开元中定制，以三丁
为限，租赋全入封家",② 强调了封物"全入封家"的新制。

《唐六典》是"以令式入六司，象《周礼》六官之制，其沿革并入
注",③ 也就是说，它是以唐代律令格式为蓝本编修而成的。这样，随着《天
圣令》的发现，问题就出现了：开元二十年已经废止的封物三分法，又出现
在一般被认为是以开元二十五年（737）令为蓝本的《天圣令》附唐令中。④
究竟唐代封物三分法是否废止于开元二十年？又应该如何理解《天圣令》附
唐令与《唐六典》之间的文本差异？这就是新问题。

二　学界的既有研究

戴建国先生主张《天圣令》及其所附唐令是以开元二十五年令为蓝本修
订的。他也很早就注意到，天圣《赋役令》食实封条的规定，与其他传世文
献的记载相抵牾，并对将《天圣令》所本唐令年代考订为开元二十五年的结
论构成威胁。所以他在2002年便撰成《关于唐食封制》一文，试图解释这
些问题。⑤ 不过，在继续戴建国的讨论之前，有必要对学界关于唐代食封制
的研究成果做一番梳理。

关于唐代食封制，学界一般都认为开元二十年取消封物三分法是食封

---

① （唐）李林甫等撰，陈仲夫点校《唐六典》卷三《尚书户部》，中华书局，1992，第78～
79页。

② 《唐六典》卷二《尚书吏部》，第37页。

③ （宋）陈振孙撰，徐小蛮、顾美华点校《直斋书录解题》卷六，引（唐）韦述《集贤记
注》，上海古籍出版社，1987，第172页。（唐）刘肃撰，许德楠、李鼎霞点校《大唐新
语》卷九亦载，《唐六典》"以（今）〔令〕式分入六司，以今朝六典之制，象周官之制"，中
华书局，1984，第136页。

④ 关于《天圣令》所本唐令年代争论的综述，详见赵晶《〈天圣令〉与唐宋法典研究》，载
中国政法大学法律古籍整理研究所编《中国古代法律文献研究》第5辑，社会科学文献
出版社，2011，第254～257页。

⑤ 戴建国：《关于唐食封制》，《中国经济史研究》2002年第3期，第126～131页。

制的一个重要变化，但是对这一变化的具体内容及含义，仍存在不同看法。

《唐会要》载："旧例，凡有功之臣赐实封者，皆以课户（先）［充］，准户数，州县与国官、邑官执帐（供）［共收］其租调。各准配租调远近，州县官司收其脚直，然后付国、邑官司。其（下）［丁］亦准此，入国、邑者，收其庸"。① 韩国磐先生据此认为唐代"封家向封户所征收的是租调二者，庸则仍归封建国家"，也就是认为在开元二十年之前是租调的三分之二入封家，之后是租调全部入封家，庸始终全入国家。针对此说，黄正建、阎守诚先生注意到了《唐会要》文字有舛误，并根据《旧唐书·韦嗣立传》"食封之家，其数甚众。昨略问户部，云用六十余万丁，一丁两匹，即是一百二十万已上"的记载，② 认为一个封丁所纳的两匹绢，恰是租庸调制下一丁所纳庸、调绢数之和，提出了"庸入封家"的看法，也就是认为开元二十年之前是租庸调的三分之二入封家，之后是租庸调全入封家。马俊民先生也支持"庸入封家"的观点。③ 至此学界已经基本形成了共识：开元二十年取消了封物三分（一分入国，二分入家）的规定。这样《唐六典》《唐会要》没有关于入国入邑的记载就是合理的，因而学者并未属意于两书与《通典》的文本差异。

在《唐代财政史稿》一书中，李锦绣先生注意到，与《通典》不同，《唐六典》并没有关于租调入国入邑记载。在分析这一文本差异时，她据前引《通典》原文"凡诸王及公主以下所食封邑，皆以课户充……公所食邑则全给焉"，认为唐代的食实封制中存在诸王、公主与诸公身份的等级差异。三分法只适用于诸王、公主，而不适用于诸公。因为诸公食邑较少，所以不须"一分入官"，封内所有租庸调全归私家。正是由于纳封入国有三分入二及全给之别，而《唐六典》在记载食封制度时，又强调的是"有功之臣赐实封者"，即不特指诸王、公主，所以没有记载封物三分之制和租庸调入国入邑的规定。④

然而，《通典》在"公所食邑则全给焉"的"公"后应脱一"主"字。

---

① （宋）王溥：《唐会要》卷九〇《食实封数》，上海古籍出版社，2006，第1944页。

② 《旧唐书》卷八八《韦嗣立传》，中华书局，1975，第2871页。

③ 韩国磐：《唐代的食封制度》，《中国史研究》1982年第4期，第41～48页；阎守诚：《论唐玄宗对食封制度的改革》，《北京师范学院学报》1983年第3期，第46～53、45页；黄正建：《关于唐代封户交纳封物的几个问题》，《中国史研究》1983年第4期，第162～163页；马俊民：《唐朝的"实封家"与"封户"》，《天津师大学报》1986年第3期，第43～53页。

④ 李锦绣：《唐代财政史稿》上卷，北京大学出版社，1995，第1170～1173页。

对此戴建国《关于唐食封制》已有论证，可参看。笔者同意其说。但在解释以开元二十五年令为蓝本的《天圣令》中为何依然有着关于封物三分的食实封条时，他根据李锦绣的研究，指出唐朝的"丁"有服役的含义，丁也可以折成庸输纳而不必亲身服役，既然开元二十年敕文强调"诸食邑实封，并以三丁为限，不须一分入官"，那么取消三分制仅仅指丁庸而言，封物的租调部分仍然按照三分制分帐。也就是说，除了公主所食邑以外，封户所纳租调仍然实行三分制，一分入公，二分入私，只有丁庸全入封家。这样，就不存在开元二十五年令恢复租调三分制的问题，也就维护了《天圣令》所本为开元二十五年令的说法。

同时，他参照仁井田陞先生在编辑《唐令拾遗》时将《通典》所引唐令皆定为开元二十五年令和《唐六典》所引皆定为开元七年令的做法，[①] 认为《通典》所引关于唐食实封制的令文是开元二十五年令。《通典》把开元二十年敕文系于开元二十五年令之后，而不是之前，体现了在唐代律令格式体系中格与令的关系，即：格是对律、令、式等常法进行修改和补充的法律形式，是以皇帝诏敕为法源编撰而成的法典。也就是说，"以三丁为限，不须一分入官"的敕文在开元二十年颁布后，于二十五年正式被编入《开元新格》，作为开元令的修订和补充。对于《唐六典》没有封物三分法的记载，他认为是《唐六典》的编修者在摘录开元七年令时，根据新制（开元二十年敕）对旧令删改而成。至于《唐六典》只字未提的"公主所食邑则全给"，他认为是开元二十五年修令时新增加的内容。

最近，牛来颖先生也针对天圣《赋役令》食实封条所带来的疑惑阐述了自己的看法。她着重从文本时间性的角度来解读令文和敕文在不同史籍中的差异，颇具启发性。不过，食封制度及封物三分法废止本身，并非其论述的重点。[②]

三　从玄宗朝食实封改革及其背景看封物三分法

要全面理解开元二十年敕的意义和作用，就需要了解唐玄宗朝食实封制改革的背景、目的及过程。

唐代食实封家主要由皇亲和功臣构成。早在武德之初，食实封家的规模

---

① 〔日〕仁井田陞：《唐令拾遗·序论》，栗劲等译，长春出版社，1989，第853～858页。
② 牛来颖：《〈天圣令〉唐食封制令文献疑》，中国社会科学院历史研究所、日本东方学会、武汉大学三至九世纪研究所编《第三届中日学者中国古代史论坛文集》，中国社会科学出版社，2012，第262～273页。

还较小，"当时食封才三二十家"。① 每家封户数规模也比较小，以亲王、公主为例，"亲王食封八百户，有至一千户。公主三百户，长公主加三百户。（公主）有至六百户"。高宗以后，食实封家无论从数量上，还是从每家封户数来看，规模都急剧膨胀。"神龙初（705），相王、太平公主同至五千户。卫王三千户，温王二千户，成王七百户，寿春等王皆七百户。嗣雍王、衡阳、临淄、巴陵、中山王五百户。安乐公主二千户，长宁一千五百户，宣城、宜城、宣安各一千户。相王女为县主者，各三百户。卫王升储位（神龙二年，706），相王加至七千户，安乐三千户，长宁二千五百户，宣城以下二千户。长宁、安乐，皆以七（千户）［丁］为限"。② 此时，"应出封户凡五十四州"，皆天下膏腴物产之地。然而"百姓著封户者，甚于征行"，所以宋务光上疏极言："王赋少于侯租，入家倍于输国，求诸既往，实所未闻"，韦嗣立也建议："若必限丁，物送太府，封家但于左藏请受，不得辄自征催"③。此项建议与之后玄宗改革食实封的指导思想是一致的。

此外，玄宗之前，封物的分配，正是依《通典》所载，诸王以下有食实封之家得到封户交纳租庸调的三分之二。只有公主不依三分法，租庸调尽入邑司。封物征收方式则经历了高宗以前封家自己派人至出封州收取，到武则天时改由州县征收完后送于封家所在，最后至中宗时又变回诸家自征的反复④。可以说，实封户数的大规模增长，以及自征方式的恢复，给国家财政造成了不小的困难。以上就是玄宗朝食实封制改革的背景。

正如阎守诚、李锦绣前揭论著所指出的，玄宗朝食实封制改革总的精神，一是要切断封家与封户之间的直接接触，把封物的收受纳入国家赋税征纳和财政收支计划，二是要缩减封家的规模，既减少封户数，又要限制户均封丁数。为了实现此目标，改革持续了三十多年。

切断封家与封户之间的直接接触，也就是要改变中宗以来封家自征封物的方式。开元三年（715）五月，玄宗下敕："封家总合送入京。其中有别敕许人就领者，待州征足，然后一时分付。征未足闻，封家人不得辄到出封州，亦不得因有举放，违者禁身闻奏"⑤。从下文所引专门针对亲王公主封物"送至京、都赐坊"的敕文来看，这条敕文针对的应该是亲王公主以外的一

---

① 《旧唐书》卷八八《韦嗣立传》，第2871页。
② 《唐会要》卷五《诸王》，第59页。按，其"皆以七千户为限"，据《新唐书》卷八二《十一宗诸子传》（中华书局，1975，第3615页），当为"以七丁为限"。
③ 《唐会要》卷九〇《缘封杂记》，第1949~1951页。
④ 唐代食实封制（玄宗朝以前）的基本情况，是笔者综括前引韩国磐、阎守诚、黄正建、马俊民、李锦绣前揭论著研究成果而来。
⑤ 《唐会要》卷九〇《缘封杂记》，第1951页。

般食实封家。敕文提出了总的原则，即封物"总合送入京"，封家不得"辄到出封州"自征封物，以及趁机将封物举放收息。不过，此时不仅一般食实封家还以"别敕许人就（出封州）领"封物的形式留下自征制的尾巴，① 而且封户数占比更大的亲王公主封物也还延续着自征的方式。直到开元十一年（723）九月，玄宗始敕："亲王、公主等封物，宜随官庸调，随驾所在，送至京、都（太府寺）赐坊，令封家就坊请受。余食封家，不在此限。仍令御史一人及太府寺官检校分付，使给了牒"。② 亲王公主封物的征收方式这才由自征改为向两京太府寺赐坊请受，初步完成了玄宗朝食实封制改革的第一个方面。

在缩减封家规模方面，以开元七年颁布格式律令为契机，形成了所谓"开元新制"，③ 既缩小了亲王公主封户数，又施行了封户限丁的措施，将中宗时最高的"以七丁为限"降至"通以三丁为限"。这就是《新唐书》所载："开元后，天子敦睦兄弟，故宁王户至五千五百，岐、薛五千，申王以外家微，户四千，邠王千八百，帝妹户千，中宗诸女如之，通以三丁为限。及皇子封王，户二千，公主五百"。④ 虽然有宁、岐、薛、申诸王实封达四五千户的特例，但总的来看，亲王公主的食实封户数和户均封丁数都被限制在二千户以内、三丁以下，封户和封丁的总规模明显缩小。

经过开元前期两方面的调整，作为食实封制中最主要的亲王公主封户总数减小，封丁总数下降，与封户，甚至是出封州的直接联系也被切断。但是改革还没有完成，因为对一般食实封家户均封丁数还没有明确限制，征收方式也还处在自征和请受并行的过渡阶段。变化出现在开元二十年。《唐会要》

① "出封州"三字，据玄宗同道敕文所载"封家人不得辄到出封州"添入，以便文意明了。

② 《唐会要》卷九○《缘封杂记》，第 1952 页。"太府寺"三字，据后文所引《长行旨》"附庸使送两京太府寺赐坊给付"添入，以明所属。

③ 《新唐书》卷八三《诸帝公主传》，"开元新制：长公主封户二千，帝妹户千，率以三丁为限。皇子王户二千，主半之……于是，公主所禀殆不给车服。后咸宜以母爱益封至千户，诸主皆增，自是著于令。主不下嫁，亦封千户，有司给奴婢如令"。（第 3658 页）不过，此处所载开元新制与下引同书卷八二《十一宗诸子传》所载不符，疑此开元新制应为：大长公主户二千，长公主（帝妹）户千，公主半之（五百），皇子封王户二千，率以三丁为限。

④ 《新唐书》卷八二《十一宗诸子传》，第 3615 页。按，《通典》卷三一《历代王侯侯爵》载开元十年（722）加永穆公主封至千户事，追言："初，永穆等各封五百户，左右以为太薄……至是公主等车服不给，故加焉。自后公主皆封千户，遂成其例"。（第 870～871 页）故《新唐书》所载"皇子封王，户二千，公主五百"当为开元十年前制度。又据《旧唐书》卷八《玄宗纪》、卷九五《让皇帝宪传》，李宪于开元七年（719）九月徙为宁王，实封累至五千五百户。（第 180、3011 页）故《新唐书》所载"开元后"云云，当为开元七年至十年间之事。

载开元二十年五月十日，① 敕：

> （请诸）［诸请］食实封，并以［三］丁为限，不须一分入官。其物仍令出封州随庸调送入京，其脚以租脚钱充，并于太府寺纳，然后准给封家。②

至此，封户"以三丁为限"，和封物"于太府寺纳，然后准给封家"作为普遍规定被明确下来。此外，根据该敕还取消了之前所沿用的封物三分法"一分入官，二分入国"的规定。不过，对于封物三分法的废止，目前学界的分歧还比较大，下节将着重讨论此问题。

四　开元二十年封物三分法的废止

对于开元二十年敕文调整的内容，李锦绣认为随庸调车入京的只能是庸调，不可能有租。所以代替三分法的不是租庸调全入封家，而是庸调全入封家，租全入国家。虽然《唐六典》有"租赋全入封家"的说法，但她认为这不能否认其关于只是庸调全入封家，租入国家看法。因为在她看来，唐代的食实封制中存在诸王、公主与诸公身份的等级差异，所以开元中改革后，食封制仍旧或三分或全给，或只给庸调，或租赋全纳，"租赋"即针对封物全给而言。③ 这就突破了 20 世纪 80 年代以来所形成的关于封物三分法的基本看法。戴建国在前揭文中则进一步在"丁"有服役含义的基础上，认为敕文规定的只是丁庸全部入封家，租调仍依三分法。他的一个依据就是天宝六载（747）户部奏所引《长行旨》"附庸使送两京太府寺赐坊给付"（引文详后）中并没有提到调。

诚然，唐代租和庸调，前者为粟稻麦等物，后者为绢绵物等，不仅轻重

---

① 《唐会要》原作"十一年五月十日"，误。据（宋）王应麟《玉海》卷一三四《官制·封爵》"实封"条引唐朝《会要》即作"开元二十年五月十日，敕诸食实封并以三丁为限"，广陵书社，2003，第 2488 页。前引《通典》卷三一《历代王侯侯爵》亦载此敕时间为开元二十年五月。参见砺波护《隋の貌閲と唐初の食实封》，《唐代政治社會史研究》，同朋舍，1986，第 285 页。

② 《唐会要》卷九〇《缘封杂记》，第 1952 页。"诸请"，原文作"请诸"，笔者据前文所引《通典》开元二十年敕文"诸食邑实封"以"诸"为首字例，以及后文所引《唐会要》天宝六载户部奏之文本"诸道请食封人"校改。"三"字，据前引《通典》开元二十年敕文"并以三丁为限"及《唐六典》"开元中定制，以三丁为限"补入。

③ 李锦绣：《唐代财政史稿》上卷，第 1173 页。

不伦，而且输纳时间也不同。唐《赋役令》规定：

> 诸庸调物，每年八月上旬起输，三十日内毕。九月上旬各发本州……其运脚出庸调之家，任和雇送达。所须裹束调度，并折庸调充，随物输纳。
>
> 诸租，准州土收获早晚，斟量路程险易远近，次第分配。本州收获讫发遣，十一月起输，正月三十日纳毕（原注：江南诸州从水路运送之处，若冬月水浅，上埭艰难者，四月以后运送。五月三十日纳毕）。其输本州者，十二月三十日纳毕。若无粟之乡输稻麦者，随熟即输，不拘此限。
>
> 诸租须运送，脚出有租之家。如欲自送及雇运水陆，并任情愿。①

首先，由于庸调物材质相类，唐代史籍中常出现用"租庸"涵盖租庸调的情况，并不特别强调庸调的分别。如中宗时，"（武）三思封邑在贝州，专使征其租赋"，而"时属大水，刺史宋璟议称租庸及封丁并合捐免"，拒而不与。时任宰相韦巨源却认为"谷稼虽被湮沉，其蚕桑见在，可勒输庸调"。等韦巨源去世后，李邕在驳议其谥号时又专门提及此事："况以三思食邑，往在贝州，时属久阴，灾逢多雨，租庸捐免，申令昭明，匪今独然，自古不易。三思虑其封物，巨源启此异端，以为稼穑湮沉，虽无菽粟，蚕桑织纴，可输庸调"，② 其中"租庸"就应该包括调物。另外，中宗时"相府、太平、长宁、安乐皆以七（千）［丁］为限，虽水旱亦不破损免，以正租庸充数"，③"租庸"亦应指租庸调而言。所以笔者认为《长行旨》中"附庸使送两京太府寺赐坊给付"与开元二十年敕文中"其物仍令出封州随庸调送入京"是一致的，并不能因为前者没有"调"字，就否认调物的存在。因而，戴建国以"《长行旨》'附庸使送两京太府寺赐坊给付'中并没有提到调"为据，来论证开元二十年后调物依然遵行三分法的做法并不妥当。

其次，唐代前期的赋役制是建立在均田制基础上的租庸调制，其赋役征纳的基本单位就是丁男："诸课户，一丁租粟二斛，其调各随乡土所出，绢、绝各二丈，布则二丈五尺。输绢、绝者，绵三两，输布者，麻三斤"，④ "诸丁匠岁役功二十日，有闰之年加二日"，"诸丁匠不役者收庸。无绢之乡，

---

① 《天一阁藏明钞本天圣令校证》，《清本·赋役令》附唐令第 2 ~ 4 条，第 391 页。
② 《旧唐书》卷九六《宋璟传》，第 3031 页；卷九二《韦巨源传》，第 2964 ~ 2966 页。
③ 《旧唐书》卷一〇七《玄宗诸子传》，第 3267 页。
④ 李锦绣：《唐赋役令复原研究》，复原唐令 2 条，《天一阁藏明钞本天圣令校证》，第 458 页。

绝、布参受"。① 食实封的封物征收也与"正租庸"的征收类似，所以限丁措施的实施，不仅仅是针对丁庸而言，对于租、调，也同样适用。②

最后，从前引唐《赋役令》（"诸庸调物……运脚出庸调之家""所须裹束调度，并折庸调充""诸租须运送，脚出有租之家"）可知，唐代租庸调的输纳，民户不仅要交纳租庸调，还要承担租庸调的运费、包装费等。租脚、庸调物运脚，分别用于支付租和庸调物的运费。若依李锦绣的意见，开元二十年后，庸调全入封家，租全入国家，则相应地租脚应用于向国家纳租之费，只有庸调运脚才用于封物的运输。但据开元二十年敕文"其物仍令出封州随庸调送入京，其脚以租脚钱充"的规定，"租脚钱"也要充作食实封之家的封物送入京城的运脚。这就意味着，封户在向国家纳租之时，还需另外向国家多交纳一份租脚，以充运输之用。一份租粟，却要交纳两份租脚，这样的重复征收，似有不合理之处。既然根据敕文，开元二十年后的租调钱也用于封物的运输，那么不妨认为此处"随庸调送入京"的封物中，包含有封户所纳之租，即随庸调车入京的封物，应该包括租、庸、调三项。

不过，前文也提到，唐代的租粟和庸调物，不仅轻重不伦，而且输纳时间也不同，那么又该如何实现包含有租、庸、调三项的封物，可以"随庸调送入京"呢？笔者推测，封户所纳之粟，大概以折纳的形式变造为庸调物或他物。这一点，也可以借助租脚的形态来理解。例如，在《赋役令》中，唐人并未强调租脚必须以"钱"的形式完纳，同时民户还可以根据实际情况，选择不交纳运脚，而是自己亲自运送或雇人运送租粟。到了开元二十年，敕文则明确指出封户所纳为"租脚钱"，这反映了唐代前期，封物租脚由劳役或实物形态向货币形态的过渡。考虑到这一变化，尽管还没有其他史料的支持，笔者仍推测认为，与庸调车一起入送的租物，应该不是实物租，而是其

---

① 《天一阁藏明钞本天圣令校证》，《清本·赋役令》附唐令第22、24条，第393页。
② 在匿名评审过程中，评审者针对此一环节的论证，指出本文的前提是："丁是交租庸调的，所以封物应包括租庸调，但若如《天圣令》所言，'其丁亦准此，入国、邑者收其庸'，即同样是丁，也有只收庸的情况"。笔者认为，不应割裂《天圣令》"其丁亦准此，入国、邑者收其庸"一句，与前文"其租调均为三分，一分入官，二分入国（公主所食邑，即全给）。入官者，与租调同送；入国、邑者，各准配租调远近，州县官司收其脚直，然后付国、邑官司"的逻辑联系。根据《赋役令》的规定，租、调的征收对象也是"丁"，这是没有疑问的。因为《天圣令》在前面已经对封物中租、调部分做出了规定，所以在最后只是强调了庸的征收。再者，《天圣令》之所以强调"其丁亦准此，入国、邑者收其庸"，与唐前期正役尚未完全折庸化有关。其中的"丁"，特指具有免役输庸资格的封丁。牛来颖《〈天圣令〉唐食封制令文献疑》也认为仅把限丁理解为针对丁庸，稍嫌牵强，与笔者意见一致。

他形态的折造之物（较大的可能即庸调物）。①

总之，因为限户、限丁措施的实施，食实封家所占有的封丁总数锐减，所得封物也大为减少。相应地作为补偿，开元二十年敕便取消了封物三分法，封户所纳租庸调全部归封家所有，不用再将其中的一部分交给国家。同时，封物之中租的部分，也以庸调物的形式折纳，与原纳庸调一起送入京、都。所以敕文又专门规定了租脚钱的使用，即仍用于封物的输送。如此一来，开元二十年后封物的分配，就不应该存在李锦绣所谓的庸调全入封家，租入国家的情况，也不会存在戴建国所说的敕文规定的只是丁庸全部入封家，而租调仍依三分法。唐代封物三分法的废止，就在开元二十年五月十日敕颁布之后。

不过，开元二十年并不是玄宗朝食实封改革的最终完成。来看《唐六典》和《唐会要》的记载。由于封物三分法的取消，两书在引用唐令时便删去了有关封物三分的规定。也正由于封物三分法的废止，原来唐令中特意规定的"公主所食邑，即全给"也就没有了存在的必要，所以两书又都删去相应文字。② 但与此不同的是，开元二十年敕文虽然规定了封物"于太府寺纳，然后准给封家"，而《唐六典》和《唐会要》的规定却仍保留"州、县与国官、邑官执帐共收"的规定。这种看似矛盾的文本处理，大概更准确地反映了开元二十年改革的不彻底性。这种不彻底性反映在《长行旨》中，《唐会要》载：

> 天宝六载三月六日，户部奏："诸道请食封人，准《长行旨》：'三百户已下，户部给符就州请受。三百户已上，附庸使送两京太府寺赐坊给付'者。今缘就州请受，有损于人，今三百户以下，尚许彼请，公私之间，未免侵扰，望一切送至两京，就此给付。即公私省便，侵损无由。"③

既然颁布于开元二十四年（736）的《长行旨》又规定了"三百户已下，户部给符就州请受。三百户已上，附庸使送两京太府寺赐坊给付"，也就是说，开元二十年敕文"其物仍令出封州随庸调送入京，其脚以租脚钱充，

---

① 另外，唐初就有封家自征封物而得钱的情况。贞观三年（629），裴寂"遣（监奴）恭命收纳封邑，得钱百余万，因用而尽"。（《旧唐书》卷五七《裴寂传》，第 2289 页）

② 牛来颖《〈天圣令〉唐食封制令文献疑》也认为《唐六典》《唐会要》剔除三分法和公主全给的相关文字时，在逻辑上是严谨的，意思是明确的。

③ 《唐会要》卷九〇《缘封杂记》，第 1953 页。

并于太府寺纳，然后准给封家"的规定并没有得到彻底实施。在收受封物的具体操作层面，仍保留了封户在三百以下的封家凭户部符赴州请受的自征制残余，直到天宝六载才最终完全取消自征方式。基于此，上述《唐六典》《唐会要》中看似矛盾的文本处理才更加准确地反映了开元二十五年时的食实封制。

开元二十年敕虽然不是玄宗朝食实封改革的终点，但依然是中古时期食封制度转变的重要标志。韩国磐在《唐代的食封制度》中已指出，中国古代食封制度经历了从衣食租税的形式到俸给形式的转变，而唐代正是其过渡时期。李锦绣也持相同看法。她进一步指出封物三分法的废止，以庸调全入封家，租入国家，是实现食封制度由衣食租税的形式到俸给形式转变的关键，其最终完成则是在天宝六载户部奏请"一切送至两京，就此给付"之后。从杜佑记载的天宝收支情况中已经不能看出封户与课户的区分，天下封户都全部成为向国家纳租庸调的课户，租全部归国家，或供军、或供国、或留州，与封家无关。庸调除外配供军外，全部纳入两京。封家只是在这些庸调中领取其封户所纳的部分。① 这一看法诚为卓识。不过需要修正的是，取消三分法后，不是以庸调全入封家、租入国家的形式来实现食封制度的上述转变，而是将租折变为绢、绝等庸调物，以及将租脚折钱输纳同充运费，随出封州之庸调车一起送入两京。也就是说，全国课户课丁（包括封户封丁）都直接向国家缴纳租庸调，随后再由国家将食实封家封物以等价物的形式通过太府寺发放给食封家。前引开元十一年敕及《长行旨》中不再使用"征收""收纳"的概念，转而使用"请受"的概念，这就暗示着脱胎于封爵制，作为贵族身份象征的食封收入，不再具有财政上的独立属性，开始成为等同于官员待遇"禄俸赐会"的一项收入而已。

五　结论

综括言之，本文的结论有如下两方面。

首先，基于对玄宗朝食实封制改革的理解和对开元二十年敕本身的分析，笔者认为唐代食封制中封物三分法就是废止于开元二十年。这种废止，并不存在只适用于封物的庸调部分，或只适用于庸物的情况，而是适用于全部的封物。《唐六典》所载唐令文本反映的正是它修成之时唐代食实封的实态。但是这一文本样态，正如戴建国所指出的，应该是《唐六典》的编修者在摘录唐令时根据新制对其文本进行删改的结果。不过，他试图通过承认开

---

① 李锦绣：《唐代财政史稿》上卷，第 1174 页。

元二十年后封物三分法仍然存在，来论证《天圣令》所本唐令为开元二十五年令的做法，以及认为《唐六典》只字未提的"公主所食邑则全给"之规定，是开元二十五年修订令时新增加的内容，则不能令人信服。至于《天圣令》食实封条的时代属性，究竟如台湾学者所主张的那样属于开元七年令的可能性较高，[①] 还是像戴建国所主张的是开元二十五年令，目前都还不能给出确定无疑的回答。不过，有赖于这种争论的存在，会让我们不断推进对《天圣令》这部佚失千年之久的法典的认识。

其次，玄宗即位以后，面对中宗以来食封家占有封户多、丁高地好的弊端，既减少封户数，又限制户内丁数，双管齐下缩减其规模。虽然开元三年确定了一般食封家封物"总合送入京"的原则，但当时还处在自征和请受并行的过渡阶段，改革才刚刚起步。到了开元十一年，随着亲王公主的封物"随官庸调，随驾所在，送至京、都"规定的出台，加快了改革的步伐。加上开元七年又确立了亲王二千户、公主五百户（后增至千户）以内，通以三丁为限的"开元新制"，为了减少改革的阻力，开元二十年便在普遍限丁措施实施的同时，取消了原来封物三分，一分入国家，二分入封家的旧制，封物不再三分，全数归封家所有。这是玄宗朝食实封制改革的关键，也是中古时期食封制度的一大变革。尽管当时还留有"三百户已下，户部给符就州请受"的自征制残余，不过，这种残余很快在天宝六载之后彻底消失。

随着租庸调制的破坏，两税法的实施，到了唐后期，食实封家的封物便通以赐给钱物这样的俸给形式出现。如贞元七年（791）十一月敕："诸公主每年各给封物七百端疋屯，依旧例，春秋两限支给。诸郡主每季各赐钱一百贯文，县主每季各赐钱七十贯文"。[②]而据《册府元龟》所载："应给食实封官，自贞元十三年已后，节度使兼宰相，每百户给八百端匹。若是绢，更给绵六百两。节度使不兼宰相，每百户给四百端匹。军使及金吾诸卫诸军大将军，每百户给三百五十端匹。至贞元二十一年七月六日敕：'应食实封，其节度使宜令百户给八百端匹，若是绢，兼绵六百两。'伏以食封，本因赏功，封之多少，视功之厚薄，不以官位散要，别制等差。其节度使兼宰相，请准旧例。余节度不兼宰相，准贞元二十年已前旧例处分"。[③]食实封户数不再具有同等标准，反而与官员自身的品级、职级挂起

---

① 高明士等：《评〈天一阁藏明钞本天圣令校证附唐令复原研究〉》，荣新江、刘后滨主编《唐研究》第 14 卷，北京大学出版社，2008，第 567～571、522～523 页。

② 《唐会要》卷九〇《缘封杂记》，第 1954 页。

③ 《宋本册府元龟》卷五〇七《邦计部·俸禄三》，元和五年六月户部侍郎判度支李夷简奏，中华书局，1989，第 1272 页。

钩，依照不同标准支给钱物，封物的给赐也就更加具有官员俸给的特征。① 中国中古时期食封制度由衣食租税的形式到俸给形式的转变由此得以实现。

　　附记：本文初稿完成于 2007 年，是笔者研究生阶段课堂习作《试论〈天圣令〉所本非唐开元二十五年令》的一节。2010 年，本文又作为《论〈天圣令〉所本唐令年代及其编修原则》的一节，在"实践中的唐宋思想、礼仪与制度国际学术研讨会"上进行了宣读。会后，笔者意识到单从个别令文着眼，难以判定《天圣令》所本唐令的年代，故而将食实封部分抽出，修改成文。在本文的写作过程中，先后得到刘后滨、李全德、黄正建、吴丽娱、张耐冬、赵璐璐等诸多师友的教正，在匿名评审中也得到了专家的宝贵意见，谨此一并致谢！

---

　　① 参见马俊民《唐朝的"实封家"与"封户"》，《天津师大学报》1986 年第 3 期，第 52 页。

《中国古代法律文献研究》第七辑
2013年，第250～286页

《天圣令·仓库令》译注稿*

中国社会科学院历史研究所《天圣令》读书班**

摘　要："仓库"为令篇之名始于隋《开皇令》，但与"厩牧"合为一篇，列于第25"仓库厩牧"；在《唐六典》所见《开元七年令》篇目中，《仓库》列于第20篇；《天圣令》残卷所存《仓库令》被标为第23卷，存有宋令24条、唐令22条。本稿以《天圣令·仓库令》为译注对象，注释字词、阐释制度、明晰流变、翻译文句，是继《〈天圣令·赋役令〉译注稿》之后，中国社会科学院历史研究所《天圣令》读书班所推出的第二种集体研读成果。

关键词：天圣令　仓库令　译注

宋1　诸仓窖，皆于城内高燥处置之，于仓侧开渠泄水，兼种榆柳，使得成阴。若地下湿，不可为窖者，造屋贮之，皆布砖为地，仓内仍为砖

---

* 本稿所引《天圣令》令文"唐×""宋×"，以《天一阁藏明钞本天圣令校证附唐令复原研究》（中华书局，2006）之清本为准；所引李锦绣、渡边信一郎等先生的成果，凡未另行出注者，皆源自李锦绣《唐仓库令复原研究》，《天一阁藏明钞本天圣令校证附唐令复原研究》下册；渡边信一郎《天聖倉庫令訳注初稿》，《唐宋变革研究通讯》第 1 辑，2010 年 3 月。至于相关体例，敬请参见中国社会科学院历史研究所《天圣令》读书班：《〈天圣令·赋役令〉译注稿》，徐世虹主编《中国古代法律文献研究》第 6 辑，社科文献出版社，2012。

** 初稿分工如下：宋 1～3，李少林（中国社会科学院研究生院）；宋 4～7，万晋（中国海洋大学）；宋 8～11，王怡然（北京大学）；宋 12～19，陈凌（南阳师范学院）；宋 20～24，王苗（北京大学）；唐 1～4、9～13，徐畅（北京大学）；唐 5～8、14～18，田卫卫（北京大学）；唐 19～22，刘亚坪（北京盈科［昆明］律师事务所）。此后执笔人变更者有：宋 1～3，霍斌（中国人民大学）；唐 5～8、14～18，田卫卫（日本新潟大学）、侯振兵（西南大学）；唐 9～13，顾成瑞（中国人民大学）。本稿经读书班全体成员讨论，吴丽娱、黄正建、牛来颖三位老师审读，由赵晶（中国政法大学）统稿而成。

场^[一]，以拟输户量覆税物。

【注释】

[一] 砖场：铺砖的场。铺砖的主要目的是保证堆放税谷的纯净。"场"，张弓认为是一片平实光洁的开阔地面，是官仓用来量覆、扬掷谷物的场所，也可用来堆放随税谷一道征来的税草、杂物等，所以"场"一般附属于仓。① 青木场东认为"场"是检查或称量谷物的空地。② 宋代仓的砖场不仅在收纳税物时使用，出给时亦利用。宋高宗绍兴二年（1132）二月三日诏："行在诸仓遇打请日，令户部前一日据合支数，令本仓般量出廒，于廊屋下安顿，遇天晴，于砖场上垛放支遣。"③ 杭州各仓在发粮之日，承户部下发支出数发粮，天晴时将粮堆积于砖场之上。

【翻译】

各仓窖，都建置于城内地势高且干燥之处，在仓旁边开挖渠沟［以便］排水，同时种植榆树和柳树，使形成树荫。如果地势低下且潮湿，不能挖建地窖的，则造屋来贮存，［屋内］地面都要铺砖，仓内仍要造设砖场，准备称量查核输户的纳税之物。

宋 2 诸受税，皆令干净^[一]，以次第收牓^[二]。同时者，先远后近。当仓监官^[三]，对输人掌筹^[四]交受。在京及诸州县，并用系公人^[五]执斗函^[六]，平量概^[七]。米、粟、大小麦、杂豆等，一斛加一升为耗直^[八]，随讫给钞^[九]总申。若不入仓窖，即随便出给者，勿取耗直。（其诸处仓则有耗例者，不用此例。）

【源流】

《唐六典》卷一九"司农寺丞"条："凡受租皆于输场对仓官、租纲吏人执筹数函。"④

【注释】

[一] 干净：所收税物干燥、纯净。唐代为了保证税物的质量和防止有人故意掺加杂质，入仓之前必须"扬掷"。宋代改称为"掷飏"。⑤ 宋孝宗乾道四年（1168）五月七日，权户部尚书曾怀言："……纲运到岸，若有湿润、

---

① 张弓：《唐朝仓廪制度初探》，中华书局，1986，第51页。

② 〔日〕清木场东：《唐代财政史研究·运输编》，九州大学出版会，1996，第199页。

③ （清）徐松辑《宋会要辑稿》食货五三之二，中华书局，1957，第5720页。

④ （唐）李林甫等撰，陈仲夫点校《唐六典》，中华书局，1992，第525页。由于唐代《仓库令》散佚严重，并不能从现有史料中明晰其全部来源，只能找到部分。

⑤ 李淑媛：《唐宋时期的粮仓法规——以〈天圣令·仓库令〉"税物收纳、概量和耗"条为中心》，台师大历史系、中国法制史学会、唐律研读会主编《新史料·新观点·新视角：

砂土、糠皮，自有掷飏、摊晒日数。"掷飏为"净"、摊晒为"干"，可与令文相对应。①

[二] 牓：木牌。大津透认为《仓库令》中"凡受地租，皆令干净，以次收牓"的"牓"，可能是指收纳时使用的木质纳入牌。② 李淑媛认为牓似乎有大小之分，大者如《天圣令·赋役令》宋23、《天圣令·仓库令》宋3所载之牓。此令中的牓规格较小，便于输户持有缴纳之用，较接近编列次第之号码牌。③ 渡边信一郎认为是仓库出纳时手写的谷物、货物等种类和数量的木牌。据李锦绣研究，唐代仓粮输纳时需要经过左右监门卫，并引《唐六典》卷二五"左右监门大将军"条："凡财物器用应入宫者，所由以籍牓取左监门将军判，门司检以入之。"④李氏认为，"籍"即门籍，"牓"即牓，是财物器用的登记凭证。"籍"用以"检其官爵、姓名、年貌"，"牓"用以"监其器物，检其名数"。⑤此点便与本令中"牓"意思接近。

[三] 监官：仓的监当官。宋代凡监临诸场、院、库、务、局、监等各种税收、库藏、杂作、专卖事务官，总称监当官，多由选人、侍臣差充，也有京朝官责降为监当官者。监当官可以简称为监官。仓的监当官总名监仓，掌治粮仓存储出纳等事。⑥

[四] 筹：用竹、木或象牙等制成的小片或小棍，用来计数或作为领物凭证。《资治通鉴》胡三省注引南宋人史炤语："算，所以筹算也。其法用竹，径一分，长六寸，二百七十一枚而成。六觚为一握。"⑦

[五] 系公人：专职持函、概计量税物的仓吏。据《庆元条法事类》卷五二《公吏门》"解试出职"载："诸称'公人'者，谓衙前，专副，库、

天圣令论集》上册，元照出版有限公司，2011，第140～141页。吐鲁番出土的租佃契约文书中往往有"使净好，若不好，听向风常取"的惯语。（参见陈永胜《敦煌吐鲁番法制文书研究》，甘肃人民出版社，2000，第71页）"常"是"扬"的假借字，"向风扬取"即扬掷，就是为了达到"净"的目的。

① 《宋会要辑稿》食货四之一〇，第5588页。

② 〔日〕大津透：《唐律令制国家的预算——仪凤三年度支奏抄、四年金部旨符试释》，刘俊文主编《日本中青年学者论中国史（六朝隋唐卷）》，上海古籍出版社，1995，第457页。

③ 李淑媛：《唐宋时期的粮仓法规》，第142页。

④ 《唐六典》，第640页。

⑤ 李锦绣：《唐代财政史稿》第1册，社会科学文献出版社，2007，第122、142页。

⑥ 龚延明：《宋代官制辞典》，中华书局，1997，第558页。

⑦ （宋）司马光：《资治通鉴》卷二二八"唐德宗建中四年六月"，中华书局，1956，第7346页。

称、掏子，仗直，狱子，兵级之类。"① 李淑媛认为唐后期出现了"行概人""函头"之职，显示持斗函之吏，已细分成专司其职者。② 《续资治通鉴长编》卷四五〇"哲宗元祐五年十一月乙丑"载："重禄人因职事取受财物，及系公人于重禄人因本处事取受人财物、故放债收息及欺诈，不满一百文徒一年……"③ 《救荒活民书·拾遗》载："诸系公人，因扑掘虫蝗，乞取人户财物者，论如重禄公人因职受乞法。"④

［六］函：谷物的量器。《天圣令·仓库令》唐5载："诸量函，所在官造。大者五斛，中者三斛，小者一斛。"唐代"十升为斗，三斗为大斗，十斗为斛"。⑤ 而南宋绍兴七年（1137）三月十九日，下诏改五斗为斛，"诏文思院依省样，制造五斗斛"⑥。

［七］概：量谷物时刮平斗、斛的小木板。《天圣令·关市令》宋12载："诸用称者皆挂于格，用斛斗者皆以概，粉面则称之。"

［八］耗直：官府在收纳租税时另外加征一部分税物，专用于弥补粮食在运输、储存过程中的损耗。《天圣令·仓库令》唐1载："贮经三年以上，一斛听耗一升；五年以上，二升。其下湿处，稻谷及粳米各听加耗一倍。此外不得计年除耗。"《庆元条法事类》卷四七《赋役门一》"收纳税租"载："诸受纳税租，一斛加一升，（旧例不加处依旧。）蒿草十束加一束为耗。"⑦

［九］钞：输纳租税后官府给输纳人的凭证。⑧ 范成大《催租行》诗云："输租得钞官更催。"⑨ 宋徽宗宣和七年（1125）八月二十五日尚书省言："凡输纳租赋，有官钞、有仓库钞、有监生钞。"⑩

【翻译】

收受的税物，都要求干燥、纯净，按次序收取［写有输纳人姓名、税物种类和数量等的］木牌。同时上缴［税物］的［输纳人］，［按］先远后近［的次序收纳］。该仓的监当官，当面与输纳人交割［税物］并执筹［计算］。在京师和各州县，都要任用专职仓吏执函［量谷物］，用概［刮

① （宋）谢深甫撰，戴建国点校《庆元条法事类》，杨一凡、田涛主编《中国珍稀法律典籍续编》第1册，黑龙江人民出版社，2002，第737页。

② 李淑媛：《唐宋时期的粮仓法规》，第143页。

③ （宋）李焘：《续资治通鉴长编》，中华书局，1995，第10810页。

④ （宋）董煟：《救荒活民书》，中华书局，1985，第84页。

⑤ 《唐六典》卷三"金部郎中"条，第81页。

⑥ 《宋会要辑稿》食货六九之一〇，第6334页。

⑦ 《庆元条法事类》，第618页。

⑧ 参见戴建国《唐宋变革中的法律与社会》，上海古籍出版社，2010，第431~433页。

⑨ （宋）范成大撰，富寿荪标校《范石湖集》卷三，上海古籍出版社，2006，第30页。

⑩ 《宋会要辑稿》食货九之一七，第4970页。

平]。米、粟、大小麦、杂豆等，每斛增收一升作为耗直，收纳完毕后给[输纳人]完税之钞汇总申报。如果[所收税物]不入仓窖，而根据实际需要[当时]支给的，不可收取耗直。（各处之仓如果有收耗定例，则不适用此规定。）

宋3 诸窖底皆铺稾[一]，厚五尺。次铺大稈[二]，两重，又周回着稈。凡用大稈，皆用小稈揜[三]缝。着稈讫，并加苫覆，然后贮粟。凿砖铭，记斛数、年月及同受官人姓名，置之粟上，以苫[四]覆之。加稾五尺，大稈两重。筑土高七尺，并竖木牌，长三尺，方四寸，书记如砖铭。仓屋户上，以版题牓如牌式。其麦窖用稾及簟簇[五]。

【源流】

《唐六典》卷一九"太仓署令"条："凡凿窖、置屋，皆铭砖为庾斛之数，与其年月日，受领粟官吏姓名。又立牌如其铭焉。"①

【注释】

[一] 稾：谷类植物的杆。《天圣令·仓库令》唐5有关于唐代课稾、簟簇、苫的规定，宋代此令不行。

[二] 稈：扎成捆的秸秆。

[三] 揜：同"掩"，遮盖、遮蔽。

[四] 苫：茅草编成的帘子，用来覆盖东西。《尔雅·释器》载："白盖谓之苫。"郭璞注："白茅苫也，今江东呼为盖。"②《晋书》卷九四《隐逸传·郭文》载："洛阳陷，乃步担入吴兴余杭大辟山中穷谷无人之地，倚木于树，苫覆其上而居焉，亦无壁障。"③

[五] 簟簇：用苇或粗竹编成的席。《淮南子集解》卷八《本经训》载："霜文沈居，若簟簟簇。"东汉高诱注曰："簟，竹席。簟簇，苇席。"④《说文解字》载："簟簇，粗竹席也。"⑤《晋书》卷五一《皇甫谧传》载："气绝之后，便即时服，幅巾故衣，以簟簇裹尸，麻约二头，置尸床上。"⑥

【翻译】

窖底都要铺上厚五尺的稾草。再铺上两层大稈，并且[窖的]周壁也填

---

① 《唐六典》，第526页。（后晋）刘昫等：《旧唐书》卷四四《职官志》（中华书局，1975，第1887页）略同。

② （清）阮元校刻《十三经注疏·尔雅》卷五，中华书局，1980，第2600页。

③ （唐）房玄龄等：《晋书》，中华书局，1974，第2440页。

④ 刘文典撰，冯逸、乔华点校《淮南鸿烈集解》，中华书局，1989，第264页。

⑤ （汉）许慎撰，（清）段玉裁注《说文解字注》，浙江古籍出版社，1998，第192页。

⑥ 《晋书》，第1417页。

附上稕。凡是用大稕［的地方］，都要使用小稕掩塞其缝。稕铺好后，再用草帘子覆盖，之后才能贮藏粟。凿刻砖铭，记录［此仓中粮食的］斛数、［贮纳］年月以及一同受理的官员的姓名，放在粟上，用草帘子覆盖。［再］铺上五尺厚的藁草，两层大稕。坌上七尺高的土，并竖立长三尺、宽四寸的木牌，书写内容与砖铭相同。仓屋的门上［悬挂］木板，［板上］题写内容与木牌同。麦窖则用藁草和粗竹席。

宋4 诸应给公粮者，每月一给。若无故经百日不请者，不却给。敕赐及有故者，不在此例。若有故者，所司按实却给。其征行及使应合给粮者，仍令所司具录姓名为券[一]，所在仓司随给，不在隔限[二]。其杂畜料，亦准此。

【注释】

［一］券：这里指仓券。《天圣令·丧葬令》宋30载："官赐钱十千，仍据口给仓券，到日停支。"《宋史》卷一七二《职官十二》载："赴福建、广南者，所过给仓券，入本路给驿券，皆至任则止。"①

［二］隔限：地点上的阻隔和限制。《续资治通鉴长编》卷五○"真宗咸平四年闰十二月"条载："知静戎军王能言：'……若发二三千人塞其口，俾自长城北而东入于雄州，则犹可以隔限敌骑，计其功五日可毕。'"② 同书卷四六九"哲宗元祐七年正月辛卯"条载："礼部侍郎范祖禹言：'……当申严火禁，或筑墙以为隔限，亦可以备患矣。'"③

【翻译】

应给公粮的，每月支给一次。如没有缘由而一百天不申请，就不再支给。敕令赐给及事出有因的，不适用这一规定。若有特殊原因，所在官司依照实际情况再支给。出征和出使应当支给粮食的，由所在官司完整登记姓名，做成［仓］券，由［出征和出使途中的］各地仓司随时支给，不受［所在地点的］阻隔和限制。其杂畜所需食料，也依此办理。

宋5 诸仓屋及窖出给者，每出一屋一窖尽，然后更用以次者。有赡附帐，有欠随事理罚。府库亦准此。

【源流】

《唐六典》卷一九"太原、永丰仓"条载："凡粟出给者，每一屋、一窖

---

① （元）脱脱等：《宋史》，中华书局，1985，第4145页。

② 《续资治通鉴长编》，第1102页。

③ 《续资治通鉴长编》，第11201页。

尽，赢者附计，欠者随事科征；非理欠损者，坐其所由，令征陪之。凡出纳帐，岁终上于寺焉。"①

【翻译】

仓屋和窖出给粮食，每一座仓屋或窖的粮食全部用尽，然后才能更换使用下一个。［粮食］有剩余就附记在账簿上，有亏欠则按照实际情况予以处罚。府库［的出给］也依此办理。

宋6 诸在京诸司官人及诸色人②应给食者，九品以上给白米，皆所属本司豫计须数，申三司下给。其外使及假告，不在给限。每申，皆当司句覆。即诸王府官[一]及外官[二]合给食者，并准此。

【源流】

《唐六典》卷三"仓部郎中员外郎"条载："凡在京诸司官人及诸色人应给仓食者，皆给贮米，本司据见在供养。九品以上给白米。"③

【注释】

［一］王府官：王府僚属的总称。据《宋史》卷一六二《职官二》载，北宋王府官包括"傅、长史、司马、谘议参军、友、记室参军、王府教授、小学教授"④。龚延明指出，南宋王府官与北宋有所不同，据《古今合璧事类备要》后集卷四八《王府官》载，包括"王府翊善、王府直讲、王府赞读、王府记室、诸王宫大小学教授"。⑤

［二］外官：路府州县等地方官的通称。⑥《宋史》卷一六一《职官一》载："外官，则惩五代藩镇专恣，颇用文臣知州，复设通判以贰之。阶官未行之先，州县守令，多带中朝职事官外补；阶官既行之后，或带或否，视是为优劣。"⑦

【翻译】

在京各官司的官员和诸色人等应支给粮食的，九品以上支给白米，都由其所在官司事先计算所需的数目，向三司申报后［由三司］下令支给。出使京外和休假的，不在支给粮食之列。每次申报，都由本人所在的官司稽考覆

① 《唐六典》，第528页。
② 有关此条与唐15中"诸色人"的详细注释，参见中国社会科学院历史研究所《天圣令》读书班《〈天圣令·赋役令〉译注稿》，徐世虹主编《中国古代法律文献研究》第6辑，第360页。
③ 《唐六典》，第84页。
④ 《宋史》，第3826页。
⑤ 参见龚延明《宋代官制辞典》，第40页。
⑥ 龚延明：《中国历代职官别名大辞典》，上海辞书出版社，2006，第220页。
⑦ 《宋史》，第3768~3769页。

核。如有王府官和外官应当支给粮食的，也依此办理。

宋7 诸应给公粮者，皆于随近仓给。其非应给公粮，临时须给者，在京申三司，听报乃给；外州者，且申且给。

【翻译】

应支给公粮的，都由［领受粮者］临近的仓支给。不属于应当支给公粮，［但］临时需要支给的，在京者申报三司，得到［三司］批复后支给；［在］外州的，一边申报一边支给。

宋8 诸州县，每年并预准来年应须粮禄^[一]之数，各于正仓^[二]内量留拟备，随须出给。

【注释】

［一］粮禄：渡边信一郎认为，此处粮禄是指宋代官员的俸禄与其他福利，如职钱、茶酒厨料等。然而元丰以前官员的俸禄主要包括料钱、衣赐、禄粟、添支和职田租五部分，此外还有一些次要颁给和津贴。[1] 其中只有禄粟和职田租是粮食。在不收回职田的情况下，职田租出入与财政不发生直接关系，因此正仓支出的主要应该是禄粟这一项。关于唐代正仓支出的粮禄，张弓认为包括以下四种：

1. 外官禄，指州县官员等的禄米，也包括致仕官员的半禄。
2. 以正仓粟代给职田地子。共执行两次，都是在收回职田的情况下。
3. 以正仓税谷充行官禄，是中央对边疆地区控制力下降产生的结果。
4. 递粮。是指供给驿递运输丁夫的口粮，这些丁夫包括驿丁、租庸脚士、海师、柂师、河师水手、船头、船夫、递夫等。正仓给递粮的范围不详，但正役不给递粮，而常年运输的色役应官给递粮。[2]

［二］正仓：张弓认为，在唐代，仓可分为正仓、常平仓、义仓、转运仓、太仓、军仓六种。其中，正仓用于贮纳各州租谷，"凡天下仓廪，和籴者为常平仓，正租为正仓，地子为义仓"。[3] 唐代的正仓主要职能有两项：受纳租税、出给禄廪与递粮。此外，还有和籴、供军饷、供公厨粮、颁给佛食等职能。另外，赈济、出贷、出粜等常平仓的职能有时也由正仓完成。[4] 宋

---

[1] 汪圣铎：《两宋财政史》，中华书局，1995，第466~470页。

[2] 张弓：《唐朝仓廪制度初探》，第9~11页。

[3] （唐）杜佑撰，王文锦等点校《通典》卷二六《职官八·太府卿》，中华书局，1988年，第732页。

[4] 张弓：《唐朝仓廪制度初探》，第5~18页。

代的正仓又称官仓或省仓，一般设在京城、各重要转输地点和边境驻军地区，用来存储国家征收的漕粮（米、麦、粟）和布帛等物资，以供国家军政费用的需要。①

【翻译】

各州县每年都预先依据来年应该需要的粮食禄米数目，各自在正仓内按照数目存留准备，随需要给付。

宋9 诸给粮禄，皆以当处正仓充。若边远无仓及仓少之处，准所须数申转运司，下随近有处便给。随近处又无仓者，听以当处官钱，准时价给直。

【源流】

《唐会要》卷八二《考下》："今按仓库令：诸给粮禄，皆以当处正仓充；无仓之处，则申省随近有处支给；又无者，听以税物及和籴、屯收等物充。"② 另外，唐代和籴物充粮禄的形式，参见《唐天宝四载（公元七四五年）河西豆卢军和籴会计牒》，③ 其中提到"并准金部格，给副使禄直。"又曰："准格给副使李景玉天宝四载春夏两季禄……折给上件练疋估四百六十文，不籴斛斗。"文书准金部格折给匹段，不准仓库令，以现成的和籴匹段给禄，或是因方便支与，节省军粮，同时说明唐令中并无折布帛给禄的规定。故宋令中"听以当处官钱准时价给直"的规定或许即由此金部格而来。

【翻译】

支给粮禄时，都以当地正仓的粮食给付。如果是在边远无仓以及仓少的地方，根据所需的数额申报转运司，［转运司］下达文书到附近有仓的地方就便支给。附近地方也没有仓的，允许以当地的官钱按照时价给钱。

宋10 诸京官[一]禄，于京仓给；其外官及京官兼任外官者，各于随近仓便给。

【注释】

［一］京官：京官在唐代和宋代的意义有所变化。陆游解释为："唐自相辅以下，皆谓之京官，言官于京师也。其常参者曰常参官，未常参者曰未常参官。国初以常参官预朝谒，故谓之升朝官，而未预者曰京官。元丰官制

---

① 叶青：《中国财政通史·五代两宋卷》，中国财政经济出版社，2006，第155页。

② （宋）王溥：《唐会要》，上海古籍出版社，2006，第1788页。

③ 唐耕耦、陆宏基编《敦煌社会经济文献真迹释录（一）》，书目文献出版社，1986，第432~433页。

行，以通直郎以上朝预宴坐，仍谓之升朝官，而按唐制去京官之名。凡条制及吏牍，止谓之承务郎以上，然俗犹谓之京官。"① 此处的"京官"作为粮禄支给的对象，应是延续唐代的用法，泛指在京城任职的官员。

【翻译】

在京官员的禄粟由京仓支给；而外官以及京官兼任外官的，各自由近处的仓廪就便支给。

宋11　诸应给禄，官人于当年内有事故②不得请受，因即迁解，更不还本任者，听于本贯及后任处给。其应夺禄[一]者，亦听于所在便纳。

【注释】

[一] 夺禄：是指追夺禄粟，即因犯罪等原因，将已经发给官员的禄粟追回。据《通典》卷一八《选举六·禁约杂条》载："所举官吏在任日，有行迹乖谬，不如举状及犯罪至徒以上者，请兼坐举主，其所犯人，自依常法本条处分，一人夺禄一年。（诸使无禄者，准三品官以料钱折纳，依时估计。）"③又，《唐会要》卷八二《考下》载："（大中）六年（852）七月，考功奏……又准《考课令》：在中上以上，每进一等，加禄一季；中中者守本禄；中下以上，每退一等，夺禄一季……自今以后，每省司校考毕，符牒到州后，仰当时便具升降与夺事由申请，如违令式，不举明者，其所由官请夺俸禄一季，其已去任官追夺禄事，并请准令式处分。"④由以上两条可以发现，夺禄的惩罚相对较轻，实际执行的可能也就较多。而官员的禄粟应是按年发放，如之后发生夺禄，便须将已发禄粟交回。

【翻译】

应该发给的禄粟，如果官员在当年内因意外情况不能申请领受，随后迁转或解任，且不再担任原来的官职的，允许在本人籍贯地或后任的地方发给。应该夺禄的，也允许官员于所在处就便缴纳。

宋12　诸欠负[一]官仓应纳者，若分付[二]欠损之徒未离任者，纳本仓；已去任者，听于后任所及本贯便纳。其隐藏及贷用者，亦听于所在处理纳。

---

① （宋）陆游：《老学庵笔记》卷八，中华书局，1979，第109页。
② 关于"事故"的解释，参见中国社会科学院历史研究所《天圣令》读书班：《〈天圣令·赋役令〉译注稿》，徐世虹主编《中国古代法律文献研究》第6辑，第345页。
③ 《通典》，第453页。
④ （宋）王溥：《唐会要》，第1788页。

【注释】

　　[一] 欠负：亏欠、负债。《宋刑统》卷二六《杂律》"公私债负条"载："诸负债违契不偿，一匹以上，违二十日笞二十，二十日加一等，罪止杖六十；三十匹加二等；百匹，又加三等，各令备偿。"①

　　[二] 分付：交付、交给。《宋刑统》卷二七《杂律》"主守官物亡失薄书"载："诸主守官物，而亡失簿书，致数有乖错者，计所错数，以主守不觉盗论。其主典替代者，文案皆立正案，分付后人，违者，杖一百。"②

【翻译】

　　亏欠官仓 [粮食] 应该纳还的，如交接 [时] 欠损 [粮食] 的官吏尚未离任，纳还本处仓库；已经离任的，听任他在后任职地及籍贯地就便纳还。隐藏和借贷 [官仓粮食] 的官吏，也任其在所在之地征收纳还。

　　宋 13　诸出仓窖，稕、草、苫、橛[一]等物仍堪用者，还依旧用。若不须及烂恶不任者，先供烧砖瓦用，并听回易[二]、修理仓库、狱囚铺设及诸官用。

【注释】

　　[一] 橛：短木桩。

　　[二] 回易：回换、更换。《续资治通鉴长编》卷二七二"神宗熙宁九年（1076）正月己卯"载："定州安抚司言'蒙赐度僧牒三百，回易收息，以赏武艺兵士、保甲。乞更赐二百。'从之。"③

【翻译】

　　[粮食] 出仓窖 [以后]，稕、草、苫、橛等物，仍可以使用的，还继续使用。如果是用不着及腐烂不能用的，先供烧砖瓦用，并允许回换变易、[用作] 仓库的修理、狱囚的铺设及各种官用。

　　宋 14　诸州县修理仓屋、窖及覆仓分付所须人物，先役本仓兵人[一]，调度④还用旧物。即本仓无人者，听用杂役兵人[二]。

【注释】

　　[一] 本仓兵人：守备本地仓库的士兵。《宋会要辑稿》食货六二之一

---

①　（宋）窦仪等撰，薛梅卿点校《宋刑统》，法律出版社，1999，第467页。

②　《宋刑统》，第499页。

③　《续资治通鉴长编》，第6663页。

④　有关此条与唐2中"调度"的详细注释，参见中国社会科学院历史研究所《天圣令》读书班《〈天圣令·赋役令〉译注稿》，徐世虹主编《中国古代法律文献研究》第6辑，第353页。

载:"治平三年(1066)五月诏罢之,折中仓监官无定员,以京朝官及诸司副使内侍充,其所由、主斗、防守兵士,无定数。"①

[二]杂役兵人:厢军中不教阅的士兵,主要从事各种差遣和徭役。《宋文鉴》卷八六《庆历兵录序》载:"凡军有四:一曰禁兵,殿前马步三司隶焉,卒之锐而票者充之;或挽彊,或蹋张,或戈船突骑,或投石击刺,故处则卫镇,出则更戍。二曰厢兵,诸州隶焉,卒之力而悍者募之;天下已定,不甚恃兵,惟边蛮夷者,时时与禁兵参屯,故专于服劳,间亦更戍。三曰役兵,群有司隶焉,人之游而堕者入之;若牧置、若漕挽、若管库、若工技,业一事专,故处而无更;凡军有额,居有营,有常廪,有横赐。四曰民兵,农之健而材者籍之;视乡县大小而为之数,有部曲,无营壁,阙者辄补。"②据《宋史》卷一百八十九《兵志》载:"枢密院言:'京师役兵不足,岁取于诸路,而江、淮兵每饥冻,道毙相属。略计岁所用外军七千人,调发增给不赀。请募东西八作司壮役指挥,诸司杂犯罪人情轻者并配隶,以次补杂役、效役,代诸路役兵。'从之。"③

【翻译】

各州县修理仓屋、窖以及覆盖仓粮、交接所需人力、物力,先役使本仓的士兵,[修理仓库等时所需]各种杂物还用旧物品。本仓没有人的,听任使用杂役兵。

宋15 诸仓库给用,皆承三司文牒。其供给所须及在外军事要须速给者,先用后申。即年常支料及诸州依条合给用者,不须承牒。其器物之属,以新易故者,若新物到,故物并送还所司。年终,两司各以新故物计会[一],非理欠损者,理所由人[二]。

【注释】

[一]计会:统计、计算。《庆元条法事类》卷三七《库务门二》"籴买粮草"载:"诸应和籴而转运司不量丰欠抛降,若和籴而辄行科籴及不用见钱收籴,或抑令人户重增加耗及预纳物斛不即支钱,虽支钱而不依实价,纵容公吏邀阻减剋,许人户越诉,纳人取人户钱物,计会籴场受纳湿恶物者,并委提点刑狱司觉察。"④

[二]所由人:对经办某项具体事务官吏的泛称。《资治通鉴》卷二二○

---

① 《宋会要辑稿》,第5949页。
② (宋)吕祖谦:《宋文鉴》,中华书局,1992,第1228页。
③ 《宋史》,第4644页。
④ 《庆元条法事类》,第572页。

"唐肃宗至德二载十月"载："其府县所由、祗承人等，受贼驱使追捕者，皆收击之。"胡三省注："所由人，有所监典；祗承人，听指呼给使令而已。"①
《宋刑统》卷九《职制》"御幸舟船乘舆服御物"载："诸御幸舟船，误不牢固者，工匠绞。工匠各以所由为首。若不整饰及阙少者，徒二年。"②
【翻译】
　　仓库出给支用，都要秉承三司文牒。其供给所需和在外军事需要迅速支给的，先支用后申报。常年固定的支出项目及各州按照规定应当给用的，不必依据文牒。器物之类，用新换旧的，如果新物到，将旧物送还给所属官司。年终，［分别掌管新、旧物的］两部门各以新旧器物统计账目，不合理的欠损，由经管的官吏补赔。

　　宋16　诸仓库受纳、出给、见在杂物帐[一]，年终各申所属，所属类其名帐，递送三司。
【注释】
　　[一]　杂物帐：记录杂物的账簿。《庆元条法事类》卷三七《库务门二》"给纳"载杂物帐帐式如下：

　　　　杂物帐（应钱帛帐内官物，除正收金、银、钱、帛、丝、绵、布、珠玉、宝货、朱砂、水银、香矾、铜、铅、锡、铁之类在钱帛帐管系外，余名色并入此帐。）
某州
　　今供军资库某年杂物帐：
　　　　正管，
　　　　　　一前帐应在见管数，已在今帐应在项内作旧管声说。
　　　　　　一前帐见在，（只撮计都数。）某色若干，余色依此。
　　　　　　一新收，（每色撮计都数。支破应在、见在项准此。所收各开请纳来处名数。）某色若干，若干某名色，若干余名色。余色依此。
　　　　　　一支破，（各具支使名色、事因。有帐管系者，具附帐名目、年分，内赏过物，具价例。如系支前帐见在数，亦依式开破。）某色若干，若干某名色，若干余名色。余色依此。
　　　　　　一应在，
　　　　　　　　旧管。（谓前帐见管名数撮计逐色都数。如今帐开破不尽，即并入见管项内收。)

　　　　新收。(具所支名数、未破事因。)

　　　　开破。(具名数、附帐归著或凭由除破并前帐见管，如今帐开破，亦入此项。)

　　　　见管。(每色撮计都数。)

　　一见在。(所支依物、积尺物帛、裁截剩子，各开撮计丈尺、片段、件数、都估折钱数，内合充大礼赏给并料钱折支者，各依条例估定，余依市价，并前帐见在，如今帐开破不尽，并併入此项。)

　　一下项堪支用。积尺物帛若干丈尺，共计钱若干，(剩子衣物应充赏给、料钱随衣钱折支者，并依此条。)赏给折支计钱若干，料钱折支计钱若干。剩子若干片段，共计钱若干。衣物若干件，共估钱若干。余色若干。

　　一下项系估卖，旁纸若干，余色若干。

寄管依正管具，内衣物开名件，更不计都数与钱数。

右件状如前，今攒造到某年杂物帐一道，谨具申转运司。谨状

　　年月　日依常式①

【翻译】

　　各仓库的收入、支出、现存、杂物等帐，年终各自申报所属的上级官司。所属的官司将账目分类，交送三司。

宋17　诸仓库及文案孔目[一]，专当官人交代之日，并相分付，然后放还。诸仓在窖杂种[二]，数多不可移动者，据帐分付。

【注释】

　　[一]文案孔目：文书与档案的细目。《旧唐书》卷一四《宪宗上》载："裴均於尚书省都堂上仆射，其送印及呈孔目唱案授案，皆尚书郎为之。"②《宋史》卷一六三《职官志三》载："主管架阁库：掌储藏帐籍文案以备用。择选人有时望者为之。"③

　　[二]杂种：除粟以外的杂粮。据《仓库令》唐4可知，"杂种"包括稻谷、糯谷、大麦、荞麦、小豆、胡麻、黍谷、穈谷、秫谷、麦饭、小麦、青稞麦、大豆、麻子等。

---

① 《庆元条法事类》，第585~586页。
② 《旧唐书》，第425页。
③ 《宋史》，第3865页。

【翻译】

仓库［所贮物品］及文书与档案的细目，专任官员在交接之日，一并［交代］处理［妥当］，然后离任。各仓在仓窖中囤存的杂粮，数量过多而无法移动的，则根据账簿交接。

宋18 诸仓库贮积杂物应出给者，先尽远年。其有不任久贮及故弊者，申请回易。

【翻译】

仓库贮藏的杂物应该支出时，须先行支尽年代较远的物品。如有不能长久贮存以致破旧的，须申请回换。

宋19 诸仓库受纳，于后出给，若有欠者，皆理专当人以下。已经分付，理后人。理获讫，随便输纳，有剩付帐申。

【翻译】

仓库收纳，然后支出，如果有所亏欠，则由专任官员以下之人理赔。已经交接的，令继任者赔偿。获得理赔后，随其方便予以输送缴纳。如有剩余则附账申报。

宋20 诸欠失官物，并句获合理者，并依本物理填。其物不可备及乡土无者，听准价直理送。即身死及配流，资产并竭者，勿理。

【翻译】

凡是亏欠、丢失官物，并且经检查核实，应该征收的一律按原物填补。此物无法储备以及当地没有的，准许按照价值理赔。假若［当事人］死亡或是被发配流放，资财产业耗尽的，不再征收。

宋21 诸司受一物以上，应纳库者，纳讫，具录色目，申所司附帐。

【源流】

《唐六典》卷二〇“太府寺丞”条：“凡左、右藏库帐禁人之有见者。若请受、输纳，人名、物数皆著于簿书。每月以大摹印纸四张为之簿，而丞、众官同署。月终，留一本于署。每季录奏，兼申所司。”①

【翻译】

各司接受一物以上，应该交纳入库的，交纳完毕，详细记录种类名目，申报所属官司附到帐上。

① 《唐六典》，第542页。

宋22 诸应送杂物^[一]不满匹端者，各随多者题印，不须出帐。其和市^[二]之物，注市时年月、官司姓名，用当司印印记。

【注释】

［一］杂物：主要指征收正税之外的其他赋税物。① 此处以匹端来计，指丝织物品。

［二］和市：或称和买，国家出钱向百姓购买物资，主要是购买布帛等物资。在唐代以前就已出现，颜师古认为和市西汉已存在，孔颖达认为和买在先秦就有强买之义。和市的范围很广，到宋代，有时又与和籴混用。②《宋史》卷一六五《职官志五》载"杂买务，掌和市百物，凡宫禁、官府所需，以时供纳。"③

【翻译】

应该输送的杂物［丝织品］不满匹、端的，各随数量多的题印，不必记在帐上。和市的物品，要注明和市的年月、官司名及官吏姓名，加盖该官司的印记。

宋23 诸输金、铜、银者，皆铸为铤^[一]，凿题斤两、守主姓名。其麸金^[二]，不在铸限。

【注释】

［一］铤：经过冶炼后熔制成条块等状的金属坯料。

［二］麸金：砂金，含金量比较少。在唐宋时代，一般作为地方土贡物品。

【翻译】

凡是输纳的金、铜、银，全铸成铤，凿刻斤两、责任者姓名。砂金不在铸铤的范围内。

宋24 诸仓库门，皆令监当官司开闭，知封锁署记。（其左右藏库^[一]，记仍印。）其锁钥，监门守当之处，监门掌；非监门守当者，当处长官掌。

【注释】

［一］左右藏库：宋代中央财物库。宋初沿袭唐制，置左藏库，淳化三年（992）十一月分左藏库为左藏库、右藏库，淳化四年废右藏库。④ 渡边信

---

① 中国社会科学院历史研究所《天圣令》读书班：《〈天圣令·赋役令〉译注稿》，徐世虹主编《中国古代法律文献研究》第 6 辑，第 351 页。

② 张泽咸：《唐五代赋役史草》，中华书局，1986，第 255、258～259 页。

③《宋史》，第 3908 页。

④ 龚延明：《宋代官制辞典》，第 331 页。

一郎认为，唐代的左右藏库指太府寺之左藏令署和右藏令署辖下的左藏库、右藏库。关于左右藏库的具体位置，仍有争论。葛承雍认为其位置是随着时代而进行变化的;① 李锦绣引《雍录》"太极宫中东左藏库在恭礼门东，西左藏库在安仁门西"之言，认为在宫城内的左藏库有处于对称位置的东库和西库;② 辛德勇则认为在宫城内东西对称地设置了左藏库和右藏库。③

【翻译】

各仓库门，全部由监当官司负责开闭，知掌封、锁、署记。（左右藏库，署记加盖官印。）锁钥，有监门［官员］担当守卫的地方，由监门［官员］掌管；不是监门［官员］担当守卫的，由当处长官掌管。

右并因旧文，以新制参定。

【翻译】

以上令文均是在旧文基础上，参考新制度而修定。

唐1 诸仓窖贮积者，粟支九年；米及杂种支五年。下湿处，粟支五年；米及杂种支三年。贮经三年以上，一斛听耗一升；五年以上，二升。其下湿处，稻谷及粳米[一]各听加耗一倍。此外不得计年除耗。若下湿处，稻谷不可久贮者，折纳大米[1][二]及糙米。其折糙米者，计稻谷三斛，折纳糙米一斛四斗。

【校勘】

[1] 此处李锦绣原录作"大米"，渡边信一郎对照明抄本《仓库令》照片，改录作"火米"。今从渡边氏之文。

【新录文】

诸仓窖贮积者，粟支九年；米及杂种支五年。下湿处，粟支五年；米及杂种支三年。贮经三年以上，一斛听耗一升；五年以上，二升。其下湿处稻谷及粳米，各听加耗一倍。此外不得计年除耗。若下湿处，稻谷不可久贮者，折纳火米及糙米。其折糙米者，计稻谷三斛，折纳糙米一斛四斗。

【注释】

[一] 粳米：禾本科草本植物稻（粳稻）的种子，又称大米、硬米，是稻米中谷粒较短圆、粘性较强、胀性小的品种。《本草纲目》卷二二"麻麦稻类十二种"载："粳米，气味甘苦，平，无毒。"④

---

① 葛承雍：《唐代国库制度》，三秦出版社，1990，第86~89页。

② 李锦绣：《唐代财政史稿》第1册，第127页。

③ 辛德勇：《隋唐两京丛考》，三秦出版社，1991，第99~103页。

④ 李时珍：《本草纲目》下册，人民卫生出版社，1982，第1466页。

[二]火米：李德裕《谪岭南道中作》有"五月畲田收火米"之句，[1]畲田即刀耕火种，不适合种水稻却可以种植旱稻，所产之米称为火米。这种耕作方式长期存在于南方山区。[2]元稹《酬翰林白学士代书一百韵》有"蒟梨通蒂朽，火米带芒炊"之句，其注称："蒟梨软烂无味，火米粗粝不精"，[3]由此可知火米质量不高。当然，读书班亦有意见认为此处应是"大米"。

【翻译】

仓窖贮积，[一般情况下]粟储存九年，米及其他杂粮存五年。地势卑湿的地方，粟可以储存五年，米和其他杂粮存三年。贮藏经过三年以上的，一斛允许损耗一升；五年以上的，耗二升。在地势卑湿处，稻谷与粳米的损耗允许[比正常情况]增加一倍。上述情况以外不允许再按年头计算耗直。若在地势卑湿处，稻谷不能长久贮积的，折纳为火米和糙米。折纳糙米的，稻谷三斛可折为糙米一斛四斗。

唐2 诸输米粟二斛，课槀一围；（围长三尺。凡围皆准此。）三斛，橛一枚。米二十斛，簟簋一番；粟四十斛，苫一番。（长八尺，广五尺大小。）麦二斛，槀一围；三斛，橛一枚；二十斛，簟簋一番；七十斛，籸一斛。麦饭[一]二十斛，簟簋一番。并充仓窖所用，即令输人营备。不得令官人亲识判窖。修营窖草，皆取干者，然后缚稕。（大者径一尺四寸，小者径四寸。）其边远无槀之处，任取杂草堪久贮者充之。若随便出给，不入仓窖者，勿课仓窖调度。

【注释】

[一]麦饭：将麦与皮磨碎后的颗粒状干粮，"应该不是熟食，吃时可以蒸或炒，口感粗糙"，"主要为士兵所带，用于军事行动"。[4]《急就篇》卷二："饼饵麦饭甘豆羹。"颜师古注："麦饭，磨麦合皮而炊之也……麦饭豆羹皆野人农夫之食耳。"[5]

【翻译】

[向官仓]输纳米粟二斛，[须被]课征槀一围，（围周长三尺。凡是围，都按照这个标准。）三斛，[须被课征]橛一枚。米二十斛，[须被课征]簟

---

① （清）彭定求等编，王全点校《全唐诗》卷四七五，中华书局，1996，第5397页。

② 关于畲田和火米的介绍，参考曾雄生《唐宋时期的畲田与畲田民族的历史走向》，《古今农业》2005年第4期，第30~41页。

③ （唐）元稹著，冀勤点校《元稹集》卷十"律诗"，中华书局，1982，第118页。

④ 黄正建：《〈天圣令〉所附唐令中有关社会生活的新资料（上）》，《唐史论丛》第11辑，三秦出版社，2009，第293页。

⑤ （汉）史游：《急就篇》，岳麓书社，1989，第132~133页。

簛一番；粟四十斛，［须被课征］苫一番。（苫的大小为长八尺，宽五尺。）麦两斛，［须被课征］橐一围；三斛，［须被课征］橛一枚；二十斛，［须被课征］篷簛一番；七十斛，［须被课征］魁一斛。麦饭二十斛，［须被课征］篷簛一番。［这些］都用来充作仓窖所需，使输纳人准备。不能让为官者的亲戚、相识掌判仓窖。修缮营造仓窖所需橐草，都用干燥的，然后捆成捆。（大的直径一尺四寸，小的直径四寸。）边远没有橐的地方，听任取用可以久贮的杂草代替。如果因便中出给，并不进入仓窖的，不再课征仓窖的杂用物品。

唐3 诸给粮，皆承省符[一]。丁男一人，日给二升米，盐二勺五撮[二]。妻、妾及中男、女，（中男、女谓年十八以上者。）[1]米一升五合，盐二勺。老、小男，（谓十一以上者。）中男、女[2]，（谓年十七以下者。）米一升一合，盐一勺五撮。小男、女，（男谓年七岁以上者，女谓年十五以下。）米九合，盐一勺。小男、女年六岁以下，米六合，盐五撮。老、中、小男[三]任官见驱使者，依成丁男给，兼国子监学生、针·医生[3]，虽未成丁，依丁例给。

【校勘】

［1］抄本原文作"妻妾及中男、女（谓年十八者以上者。中男、女）"，李锦绣复原时将"中男、女"移到注文最前，后来意识到中男给粮只有一种与丁不同的标准，即"年十八以上者"仅是对中女的限定。① 本文暂从李说，唯读书班仍有不同意见，认为将注文中的"中男、女"视为衍文，恐怕存在风险。

［2］抄本原文仅有"中女（谓年十七以下者）"，李锦绣复原本于"女"前填一"男"字，后知误，应削去。②

［3］渡边信一郎据《天圣令·医疾令》唐2"诸医、针生，博士一月一试，太医令、丞一季一试，太常卿、丞年终总试"及《杂令》唐9等，判本处"针医生"应为"医针生"之倒误。但《唐六典》卷一九《司农寺》"给公粮者，皆承尚书省符"条却作"针·医生"，③ 读书班以为无需校改。

【新录文】

诸给粮，皆承省符。丁男一人，日给二升米，盐二勺五撮。妻、妾及中

---

① 李锦绣：《唐开元二十五年〈仓库令〉所载给粮标准考——兼论唐代的年龄划分》，《传统中国研究集刊》第4辑，上海人民出版社，2008，第305页。
② 李锦绣：《唐开元二十五年〈仓库令〉所载给粮标准考——兼论唐代的年龄划分》，《传统中国研究集刊》第4辑，第305页。
③ 《唐六典》，第527页。

男、女，（谓年十八以上者。）米一升五合，盐二勺。老、小男，（谓十一以上者。）中女，（谓年十七以下者。）米一升一合，盐一勺五撮。小男、女，（男谓年七岁以上者，女谓年十五以下。）米九合，盐一勺。小男、女年六岁以下，米六合，盐五撮。老、中、小男任官见驱使者，依成丁男给，兼国子监学生、针·医生，虽未成丁，依丁例给。①

【注释】

[一] 省符：省即尚书省，省符即从尚书省发出的下行公文。符是一种较为常见的下行文书，发文单位可以是尚书省、州、县。据《唐六典》卷一"左右司郎中员外郎"条"凡上之所以逮下，其制有六，曰：制、敕、册、令、教、符。（天子曰制，曰敕，曰册。皇太子令。亲王、公主曰教。尚书省下于州，州下于县，县下于乡，皆曰符。）"② 仁井田陞曾尝试复原唐《公式令》之符式：

> 尚书省为某事。
> 某寺主者云云，案主姓名，符到奉行。
> 　　　　　　　　　　　　　　　　主事姓名
> 吏部郎中具官封名，（都省左右司郎中一人准。）令史姓名
> 　　　　　　　　　　　　　　　　　书令史姓名
> 　　　　　　　　年月日
> 　　右尚书省下符式。凡应为"解"向上者，上官向下皆为符，首判之官署位准郎中。其出符者，皆须案成，并案送都省检勾。（若事当计会者，仍别录会目，与符俱送都省。）其余公文及内外诸司应出文书者，皆准此。③

[二] 勺、撮：容积单位。据《唐六典》卷三"金部郎中员外郎"条载："凡量以秬黍中者容一千二百为龠，二龠为合，十合为升，十升为斗，三斗为大斗，十斗为斛。"④ 但未述及勺、撮，其应是更小的计量单位。而据《夏侯阳算经》卷上"辨度量衡"载："仓曹云：量之所起，起于粟。十粟为一圭，十圭为一撮，十撮为一抄，十抄为一勺，十勺为一合，十合为一升，

---

① 李锦绣：《唐开元二十五年〈仓库令〉所载给粮标准考——兼论唐代的年龄划分》，《传统中国研究集刊》第4辑，第305页。

② 《唐六典》，第10~11页。

③ 〔日〕仁井田陞：《唐令拾遗》，東方文化學院東京研究所，1933，第558~559頁。

④ 《唐六典》，第81页。

十升为一斗，十斗为一斛。"① 这便可将撮、勺与合、升、斗、斛对接起来。

[三] 老、中、小男：在修订录文后，李锦绣总结了本条令文所见唐代人口的年龄划分：

> 男口：老男、丁男、中男、小男（11以上）、小男（7以上）、小男（6以下）
> 女口：丁妻妾、② 中女（18以上）、老女（60岁以上）、③ 中女（16～17）、中女（7～15）、小女（6以下）④

与唐"黄小中丁老"的丁中制相比，年龄划分更为细致，适用于受官府廪给的特定人群。

【翻译】

出给公粮，都 [需要] 依凭尚书省出符。丁男一人每日给米二升，盐二勺五撮。丁妻妾、中男以及中女（年龄在18岁以上的），每日给米一升五合，盐二勺。老男、小男（年龄在11岁以上的）、中女（年龄在17岁以下的），每日给米一升一合，盐一勺五撮。小男、小女（男年7岁以上、女年15岁以下），每日给米九合，盐一勺。6岁以下的小男、女，每日给米六合，盐五撮。老、中、小男为官府服役受其驱使的，按照丁男的标准给 [粮]，以及国子监学生、针、医生，虽然没有成丁，也按照正丁的标准给 [粮]。

唐4 诸仓出给，杂种准粟者，稻谷、糯谷一斗五升，大麦一斗二升，乔麦一斗四升，小豆九升，胡麻八升，各当粟一斗。黍谷、穈谷、秫谷[一]、麦饭、小麦、青稞麦[二]、大豆、麻子一斗，各当粟一斗。给末盐一升六合，当颗盐[三]一升。

【注释】

[一] 秫谷：黍米。《晋书》卷九四《隐逸传·陶潜》载："（陶潜）为

---

① 钱宝琮点校《算经十书》，中华书局，1963，第560页。
② 唐代女子已婚称丁妻，成年待嫁称中女，无"丁女"称谓，参考罗彤华《"丁女"当户给田吗？——以唐〈田令〉"当户给田"条为中心》，刘后滨、荣新江主编《唐研究》第14卷，北京大学出版社，2008，第139～154页；张荣强：《唐代吐鲁番籍的"丁女"与敦煌籍的成年"中女"》，《历史研究》2011年第1期，第25～35页。
③ 本条令文并未出现"老女"，李锦绣此处归纳，应是综合本令文、唐代吐鲁番出给粮帐等其他材料所得。
④ 李锦绣：《唐开元二十五年〈仓库令〉所载给粮标准考——兼论唐代的年龄划分》，《传统中国研究集刊》第4辑，第306页。

彭泽令。在县公田悉令种秫谷，曰：'令吾常醉于酒足矣。'"①

　　[二] 青稞麦：大麦的一种。子实粒大，皮薄，麦麸少。主要产于西藏、青海等地，为当地居民主要食粮，可做糌粑，又可酿酒。《齐民要术》卷二"大小麦"载："青稞麦与大麦同时熟。堪作饭及饼饪，甚美。磨，总尽无麸。"②

　　[三] 颗盐：即池盐，引畦晒制而成，俗称粒盐，与末盐、散盐（从盐井或海水中提炼而得）相对。《周礼·天官·盐人》"祭祀，供其苦盐、散盐"贾公彦疏："鹽谓出于盐池，今之颗盐是也。"孙诒让正义："盖以味言则曰苦盐，以形言则曰颗盐也。"③《旧唐书》卷四八《食货志上》载度支卢坦奏："河中两池颗盐，敕文只许于京畿、凤翔、陕、虢、河中泽潞、河南许汝等十五州界内粜货。"④《宋史》卷一八一《食货志下三》载："盐之类有二：引池而成者，曰颗盐，《周官》所谓鹽盐也。鬻海、鬻井、鬻碱而成者，曰末盐，《周官》所谓散盐也。"⑤

【翻译】

　　各仓出给，杂粮以粟为标准，稻谷、糯谷一斗五升，大麦一斗二升，乔麦一斗四升，小豆九升，胡麻八升，分别相当于粟一斗。黍谷、穄谷、秫谷、麦饭、小麦、青稞麦、大豆、麻子一斗，分别相当于粟一斗。出给末盐一升六合，相当于颗盐一升。

　　唐5　诸量函，所在官造。大者五斛，中者三斛，小者一斛。皆以铁为缘，勘平[一]印署[二]，然后给用。

【注释】

　　[一] 勘平：勘合平准，审校高低多少，以杜绝差缪。

　　[二] 印署：有两层含义，盖印与署字。"印署"一词于各典章中多有所见，《唐六典》卷二〇"太府寺丞"条载："凡官私斗、秤、度尺，每年八月诣寺校印署，无或差缪，然后听用之"；⑥卷二二"少府监丞"条载："凡五署之所入于库物，各以名数并其州土所生以籍之，季终则上于所由，其副留

---

①　《晋书》，第2461页。

②　《齐民要术校释》，第133页。

③　（清）孙诒让撰，王文锦、陈玉霞点校《周礼正义》卷一一，中华书局，1987，第411~412页。

④　《旧唐书》，第2107页。

⑤　《宋史》，第4413页。

⑥　《唐六典》，第542页。

于监；有出给者，则随注所供而印署之"。①《新唐书》卷八〇《嗣曹王皋传》载："以物遗人，必自视衡量，库帛皆印署，以杜吏谩。"②《唐律疏议》卷二六《杂律》"私作斛斗秤度"条所述尤详："用斛斗秤度出入官物而不平，令有增减者，坐赃论；入己者，以盗论。其在市用斛斗秤度虽平，而不经官司印者，笞四十。"③从最后一句中的"不经官司印者"来看，"印"当为"盖印"。"署"则有署名、署字之意，如《仓库令》宋24之"署记"。对量函进行"印署"，即在量函身上加盖官印的同时作以标记。

【翻译】

量函，由所在官府制造。大者［容量为］五斛，中者［容量为］三斛，小者［容量为］一斛。都要用铁皮包边，经过审核校准、加印标记，［在此］之后［才可］交付使用。

唐6 诸在京流外官长上者，身外别给两口粮，每季一给。牧尉给五口粮，牧长[一]四口粮。（两口准丁，余准中男给。）

【注释】

［一］牧尉、牧长：供职于牧监、饲养马牛羊等的吏员。《天圣令·厩牧令》唐2载："诸畜牧，群别置长一人，率十五长置尉一人、史一人。尉，取八品以下散官充，考第年劳并同职事，仍给仗身一人。长，取六品以下及勋官三品以下子、白丁、杂色人等，简堪牧养者为之。"

【翻译】

在京城长期上番的流外官，自身禄粮之外再多给两人的口粮，每季度给一次。［京外的］牧尉多给五人的口粮，牧长多给四人的口粮。（其中两口按照丁男的标准给，其余的按照中男的标准给。）

唐7 诸牧监兽医上番日，及卫士、防人[一]以上征行，若在镇及卫番还，并在外诸监、关、津番官（上番日给。）土人任者[1]，若尉史，并给身粮。

【校勘】

［1］渡边信一郎将此令文录文并标点为："诸牧监兽医上番日给。卫士防人以上、征行若在镇、及卫番还，并在外诸监关津番官、上番日给。土人任者若尉史，并给身粮"，并将本条令文并入唐6条。这与《校证》对文意

① 《唐六典》，第572页。
② （宋）欧阳修等撰《新唐书》，中华书局，1975，第3582～3583页。
③ （唐）长孙无忌等撰，刘俊文点校《唐律疏议》，中华书局，1983，第499页。

的理解略有不同。

按：渡边氏将"上番日，及卫士"之"及"改为"给"并修改句读，其注释中说明依据为《大唐六典》。其凡例与行文虽未对《大唐六典》的版本作详细说明，但从行文看，应是广池千九郎训点、内田智雄补订的广池学园1973年版，[1] 而该本的底本为近卫本，近卫本底本此处确为"给"，而南宋本《大唐六典》作"及"。又，渡边氏将本条令文与唐6合而为一，认为加"给"可通。但两条言事不一，唐6规定身粮之外别给口粮，唐7仅给身粮，二者的用意、所适用的群体不完全相同，因此唐7宜独立成条，而本条的"诸牧监兽医"与后面所指对象都是并列关系，故"及"字无误。

又，渡边氏将"及卫士、防人以上征行，若在镇及卫番还"的断句修改为"卫士防人以上、征行若在镇"，读书班认为这一改动并不影响语意理解。

至于渡边氏以"番官"之后"上番日给"为注文，使该句缺乏动词而文意不完整为由，据《大唐六典》将注文改为正文。读书班以为，渡边氏此处所据《大唐六典》仍是近卫本，而南宋本中此句为注文，与《天圣令》互校，可知本条注文应该不误。且若依渡边氏之见，"上番日给"所及给付内容便无确指，故仍从《校证》。

【注释】

[一] 防人：卫士的一种，负担军府州以外的军役，主要是在边境的军事单位镇、戍，或者在关津、城门负责防备的卫士。《唐律疏议》卷一六《擅兴律》"遣番代违限"条疏议载："依《军防令》，'防人在防，守固之外，唯得修理军器、城隍、公廨、屋宇。各量防人多少、于当处侧近给空闲地，逐水陆所宜，斟酌营种，并杂蔬菜，以充粮贮及充防人等食。'此非正役，不责全功，自须苦乐均平，量力驱使。镇、戍官司使不以理，致令逃走者，一人杖六十，五人加一等，罪止徒一年半。若使不以理，而防人虽不逃走，仍从违令科断"。[2] "防人向防"，谓防人在去往防地的道路上，《唐律疏议》卷二八《捕亡律》"防人向防及在防亡"条指出"'防人向防'，谓上道讫逃走"。[3]

【翻译】

牧监的兽医上番之日，卫士、防人以上的人征行之时，或者［卫士］在镇、［防人］戍卫后下番返回之时，以及由当地人担任在外之监、关、津的番官（上番之日给），或者尉、史，都给口粮。

---

① 〔日〕广池千九郎训点，内田智雄补订《大唐六典》，广池学园事业部，1973，第76页下。

② 《唐律疏议》，第312页。

③ 《唐律疏议》，第532页。

唐8 诸官奴婢皆给公粮。其官户[一]上番充役者亦如之。并季别一给，有剩随季折。

【注释】

[一] 官奴婢、官户：唐代贱民阶层，前者是有重罪之人的后代或家属，后者又称番户，由前者放免而来，地位稍高。《唐六典》卷六"都官郎中"条载："凡反逆相坐，没其家为官奴婢。（反逆家男女及奴婢没官，皆谓之官奴婢……）一免为番户，再免为杂户，三免为良人，皆因赦宥所及则免之。（凡免皆因恩言之，得降一等、二等，或直入良人。诸《律》《令》《格》《式》有言官户者，是番户之总号，非谓别有一色。）"①

【翻译】

凡是官奴婢都给公粮。官户上番充役的，也与官奴婢一样［给公粮］。都按季度支给，若有剩余，则随季度折［入下一季］。

唐9 诸州镇防人所须盐，若当界有出盐处，役防人营造自供。无盐之处，度支量须多少，随防人于便近州有官盐处运供。如当州有船车送租及转运空还，若防人向防之日，路经有盐处界过者，亦令量力运向镇所。

【翻译】

州镇的防人所需盐，如果当处地界有出盐的地方，［则］役使防人自产自供。没有出盐的地方，由度支司估量所需的数量，任凭防人从邻近州有官盐处运来供用。如果当州有运送租税，以及转运［财赋］结束后空荷返回的船车，或当防人在赶赴防务时，路经产盐的地界，都应根据各自的运力，［将盐］运向镇防所在。

唐10 诸盐车、运船，行经百里以外，一斛听折二升；五百里外，三升。其间又经上下者，一斛又折一升。若停贮经百日以上，一斛折二升；周年以上，一（三?）升。受即出给者，一斛听折五合。其末盐各听一倍加耗[一]。若土地下湿，贮经周年以上，各加二倍。运辇各加一倍。

【注释】

[一] 加耗：增加折耗。折耗谓物品在运输、储存过程中的损耗。

【翻译】

运送盐的车与船，行驶百里以上，一斛允许损耗二升，五百里以上，一斛［允许损耗］三升。运输过程中又通过地势高低不平区域的，一斛［允许］再损耗一升。如果停止不前、储藏经过百日以上，一斛［允许］损耗二

---

① 《唐六典》，第193页。

升，经一年以上，［允许损耗］一（三?）升。受领以后马上出给的，一斛允许损耗五合。末盐，则［在上述基础上］允许增加一倍的损耗。如若土地卑湿，贮藏经一年以上的，分别［允许］增加二倍［损耗］。用辇来运送的，分别［允许］增加一倍［损耗］。

唐11 诸官物应征者，总计相合钱不满十、谷米不满一斗、布帛杂綵[一]不满一尺、丝绵不满一两，悉不推征[二]。

【注释】

［一］杂綵：几种着色的丝织品。杂綵的构成，据《仓库令》唐16"诸赐杂綵率十段，丝布二匹、绅二匹、绫二匹、缦四匹"，可知其有丝布、绅、绫和缦等。

［二］推征：渡边信一郎认为，推是调查、推究实际情况，推征即在调查事情的基础上征收。此说可从。

【翻译】

应当征收的官物，总计相加，［若］钱不满十［文］，谷米不满一斗，布帛、杂綵不满一尺，丝绵不满一两，则都不需要推究征收。

唐12 诸两京在藏库[1]及仓，差中郎将[一]一人专押。在外凡有仓库之处，覆因使[二]及御史出日，即令案行。其贮掌盖覆不如法者，还日闻奏。

【校勘】

［1］渡边信一郎认为"在藏库"意思不通，而"左、右藏库"在《仓库令》中出现两次（唐18、宋24），故推测"在"字极可能是"左"字的误写，而"右"字脱落，由此更正为"左右藏库"。此说可从。

【新录文】

诸两京左、右藏库及仓，差中郎将一人专押。在外凡有仓库之处，覆因使及御史出日，即令案行。其贮掌盖覆不如法者，还日闻奏。

【注释】

［一］中郎将：唐代十六卫所置职官，为正四品下，"掌领其府校尉、旅帅、亲卫、勋卫、翊卫之属以宿卫，而总其府事；左、右郎将贰焉。若大朝会及巡幸，则如卤簿之法，以领其仪仗。"① 渡边信一郎认为本条令文"中郎将"应指左、右监门卫中郎将，因其具体职掌为"监诸门及巡警之法"，② 据《仓库令》唐18"左右藏库及两京仓，出一物以上，所司具录赐给杂物

---

① 《唐六典》卷二四"左右卫"条，第618页。
② 《唐六典》卷二五"左右监门卫"条，第640页。

色目、并数、请人姓名，署印送监门，勘同，判傍，听出"，可知在京仓库的出纳需要经过监门卫的文书勘判，监门卫中郎将对此监察。

[二] 覆囚使：从京城朝廷派遣到州县按覆囚犯的使职，充使者一般为在京官员，出使之时还可以对地方官府实施仓库、财物等方面的监察。《唐会要》卷七八《诸使杂录上》载：咸亨"二年（671）三月十一日，关内道覆囚使邵师德等奉辞，上谓曰：'州县诸囚未断，甚废田作。今遣尔等往省之，非遣杀之，无滥刑也。'至开元十年（722）十月，宇文融除殿中侍御史，充覆囚使。"① 而《册府元龟》卷一四四《帝王部·弭灾第二》："（贞观）十七年（643）三月甲子，以久旱诏曰：'去冬之间雪无盈尺，今春之内雨不及时，载想田畴，恐乖丰稔，农为政本，食乃人天，百姓嗷然，万箱何异？昔颍城之妇、陨霜之臣，至诚所通，应感天地；今州县狱讼，当有冤滞者，是以上天降鉴，延及兆庶。宜令覆囚使至州县科简刑狱，以申枉屈，务从宽宥，以布朕怀。庶使桑林自责，不独美于殷汤；齐郡表坟，岂自高于汉代？'② 可见唐初贞观年间就有覆囚使的设置。关于覆囚使的遴选、派出及巡覆之法等，可见《天圣令·狱官令》唐1的记载："诸州断罪应申覆者，刑部每年正月共吏部相知，量取历任清勤、明识法理者充使，将过中书门下，定讫奏闻，令分道巡覆。若应勾会官物者，量加判官及典。刑部录囚姓名，略注犯状，牒使知……"

【翻译】

两京左右藏库及仓，差遣[左、右监门卫]中郎将一人专掌监察。京外凡有仓库的地方，覆囚使以及御史出巡之日，便令他们按察巡行。仓库不依法贮藏、[用苫、槀等]覆盖[粮食]的，[使人]归京的日子上奏。

唐13 诸庸调等应送京者，皆依见送物数色目，各造解[一]一道，函盛封印，付纲典[二]送尚书省，验印封全，然后开付所司，下寺领纳讫具申。若有欠失及损，随即征填。其有[1]滥恶短狭不依式者，具状申省，随事推决。

【校勘】

[1] 有：钞本原作"用"，李锦绣据文意将"用"字改为"有"，渡边信一郎仍录作"用"。按"用"字本身就有因为、由于的意思，表示原因，用在此处，文意可通。

【新录文】

诸庸调等应送京者，皆依见送物数色目，各造解一道，函盛封印，付纲

① 《唐会要》，第1700页。
② 《宋本册府元龟》，中华书局影印，1989，第224页，上栏。

典送尚书省，验印封全，然后开付所司，下寺领纳讫具申。若有欠失及损，随即征填。其用滥恶短狭不依式者，具状申省，随事推决。

【注释】

［一］解：解是唐代的一种上行公文形式。虽不见于敦煌出土的《开元公式令》，也不见于《唐六典》所记的诸司公文之制，但仁井田陞已经根据日、唐两国史料肯定了"解"这种公文形式的存在。《令义解》《令集解》的《公式令》中都有"解式"，《公式令》解式条：

> 解式
> 式部省解　申其事
> 其事云云。谨解。
> 年月日　　大录位姓名
> 　卿位姓名　　大丞位姓名
> 　大辅位姓名　少丞位姓名
> 　少辅位姓名　少录位姓名
> 　右八省以下内外诸司，上太政官及所管，并为解。其非向太政官者，以以代谨。①

这里的"八省以下内外诸司上太政官及所管"，对应唐代的官制应为尚书省以外诸司（如九寺、御史台等）及外官（如各州县、军府）上尚书省或相关主管机构。由《令集解》引《唐令》"尚书省内上诸司为刺"，可将同为上行文书的解与刺的用途区分开来，由敦煌出土《开元公式令》"凡应为解向上者，上官向下皆为符"，② 可将解和符的上行、下达功能对应起来。《唐律疏议·职制律》亦将符、移、关、解、刺、牒并列。③

［二］纲典：押送租庸调的官员。根据李锦绣的研究，纲为由州录事、县丞担任的押送租庸调的官，典为纲下具体办事的吏，并指出洛阳含嘉仓出土砖铭多有某州"租典""输典"的署名。④

【翻译】

凡应运送至京师的庸调等［税物］，都依照现有送出税物之数量、种类名目，各自造解一道，以［木］函盛，加印封，交付纲典运送至尚书省，

---

① 黑板胜美编辑《令义解》卷七《公式令》，吉川弘文馆，2000，第239页。
② 刘俊文：《敦煌吐鲁番唐代法制文书考释》，中华书局，1989，第224页。
③ 《唐律疏议》，第203页。
④ 参见李锦绣《唐代财政史稿》第1册，第306页。

［尚书省］核验印封完好无损，然后打开交付相关官司，［物品］下达于太府寺，收领纳入完毕后再上报。如果有缺少、丢失及损坏［的情况］，即时征收填补。如因粗恶及尺寸幅度不合于规定样式的，出具状文申尚书省，［由其］根据情况推究处理。

唐14 诸送庸调向京及纳诸处贮库者，车别科篷簇四领，绳二百尺，签三十茎。即在库旧有仍堪充用者，不须科。若旧物少，则总进（计？）少数，均出诸车。

【翻译】

［用车］运送庸、调到京师，以及将其交纳到各处入库贮存的，每车另外征收篷簇四领、绳子二百尺、签三十根。若库中已有［篷簇、绳、签等这些物品，而且］仍然可以使用的，不需要［重新］征收。如果原有的［篷簇、绳、签等］物数量不足，则总计缺少的数量，平均［分摊到］各车上征收。

唐15 诸赐物率十段[一]，绢三匹、布三端、（赀、紵、罽[二]各一端。）绵四屯。（春、夏即丝四绚[三]代绵。）其布若须有贮拟，量事不可出用者，任斟量以应给诸色人布内兼给。

【注释】

［一］率十段：率，指总共、总计。率十段，即总计十种、十部分之意。

［二］赀、紵、罽：三者皆为布。渡边信一郎引《小尔雅》《倭名类聚抄》的相关记载，指出赀、紵、罽都属于布，并据《汉书》卷一《高祖本纪下》高祖八年三月条"贾人毋得衣锦绣绮縠絺紵罽、操兵、乘骑马"以及颜师古注"紵，织紵为布及疏也。罽，织毛若今氍及氀毹之类也"认为罽是毛织物。此说当是。又，《说文解字》载："紵，麻属，细者为絟，布白而细曰紵"。（段玉裁注："各本作粗者为紵。今依玄应书正。"）"罽，西胡毳布也"。（段玉裁注："毳者，兽细毛也。用作为布，是曰罽"。）① 故赀、紵、罽皆为布之不同种类。

［三］匹、端、屯、绚：绢、布、棉、丝等织物的度量单位。《唐六典》卷三"金部郎中"条载："凡缣、帛之类，必定其长短广狭之制，端、匹、屯、缫之差。（罗、锦、绫、绢、纱、縠、绝、紬之属以四丈为匹，布则五丈为端，绵则六两为屯，丝则五两为绚，麻乃三斤为缫。）"②

① 《说文解字注》，第660、662页。
② 《唐六典》，第82页。

【翻译】

　　赐物，[凡]总计十段，[即包括]绢三匹、布三端、（赀、纻、䌷各一端。）绵四屯。（春夏时节，以丝四绚代替绵四屯。）其中布如需贮存拟作他用，根据情况不可支出[作为赐物]的，听任斟酌数量从应给诸色人的布中取出抵用。

　　唐16　诸赐杂綵率十段，丝布[一]二匹、䌷[二]二匹、绫二匹、缦[三]四匹。

【注释】

　　[一]　丝布：蚕丝、麻等交织之布。《汪梅村先生集》卷一释帛：“粗茧杂麻若绵织之，曰丝布。”① 另，唐时，丝布属于禁止互市之物，据《天圣令·关市令》唐6载：“诸锦、绫、罗、縠、绣，织成䌷、丝绢、丝布，牦牛尾、真珠、金、银、铁，并不得与诸蕃互市及将入蕃，绫不在禁限。所禁之物，亦不得将度西边、北边。”

　　[二]　䌷：同“绸”。

　　[三]　缦：渡边信一郎引《说文解字》卷一三上“缦，缯无文也”之句，释此为无花纹的丝织品，当是。此说亦有他文可印证，如董仲舒《春秋繁露》卷八“度制第二七”载：“古者，天子衣文，诸侯不以燕，大夫衣褣，士不以燕，庶人衣缦。此其大略也。”②

【翻译】

　　赐杂綵，[凡]总计十段，[则包括]丝布二匹、䌷二匹、绫二匹、缦四匹。

　　唐17　诸赐蕃客[一]锦綵率十段，锦一匹、绫二匹、缦三匹、绵四屯。

【注释】

　　[一]　蕃客：对所有他国他族官方来使的统称。林麟瑄认为，蕃客、蕃使是指外族来朝的整个使节团。③ 渡边信一郎亦根据《唐六典》卷一八“典客署”条“诸蕃使主副五品已上，给帐毡席，六品已下，给幕及食料……若还蕃，其赐各有差，给于朝堂。典客佐其受领，教其拜谢之节焉”之句，认

----

① （清）汪士铎：《汪梅村先生集》，上海辞书出版社图书馆藏清光绪七年刻本影印本，第599页下。
② （汉）董仲舒撰，苏舆义证《春秋繁露义证》卷八“度制第二七”，中华书局，1992，第233页。
③ 林麟瑄：《唐代蕃客的法律规范》，台师大历史系、中国法制史学会、唐律研读会主编《新史料·新观点·新视角：天圣令论集》（下），第387~404页。

为蕃客为外国来的使节。另外，在日本令文里，"蕃客"一词也主要是指从外国到本国的使节。①

【翻译】

赐给外国外族来使锦綵，〔凡〕总计十段，〔则包括〕锦一匹、绫二匹、缦三匹、绵四屯。

唐18 左右藏库及两京仓，出一物以上，所司具录赐给杂物色目、并数、请人姓名，署印送监门，勘同、判傍[一]，听出。

【注释】

〔一〕勘同、判傍：勘同，勘校异同；判傍，判给（检查批准之意）门傍。清木場東认为，门傍就是给付目录，物品支出之时，由署令发付给右监门业已署名、用印的门傍，然后经过将军之判、门司之检，全部程序无误后，财物才能领出。②傍，有时又写作旁、或牓。③其详细解释可参照前文《天圣令·仓库令》宋2注〔二〕。由于门傍用以"监其器物，检其名数"，牓上录有详细种类品目及数量等内容，所以在事后留门傍于监门卫处，月终再汇于太府寺，就可以作为财务监察的依据，汇总每月出入之数据。

【翻译】

左、右藏库以及两京仓，出给一物以上的，仓库负责官司要逐一记录所赐杂物的种类名目及数量、领取人姓名，署名捺印〔后〕送到监门，〔监门〕勘验〔实物与记录是否〕一致，判署门傍，〔确认无误后，〕准许带出。

唐19 诸赃赎[一]及杂附物④等，年别附庸调车送输。若多给官物，须雇

---

① 有关日本"蕃客"问题的论述，可参见〔日〕平野卓治《山陽道と蕃客》，《国史学》（通号135），1988，第25～50页；〔日〕浜田久美子《延喜式に見える外国使節迎接使——太政官式蕃客条と治部式蕃客条の検討》，延喜式研究会编《延喜式研究》（18），2002，第33～64页；〔日〕酒井健治《〈延喜大藏式〉賜蕃客例条の性格と成立時期について》，〔日〕栄原永遠男编《日本古代の王権と社会》，塙書房，2010。

② 〔日〕清木場東：《帝賜の構造——唐代財政史研究·支出編》，第111页。

③ 此处的牓与发现于敦煌的文书之牓有别，敦煌文书的牓大致可以看做"告示文"，是作为唐代上级官府向下级官府传达意志的手段之一，与符、牒、帖等一同使用的下行文书。详细讨论可参见〔日〕坂尻彰宏：《敦煌牓文書考》，《東方学》（102），2001，第49～62页。至于敦煌牓文书的详细样貌，则参见S.8516A1"广顺三年（953）十二月十九日归义军节度使曹元忠牓"，中国社会科学院历史研究所等合编《英藏敦煌文献（汉文佛经以外部分）》第12册，四川人民出版社，1990，第145页。

④ 关于"杂附物"的解释，参见《〈天圣令·赋役令〉译注稿》，第368页。

脚者，还以此物回充雇运。其金银、鍮石等，附朝集使送。物有故破、不任用者[1]，长官对检有实，除毁。在京者，每季终一送。皆申尚书省，随至下（即？）纳[2]。

【校勘】

　　[1] 物有故破不任用者：校录本作"物有故破、不任用者"，渡边信一郎断作"物有故破不任用者"。若按校录本，则长官对检之物包括"故破"和"不任用"两种；若按渡边氏之意，则长官只需检验是否有因"故破"而"不任用"之物这一种情况。此处暂从渡边氏之说。

　　[2] 随至下纳：校录本校勘记称，"下"疑为"即"之误。"即纳"为唐人公文习用语，如《唐律疏议》卷一〇《职制律》"用符节事讫"条疏议曰："既无限日，行至即纳。"① 但是，尚书省并无贮纳赃赎及杂附物的职掌，尚书省在核检州县和在京仓库上申的账簿后，即下太府寺令其领纳诸物。据此，我们也可将"下纳"理解为"下寺领纳"。读书班讨论认为，从李锦绣和渡边信一郎的录文，以"下"为是。

【新录文】

　　诸赃赎及杂附物等，年别附庸调车送输。若多给官物，须雇脚者，还以此物回充雇运。其金银、鍮石等，附朝集使送。物有故破不任用者，长官对检有实，除毁。在京者，每季终一送。皆申尚书省，随至下纳。

【注释】

　　[一] 赃赎：赃物和赎铜。"赃谓罪人所取之赃。"②赃钱是唐代国家通过实施法律而获得的财政收入，除"私物还主"以外，赃物均入官。"赎谓犯法之人，应征铜赎。"③ 犯法之人通过交纳铜，即可被免予刑罚，主要有以下四类人：有官荫者；年七十以上、十五以下及废疾者；年八十以上、十岁以下及笃疾者；过失杀人及疑罪者。④以铜赎罪，其交赎标准为："自笞一十铜一斤，至杖一百则十斤。徒一年二十斤，至徒三年则六十斤。流二千里铜八十斤，至流三千里则百斤。绞与斩，铜止一百二十斤。"⑤

【翻译】

　　[州县仓库所藏的] 赃赎物以及杂附物等，每一年分别附交庸调车运送

---

① 《唐律疏议》，第 213 页。
② 《唐律疏议》卷四《名例律》"平赃及平功庸"条疏议，第 91 页。
③ 《唐律疏议》卷三〇《断狱律下》"输追征物违限"条疏议，第 569 页。
④ 李锦绣：《唐代财政史稿》第 2 册，第 226 ~ 228 页。
⑤ 《唐六典》卷六"刑部郎中员外郎"条注文，第 187 页。

输纳。如果大量出给官物，需要雇佣脚力的，仍用这些官物充抵雇佣运费。金银、鍮石等，附交朝集使运送。物品有故旧、破损而不能使用的，长官对照［账簿］检查［实物］，情况属实的，则［从账簿上］除去并销毁。在京仓库［所藏的赃赎物及杂附物等］，每季末输送一次。［州县和在京仓库所交纳之物］都上申尚书省，一送到即下［太府寺］收纳。

唐20 诸州县应用官物者，以应入京钱物[一]充，不足则用正仓充，年终申帐。

【注释】

［一］应入京钱物：指应当上供京师的钱和物。唐代租、庸、调的输送，主要有输纳本州、上供京师和配送外州三种。比如，《仓库令》唐14："诸送庸调向京及纳诸处贮库者，车别科籧篨四领，绳二百尺，籤三十茎。"《赋役令》唐5："诸输租调庸，应送京及外配者，各遣州判司充纲部领。"

【翻译】

各州县应当使用官物的，以应上供京师的钱和物充给。［若仍］不足，则用正仓［谷物］充给。年终申上账簿。

唐21 诸官人出使覆囚者，并典[一]各给时服[二]一具。春、夏遣者给春衣，秋、冬去者给冬衣。其出使外蕃，典及傔人[三]、并随使、杂色人[四]有职掌者[1]，量经一时以上[2]，亦准此。（其杂色人边州差者，不在给限。）其寻常出使，过二季不还者，当处斟量，并典各给时服一副，并一年内不得再给。去本任五百里内充使者，不在给限。

【校勘】

［1］随使杂色人有职掌者：《唐六典》卷三"金部郎中员外郎"条作"随身杂使、杂色人有职掌者"，这与《仓库令》的文字略有不同。"随身杂使"在唐代的史籍中非常少见，《仓库令》校录本校勘记中引作参考，但并未采纳。校录本作"随使、杂色人有职掌者"，将"随使"和"杂色人有职掌者"区分开来；渡边信一郎译为"随行的各种有职务的吏员"，即此句断为"随使杂色人有职掌者"。读书班经讨论认为：第一，"随使"并不是一个专有词汇，也不是对某类人群的称谓。第二，此条令文为"出使给时服"的规定，联系上下文可以发现，不论典或傔人，都是随同使者出使的，因而不必强调"随使"。但是"杂色人"的范围很广，只有同时满足"随使"和"有职掌"这两个条件的"杂色人"，才有资格享受给时服的待遇。因此，参考渡边氏的录文，将校录本原文订正为"随使杂色人有职掌者"。

　　[2] 量经一时以上：此处有两个字需要勘定。其一，"经"，渡边氏录作"给"，且句读也与校录本不同，作"典及傔人、并随使杂色人有职掌者，量给。一时以上亦准此"。读书班经讨论认为，在古代交通条件下，外蕃道僻路遥，很难准确计算出使程限，因此需要估"量"。而且，结合整条令文来看，由中央派往外蕃的使者及其典、傔、随使杂色人有职掌者，应由中央给时服。这与前文关于覆囚使及典的规定有相似之处，后文的"亦准此"，指的就是准照覆囚使及典的规定，也支给出使外蕃的使者及其典、傔、随使杂色人有职掌者时服一具。若按渡边氏的理解，则多有疑惑，比如：出使外蕃的使者及其典、傔等人的时服"量给"，那标准是什么？"一时以上亦准此"的"准此"以何为参照？因此，此处采用校录本录文，应作"经"。其二，"时"，《唐六典》卷三"金部郎中员外郎"条作"府"。从令文规定来看，使者及典等给服的重要依据是出使的时间长短，此处突然出现"府"字，显得突兀。因此，据校录本，作"时"。

【新录文】

　　诸官人出使覆囚者，并典各给时服一具。春、夏遣者给春衣，秋、冬去者给冬衣。其出使外蕃，典及傔人并随使杂色人有职掌者，量经一时以上，亦准此。（其杂色人边州差者，不在给限。）其寻常出使，过二季不还者，当处斟量，并典各给时服一副，并一年内不得再给。去本任五百里内充使者，不在给限。

【注释】

　　[一] 典：李锦绣认为，"唐前期的典由流外、色役、职役三种身份的人组成，其中京师之典，绝大多数为流外官，外官之典，除都护府之府史及在外诸监府史为流外官外，基本上以色役、职役充之"，仅财政事务中的"典"便有九大类，执行着一切财政常务。①

　　[二] 时服：政府随四季不同而支给使者及典、傔人并随使杂色人有职掌者的不同服装，以"具"或"副"为计量单位。时服的相关规定，参见《仓库令》唐22。

　　[三] 傔人：随从佐吏；随身的差役。《唐六典》卷五"兵部郎中员外郎"条："凡诸军、镇大使·副使已下皆有傔人、别奏以为之使：大使三品已上，傔二十五人，别奏十人；（四品、五品傔递减五人，别奏递减二人。）副使三品已上，傔二十人，别奏八人（四品、五品傔递减四人，别奏递减二人。）……"②

　　[四] 杂色人：各种吏员的通称。《通典》卷一七《选举五·杂议论中》

---

① 李锦绣：《唐代财政史稿》第 1 册，第 294 ~ 308 页。

② 《唐六典》，第 159 页。

注文："杂色解文：三卫、内外行署、内外番官、亲事、帐内、品子任杂掌、伎术、直司、书手、兵部品子、兵部散官、勋官、记室及功曹、参军、检校官、屯副、驿长、校尉、牧长。"① 据黄正建先生研究认为，"杂色人"中有的也被称为"诸色人"，比如《厩牧令》唐 21 条中提到的"驾士"等色人。②

【翻译】

凡是官员出使覆囚的，与典各支给时服一具。春、夏［两季］被派遣的［覆囚使与典］，支给春衣。秋、冬［两季］去［覆囚］的［使者与典］，支给冬衣。［官员］出使外蕃，典及僄人和随从出使的有职掌的杂色人，估量［出使时间在］一季以上的，也准照这个［标准支给时服］。（边州差遣的杂色人，不在支给［时服］范围［之内］。）［官员］寻常出使，过两季［还］不返回的，［由］出使所到之处［的官司］斟酌估量，与典各支给时服一副，并且一年之内不得再次支给［时服］。［在］距离原本任职处五百里内充当使者的，不在支给［时服］的范围［之内］。

唐 22 诸给时服，称一具^[一]者，春、秋给袷袍^[二]一领^[三]，绢汗衫^[四]一领，头巾一枚^[五]，白练袷袴^[六]一腰^[七]，绢裈^[八]一腰，靴一量^[九]并毡。（其皮以麂、鹿、牛、羊等充，下文准此。）夏则布衫一领，绢汗衫一领，头巾一枚，绢袴一腰，绢裈一腰，靴一量。冬则复袍^[十]一领，白练袄子^[十一]一领，头巾一枚，白练复袴一腰，绢裈一腰，靴一量。其称时服一副^[十二]者，除袄子、汗衫、裈、头巾、靴，余同上。冬服衣袍，加绵一十两^[十三]，袄子八两，袴六两。其财帛精麤，并依别式。即官人外使经时，应给时服者，所须财帛，若当处无，以乡土所出者充，给讫申省。

【注释】

［一］具：量词，兼具群体和个体量词的用法。凡物品成套者皆可称为"具"，现今出土文书中多以此称量配备齐全之整副用物。中唐以后，"具"群体量词的用法取消，而仅保留了个体量词的用法，比如敦煌变文中"具"仅用以称量单一事物：火、火把、行账等。③

［二］袷袍：有夹层的袍子。

———

① 《通典》，第 403 页。
② 黄正建：《〈天圣令（附唐杂令）〉所涉唐前期诸色人杂考》，荣新江主编《唐研究》第 12 卷，北京大学出版社，2006，第 203～220 页。
③ 参见洪艺芳《敦煌吐鲁番文书中的通用量词探析》，项楚、郑阿财主编《新世纪敦煌学论集》，巴蜀书社，2003，第 525～528 页。

　　［三］领：本义指颈项，后为量词，多用以称量上衣，因为上衣有可护颈项之处，同时提取时亦由其端首之处，故以"领"量之。①

　　［四］汗衫：在襕衫之内所着短衫内衣。②

　　［五］枚：量词，用以计量。唐代的《衣物帐》、笔记小说、佛经、敦煌文献、吐鲁番文献中均有此用法。③

　　［六］袴：亦作"裤"。古代指左右各一，分裹两胫的套裤，以别于满裆的"裈"。

　　［七］腰：量词，用以称量系于腰之物，其用法首见于南北朝。④

　　［八］裈：满裆裤，以别于无裆的套裤而言。黄正建先生推测其为"内裤"。⑤

　　［九］量：量词，用于称量鞋袜，相当于今天所说的"双"。颜师古《匡谬正俗》卷七"两量"条："或问曰：'今人呼履、舄、屐、屟之属一具为一量，于义何邪？'答曰：'字当作"两"，诗云：葛屦五两者，相偶之名，履之属二乃成具，故谓之两，两音转变，故为量耳。'"⑥

　　［十］复袍：夹有絮绵的袍子。

　　［十一］袄子：短于袍而长于衫襦的衣物，与袍有相近之处，但也有穿于袍服之内的短袄。⑦

　　［十二］副：量词，称量相配成套的事物，既包括成套的同类事物也包括相互配合使用的不同事物。⑧

　　［十三］两：为绵的计量单位。参见唐15注释［三］。

【翻译】

　　支给时服，称作"一具"的，春、秋两季支给袷袍一领，绢织汗衫一领，头巾一枚，白练质地的袷袴一腰，绢质裈一腰，靴一量和毛毡。（靴皮以麑、鹿、牛、羊的皮充用，下文准照此［规定］。）夏季则［支给］布衫一领，绢织汗衫一领，头巾一枚，绢质袴一腰，绢质裈一腰，靴一量。冬季则［支

---

①　洪艺芳：《论法门寺唐代〈衣物帐〉中的个体量词》，《汉学研究》第24卷第2期，2006年12月，第152~153页。

②　吴玉贵：《中国风俗通史（隋唐五代卷）》，上海文艺出版社，2001，第136页。

③　参见洪艺芳《论法门寺唐代〈衣物帐〉中的个体量词》，《汉学研究》第24卷第2期，2006年12月，第142~146页。

④　参见洪艺芳《论法门寺唐代〈衣物帐〉中的个体量词》，《汉学研究》第24卷第2期，2006年12月，第151~152页。

⑤　黄正建：《唐代衣食住行研究》，首都师范大学出版社，1998，第64页。

⑥　参见刘世儒：《魏晋南北朝量词研究》，中华书局，1965，第200~202页。

⑦　吴玉贵：《中国风俗通史（隋唐五代卷）》，第136页。

⑧　参见刘世儒：《魏晋南北朝量词研究》，第209~210页。

给］复袍一领，白练质地的袄子一领，头巾一枚，白练质地的复袴一腰，绢质裈一腰，靴一量。称时服“一副”的，除袄子、汗衫、裈、头巾、靴［以外］，其余同于上述［规定］。冬服衣袍，加绵十两，袄子［加棉］八两，袴［加棉］六两。布帛材质精密［或］粗疏，均依别式［的相关规定］。官员出使超过一季，应当支给时服的，所须布帛，如果［使者］所到之处没有，［则］以当地出产之物充给，支给后申报尚书省。

　　右令不行。

【翻译】
　　以上令文不再施行。

《中国古代法律文献研究》第七辑
2013年，第287~298页

《宋会要·刑法》类、门、条、卷探析[*]

马泓波^{**}

摘　要：《宋会要·刑法》是研究宋代法制及社会最重要的资料之一，可惜原本已经佚失，存世的只有清人所辑《宋会要辑稿》中的刑法部分。《宋会要·刑法》原本由类、门、条组成。类下分门，门中含条。原书分卷，内容多时还可能有分卷，卷与门并不一一对应。以《宋会要辑稿·刑法》的门为基础，利用其他文献资料，剔除其中非《宋会要·刑法》之门，补入《辑稿·刑法》虽无但实属《宋会要·刑法》之门，即是对《宋会要·刑法》门的复原；以《宋会要辑稿·刑法》的条文为基础，对其校补、辑佚、调整顺序等，即能更进一步接近《宋会要·刑法》条文的原貌。通过这些努力，从而能够更好地认识、复原《宋会要·刑法》，为宋史及宋代法制史研究所用。

关键词：《宋会要》　《宋会要辑稿》　刑法

　　《宋会要》是记录宋代典章制度的政书，是有关宋代历史的最原始、最丰富的资料汇编。其原本已经佚失，存世的只有清人所辑的《宋会要辑稿》。《刑法》是其中的一类，共八卷。《宋会要辑稿·刑法》（以下皆简称为《辑稿·刑法》）与宋人所修的《宋会要》原本已有很大的不同。《宋会要》由类、门、条构成，其类下有门，门中有条。现以《辑稿·刑法》为源，探讨以下几个问题：《宋会要》是否有"刑法"类？如果有，其"刑法"类内有什么门？门之间关系如何？条的内容如何？格式如何？

---

　　* 本文为陕西省教育厅资助项目（2013JK0394）的成果之一。
　　** 马泓波，西北大学法学院副教授。

一 《宋会要》有"刑法"类

《宋会要》确实有"刑法"类,这可从两个途径来考查。

(一)文献中记载了《宋会要》的"刑法"类

《群书考索》记"王洙《会要》,总类十五:帝系三卷、礼三十六卷、乐四卷、舆服四卷、学校四卷、运历瑞异各一卷、职官三十三卷、选举七卷、食货十六卷、刑法八卷、兵九卷、方域八卷、蕃夷三卷。"① 可见,王洙编修的《国朝会要》中有"刑法"类。

《玉海》卷五一记元丰四年(1081)王珪上《元丰增修会要》共"二十一类,帝系、后妃、礼(分为五)、乐、舆服、仪制、崇儒、运历、瑞异、职官、选举、道释、食货、刑法、兵、方域、蕃夷。"由此知《元丰增修会要》中也有"刑法"类。②

从上文来看,《国朝会要》《元丰增修会要》的总类并不相同,分别为"十五"类和"二十一"类。这说明宋代各部《会要》的类数并不完全相同。虽然不能肯定宋代所修的每一部《会要》都有"刑法"类,但至少在《国朝会要》《续国朝会要》《中兴会要》《乾道会要》《孝宗会要》《光宗会要》《宁宗会要》中有"刑法"类,这从《辑稿·刑法》的注文可以看出。再从常理上推测,《会要》中应该有"刑法"类,因为《会要》是政书,是对典章制度的汇编,而刑法则是其中非常重要的内容,所以推测其他的《会要》也应当有"刑法"类。

(二)《辑稿》的门可旁证"刑法"类的存在

《辑稿·刑法》二/1③的"《宋会要》"下标有"刑法禁约","禁约"肯定是《宋会要》的门,④ 而"刑法"则应是《宋会要》的类。

---

① (宋)章如愚:《群书考索·续集》卷一六,书目文献出版社,1992,第1015页。《古今源流至论·前集》卷四同。

② (宋)王应麟:《玉海》卷五一《庆历国朝会要·元丰增修》,江苏古籍出版社,1988,第975页。

③ 本文为了醒目及节省篇幅,凡《宋会要辑稿·刑法》的引文皆以此格式标注,此处《辑稿·刑法》二/1即指引文出自《宋会要辑稿·刑法》二之一。再如《辑稿·刑法》二/147/17~19即指引文出自《宋会要辑稿·刑法》二之一四七的第十七至十九行。以下皆同。

④ "禁约"是《宋会要》之门。(宋)李焘:《续资治通鉴长编》(中华书局,2004,以下简称《长编》)卷一三三庆历元年八月壬辰条的注文"此据《会要》禁约篇追附"(第3165页)可以证明。

可见，《宋会要》中有刑法类。其类内包括门和条。类、门、条应严格对应，即必须是同一主旨。

二 《宋会要·刑法》的门[①]

《辑稿·刑法》的门不等同于《宋会要·刑法》的门。两者之间大概有三种关系，分别为：《辑稿·刑法》的门即《宋会要·刑法》的门；[②] 是《辑稿·刑法》的门，却非《宋会要·刑法》的门；不见于《辑稿·刑法》的门，却实属《宋会要·刑法》的门。所以要恢复《宋会要·刑法》的门，应分两步，一是以《辑稿·刑法》为基础，剔除不是《宋会要·刑法》的门。二是依据其他线索补入《辑稿·刑法》没有但实属《宋会要·刑法》的门。这两步工作的总和则应是《宋会要·刑法》的门。

《辑稿·刑法》现有的门为：格令、法律、刑法禁约、杂禁、定赃罪、诉讼、田讼、勘狱、配隶、断狱、狱空、冤狱、断死罪、出入罪、亲决狱、省狱、检验、矜贷、禁囚、枷制、军制、赦宥。

陈智超先生在《解开〈宋会要辑稿〉之谜》一书中对《宋会要·刑法》门的复原已作了一些研究。[③] 其复原后的门为：格令、定赃罪、禁约、禁采捕、金禁、亲决狱、矜贷、断狱、配隶、勘狱、推勘、诉讼、田讼、狱空、冤狱、断死罪、出入罪、省狱、检验、诉理所、禁囚、枷制、兵令、复仇、守法。陈先生认为守法门、诉理所门、推勘门应从他类划入"刑法"类；而原来的"法律"门应从"刑法"类中剔除，归入他类。

由于陈先生着眼于整部《宋会要》，"刑法"只是其中一小部分，所以仍

---

① 此部分的详细内容，具体见本文作者的《宋会要辑稿·刑法》点校说明（河南大学出版社，2011，第2~8页）。为了避免重复但又力求本文结构的完整，此处只保留了对《宋会要·刑法》门探讨的主要思路及结论，具体论证过程略之。宋代所修各部具体《会要》的门可能不尽相同。（如《乾道续四朝会要》有666门，而《光宗会要》则只有364门）本文所指《宋会要·刑法》的门仍是总称，而不区别是哪一部《会要》的门。陈智超先生认为："只要它确实存在于其中一部会要中，就不妨碍其成为《宋会要》的一门。换句话说，是否是《宋会要》的一门，并非以是否包括从太祖初年至宁宗末年全部记事为必要条件。"（参见陈智超《解开〈宋会要〉之谜》，社会科学文献出版社，1995，第98页）

② 如《辑稿·刑法》的"矜贷门"，可以肯定是《宋会要·刑法》之门。这从（宋）李心传：《建炎以来系年要录》（中华书局，1956，以下简称《要录》）卷一〇六绍兴六年十一月丙戌条的注文"苗亘事，《日历》不载，《会要》矜贷门亦无之"（第1734页）中可以看出。

③ 陈智超先生的原文，见《解开〈宋会要〉之谜》，第270~273页。

有一些可以补充和商榷的地方。主要表现为：第一，《辑稿·刑法》中的一些门不是《宋会要》的门，可能是后人所加，这些门的条文应归入其他门中。第二，有的门虽是《宋会要》的门，但不属"刑法"类，所以不应当划入《宋会要·刑法》"刑法类"。第三，初步推测《宋会要·刑法》的门在内容多时还可能有子门，所以《辑稿·刑法》中的一些门应属于《宋会要·刑法》某门的子门，而不应该为独立的门，在子门中依旧以编年记事。主要的结论如下：

1. 《宋会要·刑法》中应有"刑制"门，"刑制"门应以刑罚为主要内容，"枷制"应入"刑制"门。

2. 《宋会要·刑法》中应有"禁约"门，"禁采捕""金禁"应归入"禁约"。

3. 《宋会要·刑法》"断死罪"应入"冤狱"。

4. 《宋会要·刑法》"出入罪"应入"断狱"。

5. 《宋会要·刑法》"复仇"应入"矜贷"门。

6. "诉理所"门不应划入《宋会要·刑法》。

三 《宋会要·刑法》的条

《宋会要·刑法》的条是指门的具体内容，与《辑稿·刑法》条的内容不尽相同。恢复《宋会要·刑法》条的原貌，要以《宋会要·刑法》门为框架，以《辑稿·刑法》的条文为基础，对《辑稿·刑法》中已佚失的条文进行辑佚；对《辑稿·刑法》有缺漏的条文进行补充；对《辑稿·刑法》中顺序颠倒了的条文进行调整。如此所得，即是《宋会要·刑法》之条。

（一）遗文的辑佚

宋代法律禁止传抄《会要》，但仍有一些书引用了《宋会要》的内容。其中有官修史书，也有私人著述。它们间接地保存了《宋会要》的内容，但它们标注引文出处时只注"此据《会要》"或"《会要》"，很少言及出自《会要》的哪一类、哪一门。所以对《宋会要·刑法》的辑佚要把握三点：第一，所辑内容必须出自《宋会要》；第二，必须是《宋会要·刑法》的内容。第三，应判定它属于《宋会要·刑法》的哪一门。

1. 《事物纪原》卷一〇《律令刑罚部》："《宋朝会要》曰：建隆四年三月张昭请，加役流，脊杖二十，配役三年；流三千里，脊杖二十；二千五百里，脊杖十八；二千里，脊杖十七，并役一年。徒三年，脊杖二十；二年半，十八；二年，十七；一年半，十五；一年，十三。杖一百，臀杖二十；

九十，十八；八十，十七；七十，十五；六十，十三。笞五十，杖十；四十、三十，八下；二十、十，七下。旧据《狱官令·用杖》：受杖者，皆背臀腿分受。殿庭决者，皆背受。至是，始折杖。又徒流皆背受，笞杖者皆臀受也。"①

按：《辑稿·仪制》八之九载：建隆三年三月诏尚书省集议徒流合杖用常行杖制。四年三月二十一日张昭上奏。此内容，在建隆四年（963）成书的《宋刑统》中有具体的内容，即为非常有宋代刑罚特色的折杖法。此外，在《长编》《文献通考》中都有相同内容，所以《事物纪原》所记虽不见于《辑稿·刑法》，但属《宋会要·刑法》无疑。结合上文"门"的讨论，此条应归至"刑制"门中。

2. 《事物纪原》卷一〇《律令刑罚部》："（《宋朝会要》）又曰：旧制，杖皆削节目。常行杖，大头二分七厘，小头一分七厘；笞杖大头二分，小头一分半，皆长三尺五寸。建隆四年张昭等定常行杖。昭请官杖长三尺五寸，大头阔不过二寸厚，及小头径不过九分。小杖长四尺五寸，大头径六分，小头径五分。今官府常用者，是此盖其始也。"②

按：张昭等定常行杖的内容，在《长编》卷四乾德元年（963）三月癸酉条、《文献通考》卷一百《刑五》《宋史·刑法志一》中都有记载，它是杖具的具体规定，应归入《宋会要·刑法》"刑制"门中。

3. 《长编》卷二七九"判司农寺熊本言：蒙朝旨令张谔并送详定盐法文字付臣。伏缘所修盐法，事干江淮八路，凡取会照应盐课增亏赏罚之类，系属三司。窃虑移文往复，致有稽滞，兼昨权三司使沈括曾往淮、浙体量安抚措置盐事，乞就令括与臣同共详定。从之。"注为"此据《会要》十二月八日事增入"。③

按：这是熊本请求令沈括与他一起详定《盐法》的内容，即是差详定官的问题。从《长编》的注文知，这是《宋会要》的内容，为熙宁九年（1076）十二月八日之事。《辑稿·刑法》无此条，但有相关的内容，即此前熊本请求立法、后来诏沈括为详定官。分别记载于《辑稿·刑法》一/9 和一/10～12，内容为熙宁九年六月"二十四日判司农寺熊本言：乞取索本寺一司敕式，选官重行看详修定。诏只于本寺选属官一员编修，令本寺提举"；"十二月二十日中书门下言：重修编敕所勘会《熙宁编敕》，时系两制以上官详定，宰相提举。乞依例差官。诏知制诰权三司使公事沈括、知制诰判司农

---

① （宋）高承：《事物纪原》卷一〇《律令刑罚部》，上海古籍出版社，1990，第242页。
② （宋）高承：《事物纪原》卷一〇《律令刑罚部》，第242页。
③ （宋）李焘：《长编》卷二七九熙宁九年十二月庚寅，第6832页。

寺熊本详定。"这三条,时间上首尾相连,分别为六月二十四日、十二月八日、十二月二十日;内容上依次是申请立法、请求沈括为详定官、诏沈括和熊本同详定。可见它们是同一件事的三个不同阶段。所以"十二月八日"条既是《宋会要》的内容,且应和"六月二十四日""十二月二十日"一样,归入《宋会要·刑法·格令》中。

(二) 缺文的补充

缺文有两种,一是指《辑稿·刑法》空格处的文字,有的加注"缺"等,另一种虽无缺的标志但内容缺失。这些缺文,有的无伤大雅,有的却影响对句意的理解,所以应尽量把这些空缺的字补足。本节所补的主要是第一种,后一种可参看已经出版了的《宋会要辑稿·刑法》点校本的相关内容。

1. 《辑稿·刑法》四/75 中缺一行又 5 字,但意义完整,且有按语"接下页"。可不补。

2. 《辑稿·刑法》四/77 哲宗元祐元年(1086)十二月十七日尚书省言:"左司状,失入死罪未决,并流徒罪已决,虽经去官及赦降原减,旧中书例各有特旨。昨于熙宁中始将失入死罪修入海行敕,其失入死徒罪例为比元罪稍轻,以此不曾入敕,只系朝廷行使。近准朝旨,于敕内删去死罪,(原缺)[4格]① 罪例在刑房者,依旧不废。即是重者(原缺)[4格],反异于轻者,于理未便。本房再详,徒罪已决例既不可废。即死罪未决例仍合存留。乞依旧存留《元丰编敕》全条。从之。"

按:《长编》卷三九三记"辛丑尚书省言:左司状,失入死罪未决,并流徒罪已决,虽经去官及赦降原减,旧中书例各有特旨。昨于熙宁中始将失入死罪一项修入海行敕,其失入流徒罪例为比死罪稍轻,以此不曾入敕,只系朝廷行使。近准朝旨,于敕内删去死罪例一项,其徒流罪例在刑房者,依旧不废。即是重者不降特旨,反异于轻者,于理未便。本房再详,徒罪已决例既不可废,即死罪未决例仍合存留。乞依旧存留《元丰编敕》全条。从之。"②

将两段文字相比较,③ 知第一处(原缺)的 4 个空格似应为"例一项,其徒流"6 字。第二处(原缺)4 格应为"不降特旨"4 字。

---

① (原缺)[4格]中(原缺)是原文的注,而[4格]为笔者所加,表示此处空了4格,下文的格式同此。

② (宋)李焘:《长编》卷三九三元祐元年十二月辛丑,第 9563 页。

③ 这两段文字的不同处还有:其一,《长编》多"一项"两字。其二,死徒罪—流徒罪□比元罪—比死罪。《辑稿·刑法》错,《长编》对。

3.《辑稿·刑法》四/78 元符三年（1100）五月二日臣僚言："大理寺谳断天下奏案，元丰旧法，无失出之罚，后因臣僚建言，增修失出比较，逮绍圣立（原缺）［1格］遂以失出三人比失入一人，则一岁之中偶失出罪三人者，便被重谴，其可惑也。（原缺）［4格］者，臣下之小过。好生者，圣之大德。（原缺）［3格］失出之罚。诏绍圣四年十一月二十九日指挥勿行。"

按：《宋史》卷二〇一"元符三年，刑部言：祖宗重失入之罪，所以恤刑。夫失出，臣下之小过；好生，圣人之大德。请罢失出之责，使有司谳议之间，务尽忠恕。诏可。"①

《文献通考》卷一六七"刑部言：祖宗以来重失入之罪，所以恤刑。绍圣之法，以失出三人比失入一人，则是一岁之中偶失出死罪三人，即抵重谴。夫失出，臣下之小过；好生，圣人之大德。请罢理官失出之责，使有司谳议之间，务尽忠恕。从之。"②

由上知，第一处空 1 格疑为"法"。第二处空 4 格，应补"夫夫出"3字。第三处空 3 格，《宋史》为"请罢"2 字，而《文献通考》为"请罢理官"4 字，两者与空格数不一致。

4.《辑稿·刑法》四/80/8 ~ 9 行"四年二月丁亥都省言大［3格］③ 百姓孙昱等案内，孙昱所杀人，系尸［3格］，作疑虑奏裁。"

按：《建炎以来系年要录》卷七二记"右治狱近断孙昱杀一家七人，亦系尸不经验"④。据《要录》的"右治狱近断"，推测第一个空处似应为"理寺断"3 字。因为右治狱属于大理寺。第二个空处应补入"不经验"3 个字。

5.《辑稿·刑法》四/81 的 6 ~ 9 行有两处空缺，"光则上奏曰：如赵情等所犯，皆得免死，则强盗加盛，良民无以自存。殆［2格］恶劝善之道。乞自今后应天下州军勘到［2格］理无可愍，刑名无可虑，辄敢奏闻者，并令刑部举驳，重行典宪。"

按：司马光《传家集》卷四八中有此，即《乞不贷强盗白札子》，其原文为"如赵情等所犯如此，皆得免死，则是强盗不放火杀人者，尽得免死。窃恐盗贼转加恣横，良民无以自存。殆非惩恶劝善之道。其赵情等，欲乞并令本州依法处死。仍乞立法，自今后应天下州军勘到强盗情理无可愍，刑名无疑虑，辄敢奏闻者，并令刑部举驳，重行典宪。"虽然《辑稿·刑法》并没有一

---

① （元）脱脱：《宋史》卷二〇一《刑法三》，中华书局，1977，第 5024 页。

② （元）马端临：《文献通考》卷一六七《刑六》，中华书局，1986，第 1451 下 ~ 1452 上。

③ 缺字处无注文，但空 3 格。

④ （宋）李心传：《要录》卷七二绍兴四年正月戊午，第 1200 页。只是两书所记月份不同，有正月、二月之别。

- 293 -

字不差地引原文，但空缺处还是可以补出，应分别为"非惩""强盗情"。

《长编》卷三五八记"窃恐盗贼转加恣横，良民无以自存，殆非惩恶劝善之道。""门下省言：自今应天下州军勘到强盗情无可愍刑名无疑虑辄敢奏闻者，并令刑部举驳，重行朝典。不得用例破条。从之。"① 《要录》卷八八记"乞天下州军勘到强盗，情理无可悯"可进一步证实所补四字是正确的。②

6. 《辑稿·刑法》四/83 的十八年闰八月七日"大理寺丞石邦哲言：伏睹绍兴令，决大辟皆于市。先给酒食，听亲戚辞决，示以犯状，不得窒塞口耳、蒙蔽面目及喧呼奔逼，而有司不以举行，殆为文具。无辜之民至有强置之法。如枉年抚州狱案（原缺）［2 格］陈四闲合断放，陈四合依军法。又如泉州（原缺）［3 格］陈翁进合决配，陈进哥合决重杖。姓名略同而罪犯迥别。临决遣之日，乃误设以陈四闲为陈四，以陈公进为进哥。皆已决而事方发露，使不窒塞蒙蔽其面目口耳而举行给酒辞诀之令，则是二人者岂不能呼冤以警官吏之失哉？欲望申严法禁。如有司更不遵守，以违制论。从之。"

按：《文献通考》卷一六七"大理寺丞石邦哲上疏曰：伏睹绍兴令，决大辟，皆于市，先给酒食，听亲戚辞诀，示以犯状，不得窒塞口耳、蒙蔽面目及喧呼奔逼而有司不以举行，视为文具。无辜之民至是强置之法。如近年抚州狱案已成，陈四闲合断放，陈四合依军法。又如泉州狱案已成，陈翁进合决配，陈进哥合决重杖。姓名略同，而罪犯迥别。临决遣之日，乃误以陈四闲为陈四，以陈翁进为陈进哥，皆已配而事方发。倘使不窒塞蒙蔽其面目口耳而举行给酒辞诀之令，是二人者岂不能呼冤以警官吏之失哉？欲望申严法禁，否则以违制论，从之。"③

《辑稿·刑法》与《文献通考》的两处文字大致相同，只有个别字不同，《辑稿·刑法》的空缺处可据《文献通考》补入。第一处当为"已成"2 字。第二处当为"狱案已"3 字。

7. 《辑稿·刑法》四/85/28～29"十月十三日朝奉郎试大理（缺）［1 格］汲言：大理寺断绝狱空，诏付史馆。以汲试刑部侍郎。"

按：《长编》卷三四〇记"朝奉郎试大理卿杨汲试刑部侍郎。初，汲言：大理寺断绝狱空，诏付史馆。因有是命。"④ 可知，缺处应补入"卿杨"2 字。《辑稿·刑法》四/85 元丰五年（1082）四月七日条、九月十三日条可旁证。

---

① （宋）李焘：《长编》卷三五八元丰八年七月甲寅，第 8570～8571 页。
② （宋）李心传：《要录》卷八八绍兴五年四月壬子，第 1469 页。
③ （元）马端临：《文献通考》卷一六七《刑六》，第 1454 页。
④ （宋）李焘：《长编》三四〇元丰六年二月乙酉，第 8185 页。

8. 《辑稿·刑法》六/45/16 "盖缘坐（缺）［1格］官，虽贷而不死，世为奴婢。"

按：《文献通考》卷一七○有 "盖缘坐没官，虽贷而不死，世为奴婢。"① 可见，缺处应为 "没" 字。

此外，《辑稿·刑法》中尚存待补的空格还有：四/79 空了 3 处，共 9 处空格；四/80 有 4 个空格；四/82 有两处 "原缺"，空五格；②

（三）条文位置的调整

条文位置的调整包括不同门间的调整及同一门内部的调整，以使门与条对应，条与条之间以编年相继。

1. 不同门之间的调整

如《辑稿·刑法》四/84 记 "二年四月二十七日臣僚言：狱者，愚民犯法，固其自取。然亦有迁延枝蔓而情实可悯者，窃见春夏之交，疫疠方作，囚系淹抑，最易传染。一人得疾，驯至满狱，州县谓之狱瘟。乞明诏诸路监司守臣遵守成宪，入夏之初，躬亲或差官虑囚，如犯大辟，立限催促勘结，不得迁延枝蔓。其余罪轻者，即时断遣。见坐狱人或遇疾病，亦须支破官钱为医药膳粥之费，具已断遣人数及有无疾病以闻。仲夏，复命宪臣断行疏决，无致后时。务令囚系得脱疫疠炎暑之酷。从之。" 这一条本在 "配隶" 门，但从内容上看应放在 "禁囚" 门中。

2. 同一门内的调整

如《辑稿·刑法·禁约》中条的排列顺序有问题，应作调整。《辑稿·刑法·禁约》中二/1～60 为建隆四年（963）至政和二年（1112）、二/60～117 为政和三年（1113）至绍兴二十七年（1157）、二/118～135 为淳熙元年（1174）至嘉泰四年（1204）、二/135～146 为开禧元年（1205）至嘉定十七年（1224），二/147～159 为绍兴三年（1133）至乾道九年（1173）。以编年体应遵循的编年原则来看，上所列条文的顺序颠倒，即二/147～159 为绍兴三年至乾道九年的内容，应放到二/118～135 为淳熙元年至嘉泰四年之前。

---

① （元）马端临：《文献通考》卷一七○《刑九》，第 1478 页。
② 除了上面所列的之外，还有几处缺文。即《辑稿·刑法》一/14 应补入 "宰臣富弼韩琦编修"；一/14 应补入 "右正言王觌"、一/64 应补入 "习法律望" "众官举奏" "今臣等参" "州县官但历任" "前敕但" "公平" "否" "右正" "烨" "臣僚"；三/52/5 有一处 "原空"，空一格，当为 "依" 或 "从" 字；四/84 有一处 "原缺"，空三格，当为 "诏刑" 二字；五/2 有六处 "缺"，共空了 14 个空格：一处实不缺，一处待补。其他的为 "夜踰垒垣" "因偏索" "得数百余人不"。

四 《宋会要·刑法》的格式

(一)《宋会要·刑法》分卷

《辑稿》不分卷,可《宋会要》是分卷的,且卷与门不一定对应。从晁公武《郡斋读书志》、陈振孙《直斋书录解题》、王应麟《玉海》和马端临《文献通考》中可知《宋会要》是有卷数的,有时一卷不一定只包括一门。对此,陈智超先生已有论述,故不详谈。①

此外,还可从其他途径来证明《宋会要》分卷的事实。

1. 从修会要的传统推知《宋会要》应该分卷

《唐会要》始修于唐,最终成于宋初。唐德宗贞元间苏冕开始写时是四十卷,武宗时崔铉又续了四十卷,宋建隆初王溥在苏冕、崔铉的基础上又增添了宣宗以后的内容,共为一百卷。宋代的《会要》都成书于《唐会要》之后,很有可能参考《唐会要》分卷记事的体例。

南宋徐天麟所撰的《西汉会要》有四十六卷、《东汉会要》有四十卷。分别成书于南宋嘉定四年(1211)、宝庆二年(1226),此时宋代所修的《会要》除李心传《十三朝会要》外,其他的都已修好。徐天麟的书很有可能参考了当时官方修会要的体例,即从徐天麟书分卷的情况可推知《宋会要》也可能分卷。

2.《长编》小注证明《宋会要》有总卷,门内有时也分卷

《长编》卷四八一哲宗元祐八年(1093)二月壬申条的注为"《政和会要》第三十八卷《郊议》第四卷,元祐八年二月二十五日苏轼奏六议,诏令

---

① 陈智超先生认为:"一、《宋会要》原书分卷,卷或作册。晁公武《郡斋读书志》、陈振孙《直斋书录解题》、王应麟《玉海》和马端临《文献通考》等书著录《宋会要》,都称分卷。《南宋馆阁续录》卷4《修纂》门也称宋代各部《会要》分卷,但同书卷3《储藏》门载秘书省所藏《会要》,却称分册。如《孝宗皇帝会要》,卷4作三百六十八卷,卷3则作三百六十八册;又如《光宗皇帝会要》,卷4作一百卷,卷3则作一百册。可见册与卷其实是一样的。二、《宋会要》并非按门分卷,一卷不一定包括一门。据《玉海》卷51知《光宗会要》分23类364门,而各书所载《光宗会要》都是100卷,可见并非按门分卷,一般一卷不只包括一门。三、各卷卷首题提举官衔名。《馆阁续录》卷4《修纂门》载,嘉泰元年七月十一日奉安《总修孝宗皇帝会要》于秘阁,秘书省'乞依逐次已进累朝会要体例,卷首书提举官衔名,撰述序文',得到同意。可见《会要》的规格同正史一样,卷首书提举官衔名。既然并非按门分卷,这里所说的序文,不是每卷的序文,而应指每门的序文。这从《辑稿》中也可以看到。"(引自陈智超《解开〈宋会要〉之谜》,第50页)

集议闻奏，即载四月十一日罢集议诏，不载乞加反复诘难札子。"① 《辑稿·礼》三/12～18 "郊祀议论"中保存了苏轼此议。可知"郊议"是门，它至少有四卷，可见门内也分卷。这可能与此门内容较多有关。

由上知，《宋会要》全书分总卷，卷与门并不一一对应，有的是几门属于一卷，有的门内容多时可能会分属于几卷。此外，门内也可能分卷。

"刑法"作为《宋会要》的一部分，也应当是这样的格式。从《辑稿·刑法》"禁约三"来看，"禁约"是《宋会要》的门，"三"可能是禁约门内的第三卷。

（二）《宋会要·刑法》的书写格式

陈智超先生认为《宋会要》格式应有三个特征：一是每门之前，必著其所属之类。而且很可能分两行著录，首行为类名，次行为门名。二是在原本中，在著录类名时，只录名称，并无类字。如作职官而非作职官类。三是每类之下，还分一、二、三、四等次序。②

陈先生是针对《宋会要》的格式而言，但也同样适用于"刑法"部分。我同意他的看法。现以成书于南宋的《西汉会要》《东汉会要》加以验证。

《西汉会要》和《东汉会要》是南宋徐天麟所撰。徐天麟"以二史所载汉家制度典章散于纪、传、表者，仿唐以来会要体分门编纂"，③ 那么也很有可能参考官方编的《宋会要》。

《西汉会要》的卷六一至六三为"刑法"，以卷六二为例，其书写格式为：

> 《西汉会要》卷六十二　宋徐天麟撰
> 刑法二
> 疑谳

《东汉会要》的卷三五～三六为"刑法"，以卷三五为例，其书写格式为：

> 《东汉会要》卷三十五　宋徐天麟撰
> 刑法上

① （宋）李焘：《长编》卷四八一哲宗元祐八年二月壬申，第 11459 页。
② 陈智超：《解开〈宋会要辑稿〉之谜》，第 53～54 页。
③ （元）马端临：《文献通考》卷二〇一《经籍考》，第 1684 页。

法令

由以上知,《宋会要·刑法》的格式似应如下:

《宋会要》卷××(代表数字,以下同),提举官衔名(每卷不一定包括一门,有的可能几卷为一门)
刑法××
门名××
条

上文是对《宋会要·刑法》类、门、条、卷的探讨,首先从两个途径证明了《宋会要》中"刑法类"的存在。然后在前人对《宋会要·刑法》"门"的复原方案的基础上,提出自己的看法。其中对子门的初步推测看法还不成熟,尚待进一步验证。在明晰《辑稿·刑法》"条"已不完全是《宋会要·刑法》的"条"的基础上,就其文字加以校勘,具体内容可参见拙作《〈宋会要辑稿·刑法〉点校》。最后进一步证实《宋会要》原书"分卷",同时推测《宋会要》不仅有总卷,门中内容多时还可能有分卷,卷与门并不一一对应。以上这些工作为认识和复原《宋会要·刑法》奠定基础,只是,《宋会要·刑法》的整理与研究是个长期工程,文中的些许结论或许会随之而改变,故不揣浅陋,就教于方家。

《中国古代法律文献研究》第七辑
2013年，第299～358页

南宋时期的司法推理

〔英〕马若斐著 陈 煜译*

摘 要：本文从《名公书判清明集》出发，考察宋代司法官员在处理案件，主要是民事案件时提到的"法""人情""理"及"情""情理"等词的含义和功用，意在揭橥这些关键词语在司法推理中所扮演的角色。其主要功用大致有三：一是对当事人提交的证据或其他法官所作的审判行为进行评价；二是对当事人的行为进行批评谴责；三是作为定谳的部分依据。法官在判决中经常会批评当事人的行为悖理或不近人情，这不仅表明判决书实为道德教谕文，且表明法官用法意在教育当事人明白"正确行为之道"。

关键词：宋代民法 司法推理 法理 人情

本文旨在通过分析南宋末期的判例汇编——《名公书判清明集》中所载的案例，来探讨南宋时期的司法推理。1987年版的《名公书判清明集》较之以往版本价值更大，因为它还带有一个附录，其中收录了诸如黄榦（1152～1221）等宋代其他司法官员所作的判词，这些内容为原版所无。[①] 其他材料诸如《宋史》中也记载了很多案件，乍一看书中并未提及其判决结果，而更多叙述了司法官员和朝廷公卿之间关于案件焦点的辩论情况。[②]

《清明集》中记载的绝大多数案件属于西方法律术语中"民事法"的范

---

* 马若斐，英国阿伯丁大学教授；陈煜，中国政法大学法律史学研究院副教授。

① 我们用的文本，即北京中华书局1987年出版的《名公书判清明集》，以下简称《清明集》。

② 关于这些案件的研究，见John D. Langlois, Jr（蓝德彰），"'Living Law' in Sung and Yüan Jurisprudence", *Harvard Journal of Asiatic Studies* 41.1 (1981), 200–217（阿云案）；Charles Hartman（蔡涵墨），"The Inquisition against Su Shih：His Sentence as an Example of Sung

畴，但其中也有一部分"刑事"案件。将西方的"民事""刑事"之分应用到传统中国法律材料上会出现问题，因为在西方被认为是"民事"的纠纷在中国就可能会遭到"刑事"的对待，要受刑罚处罚。为叙述的方便，将案件作民刑的区分还是有意义的，大体而言，在中国传统法中，关于财产、继承、婚姻之类的纠纷案件，就是我们现在所谓的"民事"案件；而关于人命、犯奸、偷盗、放火之类的严重案件，则属"刑事"案件。① 但为研究故，则不宜太过强调民刑之别。这是因为：首先，大量的主要是作为"民事"纠纷来对待的案件中都带有"刑事"处理的成分；其次，即便是主要作为"刑事"面目出现的案件，其法律推理仍带有"民事"案件的推理特征。也许民刑之间最大差别在于前者处理中常含"人情"因素，而在后者之中较为鲜见。②

《清明集》中所记载的都是真人真案，当然为了刊刻出版之故，其文字会进行一定的加工。编纂者试图将之编成未来司法官员的培训手册，并作为司法文书写作的典范，③ 但不排除其中可能带有文学藻饰的色彩。当我们尝

Legal Practice", *Journal of the American Oriental Society* 113. 2 (1993), 228 – 243; So Kee Long (苏基朗), "The Case of A Yün: Textual Review of Some Crucial Facts", *East Asian Library Journal* (Princeton University) 7. 2 (1994), 41 – 71; Lau Nap-yin (柳立言), 《子女可否告母? ——传统"不因人而异其法"的观念在宋代的局部实现》, 《国立台湾大学论丛》 30. 6 (2001), 29 ~ 94, 及《一条律文各自解读：宋代"争鹑案"的争议》, 《中央研究院历史语言研究所集刊》73. 1 (2002): 119 ~ 164。

① 关于宋代民事案件的特征，参见 Brian E. McKnight (马伯良), "Civil Law in Sung China", *Chinese Culture* 33. 3 (1992), 25 – 38. 关于宋代民事案件的讨论，可参见 Mark A. Allee, *Law and Local Society in Late Imperial China: Northern Taiwan in the Nineteenth Century* (Stanford, 1994); *Civil Law in Qing and Republican China*, ed. Kathryn Bernhardt (白凯) and Phillip C. C. Huang (黄宗智) (Stanford, 1994); Philip C. C. Huang, *Civil Justice in China. Representation and Practice in the Qing* (Stanford, 1996); Linxia Liang (梁临霞), *Delivering Justice in Qing China: Civil Trials and the Magistrate's Court* (Oxford, 2007).

② 关于此点，见 Sadachi Harato (佐立治人), 《清明集的法意与人情》, 《中国法制史考证》 (杨一凡编) (北京, 2003) 丙编第三卷, 462 (此文日文版最初出版于 1995 年)。

③ 《清明集》中大概有一大半案件被 Brian E. McKnight (马伯良) 和 James T. C. Liu (刘子健) 译成了英文, *The Enlightened Judgement. Ch'ing-ming Chi* (New York, 1999), 下引此书简称 M/L。与马伯良和刘子健的译作不同，对《清明集》的研究，见 Christian de Pee (裴志昂), "Case of the New Terrace: Canon and Law in Three Southern Song Verdicts," *Journal of Song-Yuan Studies* 27 (1997), 52 – 27 (附录 2); Bettine Birge (柏清韵), *Women, Property, and Confucian Reaction in Sung and Yüan China* (960 – 1368) (Cambridge, 2002), 67 – 76; James St André (沈安德) "Reading Court Cases from the Song and the Ming: Fact and Fiction, Law and Literature", in *Writing and Law in Late Imperial China*, ed. Robert E. Hegel (何谷理) and Katherine Carlitz (柯丽德) (Seattle and London, 2007), 189 – 214.

试着分析法官叙述案情或判决理由所用的语言时，这一文学藻饰的色彩尤令人印象深刻。然而，纯粹的修辞或文学藻饰也容易出现问题，用夸张的语言及纷繁的词汇来表达一个普通的意思，纵使并非全误，但整体视之，却仍失之空洞。归根到底，发表实质性的处理意见才是法官之第一要务。

这些判例的作者身份系南宋政府多名要员。有的是地方官员，但更多的则是职位更高的提刑按察使。所有这些官员，即使身处司法部门，也不会将其职责框定在解释和执行法律之上。他们还肩负着"教化"之责，对于原、被告两造以及广大的百姓，这些官员试图让其明白何者才是正确的为人处世之道，尤其在事涉家庭关系时更是如此。《清明集》中所载的某些判决，与其说是适用法律之文，倒不如说是一篇道德训诫更为恰当。但吾人须知，这些训诫一般是在漫长且繁复的诉讼程序的最后阶段进行。又因不同的法官而被分为两种不同的做法，一种是将其与案情的叙述相结合，另一种是将其与相关法律的具引相结合。法官有具引律文之责，这意味着他们需要让官府知道：他们是亲自听讼并且是依法作出最后的判决。[①] 他们是在充分考虑了法律规定之后才定谳的，即使在最后的判决文书中对所引的法律语涉寥寥。

宋代的法官属于知识精英，他们的思维方式受当时所流行的新儒学（理学）思潮的影响，尤其是二程〔程颐（1033～1107）和他的哥哥程颢（1032～1085）〕思想的影响。有两个核心的观念在《清明集》中常常出现，一个是"理"，大致可译成"principle"，另一个是"人情"，大致可译成"human feeling"。"理"这一概念由程氏兄弟提出而由朱熹发扬光大，最终成为其思想体系中的核心观念，而"感情"或"情绪"意义上的"情"，也是其思想中的一个重要组成部分。因此我们不得不问：宋代的法官在司法推理中用到的"理"和"人情"，是否和理学上的"理"和"情"用法一致？或者说是受到理学的深刻影响？为了回答这个问题，我们有必要简短地梳理一下"理"和"情"这两词在理学上的用法。

程氏兄弟将"理"视为宇宙间天地万物之"极则"，[②] 因为它具有独特的个性和运行规律。"物"此处不仅包括日月那样的非生物，还包括人类及其相互之间形成的各种关系。人类之"理"因此表达了一种对待亲疏尊卑不同之人

---

① 关于这一程序，见 Hsu Dau-lin（徐道邻），"Separation between Fact-Finging（Trial）and Law-Finding（Sentencing）in Sung Criminal Procedure"，*Sung Studies Newsletter* 6（1972），3-18；Ichisada Miyazaki（宫崎市定），"The Administration of Justice during the Sung Dynasty"，in *Essays on China's Legal Tradition*，ed. Jerome A. Cohen（柯恩），R. Randle Edwards（艾德华），and Fu-mei Chang Chen（张福梅）（Princeton，1980），61-64；Hartman（蔡涵墨），上注 2，228~229。

② "理"也被译成"pattern"，"order"或"coherence"。

所应采取不同行为之道。复合词"道理""天理"（也出现在司法推理中）与单称词"理"的含义较为近似。"道理"意味着所有事物均有其运行"方式"或"规律"，而"天理"则意味着这一"方式"或"规律"乃是由上天所定。①

从现代的眼光来看，非生物之"理"与动物及人之"理"差别甚大，前者更多是"叙述性"的，而后者更多是"规范性"的。例如，当我们谈及日月之"理"，实际上我们是在"叙述"其在天空中的运行规律，而当我们谈及人类之"理"，则是在"规范"人与人之间的相待之道。诸如对待父亲应当孝顺，对待兄长应当恭敬，而对待卑幼亲属应当慈爱并予以扶助，等等。也有人认为人伦之"理"，不仅"叙述"了至善之人是如何行为的，而且"规范"了所有人应该如何行为。② 当《清明集》中的法官在人怎样对待人这一意义下提及"理"时，我们得明白这可能得益于其所受到的理学教育。

"情"这一语词常常被译作"emotion""feeling""passion"，这也是理学思想中的一个重要的构成部分。③ 情乃人的天命之性，因此同样是"理"或"天理"之一部分。"人"之理中包含了人能用情。南宋理学家陈淳（1159～1223）在其《北溪字义》（该书由陈荣捷译成英文，英译本名为《新儒学词释：北溪字义》）认为："情与性相对。情者，性之动也。在心里面未发动底是性，事物触着便发动出来是情。"④ 一名当代学者则认为"理学家所

---

① 一份作于 13 世纪的理学词汇表说："道，犹路也……道之大纲，只是日用间人伦事物所当行之理……若推原来历，不是人事上划然有个道理如此，其根原皆是从天来。"［Wingtsit Chen, *Neo-Confucian Terms Explained* (*The Pei-his tzu-i*) by Ch'en Ch'un, 1159 – 1223 (New York, 1986), 105.］（引文出自陈淳《北溪字义》"卷下·道"——译者注）

② 我参考了下列书中关于"理"的论述：Fung Yu-lan（冯友兰），*A History of Chinese Philosophy. Volume* Ⅱ. *The Period of Classical Learning* (*from the Second Century B. C. to the Twentieth Century A. D.*) (Princeton, 1953), 501 – 507; A. C. Graham, *Two Chinese Philosophers. Ch'eng Ming-tao and Cheng Yi-chuan* (London, 1958) 8 – 22; Patricia Buckley Ebrey, *Family and Property in Sung China. Yüan Ts'ai's Precepts for Social Life* (Princeton, 1984), 62 – 68; Donald J. Munro, *Images of Human Nature-A Sung Portrait* (Princeton, 1988), 45 – 46, 89, 195 – 196; Peter K. Bol, *Neo-Confucianism in History* ［Cambridge (Mass) and London, 2008］, 160 – 168。

③ 葛瑞汉（A. C. Graham）认为，在早期儒家尤其是荀子的思想中，"情"不表"情感"义，而表"事实"或"事物的实质"之义：*Later Mohist Logic, Ethics and Science* (Hong Kong and London, 1976), 179 – 182; *Studies in Chinese Philosophy and philosophical Literature* (Singapore, 1986), 59 – 65; *Disputers of the Tao. Philosophical Argument in Ancient China* (La Salle, Illinois, 1989), 98 – 100, 242. 令人感兴趣的是，《清明集》中的"情"更多表"事实"之义，而非"情感"或"感情"义。

④ Chan, *Neo-Confucian Terms Explained*, 61 – 62.

谈的'情'乃是经过理智过滤的情感,"① 而另一名学者则用"静"和"动"这两个相关的语词来阐述朱熹的思想,前者谓"理",而后者乃是"情"以及用情。②

我们还可发现,理学家还提到了另一种情感,与通常意义上的"情"不同,其名为"欲"或"人欲"。"欲"在此处并不是指想要得到某种东西或达到某种目的的急切愿望和要求,而主要是指一种纯粹自私的动机。③

"人情"一词在《清明集》中屡屡出现,但并非宋代理学著作中的核心术语。④ 然而有趣的是,《礼记》也提到了"人情"一词,其用法与《清明集》庶几相似。《礼记·礼运》⑤ 提到人有喜、怒、哀、惧、爱、恶、欲七情。⑥ 是以圣人用七情治民,讲信修睦,导民以从。⑦ 在其他篇章中,我们还可知对于尊长,礼近人情还不是最高的要求(因其旨不在于表达感情),⑧ 礼顺人情方为至道。⑨ 故《清明集》中"人情"一词的用法,承接了较之理学更为久远的儒学传统。宋代法官们提到"人情"实际上就是一种人伦之道。这和《礼记》中的"人情"一词意思一致,也与理学中"情"之一词相对应。

为了研究《清明集》中所展示出的法律推理,我们必须对四个关键词进行分析,这四个词分别为"法""情"(通常情形下是指"案情",但有时也指"感情")、"人情"和"理"。

---

① Bol, *Neo-Confucianism in History*, 171. 作者倾向于将"理"翻译成为"Coherence"。

② Munro, *Images of Human Nature*, 93.

③ 见冯友兰的评论, Fung Yu-lan, *History of Chinese Philosophy* Ⅱ, 606; Munro, *Images of Human Nature*, 40; Bol, *Neo-Confucianism in History*, 171; Wing-tsit Chan, "The Principle of Heaven vs. Human Desires," in *Chu His. New Studies* (Honolulu, 1989), 197–211.

④ Peter K. Bol, *"This Culture of Ours". Intellectual Transitions in T'ang and Sung China* (Stanford, 1992), 266–267, 书中引到了苏轼(1037~1101)关于性与人情的叙述, 苏使用了"情"而没有用"人情", 见《经进东坡文集事略》(一本苏轼的选集), 由 13 世纪的学者郎晔选编 (Hong Kong, 1979), Ⅰ, 105~108.

⑤ S. Couvreur, *Mémoires sur les bienséances etlé ceremonies* (Paris, 1950), Ⅰ.ⅰ.516; J. Legge, *Li Chi. Book of Rites. Edited with Introduction and Study Guide by Ch'u Chai and Winberg Chai* (New York, 1967), Ⅰ, 379.

⑥ 此处"欲"被视为"情"的一种。但在另一本早期著作中, 至少就葛瑞汉看来, 两者是有区别的: John Knoblock and Jeffery Riegel, *The Annals of Lü Buwei* (Stanford, 2000), book 2, Chapter 3 (情欲), 84 (关于此见 Graham, *Studies in Chinese Philosophy*, 63)。

⑦ Couvreur, cited note 15, Ⅰ.ⅱ, 522; Legge, cited note 15, Ⅰ, 383、384.

⑧ Couvreur, Ⅰ.ⅱ, 558; Legge, Ⅰ, 406–407.

⑨ Couvreur, Ⅱ.ⅱ, 699; Legge, Ⅱ, 465.

一 法

《清明集》中法的使用情形在此只需简略述及，卑之无甚高论。法官会援引多种法源作为判案依据，包括敕、令和律等。① 其援引法条时，最常见的套路即以"在法"或"准法"开头，然后或者具体列出该法条内容，或者对相关法律规定做一个概括。通常法官不会再详述法律规定的出处，偶尔会提到该规定出自何令，但鲜有提及出自何律，偶尔也会两者并提。有时法官也会援敕断案。另一个常用来表示法源的词则是"条"，比如"照条"中的"条"即是指此。乍一看来，这样的词组表示的是"按照××法××条，正确的处理应该……"之义，然而要清晰地界定"条"之定义殊为不易。"条法"一词常常用在一些重要的"分类法规"的名称之中，比如《庆元条法事类》（1195～1200，是分类编撰的一部法规）就属于这样的情形。② 因此我们常常无法确定"照"中的"条"到底是指法律中的具体条款还是指诸如以"条法"命名的特定法规。

《清明集》中出现了大量援引法律的情形，但援引的方式和目的则因人因事而异。有时是毫无删节地具体援引法条原文，有时是将法条概括后再加以援引，有时则干脆不引法条，只是粗略地指出依据的出处，比如以"照户婚之法"这样的语句一言以蔽之。援用法律的方式是和援用的目的息息相关的。如果是具体援引条款或者概括后再引，此时法官视援引法条为案件处理的中心环节，除了叙述法条内容之外，一般还会进一步详绎其中的法意。他需要针对具体案情适用法律并作出判决，在特定的案件中，还需对为何适用此条而不适用彼条作一个说明。如果只是粗略地指出依据的出处，法官只是意在表示他是援法断案的，而法律规定本身却并非是其案件考虑的关键。

《清明集》记载了援用法律的情形，我们因此了解到宋代法官援法方式等情况，但这并不意味着法律条文是法官进行司法推理的唯一依据。由上文我们已经得知，判决乃是漫长诉讼过程的最后一个步骤，在这过程之中，法官会得到官府的很多在适用法律方面的意见和建议。《清明集》有极少部分

---

① 关于宋代的律，参见 Miyazaki, cited note6, 56 – 59; Brian E. McKnight, "From Statute to Precedent: An Introduction to Sung Law and Its Transformation," in *Law and the State in Traditional East Asia. Six Studies on the Sources of East Asian Law*, ed. Brian E. MacKnight (Honolulu, 1987), 113 – 117; Brige, *Women, Property, and Confucian Reaction*, 66 – 76.

② 关于这本书，见 Endymion Wilkinson（魏根深），*Chinese History. A Manual* (Cambridge, Mass., and London, 2000), 549, 850, and n28; Miyazaki, 57 – 58.

判词中间附上了名为"检法书拟"的文书,据此可知某些法律适用的细节问题,这在最后的判决书中不容易见到。[1] 也许在其他许多案件中法官也会参照适用这样一类的文书,只可惜这些文书并没有被保留下来。

我们根据保留至今的这些判例,知道了法官适用法律的情形。表面上,有的法官完全贯彻了法律规范,而有的则很少提及。然而我们也应明白,即使是很少提及法律规范的法官,也会参照适用某些文书,而这些文书恰恰是对相关法律的讨论和全面援引。[2]

二 "情"与"情理"

这两个词在阐述"事实"这一要素方面是相同的,这就意味着它们都主要指向某种实际存在的情形,叙述的是案件的相关情况,特别包括案件原、被告两造的相互关系及其彼此之间相待之道。但这两个词又有所区别,"情理"中不仅包括了事实意义上的"情",还包括了理由或道理意义上的"理",所以其内涵较之于"情"更为丰富。"情理"与"情"在功能上有着相似之处,均为确定案情事实及说明判处理由之必需。但就定罪情节这一功能上来说,"情"与"情理"二者又存在着不同之处。后者不仅关注案件当事人的实际行为,同时也注意到了相应的人伦之道。

(一)"情"

西方的词典中与"情"相应之义首先是表示"情绪""欲望""情感"之义的"Sentiment, attachment sentimental","désires, passions",及"considération pour(la personne de qn)",此外尚有表"情形""情势""情况""情境"之义的"état des choses","circonstances","réalite des faits","vrai"。[3] 就像我们所了解的那样,理学术语中的"情"主要指"情绪""情感"之义的"emotion"或"passion",而《清明集》中的"情"则主要指"案情事实"之义的"fact",偶尔也表示理学上的"feeling"(感情)

---

① 参见《清明集》,466(M/L,432~434)。

② 有人试图指出并解释不同的法官在援引法律上的不同之处,见 Aoki Atsuchi(青木正儿),"Sung Legal Culture:An Analysis of the Application of Laws by judges in the Ch'ing-Ming Chi," *Acta Asiatica. Bulletin of the Institute of Eastern Culture* 84(2003),61–79(我得感谢柳立言博士提醒我关注这项研究)。关于法律的使用情形,另见 Sadachi,前面注释4提及过,462~472。

③ *Grand dictionnaire Ricci de la langue chinoise*(Paris-Taipei,2001),II,313–315(no.2117).

之义。① 我们在此集中讨论"案情事实"意义上的"情"。

为了理解"情"在"案情事实"这一义上的运用,我们需铭记两点。第一,"案情事实"一词的内涵十分丰富。② 它不仅包括案件当事人所说所做这样很明显的事实,而且还包括当事人相互之间具有何种关系这样的情况。例如,当来自同一个家庭的当事人双方发生纠纷之时,与法官最终判决相关的"案情事实"就是当事人对待彼此行为的性质。他们对待对方的行为符合人伦之道吗?父子、兄弟、叔侄之间的行为合乎相应的伦理规范吗?

第二,"案情事实"在法官进行法律推理时所发挥的功用因时因事而异。"情"最大的功能在于探究案件的"真相"。到底发生了什么?这有赖于揭穿弥布于法庭之上的层层谎言和曲解。此时,"情"之探究案情的功用乃是做出判决的一般前提。但有时"情"有着更为严格或技术性的含义及功用。这意味着并非法官调查到的所有事实都可称为"情",而只有对判决具有特定的参考价值或者与此相关的事实才属此列。"情"此处即表"决定性事实"之义,是在所有案情中对最终的判决产生决定性影响的那些事实因素。因此,此时的"情"不再发挥一般前提的功用,而是作为判决的特定基础来运用。③

1. 作为"一般的事实"

法官对于摆在其面前的任何案件都得去掌握案情和法律。根据特定的案情适用特定的法律乃其第一要务。而要正确适用法律,法官先得掌握相关案情,也就是说他得考虑其所掌握的事实是否确凿充分到足以解决原、被告两造的问题。如果事实的确确凿充分,那么法官就能依法科以刑罚或者采取法律规定的其他措施。例如,如果某人被控犯有"斗杀"之罪,那么法官就得根据其掌握的证据来判断该案中是否存在斗殴情形?因何斗殴?造成何种伤害?加害人和受害人之间有何关系?但他一般不会去考虑加害人或受害人的穿着和吃喝这一类事实。(除非斗殴是因穿着或吃喝所引起)如果种种条件都符合"斗杀"的情形,那么他就将按照法律规定科刑(处绞)。

通常情况下,法官会强调或者注意到在判决之前需查清所有相关事

---

① 例如,在土地出典时需要考虑邻里之情(《清明集》,199;M/L,214,对它的讨论另见下注137);《清明集》,225~227会涉及母子之情。而"情"的复合词"情法""人情"中的"情",不同于单称词"情",其更多表示的是"情感"而非"事实"之义。见《清明集》,265~266,335,437。

② 特别参见 Langlois(蓝德彰)的观点,Harvard Journal of Asiatic Studies,176~177。

③ 参见 Arnd Helmut Hafner(陶安)"'Circumstances'in The Chinses Legal Tradition:A New Perspective on the Autumn Assizes," in *Legal Concepts and Practice in Traditional China*,ed. Nap-yin Lau(Taipei,2008),513(英文摘要).

实。① 黄榦是一位著名的理学大师,② 他在任地方官时,在其所作的判决书中提到:"当职身为县令,于小民之愚顽者,则当推究情实,断之以法;于士大夫则当以义理劝勉,不敢以愚民相待。"③ 此话清楚地表明了为什么黄榦会如此强调查清案情事实的重要性,很显然:只有先查清了事实,接下来才可适用法律。他认为这一程序对普通百姓提起的诉讼是普遍适用的。而对于士大夫而言,更重要的是规劝其如何行事做人。

当然我们也不应当对黄榦这段话做过于字面化的理解,因此就以为黄榦在处理士大夫之间的纠纷时,就全然不顾事实与法律。黄榦可能意在表明,在处理愚民的纠纷时,只要依法处断即可;而对于士大夫的诉讼,虽然仍得考虑事实和法律,但更重要的任务是教导双方当事人应当如何去做,并提醒他们别忘了士大夫的处世之道。

另一个促使法官强调根据特定案情适用特定法律的原因在于案件本身的复杂性。一名司法官员在一份判决的评论中提到:"照得户婚讼牒,不一而足,使直笔者不能酌情据法,以平其事,则无厌之讼炽矣。"④ 该法官意在强调的是,只有法官酌情据法,公平行事,最终才可能臻于讼简刑清之境。⑤

2. 作为"决定性的事实"

在更为严格和技术性意义上所使用的"情",表示"决定性事实"之义,

---

① 另见 G. Linck, *Zur Sozialgeschichte der chiniesischen Familie im*13. *Jahrhundert. Untersuchungen an "Ming-gong Shu-pan Qing-Ming Ji"* (Stuttgart, 1986),51 – 54.

② 关于黄榦,见陈荣捷的介绍,Wing-tsit Chan,in *Sung Biographies*,ed. H. Franke (Wiesbaden, 1976),Ⅰ,450 – 454.

③ 《清明集》,585(附录)。

④ 《清明集》,215(M/L,240)。但其将"情"误会为"人的情感"。所谓的"以平其事"意指法官必须在事实和法律之间找到一个平衡点,以正确地加以判决。在后面我们还可以看到(《清明集》217;M/L,244),法官评论原审法官时,称赞其"深酌其情"。

⑤ 另一名法官在处理立嗣纠纷案时,也说过官府要慎重对待继承人的选择问题,必须"酌情区处"这样才能平息讼争:《清明集》227(关于此案另见下注47)。此外尚可参看下列判决中的涉及"情"的例子:《清明集》52(M/L,96:"勘鞫情犯昭然");《清明集》120("乃情不获已");《清明集》136("即此见其本情矣");《清明集》208(M/L,229:"已得其情");《清明集》221("真情已发露矣");《清明集》229("固已曲尽其情矣");《清明集》315("法当以契书为主,而所执契书又当明辨其真伪,则无遁情");《清明集》450("随得其情……情状具见");《清明集》451("情节分明");《清明集》463("今据所招情犯言之");《清明集》488("本末事情,历历可考……原情而论罪");《清明集》509("拖照案查,详究情节");《清明集》513("当职无心,原情而断");《清明集》516("追到干证人逐一供对,酌见实情");《清明集》517(已据证人"实情供吐","所据逐人供招,情节在前");《清明集》625("当职尝为狱官,每以情求情,不以箠楚求情")。

宋代较有影响的法律文献《唐律疏议》和《刑统赋》中对此有着明确的阐释。唐律第 450 条"不应得为"的"疏议"中提到："其有在律在令无有正条，若不轻重相明，无文可以比附。临时处断，量情为罪。"① 这表明法官需采择某些实质性的事实作为刑轻刑重的依据。

《刑统赋》为北宋的傅霖（960~1127）所撰，元（1280~1368）初的沈仲纬为之注疏。② 此赋为宋代司法官员所熟知，事实上构成了其所受法律教育的一部分，其中的很多内容在《清明集》中得以展现。③

《刑统赋》中有一条提到："情重于物则置物而责情。"④ 沈仲纬在此条的疏文中指出：按照法律规定，财产犯罪所受刑罚的轻重取决于财产价值的大小。但有时"法"随"情"变，"情"此时是判断罪刑轻重的决定性因素。例如，唐律第 140 条规定监临主守之官如果受所监临财物者，将面临着笞四十至流二千里（大约为 700 英里）的刑罚处罚，其轻重取决于所受财物的价值。如果是勒索取财的，则要加一等处罚。但如果以暴力强取的，那么监临官员就将以枉法论处（即按第 138 条"受财枉法"论，其刑罚要更为严厉）。⑤ 唐律还有一条规定，如果监临官员收受诸如猪羊之类的礼物，则以"坐赃"（唐律第 389 条）论处。但如果强行索要礼物，则将按照前述的监临官员暴力强取财物的规定予以论处。⑥ 这些条款表明，如果官员是在送礼人同意的情形下收受了财物，那么此"情"就比较轻微。对此可以不予考虑，直接按照财物的价值对犯罪人予以量刑即可。但如果官员是以强力的方式索要财物，那么此"情"显然就很严重，此时财物的价值大小退居其次，而"情"（此处即指使用强力）才是定罪量刑的决定性因素。⑦ 这里的"情"很显然是所有案情事实的一部分，但却是对量刑起关键作用的事实，这个事实就是官员在收受财物时是否存在强力的情形。⑧

《清明集》中有一则判例是在技术性意义上使用"情"的，这在《刑统

---

① W. Johnson, *The T' ang Code. Volume* Ⅱ. *Specific Aricles*（Princeton, 1997），510; J. D. Langlois, Jr., 上注 2, 180. 这些学者都将"临时"译为"provisional".

② 关于此著作，see Langlois, 169–176.

③ 关于宋代法官教育背景的一般情形，see B. Mcknight, Mandarins as Legal Experts: Professional Learning in Sung China, in *Neo-Confucian Education. The Formative Stage*, ed. W. T de Bary and J. W. Chaffee（Berkeley, 1989），492–516.

④ 《刑统赋疏》，载杨一凡编《中国律学文献》（北京：2004）第 1 辑第 1 册，第 459 页。

⑤ Johnson（见上注 34），110.

⑥ Johnson, 116.

⑦ 《刑统赋疏》，收入《中国律学文献》第 1 辑，第 459~460 页。

⑧ 其他的例子可以参见沈仲纬在《刑统赋疏》中对"私贷私借皆以字为法"及"义胜于服则舍服而论义"这两条所作之注疏。（见《刑统赋疏》第 340 页、第 457 页）

赋》中也出现过。这是法官宋自牧（宋慈，1181~1249）① 处断的一个案件，也是事关官员受财的，但更为复杂的是，该案中的官员通过连哄带骗的方式索财。法官对此在判词中写道："若酌情而论，情同强盗。"② 这里的"情"特指通过连哄带骗的方式进行索财的行为，其实质上已经与强盗行为相差无几。这正是判断罪刑严重程度的"决定性事实"，据此可对犯罪人以强盗罪论处。在这种情形下，"决定性事实"可视为犯罪的"构成要件"，所以宋自牧认定这种情节是极其严重的，故而应当以强盗论。

（二）"情理"

1. 人情与物理

虽然复合词"情理"中的"情"通常表示"事实"这一基本含义，但在《清明集》中也能找到与理学著作中的"情"字相同意义上的用法，表示人类的"情感"或"情绪"之义。而其中的"理"一遵理学中"理"的用法，为"人伦日用之道"的"道理""原理"之义。范西堂（范应铃，1025年中进士）在对一个通奸案的判决中开门见山就用带有预言性质的语气写道："祖宗立法，参之情理，无不曲尽。倘拂乎情，违乎理，不可以为法于后世矣。"③ 这段话赋予了"情"与"理"各自独立的价值。祖宗所立之法，不外准情酌理。范在这一判决中也许意在强调法意与"人情"的联系。④ 我们如果将此与另外一位理学家吕祖谦（1137~1181）对"法"所作的界定进行比较，会发现两者具有相似之处，吕在其作品中就写道："人之法便是人情物理所在。"⑤

2. 事实与规范

"情理"在有的语境中，并不用来表示法的性质或概念，而是表示"事实"与"规范"的结合。此种意义上的"情理"在司法推理中的作用不尽相同。一些判例提到"情理"一词，用来表明法官的判决是在充分确定了案情事

---

① 此人极为著名，其代表作为法医学手册《洗冤集录》，关于此，see Herbert Franke, *Sung Biographies* 3（Wiesbaden, 1976），990；Brian E. McKnight, *The Washing Away of Wrongs：Forensic Medicine in Thirteenth-Century China*（Ann Arbor, 1981），29－30.

② 《清明集》，464。

③ 《清明集》，448。范西堂遍览了整个案件卷宗后，发现原审法官处理极差，遂强调法官正确适用法律及遵循法律程序的重要性。关于这个案件，另见下注154。

④ 王志强：《名公书判清明集中的法律思想》，《法学研究》1997年第5期，第122页。王在文中将"情"视同为"人情"（具体见下文），就如佐立（Sadachi）所认为的那样。（《清明集的法意与人情》，461）

⑤ 转引自 Hoyt Cleveland Tillman, *Confucian Discourse and Chu His's Ascendancy*（Honolulu, 1992），95. 遗憾的是，我没有找到吕的原文。

实和全面考虑了相关法律规范的基础上做出的。而在另一些判例中，则用于对某一方诉讼当事人进行定罪的场合中，它构成判决需要考虑的一个特别情节。

《清明集》中记载了法官韩竹坡（生平不详）最终定谳的一个案件。X的儿子 A 出继给 A 的姑父 Y 为嗣，不想此嗣子 A 后来将 Y 家的产业挥霍荡尽，又想回过来争夺本宗 X 家的产业，为此不惜攻讦其生母，借口生事。X死后，族人立同宗昭穆相当之卑幼 B 继 X 之嗣，但 X 家对此争讼不已，问题存在于 A 是否还能归宗于其本生之家。

这个案子之前已经经过另一名法官审过，该法官意见是 A 不可归宗。理由是多方面的，其中就有 A 作为 Y 的继子，其行早已不堪；又攻讦其生母，则母子之"情"已暌。若允许 A 归宗，那 A 与其生母——X 之寡妻，则又将如何相处？"情"在此处与理学中的"情"词义相同，表示母子之间的那种真挚天然的感情。该法官因此认为官府应当确保为 X 立一个好的嗣子来继承X 的香火。如此酌"情"区处，词讼方可停息。于是该法官做出判决，确认B 为 X 之嗣；X 遗存的产业一半归出继子 A，一半给嗣子 B。此处"酌情区处"的"情"，则指与彻底解决此讼有关的一切情势（包括 A 对其母的攻讦）。

这个案子到韩竹坡的手上之后，韩用寥寥数语维持了原先的判决：今揆之天理，决不可容，金厅所拟，已近情理。此处的"情理"，既包括为先前法官所考虑过的与此案相关的一切事实，也包括为韩本人所揆诸过的"天理"。他发现此案事理昭然，自可定谳。而此处的天理，指贤者不绝人之嗣，以及父母子女间当存慈孝之道。①

在一起因年轻守寡的妻子为其亡夫立异姓子为嗣而引起的案件中，法官详细地援引各种法源，证明了该寡妻的立嗣行为是完全合法的。但为了停息词讼，法庭也认可该寡妻在亡夫宗族中再择一同宗昭穆相当者作第二嗣子的选择。事实上该寡妻已经这样做了。法庭支持寡妻这样的处理方式，正所谓稽之条令既如彼，参之情理又如此。这里的条令很可能主要是指许立异姓子方面的法律规定，而"情理"则意味着立第二嗣子（同宗昭穆相当者）的选择。这样的选择，既能照顾到现实情势（亡夫宗亲为此发生了争讼，为平息讼争，势必如此），也合乎规范（立同宗昭穆相当者为嗣）。②

在一起因借口为已故堂弟立嗣而实欲图谋其财物而引发旷日持久的讼案中，负责此案的主簿先行拟处，拟词中有"或恐以各人情理未实"一语。③这意味着考虑到当事人在庭上可能做了虚假陈述，法官认为该案事实（及理

---

① 《清明集》，225～227。
② 《清明集》，222。关于此案的更多细节，另见《清明集》，217～219，222。
③ 《清明集》，514。关于此案最终的判决，另见《清明集》，516。

由）尚未完全查清。虽然此语显示该案所争也事关亲属间应如何相待的问题，即其行事做人是否合乎相应的伦常之理，但其强调的重点还是在"事实"方面。其根本的意思在于，在相应的事实和理由尚未查清之前，法官是无法做出令人满意的判决的。

另有一起案件，一名买主通过伪造契约，霸占了一个寡妇已经分给其二子的财产。承审此案的法官翁浩堂（翁甫，1226 年中进士），首先指出该买主用心不仁，欺骗孤儿寡母。然后又指出若官司不与尽情根理，则孤儿寡妇将坐受抑屈。此处的"理"包括好几种规范：为人处世的一般道理、伪造契约的无效，以及不法获得的财物应当返还。①

在另外一类案件中，"情理"常被法官用来作为定罪的情节，构成了判决的理由之一。法官胡石壁（胡颖，1232 年中进士）碰到过这样一个案件，一名再嫁的寡妇在得知其前夫之母的死讯后，遂携其与后夫所生之子，提起诉讼，要求分得死者留下的遗产。胡在判决中强调了此寡妇行为的可耻性，包括丈夫死后未服完三年之丧就匆匆再嫁，弃前夫之母如敝屣，而将照顾之责推诿给婢女。胡在对该寡妇的行为进行定性时，用了"不义"这样的词眼，他很可能是从法律中"十恶"之"不义"的技术角度上来说的。"十恶"中的"不义"就包括在为夫服丧期间改嫁的行为。② 法律虽然规定寡妇在为亡夫服丧满百日后，如果因为贫困不能生存，可以自陈改嫁。但是在这个案件中，该寡妇不能援引此条为自己的再嫁开脱，因为她还没有贫困到不能自存的地步。所以她实际上已经触犯了居丧嫁娶之律，按律应当徒三年并且还得与现任丈夫离异。法官还提到，被弃之前夫之母无以自存，只能依其婢夫妇以苟活，实为不得已之情。"情"在此处意味着无奈的现实。

考虑到该寡妇现任丈夫不在司法管辖权之列，故而胡对两人违律居丧嫁娶行为暂不追究。但对死者所留下的遗产，胡判定付与死者的婢女夫妇，因他们生前一直在照顾死者，现在又承担着以礼埋葬之责。至于协助寡妇兴讼的后夫之子，胡觉得，本与其母之前夫家的事情毫不相干，却横兴词诉，其意只在骗胁财产。胡认定此情理殊为可憎，故而应当对兴讼之子笞杖责罚并驱逐出界。此处构成胡量刑基础的"情理"，一方面是指此子协助兴讼的事实行为；而另一方面则是指此子积极介入此事的缘由，因其乃在骗胁财产。③

① 《清明集》，306。更多关于"理"的种类的叙述，请参看下文"作为理由的'理'"部分。

② 唐律第 6 条，   Wallace Johnson, *The T'ang Code. Volume* I, *General Principles* (Princeton, 1979), 81.

③ 《清明集》，377 ~ 378。另见 Birge, *Women, Property, and Confucian Reaction*, 125 – 126.

"情理"类似意义上的用法，也见于法官蔡久轩（蔡抗，1229 年中进士）对一起案件所作的判决。在这个案件中，一名皇室宗亲仗着自己是天潢贵胄，纠集一帮凶徒，来到一座庙宇内，劫取放生池中的鱼，又打破了池边的祝圣石碑。在命人将此皇亲送交专门处理此类人员犯罪的机构之后，蔡开始处理参与此案的其他两名案犯。一名案犯有过前科，此次用钱财贿赂该皇亲，聚众劫取放生池鱼并打坏祝圣石碑。蔡将其行为形容为"情理巨蠹"。[①] 此处的"情"指贿赂并参与劫掠的事实，而"理"则指对佛教圣地的尊崇之理。

另一名案犯是一名僧人，他不仅参与了案件的谋划，而且还杀猪犒众。蔡认为其"情理尤重"。此处的"情"指参与谋划的事实，而"理"则指出僧人应持的戒律或相应的行为规范。由于身份是剃度僧人，所以此僧人参与劫掠及破坏放生池的行为尤为恶劣。这个案件与以上的那个案件中的"情理"，都构成了法官对案犯定罪的理由。[②]

还有一案，在一个小旅店中，一江湖算卦先生酒醉与一女理发师相遇。算卦先生乘着酒意，要理发师为其理发，遭到拒绝后遂与之发生口角，言语污秽，还撕扯对方的头发。法官认为此算卦先生其"情理可谓强暴"，遂对其责以笞杖并且从辖区中驱逐出去。很明显，此处的"情"指的是算卦先生下流的行为，而其中的"理"，法官已经在判决中写明了：男不许共女争，亦惧其以强凌弱也。所涉及的规范正是"男女授受不亲"。[③]

在上文所述的那起因借口为已故堂弟立嗣而实欲图谋其财物引发的讼案中，在最终署名为"天水"的判决中，[④] 蔡提到了金厅所作的拟判，该拟判认为兴讼者与其子"情理可罪"。[⑤] 我们可以将此处的"情理"和之前主簿判拟中的"情理"对照起来看，可以发现这里情理，不仅意指违法的行为事实（比如妄讼），而且也意味着犯人的行为已经悖离了亲属间伦理规范。

三 "人情"

在表"情势"之义的"情"中，尚包括了一类特定的情势，就是所谓的"人情"。"人情"是法官判决所需考虑的"事实"之一。虽然从这个角度来

---

① M/L, 469 将之译为："Because he is a major corrupting influence in terms both of principle and circumstance."
② 《清明集》，524（M/L, 468~469）。
③ 《清明集》，530。
④ 另见《清明集》，306。关于"天水"一名，see Birge, *Women, Property, and Confucian Reaction*, 158.
⑤ 《清明集》，516。

说，"人情"概指某种"事实"，但在不同的语境中，其所表示的具体情势又有着很大的差别。它可表示诸如"社会中普遍存在的现实情形"这一意思，但更多表示"行为举止合乎相应的伦常要求"之义。法官在其判决中常常会特别指出当事人存在不合相应伦常要求的行为（即"拂于人情"），并且会强调恪守伦常（即"合于人情"或"近于人情"）的重要性。

"人情"在表示"因亲情而生行为"之义时，与理学意义上的"情"（"情绪""情感"）用法相类。[1] 有时我们本以为文本中会出现"人情"一词，结果发现其用的却是"情"字。在与《清明集》约同一个时期成书的著述中，我们即可找到这方面的事例。袁采（1163 年中进士）在其所著的《袁氏世范》中，就常常将"法"与"情"[2] 相提并论，而在《清明集》中与此相对应的一组词语通常是"法"（"法意"）与"人情"。《清明集》中偶尔也会用"情"来代替"人情"，比如书中出现的"情法"一词，[3] 实际上就对应于"人情法意"。所以我们不必对"情"与"人情"这两个词的混用大惊小怪。[4]

要对所有出现于《清明集》中的"人情"一词进行彻底详尽的阐释有点困难。不仅因为它是一个多义词，[5] 可以对之进行一系列的解释，还因为它在南宋法官法律推理中所起的作用也是多种多样的。如前所述，我们是在"情势"这个意义上来理解"人情"的，并且我们知道它在司法推理中发挥着不同的功用，至于究竟是何种"情势"以及其到底表现了何种功能，则必得联系该词所在的上下文语境进行归纳总结。所以根据其本身的词义和其在

---

① 见葛瑞汉（A. C. Graham）Later Mohist Logic, Ethics and Science, 179 – 182；Chan, Neo-Confucian Terms Explained，61 – 62.

② Patricia Buckley Ebrey, *Family and Property in Sung China. Yüan Ts' ai's Precepts for Social Life* (Princeton, 1984), 309, 310.

③ 关于"情法"，见《清明集》，265～266；354。

④ 关于此点，参见佐立（Sadachi），452 注释 1～4；王志强，101～104，他将"情"与"人情"相区别，前者表示"构成判决基础的事实"，而后者表示"一般化的观念"）；刘馨珺：《论宋代狱讼中"情理法"的运用》，载（台湾）《法制史研究》2002 年（3），第 100～105 页。

⑤ 例如，马伯良和刘子健在 *Enlightened Judgments* 中将"人情"视作为"人类情感"或"人的情绪"，而在另一个独立的研究中，则视为"公平观"［Some Thoughts on Law and Morality in Sung Justice, in *Legal Concepts and Practice in Traditional China*, ed. Nap-yin Lau (Taipei, 2008), 415］，（感谢柳立言博士慷慨地将这份著作提供给我）；I. R. Burns, "Private Law in Traditional China (Sung Dynasty)", (Doctoral dissertation, University of Oxford, 1972), 40, 其认为是"人的感情"（或"人们的情感"）(246)；王志强认为是"一般观念"；Linck, 53, 认为是"个案的情势"或"人之常情"。特别参看佐立（Sadachi），451～462，关于《清明集》中出现的"人情"的研究。

司法推理中的作用，我们又可以将"人情"一词进行细分。本文是基于功能的角度来对"人情"进行进一步细分的。

从功能的角度，我们可以将"人情"粗分为"作为判决标准的人情"和"不作为判决标准的人情"两大类。所谓"作为判决标准的人情"，意味着法官明确地将这些因素作为其判决的依据。当作为标准来用时，"人情"常用于强化法律规定或补充法律漏洞，也就是说给法官的判决提供法律上的依据。除了简单的强化法律之外，它还有修正或解释法律之用，也就是说在整体上遵循法律的同时，对某些条款加以变通适用。此外，它还作一种"决定性事实"而存在，这一决定性因素，较之于法律条文本身，对于判决的做出具有更强的说服力。这种情形往往在法官找不到相应的法律规范之时发生，但更为通常的情形，则是在法官试图"超越"法律并做出与法律规定相反的判决时发生。而"不作为判决标准的人情"，则意味着无论是在解释规范还是在构成事实方面，"人情"在司法推理中所起的作用是无足轻重的。

（一）作为判决标准的人情

1. 对法律的强化和补充

"人情"具有判决标准这一基本功能，在《刑统赋》中也有明确的阐述，其意是说只有将法律与人情紧密地相结合，才能做出一个正确的判决。《刑统赋》中并未对人情可能偏离法律的情形过多考虑，而是认为人情乃是法律的补充，通过揆诸人情，可将律条中隐而不彰的法意体现出来。《刑统赋》原文是这样说的："律义虽远，人情可推。"① 沈仲纬在其注疏中引了大量的唐律条文予以说明，他发现这些条文中隐含了增减其刑和轻重其罪的规则。这些规则含义隐晦，通常情形下，如果犯罪人犯罪的"情"轻，那么对其所处的刑罚也轻；如果"情"重，则刑也重。而判断情/刑的轻重，则需要揆诸"人情"。②

《刑统赋》及其注疏的中心观点，都强调法官在判决时必须得情法两平。为了正确量刑，他必须判断犯罪人犯罪之"情"到底是"轻"还是"重"。法典条款通常会规定犯罪的构成要件，以及在何种情形下增减其刑。然而，总会有很多案件无法与法条字面规定严丝合缝地相对应。此时法官须自行考虑此案之"情"是"轻"还是"重"，以便判断罪之轻重。为此，他得揆诸"人情"，将所有涉案人员的情况详加推鞫，尤其是他们的行为方式、相互间

---

① 《刑统赋疏》，205，也可见 Langlois 的译文。
② 《刑统赋疏》，304～305。

的关系（是同宗同族还是宿敌，等等），以及其行为的动机，更是需要考虑的重点因素。① 故我们可说，所谓司法，乃是将法律的一般规则（原则），适用到具体的案情中去。

法官胡石壁在审理一起事涉收赎已典卖田业的案件时，明确地指出了法与人情的关系。② 他发觉此案原告完全不懂得法意与人情是相通的（或其目的是相同的）。胡因而指出："徇人情而违法意，不可也；守法意而拂人情，亦不可也。权衡于二者之间，使上不违于法意，下不拂于人情。"

马伯良和刘子健将这段文字译成："It is not permissible to pay attention of *renqing*③ if this would result in a violation of the law. Equally, it is not permissible to follow the law, if this would result in a violation of *renqing*. If one strikes a balance between these two without violating the law or doing violence to *renqing*, then the decision may be followed without causing any problems." 但这段译文并没有把胡石壁原文的"上""下"两词之义翻译出来。这两词意味着"法意"和"人情"的地位是不同的。违于法意较之于拂于人情，要来得更为严重。这表明正因为"人情"是对法律的强化，所以才能作为判决的标准而得以应用。

胡石壁此话的意思在于，要想获得一个满意的判决，必须将与案件相关的所有法律规定和特定事实情形（比如地方风俗或家族行为）进行综合考虑。这似乎表明"法意"与"人情"并不是在任何时候都目标一致。法官在以法断案时，还得使之尽量合乎人情，只要其结果并没有对法构成实质性违犯即可。④ 看来胡也认同在法律与人情的关系中，后者是对前者的某种解释和修正，而不能完全取代前者。但话说回来，正如我们将在下文"决定性事实"这一部分中谈到的那样，在有些情形下，包括胡石壁在内的法官，也会撇开法律，而直接诉诸人情解决问题。这一点也提示我们，既不能对胡的观点进行过度诠释，也不能只照字面来理解。

胡将"法意"（而不是"法"）与"人情"相对，其他法官也习惯将两者并论。"法意"表示"法的主旨"或"法的真实意图"。为什么用"法意"一词与"人情"相对，而不用"法"这个词呢？有人认为这两个词没什么不同，法官用哪一个只是出于个人的习惯。有时法官的确用单独一个"法"字与"人情"相对，这时候的"法"与"法意"的意思是相同的。但在有的情形下，

① 另见 Langlois 的评论，177。
② 这个案件在后面"决定性的事实"的部分还会详细讨论。《清明集》，311～313。
③ 他们将"人情"做过窄的理解，解释成"人类的道德感"。
④ 《清明集》，311（M/L，317）。

两者又有泾渭之别。法官有时会发觉一个判决合乎"法意"，但严格地讲却并不合乎字面意义上的"法"。① 当"法意"与"人情"同时出现于判决词中时，就表明作者认为较之于"法"，"法意"更堪与"人情"并提，作者希望强调的是"人情"有助于找出法的真实意思，或者发掘出隐藏在条文背后的主旨。正因如此，我们才能解释为何"人情"通常总是与"法意"连用。

在另一份判决中，胡石壁同样诉诸法律与人情的双重标准来处理案件。该案中，有母子二人，在母亲改嫁之后，合伙诱骗母亲现任的丈夫签署了一系列契约，契约的内容是现任丈夫及其亲生长子将其全部田业"卖"给继子（随母改嫁之子），永久剥夺了其两个亲生儿子（与其前妻所生）继承田产的权利。这些契约均有正式的签字画押，但有些是在立据多年之后才补签上的。而且，大量的契约仅有长子一人的押字而无其父的。胡为此强调两点：第一，父亲还活着的时候，儿子无权处分其家庭田产；第二，此母子二人图谋将母亲现任丈夫家的所有土地据为己有，并且试图挑拨离间现任丈夫与其亲生儿子的关系，此等行为极为恶劣。针对这对母子的这些行为，胡议论道："此岂近于人情也哉！"② 他最终判决废除已签订的契约，财产由三个儿子（包括随母改嫁之子）平分，其理由在于：第一，此类契约已经违反了"条法"；第二，该母子二人的行为，"揆之法意，揆之人情，无一可者。""人情"此处意指这对母子对该丈夫及其亲生之子所作的逆伦悖德之行为。这为判决废除所定之契约提供了进一步的理由。事实上，该判决旨在表明胡处理的依据更侧重于家庭成员间的悖逆行为，而不是现行的法律条文。③

其他的法官同样侧重于诉诸法律与人情的双重标准。在一起复杂的立嗣案件中，族党围绕着应该立哪个亲属为死者之嗣子而争讼不休，经过系列诉讼之后，法官在判决书中希望其处理结果能"人情、法理，两得其平"。④ 这表明该法官遵循着上文提及的胡石壁的思路。这里提到的"法理"和"法意"是一个意思。为了获得一个令人信服的判决，必得将"法理"和"人情"相结合。在这个案件中，法律只规定嗣子可从一个特定的人群中选择，至于具体应该由何人担任，则并无明文。选择何人取决于族党所持之"情"。既要"合众人之心"，又要"破族党之私情"。为此法官在判决中强调处理此

① 关于这类案件之一，见《清明集》，165～166。
② 关于"不近人情"可能的语源，参看佐立治人（Sadachi），452n2. 另见上引冯友兰书中所引《礼记》的相关部分。
③ 《清明集》，125；Burns，153～155，其将"人情"译成"men's/people's feelings"；Valerie Hansen, *Negotiating Daily Life in Traditional China. How Ordinary People Used Contracts 600–1400* (New Haven and London, 1995), 104–105, 将"人情"理解为"人的情感"。
④ 《清明集》，267. 关于这个案子，see Burns, 198, 213, 237, 246, 255.

事"必情法两尽"。① 故而我们在此类判决书的结尾（开头）常常可以看到这样的套语。"人情"表示"情"，而"法理"则表示法律中与立嗣问题相关的规范。② 在这个案件中，"人情"表达了族党在立嗣问题上所持的"感情"（"感觉"），但是此"情"排除了"私"情，出于一己之私和某种偏见所生之"情"自然不在此列。

"情法"一词在《清明集》中也出现过，对此我们在下文还会详加阐述。③ 要把握此词的准确含义殊为不易。我们且来看《清明集》中的一段判词，从此语境下来理解"情法"一词。这段判词大致之意是，寡妇再嫁则意味着与亡夫及其之家恩"义"已绝。她应当归入现任丈夫之家，事姑（现任丈夫之母）与夫（而不能更占前夫屋业），乃合"情法"。此处的"情"并不表"事实"之义，而是表夫妻之间如何行为方为正道之义，所以实际上它可看成是"人情"一词的替代。④

我们再来看一个继承案件，此案中，户主及其养子死亡，该户主的两对女儿女婿回来争夺遗产，试图剥夺该养子之子的继承权，为此引发争讼。审理此案的司法参军在其判决之开头就提到此案如果"不能酌情据法，以平其事"，⑤ 则争讼将永无宁日。继而他又认为要解决此案，须依法断其是非，并"合于人情而后已"。⑥ 判决依法保护该养子之子（户主之孙）对遗产的继承权，因为当年收养立有字据，在法律上是有效的。判决中并没有再提及"人情"字样，但法官发现，最初将此案诉至官府的，乃户主尚待字闺中的小女儿。法官于是觉得小女儿可能对遗产的处理心有不满。从这一点看，法官实际上是考虑到了人情。故他在判决中责令男性继承人（养子之子）及其母亲对小女儿的婚事做出安排，并且将部分遗产拨付给她作为嫁奁。同时，他认为依照法律，该案中其余家属无权剥夺户主之孙的遗产继承权。因此，这一判决实际上是既"据法"又"酌情"的。⑦

法官吴恕斋（吴革，何时中进士不详）在判决一起土地典卖⑧之案时说

---

① 《清明集》，265～266。
② 关于"法理"，见本书351页及以下。
③ 见《清明集》，354。
④ 《清明集》，355（M/L，349，翻译成为"what is merged with the family of the scholar Mr. Liu (the new husband) serves both the woman and the man"，但这似乎并不完全符合原意）。
⑤ 很明显"情"在这儿表示"人情"的意思。
⑥ M/L240，将"人情"译为"humane moral feelings"。
⑦ 《清明集》，215～217；M/L，240～245.
⑧ "典"是一种有条件的土地交易，其规定了一个回赎期，在期间界限到来之前，出典人仍可以将土地赎买回去。

道，法官断案，必须详阅案卷，考究其事，"则于法意人情，尚有当参酌者"。由此可知，他将"人情"视为"决定性事实"，①认为最后的判决当"庶几法意人情，两不相碍"。②他在处理另一起立嗣案件时，认为应当从死者的两支近亲中择一昭穆相当者作为死者的嗣子。他支持了原先法司对此案的判拟，认为该拟"参以人情，尤为详允。"这自然暗示该拟是按照有关继承的法律处理的，但更强调他也是注意到了亲族间的伦理规范和远近亲疏的。③

法官范西堂在处理一件田产纠纷案时，认为要妥善解决此类纠纷，必须参照条令，酌以人情，详鞫事实。"如事涉户昏，不照田令，不合人情，遍经诸司，乃情不获已，未可以一概论。"此处的"人情"是个广义的概念，既包括所有特定事实情形，也包括亲族间的伦理规范。④

有时法官在证明一个决定是否妥当时，就看是否合情合法，如果能两者兼顾，则判决就堪称完美。⑤法官韩似斋（生平不详）有一次驳回了一名买主在立下买田契约后又因价格太高而欲撤销契约的诉讼请求，认为买主的行为"揆之人情法意，尤为不顺"。此处的"法意"指撤销契约的行为，只有在严格限定的期间之内做出方为有效这样的法律规定；而"人情"则指贫穷之家出卖土地一事，卖地本就迫于无奈，故不允许买者再无限制地压价。⑥

另一名法官在决定由哪一户来服官府之役时，"以人情法意论之"。此处的法（"法意"）即相关的赋役之法，⑦而"人情"则指应役之人的具体情况，必须找到一个各方面条件都合适的人去服官府之役。"人情"在此所起的作用，与在前述选择继承人之案中所发挥的功能是一样的。⑧

法官翁浩堂处理过一起受托人将委托人隐寄（委托寄存）的田产私自出

---

① 另见《清明集》，165。
② 《清明集》，165～166。
③ 《清明集》，208，（M/L，229，将"人情"解释为"人类道德感"，并且还加入了一个原文中并不存在的"事实"之义）。
④ 《清明集》，120。
⑤ 当然这样的说法有时会显得敷衍了事。可参见刘后村在审案涉及丢失契约或伪造契约时对法意与人情的运用，在缺乏相关土地买卖契约时，签约时的细节有可能作为一种证据，而人情就可用来检验此证据的可靠性，此时人情作"人之常情"解。关于此案，见《清明集》，128。
⑥ 《清明集》，175（M/L，198～200，译成"This is particularly unreasonable, whether we consider humane moral feelings or the intention of the law"）。
⑦ 关于这点，see M/L，123。
⑧ 《清明集》，83。

卖的案件。他发现委托人之所以将田产隐寄在受托人的名下，是为了隐瞒田产以减轻赋役，无论是委托人还是受托人都是违法的。故"酌以人情，参以法意"，翁做出判决，无论是委托人还是受托人都不得要回土地。此处的法意是指与隐瞒财产以欺骗政府，或出卖隐寄财产相关的罪刑规定。而"人情"则指基于委托人和受托人两人的欺骗行为，故而剥夺他们取回土地的权利。①

在一起案件中，有两名侄儿，在没有跟其尚存于世的亲属（对于其中一名侄儿而言，此亲属为伯父；对另一名侄儿来说，此亲属为叔叔）商量的情形下，就将其家族中尚未析分的田产出卖了。承审此案的法官认为侄儿卖田所得的价款应当由政府没收（因为买方也知道这一田产不应出卖），而被出卖的田产应该由原家族收回。他指出这桩买卖"非惟法意之所碍，亦于人情为不安"。"法意"是指未经析分的财产不可出卖这样的法律规定；而"人情"则指侄儿未与其叔伯商量，显然对之不够尊重。②

最后我们再来看看这样一起案件。③ 在一个暴风雨之夜，一户户主听得有客敲击屋门，出于本能，遂起身而捕之。结果很不幸，来访之客恰为户主的堂兄，为逃避户主的逐捕，跌入河中溺水而亡，但法官认为户主无需负法律责任，因其行为乃"人情之常"。此处的"人情"乃是对一条法律的强化，这条法律规定，如果在抓捕犯人的过程中，并非出于抓捕者的意思，而导致犯罪人自杀或跌入陷阱身亡，则抓捕者无需负法律责任。④

2. 对法律的修正

有时"人情"作为判决标准来使用，并不单纯是对法律的强化或补充，还是一种在不根本改变法律主旨的基础上对其所作的某些修正。因此法官方铁庵（方大琮，何时中进士不详）在一桩立嗣案件中判决先立一异姓子为嗣，待将来本宗有昭穆相当之人再追加，同立为嗣子。他认为这样的判决"参之人情法意亦近之"。"法意"是指法律有许立异姓子为嗣的规定，而"人情"则考虑了死者家族在立嗣一事上的利益。⑤

在另一个案件中，一个侄儿将未经析分的家产变卖以清偿赌债。法官翁浩堂经审理后发现侄儿的不肖与其叔之操控相关，后者为了获得已逝长兄的遗产，希望将此侄儿立为自己之嗣子，尽管他已经有亲生儿子承嗣。翁最后决定

① 《清明集》，137。
② 《清明集》，300。
③ 《清明集》，487，关于这个案件，另见《清明集》，488。
④ 见《唐律疏议》第452条之疏议：Johnson, *Tang Code* II, 514.
⑤ 《清明集》，268。与此相似还有一个案件，《清明集》，222。

为该家庭分家析产，先将部分田产分给该侄儿之母（死者之妾），剩下的析成独立的三份，一份给叔叔，一份给叔叔的儿子，另一份给这个侄儿。翁认为这样的析产方案，"庶几下合人情，上合法意，可以永远无所争竞"。这里的"法意"事关家产的公平分配，而"人情"似乎是指死者之妾（侄儿之母）分得部分家产之需。妾可独立分得财产，此前的敕令中也有这方面的规定，翁对此加以援用。因此，此处的"人情"似乎构成了修正法条的某种理由，因为按照严格的法律规定，家产应该一分为三，死者之妾只能仰赖其不肖之子扶养，而自身则无独立分得家产的权利。在这里我们再次①看到了法官将法视为"上"与将"人情"视为"下"的习惯用法（"下合人情，上合法意"）。②

法官吴恕斋碰到过一个事关孤女赎父田的案件。该案中，一名孤女想将一块田从买主手中赎回，而后者声称该田乃此女之父生前出卖而非出典给他的，故不能回赎。吴经审理发现，此案应适用典卖和回赎之法，同时又强调处理时必须参酌"人情"。吴的意思是，处理此案必须考虑：第一，现在的田地占有者已经对此田进行了改良，回赎时应该对他进行必要的补偿；第二，田地一旦赎回，也要保证此田不被孤女那堕落的丈夫染指，故孤女赎回此田后，土地永远留存，充岁时祭祀（亡父）之用。由此，我们可以发现，吴在这个案件的处理上，援用了回赎之法，但又进行了某种修正，即要求对持有人（买主）进行适当补偿，因其毕竟改良了田地。更重要的是，他还采取了相关的措施，预防土地赎回后又被不肖之徒（孤女之丈夫）霸占，以此来保障孤女之家的权益。③

3. "决定性的事实"

有的案件表明"人情"作为"决定性的事实"而存在，此时，法的地位旁落，对案件处理起到决定作用的乃是外在因素。对此，我们从一份名为"母在不应以亲生子与抱养子析产"的判决开始讨论。这概括了法官所引法条的大意，即父母在世时子女不得分家析产。在该案中，一名妇人先是收养了一子，其后又生了二子。在其夫去世之后，该妇人将家产析为三份，而分给其养子的那份较之其亲生的二子明显要少得多。养子将其所得的那份家产不当地变卖了，法官发现养子所为很大程度上与其养母有关。如果她不进行分家，养子就无法变卖家产。诉讼是由该妇人的两个亲生儿子提出的，他们声称其母并未公正地对待养子。法官发现此诉讼甚是无稽，故将该母亲与三

---

① 另见《清明集》311提到的那个案件。
② 《清明集》，303（M/L，313，译成"This arrangement will accord both with humane moral feelings and the intention of the law."）
③ 《清明集》，315～317。

子统统传唤到庭,进行调解。他指出,若以法意言之,则这三份家产应该合而为一,三兄弟也应与其母重新合为一家,家产统一由母亲支配。但是,考虑到该养子已经将其所分得的那部分家产变卖,并且他也无意再回归此家。法官遂决定维持分家的现状,两个亲生之子可继续保有其所分之产。法官在判决中对此写道:"此又屈公法而徇人情"。按法,三个儿子及其各自小家庭应当归并到其母家里并侍奉她,并且兄友弟恭。但法官考虑到养子的意愿,可能还考虑到母亲最初在分家一事上的失误,遂抛开法律的规定,而维持了他们分家析产的现实。①

在法官吴恕斋处理过的案件中,有三个情形与此类似。第一个事关寡妇欲回赎已卖之地而提起诉讼。吴经过审理发现该寡妇当初的确签订过土地买卖的契约,并非出典,且此事距今已逾十年,早已过诉讼时效。所以,如按照法律,官府不应受理此案。然而,考虑到她是现在土地占有人的堂嫂,本人又是一名寡妇,所以参酌人情,应当将此案交给地方官员作进一步审理。这意味着考虑原、被告两造存在着嫂叔关系,且原告又是一个孤苦无依的寡妇,所以应当允许原告回赎土地,尽管这在严格意义上与法律的规定背道而驰。显然,原、被告两造的嫂叔关系及原告本人的特别处境,构成了"决定性的事实",左右了吴做出了与法律相反的决定。②

吴处理的另一起案件也事关土地纠纷的"诉讼时效"。A 起诉其兄 B,称 B 不当地将房子典卖给 C 而将地典卖给 D。吴发现 B 与 C、D 的交易距今已逾十年,乍一看已罹于这类案件的诉讼时效,不应受理。然而,吴又认为此案法意人情有堪酌之处。他特别提到了此案存在着两处"人情",可作为重新受理的理由:其一,B 典卖给 C 的房屋与 A 所居的房屋连楹共柱,假如 C 要拆掉已买之屋,则 A 所居之屋也不能自立,无以庇风雨;其二,在 B 典卖给 D 的土地中,有 AB 家族的祖坟,当初就不能卖。考虑到这样的"人情",吴认为 A 应该以原价赎回房屋及祖坟所在之地。

该案中,之所以法官绕开法律规定的十年回赎的禁限而受理 A 的案子,"人情"起到了关键的作用,我们可将之视为影响法官作出判决的"决定性的事实"。当然,还有一种可能,这在吴的判决中也有说明,之所以如此处理,是为了"庶几法意人情,两不相碍"。此语似乎表明不应当将"人情"

---

① 《清明集》,278~279。此案的原委不容易理解。See Burns, 103 – 104, 108; Sadachi, 458 (21), 462.

② 《清明集》,165(M/L, 191,将人情理解为"人的道德感",另见 523n58. 与人情相关的另一个事实可能是寡妇和其孙子在典卖后依旧在此土地上生活,但法官发现这是当事人自己说的,殊难核实。

与"法意"相对立。"人情"指此案中允许 A 回赎的特定事实，即使已经过了回赎的期限，此点自无疑义。但又说与"法意"无碍，此话又该怎讲？毕竟按法律规条，此案已过诉讼时效。要回答这个问题，我们需要区别"法"与"法意"。虽然这两个词常常能够互换使用，但在此案的情形下，"法"指法条中的规定，而"法意"则指立法的宗旨。① 因此，法官认为不能仅因已过十年的回赎期限，就一律禁止别人回赎，而要考虑具体情况。所以，在这个案件的处理上，法官才会说自己做到了既守法律，又顺人情。②

我们再来看吴恕斋处理的第三个案子，吴贯彻了有关房地回赎的法律规定，即十年回赎期过，只可要求偿价，不可要求赎回。该案中，A 起诉其侄 B，要求赎回错卖给 B 的地。有争议的地最初由 A 的父亲所有，但后来被 A 的一个亲戚"盗卖"给了 B。B 没有问卖主此地的来历，也没有获得有效的契据，这就构成了 A 请求回赎的理由。但吴发现，A 与 B 乃是亲戚，且两家的住所离得很近。A 当初不可能不知道 B 买地一事，只是当时默认了 B 的买地而已。而且，A 也无法否认 B 已经在所买之地上盖房和种植竹子这一事实。现在事情已经过了十年，A 才来起诉。所以，吴认为，"揆之条法，酌之人情"，因为已过十年之期，所以土地不能赎回，由此驳回了 A 的这项请求。有趣的是，吴在此依据的是法律规则（"条法"）而非"法意"。"人情"则是指吴发现的特定案情事实：B 当年交易的粗疏和 A 对 B 此交易的默认。前者可能被视为非法交易，而后者又把前者的不当行为掩盖住了。将这两点综合起来考虑，再揆之条法，不应将土地恢复原状。③

法官翁浩堂处理过的一起案件也与上述案件有相似之处，该案事涉叔叔诬告侄女身死不明。结果，经过开棺验尸，死因大白，乃因疾所致。翁发现叔叔的真实意图乃在获得对其侄女之地的控制。该侄女获得祖上的一份土地作为其嫁奁。但叔叔知道侄女的婚姻属违律嫁娶，是无效的，故而想要谋取侄女作为嫁奁的土地，但还没有动手，侄女就已病死。此案翁浩堂最要考虑者乃土地之归属。于是他首先从法律的角度来进行考虑，根据法律（"法意"），土地应该归还给死者的娘家。因为婚姻无效，故其"丈夫"无权主张对该地的所有权。又因为死者的兄弟姐妹早已分得其应有的家产，所以对死者的这份土地也无权置喙。又因为死者无人奉祀，所以其土地也不能作为祭田，故应当作为"户绝"财产而被政府收归所有。然后，翁又从"人情"的角度着眼，"人情"在此情形下乃是指与死者生前死后相关的情况。她的父

---

① 关于这点，另见《清明集》，165～166。
② 《清明集》，165～166。
③ 《清明集》，190～191。这是第二个法官作出的判决。

亲已死，母亲有疾，她的婚姻无效，但她本人对婚姻的无效没有过错。她死后也未获消停，因为一场诬告，还遭受到开棺验尸的波折。所以，他最后判决将死者的土地归入一佛寺内，为该寺僧人岁时祭祀死者之用。该案中，正是"人情"，导致翁做出与法律规定相反的决定。即本来应该将土地收归政府，现在交给佛寺，作为对死者的祭祀用地。①

当"人情"作为"决定性的事实"而在审判中发挥作用时，因其至为复杂，故要想知道当事人之间孰是孰非几乎就是一项不可能的任务。在这种情形下，法官方秋崖（方岳，1199~1262）②常用"然以人情度之"一言以蔽之。此处方大概是指法官应当用人之常情来判断谁说的更像是事实，在这个基础上，再做出判决。"人情"此处指的就是当法律束手无策时对判决有决定性作用的"决定性事实"。③

在有的案件中，"情"被法官用作为"人情"，以便对案犯法外施仁。法官胡石壁就遇到过这样一个案子。一名战士闻得母丧，在未请示长官并获得丧假的情形下，就私自离开部队回乡奔丧。胡石壁认为对此战士不能依法处断（死刑），应当以"情"宥之。毫无疑问，促使胡这样处断的决定性因素乃是该逃兵对其母亲的一片深"情"。胡并认为法律处罚逃兵的本旨中，不包括为母奔丧而出逃的情形。④

（二）不作为判决标准的人情

1. "辅助的解释"

在有的案件中，法官用"人情"来助其对相关的法律或其他契约文书做出恰当的解释。法官胡石壁所作的一个判决，就是这方面一个很好的例证。该案涉及这么一个问题，就是在典卖的情形下，如果限内回赎，那么回赎时所用的货币（现钱或会钞）是否必须与当初典卖时所用的相同？该案中，回赎之人虽然当初典卖时全用现钱，但回赎时却想一半付现钱，一半付会钞。因为有敕令规定现钱与会钞地位相同，所以回赎者认为自己的要求是完全合法的。胡石壁在援引了相关地方官和提举司对类似案件所作的先例之后，又提到了"人情"一词。⑤胡提到现钱与会钞在州县之赋租、商贾之贸易上效力相同，可以互换，但是他旋即又提到："独有民户典卖田宅……所在官司则与之参酌人

① 《清明集》，502。
② See Franke, *Sung Biographies* I，356–358.
③ 《清明集》，93。（M/L132，将人情理解为"人的道德感"）。
④ 《清明集》，437。关于胡在法意与人情关系的归纳，另见《清明集》，311。
⑤ 其关于法意与人情的关系的归纳，见《清明集》，311。

情。"①"人情"此处是指人们在典卖交易中的习惯做法。一般要求当初所典持何货币，现在回赎也需要持何货币。故此案中，当初典卖时买方付的全是现钱，故而回赎时也得全用现钱支付。而现在回赎之人想要现钱和会钞一半对一半地支付，胡就认为其"何不近人情之甚耶"。② 故而，"人情"在此场合表示土地交易的习惯做法，被胡石壁援引来解释钱钞之法适用的特定情形，根据土地交易习惯，如果典卖时全用现钱支付，则在回赎时不得使用会钞。③

法官翁浩堂在处理案件时，也用"人情"来辅助解释过法律条款。按照法令：诸因病死应验尸，而同居缌麻以上亲至死所，而愿免者听。在现在这个案件中，死者因难产而死，死者的丈夫请求不经验尸就安葬亡妻，但死者的姐姐认为妹妹死因不明而要求尸检，于是两人起了争讼。翁决定对此案"以法意人情论之"。最终他决定支持死者丈夫的请求，理由有三：其一，按"三纲"之义，女子在家从父，出嫁从夫；其二，该案中，是丈夫而非姐姐与死者同住一个屋檐下（同居）；其三，丈夫较之于姐姐，与死者亲等更近。何况，法令"同居缌麻以上亲"的规定也明显有利于丈夫，夫妻关系较之于姊妹关系显然更为亲密（这也是"人情"之一），这就导致法官对法令做有利于丈夫一方的解释。就这一点而言，也可以说翁是真正领会到了法律之宗旨（"法意"）。④

我们再从《清明集》记载的两个案件，来看看"人情"之于相关文书上的解释功能。在一起关于土地典卖的案件中，法官翁浩堂检查了用来证明出典的契约，发现该典契存在着若干疑点：典价过低，当事人在典契上的字押与在其他文书上不同，契约的契头已经损毁，以及契约上的官印似乎是诉讼开始之后才加盖上去的。翁发现单凭此典契及当事人的陈述是无法证明该典卖的存在的，必得据供证，酌人情，方能正确处理此案。此处的"人情"是指表明该典契乃一纸伪契的种种迹象（典契存在的种种疑点，可能也包括当事人的证词在内）。⑤

但是有时"人情"也会错误地用在辨别特定的交易契约方面，法官吴恕斋就碰到过这样的事例。吴恕斋在复审一个土地案件时，发现原审法官错误地将土地买卖认为抵当。为了证明此交易为抵当，原审法官考虑到了当地有

① 《清明集》，311（M/L，318，将人情理解为"人的情感"）。

② 《清明集》，312（M/L，318，译成"How extremely contrary to human feelings"）。

③ 《清明集》，311～313（M/L，316～320）。关于与"理"有关的部分，见《清明集》，312。

④ 《清明集》，501。

⑤ 《清明集》，307；Sadachi，452n3。

以卖为当的习惯做法，同时本案中也有当事人约日尅期、还钱取赎的事实。吴认为该原审法官作出判决的理由"酌于人情"。而本案中，对相关契约的正确解释，应为买卖而非抵当。原审法官所谓的"人情"，乃是当地的习惯做法（以卖为当）和涉案当事人特定行为（低价卖出）。吴因此认为原审法官的错误乃在于其对此类"人情"过分依赖。①

2. 对当事人行为的谴责

有时法官用"人情"一词来表达其对诉讼当事人行为的厌恶。法官吴恕斋就曾在一个案子中这样用过。该案中，一家有兄弟二人，一贫一富，死时都无子嗣。宗族于是为其立嗣，选择同宗昭穆相当的两个男孩命继为嗣子，但就在择哪一个男孩作为富者的嗣子（另一个则为贫者的嗣子）这一问题上，两个男孩的父亲争讼不已。吴对这两个争讼者的好讼和贪婪行为进行了强烈的谴责，并命令用拈阄的方式来决定谁将作为富人的嗣子，如此贫富乃由天定。吴用"人情至此大不美"一语来表达其对诉讼当事人行为的谴责。马伯良和刘子健将此语译为"When human dispositions become like this, the situation is indeed ugly"。此时，"人情"表示亲戚之间本应和睦敬让，然而本案中的两个人的行为却如此不堪。②

吴处理另一个案件时，同样用"人情"来表达对当事人的谴责。有一人将其兄弟之子收养为嗣子，并立下遗嘱（加盖官府之印戳），将部分家产交由其亲生的两个女儿继承。但当他死后，他的兄弟（养子的生父）却说该遗嘱是伪造的，欲剥夺二女的继承权，而将所有的遗产都交由其亲生儿子（死者的养子）继承。吴认为行为"何其不近人情如此"！③ 他谴责了此人的行为，认为如此做法显然是与死者及侄女的正常"人情"背道而驰的。④

也许在这里我们还应该提及刘后村（刘克庄，1187~1269）所处理过的一个案件，对此案后文还将进一步予以讨论。⑤ 该案中，一名寡妇（已故家长的妾，有一亲生儿子）试图将两孙女与其生母分开，这两个孙女乃其已故的养子与家中女佣所生。刘认定天下断无让骨肉分离之"理"，并将女仆和其女儿的关系与寡妇和其子的关系进行比较，并说两者"人情岂相远哉"？刘的意思是说两个女儿与其母亲的关系，和寡妇本人与其儿子的关系，是一

---

① 《清明集》，169。其中即有关于"理"在判决中的使用。
② 《清明集》，204（M/L，221）。
③ 可将之与前注佐立治人书中的案件相比较，该案中法官也对当事人进行批评。
④ 《清明集》，237~238。《清明集》238中即有对兄弟违"理"行为的批评情形。
⑤ 见《清明集》，252。

样的，都是相依为命的情形，都不能使骨肉相分离。因此，刘对寡妇的批评，是因为寡妇不懂人情，也就是说她不懂血浓于水的骨肉亲情。①

3. 作为人的天性来解释讼争之由

有一个典卖土地之案，买卖双方为亲戚且为邻居，后出典人试图赎回土地，由此引发纠纷，争讼多年。审案法官将此案所有的困难和麻烦都用"此人情之所必致"一言以蔽之。此处法官用"人情"宽泛地解释了争讼的缘由，即源于人之好斗习性，尤其是在双方还有着亲戚和邻居的关系的情形下更是如此。此处人情意味着"人的天性"。②

法官胡石壁也在这一意义上使用过"人情"。在他处理过的一个妄诉案件中，他发现："大凡词讼之兴，固不能事事皆实，然必须依并道理，③ 略略增加，三分之中，二分真而一分伪，则犹为近人情也。"④ 这表明人的天性就有可能导致或多或少的妄诉。

四 "理"

"理"，⑤ 是一个含义丰富且容易让人费解的词语，它可以在描述性意义上和规范性意义上加以使用。⑥ 就描述性角度而言，"理"表"什么是因为合理而能被接受的"，或者"什么是合理的"，即"理由"之义；而就规范性角度而言，则表"原则""伦理准则"或"标准"之义，尤其是在事关如何对待家庭成员的情形中，"理"更有此种含义。

要想在任何情况下都能够区分清楚此时"理"，到底是表"理由"还是"准则"之义，实非易事。个中的理由之一在于，无论是"理由"还是"准则"，都语涉对行为之评价。法官会用"理由"一词来判断当事人的言行是否一致，以及其行为是否恰当。他也依据"准则"来判断行为人的行为是否"合理"。到底应该用哪个词，取决于所诉之理的性质。用"理由"一词往往针对的是事实本身：是否合于人之常理或者是否基于理

---

① 《清明集》，253。在另一个案件中，我们可以看到当事人对两个原审法官（武夫受贿胡乱断案）的尖锐批评，其中提到原审法官对"人情"考虑不足，即根本没有弄清楚案件情势。（《清明集》，436）

② 《清明集》，119。关于这个案件，另见 Burns，300，321～322。

③ 关于"道理"作为"理由"讲的情形，见《清明集》，198～199，205。关于"道理"作"准则"讲的情形，见《清明集》，393～394，206。

④ 《清明集》，497。

⑤ 关于"理"的一般情形，见 Linck，50～54。

⑥ 关于其间的区别，见 Bol, *Neo-Confucianism in History*，162。

性做出。而如果用"准则"一词，则针对的是应当遵守的行为规范，特别是在涉及家庭关系的语境中，更强调此点。这里所谓的"应当"就表示有一个行为的标准，为全社会所认同，比如人伦之道，就告诉家族中的人应当按照自己的角色去待人接物。我们下面依据《清明集》，来考察下"理"在何种情形下作为"理由"，何种情形下又是作为"准则"使用的。①

（一）作为"理由"的"理"

我们先来看《清明集》中描述性意义上的"理"。基本上，"理"被法官用来进行论证，并说明判决的理由。此点为法官胡石壁明白晓示："每事以理开晓，以法处断。"② 此处"理""法"并论，有其深意。胡指出虽然判决所依据的是法律，但必须经过说理环节，才能得出结论。所谓说理，意味着在前提假设和最终结论中间构建一个合乎逻辑的、必然的联系。相同的用法在署名为"天水"的判决中也可见到，其强调要得出判决，"只以理开谕"。他的意思是法官必须用合理的方法来得出判决，而不能以刑讯逼供为基础。③

当"理"作为判决的理由时，还可以具体细分为"用于检验证据可靠性的理"，"用于对当事人进行定罪的理"，"作为官方评价合理与否的理"以及"作为判决理由的理"。以下分述之。

1. 检验证据的可靠性

"理"可用于检验当事人陈述的可靠性。比如在一个土地诉讼的案件中，法官对原告的陈述评论道："此理固有之"。这就是说此话可信，但同时，法官对原告陈述的因其亲戚冒占其地故应归还的核心主张，则认为"决无此理"。④ "理"在第一个场合中证明了原告争讼的土地并非子虚乌有；但在第二个场合中则表示根据原告所有的陈述，其所提到的土地不可能是冒占的。在另一个案件中，叔侄争业，叔叔要求回赎其多年前为侄儿盗买之地，此案的原审法官就认为，既然此案原、被告两造原属亲戚，两

---

① 在《清明集》的很多篇章中，"理"在技术意义上表示"管辖"之义，最常用的表达方式就是"受理"，但其中也包含别的用法。关于这点，参见《清明集》127，（"不在受理"，此案涉及交易契约，但交易双方都已身亡，第132页中提到了适用此案的法律）；《清明集》165（"理诉交易，自有条限"）；《清明集》196（"初无受理之条法"）。《清明集》还有不少案件，"理"也具有这样的意思。
② 《清明集》，280（M/L，288）。同一个法官还用"道理"来表此义，见《清明集》，497。
③ 《清明集》，517。
④ 《清明集》，117～118。

家又住得很近，安有侄儿盗买土地而叔叔不知之理，为何要等如此长的时间才来诉讼？① 同样，在一个案件中，法官范西堂认为原告所作的叙述乃"理固如此"，原告陈述其母（被告之妾）多年前被其生父（被告）家族逐出，因其母为生父的后妻所不容。"理固如此"在此意味着原告的陈述合乎事理。②

还有一起案件，说的是一名牙侩（指古代介绍买卖以取得佣金的中间人——译者注）拒绝归还商人寄存于其处的金钱，称当时的寄存契据不是真的，而是只受商人的欺骗虚开的。处理此案的法官胡石壁驳斥了牙侩的陈述，认为狡诈如牙侩者是绝对不会立下这类虚假的契据的，"此盖万无是理"。换言之，胡提出如此评价牙侩的理由，并因此认定其所说乃一派胡言。③

2. 评价的合理性与否的工具

"理"也可被法官用来评价其自身、或者其他法官的诉讼行为是"合理"还是"不合理"。法官范西堂处理过的一个案子就涉及此点。该案是一起土地买卖纠纷，原告是土地出卖者的亲戚兼邻居，诉称较之于现在的买方，亲邻对土地有"优先购买权"。而法官则支持现在的买方，原因在于这块土地上有买方家的祖坟，范并认为，如果不让子孙购买葬有先人的祖户坟山，则天下"乌有此理"？④ 正是土地上有人之祖坟这一事实，被范用来对抗法律上规定的亲邻"优先购买权"。一名姓叶的提刑官（叶提刑，其事不详）在复核原审法官的判决时，不满意后者对法律"户绝"之条的曲解，认为其"于理殊未安"。⑤ 而提刑官宋自牧在对原审法官一份判决进行审核时，两次用"岂有此理"来表达其对原审的强烈批判。因为原审法官接受了讼棍的贿赂，所以无端对涉案证人刑讯逼供，但对参与敲诈勒索行为的当事人却不闻不问。更有甚者，在整个原审过程中，法官都未审问过一个活着的人，而只是诉诸尸检证据。⑥

3. 判决的理由

"理"在积极意义上和消极意义上都可作为判决的理由。当在积极意义上使用时，"理"构成了判决的真实理由。法官吴恕斋就碰到过这样一个案

---

① 《清明集》，190（吴恕斋的第二个判决）。我要感谢柳立言先生，其对这一判决的解释对我助益良多。

② 《清明集》，293（M/L，304，将之译成"this certainly seems reasonable"）。

③ 《清明集》，409（M/L，399，将之译成"this is simply impossible"）。

④ 《清明集》，121；Burns，309。

⑤ 《清明集》，273（M/L，280，译成"this is quite unreasonable"）。

⑥ 《清明集》，462。

件，依照法律，儿媳在公公、丈夫、小姑子（丈夫的妹妹）都死后，可以为了其养子（夫家之嗣子）的利益而掌管夫家的财产。但本案的问题是，其公公的赘婿（小姑子的丈夫）在夫家宗亲的唆使下，篡夺了这个儿媳的家产。吴根据家族人伦之道，指出该赘婿"为利忘义，全无人心"，并最终判定该赘婿占据之家产，"仍合理还，庶几天理人情，各得其当"。① 虽然判决强调的是家族人伦及天理，但其中的"合理"一词，仍值得我们注意：这表明判决合乎的是表"理由"意义上的"理"，而非表"准则"或"规范"意义上的"理"。但其潜在的意思（判决未明言）则是说判决的合理性正是来源于法律本身。本案不存在影响法律直接适用的因素，因此赘婿依法必须归还被其霸占的财产。判决中"理"之一词构成为判决的理由并保证了法律得以适用。②

上文提到，在法官翁浩堂处理的受人隐寄财产私自出卖的案件中，委托人为了隐瞒田产以减轻赋役，将田产隐寄在受托人的名下，没想到被寄托人"盗"卖给第三人。第三人并不知道出卖人无权处分该田产。因为委托人和受托人的行为都触犯了法律，所以他们对此田产不再有任何权利，但买田的第三人是无辜的，所以翁浩堂维持了原审法官的判决，第三人仍可以保有该田产。翁指出这样的判决是正确的，因为"理正"。"理"此时就作为了处分该田产的最终依据。③ 同样，其潜在的意思也是本案中不存在影响法律直接适用的因素。该判决可以说是合理地将法律适用于既定现实的例子。

在处理一起相邻两家的地界纠纷时，法官发现其中的一方明显有错，这可从相关的契约文书、土地的位置、其余邻居的证词中得到证明。他对治下出现这样的纠纷感到遗憾，但又说道既然事已至此，他会"惟以道理处断"。"道理"此处意指"理由"而非"准则"或"规范"，④ 该词在同一份判决书前面部分也有提及。在法官讨论有错一方的错误时，就曾说过："其无道理如此"。有错一方于理有亏，同样构成了判决的理由。⑤

关于消极意义上的理作为判决理由的情形，我们来看四份判决，也就是说，在这四个案子中，法官都无法找到任何理由来证明某一行为恰当与否。第一份判决是法官吴恕斋做出的，上文已经提及该案，即一贫一富的

---

① 这里"天理人情"一语意味着行为人的行为合乎亲戚间的天伦之道。关于"天理"，另见《清明集》116，227，276，295，376，388。
② 《清明集》，237（M/L，264，翻译为一个特定词"合理"）。在同一个判决中，法官还将"道理"用作判决的"理由"，见《清明集》，236。
③ 《清明集》，137。
④ M/L，214，将"道理"解释为"理由和准则"。
⑤ 《清明集》，198~199（M/L，213~215）。

两兄弟死时无嗣，族人为其立嗣，族中长老已择定一同宗昭穆相当的卑幼作为富者的嗣子，吴认为是"极为允当"的；不想该族中另一家庭的家长，也要将一个亲生儿子争立为同一人（富者）的嗣子，吴对此认为"全无道理"。吴的这些判断，在此案之前的原审法官的判决中也可见到。此处的"道理"指的乃是"理由"而非"准则"或"规范"，这从吴之后的说法中可以看得出来。吴继而说道，此案中两个预备继嗣的人选，都出自同一个宗族，都有继嗣的资格，故可一人继贫者嗣，一人继富者嗣，而不管由哪一人选来继承，死者都有继承人。吴最终判定由候选人拈阄决定其归宿。吴的"道理"在于后一争立者的行为并未违反立嗣之法，但要让其子取代之前族中长老择立的嗣子则是不合理的。此时的"理"不仅作为法官拒绝接受争立要求的一个（消极的）理由，而且还用于对争立者进行谴责（见下节），谴责该争立者利欲熏心，为了给自家牟利，而欲将其子争立为富者之嗣。①

第二份判决是法官蔡久轩做出的。他所处理的这个案件争讼已久，且前后已由多个法官处理过。该案中，一个已经过继给别家为嗣的人又插手本家事务，将本家的土地卖给一权势之家，而后者明知卖者属无权处分。虽然前审诸法官判定此项土地交易不合法，并要求买者将土地归还给原所有权人（过继子的本家），但是买者依旧霸占并耕种这块土地达十五年之久。蔡判定原买卖契约无效，财产收归本家，因家长已故，就由其寡妻所有。对于买者提出价格补偿的请求，蔡认为，之前官府还没有追究这十五年来买者从这块土地上获得的收成尚未归还原所有权人，现在倒还要向所有权人索要补偿，天下岂有是理哉！此处的"理"就在消极意义上表明买者索要补偿是没有任何理由的。②

第三份判决也是法官吴恕斋做出的。该案中，弟弟拒绝将他的一个亲生儿子过继给死去的哥哥为嗣，因此，其母和其寡嫂（死者之妻）就立一异姓子为嗣。数年之后，其母与寡嫂亡故，而此异姓嗣子依旧年幼，年方十四。于是当初拒绝其子过继的弟弟就向官府提起诉讼，要求驱逐该异姓嗣子，称此嗣子年幼体弱且行为不端。吴驳回了原告的诉讼请求，称："遽欲无故遣之，其祖母、其母生前已立八年之嗣，于理断断乎不可。"此处"理"表示原告缺乏驱逐该嗣子的理由。③

第四份判决也是事关土地回赎方面的，诉讼由试图回赎土地者提起，他

---

① 《清明集》，205（M/L，225，译成"this is entirely unreasonable"）。

② 《清明集》，298（M/L，309）。

③ 《清明集》，202（M/L，217）。

依法享有回赎的权利，但是该土地现在的占有者不同意，法官认为占有者对该土地无强留之理。此处的"理"更多是指占有人没有任何强留土地不让人回赎的理由，而不是指规定占有人必须将地产还卖给回赎权人的法律规则。①

4. 对当事人进行谴责

我们发现有好几次，法官用"理"来对涉案当事人的不合理行为进行谴责。法官方秋崖拒绝受理寺僧争田之案，该案中，寺僧试图将为私人长期所有的田地争为己有，于是累次兴讼。方认为寺僧的如此行为"可谓无理而嚣讼者"。② 而法官吴恕斋在处理前文所述的那起赘婿夺产案时，③ 就曾用这样的话来对赘婿的行为表示谴责："天下岂有此理哉！"④

在法官翁浩堂处理过的一个案件（这个案件上文已有提及）中，一家的长子在其父亲死后，为了霸占死者全部遗产，就将其已故二弟之独子（即其侄）收养承嗣，但后来发现该收养子非理赌博、盗卖田产。翁认为此侄不能成为其伯父（即上句中的"长子"）的嗣子，因其劣迹败行已经说明他不适合做嗣子，缺乏承嗣之理，甚至在他倒行逆施的确是受伯父影响所致时也是如此。⑤ 同样还是这个翁浩堂，有次遇到一遗产纠纷案。争讼的双方，一方是一名寡妇（死者之妻）及其养子，另一方是死者的侄儿（其生父母均已亡故）。⑥ 这个侄儿在很小的时候就被送到一所寺庙中成为一名僧人，但成年后还俗回家。根据相关法律规定，还俗的僧人可分得一份家产，只要在还俗时此家产还未被分析。此案中，寡妇及其养子声称这个侄儿不能分得任何遗产，因为当他还是个僧人时，家产事实上已经被分析完了。但是这对母子只能拿出未经官府印押的分家析产的文书。翁站在侄儿的立场上，认为这对母子拒绝侄儿分遗产请求的行为是"不晓事理"。翁的意思是这对母

---

① 《清明集》，119。

② 《清明集》，127（M/L，158）。法官之所以驳回寺僧的诉讼请求，原因之一是：最初，这个家庭并没有从寺庙那里购得土地，除非寺庙不想再存在下去，否则寺庙"断无卖（地）之理"。引号中的文字 M/L 译为"it would certainly not have sold the property"。这个理由有无说服力我们尚不完全清楚，但是方法官可能意在强调，既然寺庙在这个时期内一直存在，所以对于该寺僧所说的曾经将寺庙土地卖于该家庭的说法是靠不住的。如果这个解释是正确的，那么我们就发现了另一个"理"作为"理由"的事例，这个"理"恰好被法官用来评判当事人请求的可能性。

③ 《清明集》，237。

④ 《清明集》，236（M/L，263）。

⑤ 《清明集》，303（M/L，312、313，其将"非理"解释成为"不符准则"）。

⑥ 马若斐原文写的是"死者的孙子"，但根据《清明集》，"此僧人乃死者父亲的孙子，虽死者的父亲也已亡故，但此案中的死者，特指僧人的三叔，所以僧人与死者而言，应该是侄叔关系，此处径直改正。——译者注

子试图剥夺该侄儿的遗产继承权是不合理的，而且对法律的明文规定也视
若无睹。①

我们在上文讨论"人情"的时候，曾经提到法官吴恕斋处理过的一个案件。②
该案原告请求确认其亡兄所立的遗嘱无效，遗嘱规定将部分财产留给死者的
两个女儿。吴认为原告曾将自己的儿子过继给其兄为嗣，现在又想让此子回
归本家（通过这个方法，原告就能尽占其亡兄的家产），这真是弟"欲子其
子"（把儿子仍当儿子看）而使兄"终不得女其女"（不把女儿当女儿看）。
翁对原告的行为进行强烈的谴责，质问原告此种做法"于理可乎?"此处的
"理"，意味着原告自己希望"子其子"，却不希望其哥哥"女其女"，这种
只许州官放火不许百姓点灯的行为显然毫无道理。③

法官刘后村在其所处理的一个案件中，谴责了被告的行为，被告伪造
契据，试图阻止原告回赎其土地，使得原告无法埋葬其亡兄。刘认为，被
告的行为"此何理哉"!④《清明集》中所载的另一份判决与此情形相似，
法官也对当事人进行了批评，但语气更为激烈，我们来看其中的一段文
字："典赎之法，昭如日星，岂有年限过满，揩改契字，执占为业，而不
退赎之理?"此处，该土地占有者拒绝他人回赎的行为同样被认为是毫无
道理的。⑤

法官李文溪（李昴英，何年中进士不详）曾经处理过一个案子，该案
中，一名老年丧子的寡妇，因夫家疏于照顾，遂归老于娘家。她自己有一小
块土地，还是当年的嫁奁之资。而夫家众亲属试图得到这块土地。其中一人
想立自己的孙子为寡妇亡夫之嗣，希望通过这个办法取得土地。李劝此人早断
此念，并批评道："乌有自为尊长，而以亲孙为人后之理?"通常情形下，家族尊
长有为已故族人择立嗣子的权力。但如果其目的显系夺人之财，则他就无权再行
立嗣。⑥

在法官叶岩峰（生平不详）所做的一份判决中，我们可以看到他用
"理"含蓄地谴责了两诉讼当事人的行为。此案为一起立嗣纠纷。纠纷双方
最初达成协议，约定将来遇到纠纷不诉至官府，而用调处一法解决。这份协
议一式三份，双方各留一份，还有一份留存在当地官府中。但协议的一方后

---

① 《清明集》，139。"事理"一词在同一个法官的另一个判决中也出现了，翁在那个判决中
也说，如果讼争不止，两家将倾家荡产。
② 《清明集》，237~238。
③ 《清明集》，238。
④ 《清明集》，128。
⑤ 《清明集》，314（M/L，322）。
⑥ 《清明集》，259。关于这个案件，见 Burns，188~189。

来不遵守当初的约定，向官府提起诉讼，要求官府确认其子为死去兄弟的嗣子，而另一方也出来证明此协议是不可靠的。法官对此论道："有此理否？"用这个方法，法官含蓄地谴责了签署协议的双方不守约定的行为。①

（二）作为"准则"（"规范"）的"理"

我们可以将作为"准则"的"理"分成两大类，这两大类的区别可谓一目了然。第一类，也是最主要的一类，是指亲戚之间、邻里之间，乃至人与人之间如何相处的准则。这些准则常常被认为是天生之理，最宽泛的意义上，是指人之所以为"人"的标准；具体一点，则是指作为"儿子""兄弟""亲友"所应具备的标准。而具体的标准则因人所处的"地位"或所参照的对象而异：一般人之间、邻里之间、父子兄弟之间，各自应该怎么对待？在这个意义上，"准则"一词乃是指特定的行为标准，处于特定的关系，对待特定的人，自有其特定的标准。比如，我们可以在一般意义上来谈"孝"这一原则，也可以从特定的角度来谈"孝"的标准，比如子为父养老或者听从父母教令等，均属此类。当法官在人伦关系的范畴内使用"理"之一词时，可能意指一般人的行为标准，或是在这个标准范围内的更具体的义务。不管是哪种情况，我们都可以称此种"理"为"行为标准"。

第二类准则，看起来与前述人们之间的行为标准，如判断恢复财产或立嗣行为合法与否的标准等，似乎关系不大。它们主要用于授予个人权利和义务的情形，这些权利和义务通常为法律所承认、保护并施行。

我们也可以用西方的术语，视这两类准则一为"道德（伦理）的准则"，一为"法律的准则"（至少这也是"与道德无关的"准则）。说第一类准则是"道德的"，意味着这些准则都关乎人和人之间怎样相待才算恰当这一问题。而说第二类准则是"法律的"或"与道德无关的"，意味着这些准则是给人们授予权利、设定义务的法定规则。但我们切不可想当然地认为宋代法官在进行司法推理时，也如西方人似的将准则区分得如此泾渭分明。宋代的法官即使在诉诸某种法定准则进行推理时，也不会忽略了特定的人伦之道。

然而，我们偶尔也会发现某些准则不合程朱理学的标准，而以自己的要求（有时用"法理"一词表示）来判断行为是否合法或合理。比如关于土地出典与回赎条件的准则，以及关于公私牙行业务方面的规矩（牙行应当不偏不倚、诚实不欺地开展业务），都属此类。当然我们也可以说，无论何时何地，也不管其地位身份如何，最终的标准仍是看此人是否做了其应当做的事。

---

① 《清明集》，213。关于该判决中"理"的另一种用法，见《清明集》，263。

但无论如何，将这两类准则区分为人伦道德准则（尤其是在家族或婚姻关系方面）和权利义务准则，仍不无裨益。即使由前者所设定的义务也为法律所规范和贯彻时，这一区分依旧现实存在。

宋代的法官经常致力于准则问题，他们可能会借判决的机会，向当事人和其他人灌输恪遵人伦的重要性，家族内的人伦准则尤其广为人知，诸如父慈子孝、兄友弟恭，等等。他们也会因为当事人的行为有悖人伦，而引"理"作批评之用。他们还会将当事人的无理作为判决的依据。

在后两种情形下（用"理"来批评当事人和将当事人的无理作为判决依据），理作为"准则"的功能与其作为"理由"的功能如出一辙。此时尽管"理"在功能上是一样的，但其在内容上却未必如此。在"准则"的情形下，批评的依据或判决的标准是当事人没有遵守相应的行为规范。而在"理由"的情形下，我们又有必要在批评的依据或判决的标准之间作一区分。前者是指当事人没有用合理的方式去行为，其行为或多或少偏离了正常的轨道；而后者是指一种特定的情势，法官（在积极意义上或在消极意义上）将之作为判决的理由。

现在我们将在准则的意义上来讨论"理"，拟从"一般的训诫""批评的依据"及"判决的标准"三个方面着手。之所以分成这三个方面，只是为了讨论的方便，而不是对"理"在"准则"意义上的功能做一个硬性的区分。法官诉诸的准则，可能具有其中的一个功能，也可能更多。法官作出判决时，可能会用"理"来对当事人做一番训诫，指出何者当为、何者不当为，同时直截了当地对当事人的涉案行为表示批评；或者既是对当事人的批评，又是作为判决的依据。

1. 一般的训诫

在这一部分，我们主要来看广为人知的亲属间的人伦准则。法官范西堂就在最一般的意义上强调了不容变易的人伦之理，说："夫大义所在，古今不易之理，家国虽异，其理则同。"① 而在一起"通奸案"的审理中，范西堂发现导致当事人家庭分崩离析的所谓"通奸"，本身就是子虚乌有之事，于是他引用《易经》"家人"一卦中的"古今不可易之理"，② 意在表明要维持家庭的和睦，家人需恪遵伦常，以礼相待。③

---

① 《清明集》，293（M/L，304）。

② 《清明集》，449。

③ 见 Richard Wilhelm（卫理贤），*I Ching or books of Changes*（London and Berkeley，third edition，1980），143 – 147，569 – 573。

在上文我们谈"人情"时曾经提到过的一个案件中，① 法官胡石壁强调对案犯进行处罚，对于训诫一般人诸恶莫作是十分必要的。他指出，如果让本案中健讼有素、积罪已盈的案犯获得幸免，那么以后就会有类似的恶棍"恣为悖理伤道之事"。②

同样是这个胡石壁，在另一份判决中表达其对日益增长的邻里讼争的不满，并对社会生活的一般伦则进行了阐明，并感慨"今世之人，识此道理者甚少"。而这"道理"，用其自己的话就是："大凡乡曲邻里，务要和睦。才自和睦，则有无可以相通，缓急可以相助，疾病可以相扶持，彼此皆受其利。才自不和睦，则有无不复相通，缓急不复相助，疾病不复相扶持，彼此皆受其害。"③

更具体一点，我们在有些判决中，可以看到法官会提醒当事人注意维持伦理亲情的重要性。一名主簿在其判决中强调，亲戚之间当存亲爱之道，而在目前的情形下（起诉堂兄）却非如此，正所谓"理为欲昏"。此处的理，当指亲属相待的伦理准则。④

一名法官在处理一起叔侄因立嗣而起的争讼中，强调前者应当规劝和教育后者以伦理为念，而这个伦理就是处理人与人之间关系的准则。该法官还认为"郡守职在宣化，每欲以道理开导人心"，此处的"道理"，则是正确的行为规范。⑤ 另一名法官的判决也彰显了类似的意思："人心天理，谁独无之？当职两年于兹，凡骨肉亲戚之讼，每以道理训谕，虽小夫贱隶，莫不悔悟，各还其天。"⑥

在一个立嗣案件中，法官刘后村认为原告提起诉讼虽非完全基于贪欲，亦缘不晓理法，"为囚牙讼师之所鼓扇，而不自知其为背理伤道"。此处的"背理"，是指他们不懂得择立嗣子须择同宗昭穆相当者之理。⑦

而在法官翁浩堂处理过的一个案件中，一位从政府弃职的父亲对儿子未尽抚养之责。因为贫穷，他将其子卖给一个农民。但这个儿子不喜欢他的新家，于是逃回本家。这个父亲又将此儿子卖给另外一个人。在这个儿子从农民家逃跑三年后，农民向官府起诉，要求收回这个儿子。翁在判决中首先指出父子之间的人伦之道：父老，子需侍奉其父；子

① 见《清明集》，311~313（M/L，316-320）。
② 《清明集》，312（M/L，319）。方秋崖大意是说唐律一准乎礼。（《清明集》，479）
③ 《清明集》，393~394（M/L，383~384）。
④ 《清明集》，512。
⑤ 《清明集》，208。在这个案件及接下来的两个案件中，都存在着"道理"或"理"的表述，"道理"主要表"准则规范"而非表"理由"义。
⑥ 《清明集》，206（M/L，227，其将"道理"译成"the proper way and what is reasonable"）。
⑦ 《清明集》，252。

幼，父需抚养其子。现在父亲不养其子，可谓败人伦，灭天理。而这个农民欲取回此子，"亦无复合之理"。此话意在表明，诉讼无助于人伦和天理的恢复，也就是说父子之情已绝。"理"在此处指父亲抚养爱护儿子的伦则。翁在此处将对父亲的批评和对父子伦常的宣扬很好地结合在一起。①

2. 因当事人违理而进行批判

《清明集》也记载了一些判决，其中法官对当事人违反伦理的行为进行了批判。② 这些批评可能会对法官最终的决定产生重要的影响，也有可能只是表达法官对当事人行为的看法。在一个案子中，一家兄弟三人，在长子和长媳双亡之后，父母出于某种善意（此善意为官府所认可），未给死去的长子长媳择立嗣子，但将属于长子的财产和长媳当初陪过来的嫁奁做了妥当的安排。③ 然而过了一些年，这个家庭的父母及次子也已身故，剩下的第三子为贪念驱使，欲将自己的一个儿子立为已故长兄的嗣子。官府反对他这样做，因为这与当年其父母的精心安排完全相悖，法官并认为"此于理不通"。此处"理"指为人子者不得忤逆父母的伦则，用于批评当事人的行为，也作为官府反对第三子改变父母当初的财产安排的依据。④

而在法官蔡久轩处理过的一个案件中，有一名养子，其养母待之甚善。但这名养子在其养父去世之后，为了得到养父的遗产，就唆使其妻对其养母（妻子的婆婆）百般为难，最终离养母而去。蔡久轩认为养子的行为还"有事理哉"！他的意思即是说养子悖慢其母，实属不孝（违反母子之间的伦理准则）。蔡接着对养子的生父进行了更强更久的批评，正是这个生父怂恿其子为难养母。他批评该生父"违背公理，入脚行私"，"天理人伦，何至于是"！且批评此案的原审法官乃一介武夫，未能抓住案件的关键。批评原审

① 《清明集》，277。

② 术语"天理"也经常被法官用来表达对当事人无耻行为的谴责，参见《清明集》，116；227；276（M/L，284）；295（M/L，307）；376（M/L，367）；388。更多关于这个术语在这方面运用的情形，see Christian de Pee, "Case of the New Terrace: Canon and Law in Three Southern Song Verdicts," *Journal of Song-Yuan Studies* 27 (1997), 60 ; Nap-yin Lau, "Droit et famille en Chine à l'époque des Song (960–1279)," *Annales. Histoire, Sciences Sociales* 61. 6 (2006), 139. 而关于这个术语在更一般意义"伦常准则"上使用的情形，参见《清明集》202（M/L，217）；206（M/L，227）；237（M/L，264）；277。在一个案件中，"天理"表示决定继承人选的天然之理。[《清明集》，204（M/L，221）；206（M/L，226）] 宋代法官对"天理"的引用，反映了程朱理学的"天理"观念对人们的行为规范产生了深刻的影响。

③ 关于这个案子的详细描述，见 Birge, *Women, Property, and Confucian Reation*, 137–138; Burns, 100–101, 183–184, 242–243。

④ 《清明集》，261。

只关心财产的着落，而不知母子之间原存天伦之理。蔡的整个判决雄辩地阐明了母子天伦的重要性。蔡发现养子及其背后生父的行为，实属对母子天伦的蔑弃，此点构成了蔡判决的依据。蔡判决养子及其妻子回到养母身边并好生侍奉之，而对养子的生父，则杖八十。①

　　还有一个案件，一名寡妇在其夫尸骨未寒之际，另嫁于其夫的哥哥，弟妇与伯勾搭成奸。法官翁浩堂在其判决书中首先援引了一条法律，此条法律规定：诸奸缌麻以上亲之妻者，徒三年。② 然后他指出该寡妇行为淫邪，认为其"灭理败伦"。"理"此处可能意指寡妇一般需尽的守节义务，具体而言则指法律规定不可逾越的那条"红线"。此"理"对于判决的贡献形式大于实质。在这个案件中，法官的判决是牢牢建立在法律规定的基础之上的，但是他无论如何也要强调此寡妇行为是淫恶的。③

　　此外，我们还发现在一个案件中，当事人违反的不是由亲属或婚姻关系产生的伦理准则，而是违反了其作为官府小吏所应遵守的准则。这些官府小吏为了自己的私利辅助贪守，椎剥民财。法官宋自牧提到该吏的行为时说其"专擅不法，及非理取乞事件"。法官对当事人非理行为的批判，给对当事人行为的定罪，增加了说服力。④

3. 判决的依据

　　"理"对于法官的判决有着多方面的影响。一种情况是法官除援用法律之外，还引理作为判决的依据。我们在前面讨论作为"理由"的理时，曾经说过"理"在积极意义上和消极意义上都可作为判决的理由；同样，表"准则"义之"理"，在作为判决的依据时，也有积极和消极之分。既有的准则会构成判决的依据；与此相应，准则的缺乏也会构成不予受理的原因。另一种情况是在一小部分有意思的案件中，法官在缺乏相应的法律规范的情形下，也会引"理"作为判决的依据。此时"理"对判决的决定性作用，较之于第一种情形自然要小一点。有时甚至在"理"实际上并不能构成判决依据时，法官也会认为其与判决具有某种程度的关联。

　　我们在这一部分讨论的案件，其所涉的准则主要是关于家庭关系方面的，但也有一部分超出家庭关系之外。事实上，在我们前面讲过的土地纠纷案件中，也有作为判决依据的"理"，但那个"理"和我们现在要谈的

① 《清明集》，294~295（M/L，305~307）。

② 见唐律第410条：Johnson, *Tang Code* II, 474。

③ 《清明集》，389。另见 C de Pee, *The Writing of Weddings in Middle-Period China. Text and Ritual Practice in the Eighth Through the Fourteenth Centuries* (New York, 2007), 197.

④ 《清明集》，428。

"理"，似乎关系不大。法官吴恕斋发现，即使案件中存在着富人欺凌穷人，"然官司亦惟其理而已"。① 这里的"理"就是指不偏不倚地审断案件，具体一点，是指确认谁对争讼的土地拥有权利，甚至包括依法应当如何判决之理。

我们要讨论的第一类案件是关于立嗣或过继方面的，其中，法官援"理"作为判决的依据（或与判决相关联）。无子孙之人有义务从同宗择一昭穆相当之人来继承香火，同样，当无子嗣之人去世时，其宗亲有义务为其择立嗣子。这些义务乃伦常准则，有时甚至出现在法律条文中，由法律具体规定立嗣义务如何履行。较之于相关法律规则，法官更喜欢援引伦常准则作为判决的依据。这一选择反映了伦常准则对于家庭、家庭的延续、家庭成员的相互关系之规范作用而言，无疑是最为重要的。这方面的伦常准则大体与继承遗产和延续香火有关，但有时会更强调家产的分配。

有的立嗣案件表明，法官在适用相关准则（"理"或"法"）时会掂量掂量其权重，或基于特定的现实而对之加以一些限制。比如，按照相关准则，在长子一家三口都亡故时，父母应当为长子立嗣，但考虑到现实情形，法官发现父母选择不为其子立嗣也有充分的理由。其判决堪称为阐释立嗣问题中理和法关系的典范，内中提到"夫妻与子俱亡，以理言之，当为立继。"② 接着，该判决又提到"在法，立继由族长，为其皆无亲人也。若父母存，当由父母之命"。由此可知，法律强化了伦常中的立嗣义务。③ 在另一个案件中，翁浩堂认为"以侄为子，于理虽顺"，但考虑到现实情形，却不能适用这样的"理"。④

通常情形下，族中长老有义务为无子而亡的族人立嗣。在一个案件中，一人已被立为死亡族人之后，但他不安其位，遂逃归本家为嗣。署名为"建仓"（其事不详）的法官认为现在该子既然已经归宗，那么族中长老只能在本宗内再选一昭穆相当之人，继承死亡族人的香火，"其理甚明白"。⑤ 但这样的"理"执行起来需受限制。建仓发现，在这个案件中，父子俱亡，而族长所择立的嗣子竟然同时继父子之嗣。于是他认为"于理委是难行"，因为这样做会对其余继承人的财产有害。⑥ 法官叶岩峰提到"未闻有为下殇（即在八岁至十一岁之间死亡的人）立嗣之理"。法官以此表达他对这种立嗣行

---

① 《清明集》，169。
② 引文摘自 Birge, *Women, Property, and Confucian Reaction*, 137。
③ 《清明集》，260。
④ 《清明集》，303（M/L，312，译成"Certainly it is reasonable…"）。
⑤ 《清明集》，263。关于这个案件，见 Burns, 208, 234, 244。
⑥ 《清明集》，263。或者此时"理"在较弱的意义上使用，表示这种情况下立嗣子无疑是一个不良的建议。

为的厌恶，尽管这点与其需要处理的主要问题之间并没有直接关系（该家庭所争讼的不是谁应成为嗣子）。①

法官吴恕斋在一个案件中，发现弟弟和寡嫂在有关立嗣和遗产继承的问题上都存在过错。首先是弟弟在其哥哥垂亡之际，强迫其将弟弟八岁的孙子指定为哥哥的继承人。在其哥哥死后，又以"户绝"为名向官府兴讼。于是其寡嫂心怀不满，拨了一小笔财产，就将那继嗣的八岁之孙打发回本家，自己削发为尼。吴最后判决，令八岁的孙子重新成为死者的嗣子，并继承其尚存遗产的一半（除他已经得到的那一小笔财产之外），这些遗产在此八岁子成年之前，暂由其祖父和父亲管理。剩下的遗产由已出家为尼的寡嫂继承，以助其度过余生。吴认为这样的处理"于理亦顺"，也就是说既合法又合理。这里的"理"，主要即指为无子之人从同宗昭穆相当者中择立后嗣以不绝其户之义。②

另有一起案件，某人控告其堂姐夫伪造遗嘱，强占了本应属于自己的那份遗产土地。处理此案的还是吴恕斋，他认为："今官合先论其事理之是非，次考其遗嘱之真伪。""事理"在此意为通常情形下争议遗产本该由谁继承之"理"。吴的观点是说先把这样的"理"评判清楚，然后再说遗嘱真伪的问题。他意在强调这样的控告本身就站不住脚，即使遗嘱是伪造的（何况此案中还不是），有权提起诉讼的也不应该是他，而应当是死者（立遗嘱人）的妻子和儿子。③

我们在其他案件中，还可以发现用家庭伦则来支持判决的情形。在一个案件中，一名寡妇有一成年儿子，今寡妇再嫁他人，却将接脚夫带回原先之家。且寡妇本无权任由己意将家产售卖，但此案中她却这样做了。于是审案法官蔡久轩批评道："安得据人之屋，卖人之业，岂有是理哉！"此处的"理"，指的是寡妇除非出于特定事由，无权处分其子财产。法官进一步指出，寡妇出卖财产的行为还明显地违反了法律。该法官的判决很可能主要是根据法律做出的，但他还将该寡妇的悖理行为作为一个补充的依据。④

在一起因遗产纠纷而起的案件中，一名寡妇（无子）立一异姓子为其亡夫之嗣。虽然这一做法久已为其夫家亲属认可，但最后诉讼还是发生了，起因于亡夫的一个兄弟（也得到了其父的支持）想将自己的儿子立为死者之嗣。官府虽然认为寡妇立异姓子为嗣的做法符合法律，然而为了使当事人家

---

① 《清明集》213。在另一个案件中，我们已经知道法律上并无不能立这样的人为嗣子的禁令。（《清明集》，258，关于这点，另见 Burns，230）

② 《清明集》，230。

③ 《清明集》，197（M/L，211）。

④ 《清明集》，297。关于这个案件，另见柳立言《子女可否告母？——传统"不因人而异其法"的观念在宋代的局部实现》。

庭和睦、永息争讼，命该寡妇从亡夫兄弟之子中再择一名与原异姓子共同作为死者的嗣子。这样一来，第二名嗣子（同姓同宗的）就确立了，遗产将在这两个嗣子中平分。① 然而争讼并未因此而止。第二名嗣子的生母受其夫家人的挑唆，诬告其子受到寡妇与异姓子的打骂、虐待，并已被逐出家门。法官经审理发现所控之事确系子虚乌有，原告之意乃在使第二名嗣子获得所有遗产。于是法官再次确认二子同为嗣子的判决，同时命令尚同生母住在一起的（可能是为了证明其子确系为寡妇驱逐）第二名嗣子（同姓同宗）返回立嗣之家并侍奉其嗣母。这一命令的依据乃伦常准则，根据后者，出继子不当与生母继续住在一起。法律并没有规定出继子应当住在哪里，但规范母子（养子）关系的伦常准则则要求后者与前者住在一起并侍奉之。②

在法官范西堂审理过的一个案件中，原告诉称，其与生母（父亲之妾）为父亲逐出。法官在判决中提到了"亦无可强之理"的话。此话表明，有关父子关系的伦则（理）中并没有规定如果父亲不认儿子又当如何。因此，纵然原告确为被告亲生之子（何况其还不是），而被告不认，也无法强迫其认子。③ 在一个关于土地转让契据的案件中，法官翁浩堂谈到了父亲的买卖土地权问题。翁认为：以理论之，父卖子绝。（也就是说是父亲而非儿子才有家产处分权）所以，如果同一土地有两份出售契据，一为父亲所签，一为儿子所签，则儿子所签的无效。④

法官刘后村有一次在一个案件中提到：夫有出妻之理，妻无弃夫之条。此"理"简言之，即在婚姻关系中，夫"尊"妻"卑"，故夫可单方面提出离异，而妻则不可。这样的伦则也为法律所确认，终传统之世，相沿未改。

但是刘在这个案件中必须考虑是否应当准许哥哥代妹提出的离婚请求。案中，妻子的哥哥高中科举，而丈夫则因经营不善而家道凋落，故兄妹两家不再是门户相当。虽然刘发现此案中，丈夫并未作出导致离婚的"绝义"⑤行为，哥哥也无权代妹提出离婚，但是他最终还是允准了离婚的请求。因为

---

① 关于此案背景，见此案三次判决中的初判：《清明集》217～219（M/L，246～251）。

② 《清明集》，222，见此案的第二次判决："提举判"。（见 M/L，511n59）

③ 《清明集》，293（M/L，304）。这个案件中"理"的别的用法，见《清明集》，128，153。

④ 《清明集》，306。Shuzo Shiga（滋贺秀三），"Family Law and the Law of Inheritance in Traditional China," in *Chinese Family Law and Social Change in Historical and Comparative Perspective*, ed D. C. Buxbaum（Seattle and London, 1978），148（将此处的"理"解释为"格言"）。

⑤ 一旦构成"义绝"，即要强离，关于构成"义绝"的条件，见唐律第189、190条及相关的疏议：Johnson, *T'ang Code* II , 167–169.

案发时，妻子早已带着她的孩子回娘家生活去了，这一事实本身表明：原本和谐的夫妻之情已一去不返，虽然妻子的做法并不合理，其嫌贫爱富亦于理有亏。所以本案于法于理，本不应允准哥哥提出的离婚请求，然而最终是夫妻关系的现状决定了此案最终的归宿，因为种种现实无不表明，两人已无破镜重圆的可能性。①

另有一起案件，妻子因为丈夫宠爱小妾，因妒成恨，于是夫妻发生口角，争斗中丈夫误打了岳父（妻之生父），法官王实斋（王遂，中进士时间不详）经审理发现，此案中女婿"亦无不礼妇翁之理"，意思是说翁婿关系是正常的。因此，他并没有将丈夫（女婿）打岳父的行为看得很严重，而判决该丈夫将小妾另卖他人并将妻子重新迎回。此案中，正是因为丈夫（女婿）平素对岳父礼敬有加，导致了其未因偶发的误打行为而遭到处罚。②

在以下两个案件中，法官都将"理"作为"依据"来用。这个"理"是关于财产归属方面的，说得更具体一点，就是指解决争议土地权属问题的理。在第一个案件中，一名寡妇试图想将其当初无条件卖出的土地赎回，为此提起诉讼。法官吴恕斋在判决中写道："向使外姓辗转得之（即不再如本案中买卖双方有叔嫂关系），在阿章（当初卖地、现在想回赎的寡妇）断无可赎之理。"此处的"无可赎之理"，指的是找不到任何既定的规范准则可支持该寡妇的回赎权。如果我们单独看这句话，会倾向于将这里的"理"理解为"理由"或"依据"：寡妇回赎土地缺乏任何依据。但判决书整体上显示：法官依旧可以找到某种依据，用来支持寡妇的请求。这一点就是本案买卖双方存在着叔嫂关系，正是这一层关系，构成了支持寡妇回赎的依据（"人情"）。但这样的依据（"人情"），却不能归入到解决土地回赎问题的准则（"理"）之内。此处我们发现，作为规范准则的"理"与作为事实情势的"人情"之间存在某种紧张关系。虽然没有任何规范准则支持寡妇回赎土地，但买卖双方的叔嫂关系这一事实构成了回赎的理由。正是后者，促使法官最终允准了寡妇的请求。③

第二个案件，则讲的是一个人试图取回被剥夺的土地权益。此案中，A的父亲将土地典卖给B的父亲，然后又回租利用。许多年以来，A及其兄弟数人一直租佃此地。在A的兄弟都过世之后，A试图将此土地占为己有，于

① 《清明集》，345，关于此，见 Birge, *Women*, *Property*, *and Confucian Reaction*, 130 – 131.
② 《清明集》，381；Ebrey, *Inner Quarters*, 169 – 170.
③ 《清明集》，165（M/L, 191，译与"理"相关的部分译成 "World have absolutely no way of redeeming it"）。

是伪造了一份买卖契约，诬称此地已经回赎。此后他强占土地，并且拒不交租，这样就破坏了租佃之义，A 和 B 就起争执。法官叶岩峰对比了一下 A、B 两人在"理""势"问题上的态度，认为 A "舍理而靠势"，而 B "恃理而惮势"。叶又批评 A "但知借势以为援，不知背理而难行"。A 试图强占其无权占有的土地，拒绝履行义务（出租义务），自属"背理"之举。由此我们可知此处的"理"就广义而言表明 A 的行为不"正确"，具体而言指的是 A 没有遵守租佃的准则，作为一个佃户，他本应种好地，然后向地主交租，但他显然并没有做到。法官此处并未提及关于租佃问题上的法律规则。而只是强调身为一个佃户，A 的行为违背了租佃之理。①

我们现在再把视线转向"理"作为或可能作为判决"唯一"依据的案件中来。法官在这些案件中所援之"理"，其内容差别很大。在一个案件中，原告为了取摆渡人之位而代之，诬告其敲诈勒索。法官蔡久轩经过审理，认为原告的种种行为尤为"非理"。此处的"理"泛指人与人相处的一般准则。具体一点，则是不能仅仅因为自己的贪婪而陷人于官司。因其"非理"行为，原告最后被罚杖一百。"非理"看起来似乎是原告被罚的唯一依据。法官似乎并没有援用法典中的"不应得为"条，② 按照"不应得为"条，轻则笞四十，重则杖八十，轻重取决于行为的恶劣程度。③

在另一个案件中，还是这个法官蔡久轩，发现公公对其儿媳有不当行为。虽然翁媳并没有发生奸情，但公公还是被控对儿媳有戏谑之举。蔡首先说明此翁的举措（如果确有其事）"悖理甚矣"，最后判决如果该翁再被起诉，就要将其下狱，以"正其悖理之罪"。"理"这里表示翁媳之间需要保持适当的距离，并且以礼相待。④

在最后一个案件中，一人死后无嗣，其妾再嫁并将死者的土地献给政府供办学之用。法官李文溪认为这户人家不应该定性为"户绝"（按规定户绝财产当没入官），并要求为死者指定继承人。因为此土地乃小妾所献，李发现没有任何法律授权妾这样做。于是李设问"今没入其业，于理安乎?"他的意思是说，如果诉诸通常的伦理准则，小妾有权将家业贡献给政府吗？最

---

① 《清明集》，181~183。
② 见唐律第 450 条：Johnson, *Tang Code* II, 510.
③ 《清明集》，553 (M/L, 494, 将"非理"译成"quite unprincipled")。
④ 《清明集》，345；M/L, 338（将"戏谑"译成"Obscene fun"）；Ebrey, *Inner Quarters*, 254（将"戏谑"译成"fooling around"；她译此案时，是在悖"理"或构成一特定罪行的角度上来看待此行为的；Lau, in "Droit et famille en China à l'époque des Song (960 – 1279)" 曾经引过, 1398（将"戏谑"译成"se montrant lubrique"）。

后结论是"理所不可"。李的理由很有意思，因为他虽然已经知道没有法律规定妾可贡献家业，但仍然考虑妾这样做是否为相关伦理准则所允许。换言之，法官意图从"理"上找到支持该小妾这样行为的依据（只不过最后没有找到而已）。①

五 "理法"和"法理"

上文我们已经论证过了"理"可以作为一个独立的概念，在多种情形下用于司法推理。其中有种情形，"理"被用作判决的依据。除此之外，还有两个与"理"相关的词，也在判决的依据中扮演了一个重要的角色。这两个词都是复合词，一为"理法"，一为"法理"。虽然两者都能表单纯的"法律"之义，② 但在《清明集》中似乎并不是这个意思。如果法官用到"理法"这个词，他实际上是对"理"和"法"分别赋予独立的含义，而当他使用"法理"这个词，则通常强调的是法律规则的含义。此种语言表述意味着，在中国人的传统思想中，"理"和"法"两者是紧密地联系在一起的。法源自理，或者说法予理以效力，但却又不能说两者的外延是相同的。所以"理法"和"法理"中的"理"，相对于各自的"法"，又各有其特定的含义。

（一）"理法"

我们考查这个词语，不仅要考查"理法"这一表述本身，而且还要考查出现在同一篇判决中的单称词"理"与"法"。人们有时会认为"理法"虽然是一复合词，其实指的是两套彼此相关但却彼此独立的规则，一套由"理"构成，一套由"法"构成。毫无疑问，有时的确是如此。但我们必须明白"理法"作为一个复合词必有其特定的意思，也就是说，它有时仅限定在"理"上，有时仅限定在"法"上，而其整体上不是一个并列式名词。③我们还必须明白，正如"法"可以表示不同种类、不同内容的法律规则，"理"也可以表示各种各样的准则。"理"不仅可以表示各种伦常准则，也可以（只不过少一点）表示诸如规定遗产分配方式或财产回赎条件等方面的准

---

① 《清明集》，258。关于此案，另见 Birge, *Women, Property, and Confucian Reaction*, 107; Burns, 230, 272。

② 参见《汉语大词典》（上海，2002），Ⅰ，2338（"理法"），Ⅱ，3176（"法理"）。

③ "理法"中的"理"当然表"准则"而非"理由"之义。但法官在"理"不带"理由"之义而带"准则"之义的前提下，如何用此"理"和"法"作为判决的标准，实在令人费解。

则。

还有一个重要的方面我们也需要注意。在特定的语境下，当复合词"理法"中的"法"特指相关的法律规则时，则此中的"理"可能具有更广的含义。它不仅是指与法律规定相关或一致的那些道理或准则，而且还顾及其他方面，尤其是在当事人未按照其身份地位正确地对待对方时，"理"更是发挥了其重要的作用。

"理法"在判决中发挥着两种不同的作用：作为判决的依据，以及作为对当事人谴责的工具。

1. 判决的依据

法官在判决中用到"理法"一词，意在强调其判决是基于"理"和"法"之上的，或者表明整个诉讼过程都是贯彻了"理"和"法"要求的。当事人的行为是否合乎理法的要求，给法官决定是否支持其请求提供了一个强有力的理由。法官在判决中明确地指出其依据乃在"法理"，较之于仅提到法，其判决更易为当事人接受，即使严格地讲根本不需要引"理"作为依据。用于强化判决依据的准则，有时也可用其他词语来表示，比如"天伦""天理"等，这些词扩充了"理"的内容。

有的法官会明确地表明其判决同时照顾了"理"与"法"。法官刘后村在面对一起女方家庭寻求退婚之案时，泛泛地引用了法律，根据法律规定，婚约一旦得到承诺，双方非受刑罚处分不得收回。① 事实摆在眼前，刘承认男女双方的婚约是有效的，所以现在女方家庭拒绝送女成婚的行为的确违反了法律。刘一针见血地指出了此点，然后力劝男女双方协商一致，而不要强迫为婚。刘又针对新郎的父亲广求书札、托人说项（给法官施加压力）的行为，附带评论道："公事到官，有理与法，形势何预焉？"换言之，法官作出判决只会依据"理"和"法"。② 刘最终的决定是纯粹依法而不是依理做出的，但仍概要提及"理"的作用。他的这一做法，显示了其将"理"置于与"法"等同的地位上。③

除上述对"理法"之于判决重要性的概要提及之外，我们在因继承纠纷而引发的案件中，可以看到"理法"构成了法官抗辩的理由或判决的依据。法官刘后村就碰到过一个复杂的案件，案中接脚夫（寡妇招进家的赘夫）和

---

① 见唐律 175 条：Johnson, *The T'ang Code* II , 152–154。

② 《清明集》，347（M/L，340）。

③ 我们可以对比一下刘后村在另一个案件中的说法（此案在下注中还会引用到），此案说的是一名接脚夫与妻子已故的前夫之宗亲发生讼争，刘在解决此案时提到："近据案下笔，惟知有理法耳"。（《清明集》，355；M/L，348）

寡妇亡夫同宗亲属争夺死者的产业，法官在判决中提及接脚夫尴尬的身份和处境时，用到了"理法"一词。一方面，有人指控此接脚夫之前曾与人订有婚约，所以无权再跟该寡妇结婚，刘针对此点，认为结婚是被允许的。刘又说"但揆之理法"，应该注意到该寡妇的前夫家还有几名家庭成员，且尚未分家析产。他的意思是说无论这个接脚夫和继子（寡妇之子）的关系是好是坏，于理于法，他在面对寡妇前夫宗亲前来争产一事上，都不应当与之竞争。与遗产处分相关的理以及相关的法律规则，都没有授予接脚夫处分其妻亡夫财产的权利。①

法官黄榦在处理一起因嫁奁地权属引发的纠纷案时，首先引用"法"的规定，然后又诉诸"理"的要求。此案的关键是：究竟是父亲所有的儿子（包括其与前妻所生的儿子）都有权继承这块嫁奁地，还是只有父亲与带着这块土地嫁过来的女人所生之子才有继承权？黄榦选择了前者，他不仅援引了法律，而且注意到了"理"的规定，依理，所有的孩子都需孝顺并照顾其母，而不管她是生母还是继母。在说明了此案的"理"和"法"之后，黄榦认为官府处理公事，首先应该致力于美教化、移风俗，而原审法官对此案中的不孝不友情形置若罔闻，实在是不合公理。很显然，此案中为黄所引的"理"，在某种程度上已经超出了所引之"法"的分量。②

法官吴恕斋在处理一起所谓的"户绝"（无男性继承人）财产的继承纠纷案时，拒绝了死者侄儿的要求，该侄儿诉称他曾经被死者收养为嗣子。吴首先援引法律禁止独子出继给他人为嗣的法律规定，而后为加强语气，设问道："为人嫡子，乃自绝其本生父母之嗣，而过房于其叔，于理可乎？"③ 故而，在援引法律之后，刘又指出案中的悖理之处；最后，他以这么几句话作结："其所争陆地至微，官司非有所利也，但欲使嗜利小人稍知忌惮，不至冒法而悖理耳。"④ 这一措辞与"理法"一词表达的意思相同。法官意在表明其判决的依据是建立在"理"和"法"之上的，以便让当事人（及其他人）明白徇理守法的重要性，而不可利欲熏心。

我们再来看吴恕斋处理过的另一起"户绝"案，该案中兄弟之间的家庭关系有别于以上那个案子。A 在其哥哥 B 生命的最后阶段，强迫 B 立 A 的孙

---

① 《清明集》，354（M/L，346~347）。

② 《清明集》，606~608（附录），关于此案，另见 Ebrey, *Inner Quarters*, 113；Birge, *Women, Property, and Confucian Reaction*, 194–196。

③ M/L，205 将这里的"理"理解为"合理"而不是"准则规范"。这也是一种可能的解释，但大体而言，"理"指的是规范立嗣问题的法律或准则。此点从最后法官称其判决乃依据"理"和"法"做出可知，此处的"理"解释为"准则"可能更好。

④ 《清明集》，188（M/L，205）。

子 C 为嗣子。后来，B 去世后，A 向官府提出诉讼，请求官府确定 B 的家庭为"绝户"，意欲将 B 的所有家产据为己有。吴批评了 A 在哥哥立嗣问题上的虚情假意。将 C 立为 B 的嗣子本合理法，而现在却兴起绝户之讼，A 本非笃天伦之爱，不过欲以其孙据有 B 之家资耳。此处的"理"盖指兄弟之间的天伦准则。这就很清楚了，"理法"中的"法"指的是兄弟如果有能力则应为其亡兄立嗣的有关法律规定，而"理"则指规范兄弟关系的天伦准则。根据这些伦则，A 仍应该维持 C 作为 B 的继承人的地位。所以吴才说立 C 作为 B 的继承人是合乎理法的。①

还有一些纠纷也因立嗣权问题而生。法律上的义务，同样是伦常的要求，并不总是被家庭成员遵守。如人死时无嗣，那么按照法律，其寡妻在为死者立嗣一事上有主要的发言权。② 法官黄榦就碰到过这样的案件。原告诉其嫂不立自己之子（死者亲侄）为兄（死者）之嗣，而反立堂兄之子，故而要求法官判决改立其之子（死者的亲侄）为死者之嗣。这个案子经过了好几个法官之手，都维持寡妇的立嗣之权。黄榦认为他们的判决是正确的，因为法律清楚地规定了寡妇在为亡夫择立子嗣一事上的优先权。何况，其夫生前就与弟弟时常争吵，形同冤家，而更愿意以堂兄之子为嗣，这也表明了该寡妇择立堂兄之子为嗣是有理由的。黄榦因此得出结论，维持该寡妇的立嗣行为，并且认为此事"援法据理，极为明白"。"法"指出的是寡妇有立嗣之权，以及需择同宗昭穆相当者为嗣。而"理"的意义更为宽泛，包括寡妇对于亡夫生前意愿的遵从。"理"既然规定了夫妻一体，且妻循夫之愿望择立嗣子，当然更无可厚非。③

另一名法官在处理一起旷日持久的诉讼中，也产生过类似的看法。原告诉其嫂立同宗三岁幼儿为亡兄（死者）之嗣，而不择立自己之子（死者亲侄），坚决要求改立己子。法官发现原告兴讼纯为图谋死者的遗产，而寡妇择嗣"初不违法，初不碍理"。但是原告却与其寡嫂及该嗣子（寡嫂死后）缠讼不休，毫无道理。法官在判决中所称的"理"也指寡妇的行为符合伦理准则，即在夫死无嗣时为其择嗣，以使夫家香火不绝。④

在一个案件中，死者的叔叔和长兄不同意死者生前的立嗣做法，长兄声称死者生前所立乃他人之子，虽然其真实身份还有待查明。法官认为事既到官，"只当以理法处断"。"法"指的是为死者立嗣的相关法律规定，

---

① 《清明集》，229。
② 见《清明集》260 中所提到的规范立嗣的相关法律规则。
③ 《清明集》，605（附录）。
④ 《清明集》，504（M/L，457）。

"理"则指一系列复杂的伦常准则，包括择立同宗昭穆相当者为嗣，在同宗昭穆相当者中也要区别贤与不肖，且在择立时，近亲（此处指叔叔和长兄）的意见不当有泾渭之别，而应在"亲亲""尊尊"的基础上，步调一致。

"理"之观念在判决的最后又被提及，只不过代之以"道理"和"伦理"二词。该案件被发回，知县再请宗族亲戚中识"道理"者合谋选立。此处的"道理"指的是有关立嗣继承方面的规矩。"法"仅仅对择立规定了实质要件（同宗昭穆相当），而"道理"则将"法"再进行细化。宗族长老会对具体的家庭关系再行考虑，从而择一比较熟悉、又较为合适的人成为嗣子。法官并且命令叔侄二人停止争吵。叔叔对侄儿应当教训包涵，而侄儿亦当遵从亲叔的教训，这样才"各全伦理"。也就是说，遵循了人类（尤其是家庭之中）伦常之道。①

除了立嗣继承案件外，我们在其他类型的案件中，也能发现用"理法"作为判决依据的情形。此类案件之中，"理"更多指的是规定财产权的准则，而不是人伦之道。法官韩似斋就碰到过这样的案件，其中一名男子娶了家中的女仆，又诱拐女仆与原主人所生之幼女，此女已许他人，且定有婚书。韩首先指出此男子行为触犯了法律，而其与家中女仆结婚，且诱拐已许他人之幼女，实属玷辱家风。然后他又指出："为官司者，便当据条任理而行之。"此处的"理"，系指不当与家仆结婚且诱拐已许他人之女。这样的行为同时还触犯了关于婚姻的法律规则。而此案原审法官的错误在于过于听信此男子与女仆的一面之词。②

叶提刑在复审一起案件时，曾经批评原审法官"不顾义理，不照法令"，因为原审法官以"户绝"为由，要求将该家的财产没入官府。叶的批评表示地方法官为贪念所驱使，误解并忽略了相关的法律规定，因为依法，该家庭不该被定为"户绝"。叶提刑认为要审断此案，必须"据理据法"，虽然马伯良和刘子健认为此处的"理"乃"理由"的意思，但从叶前面提到的原审法官"不顾义理"一语，我们可以知道这个"理"表达的更多是"公正和合理的标准（准则）"之义。

叶提刑提到自己审判的依据乃是"理法"，而原审法官乃"不顾义理，不照法令"，此时，叶的"理法"中的"理"，其展开即是"义理"，而"法"，即是"法令"。提刑的意思是，原审法官之前的判决于法有违，因为

---

① 《清明集》，207～208。关于此案中"道理"的另一种用法，见《清明集》，208。
② 《清明集》，231（M/L，257，译成"the officials should have followed legal provisions in settling the arrangements according to principle."）。

法律规定，如果人死前，曾经收养过异姓子为嗣，则养子可以继承养父的遗产，而原审法官并未理解此条。同时，提刑的另外一层意思是说，原审法官为微末小利所驱使，不公正地对待孤儿（养子）寡母，其行为也有失官员保民养民之义（理）。①

在一个关于典卖的案件中，法官发现土地持有者（典权人）修改典契并拒绝出典人在期限内回赎，他认为这样的行为"揆之理法，无一而可"。法官已经注意到典赎之法，昭如日星，典契中也写得分明；然后，他又进一步援引关于土地典卖回赎方面的"令"，作为判决依据。此令表述如下："诸理诉田地，而契要不明，过二十年，钱主或业主死者，不得受理。"这样，法官是"法"和"理"两重意义上使用"理法"一词的，所谓"法"指的是土地回赎之法，所谓"理"则是从"法"中引申出来的（或许就是律中应有之义）规范土地回赎等条件的规则，这两者构成了法官受理此案的根据。②

还有一个案件中，A将土地典卖给B，A仅有一女及招赘之婿，女儿女婿并不知道这块田地是典是卖。当A去世之后，A的女儿想将土地从B手中赎回来。B拒绝提供原来的典契，而另外出示一份签名时期在后的契约，后一份契约表明土地已过回赎期限。法官吴恕斋发现这第二份契约系伪造，故而允许A的女儿照典契取赎，庶合"理法"。本案中吴对与土地回赎有关的"理法"，说得尤为明白。③

2. 对当事人的批评

我们在不少判决中都可以看到法官批评当事人"不晓理法"或"不循理法"。考虑到普通百姓很少能知道法律的具体规定，故此时法官强调的更多是"理"而不是"法"。人们通常情况下是知道孰对孰错的。

在一个案件中，一家有两人去世，各有女儿赘婿而无子，且不曾命继。死者之一的母亲（最初曾是家中婢女）欲依孙婿以养老，就不愿为两名死者立嗣。法官吴恕斋对此论道："妇人女子，安识理法？"此语隐含了对其他人（死者的亲属）的批评：他们应当知理，并且应当对原告好生指教。"理法"包含了亲族应为无子而亡之人立嗣以使香火延续的"理"，以及在这种情形下人们依法应如何去做的"法"。④

同样是这个吴恕斋，在处理另一件立嗣纠纷案时，碰到了更多的麻烦。该案中，哥哥去世，弟弟在母亲和寡嫂的授意下，立了一异姓子为嗣。这一

① 《清明集》，273（M/L，281）。另见 Ebrey, *Inner Quarters*, 211。
② 《清明集》，315（M/L，321）。
③ 《清明集》，316。
④ 《清明集》，205（M/L，223，"理法"被理解为"法律规则"）。

做法是与立嗣当以同宗昭穆相当者为之的法律相悖的。翁认为，如果当初立嗣时有宗亲加以反对，则官府当支持该宗亲。然而，事情已经过去了八年，此养子的祖母（即死者的母亲）和母亲（即上文的"寡嫂"）也已相继谢世，而现在叔叔（即死者的弟弟）提出异议，要求废掉此嗣子而另立他人，这是不允许的。尤其是现在的嗣子乃当初为其亲立，而在当初立嗣时，他并未提出异议。如今，这对叔侄（养子）已势同水火，各自向官府告对方行为悖谬。

在考虑了侄儿和叔叔的相关行为后，吴认为后者更应当受指责，因为前者年龄尚轻（14岁），且其行为乃受母亲家人教唆所致。而这个叔叔不顾之前审判此案法官的反对，仍一意孤行，必欲以"私情"而废"公法"，"且实不知孝弟于其父母兄弟"，"以人心天理不可磨灭"。尤其是该叔叔算起来还与当今皇后一族沾亲带故，更"合知理法"。① 此处的"法"必定指与立嗣相关的法律规定，但"理"则含义更广，不仅包括与家族继承问题相关的准则，而且包括不可变易的天伦孝弟之则。②

法官刘后村在我们上文已经提到过的一起案件中，③ 因争讼者双方"不晓理法"而予以批评。死者之妾与死者的兄弟为争遗产讼至官府，死者之妾不顾其亡夫已殁之养子尚有两个女儿在世，试图将死者之产业全部收归己有，而其叔（死者的兄弟）试图将自己的儿子立为死者之嗣，这同样有害于前述的两女。④ 刘发觉这两个争讼者都为贪念所驱。叔叔于法（尤其是"户绝"情形下的女儿和孙女的继承权）⑤ 一无所知，两个争讼者"皆缘不晓理法"，"而不知其为背理伤道"。⑥ 且这个叔叔，还不识"文理"，这里的"文理"可能表"合乎礼仪的行为"之义。刘的整个判决，表明他用"理法"一词表示与立嗣与户绝财产继承有关之"法"，及有关人伦准则之"理"。⑦

① 我们可以来看另一个案件（《清明集》，443），该案中法官认为一个出自士大夫之家的人行为举止应当"合知理法"。
② 《清明集》，202（M/L，217，译成"He should be expected to conform to reason and the principles of the law"）。另见 Ebrey, *Inner Quarters*, 247－248。
③ 见《清明集》，252、253。
④ 关于此案的复杂性，见 Burns，上注62，116~117、263~265；Ebrey, *Inner Quarters*, 105－106；Birge, *Women, Property, and Confucian Reaction*, 81－84
⑤ 在后面的判决中（253），法官再次批评：叔叔不知条法。
⑥ 关于这点，见《清明集》252。
⑦ 《清明集》，252。在刘后村对同一个案件所作的进一步判决中（《清明集》254~277），刘发现叔叔的行为意在欺骗孤儿寡母，于是他愤慨："此何理哉！"（《清明集》，256）"理"此处再次表明叔叔的行为有失家族内亲亲尊尊之道。

　　还有一个上文已经提到过的案件，① 一户户主试图抓住夜敲其门的不速之客，而不知道来客乃是其堂兄，堂兄为逃避追捕跌入河中溺毙。当尸体数日后浮出水面，这名户主不敢去通知官府，于是贿赂堂兄的亲戚试图将此事"私了"。法官认为此乃"愚民不晓理法之故"。"理法"一词首先表明，法官认为此案中的户主并不了解其行为已触犯杀人罪条，也不了解杀人罪条具体是怎么规定的，更不了解法律规定发现尸体是需要报官处理的。此词同时还表明，法官责备当事人缺乏起码的法律观念。如果没有关于杀人和尸体报官的法律规定，那么怎么可能造就良好的社会秩序？个人的安全又何从保障？②

　　在其他案件中，对当事人的批评表现出不同的形式。在一起继嗣案件中，原告起诉请求换掉两名已经去世的兄弟的合法继承人，而代之以其与小妾所生之子。在判决中法官提到：原告心中存有"私意"；原告不服以前审案法官的判决；人心天理俱在；他本人碰到骨肉亲戚之讼都以道理训谕。③随即，法官对原告的起诉行为表示惊愕，并认为："所宜挽回和气，勿致悖理法而戕骨肉，费赀财而肥胥吏。"由此可知，法官的话中暗示了原告的行为既触犯了有关立嗣的法律，又不合人伦之规范。④

　　法官蔡久轩在一起案件中批评继子卖本生家产业的行为乃"违法悖理"，"违法"指的是出继子在法律上没有权利出卖本家的产业，而"悖理"则指出继子违反了规范养子与其本生家庭关系的伦理准则。但蔡在说了"违法悖理"之后，紧接着加上一句"莫此为甚"，这又表明法官是站在基本的家庭伦理规范的角度上思考问题的，⑤ 而不单单局限在养子与本家的关系上。

　　在一个相似的案件中，也是这个蔡久轩，批评继子干预本生家庭事务的行为"此不特于法有碍，而于理亦有疑"。之前他已经指出："天下岂有二父本理哉？"所以，此处的违礼，蔡指的是当事人依旧将自己视为本家的一员，而违反了其与养父伦常准则，不符合其现在的身份（出继子）。⑥

----

① 见《清明集》，487。

② 《清明集》，488。

③ 关于此点，见《清明集》，206。

④ 《清明集》，206（M/L，227，将"理法"理解为"法律规则"）。

⑤ 《清明集》，298（M/L，309）。

⑥ 《清明集》，298（M/L，311）。我们可对比吴恕斋处理的一个案子，在哥哥临死时无子孙的情形下，弟弟想将自己的孙子立为哥哥的继嗣子；但在哥哥死后，他却又提起诉讼，要求确认哥哥家为"户绝"。对于弟弟最初的起诉，吴评论道，如果叔叔果有爱兄念嫂之意，怜其绝嗣，思所以继之，以己之孙为兄之孙，"本合理法"；然而，该弟弟的所有行为其意只在图财，全不顾兄弟之情。"理"此处很明显表达由兄弟手足之情而生的义务。（《清明集》，229）

在一起同宗妄诉孤儿（侄儿）寡母的案件中，法官翁浩堂批评原告"不顾理法之不当"。他援引了三条相关的法律，均能很好地应用于立嗣继承案件中。尽管法律规定已立昭穆相当者（在目前这个案件中指的就是这个侄儿）不应被撤换，但叔叔为贪欲所驱，诬告其侄之前已被立为别家之嗣，以此为由，剥夺该侄子目前的嗣子身份。为此，他多年嚣讼不已。翁对原告的批评，与其说是原告不遵守立嗣的规则，不如说是其不念叔侄（以及该侄的寡居祖母）之情。法官的观点与其说是指叔叔的行为是"荒唐的"，不如说是指其行为有违人伦之准则（来得更为恰当）。①

在一起典卖案件中，一个儿子在母亲在世时就将土地典卖给旁人，典权人和牙侩明明知道这块地出典人无权处分，却仍旧进行交易，并试图欺骗官府，法官刘后村批评了典权人和牙侩。刘似乎意在表明，因为他们在这个儿子非法交易中存在着合谋串通的行为，典权人和牙侩不仅违反了相关法律，也违反了一般交易的行规准则。典权人在此过程中起到了鼓励这个儿子交易的作用，而牙侩则违反了身为牙行人员所应负有的诚信义务。②

（二）"法理"

"法理"这个词在《清明集》中出现的频率远低于"理法"。"法理"是一个偏正式词语，意指"法的原理"或"法的规范"，"法理"一词并不表示两套虽有关联但各成体系的规范，而只表示一套规范，即法律规范。此词要强调的是法所包含或隐含的"理"。可从两种意义上来理解：其一为法庭所援引、作为判断人的行为对错与否的具体规则；其二是对法官的判决有指导意义的一般法律原则。"法理"一词在《清明集》中通常表第一义。在上文提到过的一个案件中，③ 一男子诱拐了其妻（家中女仆）与原主人所生之女，而该女已经许嫁他人，法官韩似斋认为：法理悉当追还。此处的"法理"一词，表示必须将所拐之女归还给已经许嫁之家的法律规则。④

还有两个案件中，"法理"与"人情"同时出现。此处的"法理"与"法意"的意思庶几相同，指的是"法律的真谛"或"法律规则背后的宗

---

① 《清明集》，247（M/L，278，译成"disregarding what reason and the law prohibit as improper and aiming only at the seizure of property"）。

② 《清明集》，301。

③ 见《清明集》，231。

④ 《清明集》，231（M/L，258，译成"by law and reason"）。

旨"。法官韩似斋就在第一个案件的判决中说道:"当职于孤幼之词讼,尤不敢苟,务当人情,① 合法理,绝后患。"此处的"法理"表示与寡妇待遇相关的法律的宗旨。② 而在第二个案件中,另一位法官在提出了解决方案之后,又指出这一方案"人情③、法理两得其平"。"法理"同样指的是有关继承法律的宗旨。④

在另外两个案件中,"法理"的含义并不十分清晰。其中在第一个案件中,一人诱拐了他人之妻,并将之藏于自己屋内,随后又给官府派来的调查人员行贿,法官对此评论道:"岂法理之所容?"法官评论的是当事人绑架和贿赂的严重罪行,很明显这些罪行为法所不容。但为何他要将"法"与"理"连在一起用呢?是否另有深意?还是为了强调绑架行为的邪恶性,故没有任何理由对当事人予以从宽处理?或者是法官为说明法律的目的是保护合法丈夫的权益,以免其妻被不法侵害,故而用此词语? ⑤

第二个案件由检法书拟,最后由宋自牧断罪,其判决书中有"宁顾法理"一语。这是"检法"官员在审查此案原审法官的判决时,发现其已被身为当地豪强的当事人给贿买了,故而有此一说。此处的"法理"与其说是表达"法律规则"之义,不如说是表达"法律中包含了处理官员受贿罪行的规则这一事实"之义来得更为恰当。⑥

结　论

我们应该重新提到一点,此点至关重要,即宋代的司法官(和传统中国的所有司法官一样)除了将自己视为是法律的执行者之外,还自视为一个道德的教化者。他们主要的职责就是代表君主为政一方。作为一方的行政大员,他们常常要扮演多个不同角色,而其中最重要的两个角色就是教化者和司法官。这在不作为地方亲民之官,而作为巡查地方之官(比如提刑按察使)的身上表现得尤为突出。较之于司法官,宋代的官员事实上更看重其教化者的角色。在一个案件中,胡石壁就说过:"区区此心,惟以厚人伦,美

---

① "人情"此处可能指法官需要考虑案中存在孤儿的情形,认为需要对其财产进行保护。
② 《清明集》,233 (M/L, 262,将"法理"译成"law and principle")。
③ 见《清明集》,267。
④ 《清明集》,267。
⑤ 《清明集》,450 (M/L, 426,译成" cannot be excused either on the grounds of law or reason")(但是这个"reason"在此情形下却没有任何特别的意义)。
⑥ 《清明集》,463。

教化为第一义，每遇听讼（亦复如此）①。"② 另外一名法官也说："本合重行科断，以正风俗而厚人伦。"③ 我们从宋代法官的判决中常常可以见到道德劝诫和对当事人的谴责，这都说明这些法官自觉地以正人心厚风俗为己任。

当然，法官也不会割裂其教化者和司法者的角色，而是教刑并用。例如，当他们用"理"（"法"）来提醒当事人注意其互负的义务时，即意味着他们正在援引相关的规范准则，来告诉当事人怎样做才是正确的。法官希望此种行为有助于当事人将来生活得更好，彼此之间更能以礼相待，避免争吵（尤其在事涉财产时），从而减少他们未来发生诉讼的可能性。之所以说教化和司法（法律）是紧密纠缠在一起的，是因为：一是当事人的罪行构成了法官对其道德苛评的支点；二是一旦人们自觉践履伦理道德，则讼案的数量将大大减少。

为了扮演好其司法角色，法官需要对案件做出判决（或决定），也就是说，他需要正确地定罪，恰当地处罚，或者说他需要为财产、立嗣等纠纷找到一个解决的方案。本文旨在探究宋代法官的司法推理过程，通过推理，他们最终做出判决。我们用的主要方法就是对判决中出现的关键词做出分析，它们或者被法官用于检验证据（例如当事人的陈述或证人证言）的可靠性，以便获得案情的真相，或者被法官用作判决的依据。这些关键词，除了"法"以外，还有"情"以及与之相关的复合词"情理""人情"，"理"以及与之相关的复合词"道理""事理"，还有复合词"理法"和"法理"。④

为了分析"情"和"理"及其各自的复合词，我们首先得在"含义"和"功能"之间做一区分。词语的含义可以通过推敲该词所指向的情境（包括人们如何行为或应当如何行为）而弄清，而要了解其功能，则必须看该词在法官的判决书中呈现何种结构以及出现在哪个位置。而恰恰是对这些词语功能的分析，才是理解判决如何做出的关键所在。

对于这些关键词，至少需强调两点。其一，这些词中间最为重要的两个——"人情"和"理"，都具有多重含义，发挥着多种功能。甚至在同一份判决中，这样的词语所发挥的功能都不止一种，比如有时其既可以作为谴

---

① 原引文语意不全，即"每遇听讼"是一句的开头，后面还有"于父子之间，则劝以慈孝，于兄弟之间，则劝以爱友；于亲戚、族党、邻里之前，则劝以睦姻任恤。"但如果说"每遇听讼"也厚人伦、美教化，也能说通，故译者后面加一句"亦复如此"，来概括原文后面的内容。——译者注

② 《清明集》，363（M/L，358）。

③ 《清明集》，44（M/L，85）。

④ 要想在英文中找到与这些复杂且多义的汉语词汇完全相对应的词是困难的，所以我们只能大略言之。

责的工具，有时又可以作为判决的依据。所以，要确定该词究竟有何含义和功能，绝非易事。例如西方学者就曾为"理"在特定情形下，究竟表"理由"之义还是表"准则"之义而聚讼不已。其二，法官在判决中所用的语言有时很夸张，尤其是法官意在提醒当事人注意人伦之道时，他们会大量用到"人情"和"理"两词，此时，这些词会作文学藻饰之用，而对判决并不起实质性的作用。此时，至少在大多数情形下，如果依然将"人情"和"理"理解为法官对案件所作的说明，则大错特错。法官在对当事人进行谴责以及提醒双方注意他们的义务时，往往会用这些词来加强语气，意在强调当事人的这些行为将被法官作为一个重要事实而在最终的判决中予以考虑。

通过分析，我们知道这些关键词大致发挥了三种最重要的功能，各词在判决中所扮演的角色或居其一，或更多。这三种功能为：其一，对证据进行检验，以及对诉讼行为（包括自己的行为及别的法官的行为）进行评价；其二，对诉讼当事人的行为进行谴责（或定罪）；其三，作为构成判决的一个要素，即构成判决的依据。

（一）对证据或诉讼行为的评价

在这种情形中用得最多的关键词就是"理"，其最基本的含义就是"理由"。法官最重要的任务之一就是确定判决所依据的事实。这一任务要求法官必须弄清当事人对其行为和目的的陈述是否可信。而检验其可靠性的工具就是"理"。这就需要追问：当事人的陈述是否"合理"？换言之，当事人的陈述前后逻辑是否连贯？他们的行为和目的是否符合人们一般常识和通常做法？总之，宋代法官检验当事人证词可靠与否的依据就是看其是否遵循了"理"。

有时，一名法官会对自己的诉讼行为评价为"合理"（"循理"），或批评别的法官的诉讼行为"不合理"。言下之意就是说法官的判决是否通情达理。此外，法官还用该词表明什么才是在特定情形下应该去做的。

我们再来看一下"人情"用作对法律或其他文书进行辅助性解释的情形。法官会用统称为"人情"的大量事实（地方风俗习惯、家族关系、证人证言）来解释法律或发现相关文书存在着作伪的情形。虽然此处的"人情"不同于通常意义上的"人情"，后者指"人的情感"，但我们也无需夸大其差别。例如，当"人情"表示地方风俗习惯时，也能从中找到"人的情感"之义。因为这些风俗习惯归根结底源自于当地人的共同"情感"。

（二）对当事人的行为进行谴责（或定罪）

宋代法官在判决中提到当事人的行为不合伦则时，其语气往往变得极为激烈。这时候他们往往会用到"人情"或"理"("情理",此时"理"通常表"准则"之义)一词。当然在谴责当事人及教育其迷途知返时,谴责本身同时也构成法官判决的依据。法官在做出判决时,会将当事人的不堪行为考虑进去。

尽管"人情""理"("情理""理法")都可以用在对当事人行为进行谴责的情形中,但其确切的含义或关注的点是不同的。"人情"在此最基本的意思是指人之常情,以及人们互相对待的方式是否发乎于情的"情"。它与理学中"情"一样表"情感"之义。而"理"也可用来表示亲属(或普通人)之间如何相待的伦常准则,法官将"理"视为天地(包括人类)之极则。由此可见他们直接受到了理学(新儒学)道德和形上学教义的影响。①

(三) 判决的依据

对宋代法官判决的依据进行分析是一个复杂的过程。我们当然无法复制法官的整个推理过程。但我们可以通过考查几个正式"指标"(这些"指标"对法官的判决产生了极大的乃至决定性的影响),来讨论宋代的司法推理,正所谓管中窥豹,以见一斑。这些"指标"就是在判决中不时出现的术语,特别是"情""情理""人情""理""道理""理法",以及"法理"诸词。这些词在特定的语境下出现,表明法官是在考虑了一系列的情况下才做出判决的。其中不同的表达方式又清楚地显示了法官考虑的重心不同。大体而言,我们可以将表达方式分为"围绕着情的表达"和"围绕着理的表达"两大类。前者主要叙述事实情势,而后者主要征引规范准则。当然还有两处需要做一点限定性的说明。"情理"一词表示与事实和规范都相关的依据,而"理"有时表"理由"(而非"规范准则")之义,作为判决的依据。

"判决的依据"中的"依据"在不同的案件中差别甚大。在绝大多数案件中,"法"是判决的依据;也有一部分案件中,"理"也可单独构成判决的依据,甚至在特定情形下,"人情"都可以独立构成判决的依据。但有时所谓"依据",不过是起支持和强化判决作用的某些因素(特别情形下,也包括相关的准则)而已,判决的直接依据还是法律。有时"依据"还是一种起调节作用的因素,法官用其来修正某些法律上的规定,而不完全照搬照抄。"人情"有时就具有这种功能。

现在我们再来对各关键词用作"判决依据"的情形做一个简要的小结。

---

① 关于理学思想中"情"与"理"的关系,请参看前注葛瑞汉、陈荣捷、波尔对其所作的简要讨论。

"情"在"事实"意义上经常被法官用作案件解决的前提。如果不把所有的案情事实弄清，法官就无法确定适用何条法律或准则。而有时"情"也是一个更为技术性的概念，表"决定性的事实"之义。在这个意义上，它表示一系列特定的情势，对法官适用法律起到了决定性的影响。①

复合词"情理"有时与"情"具有相似的功能，都表示"事实"之义，是指判决作出前确定相关事实和准则的必要性。其发挥的功能是复合性的，它同时被法官用来对当事人的行为进行谴责，此点也是判决需要考虑的因素。《清明集》有案件表明法官应用"情理"来证明当事人行为"邪恶"，因此而对其进行处罚。这意味着当事人的行为违反了常理，因而必须遭受刑罚。此处是行为本身的性质而不是行为的违法性构成了对当事人用刑的理由。②

"情"的另一个复合词——"人情"作为判决的理由，更是扮演了一个特别重要的角色。它常常和"法意"连在一起，起支持和强化已经依法做出的判决的作用。人情与法意紧密相连，总让人倍感兴趣，因为这表明法律是充分考虑到了当事人之间的情感的，或者说是考虑到了当事人特定的身份地位的。因此，人情和法意并非风马牛不相及，人情充分体现了法意，且两者都被法官用作评价其判决恰当与否的标准（是否遵守法律、合乎人情）。人情和法意的这种关系在有些含有"人情"一词的判决中表现得尤为突出，此时，与其说"人情"只是起到支持和强化已经依法做出的判决的作用，不如说是起到证明在此情形下对法律进行修正适用是有道理的作用。此时，我们不能说法官对法律置若罔闻，但至少由于考虑到人情，导致其在适用法律方面不会太过机械，正所谓"法律不外人情"。③

然而有时，"人情"被独立地标举出来，此时它不再与法律连用，而是作为"决定性事实"而存在，且站到了法律的对立面，或者说它"超越"了法律。这种情况虽不常出现，④但在宋代的法官的判决中的确存在，此时当事人个人处境引起法官的特别关注，法官更愿意做出一个"公平的"而不是"合法的"判决。

因此《清明集》中所提到的"人情"，在不同的语境中其意思有很大的不同。这一术语常常指人类的情感，法官常用它来考查当事人的行为是否合

---

① 见《清明集》，464。
② 见《清明集》，377～378，524，530，516 等。
③ 见《清明集》，268，303，315～317 等。
④ 见《清明集》，165～166，190，502，93，437。

乎人之常情，尤其用于当事人是一家人的情形下。当然也不全是如此。"人情"也可用来表达许多其他方面的事实，比如指当事人的处境或社会生活中约定俗成的做法等。从广义上说，这种约定俗成的做法本身就表示一种"人情"。此点意味着法官在各个案件中都会考虑这些因素，虽然与法律无关，但依然作为最终判决的依据。

"理"也在很多方面被用作为判决的依据。当在"理由"意义上使用时，它又有"积极"和"消极"之分。当在积极意义上使用时，"理"构成了判决的真实理由，表明只需要按部就班，查清事实，适用法律，就可得到一个合乎逻辑的判决。① 而在消极意义上使用，意味着法官找不到任何理由来证明当事人诉讼请求的合理性。②

因此，所谓的"理"，一方面是表"合逻辑性"之义（合乎理性），另一方面是表"证明行为或目的是恰当"的"合理性"之义。一个令人信服的判决或许只有一个理由，即这个判决是依法做出的，法官完全没有考虑任何其他因素。然而，法官在听讼时，如果任何一方当事人都未能提出一个好的理由来支持其请求，或者这个请求根本就是"不合理"的，那么法官就会拒绝当事人的请求。

而当"理"在"准则"意义上用作判决的依据时，与在"理由"上有很大的不同。它提供了行为的标准，在很多案件中这一标准也符合理学教条所强调的伦则，法官以此为据进行判决。诉讼当事人之间的关系及其相应所应遵循的伦常准则，是法官判决的实质性依据。自然，法官也会考虑不同的行为准则，这些准则并不一定源自理学教条，但更具有"法律"的意味，譬如关于财产权的规则以及行业习惯、职业规范，等等。但不管是何种准则，基本上都受到了法律相关规定的影响，或者说就是制定法的延伸。然而，即使在法律对某一个事物已经有明确规定的情形下，法官可能依旧会去"发现"另外的一些准则，用这样的办法，他可以加强其判决的权威性，并借此对当事人施加压力促使其服从判决。事实上有的时候，这样的准则单独就构成了判决的依据。③

有时，法官也用关键术语来强调"理"和"法"联系的紧密性并作为判决的实质依据。"理法"一词表明法官希望强调其判决乃有理和法的双重依据。④ 甚至还表明法本身也有理的表现，法源于"人伦""天理"，并使之得

---

① 见《清明集》，133，198～199，237。
② 见《清明集》，119，202，205，298等。
③ 见《清明集》，258，345，553。
④ 见《清明集》，188，207～208，229，231，347，354，504，606～608等。

以贯彻落实。而"法理"一词,在《清明集》中只是偶尔能够见到,① "法理"一词并不表示两套虽有关联但各成体系的规范("理"与"法"),而只表示一套规范,即法律规范。此时的"理"自身包含于"法"中,并一同表现为"法"。

译自 *Journal of Song-Yuan Studies*,Volume 41,2011,pp. 107 – 189.

---

① 见《清明集》,231,233,267。

《中国古代法律文献研究》第七辑
2013年，第359～379页

黑水城出土 Инв. No. 4794
西夏文法典新译及考释[*]

梁松涛　　张昊堃[**]

摘　要：黑水城出土的 Инв. No. 4794 西夏文法典为《天盛律令》之外的另一种法典文献，目前学界尚未解读。本文对 4794 号法典进行了全部录文、考释及翻译，并认为此法典内容为有关西夏礼仪的法律规定，主要涉及官员相见仪、坐次仪等，在一定程度上反映了西夏晚期的政治秩序及社会运转规范，体现了西夏以礼制法、以法护礼、以法行礼的原则，为进一步研究西夏法律及礼仪制度提供了新史料。

关键词：黑水城　西夏文　法典　相见礼　坐次礼

　　"礼"是中国传统文化的核心概念，也是传统文化的根本特征与标志。传统的"礼"经过发展演变逐渐形成礼仪制度。在中国传统社会中，礼仪制度与民间习俗互补共生，共同型塑了"礼治天下"的文化样态。西夏时期由于相关资料的缺乏，礼仪制度问题特别是官员相见之礼的研究无法展开。黑水城出土的 Инв. No. 4794（甲种本）和 Инв. No. 6240　6739（丁种本）两件法律文献中保存了较多的官员相见礼仪的资料，为这一问题的研究提供了新史料。

---

　*　本文获得中国博士后第五十批面上项目（2011M501499）资助。
　**　梁松涛，河北大学宋史研究中心教授，宁夏大学西夏学研究院博士后；张昊堃，河北大学宋史研究中心硕士研究生。

一　文书释文

黑水城出土的这两件法律文书由《俄藏黑水城文献》第 9 册公布，编号为 ИНВ. No. 4794①（甲种本），册页装，共存 13 个叶面，每叶两栏，栏 8 行，行约 12～19 字，其中第 1 叶仅左半叶有字，第 13 叶仅右半叶有字。ИНВ. No. 6240　6739②（丁种本）叶面 27.5cm×17.5cm，③ 缝缀装，共存 16 个叶面，每叶两栏，栏 7～8 行，行约 18～19 字，第 7、8 叶仅右半叶有字，第 1、15、16 叶仅左半叶有字。

此文献为《天盛律令》之外的另一部西夏文法典，《俄藏黑水城文献》命名为"亥年新法第十"，从其所存内容看，甲种本主要记述了官员之间的礼仪及违反的处罚，丁种本除部分内容与甲本重合外，尚存其他内容，似为多种法典文献摘抄本。本录文以甲本为底本，同时与丁本互校，断句部分用"/"隔开，并用上角标的形式标出其原卷行数。今录文、校注、译文如下。

【录文】

𗾉𗾦𗲲」13 – 1 – 1

𗰜𗥑 ［1］／𗴟𗒅 ［2］／𗖊𗲲𗏹／𗴟𗰜／𗰲𗪴 ［3］／𗴟𗟻 ［4］ 𗣜𗾉」13 – 1 – 2 𗑱𗗥④𗑱／𗲲𗽴𗸯⑤𗩵𗮔𗘝𗑗」13 – 1 – 3

𗴟𗰜𗰲𗑱𗣜𗰲𗙷𗴍𗒘𗐴／𗰜𗥑／𗴟𗰜」13 – 1 – 4 𗥥𗭪𗑱𗤁 ［5］ 𗧒𗫷𗤶／𗰲𗴟𗰜𗵒𗑱𗴟」13 – 1 – 5 𗰜𗾉𗤁𗣮𗣓𗑱𗴟𗰜𗵒𗴟𗟻𗑱𗮔」13 – 1 – 6 𗤁𗣓⑥𗑲𗘞𗣜𗬥𗾉𗥑𗸯／𗰜𗥑／𗴟」13 – 1 – 7 𗰜𗵒⑦𗖊𗬻𗴟𗰜／𗒅𗴟𗟻𗨁𗮔／𗮔𗴟𗟻𗪴𗑲𗥹𗤶」13 – 1 – 8 𗢳𗣓𗵒／𗷾𗭪𗾦𗢳／𗰲𗴟𗰜𗦺𗮿 ［6］ 𗦳」13 – 2 – 1 𗘞／𗣓𗑱𗴟𗰜𗴫𗮿𗗵𗣜𗢳𗣜𗒘」13 – 2 – 2 𗵒𗐾𗑱𗥹𗤶／𗰜𗥑／𗴟𗰜𗑲𗮵𗾦」

① 俄罗斯科学院东方研究所圣彼得堡分所、中国社会科学院民族研究所、上海古籍出版社编《俄藏黑水城文献》第 9 册，上海古籍出版社，1999，第 178～184 页。

② 《俄藏黑水城文献》第 9 册，第 284～292 页。

③ З. И. Горбачева，Е. И. Кычанов，Тангутские　рукописи　и　ксилотрафы，Москва：Издательство восточной Питературы，1963.（〔俄〕戈尔巴切娃、克恰诺夫：《西夏文写本和刊本》，东方文献出版社，1963）节自中国社会科学院民族研究所、历史研究室资料组编译《民族史译文集》，1978，第 63 页。

④ 丁本此字后有"𗑱"字，意为"法"。此字至"𗘝"字丁本无。

⑤ 丁本衍"𗩵"。

⑥ 丁本此处为"𗮿"。

⑦ 丁本此处为"𗒅𗬻"字，意为"悟、晓""寺、次"。

13－2－3 𗱕𗤋/𗴅𗤈𗰖𗐓/𗄊𗏹𗷺𗴅𗤨𗤨」13－2－4 𗱕𗄊𗏹𗫨𗤓𗘟𗱕/𗴅𗤈/𗰖𗐓/𗄊」13－2－5 𗏹𗷺𗴅𗤨𗤨𗱕𗄊𗏹𗌺𗴅𗤨/𗆍」13－2－6 𗢳𗄊𗏹𗁅𗴅𗤨𗆅/𗅲𗌰𗤋𗘟𗤓𗴅」13－2－7

𗄊𗤁𗰖𗄊𗏹𗤨𗉞𗘟𗨁𗱕𗤁［7］𗆅𗤓𗗟」13－2－8 𗢳𗪱②𗾔𗰒③𗤋/𗯿𗤨𗖟𗟰𗁅𗯿𗠁𗦳」13－2－9 𗩾④𗒘𗌺𗨁/𗰖𗐓/𗄊𗏹𗴅𗤨𗖟𗐇/𗄊」13－2－10 𗏹𗎪𗤨𗫨𗆅𗤨𗴅𗰖𗥃𗤓𗁅𗥑𗫮」13－2－11 𗐓𗌰𗤨/𗄊𗏹𗤨𗘟𗨁𗱕𗤁𗘟𗭴」13－2－12 𗗩𗏹/𗆅𗟰𗱕𗤁𗘟𗭴𗁅𗏽𗌰𗌰𗤨/𗆍」13－2－13 𗙴𗎁𗆻𗌺𗁅𗌺𗪱𗱕𗤋/𗰖𗐓/𗄊𗏹」13－2－14 𗫨𗤓𗌰𗱕/𗴅𗌰𗌪/𗢳𗄊𗏹𗷺𗴅」13－2－15 𗴅𗌺𗥃𗘟𗟰𗱕𗤁𗤓𗴅𗤨𗤋」13－2－16 𗊲𗆍/𗆍𗟰𗱕𗤁⑤𗱕𗤁𗌺𗥃𗤓𗴅𗤨⑥」13－3－1 𗌰𗤋/𗗟⑦𗮺［8］𗌰𗴅」13－3－2

𗄊𗌺𗎪𗁅𗦀𗁅𗨁/𗰖𗐓/𗄊𗏹𗴅𗤨𗖟⑧𗐇」13－3－3 𗎫𗤨𗱕𗹦𗌰𗌰/𗄊𗌺𗆻𗌺𗁅𗁅𗦇」13－3－4 𗤋/𗰖𗐓/𗄊𗏹𗆅𗨁𗫨𗌰𗱕𗤋⑨」13－3－5

𗰖𗐓/𗄊𗏹𗦇𗦀𗖵𗄊𗏹/𗱕𗤁𗆅𗌪𗮺」13－3－6 𗢳𗨁𗳕𗗁𗤋/𗫨𗦳𗴅𗌺𗆅𗌪𗥃𗖁𗤈」13－3－7 𗕒𗤋𗖁𗳕𗗈」13－3－8

𗦀𗷏𗁇𗘟𗌺𗌺𗎪𗆻/𗌺𗌺𗎪𗌰𗆅𗌺𗨁𗤨�‍𗤑/𗢭𗤓」13－3－9 𗷏𗆍𗌺𗌺𗢳𗹦𗢳𗌺/𗌰𗖁𗙴𗖀𗎪𗌺𗤋/𗆍」13－3－10 𗢳𗹦𗲩𗙱𗗋𗁅𗌰𗤨𗢭�% /𗌺𗌺𗎪𗆻𗖵𗍎」13－3－11/𗆍𗤋⑩𗎪𗤨𗖁/𗌺𗏽𗢳𗫮𗈪𗖀/𗤨𗔪𗅈⑪𗖀𗗢」13－3－12 𗇋𗤋/𗥃𗷏𗁇𗘟⑫𗌺𗌺𗢳𗹦𗙷𗗈/𗆄𗭴𗤨」13－3－13 𗩯𗐓𗎪𗁅𗌺𗆅𗙴𗎁𗙷𗌺𗹦𗥃⑬𗦇𗌺𗁅」13－3－14

---

① 丁本衍“𗆍”。
② 丁本此字为“𗤨”。
③ 甲本此处为“𗔁”，从上下文意看甲本此字误，今依丁本改。
④ 丁本此字为“𗆇”，此字通常加在动词之前，构成乞求式的助词，具有“愿、仰”之意，此处用此字，误。
⑤ 丁本少“𗱕𗤁”二字。
⑥ 甲本无“𗤨”字，应为脱文，根据丁本补。
⑦ 丁本脱文“𗗟”，但有一空疑为此字。
⑧ 甲本无“𗖟”字，今依丁种本补。
⑨ 丁本为“𗗟”，误。
⑩ 丁本为“𗔁”。
⑪ 丁本多“𗅈”。
⑫ 13－3－9 到 13－3－13 第6个字与 16－2－5 到 16－2－8 相同。
⑬ 甲本多此字，丁种本无。

〔script〕」13－3－15 〔script〕
〔script〕」13－3－16 〔script〕①〔script〕
〔script〕」13－4－1

〔script〕［9］／〔script〕」13－4－2 〔script〕
〔script〕」13－4－3 〔script〕［10］／〔script〕
〔script〕」13－4－4〔script〕［11］〔script〕」13－
4－5 〔script〕」13－4－6

〔script〕」13－4－7 〔script〕
〔script〕／〔script〕」13－4－8 〔script〕」
13－4－9 〔script〕」13－4－10

〔script〕」13－4－11 〔script〕
〔script〕」13－4－12 〔script〕」13－4－13

〔script〕③〔script〕」13－4－14 〔script〕
〔script〕」13－4－15 〔script〕④〔script〕
〔script〕」13－4－16

〔script〕［12］〔script〕」13－5－1 〔script〕
」13－5－2

〔script〕［13］／〔script〕［14］〔script〕⑤〔script〕」13－5－3
〔script〕」13－5－4

〔script〕」13－5－5 〔script〕
〔script〕」13－5－6 〔script〕⑥〔script〕⑦」13－
5－7 〔script〕」13－5－8 〔script〕
〔script〕」13－5－9 〔script〕」13－5－10

〔script〕」13－5－11 〔script〕
〔script〕」13－5－12 〔script〕」13－5－13 〔script〕
〔script〕⑧〔script〕」13－5－14 〔script〕」13－5－15

〔script〕」13－5－16 〔script〕

---

① 此字后丁本有"〔script〕"两字，似为衍文。
② 甲本无"〔script〕"字。
③ 丁本多"〔script〕"。
④ 甲本脱"〔script〕"字，今据丁本补。
⑤ 丁本此字为"〔script〕"，误。
⑥ 丁本脱此字。
⑦ 丁本脱此字。
⑧ 丁本此字为"〔script〕"，误。

〇〇〇〇〇〇〇〇/〇〇〇〇〇〇〇〇〇〇」13－6－2 〇/〇〇〇〇〇/〇〇〇①〇〇〇〇〇〇」13－6－3 〇〇〇」13－6－4

〇〇〇〇/〇〇〇〇〇〇〇〇〇〇」13－6－5 〇/〇〇〇〇〇〇〇〇〇〇〇/〇〇」13－6－6 〇〇〇〇〇〇〇〇〇〇〇〇〇〇〇」13－6－7 〇〇/〇〇〇②〇〇〇〇〇〇〇〇〇」13－6－8

〇〇〇〇/〇〇〇〇/〇〇〇/〇〇〇〇/〇〇〇〇」13－6－9 〇/〇〇〇〇〇〇〇/〇〇〇〇［15］/〇〇」13－6－10 〇〇〇〇［16］/〇〇〇〇〇〇〇〇〇/〇〇〇」13－6－11 〇〇/〇〇〇〇〇③〇④〇〇〇〇〇〇/」13－6－12 〇〇〇〇〇〇〇〇〇〇〇〇〇〇〇」13－6－13 〇〇〇〇/〇〇〇⑤〇〇〇〇〇〇〇」13－6－14 〇〇」13－6－15

〇〇〇〇/〇〇〇〇〇〇〇〇/〇〇〇〇/〇」13－6－16 〇〇〇〇〇〇/〇〇〇/〇〇〇〇〇〇」13－7－1 〇〇〇/〇〇〇〇〇/〇〇〇〇〇〇⑥/〇」13－7－2 〇〇〇〇〇〇〇〇〇/〇〇〇〇〇」13－7－3 〇〇〇〇〇〇〇/〇〇/〇〇〇/〇〇」13－7－4 〇〇〇〇〇/〇〇〇〇〇〇〇〇〇〇」13－7－5 〇〇〇〇〇〇/〇〇〇〇〇〇/〇〇/〇」13－7－6 〇〇〇〇〇〇〇〇〇〇〇〇〇〇〇」13－7－7

〇〇/〇〇〇〇〇/〇〇〇⑦〇〇〇〇〇〇〇」13－7－8 〇⑧〇/〇〇〇〇/〇〇〇〇〇〇〇〇〇」13－7－9 〇〇〇〇」13－7－10

〇〇〇〇〇⑨〇〇〇〇〇〇〇/〇〇〇〇〇/〇〇〇」13－7－11 〇〇〇⑩/〇〇〇〇〇〇〇〇〇〇〇〇」13－7－12 〇〇〇〇〇/〇〇〇〇/〇〇〇〇〇〇」13－7－13 〇〇〇/〇〇〇〇〇/〇〇〇〇〇」13－7－14 〇〇〇/〇〇〇〇〇〇〇〇〇〇」13－7－15 /〇〇〇〇〇〇〇/〇〇〇〇〇〇」13－8－1 〇〇〇〇〇〇〇〇〇〇〇〇〇〇〇」13－8－2 〇〇〇〇〇/〇〇〇〇〇〇〇〇」13－8－3 〇〇〇〇〇〇〇〇/〇〇〇〇〇〇」13－8－4 〇〇〇〇〇〇〇〇〇〇⑪〇/〇〇」13－8－5 〇〇〇〇〇/〇〇〇〇〇

---

① 甲本脱 "〇"，今据丁本补。
② 甲本脱 "〇"，今据丁本补。
③ 甲本此二字为 "〇"，丁本为 "〇〇"，从上下文意看，丁本更合适，今据丁本改。
④ 丁本多字 "〇〇"。
⑤ 甲本作 "〇"，根据上下文意，今依丁本。
⑥ 丁种本少此字。
⑦ 甲本脱此字，今依丁本补。
⑧ 甲本脱此字，今依丁本补。
⑨ 甲本脱此字，今依丁本补。
⑩ 丁本衍 "〇"。
⑪ 甲本原作 "〇"，应为 "〇" 之误，今改。

□□□/□□」13－8－6 □□□□□□□□/□□□/□□□□□□/□□□/」13－8－7 □□□□/□□□□□□□□□/□□□□/□□□」13－8－8 □□/□□□□□□□□□/□□□□/□□□」13－8－9 □/□□□□□□□□□□」13－8－10 □□/□□□□□□□□/□□□□/□」13－8－11 □/□□□□□□□□□□」13－8－12

□□□□/□□/□□□□□□〔17〕/□□〔18〕/□□〔19〕/」13－8－13 □□/□□/□□□□□□□□/□□□」13－8－14 □□□□/□□□□□□□□□□/」13－8－15 □□/□□/□□/□□□/□□□□□/」13－8－16 □□□□□□□□□□□□□□□」13－9－1 □□□□/□□□□/□□/□□□」13－9－2 □□□□□□/□□□□□□/□□□」13－9－3 □□□/□□□/□□□/□□□□」13－9－4 □□/□□□/□□□□/□□□□□」13－9－5 □□」13－9－6

□□□□□□□□□□□□□□□□□」13－9－7 □□□□/□□/□□/□□□□□」13－9－8 □□/□□□□□□□□/□□□□」13－9－9 □/□□□□□□□□□□□□□」13－9－10

□□□□□□□□□□□□□□□□/□□」13－9－11 □□□□□□/□□□□/□□□□□」13－9－12 □□/□□□□□□□□□□□/□□□□□□」13－9－13 □□□□□/□□□□□□□□□□□」13－9－14 □/□□□□□□□□□□□□□□□□」13－9－15 □□□□」13－9－16

□□□□□□□□□□□□□/□□」13－10－1 □□□□□□□①/□□/□□□□□□」13－10－2 □□□□□□□□/□□□□□□□□□」13－10－3 □□□□□□/□□□□②□□□□」13－10－4 □□□/□□□□□□□□□□③□□/□」13－10－5 □□〔20〕□□□□□□□/□□④□□□□」13－10－6 □□□□□□□□□□/□□□□□□/□」13－10－7 □⑤□□□□□□□□□□□/□□□□」13－10－8 □□□□□□□□□□/□□□□⑦□□」13－10－9 □□□□□□□□□□□□□□□□/□□」13－10－10 □□□□□□□□□□□□□□□□/□□□」13－10－

---

① 丁本为"□"，误。
② 甲本此二字为"□□"，乙本为"□□"。
③ 丁本误为"□"。
④ 丁本此字后衍"□"字。
⑤ 丁本此字后有"□□□"三字。
⑥ 丁本此字后衍"□"。
⑦ 丁种本衍"□"。

11 〔西夏文〕①／〔西夏文〕」13－10－12 〔西夏文〕②〔西夏文〕③／〔西夏文〕」13－10－13 〔西夏文〕／〔西夏文〕」13－10－14 〔西夏文〕④〔西夏文〕／序」13－10－15 〔西夏文〕⑤〔西夏文〕／〔西夏文〕」13－10－16 〔西夏文〕⑥〔西夏文〕⑦〔西夏文〕⑧〔西夏文〕」13－11－1 〔西夏文〕／〔西夏文〕」13－11－2／〔西夏文〕⑨〔西夏文〕」13－11－3

〔西夏文〕⑩〔西夏文〕⑪〔西夏文〕⑫」13－11－4 〔西夏文〕／〔西夏文〕」13－11－5 〔西夏文〕⑬〔西夏文〕⑭〔西夏文〕／〔西夏文〕⑮〔西夏文〕」13－11－6 〔西夏文〕⑯〔西夏文〕／〔西夏文〕」13－11－7 〔西夏文〕」13－11－8

〔西夏文〕／〔西夏文〕」13－11－9 〔西夏文〕／〔西夏文〕」13－11－10

【校注】

〔1〕〔西夏文〕：译为"丞相"。⑰

〔2〕〔西夏文〕：《掌中珠》中"〔西夏文〕"译为"经略司"，⑱ 故"〔西夏文〕"可译为"经略"。

---

① 丁本此字误做"〔西夏文〕"。

② 丁本此字为"〔西夏文〕"。

③ 丁本此处为"〔西夏文〕"。

④ 甲本此二字为"〔西夏文〕"，乙本为"〔西夏文〕"。

⑤ 甲本此二字为"〔西夏文〕"，乙本为"〔西夏文〕"。

⑥ 此字丁本为"序"，今依甲本。

⑦ 丁本多"〔西夏文〕"。

⑧ 丁本脱"〔西夏文〕"。

⑨ 甲本脱"〔西夏文〕"，今依丁本补。

⑩ 丁本此字脱。

⑪ 丁本此二字颠倒。

⑫ 丁本衍"〔西夏文〕"。

⑬ 丁本此字为"〔西夏文〕"，与甲本异，今从甲本。

⑭ 丁本此字为"〔西夏文〕"，二字均表示存在状态，并无意义差别。

⑮ 丁本为"〔西夏文〕"，与甲本不同，今从甲本。

⑯ 丁本为"〔西夏文〕"，与甲本不同，今从甲本。

⑰ 史金波、黄振华、聂鸿音：《类林研究》，宁夏人民出版社，1994，第201页；《天盛改旧新定律令》，史金波、聂鸿音、白滨译，法律出版社，2000，第362、368页。

⑱ （西夏）骨勒茂才著，黄振华、聂鸿音、史金波整理《番汉合时掌中珠》，宁夏人民出版社，1989，第54页。

　　[3] 𗙼𗥺：《掌中珠》中"𗙼𗥺𗭴"译为"正统司"，① 故"𗙼𗥺"可译为"正统"。

　　[4] 𗥦𗵈："𗥦"可对音为"检、肩"；② "𗵈"可对音为"蚁、义、艺"，③ 此处为一职官名，结合其对音，"𗥦𗵈"可译为"谏议"。"谏议"为"谏议大夫"之简称。《金史》载：

　　　　乾顺得金赐地，复遣芭里公亮献方物，上誓表曰："臣乾顺言：今月十五日，西南、西北两路都统遣左谏议大夫王介儒等贲牒奉宣，若夏国追悔前非，捕送辽主，立盟上表，仍依辽国旧制及赐誓诏，将来或有不虞，交相救援者……"④

　　可见，西夏时期的谏议大夫有左右之分。在中原王朝的职官体系中，谏议大夫属光禄勋，汉设，秩六百石；三国魏沿置，晋罢；唐初复置，正五品上，高宗龙朔二年（662 年）改正谏大夫，中宗神龙元年（705 年）复旧，德宗贞元四年（788 年）升正四品下，掌谏议得失，侍从赞相；宋元丰改制后升从四品，掌讽喻规谏，建炎二年（1128 年），兼领登闻检院、登闻鼓院。辽朝左隶门下省左谏院，右隶中书省右谏院。金设左、右谏议大夫、司谏，正四品。

　　[5] 𗣼𗆟𗴱𗷲："𗣼"译为"砍、剁"；"𗆟"译为"壁、鼻"；"𗴱"译为"广"；"𗷲"译为"面"，直译为"砍鼻大脸"。故"𗣼𗆟𗴱𗷲"可意译为"迎面相向"。

　　[6] 𗷓𗟻："𗷓"对音为"天、廷、定、殿"；⑤ "𗟻"可对音为"大"、⑥ "太"，⑦ 故"𗷓𗟻"可译为"殿台"，意为官员相聚的朝堂之所。

　　[7] 𗭴𗙼𗥺："𗭴"，"权"意，黑水城出土的编号 ИНВ. No. 4170B3 - 1 的西夏官阶表残叶内有存"𗭴𗞞"，可译为"权职、权位"。目前学界均将

---

① 《番汉合时掌中珠》，第 54 页。
② 《番汉合时掌中珠》，第 431、410 页。
③ 《番汉合时掌中珠》，第 409、415 页。
④ （元）脱脱等：《金史》卷一三四《西夏传》，中华书局，1975，第 2866 页。
⑤ 龚煌城：《〈类林〉西夏文译本汉夏对音字研究》，《西夏语言文字研究论集》，民族出版社，2005，第 456 页。
⑥ 《番汉合时掌中珠》，第 59 页。
⑦ 龚煌城：《〈类林〉西夏文译本汉夏对音字研究》，《西夏语言文字研究论集》，第 456 页。

"􀀀"译为"权"。① "􀀀􀀀"译为"正统"。② 黑水城出土的西夏文兵法《贞观玉镜将》卷二内有"􀀀􀀀􀀀􀀀"。③ 故"􀀀􀀀"可译为"权正统"。《天盛改旧新定律令》颁律表内有:"􀀀􀀀􀀀􀀀􀀀􀀀􀀀􀀀􀀀􀀀􀀀􀀀􀀀􀀀􀀀􀀀􀀀􀀀􀀀□􀀀"("中书习能枢密权赐养孝文孝恭敬东南姓官上国柱乃令□文。")④《西夏书事》载:"得敬,本西安州判,夏兵取西安,率兵民出降,乾顺命权知州事。有女年十七,使其弟德聪饰之以献,乾顺纳为妃,赏赉甚厚,擢得敬为静州防御使。"⑤ 中原的权官始于汉,唐五代称"摄",故又称摄官、权摄官,⑥ 宋称"权"。宋开宝四年(971)"凡有阙员,画时以闻,当旋与注官。若正官未到,各以见任他官权管",⑦ "官以寓禄秩、叙位著,职以待文学之选,而差遣以治内外之事",⑧ 其中差遣是临时委任的职务名,常常有"判""知""权""直"等限定词,资浅者任职者带"权"字。由于官位缺员,朝廷未派或所派新官因故未到任之前,由他官临时代理,同级官员或现任次官可以临时权摄其职,而非朝廷命官或曾犯罪的官员不得权摄,权官任命需遵从严格的本籍回避法,"官守乡邦,着令有禁";⑨ 权官暂代期间也需受到与正式官员相同的考核。《庆元条法事类》中对宋代权官任命的条件做了具体规定:(一)无出身或杂流入仕的未出官人不可任权官;(二)监司、知州的亲随人员不许差注权摄官;(三)寄居官不可权摄;(四)添差官不许权摄州县官职。⑩ 权官在宋代的发展仅限于沿边州县、场务监官等下层官员中,州县要害部门中权官较少。⑪

[8] 􀀀􀀀:横鼻,两人相坐成90度角,故可译为"侧面"。

① 详见李范文《西夏官阶封号表考释》,《社会科学战线》1991 年第 3 期,第 171~179 页;史金波《西夏的职官制度》,《历史研究》1994 年第 2 期,后收入《史金波文集》,上海辞书出版社,2005,第 414 页;文志勇《〈西夏官阶封号表〉残卷新译及考释》,《宁夏社会科学》2009 年第 1 期,第 95~100 页。

② 《番汉合时掌中珠》,第 54 页。

③ 陈炳应:《贞观玉镜将研究》,宁夏人民出版社,1995,第 94 页。

④ 《俄藏黑水城出土文献》第 8 册,第 47 页下;《天盛改旧新定律令》,史金波、聂鸿音、白滨译,第 106 页。

⑤ (清)吴广成撰,龚世俊校证《〈西夏书事〉校证》,甘肃文化出版社,1995,第 402 页。

⑥ (宋)沈括:《梦溪笔谈》卷二,江苏古籍出版社影印本,1999,第 5 页。

⑦ (清)徐松辑:《宋会要辑稿·职官》六二之三八,新文丰出版公司,1976,第 3787 页。

⑧ (元)马端临:《文献通考》卷四七《职官考一》,中华书局,1986,第 1362 页。

⑨ (清)徐松辑:《宋会要辑稿·刑法》二之八四,第 6523 页。

⑩ (宋)谢深甫等编,戴建国点校《庆元条法事类》,黑龙江人民出版社,2002,第 98~102 页。

⑪ 详见苗书梅《论宋代的权摄官》,《河南大学学报》1995 年第 3 期,第 14~20 页。

〔9〕𗄾：译为"正"。"正"为西夏机构之行政长官。

〔10〕𗵉𗥔𗀔𗭆："𗵉𗥔"译为"内城、内宫"。①《文海》释曰："𗵉𗫡/𗵉𗫡𗆟/𗵉𗥔𗆟/𗐝𗤛𗆟𗤶𗫂𗤋𗋽𗟰𗖵"（"宫者宫殿也，内宫也，天子住处宫城之谓"。）② 𗀔𗭆：译为"骑马"。"𗵉𗥔𗀔𗭆"可译为"内宫骑马"。《天盛改旧新定律令》卷一二第三门"内宫待命头颈等头项门"有"𗤋𗤓𗋽𗱅𗰖𗈦𗡩𗧦𗤓𗦎𗵉𗥔𗀔𗭆𗤙𗥦𗋽𗷙𗁬𗍛𗤓𗿷𗫻𗱅𗤙𗥳𗘂𗀔𗥹𗧇𗷙𗋽𗤋𗤓𗡩𗋽𗱫𗶣𗁬"③（"诸人无上谕，不许随意举盖及内宫乘马等，违律内宫乘马时，知礼事则徒三年，不知礼事及随意执盖等一律徒二年"。④）黑水城出土2736号西夏文文书内有"𗤌𗫨𗤶𗤿𗫳𗋽𗦸𗥦𗤿𗢳𗲲𗿷𗥳𗯩𗵉𗥔𗀔𗭆𗤌𗻰𗩾𗟰𗗙"〔黑水城的守卫管理者、持银牌（者）、都尚、内宫马骑没宁仁负呈上〕。⑤ 可见，"内宫骑马"可以理解为能够在皇宫内骑马，是一种荣誉很高的待遇及称号，应为西夏皇帝给予资历深久、德高望重的大臣的一种赏赐和表彰。

〔11〕𗢳𗤶𗰖𗤜𗤛："𗢳𗤶𗰖"译为"殿上坐"；"𗤜𗤛"译为"经略"，故"𗢳𗤶𗰖𗤜𗤛"可译为"殿上坐经略"。

〔12〕𗧇𗵐𗁬𗯿："𗧇"对音为"刚"，⑥ 在西北方言中"光""刚"读音相近；"𗵐"对音为"陆、路"；⑦ "𗁬"对音为"大"；⑧ "𗯿"对音为"夫"。故"𗧇𗵐𗁬𗯿"可对音为"光禄大夫"。西夏阶官名。现存有关光禄大夫的史料主要有：黑水城出土汉文写本《杂字》"官位部"内载："光禄大夫"。⑨《金史·交聘表下》载：

> （泰和）八年，十月己卯，夏武节大夫李世昌、宣德郎米元杰贺天寿节，御史大夫权鼎雄、枢密直学士李文政谢横赐，参知政事浪讹德

① 李范文：《同音研究》，宁夏人民出版社，1986，第266页。
② 史金波、白滨、黄振华：《文海研究》，中国社会科学出版社，1983，第505、273页。
③ 《俄藏黑水城文献》第6册，第270页下。
④ 《天盛改旧新定律令》，史金波、聂鸿音、白滨译，第440页。
⑤ 〔日〕佐藤贵保：《西夏時代末期における黒水城の状況—二つの西夏語文書から》，井上充幸、加藤雄三、森谷一树编《オアシス地域史論叢——黒河流域2000年の点描》，松香堂，2007，第57～79页。
⑥ 《番汉合时掌中珠》，第43页。
⑦ 龚煌城：《〈类林〉西夏文译本汉夏对音字研究》，《西夏语言文字研究论集》，第464页。
⑧ 《番汉合时掌中珠》，第57页。
⑨ 《俄藏黑水城文献》第6册，第145页。

光、光禄大夫田文徽等来奏告。①

（哀宗正大二年）九月，夏国和议定，夏称弟，各用本国年号，遣光禄大夫吏部尚书李仲谔、南院宣徽使罗世昌、中书省左司郎李绍膺来聘。②

西夏陵墓出土残碑编号 M108H：88（图版96）内有一处汉文"金紫光禄大夫"，③ 西夏王陵同时出土的西夏文残碑 M108：34（图版82）第2行1～5字为"𗗉𘝾𗙝𗤗𗧁"；M108：65（图版85）第2行1～4字为"𘝾𗙝𗤗𗧁"；M108：100（图版86）第5行为"𘝾𗙝𗤗"；M2X：87+266（图版14）第1行2字为"𗝢𘝾"，经史金波考订：以上几个职官分别译为："（金）紫光禄大夫""光禄大夫""光禄大""青光"。④ 可见西夏时期有光禄大夫、金紫光禄大夫、银青光禄大夫。在中原职官体系中，光禄大夫为文散官名，西汉武帝太初元年（前104）始置，魏晋时期加金章紫绶者，称金紫光禄大夫，加银章紫绶者，称银青光禄大夫。隋唐时期为散官文阶之号，北宋前期为文散官二十九阶之第三阶，从二品；金紫光禄大夫为文散官二十九阶之第四阶，正三品；银青光禄大夫为文散官文二十九阶之第五阶，从三品。元丰三年，光禄大夫为文臣京朝寄禄官三十阶之第五阶，正三品，并分左右；金紫光禄大夫为文臣京朝官三十阶第三阶，正二品，并分左右；银青光禄大夫由五部（户、礼、兵、刑、工）尚书改名，为文臣京朝寄禄官三十阶之第四阶，从二品，并分左右。

［13］𗗉𗤗𗧁："𗗉"对音为"平、瓶"，⑤ "𗤗"对音为"帐、长、掌"，⑥ "𗧁"对音为"史、事"。⑦ 故"𗗉𗤗𗧁"可译为"平章事"。

［14］𗙞𗣼："𗙞"对音为"郡"；⑧ "𗣼"对音为"公、翁。"⑨ 故"𗙞𗣼"可译为"郡公"。

---

① 《金史》卷六〇《交聘表》，第1480页。
② 《金史》卷六〇《交聘表》，第1487页。
③ 李范文编译《西夏陵墓出土残碑粹编》，文物出版社，1984，第26页。
④ 史金波：《西夏陵园出土残碑释拾补》，《西北民族研究》1986年第1期，第159页；后收入《史金波文集》，第489～490页。
⑤ 《番汉合时掌中珠》，第45、43页。
⑥ 《番汉合时掌中珠》，第47、60、70页。
⑦ 《番汉合时掌中珠》，第57、64页。
⑧ 陈炳应：《西夏文物研究》，宁夏人民出版社，1985，第167页。
⑨ 龚煌城：《〈类林〉西夏文译本汉夏对音字研究》，《西夏语言文字研究论集》，第456页。

[15]𗙏𗥄𗦰𗡞："𗙏"对音为"御";① "𗥄"对音为"史、事";② "𗦰"对音为"大";③ "𗡞"对音为"夫、富、府"。故"𗙏𗥄𗦰𗡞"可译为"御史大夫"。西夏曾设立御史台,《宋史》载:"其官分文武班,曰中书,曰枢密,曰三司,曰御史台,曰开封府,曰翊卫司,曰官计司,曰受纳司,曰农田司,曰群牧司,曰飞龙院,曰磨勘司,曰文思院,曰蕃学,曰汉学。"④ 西夏御史台同时设有"御史大夫"、⑤"御史中丞"。⑥"御史台"在中原职官体系中属监察机构,《宋史·职官志四》载:"其属有三院:一曰台院,侍御史隶焉;二曰殿院,殿中侍御史隶焉;三曰察院,监察御史隶焉。"⑦ 御史台设有御史大夫和御史中丞。御史大夫名义上是御史台的最高长官,宋初御史大夫由他官兼任,元丰改制后,御史官的职掌是"纠察官邪,肃正纲纪。大事则廷辨,小事则奏弹"。⑧ 上至宰相,下至一般小官,都属御史监察弹劾范围。

[16]𗩈𗨢𗥃𗦰𗜓𗥄："𗩈"可对音为"管、观、冠";⑨"𗨢"可对音为"诨、问、文";⑩"𗥃"可对音为"定、铁、听",⑪"铁"中古音属透母入开四屑山摄(–ja< –iet),"殿"中古音属端母入开四先韵山摄(–jã< –ien),故"𗥃"可对音为"殿";"𗦰"对音为"大、袋";⑫"𗜓"可对音为"匈",⑬ "匈"中古音属晓母平合三钟韵通摄(– jo(w)< – jwong),"学"中古音属匣母入开二觉韵江摄(– io(w)< –åak),宋西北方音中,匣母清化后与晓母合并同变为 x–,故"𗜓"可对音为"学";"𗥄"对音为"史、事"。⑭ 故"𗩈𗨢𗥃𗦰𗜓𗥄"可译为"观文殿大学士"。⑮《金史·交聘表》载:"(泰和八年)三月甲申,夏枢密使李元吉、观文殿大学士罗世昌等

① 《番汉合时掌中珠》第 57 页。
② 《番汉合时掌中珠》第 57、64 页。
③ 《番汉合时掌中珠》,第 57 页。
④ (元)脱脱:《宋史》卷四八五《夏国传》,中华书局,1977,第 13993 页。
⑤ 《宋史》卷一六四《职官志四》,第 3870 页。
⑥ 《金史》卷一三四《西夏传》,第 2868 页。
⑦ 《宋史》卷一六四《职官志四》,第 3869 页。
⑧ 《宋史》卷一六四《职官志四》,第 3869 页。
⑨ 《番汉合时掌中珠》,第 69、75、52 页。
⑩ 《番汉合时掌中珠》,第 67、60、38 页。
⑪ 《番汉合时掌中珠》,第 70、68、58 页。
⑫ 《番汉合时掌中珠》,第 57、52 页。
⑬ 李范文:《同音研究》,第 427 页。
⑭ 《番汉合时掌中珠》,第 57、64 页。
⑮ 此条材料为中国社会科学院民族学与人类学研究所聂鸿音先生教示,谨志谢于此。

来奏告。"① 金太和八年为西夏应天三年（1208），西夏在晚期确设"观文殿大学士"一职。而在宋朝，皇佑元年（1049）置观文殿大学士，由曾任宰相大臣担任，无职掌，仅出入侍从备顾问，示尊宠。

[17] 𗹬𗁂："𗹬"译为"府"，"𗁂"译为"君"，故"𗹬𗁂"可译为"府君"。

[18] 𗢷𗄴："𗢷"译为"郡"，"𗄴"译为"首"，故"𗢷𗄴"可译为"郡首"。

[19] 𗊱𗄴："𗊱"对音为"此②、刺③"；"𗄴"对音为"史、事"，④ 故"𗊱𗄴"可译为"刺史"。

[20] 𗼨𗣼𗼨：译为"大恒历司"，⑤ 但从字面可直译为"礼典司"。"大恒历司"为中等司，设四正、四承旨、二都案、四案头，⑥《凉州重修护国寺感通塔碑》载："𗡞𗣼𗤒𗦫𗪘𗇃𗤁𗄈𗙏𗄛𗸪/𗧓𗣼𗡩𗍊𗼨𗣼𗼨𗤒/𗘭𗴺𗼨𗄛……"⑦（大白高国境凉州感通塔碑铭，喻者仁师大恒历司正、功德司副……）先前学界认为"大恒历司"为西夏主管天文及历法的官署，⑧ 从 Инв. No. 6240　6739 及 Инв. No. 4794 两件文书看，应为掌管国家礼制的机构，其官员三年期满续转。

【译文】

应下坐

丞相在经略面前坐时，经略、正统、谏议等当下马行礼，使尊卑分明。

正副经略等进正门时，丞相避免与经略迎面相对。正经略当于副经略之后，副经略于谏议经过处门前行礼时，依礼丞相、经略等于经略、谏议等立处回礼。正经略于廷台侧及副经略座台中立，恭敬地相互问礼，经略应向丞相行半礼，坐时，正经略应于经略之坐处向丞相行半礼，坐时，正经略及副经略坐处应与丞相坐处空二坐。

经略及同级位权正统等一律于正统对面下方下马，进门时，丞相、经略应从坐位上起身，经略行礼，应于一两步以外立，经略与同级正统于台侧

---

① 《金史》卷六〇《交聘表》，第 1480 页。
② 《番汉合时掌中珠》，第 56 页。
③ 龚煌城：《〈类林〉西夏文译本汉夏对音字研究》，《西夏语言文字研究论集》，第 459 页。
④ 《番汉合时掌中珠》，第 57、64 页。
⑤ 《番汉合时掌中珠》，第 59 页。
⑥ 《天盛改旧新定律令》，史金波、聂鸿音、白滨译，第 362、368 页。
⑦ 陈炳应：《西夏文物研究》，第 165 页。
⑧ 史金波：《黑水城出土活字版汉文历书考》，《文物》2001 年第 10 期。

立，权正统应于台阶下立，恭敬地相互问礼，丞相、经略应回半礼。跌坐座次，副经略坐处与同级正统之间空一座，以斜对；权正统与正统之间空一座，以侧坐。

谏议行礼时，丞相、经略应从坐位上起身，谏议应立于正面，恭敬互相行礼。丞相、经略亦回礼也。

丞相、经略后来，亦避免与经略、正统等迎面相对，行礼、座次等依前所所定也。

一国境内上下相敬、大小相主等为国家秩序所需也。臣民不念国威、大小礼仪，多数人无视礼仪，上下不相敬，诸言不相主，条法混乱之源也。不利，需禁除也。依国境内大小礼仪约束，违犯时，判决行遣依各自所示实行。

一等任职大小官吏中，低职位对高职位不敬，不下马行礼，立于官高人坐次之前，见而不起，按违法治罚：

末等司正于下等司正处违犯时，罚二缗；于中等司正处违时，罚三缗；于次等司正处违时，罚五缗；于宫内骑士、殿上坐驸马、经略等处违时，罚七缗；于丞相处违犯时，罚十缗。

下等司正于中等司正处违犯时，罚三缗；于次等司正处违时，罚五缗；于宫内骑士、殿上坐驸马、经略等处违时，罚七缗；于丞相处违犯时，罚十缗。

中等司正于次等司正处违时，罚四缗；于宫内骑士、殿上坐驸马、经略等处违时，罚六缗；于丞相处违时，罚九缗。

次等司正于中书、枢密、承旨、宫内骑士、殿上坐驸马等处违时，罚五缗；于正统、经略处违犯时，罚六缗；于丞相处违犯时，罚八缗。

宫内骑士、殿上坐经略于光禄大夫等处违时，罚七缗。

丞相于平章事、郡公等处违时，罚五缗。

于皇室诸王等处违时，治罚依奏计实行。

一等任职大小官吏中，高职位对低职位不敬，不下马回礼，违法治罚，依前低职位对高职位不下马行礼同等判罪，判决者严格按照下列实行：

末等司正与下等司正在马上相遇，下马行礼时，下等司正亦当下马回礼；与中等司正以上高职位人在马上相遇，下马行礼时，任高职人应马上回礼。

下等司正与中等司正在马上相遇，下马行礼时，中等司正亦应下马还礼。次等司正以上任高职人在马上相遇，下马行礼时，高职人不下马应回礼。次等司正及以上高职位人在马上相遇，下马行礼时，任高职人应于马上还礼。

中等司正与次等司正在马上相遇，下马行礼时，次等司正亦应下马还礼；与宫内骑士以上任职人马上相遇，下马行礼时，职高者应马上回礼。

次等司正、中书、枢密、承旨与宫内走马及驸马、殿上坐御史大夫、观文殿大学士、经略等马上相遇，下马行礼时，其高职人亦应下马回礼；与丞相以上任高职者在马上相遇，下马行礼时，任高职者不下马应回礼。

宫内骑士、驸马、殿上坐御史大夫、观文殿大学士、经略等与光禄大夫在马上相遇，下马行礼时，光禄大夫等亦应下马回礼。与丞相马上相遇，下马行礼时，丞相、经略、观文殿大学士、御史大夫等当下马回礼。殿上坐驸马、正统、宫内骑士等马上回礼。

丞相与平章事、郡公马上相遇，下马行礼时，平章事、郡公等亦应下马回礼。

一等同职者相遇时，应于马上相互行礼。有官不任职、无官庶人等遇到任职大小官吏不敬，在马上不下来，立于官高人坐次之前，见而不起，依违法之罪罚判断。按属、不属二类加以区分。一条者不所属，任职官吏中，末等任职至中等任职所互相不识、实不识无法辨识，依其于违法任职处，有罪而不处罚。次等司任职至以上任高职者，依其于违法任职处，则当入承罚罪。于次等司任职处违时，十杖；于宫内骑士、殿上座驸马、经略等处违时，十三杖；于光禄大夫、丞相等处违时，十三杖，徒三个月，市场树上拘三日；于天子、诸王等处违时，十三杖，徒一年，市场树上拘三日。

一等所属，经略、正统及府君、郡首、刺史、军领、习判、大小城堡寨主等各自属地内军民及每一所属诸司内大小局分、都案、案头、司吏、仆使、大小库局分等以下诸种任职及所遣辅役者等，各自所属司内大人、承旨、习判以下检校不敬，于经略、正统等处违时，十三杖，徒三个月；其后数处违时，十三杖；二品违时，树上拘缚一日。

一等不任司职人中及御印以上有官人及节亲主、中书、枢密、都案等任司职大小官吏与庶人等相遇时，对下严格遵从礼仪，前述任下等司职依法实行：

一等任职大小官吏自恃职高或无视地位底下庶人之恭敬礼言，下马为无理下马，不依先前朝拜坐次，违上下坐立法之治罚，与前面大小官吏之间互不行礼及庶人于大人处违法之罪一一判明，同等决断。

一等前述违法者之各种判断行遣者，使诸人之举报与其同样行遣，不等。有于丞相及以上处违法者，庶人及不任职人等则当捕，应于所属司指挥判决；

有于丞相及以下大小官吏处违法者，庶人因不任职，分别当告诸司职管处，任职大小官吏、合门司等依法决断，合门检查及诸司内当值合门等亦当诸处验明。

庶人及不任职等违法者当告中书，应于中书内判决行遣。

任职大小官吏违法者当告合门司。

有于边中大小官吏处违法者时，大小官吏自己并合门等一律当告所属职管处，不论任或不任职及无职皆由所属职管司断决。

有边中所属家民、任职人于所属大小职管处违法者，为大小职管内所属之人也，当于自己所属司捕捉判断。

一等前述所属家民、职事人等于所属大人处违法，判决者应以司内主法计量，司坐中主法者休息不在，所属大人、承旨亦当为，如大人、承旨亦休息不在，依不相属违法依法判决。

一等大桓历司处为文武官员者，成番礼番礼中二人当遣，三年期满当续转。

二 文本所见西夏官员仪制

西夏时期的礼仪制度既有对党项民族传统番礼的继承，又积极吸收中原汉礼，形成了一套特有的西夏礼仪制度。其主要有祭祀礼仪、朝会礼仪、外交礼仪、婚丧礼仪。① 礼仪制度是西夏社会的一项重要制度，在社会生活中占有重要位置，由于存世文献中保存资料较少，故礼制问题特别是西夏官员相见礼仪阙如。黑水城出土的 ИНВ. No. 4794（甲种本）和 ИНВ. No. 6240 6739（丁种本）保存了较多的百官相见礼仪的原始资料，为这一问题的研究提供了新史料。

在礼仪制度中，礼制的精义在于分尊卑、明贵贱，百官相见之礼是国家礼仪制度的重要一环，也是辨等威、明品式的重要途径之一，对维持皇权及国家秩序的运转有重要作用。西夏中晚期，儒家思想成为国家的主流思想，纲常尊卑的观念已深入社会生活的各层面。4794 及 6240 6739 号两件法典对西夏官员相见礼做了具体规定，主要有让路、引避、回礼及庭堂之上坐次仪制，西夏晚期直接从立法层面来规定并确保礼仪制度的实施，可见其礼仪制度已深入法典诸细节，突出了以礼定法的特点。

---

① 目前学界关于西夏礼仪问题的研究主要有邵方《西夏服制与亲属等级制度研究》，《法学评论》2004 年第 3 期，第 149～155 页；艾红玲《西夏礼仪制度考论》，《宁夏社会科学》2004 年第 1 期，第 101～103 页；史金波《西夏社会》，上海人民出版社，2007，第 663～691 页；陈戍国《中国礼仪制度史·宋辽夏金卷》，湖南教育出版社，2000，第 554、566 页。这些研究主要围绕西夏法典《天盛改旧新定律令》而展开，因为受资料的限制，一些问题的研究尚未得到充分讨论。

1. 官员相见之礼

朝堂之礼是中国封建等级制度的重要表现，深刻地反映了等级观念，从某一侧面反映了王朝的运转秩序。黑水城出土的西夏文法典中有关相见之礼的法条，为现存唯一记述官员相见礼仪的史料，对我们深刻了解西夏社会及其礼仪制度具有重要作用。

黑水城出土的 ИНВ. NO. 4794（甲种本）和 ИНВ. NO. 6240 6739（丁种本）用十多条的法典规定了西夏官员的相见仪制，主要有让路、引避、回礼。关于让路，正副经略等进正门时，副经略当于谏议经过处门前行礼。关于引避，正副经略等进正门时，丞相避免与经略正面相对；丞相、经略后来，亦避免与正统等迎面相对，是为避让之礼。关于回礼，不仅下级官吏遇到上级官吏时应及时行礼，若见而不起，将会受到法律处罚；上级官吏也应依据行礼者职位高低马上回礼或下马回礼，而且同职者相遇时，应于马上相互行礼，否则也要受法律处罚。西夏以法律形式规定礼仪制度的目的为国家秩序所需，避免因臣民无视礼仪而造成条法的混乱。故西夏各级官员在违反礼仪时，根据其违反对象的不同，主要处罚可分为：（1）纳罚金。罚金的多少与在何等职官前违反直接相关，职位越高罚金越多，分别纳二、三、五、七、十缗；（2）杖刑。有十杖、十三杖；（3）徒刑。最低三个月，最高一年；（4）拘缚。最低拘一日，最高拘三日。其处罚原则遵从低职于高职官员违反；高职与低职官员违反，只要是高职对低职官员不回礼；同级官员之间；庶民对自己所属官吏行不行礼，分为所属与不属两种情况。

宋以前各朝礼书皆无相见礼，宋太祖乾德二年（964）令尚书省及台省官、翰林、秘书、国子司业、太常博士等详定内外群臣相见之仪，主要内容为下级见上级，按照职位、品级分别行礼，如果在路途相遇，下级官员或"敛马侧立"，等候其通过，或"引避"，或分路而行。如参见上级，或在堂上列拜；受参者答拜；或拜于庭中，或拜于阶上。又有"趋庭"之仪，即通常下级官员参见上级官员要趋而过庭，如诸司使、副使以及通事舍人等小官吏通报姓名拜见宰相、枢密使等大官时，大官不须答拜。如同级官员相见，则对拜行礼。《宋史·礼志》中对百官相见之仪作了较为详细的规定：

> 诸司使、副使、通事舍人见宰相、枢密使，升阶、连姓通名展拜，不答拜。其见枢密副使、参知政事、宣徽使，以客礼展拜。①

大中祥符五年（1012），复命翰林学士李宗谔等详定仪制规定：

---

① 《宋史》卷九九《礼志二上》，第2790页。

文武百官遇宰相、枢密使、参知政事，并避。起居郎以下遇给舍以上，敛马。御史大夫遇东宫三师、尚书丞郎、两省侍郎，分路而行。中丞遇三师、三少、太常卿、金吾上将军，并分路而行。知杂御史遇尚书侍郎、诸司三品、金吾大将军、统军、诸卫上将军，分路而行。三院同行如知杂例，不同行，遇左右丞则避。尚书丞郎、郎中、员外遇三师、三公、尚书令，则避。郎中、员外遇丞郎，则避……武班、内职并依此品。①

和西夏同期的辽也非常重视礼仪设立，辽兴宗重熙十五年（1046）诏令曰："古之治天下者，明礼仪，正法度。我朝之兴，世有明德，虽中外向化，然礼书未作，无以示后世。卿可与庶成酌古准今，制为礼典，事或有疑，与北、南院同议"②。但现存史料中不存百官相见之礼。金朝作为与辽朝并存的少数民族政权，其朝堂礼仪制度和辽相似，有"朝参常朝仪""朝谒仪"和"朝拜仪"等，《金史·礼志十》记载了"皇太子与百官相见仪"：

> 三师三公栏子内北向躬揖，班首稍前问候，皇太子离位稍前，正南立，答揖。宰执及一品职事官扣栏子北向躬揖，答揖如前。二品职事官栏子外稍南躬揖，皇太子起揖。三品职事官露阶稍南躬揖，皇太子坐揖。四品以下职事官庭下躬揖，跪问候，皇太子坐受……③

从上述史料我们可以看出，宋辽金之相见礼多记载高级官员相见或官员朝见皇帝、太子之礼。西夏百官相见仪制确与宋有诸多相同之处，可知借鉴之处，《宋史·夏国传》载："其设官之制，多与宋同，朝贺之仪，杂用唐宋"。④ 但西夏与宋之礼仪制度还有一点不同：宋代之百官相见仪制与下层民众无关，西夏之百官相见仪制对基层官吏及百姓均有约束力，边中所属家民、任职人于所属大小职官处违背礼仪之法者，和高等官吏一样受到法律的处罚，体现了西夏以礼制法、以法护礼、以法行礼的社会规范，在维护皇权及社会等级基础之上，更注重将权利网络的触角深入基层社会，从而使西夏社会有良好的运转秩序。

2. 百官坐次礼

坐次之礼自古有之，古人对座次十分讲究，是分别尊卑的重要方式，官

---

① 《宋史》卷九九《礼志二上》，第 2790～2791 页。
② （元）脱脱等：《辽史》卷一〇三《文学上》，中华书局，1974，第 1450 页。
③ 《金史》卷三七《礼制十》，第 862 页。
④ 《宋史》卷四八六《夏国传下》，第 14028 页。

高者居上位，官低者处下位。宋辽金之正史中有关同僚之间座次的记载比较少，但黑水城出土的 ИНВ. No.4794（甲种本）和 ИНВ. No.6240 6739（丁种本）两件法典文献中保存了西夏官员之间的坐次，补充了正史等史料记载的不足，还原了西夏礼制的本来面目。

西夏官员朝会之坐次，也和同时期的其他王朝一样，官高者居尊位，若有官员违反其规定，将会受到处罚。由上面的译文"正经略于廷台侧及副经略坐台中立，恭敬地相互问礼，经略应向丞相行半礼，坐时，正经略应于经略之坐处向丞相行半礼，坐时，正经略及副经略坐处应与丞相坐处空二坐"不难看出，正经略居于副经略之上，丞相于经略之上，坐时，丞相不仅要正经略行"半礼"，而且还要正副经略"坐处应与丞相坐处空二坐"。官员之间的相互行礼反映其尊卑的不同。依照西夏法律规定，官员之间要遵守相互之间的礼仪规范，否则将受到法律制裁，正所谓"一等任职大小官吏中，低职位对高职位不敬，不下马行礼，立于官高人坐次之前，见而不起，按违法治罚。"颁定于西夏天盛年间的另一部法典《天盛改旧新定律令》卷一〇"司序行文门"内有与和黑水城出土的法律文书相似记载，同样体现了西夏官员的等级尊卑：

> 中书、枢密大人、承旨及经略当请，应分别坐。有当校文书时，当请承旨、都案、案头局分人等引导校之，然后京师、各地边司等大人、承旨、习判等一同正偏当坐。
>
> 任职人番、汉、西番、回鹘等共职时，位高低名事不同者，当依各自所定高低而坐。此外，名事同，位相当者，不论官高低，当以番人为大。若违律时，有官罚马一，庶人十三杖。
>
> 节亲主、番人等职相当、名事同者，于司坐次、列朝班等中，当以节亲主为大。二番人共职者列坐次及为手记时，当由官高大人为之。官相等而有文武官者，当以文官为大。有文武官同，则当视人况、年龄。若违律时罚马一。又番、汉、降汉、西番、回鹘共职者，官高低依番汉共职法实行。①

西夏人称自己本民族为"番"，"汉"是宋人，"西番"应指西夏以西的民族，"回鹘"就是指回鹘人。《宋史·夏国传》载："自中书令、宰相、枢使、大夫、侍中、太尉已下，皆分命蕃汉人为之"。②官位高低的坐次礼仪规

---

① 《天盛改旧新定律令》，史金波、聂鸿音、白滨译，第378、379页。
② 《宋史》卷四八五《夏国传上》，第13993页。

定后，同职的人中以党项人为尊，"以番人为大"充分体现了西夏王朝中以党项人为尊，并以法律的形式强化了这种尊卑观念，同时明确了违反时"有官罚马一，庶人十三杖"。在番人和节亲中，血缘关系超越了种族关系。文武官员中以文官为尊，反映了西夏党项民族虽是游牧民族，民风彪悍尚武，但是风俗教化深受宋代的影响，故而重视文官。

三 结论

西夏官员相见之礼主要有让路、引避、回礼及官员间的坐次礼。在皇帝在场的西夏译经中，坐次同样体现了地位尊卑的差异。黑水城出土的《西夏译经图》① 中，坐位最突出的就是主持译经的安全国师白智光，其左右各有两排，每排四人，前僧后俗，共十六人。主译人白智光在图中形象高大、地位突出，反映出当时统治阶级对高僧的宠信以及给予他们极高的地位。黑水城文献出土的官阶封号表也体现了某种场合的典礼位次图。② 黑水城出土法律文书的颁行时间为西夏晚期，应晚于《天盛改旧新定律令》，从这两种法律文书中我们可以窥探西夏礼仪制度之特点：

（一）西夏礼仪制度的突出特点为以礼制法、以法护礼、以法行礼。

（二）西夏官员相见礼仪一方面体现了对宋代礼仪的吸收；另一方面，其官员相见礼多出现在"马上""马下"，体现了游牧民族特色。

（三）朝堂之礼以皇族为大，以番姓为大，以官高为大，以尊者为大。

（四）官员相见礼仪中把庶民纳入其中，突出了西夏礼仪制度在基层民众的延伸。

西夏的官员相见之礼是在充分吸收汉族儒家礼仪思想的基础上结合党项民族的特点形成的，既保留了儒家礼仪的分贵贱、明尊卑、辨等级的基本思想，同时又具有马背上游牧民族的粗犷豪放。

与西夏相比，辽金有关礼志的记载多集中在郊祀、舆服、嘉仪和册封礼等上，有关官员相见礼仪多记载朝堂上文武百官对皇帝的礼仪、皇帝对亲属的册封礼仪等，现存资料中看不到有关官员相见之礼和坐次礼的任何规定；而宋代的礼仪一般多以诏令的形式颁布。

西夏的礼仪制度比较完善，不仅服以族礼、礼以行事、事有其物、物有其容，非其人不得行其礼，并且其礼仪制度直接进入法典体系，跳出了道德

---

① 详见史金波《西夏译经图解》，《文献》第 1 辑，书目文献出版社，1979，第 218 页。

② 苏杭：《西夏史札记三则》，《薪火相传——史金波先生 70 寿辰西夏学国际学术研讨会论文集》，中国社会科学出版社，2012，第 107～118 页。

的制裁，突出以礼制法、以法护礼、以法行礼，使各等级各安其位、各守其职，成为实现社会控制和管理的一个有效手段，为西夏社会秩序提供了合法性的支持，它不仅构建了西夏社会的伦理纲常与生活秩序，同时也成为统治者巩固政权的工具，从而实现社会的运转秩序，起到了规范秩序、和谐社会的重要作用。

《中国古代法律文献研究》第七辑
2013年，第380～410页

必也使有讼乎

——巴县档案所见清末四川州县司法环境的一个侧面[*]

伍　跃[**]

　　摘　要："必也使无讼乎"，被认为是中国传统法律思想的重要内容之一。但是，这一思想在现实社会中常常毫无作为。官员一方面宣传"无讼"与"息讼"的重要性，有时甚至苦口婆心地劝谕民众不要轻易打官司，而另一方面却要面对几乎是永无休止的缠讼渎诉和堆积如山的案牍。在这种情况下，中国传统社会呈现给人们这样一幅充满矛盾的图景，即高唱着"无讼"理念的"诉讼社会"。通过分析清代末年发生在四川省重庆府巴县的一个案例可以看出，中国传统的统治方式却秉着"必也使有讼乎"的原则，"制造"出"诉讼社会"。

　　关键词：巴县档案　诉讼社会　清末　司法环境　州县行政

一　引子

　　我们在中国历史上有时会看到这样的情况，包括一些伟大的人物在内，常常会有人提出一些非常崇高的社会理想，但是由于缺乏付诸实现的具体手法（或许根本就没有设想过如何付诸实现的问题），结果使那些崇高的社会理想最终被束之高阁，成为一种永远的"理想"。孔子主张的"必也使无讼乎"，也许就是其中之一。

---

　　* 本文为日本学术振兴会科学研究费资助项目《『巴縣档案』を中心として見 た清代中国社会と訴訟・裁判—中国社会像の再検討》（课题号码25284134，主持人：京都大学名誉教授夫马进）研究的一部分。
　　** 伍跃，日本大阪经济法科大学法学部教授。

"必也使无讼乎",被认为是中国传统法律思想的重要内容之一。[1] 但是,这一思想在现实社会中常常显得十分尴尬,毫无作为。官员一方面宣传"无讼"与"息讼"的重要性,有时甚至苦口婆心地劝谕民众不要轻易打官司,而另一方面却要面对几乎是永无休止的缠讼渎诉和堆积如山的案牍。在这种情况下,中国传统社会呈现给人们这样一幅充满矛盾的图景,即高唱着"无讼"理念的"诉讼社会"。

对于现实中存在的诉讼社会,无论是皇帝,还是一般地方官员,几乎无人否认。例如,至少在南宋时期,"健讼"已经开始成为一项社会问题。宋朝官员胡颖曾经以衙门内的断案实情为例,谆谆告诫那些不识乡里和睦,"因闲唇舌,遂至兴讼"的愚顽之人:

> 今世之人,识此道理者甚少。只争眼前强弱,不计长远利害。才有些小言语,便去要打官司,不以乡曲为念。且道打官司有甚得便宜处?使了盘缠,废了本业,公人面前陪了下情,着了钱物,官人厅下受了惊吓,吃了打捆,而或赢或输,又在官员笔下,何可必也。便做赢了一番,冤冤相报,何时是了。人生在世,如何得保得一生无横逆之事,若是平日有人情在乡里,他自众共相与遮盖,大事也成小事。既是与乡邻仇隙,他便来寻针觅线,掀风作浪,小事也成大事矣。如此,则是今日之胜,乃为他日之大不胜也。[2]

刘馨珺认为,健讼之徒主要有两种人,其一为"紊烦官司"的顽民,其二为"专事诉讼"的哗徒。[3] 后者就是后代所称的"讼师"。从宋代开始,直至清代末年,在基于官方立场的记载和通常的社会意识中,讼师被视作教唆词讼、包揽词讼、颠倒是非、变乱黑白、惯弄刀笔、架词越告、打点衙门、串通衙蠹、诱陷乡愚、欺压良民、从中取利、恐吓财产的"棍徒"之流,讼师和他们教唆之下的健讼都是被非难的对象。[4] 雍正皇帝直斥讼师是社会秩序的破坏者:

---

① 武树臣编《中国传统法律文化辞典》,北京大学出版社,1999,第 28 页。
② 《名公书判清明集》卷一〇《人伦门·乡里》"乡邻之争劝以和睦"(胡石壁),中华书局,1987,第 393~394 页。又,关于宋人洪迈对"健讼"一词的考订,请参看(宋)洪迈《容斋随笔·四笔》卷九"健讼之误",中华书局,2005,第 741~742 页。
③ 刘馨珺:《明镜高悬:南宋县衙的狱讼》,五南图书出版有限公司,2005,第 287~303 页。
④ 〔日〕夫马进:《明清时代的讼师与诉讼制度》,王亚新等编《明清时代的民事审判与民间契约》,法律出版社,1998,第 390 页。

更有教唆词讼者，以刀笔为生涯，视狱讼为儿戏，深文以冀其巧，构衅而图其重酬，乡里畏之，名曰讼师，因而朋比协谋，党恶互证。有司或一时受蔽，致使善良之辈不能自白，桁杨在前，捶楚在后，锻炼之下，何求不得？纵至事明冤雪，而拖累受苦，小则费时失业，大则当产破家。①

我们从著名幕友汪辉祖在忍无可忍之下曾动手"怒批"讼师之颊的举动中也可以看出，②从官的角度来说，他们对讼师恨之入骨，必欲赶尽杀绝而后快。由此可见，在官方的语境中，讼师是造成健讼的万恶之源。

讼师出于职业的需要，自然希望打官司的人越多越好，否则他们就无以为生。从这个意义上说，讼师的存在确实是导致中国社会成为"诉讼社会"的重要原因之一。应该注意的是，在现今阶段我们可以看到的文献史料中，主要是由讼师的对手，即官员及其佐治者——幕友——撰写的，反映的无疑是官方的立场。这就是说，官方将健讼问题的发生原因归之于讼师的舞文弄墨。这种说法无疑是正确的。但是，如果将近代以前中国社会之所以被称为"诉讼社会"的原因全部归之于讼师，似乎又有欠公允。因为我们在利用文献史料认识以往的社会时，除了出自于官员、幕友和讼师们留下的资料以及公牍之外，目前很难得到出自书吏和差役之手的文献史料，③难以深入了解他们对问题的观察和看法。即便是那些经过在官之人（官员、幕友和胥吏等）整理过的诉讼案卷，对于争讼原委和审判经过也常常是语焉不详。所有这些使我们对历史的认识在很大程度上受到限制。

夫马进在关于中国诉讼社会史的研究中指出，导致近代以前的中国社会成为"诉讼社会"的更为深刻的原因是专制主义的统治制度。在这种统治制度之下，诉讼制度成为一个可供几乎所有社会成员利用的、用于解决彼此之间纷争的道具。社会成员在纷争中希望第三者介入的时候，除了向宗族、里

---

① 周振鹤：《圣谕广训：集解与研究》，上海书店出版社，2006，第114～123页。

② （清）汪辉祖：《病榻梦痕录》卷下，乾隆五十八年，清光绪十二年山东书局刊汪龙庄先生遗书本，第39b页。

③ 唯一例外者恐怕是在上海县衙的供招房和工房先后担任十年胥吏的姚廷遴留下的《历年记》。姚本人对这一段经历留下的感想是"沦落"和"后悔无及"。关于这一史料，请参看岸本美绪《歴年記に見る清初地方社会の生活》（《史学雑誌》95编6号，1986年6月，第53～77页），后收入岸本美绪《明清交替と江南社会——17世紀中国の秩序問題》（东京大学出版会，1999，第235～279页）。徐忠明：《一个绅士眼里的清初上海的司法实践》（《现代法学》2007年第3期，第3～21页），增补后收入徐忠明《众声喧哗：明清法律文化的复调叙事》（清华大学出版社，2007，第270～330页）。

甲等共同体组织寻求调解之外，更多的是向国家权力的代表者——州县衙门提出诉讼。换句话说，就是这种高唱"无讼"理念的统治制度本身造成了诉讼的大量发生。①

我认为，近代以前中国社会之所以被成为"诉讼社会"，官府方面的作为也是一个相当重要的原因。地方官员的个人素质、执政能力和审案能力，往往是造成社会不安和冤案的重要原因之一。作为一个整体，地方官员通常没有接受过系统的职业训练，他们所聘请的幕友的知识水平参差不齐，这些都难免会造成履行职务过程中的失误。至于假公济私、视民命如儿戏者，亦不乏人。比如，由于官府方面在应对社会问题或推行某项政策时考虑欠妥，进退有失，将原本或许可以妥善解决的问题变成了官民之间的激烈冲突。明代后期频繁发生的都市民变的原因之一，就是政府在都市政策问题上犹疑不决，"处理失败的结果"。②某些官员在审案时颟顸糊涂、假公济私、审断不公、出入人罪，导致官府在民众中的威信下降。例如，明万历二年（1574）七月二十九日，朝鲜使团在赴京途中路过京东蓟州，书状官许篈和质正官赵宪投宿于渔阳驿旁的莫违忠家。主人告诉朝鲜使者新任知府是个"要钱"的，并说"为人上者一动手，下皆知之"。③

以四川为例。道光二十七年（1847）八月二十日，道光皇帝在召见被任命为四川按察使的张集馨时说：

> 四川刑名之繁，甲于海内，汝当京官，自然知道。每年勾到时，四川一省就要占住一天，缓决黄册堆积满地。四川实系戾气所钟，洞胸贯胁之案，层见叠出。我见缓决本内，颇有该入情实者，不过因入实之案已多，稍从宽大耳，亦诛不胜诛。

张集馨赴任之后，发现"首府衙门（伍案：首府指成都府）案件积压甚多，屡催不结"，"州县意为轩轾者甚多……仁寿县令恒泰，以强奸重案，逼

① 〔日〕夫马进编《中国訴訟社会史の研究》，京都大学学术出版会，2011，第106～107页。

② 〔日〕夫马进：《明末の都市改革と杭州民变》，《東方学報》第49册，1977年2月，第215～262页。巫仁恕：《激变良民——传统中国城市群众集体行动之分析》，北京大学出版社，2011，第112页。

③ 〔朝〕许篈：《荷谷先生朝天记》卷中，万历二年七月二十九日，成均馆大学校大东文化研究院，1960，《燕行录选集》上册，第49～50页。〔朝〕赵宪：《重峰先生文集》卷一〇，万历二年七月二十九日，景仁文化社，1989，《韩国历代文集丛书》第220册，第358～362页。

认和奸……其他以仇杀为奸杀，以小匪为剧盗"者"不一而足"。① 咸丰初
年曾经担任过四川学政的何绍基上奏指称，四川各"州县中文理明通者甚
少，致词讼拖延不结"。② 同治初年曾经担任过给事中的四川宜宾人赵树吉在
上奏中说：

> 风闻川省近年不肖州县往往借端讹索，侵蚀捐输，而忌团练之不便
> 己私，遂一一文致其罪。轻则笞杖，重则斩决，上控累累。一经驳诘，
> 则加以抗粮哄堂、把持公事、拒唤伤差、敛钱聚众等名目，甚至诬以通
> 贼反谋重情。③

由此可见，在上述司法环境之下，一方面会出现一些人不服判决，他
们或是利用新官上任时翻案，或是层层上控，甚至发展成为京控和告御状；
另一方面也会出现审案者"意为轩轾"，甚至是有意将民众拖入诉讼的
情况。

李伯元曾经说过，"我们中国国民，第一件吃苦的事，也不是水火，也
不是刀兵……就是那一座小小的州县衙门"。④ 由于官员在社会上所处的地位
以及他们可以行使国家权力的身份，他们的一举一动都会对其他社会成员产
生影响。此外，官员个人的素质和行政能力也会对其所在地区的社会产生影
响。所有这些提醒我们，应该注意考虑案件的审理者——官员或官府——一
方在诉讼过程中所起的作用，那么我们就可以相对全面地理解健讼问题发生
的原因，更全面地理解官员在社会——首先是地方社会中所起的作用问题。

本文将主要根据巴县档案中的一个案例，探讨官员和官府在诉讼中的主
导作用。借此探讨"无讼"的理念与"有讼"的现实并存的社会现象。

二 案情

首先介绍一下本文将要使用的主要文献。

1. 文献介绍

本案卷收录在四川省档案馆藏巴县档案全宗的同治朝赌博类，编号为

---

① （清）张集馨：《道咸宦海见闻录》，中华书局，1981，第88、96、101页。
② （清）王先谦：《东华续录》咸丰卷四三，咸丰四年十二月癸丑，上海古籍出版社，
1996~2003，影印清光绪十六年陶氏籀三仓室刊本，《续修四库全书》第377册，第212
页。鲁子健编《清代四川财政史料》，四川省社会科学院出版社，1986，第519页。
③ 鲁子健编《清代四川财政史料》，第565~566页。
④ （清）李伯元：《活地狱》"楔子"，上海古籍出版社，1997，第1页。

14255。该文书原题为"为笼赌凶伤事，据本城尽先千总昝廷魁告朱有臣"。该文书一共包括了28件文献，基本情况如下表。

编号	日期[1]	文书[2]
01	同治十二年三月初八日立	纸袋封面
02	同治十二年二月十九日	昝廷魁告状
03	同治十二年二月十九日	验伤单
04	同治十二年三月初八日	巴县知县李玉宣差票稿
05	同治十二年三月二十八日	廖篁门禀状
06	同治十二年三月二十九日	朱有臣诉状
07	同治十一年八月二十四日	昝廷魁致朱有臣函抄件
08	同治十一年十二月某日	昝廷魁致朱有臣之父朱学尧函抄件
09	不详	"恒翁"受昝廷魁所托致朱学尧暨朱有臣函抄件
10	同治十二年四月初四日	朱学尧禀状
11	同治十二年闰六月十三日	朱有臣赴府告状
12	同治十二年七月十六日	署巴县知县王麟飞差票稿
13	同治十二年八月十五日	周玉堂等赴府禀状
14	同治十二年九月十八日	朱有臣、昝廷魁赴府禀状
15	同治十二年十月初二日	唤问点名单
16	同治十二年十月初二日	朱有臣、朱玉丰等暨昝廷魁供单
17	同治十二年十月初六日	昝廷魁结状
18	同治十二年十月初七日	朱有臣结状
19	同治十二年十月初七日	朱玉丰等结状
20	同治十二年十月三十日	署巴县知县王麟飞差票稿
21	同治十二年十一月十三日	唤问点名单
22	同治十二年十一月十三日	詹兴顺等供单
23	同治十二年十二月二十七日	唤问点名单
24	同治十二年十二月二十七日	朱有臣供单
25	同治十二年十二月二十九日	唤问点名单
26	同治十二年十二月二十九日	詹兴顺、朱有臣供单
27	同治十二年十二月二十九日	詹兴顺保状
28	同治十三年四月某日	巴县申文稿

说明：[1] 日期据文书题。该日期不一定就是文书的提交日期或作成日期。

[2] 文书名为笔者代拟。

这一案件的经过并不复杂，主要是昝廷魁向朱有臣借钱不遂，故与巴县衙门中的长随、书吏、差役等串通诬陷朱有臣，利用行政权力将无辜的后者牵扯达 10 个月之久，还令后者被迫缴纳了罚银 500 两。

2. 案件经过

下面首先根据文书的内容，扼要地叙述一下本案的经过。

本案大致可以分为三个阶段：第一阶段：昝廷魁向巴县衙门告朱有臣"笼赌凶伤"和朱有臣反诉。第二阶段：朱有臣向重庆府衙门告昝廷魁"恶弁缠控"，重庆府知府批交巴县审理。第三阶段：巴县以"功名不实"为由审理朱有臣。以下分别叙述。

第一阶段大致从同治十二年（1873）二月至六月，包括了 10 件文书，即文书 01 – 10。

同治十二年二月十九日，尽先千总（伍案：正二品以下武官候补者称为"尽先某某"，千总为正六品武官）昝廷魁通过抱告周树臣向巴县呈递了"告状"（文书 02），其主要内容如下：

> 去年五月，石岗场尽先都司朱有臣（伍案：都司为正四品武官）拨借弁银二百两，作送楚营程仪，确期九月付还。临期，伊家送银来城，又被有臣赌输，不会弁面，伊各归去。弁欲往讨，伊族朱炳章招呼腊底过银廿两，余约今正完结。弁至伊家追要，有臣以赌笼弁入伙，□朱得臣、朱荣亭、魏双发、彭老文、李义兴、杨兴发等摇宝赌博，有臣□输银百两。本月初五，复赌。弁赢钱三百余钏，赌单审呈。除前输项，尚存银百余两，弁向问讨。得臣图骗拨款赌项，反敢喝伊子侄朋殴，伤弁膀肋，幸众救散。①

可见，此案最初的原告一方是尽先千总昝廷魁。据他指称，被告朱有臣是"尽先都司"。朱有臣以经商为生，并且据说是石岗场的"首富"（文书 05、22）。据昝廷魁说，被告承诺借银二百两给他，用作送给"楚营"的"程仪"。但是，朱有臣食言不借，而且在聚赌输钱之后拒不认账，行凶伤人。

在接到昝廷魁的"告状"之后，巴县知县李玉宣立即下令为昝廷魁验伤。刑房书吏和仵作于当天出具的验伤结果是（文书 03）：

---

① 四川省档案馆藏巴县档案全宗，同治朝，赌博类，第 14255 号。以下所述案情均据这一史料，为节省篇幅，恕不一一出注。原状中填写的呈递年月日作"同治十二年二月十九日"，"十九"的笔迹与"十二"和"二"明显不同。且该日亦非"三八放告"之期。

验得昝廷魁右臁肋去粗皮一片，系擦伤。右脚腕红肿色一伤，系统郁伤。右后肋微青色一伤，系垫伤。余无伤。

同治十二年三月初六日，巴县知县李玉宣发出差票（文书04），命令捕差将被告朱有臣、朱得臣等以及原告昝廷魁传唤到案。

三月二十九日，已经被传到重庆府城的朱有臣以"职员"名义，通过抱告牟占春提出"诉状"，反驳昝廷魁的指责，该"诉状"的主要内容如下（文书06）：

情昝廷魁与职素识。迨伊在渝专汛，势压拨职多金，未较。去秋，伊久病足疾难愈，至镇宪撤参。廷魁又央职拨银，称便复官。去七月，职亲交伊银五十两。八月，廷魁称代职办行知，雇朱玉丰送交银三十两。去腊，廷魁来家，自言掣肘，并再三市恩，央职弟荣亭挽劝职助银数十两，未允。职悯伊困，赠银廿两，朱炳章过交。讵廷魁归，寄音嫌职赠轻，自称势大熟衙，寻害方休。有信朗凭。伊果造赌单，架笼赌凶伤，串弊注伤，控株职父职弟并无辜多人在案。切职稍有衣食，何致短拨伊银。况伊年长宦游，岂被职笼？今未曾会，伤从何来？

朱有臣在"诉状"中指称，昝廷魁曾经利用自己的地位多次借钱，尤其是当他因病被解职之后，于同治十一年七月以运动复官为由借银50两，八月又以代朱有臣办理官僚人事手续（伍案：即行知）为理由，拿走银80两。同年冬，昝廷魁以"掣肘"为由再次向朱有臣借银"数十两"，在收下朱有臣赠送的20两之后，依然没有满足，借"势大熟衙"继续勒索。当未能如愿之后，他便捏造"赌单"，伪装受伤，控告朱有臣一家。朱有臣在提出诉状时还提交了昝廷魁等来信的抄件，作为证据。知县李玉宣的批示是"候讯"。

朱有臣提交的昝廷魁等来信抄件一共有3封，由于这些信件对了解本案的内幕很有帮助，兹转录如下：①

第一函：昝廷魁致朱有臣函抄件（文书07）

吉云大兄大人阁下启，弟在府深谢，今专周国祥禀知伯父知照一事，在在费首。启者，兄台前月间茶馆面言，弟将来调办大事，兄台帮助二百金之谱。兄台在城内知道弟功名情形，弟莫可奈何。制台不日九

---

① 原信抄件中的误字俗字，迳改，恕不一一出注。

月初六日抵重，弟到前途顺庆之上迎投告哀禀帖。渝城又拜人吹嘘。弟夤夜不安，将来看这光景，总得上下衙门各处需费数百金之多。弟专周国祥带来印字一张，烦兄台务必帮弟早为张罗，以免大宪来重，临到缺用。将所银两交丁带回。弟全家顶祝感激，知至名命也。专此布达。桂月廿四日自重申。

第二函：昝廷魁致朱有臣之父朱学尧函抄件（文书08）

伯父大人台前，敬启者，侄去岁到府，深厚操扰，关心培植，与熊姓各位等言及。今正借地一乐，侄感激之至。今专周国祥备帖通知，不日到齐，诸事侄承情。再者，魏姓父子，侄原不能相识，恳祈伯父专亦雇工通知，大众同乐。先行函书，侄念日后启程到府。经理一切事件，费心！侄衔环图报，专此布达。

第三函："恒翁"受昝廷魁所托致朱学尧暨朱有臣函抄件。原题"再抄昝廷魁央人所寄之信"（文书09）

朱三表叔暨吉云表兄阁下，前日府上深扰，忙忙一别，未遑致谢。兹者仆于廿四日在县衙会人，得遇兵房刘元芝，言恒翁在渝，何不将昝如山与贵场朱吉云之事招呼？愚问何事，始知如山回城起意生事，先会门上唐大爷，告其情节。唐大爷即刻回明县台，县台吩咐唐大爷，命他告及如山，只管将禀帖递进，无不作主。班上见得是一好案，也催昝总爷作速递禀帖。仆闻元芝之言，始去会如山。问他因何事兴讼。如山乃说前日之事。吉云原面许谢银二百，以作在制府复官之用，尚有凭据。及制台来时，吉云并不给他，连带数信，竟音信全无。看看制府起身，举手无措，竟不得复，十分伤心。再者，吉云与曾九翁原不相识，本是我引进才得成全此事。今功名成就，如何将我抛弃。俗语云，吃凉水要人引路。竟自负义。但亲口所许之数，原说与我救急。就不得急罢了，然何此样无礼，心中难甘，只得请李听斋作主。仆闻如山之言及刘姓所说，官同房班都望此讼兴成，此是实信。仆与阁下乃是亲戚，思量此事吵得李官面前，乃是办官体面事。怕官及房班一时肘住，起要多用些空钱，并将起初的朋友也得罪了。不如好好开花好好谢。仆听如山口气，即不到所许之数，都可了结。因此寄一草音。贵父子也知道，仆是不坏事的人，又是不管外事的人。不过些子小费就可完结此事，务请朱三爷或吉云兄作速来城，与仆一会，彼此把话说通，不致兴讼，朋友也不致生伤，何等不美。况吉云望办前程，能成大事者，不惜小费。仆因将如山禀帖拦住，请驾来渝。但如山甚忙，门上连日催递。如不能来，定要即速回仆一信，以便好回如山之信，切切。

根据上述三月二十九日的朱有臣诉状（文书06），昝廷魁因为"病足难愈"，被川东镇总兵联昌"撤参"，即撤职参办。为此，昝廷魁于八月二十四日致函朱有臣（伍案：即文书07的上述第一函），承认自己目前处于"莫可奈何"的境地，为了恢复官职，除了自己当面向即将前来重庆的四川总督吴棠求情之外，还准备请人帮助自己"吹嘘"，预计"上下衙门各处需费数百金之多"。他还让手下带来借据一张，要求朱有臣"早为张罗"，即将以前应允的200两"交丁带回"。

上述第二函（文书08）是昝廷魁致朱有臣父亲朱学尧的信函，发信时间大约是在同年十二月。其中提及要在正月时"借地一乐"，并说自己将定于十二月二十日前来朱家。根据上述三月二十九日朱有臣的诉状（文书06），昝廷魁来后"自言掣肘，并再三市恩，央职弟荣亭挽劝职助银数十两"。结果，朱有臣只是"赠银廿两"，没有同意昝廷魁的其他要求。为此，昝廷魁心怀不满，于回到重庆府城之后，"寄音嫌职赠轻，自称势大熟衙，寻害方休"。这里提到的"寄音"应该就是上述第三函（文书09）。

根据朱有臣的说明，第三函是昝廷魁委托名叫"恒翁"的人写的，因该人与双方都熟悉，故受昝廷魁之托居中调解。这封函件的发信日期大概在昝廷魁向巴县衙门提交"告状"的同治十二年二月十九日之前。由于该函件对于了解本案的幕后情况最有帮助，故留待后叙。

也许是因为朱有臣在其提交的第三函（文书09）中透露了"李听斋"，即巴县知县李玉宣声言会为昝廷魁"作主"一事，① 故这位"吏员"出身的知县使出缓兵之计，直至当年闰六月上旬将此案压下不审。

本案的第二阶段是当年闰六月中旬到十月上旬，共计有9件文书，即文书11～19。

朱有臣父子等自从三月份被传到巴县县城之后，因"数月不获一讯"，故于闰六月十三日向位于巴县县衙之东咫尺之地的重庆府知府控告（文书11）。朱有臣指斥昝廷魁因借债不遂，以笼赌凶伤诬告，并且串通差役，在拿走了"投到银三十两"之后，"图告不审"，致使他们父子三人"久羁旅

---

① 李玉宣字听斋。《大清缙绅全书（癸酉冬季）》第4册，同治十二年北京荣录堂刊本，第11b页。秦国经主编《清代官员履历档案全编》第26册，华东师范大学出版社，1997，第422～424页。

邸，案延半载，一讯未得，拖累胡底"，希望知府尽速审理此事。① 朱有臣此举使本案的性质和原被告关系发生变化。本案从原来向县衙门提起的诉讼案变成了向知府衙门提起，并由知府交县衙门审理的案件。朱有臣本人从被告变成原告，而昝廷魁则从原告变成被告。

重庆府知府瑞亨将此案转批给巴县处理：

> 同场赌博，厥罪维均。该把总昝廷魁即昝如山，如因屡借不遂，辄即妄控，尚属事所恒有。但何至自诬同赌，致干功令，殊不可解。仰巴县即集人证，研训明确，照例严究，并查明差役如有搕索得赃情事，一并照例究办，勿稍轻纵塌延。词粘并发。仍缴。十七日。

大约就在闰六月底至七月初，巴县知县李玉宣奉调暂时离任，改由王麟飞署理巴县知县。② 王麟飞在收到知府转来的朱有臣的状词之后，于七月十六日签发差票（文书12），决定传唤与此案有关的昝廷魁、朱学尧、朱有臣等八人。

即便如此，署巴县知县王麟飞依然没有立即审理此案。八月十五日，乡民周玉堂等以与昝廷魁和朱有臣"均属至戚"的身份向重庆府提交禀帖（文书13），称昝廷魁和朱有臣"谊属姻戚"，昝廷魁确因"武职家贫，借贷起衅"，朱有臣则因被诬告，"缠讼控辕"。他们"不忍袖视"，决定从中调解，现两家"均愿息讼"。③ 重庆府知府瑞亨就此批道：

> 查此案前据朱有臣来辕呈控，当经批县讯究在案。兹据呈，该原呈等与朱有臣、昝廷魁均属至戚，已从中理明，各释嫌怨，不愿终讼。仰巴县即便查明，如所呈属实，即取具两造切结，详请销案。词发，仍缴。十九日。

---

① 知府衙门收到该状的日期是"同治十二年闰六月十三日"。

② 王麟飞，浙江奉化人，道光二十四年甲辰恩科举人出身，同治十二年署巴县知县。《（民国）巴县志》卷六《职官》，《中国地方志集成·四川府县志辑》第6册，巴蜀书社，1992，影印民国二十八年刊本，第36a页。《（光绪）奉化县志》卷二一《选举表三》，卷二五《人物传三》，《中国地方志集成·浙江府县志辑》第31册，上海书店出版社，2011，清光绪三十四年刊本，第15a页、第10b～11a页。

③ 此处提到昝廷魁"武职家贫"。昝廷魁因病被"撤参"之前担任"千总"，根据规定，"年应支俸饷马干米折等项银一百七十九两五钱一分"。囿于学识所限，笔者现今无法知道这笔收入在当地可以维持何种生活水平（《（民国）巴县志》卷一五《军警·兵备》，第487页）

尽管奉有知府批文，署巴县知县王麟飞似乎并未立即遵照办理，致使朱有臣"遵批来城，羁栈日久，弗获在县具结息案，久受栈累，情实莫何"。结果，朱有臣为了能够早日结案，不惜借用昝廷魁的名义，双方连名向知府提交禀状（文书14），表示两造愿意尽早结案，要求知府命令巴县从速办理，以便尽快具结完案。① 重庆府知府瑞亨于九月二十三日将该禀状批交巴县处理，第三次催促巴县方面尽快审理：

> 此案前据周玉堂来辕呈请息讼，案当经批县查明结复在案。迄今月余，何以尚未完结，殊属泄延。仰巴县速即查明，如果两造不愿终讼，立即取结销案，勿稍迟延，致滋讼累。词发，仍缴。廿三日。

在大约十天之后的十月初二日，经过上司的几番催促，署巴县知县王麟飞终于开庭审理（文书15）。到案者共计五人，即原告尽先都司朱有臣、抱告朱玉丰、戚证周玉堂、乡约卢文周、被禀尽先千总昝廷魁。

朱有臣在审理中供称：

> 职员向与汛弁昝廷魁素相认识。于去七月间，拨借职员银三十两，迨后腊月来家，勒索去廿两正。均皆未还。迁延到今年二月间，向他讨要，不料他就来辕捏词，把职们具禀在案。沐前李主差唤追逼，职员才赴府上控，批发案下。职员得见李主卸事，恩主莅任，恐怕到案讯实受累，才与他私行说和。又恐公差搕索，复听旁唆，私行赴府请息。沐发恩案。今蒙审讯，职员不应赴府上控，藐视官长，理应责惩。姑念当堂自知犯罪，前已和息，从宽免究。朱美丰不应冒名狡供，卢文周不应身当乡约，坐视不理，分别责惩。至昝廷魁现系汛弁，当堂自知悔罪。现奉督宪札文回籍，从宽免究。但案下公差并无分文搕索，各结完案。职员功名不实，把职员押候查明本衙及各局有无行知札文，再行发落。只求施恩。

朱玉丰、周玉堂和卢文周供称：

> 小的朱玉丰实在名字叫朱美丰，与朱有臣系属内族。因今来渝，幸遇朱有臣，叫小的赴案顶名。小的周玉堂、卢文周亦与朱有臣附近住坐。前因与昝廷魁构讼，并不知道朱有臣上控放有小的名字。今因他两

造均已畏法，私行和息，信赶小的们赴案投质。今蒙审讯，小的朱玉丰不应冒名顶替，小的卢文周不应坐视。谕令把小的们分别掌责，小的周玉堂年老昏聩，免究。小的们遵断完案就是。

被告昝廷魁供称：

汛弁向来与朱有臣认识。去年五月间拨借银二百两，原约九月付还。迨后屡讨没给，汛弁才亲身往讨，殊他心怀别意，邀汛弁同赌，输去银壹百两。迨后复赌，汛弁又赢钱叁百余串。不料他们得汛弁赢钱，屡邀再赌，汛弁不允，朱有臣们暗串他子侄把汛弁殴打，汛弁才来把他具控。李主案下未能投审，叠行捏词上控府宪，批发案下。今蒙审讯，汛弁当堂自知情亏，先行和息。现奉督宪札文，回籍听调，从宽免究。朱有臣不应藐视官长，叠行赴府上控，理应责惩。姑念现有顶戴，未便深究。暂行押候查明本衙及各局有无行知，再行发落。朱玉丰、卢文周均不应顶名坐视，分别掌责。汛弁遵断具结，再不生事，就沾恩了。

从上述双方的供词之中（文书16），我们可以看出如下问题：

第一，勒索银钱问题。朱有臣声称昝廷魁于同治十一年七月借去银30两，以后又于十二月勒走20两。而昝廷魁却说朱有臣曾经于同治十一年五月许诺过借银200两，但始终没有兑现。实际上，朱有臣在三月二十九日诉状（文书06）曾称，昝廷魁于同治十一年七月借去银50两，八月又以代办"行知"要去30两。他本人于十二月向昝廷魁"赠银20两"。由此可见，不仅诉讼双方提到的事实与金额互有出入，即便是朱有臣本人的说法也前后不一致。

第二，赌博问题。昝廷魁声称曾经被朱有臣"笼赌"，并且赢了银100两和铜钱300余串。但是，朱有臣不仅不付赌债，而且暗中指使子侄动手伤人。但在朱有臣和朱玉丰等人的供词中均未提到赌博一事。日后巴县向重庆府提交的申文（文书28）中虽然叙及赌博，并称"虚实自应严究"，但是"姑念两造均有顶戴，自知情亏，当堂悔过求宥，甘愿息讼免累"为理由，轻描淡写地将此事一笔带过。由此我们可以看出，赌博一事并非是本案的重点所在。

第三，诉讼起因问题。昝廷魁声称是被朱有臣一方殴打之后才赴县起诉，但是对"恒翁"信中提到的他与巴县衙门方面的幕后交涉绝无一字言及。朱有臣则指称是因向昝廷魁讨要欠债，不料被对方"捏词"具禀在案。

第四，赴府上控问题。朱有臣供称因被巴县前任知县李玉宣"差唤追逼",无奈之下才赴府上控。而后害怕打输官司,便与昝廷魁"私行说和"。又因"恐公差搕索",故两次向知府衙门请求和息。昝廷魁在供词中称对方赴府上控属于"叠行捏词",自己现在已经"自知情亏",故希望"先行和息"。

这份供单给人两造各说各话的印象,看不出作为审案一方的知县究竟是如何判断本案的事实经过的。

随后,昝廷魁与十月初六日(文书17),朱有臣和朱玉丰等于十月初七日分别具结(文书18、19),双方的互控案就此了结。牵涉到赌博一事的双方因"前已和息,从宽免究",昝廷魁"回籍听调",朱玉丰和卢文周因"冒名顶替"和"坐视"被"分别掌责",朱有臣因"功名不实"依然被"差押",须要等候查明有无关于"功名"的行知之后,才能"再行发落"(文书15)。

这样,在各方分别具结之后,本案进入了第三个阶段。这一阶段从十月初到十二月底。这一阶段审理的主要问题是朱有臣"功名不实"的问题。反映这一阶段诉讼的文书共9件,即文书20~28。值得注意的是,作为本案当事双方的昝廷魁和朱有臣在互控中均未提及这一问题。

在目前可以看到的档案中,朱有臣本人在提交的各种诉状和告状中,仅称自己是"职员",从未具体言及自己享有何种官职。相反,倒是昝廷魁在最初的"告状"中(文书02)称他是"尽先都司",巴县捕差邓顺和拨役曾俸据此于同治十二年十月初二日开具的唤问点名单(文书15)中称朱有臣为"原禀尽先都司"。耐人寻味的是,原本应该留下"协助调查"的昝廷魁被付诸不问,反将朱有臣继续"差押"。

同年十月三十日,署巴县知县王麟飞发出差票(文书20),传唤石岗场的团首詹兴顺和约保周栋云。与通常详细叙明差唤缘由的差票(文书04、12)不同,此次的差票只写着:

> 仰该役前去石岗场,即传团首詹兴顺、约保周栋云火速随签赴县,以凭讯究。

十一月十三日,团首詹兴顺和乡约周栋云就朱有臣的"功名"供称(文书22):

> 小的们都是石岗场人,与朱有臣附近居住。因朱有臣出外贸易多年,至今昝廷魁与他构讼,签得小的们到案。今蒙审讯,朱有臣实系小的们甲内粮民。只听闻朱有臣先年帮助曾大人军装银两,曾保他游击职

衔，至真假并不知道。谕小的们承保朱有臣出外守候，随传随到。俟查明真假，再行发落，作主就是。

根据这一供词可知，他们二人只是听说过朱有臣曾经因捐助军饷被保有"游击职衔"（伍案：游击为从三品武官），这与昝廷魁在当初告状中开列的"尽先都司"不符。在这一讯问之后，在詹兴顺等作保的前提下，暂时解除了对朱有臣的"差押"。

一个多月以后的十二月二十七日，詹兴顺、周栋云和朱有臣再次被带到县衙，这一次的审讯对象似乎只有朱有臣（文书24）。他供称：

> 职员与汛弁昝廷魁素相认识。去年借过银数十两。今年复勒借银，职员未允，他就来辕捏控。适有邻近周玉堂们说息，赴府呈恳，批发恩案。前蒙审讯，委因职员功名不实，谕令押候查明真假。今蒙提讯，职员不应假冒职官，已予掌责差押，罚银五百两，以作东川书院膏火银，衣顶存房，实是错了，求施恩。

此时距上一次审理大约过去了一个半月，而且时间迫近年关。估计在这一段时间内朱有臣与巴县衙门之间就最终解决方案进行过交涉，最终以朱有臣承认"假冒职官"，受到"掌责"和"罚银五百两"的处分，并将"衣顶存房"。随后，朱有臣立即筹措款项，准备缴纳"罚银五百两"

隔天的十二月二十九日，詹兴顺和朱有臣又被传到县衙，他们二人分别供称（文书26）：

> （詹兴顺）这朱有臣因与昝廷魁素识，往来借拨银两。今年，昝廷魁复向朱有臣勒索银两，未允，昝廷魁控案，经周玉堂们说好。不料朱有臣赴府上控，批发恩案。前蒙审讯，把朱有臣差押，甘愿罚银五百两，在东川书院以作膏火公用。今蒙复讯，朱有臣业已措银五百两，缴存署内。吩谕把衣顶发还，当堂把朱有臣交小的承保，回家安业。日后再妄滋事，惟小的是咎。就是。

> （朱有臣）未案昝廷魁因向职员勒索银两未允，他就捏控。经那周玉堂们说息，职员才赴府上控，批发恩案。前蒙审讯，职员不应假冒职官，已予掌责差押。职员甘愿罚银五百两，以作东川书院膏火公用。今蒙复讯，职员业已措银五百两，缴存署，以为膏火公项费用。把衣顶发还职员，当堂交詹兴顺承保回家，日后再不妄为滋事。职员遵谕，具结备案。就是。

当天，詹兴顺出具了"保状"（文书 27），将朱有臣领回。朱有臣自从三月份被传唤到重庆府城之后，前后被官司牵扯了 10 个月。直到这时，他才以缴纳"罚银五百两"为代价，拿着被"发还"的"衣顶"，离开重庆府城返回石岗场。

但是，案件本身并没有结束。因为，既然这一案件是知府交办的，巴县就必须将审理的情况向知府报告。不知道因为何种原因，巴县方面直到朱有臣被放归 3 个月之后的同治十三年（1874）四月某日，才向重庆府知府提出申文（文书 28），并且附上了相关文书案卷。巴县在申文中称：

> 同治十二年闰六月二十七日，卑前县李令玉宣任内奉宪台批，据卑县职员朱有臣以恶弁缠讼等情上控督廷魁即督如山一案，奉批：同场赌博，厥罪维均。该把总督廷魁即督如山，如因屡借不遂，辄即妄控，尚属事所恒有。但何至自诬同赌，致干功令，殊不可解。仰巴县即集人证，研讯明确，照例严究，并查明差役如有搕索得赃情事，一并照例究办，勿稍轻纵塌延。词粘并发。仍缴。等因。奉此遵查，同治十二年二月十九日，卑前县李令任内，据本城朝天坊尽先千总督廷魁以笼赌凶伤等情具告朱有臣等一案，当经李令准理，验伤票唤，人证勿齐，未及审讯，旋即奉批卸事。卑职到任接交，遵即差传。旋据县民周玉堂等以情难袖视，并据该职员朱有臣、千总督廷魁以遵批禀明等情理息，呈恳上渎，均奉批饬讯详。各等因。随即集证查讯。缘原告朱有臣、抱告朱玉丰、戚证周玉堂、乡约卢文周均籍隶卑县，被告督廷魁籍隶属成都，与朱有臣平素认识，间有同赌闲玩。同治十一年七月间，督廷魁向朱有臣拨借银三十两未还，是年腊月又复措借朱有臣银二十两。次年一月，朱有臣向讨，口角，督廷魁捏控。前县李令差唤卸事。朱有臣于李令将值交卸时，听信旁唆，先行赴辕呈渎。随经周玉堂等说好，亦同该原被两造请息悔罪，各情。赴辕恳请结案。惟该千总控关赌博，虚实自应严究。姑念两造均有顶戴，自知情亏，当堂悔过求宥，甘愿息讼免累。差役人等讯无搕索情弊，应毋庸议。除取具各结备案，人证无干省释。所有理息讯结缘由，是否允协，理合具文详请宪台俯赐察核注销，批示饬遵。

巴县在申文中扼要叙述了案件的审理经过和最后的处理结果。但是，值得注意的是，巴县在申文中没有提到以下两点：第一，朱有臣曾经"假冒职官"；第二，朱有臣除被"掌责"之外，还缴纳了"罚银五百两"。这应该不是巴县方面的疏忽，而是有意"搕索"朱有臣的最好证明。关于这一点将在以下说明。

从理论上说，当重庆府知府收到这一申文，对巴县的审理表示同意之后，此案才被"注销"，即最终结案。

3. 案件分析

透过以上叙述的本案经过，我们可以看到以下几点。

第一，诬告与自诬。武弁昝廷魁借钱运动复官未成，恼羞成怒，不惜以包括自诬在内的诬告方式，状告朱有臣。对此，重庆府知府瑞亨也感到不可思议，"如因屡借不遂，辄即妄控，尚属事所恒有。但何至自诬同赌，致干功令，殊不可解"。实际上，这一点恰恰说明了包括昝廷魁在内的兴讼一方的狡猾。因为《大清律》等司法文献中对赌博虽然开具了许多处罚规定，但关键是"止据见发为坐"，① 也就是说这些处罚规定只对现行犯发生作用。换句话说，如欲诬告他人且并非欲置对方于死地，那么使用"赌博"这一罪名是最方便、最"安全"的，可以让对方缠上一个不大不小的官司，便于自己进行敲诈。在这种情况下，即便使用包括"自诬"在内的手段，到头来也不会吃上官司。我们从现在收录在巴县档案全宗赌博类的诉状中，常常可以看到诉讼双方为达目的使用自诬策略的记载。

第二，昝廷魁的兴讼战术。更准确地说是巴县衙门陷害朱有臣的战术。关于这一点在"恒翁"的信中有十分露骨的说明（文书09）。尽管我们现在无法一一核实"恒翁"信中所言各点，但从现存档案所反映的本案过程来看，应该基本属实。昝廷魁起意报复朱有臣之后，"先会门上唐大爷，告其情节"。此处所说的"门上"应该就是知县长随中的门房，亦称门丁，雅称阍人。顾名思义，门房的职掌为启闭宅门，在衙门中居于十分重要的位置。由于他负责的宅门通常位于衙门中公私两个空间的交界处，故门房在实际中可以把持衙门中几乎所有行政业务的运行，借此获利。故刘衡曾直言"慎用门丁"，"盖此辈为利而来"。② 方大湜也极言"门丁不可用"，因他们"不外唯利是视"。他还开列了门丁的十大弊端，即勾通棍蠹、庇护差役、走漏消息、捺搁公事、私押人证、卖放要犯、迎合本官、诬蔑本官、盘剥本官、挟制本官。③ 即便是熟悉官场运作的

---

① 王庆西、胡星桥主编《读例存疑点注》"刑律·赌博"，中国人民公安大学出版社，1994，第754页。

② （清）刘衡：《州县须知》"札商各牧令官须自做慎用门丁由"，《官箴书集成》编纂委员会《官箴书集成》第6册，黄山书社，1997，影印宦海指南本，第98~101页。

③ （清）方大湜：《平平言》卷二《门丁不可用》，《官箴书集成》编纂委员会《官箴书集成》第7册，黄山书社，1997，影印清光绪十八年资州官廨刊本，第627~629页。

汪辉祖，也曾经几乎为门丁连累。① 由此可见，昝廷魁首先去找"门上唐大爷"，可谓是对衙门内部的构成和"门上"的作用了如指掌。

相信昝廷魁在向"门上唐大爷"说明情况时提到了朱有臣经商贸易，是一方"首富"。那位"门上唐大爷"得知之后，"即刻回明县台"。吏员出身的巴县知县李玉宣随即让门上告诉昝廷魁，"只管将禀帖递进，无不作主"。以后，"班上"，即差役"见得是一桩好案，也催促昝总爷作速递禀帖"。至于胥吏，亦非例外。总而言之，为了设法敲诈石岗场"首富"朱有臣，衙门中的"官同房班都望此讼兴成"。以赌博作为兴讼的理由和"自诬"的策略，很可能就是出自"官同房班"的建议。由此可见，虽然名义上是昝廷魁首先状告朱有臣，进而酿成双方的官司，而实际上朱有臣在这一官司中始终面对的不是案前的昝廷魁，而是在他身后的整个巴县衙门。正是因为如此，当朱有臣等人在审理中直指此案起于昝廷魁的"勒索"（文书24、26），但是巴县方面充耳不闻，未置一词。

这一点从巴县知县李玉宣对昝廷魁同治十二年二月十九日告状的批文中也可以看出。在巴县档案中，有不少昔日一同赌博者为赌帐问题反目兴讼的文献。通常，地方官的批示都是"同场赌博，厥罪惟均"，亦即两造都有责任。但是，李玉宣的批示连此种官样文章都没有，直接批作"伤经验明，候唤讯察究"（文书02）。这就是承认昝廷魁确实有"伤"，一开始就摆出袒护同为官僚的昝廷魁的姿态。

正是在这个意义上，朱有臣的厄运从本案的一开始就已经被"注定"。他在本案的第二阶段主动要求和息，甚至以昝廷魁的名义联名向重庆府知府要求尽快结案，应该就是感到了这一点，知道自己已经没有胜诉的可能，祈望尽快脱身，但是为时已晚。

前面曾经提到，在十月初二日的审理中（文书16），双方各说各话，负责审理的知县也没有确认过事实本身（伍案：例如双方之间的银钱债务的数额究竟是多少，等等）。实际上，在"官同房班都望此讼兴成"的情况下，至于事实究竟如何已不重要。"官同房班"和昝廷魁最主要的目的就是设法将朱有臣拖入官司之中。

第三，"图告不审"的诉讼拖延战术。在了解了衙门内部"都望此讼兴成"的背景之后，我们才能理解巴县方面屡屡拖延不审的缘由，即便有重庆府知府的再三催促，巴县方面一直迁延不审，致使朱有臣在缴纳了投到银30

---

① （清）汪辉祖：《学治臆说》卷上《用人不可自恃》，《官箴书集成》编纂委员会《官箴书集成》第5册，黄山书社，1997，影印清同治十年慎间堂刊汪龙庄先生遗书本，第270~271页。

两之后依然"久羁旅邸"。巴县在申文（文书28）中将长期未能审理的原因规之于"人证勿齐"。从客观上来说，"人证"齐集与否完全靠差役、门丁等的报告，他们为了"私自收押诈钱"，往往蓄意不报，即方大湜所说的"私押人证"。① 就本案而言，既然是"一桩好案"，如果"官同房班"以及昝廷魁期待的"好处"尚未到手，巴县衙门方面是不会立即审理的。虽然从审案原则上来说，如果知县有意审理，那么即便是"人证勿齐"也可以审理。实际上，我们今天在巴县档案中也确实可以看到不少"唤问点名单"在应到人证姓名的下方注有"不到"字样，亦即"人证勿齐"。但是若干"人证"的"不到"在事实上并未影响到案件的审理。何况，这样一起属于州县自理案件的诉讼原则上应该在20天之内审理完毕，实际上却前后拖延了几个月的时间。

我认为，巴县方面在这里最大限地利用了法条的规定搪塞上司，一味拖延。《大清律例》中规定，"承审官于听断时，如供证已确，纵有一二人不到，非系紧要犯证，即据现在人犯成招，不得借端稽延"。② 这一规定可以作如下理解，如果未到的"一二人"属于"紧要犯证"，则可以不必立即审理。至于谁是"紧要犯证"，自然是作为"承审官"的巴县方面的判断，重庆府方面除了在字面上催促之外，没有采取其他包括由知府直接审理在内的任何有效手段。所以，面对重庆府的再三催促，巴县方面表现得依然故我。如果以审理第二阶段结束的同治十二年十月初开始计算，巴县直到完案半年之后才向重庆府报告审理的结果，而且没有一处言及迟迟未能结案的原因。

第四，节外生枝的"功名不实"。如上所述，当同治十二年十月初昝廷魁和朱有臣等分别具结之后，兴讼于当年二月的这一案件就已经应该宣告结束。但是，朱有臣却以"功名不实"为由，依然被"押候查明本衙门及各局有无行知札文，再行发落"。

从现存的文书来看，并没有人曾经向巴县举报过朱有臣"功名不实"。上面说过，朱有臣在第二阶段审理中属于原告，尽管这一阶段的审理在十月初已经以双方具结而告结束，估计巴县衙门一方觉得还没有达到最终的目的，故罗织罪名，继续"差押"朱有臣。

根据《大清律例》的规定，"诈假官"至少要被处以"杖一百、徒三年"，例如：

    若无官而诈称有官，有所求为，或诈称官司差遣而捕人，及诈冒官

---

① （清）方大湜：《平平言》卷二《门丁不可用》，《官箴书集成》第7册，第627~629页。
② 王庆西、胡星桥主编《读例存疑点注》"刑律·听讼回避"，第689页。

员姓名者，杖一百、徒三年。①

在第二阶段的同治十二年十月初二日审理时，朱有臣自认"功名不实"（文书16）。而在第三阶段的同年十二月二十七日（文书24）和二十九日的审理中（文书26），朱有臣均承认自己"假冒职官"。根据上面所引的法条规定，朱有臣不仅"无官而诈称有官"，而且"有所求为"，即曾经在打官司时利用过职官身份，故至少可以被处以"杖一百、徒三年"。但是，他本人曾经供称欲请昝廷魁"代办行知"（文书06）。此处的"行知"，就是关于保举的公文。② 而据詹兴顺在同年十一月十三日称（文书21），"只听闻朱有臣先年帮助曾大人军装银两，曾保他游击职衔"。这里的"曾大人"应该就是"恒翁"在致其父朱学尧和他的信中提到的经昝廷魁介绍认识的"曾九翁"（文书09），即曾国藩之弟曾国荃。此外，"恒翁"在信中也说过，朱有臣既然"望办前程"，那么"能成大事者，不惜小费"。由此可见，朱有臣极有可能保有由曾国荃保举的"游击职衔"。更重要的直接证据是，在原卷宗的封面注有一行小字（文书01）：

内粘朱有臣行知札文壹筒。

虽然现在已经见不到该札文，但是可以知道朱有臣确实保有某种功名，他自称"职员"并无不妥（文书06）。此外，巴县衙门在最终结案的同治十二年十二月二十九日将"衣顶"，即标志功名等级的衣服和顶戴"发还"给朱有臣（文书26），巴县衙门在同治十三年四月某日致重庆府申文中也称朱有臣有"顶戴"（文书28）。根据这些情况，我们可以大致判断他并没有"假冒职官"，充其量不过是"功名不实"。前面已经提及，首先言及朱有臣职衔的是他在本案中的直接对手——昝廷魁。朱有臣得到"游击职衔"源于昝廷魁的引见，故他不可能不知道朱有臣究竟保有何种职衔。他很可能在最初告状时故意将功名说错，即将"游击职衔"说成"尽先都司"，为今后敲诈设下一层圈套。

最后，巴县在同治十三年四月某日致重庆府的申文中只字不提此事（文书28），也可以证明朱有臣的"功名不实"的罪名很可能就是子虚乌有。这

① 王庆西、胡星桥主编《读例存疑点注》"刑律·诈假官"，第733~735页。
② （清）李伯元：《官场现形记》第三回"苦钻差黑夜谒黄堂，悲镌级蓝呢糊绿轿"："且说黄知府有一天上院回来，正在家里吃夜饭，忽然院上有人送来一角文书。拆开一看，正是保准过班的行知。"（人民文学出版社，1957，第39页）

样，以"功名不实"为借口继续"差押"朱有臣的目的就只能有一个，即对这位当地的"首富"进行敲诈。

再有，朱有臣虽然享有"功名"，保有"顶戴"，依然被牵连在长达十个月左右的诉讼中，而且最终未能免去刑罚，受到"掌责"并被"罚银五百两"。这是令人颇感兴趣的。在清代，官员身份受到法律保护。对于"有犯"的职官，在未经"实封奏闻请旨"之前，各级衙门"不许擅自勾问"；即便"许准推问"，也要"依律议拟，奏闻区处，仍候复准，方许判决"。① 但是，在清末的四川地方衙门中，侮辱职官的事情屡见不鲜。就是这位对朱有臣处以"掌责"和"罚银五百两"的署巴县知县王麟飞，在日后"明知黄万骞身属职官，辄将其扑责，交店看押，以致黄万骞于经人保出后情急自尽"。最后于光绪元年（1875）被"交部议处"。② 在本案中，假定朱有臣保有的是"游击职衔"，这个相当于三品官员的身份却没有得到任何尊重。这种情况告诉了我们这样两点：第一，同治年间的"游击职衔"在当地地方官员的眼中，几乎无足轻重；第二，朱有臣虽为当地"首富"，但其本人可能丝毫不了解"职员"可以享有何种权力，在糊里糊涂之中受到昝廷魁和巴县衙门方面的敲诈。

第五，五百两的"东川书院膏火公用"。朱有臣除了被"掌责"之外，还"甘愿罚银五百两，以作东川书院膏火公用"（文书26）。这一决定始见于审理第三阶段的同治十二年十二月二十七日（文书24），估计是时近年关，三月份就来到重庆府城的朱有臣为了能够早日回家，与巴县衙门之间达成了某种妥协的结果。随后，一改以往迟迟得不到审理的情况，局面急转直下，朱有臣在二十九日缴纳了"罚银五百两"，立即领回了"衣顶"（文书28），带着身心的疲惫离开重庆府城回家。

众所周知，清代的刑罚体系是以"五刑"，即"笞、杖、徒、流、死"构成的。以"罚银五百两"来处罚"功名不实"或"假冒职官"，至少在《大清律例》中找不到相应的法律依据，属于在地方衙门司法实践中屡见不鲜的法外用刑，特别是在处罚某些轻微犯罪时常常使用的方法。但值得注意的是，巴县方面于同治十三年四月某日向重庆府报告本案审理经过和结果时（文书28），对于"罚银五百两"这一点只字不提。

实际上，根据记载，东川书院直至清代末年依靠重庆府下十三州县"官绅"的"或拨或捐"，拥有大量的田产、地产和房产，"每岁收入数千金"，

---

① 王庆西、胡星桥主编《读例存疑点注》"名例律·职官有犯"，第20~21页。
② 《清德宗实录》卷六，光绪元年三月甲寅，中华书局，1987，影印《清实录》第52册，第149~152页。

用于聘请院长、奖励生童和开设新学科的经费，"俱无拮据"。①

根据这些情况，我们不难想象，朱有臣缴纳的"罚银五百两"很可能根本没有进入经费充裕的东川书院，成为"膏火公用"，而是成了巴县衙门内年前的"额外分红"。

三　分析

本案告诉我们这样一个事实，即对于负责审案的衙门组织来说，十分需要有人来打官司，尤其欢迎可以任其敲诈的"好案"。这就是说，近代以前中国的统治方式本身也是"制造"诉讼的重要原因之一。简而言之，至少在这种统治方式的末端，或者说直接接触到民众的州县一级衙门从内心希望诉讼能够保持一定的数量，如果有需要，他们自身甚至不惜主动"挑起"，或将民间人"诱入"诉讼。造成这种情况的重要原因之一无疑是统治者的贪欲，而官僚制度中的某些规定、畸形的薪俸制度规定，乃至衙门的组织结构也导致他们希望将诉讼保持在一定数量之上。

例如，对于地方行政第一线的州县官员来说，上宪的意向在很大程度关乎他们的仕宦生涯。而能否在仕途上有所上升，又是绝大多数州县官员向社会证明自身价值的重要标志。取得上宪好感的方法之一就是将自己打扮成"能员"。例如：某县知县为两榜出身，到省之后"就得发审局差使"。很多疑难案件，"一到他手，不上三天，无供的立时有供，有供的永远不翻。上头都说他能干，所以到省未及一年，居然就委他署事。他这个缺，本是从发审局得来的，现在感激上头的栽培，越发竭力图报。就是无事，也要想出两件事来做做，以为见好地步"。结果，他为了在"报答上宪的栽培"的同时"卖弄自己的本领"，将一个原本"政清刑简"的地方搞得"班房里面，大有人满为患"，民众道路以目。到任半年之后，居然"官声大著，连着上司都知道他是个好官，便把他的名字记在心上"。这样的人往往可以得到"才具优长""堪膺地方之选"之类的

---

① 根据同治六年刊刻的《巴县志》记载，乾隆二十一年，川东道宋邦绥将育婴堂改为川东书院。（《（同治）巴县志》卷二《政事志·恤典》，第31a页）民国年间编纂的《巴县志》有如下记载，录以备考："在炮台街，即洪崖坊育婴堂旧址。按《王志》载书院生童向无膏火，院长束修一百二十两，重庆十三州县公捐。其后，官绅或拨或捐，迄于清末，所有田产、地产、房屋约值七、八万金，每岁收入数千金。徐编修昌绪掌院时，束修增至千两。后又增经学一席，两院长各八百两。生童按月考课，超等奖银数两。乡试决科面试第一名，奖银多至五十两。后又分设经学、算学两院，经费俱无拮据。清末废书院，所有产业归重庆中学校。"（《（民国）巴县志》卷七《学校·书院》，第18b页）

考语。即使该人并非贪赃索贿之辈，但一味地以苛为能也是造成诉讼增加的原因之一。①

地方衙门的组织结构及其畸形的薪俸制度，也是导致诉讼社会的形成原因之一。

瞿同祖将清代地方行政的末端机构的州县形象地称作"一人政府"，这就是说，虽然在制度上有佐贰官、首领官和杂职官，但是举凡各种刑名钱粮事件，在法律规定上必须由知县亲自处理。② 曾国藩曾说衙门中有六种人：

> 宅门以内，曰上房，曰官亲，曰幕友，曰家丁。头门以内，曰书办，曰差役。此六项者，皆署内之人也。③

这六种人可以分成三类：其一，上房和官亲指居于领导地位的知县及其家人。其二，属于体制之内的书办和差役。其三，幕友和家丁（伍案：即长随）在名额编制上虽然不属于体制之内，但是平日主要负担的却是体制中的事务，即公务。上述三类人物的收入情况如下：

张仲礼认为，19世纪后期汉族知县的年平均收入在4.3万两左右。④ 同治年间曾担任广东省肇庆府广宁县知县杜凤治的各种收入在每年银1万两前后。⑤ 这些收入中包括了经制内的部分和经制外的部分。前者是知县根据规定从国家得到的俸禄和养廉银。以巴县为例，巴县知县每年的俸银为45两，另有养廉银1000两。这就是所谓的经制内收入，即法定收入。除此之外，还有属于经制外收入的"陋规"。知县从日常行政事务等中还可以得到名目繁多的"常例""公礼"，等等。⑥ 例如，杜凤治在担任广东省肇庆府四会县知县时，按照"每两征银一两六钱四分"的标准征收总额达"一万二千余两"

① （清）李伯元：《活地狱》第八回"销旧案钱可通神，接新官才长折狱"，第38～41页；第九回"遇酷吏简缺变烦难，受严刑良民负冤屈"，第42～45页。

② 瞿同祖：《清代地方政府（修订译本）》，范忠信等译，法律出版社，2011，第315页。

③ （清）盛康：《皇朝经世文续编》卷一八《吏政一·吏论上》"劝诫州县四条"（曾国藩），清光绪二十三年思刊楼刊本，第26a页。

④ 张仲礼：《中国绅士的收入——〈中国绅士〉续篇》，上海社会科学院出版社，2001，第4～42页。

⑤ 张研：《清代县级政权控制乡村的具体考察——以同治年间广宁知县杜凤治日记为中心》，大象出版社，2011，第320～323页。

⑥ 早在明代，知县在履行公务时就已经开始收取"常例"。例如，浙江省严州府淳安县知县每逢"审均徭"和"造黄册"的时候，可以从各里分别收取1两或2两的"常例"。〔（明）海瑞：《海瑞集》上编，中华书局，1962，第49页〕

的地丁银。① 每逢年节、生辰和到任等，都是各级官员获得收入的机会。杜凤治在广宁县知县任上见新任的户房典吏汤新没有缴纳"公礼"等银达 500两，便传齐各房典吏，宣称"今日要钱亦大声疾呼"，对汤新大加申斥，限期缴付。②

所有这些经制内和经制外的收入，对于绝大多数的地方官员来说，并非可以成为个人的私财。在近代以前的中国，作为一种社会的"常识"，上自朝廷，下迄百姓，恐怕几乎没有人相信一位知县可以依靠前述经制内收入应付各种日常的公私支出。知县除了用来养家之外，还要孝敬或报效上司，联络同寅，负担名目繁多的摊捐和"规费"，以及支付雇用幕友和家丁的费用。③ 同治初年曾经在四川候补的刘愚曾经说，省内州县官员为了对上司"含恩感德"，"每年节寿及到任礼，有一年须银一万余两者"。④

问题在于朝廷对地方官员的支出情况心知肚明，但是却不采取任何有效的措施。以幕友和长随为例。朝廷完全了解"无幕不成衙"的现实，也知道地方官几乎都雇用长随，并对地方官雇用长随的人数有所限制。可是，对雇用幕友和长随的费用却不闻不问，任由地方官僚自行解决。尽管朝廷曾经三令五申，要求禁绝陋规，实际上却是"名为例禁，其实无人不取，无地不然"。到了道光皇帝登基之后，只能要求"各该督抚将所属陋规逐一清查，应存者存，应革者革，期于久远可行"。⑤ 这样，皇帝实际上承认了陋规中也有"应存者"。可见，陋规虽"陋"，但是对于各项公务的运转来说是不可或缺的"规"。这一点，在官箴书中也多有论及。

上述第二类的书吏在康熙元年（1662）以前享有一定的"饭食银"。例如，直隶地区州县衙门各房书吏年间的饭食银在清初为每人 10.8 两，这一数字以后逐渐减少，在康熙元年终告取消。书吏除自行负担各种办公经费之外，还要向上司乃至上司衙门的书吏进献"公礼"，处于一种"只有服务而没有薪酬"的情况。与书吏相比，差役始终享有数额很低的工食银。但是，州县衙门在派遣他们承办公务的时候，通常并不支给相应的经费。故工食银顾名思义，就是既要应付工作需要，又要养家糊口的银两。例如，

① 张研：《清代县级政权控制乡村的具体考察——以同治年间广宁知县杜凤治日记为中心》，第 322 页。
② （清）杜凤治：《广宁官廨日记》，同治九年十二月十八日，转引自邱捷《知县与地方士绅的合作与冲突》，《近代史研究》2006 年第 1 期，第 20～39 页。
③ 瞿同祖：《清代地方政府（修订译本）》，范忠信等译，第 37～51 页。
④ 鲁子健编《清代四川财政史料》上册，第 524 页。
⑤ 《清宣宗实录》卷五，嘉庆二十五年九月己巳，中华书局，1986，影印《清实录》第 33 册第 130～131 页。

马快虽然可以享有 10 两以上的工食银，但是要自行解决草料等问题。① 方大混曾说：

> 书差各有家属，各须养赡，各有丧葬嫁娶，各须料理。其所以厕身公门者，岂仅为一己之酒食计耶？

他还说：

> 额设差役甚少，本不敷差遣。即以额役而论，每名每日工食银仅只二分，养一身尚且不足，遑论家口？书吏则并此而无之。②

在这种情况下，书吏和差役只能依靠收取陋规获得收入。换句话说，他们从事公务的目的首先是为了维持个人的生活。例如，在诉讼中，"事事索费，人人索费"，存在着名目繁多的"规费"。如"戳记费""挂号费""传呈费""取保费""纸笔费""鞋袜费""单费""夫马费""铺班费""出结费""和息费"，等等。③ 正是因为书吏和差役索取陋规的作法在各级衙门中根深蒂固，故即便是刘衡也承认无法根绝书吏收取陋规，允许他们在规定的范围之内索取：

> 旧有漏（伍案：陋）规，如纸张、饭食之类，以资办公，且为数无多，相沿已久，原难遽革，但不许额外多索。④

与这些直接向民众索取"规费"的书吏和差役相比，上述第三类的幕友和长随则属于知县的私人雇员。

同治五年（1855），杜凤治被选授广东省肇庆府广宁县知县，聘请了顾小樵担任统管刑名钱谷的幕友，言定"修金番银千两，伙食每月十两"。⑤ 清

---

① 瞿同祖：《清代地方政府（修订译本）》，范忠信等译，第 72～78、100～104 页。
② （清）方大混《平平言》卷二《驾驭书差》，《官箴书集成》第 7 册，第 634 页。
③ （清）方大混《平平言》，卷二《为百姓省钱》，《官箴书集成》第 7 册，第 638～639 页。
④ （清）刘衡：《庸吏庸言》卷上《劝谕书吏告示》，《官箴书集成》编纂委员会《官箴书集成》第 6 册，黄山书社，1997，影印清同治七年楚北崇文书局刊本，第 179～180 页。
⑤ （清）杜凤治：《望凫行馆宦粤日记》，同治五年十月十一日，国家清史编纂委员会文献丛刊《清代稿抄本》第 10 册，广东人民出版社，2007，第 82 页。关于幕友修金问题，请参见郭润涛《官府、幕友与书生——"绍兴师爷"研究》，中国社会科学出版社，1996，第 217～227 页。

代后期，在巴县所在的四川省，州县中刑名幕友和钱谷幕友的修金分为五等："最高者每年一千四百四十两，次为九百六十，又次为七百二十，又次为五百六十，最低为三百六十"。① 由于巴县为川东重镇，地处交通要冲，而且又是重庆府的首县，故幕友修金应该在相当的水平之上。汪辉祖认为，在雇用幕友问题上不应该过分计较，"与其省费误公贻悔于后，何如隆礼厚币择友于初"，主张在雇请幕友时不要"惜小费"。② 此外，幕友中也有人"苟且关说，狼狈党援"，"结党营私，把持公事，弊端百出，不可枚举"，存在着一批依靠着"作孽钱财"维持生计之人。③

至于与幕友同属官僚私人雇员的各种长随，从职能上说是协助官员办理一切公务和官僚私人事务。除了官僚的亲戚充当长随和因借债而不得不接受金融机构"推荐"的长随之外，从收入方面来说，长随中的很多人"仅有饭吃"，平时并无固定收入。杜凤治曾经让人告诉一个愿作长随的人说："仅有饭吃，愿去即去，否则自行斟酌"。④ 但是，正如瞿同祖指出的那样，长随真正关心的是各种规费。他们不仅从一般民众，甚至从本衙门内的书吏和差役处得到规费。例如，"门包"就是归门上（伍案：亦称门丁）收取的规费。⑤

由上述可以看出，陋规和规费构成了地方衙门中各种人物收入的主要来源。不过，从另外的角度来说，陋规毕竟有一定之"规"。如雍正九年（1731），奉天府府尹杨超曾就奉天府陋规问题上疏：

> 奉天各属从前一切公务，皆取给里下。总计一岁之科派，多于正额之钱粮。如遇奏销地丁驿站、大造编审人丁、大计考察官吏等项。自臣衙门家人书吏、以至治中知府州县各处，均有陋规银两，名为造册之费。岁科考试生童，自府丞至治中知县衙门，亦有陋规银两，名为考试之费。至大小官员到任，凡修理衙署、铺设器用，以及查点保甲、换给

① 周询：《蜀海丛谈》卷二《幕友》，文海出版社，1969～1973，《近代中国史料丛刊》第一辑影印民国三十七年排印本，第383～386页。
② （清）汪辉祖：《学治臆说》卷上《幕宾不可易视》，《官箴书集成》第5册，第269页。
③ （清）盛康：《皇朝经世文续编》卷二七《吏政十·幕友》"请查禁谋荐幕友片"（何桂芳），第8a页。（清）汪辉祖：《学治臆说》，卷上《得贤友不易》，第269页。（清）龚萼：《雪鸿轩尺牍》"答友"，湖南文艺出版社，1987，第248页。
④ 转引自张研《清代县级政权控制乡村的具体考察——以同治年间广宁知县杜凤治日记为中心》，第300页。张著中在征引杜凤治日记时常常不注明出处或确切年月日，录此以待他日。
⑤ 瞿同祖：《清代地方政府（修订译本）》，范忠信等译，第134～136页。

门牌、印捕等官纸张饭食俱行摊派银两。每项约有数十两至百余两不等。①

久而久之，陋规逐渐成为一种约定俗成的"明文"规定。乾隆十七年（1752）六月十一日，巡漕给事中范廷楷奏称，他在巡漕时于"江西铅山帮头船旗丁桌上"发现了"南漕使用陋规帐簿"，并搜出"上年陋规帐簿"和"赣州、吉安、等帮新旧帐簿"，以及"浙江宁波帮沿途需索帐簿"。他经过计算得知，每帮在承运漕粮的整个途中为向沿途官员人等赠送"银两土仪"，至少要用去"五百金"，而且，"纳贿之地，受贿之人，俱有册可据，有款可稽"。② 清末讽刺小说《官场现形记》中说过，这种记载陋规的簿册在地方行政中是非常重要的，新旧官僚在办理交接时，新任一方要花钱从前任一方手中"购买"陋规簿册，其价格视"缺分"大小而定，自数十两至三五百两不等。如果双方发生龃龉，前任一方甚至会以篡改簿册的方式让新任一方在日后碰壁，结果"一处处弄得天怨人怒"，而新任的官僚"始终亦莫明其所以然"。③

需要说明的是，知县收取陋规并非完全是为了个人的敛财。曾经担任过顺天府尹的蒋琦龄曾经这样说：

> 陋规之大端，惟州县征收钱粮，平余折耗，尽取于民。于是上司亦以节寿为名，道府取之州县，院司取之道府。其不能除，而几于人人皆然，处处皆然。何也？盖自耗羡归公，代以养廉银，大员事简而廉厚，道府以下，事愈多而廉愈少。即以州县论，廉多者不过千数百两，少者五六百两。而州县延一幕友，辄数百金，故冲剧岁入之廉，不能敌其岁出十分之一。此犹以承平时言之也。至于目前摊捐之款，日积日多，自州县以至道府，所谓养廉，非但化为乌有，摊捐之数，且溢于养廉之数。捐摊者，捐廉摊廉也，至于捐廉而廉尽，藩司尽扣其廉不足以抵，犹复严催补解，取盈焉而后止，亦不计所补解者安从得也。此犹以道府州县言之也。院司养廉较厚，捐摊所不能尽，而减折以来，所余亦遂无几。臣在四川，见总督养廉银万三千两，仅余二

---

① 《清世宗实录》卷一一三，雍正九年十二年甲辰，中华书局，1985，影印《清实录》第8册第507～508页。
② 《清高宗实录》卷四一六，乾隆十七年六月庚子，中华书局，1986，影印《清实录》第8册第451页。
③ （清）李伯元《官场现形记》第四十一回"乞保留极意媚乡绅，算交代有心改帐簿"，第690～703页；第四十二回"欢喜便宜暗中上当，附庸风雅忙里偷闲"，第704～717页。

千四百两。其刑名幕友束修,即千三百两。幕友不止一人,费亦不仅
延幕一事,其所余将以办公乎?以自养乎?近日官捐动曰廉俸所积,
其实并无所得,又安从积?不过出其陋规之余耳。是以今之外官,论
应得之钱,实无一钱可得。①

正是由于这种地方衙门的组织结构和畸形的薪俸规定,使得"一座小小
的州县衙门"成为令天下人"第一件吃苦的事"。故李伯元指出:

> 我不敢说天下没有好官,我敢断定天下没有好衙门……虽说做官有做
> 官的俸银,书差有书差的工食,立法未尝不善。但是到得后来,做官的俸
> 银,不够上司节敬;书差的工食,都入本官私囊。到了这个分上,要想他
> 们毁家纾难,枵腹从公,恐怕走遍天涯,如此好人也找不出一个。②

这样,为了在现有收入基础上追求更多的收入,对于衙门中的各色人等
来说,最方便的办法之一就是运用他们的"专业知识",将那些可供他们敲
诈之人拖入官司,玩弄于股掌之间。本文介绍的巴县衙门中的"官与房班都
望此讼兴成",就是因为看到这是一桩"好案",故各个摩拳擦掌、罗织圈
套。在这里,诉讼成为衙门一方谋得法外收入的工具。换句话说,对于"官
同房班"来说,他们希望衙门成为取之不尽的"财源"。

事实也确实如此。书吏和差役虽然在国家制度上有名额规定,③ 但是由
于行政事务的纷繁和利益的诱惑,书吏和差役的实际名额往往超过规定的限
制。以本文言及的四川省重庆府巴县为例,根据乾隆年间的记载,该县知
县、县丞、巡检、典史和教官名下各类差役总数应该为94名,而根据同治年
间的记载,这一数字上升到111名。即便如此,道光五年(1825)前去就任
巴县知县的刘衡却看到了"衙役七千"。关于设置差役的规定在乾隆年间之
后固然有过一些变化,但在短短几十年间差役数目也不可能有如此规模的增
加。根据刘衡的说明,之所以能有超过定额70多倍的差役聚在衙门之中,无
疑不是为了分享区区数目的工食银,而是为了借传唤被告谋利。当刘衡改变
了审案方式,即"不传被告,先审原告"之后,"虽巴县极繁之缺,半年后

---

① (清)盛康:《皇朝经世文续编》卷一三《治体六·治法中》"应诏上中兴十二策疏"(蒋
琦龄),光绪二十三年思刊楼本,第42a~b页。

② (清)李伯元:《活地狱》"楔子",第1页。

③ 关于清代末年对州县书吏的名额限制,请参看《(光绪)钦定大清会典事例》(清光绪二
十五年石印本)卷一四八至卷一五一。差役的名额,多开列在各省的《赋役全书》之中。
另请参见瞿同祖《清代地方政府(修订译本)》,第62~67、89~94页。

竟累月不接一词"。结果,"役等无所得食,退散六七千人"。① 这里的"得食"二字形象地说明,衙门在差役眼中只是谋生的场所,而不是民众期盼的伸冤之处。

通过本案可以看出,官员与书吏、差役之间并没有一条无法逾越的鸿沟,他们在一定条件之下是可以合作的。对于相当多数的地方官来说,如果他们希望在任期之内不出现大的差错,搞好与书吏、差役的关系十分重要。因为,倘若不依靠这些人,地方官不仅无法办事,甚至还会丢掉自家性命。林黛玉的启蒙教师贾雨村承蒙门子指点迷津一事就是十分著名的例子。

贾雨村在就任应天府知府后立即遇到一桩"人命官司",出自"紫薇舍人薛公之后,现领内府帑银行商"的薛家的薛蟠为争买丫头,打死了"小乡绅之子"冯渊,由于碍着薛家的势力,冯家"告了一年的状,竟无人作主"。贾雨村刚刚到任,不知何故,冯家的旧案被"详至案下"。在冯家来说,这是趁新官上任,希望此案有人作主,自属理所当然。而在已经熟知此案的当地官场来说,很可能是州县给这位新任上司出难题,让他在糊里糊涂之中自取灭亡。

贾雨村不知底细,"听了大怒道:'岂有这样放屁的事!打死人命就白白的走了,再拿不来的!'因发签差公人立刻将凶犯族中人拿来拷问,令他们实供藏在何处,一面再动海捕文书。正要发签时,只见案边立的一个门子使眼色儿,——不令他发签之意。雨村心下甚为疑怪,只得停了手,即时退堂,至密室,侍从皆退去,只留门子服侍。"在门子的指点之下,贾雨村方才明白了如下道理:

> 如今凡作地方官者,皆有一个私单,上面写的是本省最有权有势,极富极贵的大乡绅名姓,各省皆然。倘若不知,一时触犯了这样的人家,不但官爵,只怕连性命还保不成呢!所以绰号叫作"护官符"。方才所说的这薛家,老爷如何惹他!他这件官司并无难断之处,皆因都碍着情分面上,所以如此。

贾雨村闻听之后,首先冠冕堂皇地表示不愿"因私而废法"。那位门子

---

① 《(乾隆)巴县志》卷三《赋役志》,清乾隆二十六年刊本,第21a~26b页。《(同治)巴县志》卷二《政事志》,清同治六年刊本,第7b~13a页。(清)刘衡:《蜀僚问答》,《官箴书集成》编纂委员会《官箴书集成》第6册,黄山书社,1997,影印清同治七年江苏书局刊牧令书五种本,第152~153页。

听后冷笑着说：

> 老爷说的何尝不是大道理，但只是如今世上是行不去的。岂不闻古
> 人有云：大丈夫相时而动。又曰：趋吉避凶者为君子。依老爷这一说，
> 不但不能报效朝廷，亦且自身不保，还要三思为妥。

贾雨村在自身性命、国法皇恩，以及恩人情义（伍案：被争买的丫头是
贾雨村昔日的恩人甄士隐之女英莲，五岁时被人拐走）之间，最终选择了保
住自身性命，以堂堂朝廷命官的身份向门子请教："依你怎么样？"结果按照
门子想的"一个极好的主意"了断了此案。以后，为了自己的仕途，贾雨村
觉得那位门子在自己身边十分不妥，"后来到底寻了个不是，远远的充发了
他才罢"。①

我们从这一事例可以看出，包括断案在内，有些官僚与被他们称为衙蠹
的书吏和差役之间的关系不是一成不变的。从官僚群体来说，他们虽然在笔
下对衙蠹大张挞伐，但是在关系到自身性命的时候还是会放下架子，虚心向
衙蠹请教主意的。他们彼此之间的关系在根本上属于一种相互利用的关系，
一旦达到自己的目的之后，除非有新的利益驱动，否则这种互相利用的关系
就不复存在。贾雨村在完案之后"充发"门子之举就有力地说明了这一点。

综上所述，本文介绍的该份文献令我们看到了一个以巴县衙门为中心的
利益共同体。为了兴讼，巴县的知县、房班和长随等与咎廷魁沆瀣一气，寻
找各种似是而非的理由将朱有臣拖入诉讼前后长达 10 个月之久。可见，他
们迫切需要一场诉讼，"必也使有讼乎"正是他们的理念。此类情况不仅存
在于巴县衙门，而且至少普遍存在于清末四川省各地的州县地方衙门。光绪
末年担任四川总督的锡良曾经指出："川省讼事之害民，说者皆归咎于讼棍，
而实则其毒发于书差；而所以酿毒之由，则牧令也"。② 这就是对清末"蠹蚀
污浊"的四川地方司法环境的一个十分形象的说明。③ 这里的"书差"和
"牧令"，就是本案中的"官同房班"。而且，本案中前后两任知县都与"房
班"保持着密切的"合作"关系。由此可见，衙门一方也是造成"刑名之
繁"的重要原因。试想，如果地方官真正做到了"清讼"有方，统治地区出

---

① （清）曹雪芹《红楼梦》第四回"薄命女偏逢薄命郎，葫芦僧乱判葫芦案"，人民文学出
版社，1974，第42～51页。
② 《四川官报》，光绪三十二年七月上旬，第20册，公牍类，第6页。转引自鲁子健编《清
代四川财政史料》，上册，第569～570页。
③ 《清德宗实录》卷三三五，光绪二十年二月戊辰，中华书局，1987，影印《清实录》第
56册，第301页。

现了"政清刑简"的情况，那么他和他统领之下的书吏、差役、幕友和长随如何维持生活和公务的运作呢？在他之上的各级地方官和衙门又是如何维持生活和公务的运作呢？所以，"必也使有讼乎"对于维持专制主义统治制度之下的官僚机构运转和各类在官之人的生活是十分重要的。

2013 年 2 月 22 日脱稿于中山大学紫荆园

2013 年 7 月 13 日修订于八尾生驹山麓乐音寺

附记：拙稿在提交后，承中国政法大学法律古籍整理研究所《中国古代法律文献研究》编辑部匿名审查人惠赐修正意见，执行编辑赵晶先生亦与笔者多次商榷切磋，使笔者获益良多，谨志简端，用示不忘。

《中国古代法律文献研究》第七辑
2013年，第411～432页

清代司法档案中的"行奸复拒奸"[*]

张小也[**]

　　摘　要： 清代奸情案中有所谓"行奸复拒奸"，其情节为妇女（在绝大多数情况下）先与人通奸，后出于某种原因拒绝与奸夫继续维持关系，从而引发激烈冲突。此类案件中的当事人与其他相关人员的心理活动、行为表现以及他们之间的关系十分微妙，承审官员要做到清代司法审判制度所特别强调的"情罪允协"，具有相当大的难度。本文即以刑科题本与成案等材料为中心，分析这些人的心理活动、行为表现以及案件的拟罪量刑过程。

　　关键词： 拒奸　情罪允协　社会性别

序

　　因奸情而导致的案件在清代司法档案与各类成案汇编中占有相当大的比重，考虑到这些案件是此类矛盾恶化导致严重冲突的结果，可见通奸行为在当时并不罕见。

　　已有学者从不同角度对此进行了研究。赖惠敏的《情欲与刑罚：清前期犯奸案件的历史解读（1644～1795）》一文提出，近年来的妇女史研究显示，明清朝廷不断强调礼教，提倡妇女节操，这些做法有上行下效的作用。然而问题是在这样一种社会环境中，女性为何仍甘心冒犯万难，与人发生奸情？清代文人撰述的贞节观念是否普及于下层民众？对于这些问题，作者在文中

　＊　本文为北京市与中央在京高校共建项目"北京地区现存清代、民国司法档案的价值与利用"成果之一。
　＊＊　张小也，中国政法大学法律古籍整理研究所教授。

进行了细致的分析，试图从男女双方的家庭背景、职业去了解其动机。① 其另一篇文章《法律与社会：论清代的犯奸案》，用大量司法档案展示了清代社会环境变迁所导致的奸情关系的多样化与复杂化，并且分别针对满汉两大族群对奸案的审理进行了讨论，展示了各自不同的特点。此外，作者还对奸案的审理在有清一代不同时期的变化做了分析，得出后期较前期更为宽松的结论。②

郭松义在《清代403宗民刑案例中的私通行为考察》一文中，就当事者的年龄、婚姻、家庭状况以及他们之间的关系进行了数量统计和对比说明。并根据案例的内容，对私通的原因、私通产生的后果，传统道德、政府法律、婚姻家庭制度与私通的关系等做了探讨。③

王跃生所著《清代中期婚恋冲突透析》一书，亦用大量案例展示了十八世纪中后期普通人的婚外性关系的多种样态，分析其产生的原因以及由此引发的案件的地域分布情况和人员背景，同时也在一定程度上论及社会观念和法律规定对当事人的行为和意识的影响。④

上述成果的特点主要是对奸情及引发的案件进行描述与分析，与之相比，另外一些成果则显示出更加明确的问题意识。

苏成捷（Matthew H. Sommer）的《中华晚期帝国的性、法律与社会》（*Sex, Law and Society in Late Imperial China*），是一部视角独特的关于清代性犯罪的著作，其中对于强奸、和奸、鸡奸等行为的法律规定、量刑标准皆有详细的说明。作者将关注点放在清代社会的底层和边缘人群的性行为上，观察其如何以非正统的方式来满足人性的需求。不仅如此，他还通过对比唐律与明清律中奸罪规定的重点，揭示了贵族社会向庶民社会的转型过程。⑤ 指出，唐律奸罪所重在于奴隶对主人妻女的侵犯，明清律所重在于光棍流氓对平民妇女贞节的侵犯。然而无论如何，在唐代的社会秩序和家庭结构中，奴隶还是有位置的；而流氓光棍在清代的社会秩序和家庭结构中是没有位置的，这一分析比较成功地从法律的角度揭示了社会变迁。

---

① 赖惠敏：《情欲与刑罚：清前期犯奸案件的历史解读（1644~1795）》，《中西法律传统》第6卷，北京大学出版社，2008，第378~424页。

② 赖惠敏：《法律与社会：论清代的犯奸案》，《明清时期法律运作中的权力与文化》，（台北）联经出版社，2009，第175~211页。

③ 郭松义：《清代403宗民刑案例中的私通行为考察》，《历史研究》2000年第3期，第51~67页。

④ 王跃生：《清代中期婚姻冲突透析》，社会科学文献出版社，2003。

⑤ Sommer, Matthew H., *Sex, Law, and Society in Imperial China*, Stanford: Stanford University Press, 2000.

黄宗智（Philip Huang）的文章《法律之下妇女的选择：清代与民国时期的婚姻、离异以及通奸行为》（"Women's Choices under the Law：Marriage，Divorce，and Illicit Sex in the Qing and the Republic"），讨论了清代法律对于奸罪的规定在妇女权利方面的影响，特别是与民国时期的相关规定及其影响进行了对比。指出，清代妇女在法律上被视为男性的附属品，民国时期则被视为独立自主的人，然而这不一定意味着妇女权利有真正的进步。他认为清代妇女实际上可以得到法律的保护，使其能够预防针对她们的犯罪，也可以离开虐待她们的丈夫，得到这种保护的前提则是对贞节的强调。民国时期，清代妇女那些藉以保护自己的"说法"因社会观念发生变化而失去了依托，清代法律中那些虽然模糊但是对妇女有实质性好处的内容也由于新法律的明确规定而消失。当然，妇女作为独立主体能够行使的权利无疑是增加了，然而这一点对于不同阶层的妇女意义并不相同：生活在城市中的、受过教育和拥有财产的妇女，可以将新法律当作保护自己的有效武器；而生活在乡村的、处于弱势的妇女，即便法律已经赋予她们权利，实际上也难以行使。总的来说，黄宗智的研究提示人们在观察现代化过程时须注意到问题的复杂性。[1]

戴真兰（Janet M Theiss）的著作《丑事：十八世纪中国的贞节政治》（Disgraceful Matters：The politics of Chastity in Eighteenth-Century China），虽然以"贞节"作为研究对象，其中大量使用的材料却不是这个主题通常所使用的列女传等，而是研究"奸情"者通常使用的司法档案，作者意图以此反观当贞节遭到破坏时法律与社会的反应。从方法上看，其特点是将贞节一词去意识形态化，放在权力的网络中加以考察，使得这个传统社会的规范性概念展示了更加丰富的内涵，研究也进入了新的层次。[2]

此外，蔡伟钏的硕士学位论文《清代强奸研究》是一个专门性很强的研究成果，利用法律文本与司法档案来剖析清代强奸犯罪，旨在加强古代性犯罪方面的研究。作者在社会伦理等方面讨论较少，主要采取实证分析的方法，力图展现清代强奸在法律规定和司法实践中的原貌。

在上述研究成果的基础上，本文集中讨论在奸情案中数量虽然不多然而很有特点的一类，所谓"行奸复拒奸"，[3] 其情节为妇女先与人通奸，后出于

---

[1] Philip Huang，"Women's Choices under the Law：Marriage，Divorce，and Illicit Sex in the Qing and the Republic," *Modern China*，Vol. 27，No. 1.（Jan.，2001），pp. 3 - 58.

[2] Janet M Theiss，*Disgraceful Matters*：*The politics of Chastity in Eighteenth-Century China*，Berkeley：Universtiy of California Press，2004.

[3] 为行文方便，文中在排除传统价值判断意味的前提下，仍使用"奸"字来指代婚外性关系。

某种原因拒绝与奸夫继续维持关系，从而引发激烈冲突。此类案件中的当事人与其他相关人员的心理活动、行为表现以及他们之间的关系十分微妙，承审官员要做到清代司法审判制度所特别强调的"情罪允协"，具有相当大的难度。本文即以刑科题本与成案等材料为中心，分析这些人的心理活动、行为表现以及案件的拟罪量刑过程。①

一 "行奸复拒奸"案中的男女当事人

前文中提到郭松义、赖惠敏两位学者对通奸的原因做了比较多的分析。郭松义把私通归纳为出于感情、家境困难，或缺乏劳力、带有某种挟制性和其他四大类；赖惠敏对通奸案发生的时间、地理分布、居住环境、当事人的身家等材料进行了统计分析，特别指出男女情奸并不只求情欲的纾解，还代表下层社会人士的生存方式。笔者对此不再赘述，仅就档案与成案中反映的拒奸妇女和遭到拒绝的男子双方的心态和行为进行一些分析。

1. 因心生嫌弃拒奸

其一，浙江金华县朱小奶与姜氏案。② 姜氏的丈夫朱松受是朱小奶的侄子，二人通奸，后姜氏拒绝与之继续行奸，朱小奶疑心她另有奸夫，就威胁她会告知朱松受，并且报乡保带人捉奸，导致姜氏因畏惧羞愧上吊自尽。

事情的起因是乾隆三十年七月间，朱小奶因在朱松受家搭饭，与朱松受夫妇二人同桌共食，不避嫌疑。据朱小奶供，在此期间，他常见侄媳妇姜氏与一个名叫吴小一的男子在灶头说话，感觉她并非正经妇人，自己也许有机可乘，就以言语勾引，但痕迹尚不明显。乾隆三十一年正月初，他听说姜氏做了一个有花的烟荷包给丈夫在腰边挂着，便要她也为自己做一个。姜氏就给他做了一个没有花的，朱小奶以此为借口对姜氏进行更加大胆的调笑，"说他自己丈夫要装扮，替他做花荷包，我的就是素的了"？姜氏亦未因他的轻佻而气恼，只是对着他笑笑，把朱松受的花荷包换给了朱小奶。递荷包的过程中，朱小奶"随势把姜氏手心抓了抓"，姜氏也不作声。到了二十六日，朱松受到田里干活，姜氏叫朱小奶来挑水，并取火令朱小奶吃烟，二人遂调戏成奸。二十八日，朱松受拉木排出门，朱小奶乘机又去与姜氏奸宿，然而令他意想不到的是，虽然才是第二次，姜氏却已经嫌憎他"不济事"，让他

---

① 由于清代法律规定了男子之间的奸罪，所以"行奸复拒奸"案件中亦有一部分当事人为男性，本文中暂不涉及。

② 中国第一历史档案馆藏清代刑科题本缩微胶卷，婚姻奸情类，第 994 卷，第 10 号。

下次不要再来。然而朱小奶不死心，二月初四日，朱小奶同朱松受去义乌帮人拉木排，初六日回家，走到牛皮塘地方，朱松受因其兄迁居，前往帮忙，就托朱小奶捎口信叫姜氏不必等候。朱小奶认为可以借机再续前情，于是故意磨蹭到天色昏暗，吃了夜饭后，借着酒劲去敲姜氏的门。不料姜氏已经关门，朱小奶叫她开门说话，她坚决不肯。朱小奶酒性发作，"不曾想自己无用不中他意"，反而疑心姜氏另有奸夫，心生嫉妒，恰好看到门环插有铁锁，就将门从外锁住，通知自己的哥哥朱殿华以及地保叶茂发、乡约胡佩臣与邻人林秉文、林象奇等一同来到姜氏门前。朱小奶冲进去查看，才发现姜氏灯尚未熄，人亦未寝，众人细细搜查，并无奸夫，反被姜氏当众辱骂一番。朱小奶恼羞成怒，威胁说等朱松受回家再与她理论，保邻人等随后各自散去。而姜氏害怕朱小奶说破奸情，且被诬另有奸夫，在邻里面前丢了丑，羞忿难抑，萌生短见，于夜间自缢身亡。第二天午后，朱小奶不见姜氏开门，从门上张望，看到屋内情形，立刻向乡保告知商议，乡约胡佩臣想要逃避前一天捉奸的过失，就嘱令他伪造奸夫逃脱的痕迹，于是朱小奶毁掉后墙窗棂，假装有人从那里跑掉。但是被县差勘验识破，讯问之下，他对自己的行为供认不讳。

其二，甘肃敦煌县客民孙建与户民刘孝之妻案。① 孙建与刘孝在一起贩柴，与刘孝之妻通奸并供给她花销。后因无钱，刘孝之妻拒绝继续往来，孙建逼奸不成，用镢头将她打死。

据刘孝供，他是敦煌本县人，贩柴度日，其妻是乾隆二十一年在哈密用八两银子买来的"达女子"（推测是当地人对新疆少数民族女子的称呼——笔者注），没有姓氏。据孙建供，他是伏羌县人，四十五岁，家里只有父亲孙作祥。乾隆二十三年，他到敦煌县贩柴度日，与刘孝同行，因此熟识，二十五年夏天某日，他到刘孝家，见刘孝出门不在家，其妻年少，便用言语调戏，刘妻也就依允了，二人当时成奸。以后孙建每次打听到刘孝出门，就买些吃食送给其妻，陆续同她行奸多年，把在外贩柴的几个本钱都花在她身上了。乾隆三十年九月，孙建因恋奸情浓，索性停了买卖，再加上希望与刘妻来往方便，就借口说没有住处，向刘孝借了一间小房，与他们夫妇同院居住。谁知此举不但没有达到目的，反而使二人的关系恶化。刘妻见孙建不事生意，没了资本，对他的态度开始逐渐冷淡，有时刘孝不在家，孙建要与他行奸，她也不依。孙建自觉无颜，十一月里向刘孝告辞，去湖里帮贩柴客人拽柴挣钱度日，很长时间都没到刘孝家去。十二月十三日，他有事路过刘孝门口，进去看望，恰好刘孝不在家，他思念起旧情，再次要求与刘妻行奸。

① 中国第一历史档案馆藏清代刑科题本缩微胶卷，婚姻奸情类，第975卷，第2号。

不想刘妻变了脸色，不但不依，还骂他："你这讨吃的，我还图什么？快去讨吃罢！"孙建忍气问："你把前情忘记了吗？"刘妻回答："什么前情不前情？"一面骂一面往门外走。孙建想起五六年来在她身上花了很多钱，自己手中空空，而对方居然翻脸无情，恼羞成怒，见院内放着一把镢头，就起了杀心，拿起来赶到门外，将刘妻砍死。

2. 因羞耻感拒奸

其一，云南巧家厅王得受与邓淋氏案。① 王得受向与邓淋氏通奸，曾经被控到官，遭到枷责，双方具结悔过。后来王得受屡次在喝醉后到邓淋氏家，意图继续与其行奸，均被邓淋氏斥责拒绝。然而他并不收敛，某次喝醉后再次到邓淋氏家纠缠，被邓淋氏在抵抗过程中戳伤身死。

据邓淋氏供词，她三十五岁，公婆丈夫早故，只留下一个七岁的女儿，名邓大妹，并无子嗣，其夫也没有伯叔弟兄。王得受与她邻村，彼此相识，见面不避。嘉庆二十一年十一月中某日，王得受到她家里闲坐，二人调戏成奸，此后遇到机会便在一起，但是没有银钱来往。这种关系一直维持到二十二年八月间，周围人议论纷纷，邓淋氏感觉无脸见人，心怀羞愧，因此下决心改悔，对王得受表示不再继续保持关系，断绝往来。然而王得受恋恋不舍，时常纠缠。邓淋氏不堪其扰，到官呈控请断，二人均被判枷责收赎，也都出具了悔过甘结，在厅里立了案。此后王得受出外佣工，彼此断绝往来。二十三年五月初十日之后，王得受自外佣工归来，每次喝醉后就到邓淋氏家要求续旧。邓淋氏出言斥责，王得受只坐着不走。邓淋氏无奈，只得带着女儿逃到邻居表亲李氏家中躲藏，打听到王得受走后才敢回家。她本以为拒绝过几次后王得受自然断绝念头，因此没有报官。二十四日傍晚，王得受喝醉了酒，又来向她央求，她正要避开，却被王得受拦住，她质问说从前已经当官出过悔结，如何不知悛改？王得受回答："事隔年久，私下往来，并无妨碍。"并且赶到身前搂抱求奸。邓淋氏挣扎喊叫，王得受紧抱不放，邓淋氏拔出他（此处不知道是邓还是王，因原文中第三人称均使用"他"字——笔者注）随身佩带的小刀戳他左臂一下，王得受负痛松手，起身夺刀，邓淋氏又用刀划伤他左胳膊，逃出门外，喊叫救命。王得受随后赶上，一手抱住邓淋氏，一手夺刀，并说她"不念昔日恩情"，定要与她行奸，不肯罢休。邓淋氏情急之下，左手持刀反手向后戳伤其左胯，二人一齐倒地，因跌势过猛，以致刀尖穿透王得受颜面。邓淋氏见他伤重，亦畏罪用刀自划额颅求死，邻佑李炉匠等闻声赶来夺下刀子，而王得受因伤重，不多一会儿就死了，邓淋氏畏罪，意欲寻死，用刀将自己划伤。

---

① 中国第一历史档案馆藏清代刑科题本缩微胶卷，婚姻奸情类，第 2724 卷，第 9 号。

其二，萨克达氏案。① 萨克达氏与西楞厄长期通奸，后西楞厄欲强带萨克达氏逃往别处。萨克达氏将此事告诉其子，夜间西楞厄到萨克达氏的卧房里时，遭其子殴毙。

据萨克达氏供，她自十三岁时与西楞厄通奸，后因儿子年纪长大，欲予拒绝，西楞厄不依，声称如果萨克达氏不与自己来往，就要将其杀害。萨克达氏畏惧凶横，仍与他继续来往。西楞厄对于二人的关系感觉心有不足，道光二十六年三月间，欲带萨克达氏逃往别处。萨克达氏不能抛舍其子，没有答应。西楞厄再次威胁她，说自己已经预备好马匹，要她夜间一同逃走，如不依从，就要将她全家杀害。萨克达氏将这些情况告诉了儿子双幅，嘱令他预备器械，到夜间等西楞厄来时对其进行殴打，保护自己免受威胁。当夜，西楞厄到萨克达氏的卧房里时，双幅便用鸟铳筒多次击打其脑后等处，致其毙命。

3. 因惧怕败露而拒奸

其一，直隶赵州临城县刘西禄与路氏案。② 路氏的丈夫杨明龙与刘西禄素来交好，其子认刘西禄为义父，刘西禄因此常至其家，与路氏调诱成奸。后此子病故，刘西禄却照旧往来，路氏恐人窥破，屡次拒绝，刘西禄不允，继续纠缠。路氏无奈将实情告诉丈夫，并怂恿杨明龙寻仇，夫妇二人找到刘西禄将其殴打毙命。

据路氏供，她与丈夫杨明龙先前有一个三岁的孩子，"怕难养活，认刘西禄做干老子"。刘西禄时常来家看义子，二人见面不避。杨明龙给人家看羊，多半时间都住在羊圈里，乾隆二年十月里某日，刘西禄拿了一百钱来看义子，正好杨明龙又不在家，他就调戏路氏，二人成奸，后来又假托看义子的名义陆续行奸多次。乾隆三年十二月，路氏的儿子死了，刘西禄却照旧往来，路氏就对他说："儿子已经死了，你是个光棍汉子，只管来我家走动，被人看破到男人耳边去就不好了，以后不要来罢。"刘西禄不听。乾隆四年三月十三日，他又到路氏家来，要与她行奸，路氏不愿意，数落了他几句，他就走了。到十四日夜，路氏已经睡着，三更时分刘西禄挖开她家门进到屋里，要与她行奸。路氏又对他说："我实不愿意合你往来，你以后再不要来了。"刘西禄不肯离开，而且辱骂路氏。路氏喊叫起来，他就跑了。路氏想到，如果刘西禄继续来缠扰，将来必定被丈夫知道，不如先行告知。到十五日早上，她到杨明龙住的羊圈里去，也没敢说从前有奸，只说前一天夜里刘西禄挖门进来相欺，经她喊叫才跑掉。杨明龙听了气恼，就叫她去死在刘西

---

① （清）律例馆编《驳案集成》卷一四《刑律人命·杀死奸夫》，抄本。
② 中国第一历史档案馆藏清代刑科题本缩微胶卷，婚姻奸情类，第131卷，第10号。

－417－

禄手里，路氏听言向刘家去，杨明龙尾随其后。路氏来到刘西禄门口嚷骂，刘正在吃饭，随手用碗掷打路氏，看到她身后的杨明龙，这才跑掉了。之后路氏又将以往奸情告诉丈夫，并怂恿丈夫将刘西禄拿获送官，以绝后患。十六日，杨明龙与路氏二人携带木棍等器械来找刘西禄，在地头相遇，在杨明龙试图捆绑刘西禄时，后者奋力抵抗，被夫妇二人殴伤，翌日毙命。

其二，四川隆昌县邓敬添与林氏案。[①] 邬文林之妻林氏与邓敬添通奸，后因邓在外走漏风声，林氏恐人知晓，与其断绝关系。邓仍纠缠不休，一次路遇时欲强行与之发生关系，被林氏推搡摔死。

据林氏供：其夫邬文林借住卓伴杰房屋，乾隆三十年四月二十二日，卓伴杰请邓敬添在家做衣服。二十六日夜，邬文林佣工外出，邓敬添走进房来与她调戏成奸，并许给她铜钱二千文。二十九日晚上，邬文林又出外去了，邓敬添进房来奸宿，被卓伴杰知觉，查问起来，邓敬添逃走。后来邬文林回家，卓伴杰逼他们搬家，但是并没有说出林氏与邓敬添通奸之事，五月初八日，邬文林同林氏搬到林氏之父林泗元家一同居住。六月初二日，邬文林赶集回来，忽然查问邓敬添是否送过林氏衣服簪子。林氏否认了（事实上也的确没得过——笔者注），但是心里十分恼恨邓敬添胡说，初三日便去找他对质，被廖文彩劝散，回到家中。初六日，林泗元与邬文林都出外佣工，林氏往河边挑水，遇见邓敬添，拉住她欲发生关系。林氏因为他许的二千钱还没有给，又管不住嘴胡说，就坚决不肯。邓敬添生气，拿他随身带的烙铁柄打伤林氏顶心偏左，恰好被郑小娃看见赶来，他才走掉。初七日早，林氏到屋前坎上去，没想到又遇到邓敬添，他赶到竹林里，拉住她要发生关系。林氏用手向他肩背上一推，他扑跌下坎，擦伤了手掌、胸膛与膝盖，爬起来之后再次上坎，把林氏拉下坎去，按压在地上，一边硬拉裤子，一边说要打死她。林氏奋力反抗，用右手抓伤他项颈，左手把他肾囊揪了一把，邓敬添滚下坎去。林氏起身跑回家，早饭后，林泗元往田里锄草，看见邓敬添躺在那里，已经身亡。

4. 受外力干预而拒奸

其一，四川绥定府太平县何庭溃与赵朱氏案。[②] 何庭溃与赵朱氏通奸，被其夫察觉责打，赵朱氏决意改悔，但何庭溃反复纠缠，并夜入其家，持刀威胁要求续奸，反被赵朱氏用刀戳伤砍伤身死。

据赵朱氏的供词，她三十一岁，自幼嫁给赵尚德（有时写作"得"——笔者注）为妻，没有生育子女。何庭溃与她丈夫素识往来，与她彼此见面不避。咸丰七年二月间某日，赵尚德外出，何庭溃来到她家，与她调戏成奸，事后走

---

① 中国第一历史档案馆藏清代刑科题本缩微胶卷，婚姻奸情类，第969卷，第7号。

② 中国第一历史档案馆藏清代刑科题本缩微胶卷，婚姻奸情类，第1587卷，第1号。

出门的时候，被赵尚德回家撞见，何庭溃慌忙逃跑，在赵尚德的盘问下，赵朱氏说出了奸情，赵尚德将她打骂了一顿，邻人李孟芳走来解劝，问明事由，让赵尚德将何庭溃与赵朱氏一并送官究治。赵朱氏跪地求饶，立誓改悔，赵尚德因觉得脸面不好看，也就隐忍不发。八月二十日，赵尚德赴场赶集，赵朱氏在门前闲坐，何庭溃又来找她续旧，赵朱氏说自己已经悔过，将其拒绝，何庭溃不答应，赵朱氏喊叫起来，李孟芳赶来查问，何庭溃乘空逃走。下午赵尚德回家后，赵朱氏向他告知情由，赵尚德再次说要控官究治，又因有事搁置。八年二月二十六日，赵尚德出外未归，夜里二更时，赵朱氏关闭了房门，正要睡觉，听见何庭溃在外喊叫让她开门，赵朱氏没有答应，何庭溃竟然踢开门闯进来，威胁说如果赵朱氏不与他行奸，就要将她杀死，还拔出随身带的尖刀进行恐吓，却被赵朱氏夺过来反戳伤其胸膛，何庭溃夺刀，赵朱氏一时情急，顺手拿起桌上的菜刀砍伤其额颅，何庭溃倒地，不多时身死。

其二，山西大同府灵邱县王五子与赵王氏案。[①] 王五子与赵王氏的丈夫赵成斌合伙种地，威逼利诱赵王氏成奸，赵成斌知情但不敢出头。后被赵成斌的父亲赵和看破，勒令悔改。但王五子不肯依允，某日夜间闯入赵家纠缠，被赵成斌父子打死。

据赵王氏供词，她二十九岁，丈夫赵成斌，生有一个儿子。乾隆四十四年，她的公公赵和因赵成斌懒惰，把他家分出另居。四十七年，王五子与赵成斌合伙种地，常到赵成斌家里闲坐。七月里某日，赵成斌锄地去了。王五子又到他家，借故把赵王氏的胳膊拉了一把，赵王氏不依，他就跑了。十月里某日，赵成斌到城里去。王五子拿了一块白绸手帕和一副白棉线带子来送给赵王氏，叫她同他奸宿。赵王氏不依，他就拿出一把刀子威胁要扎死她，赵王氏因害怕就顺从了。在此过程中，赵王氏几次将被逼成奸之事告诉丈夫，然而赵成斌胆小怕事，不敢出头，致使王五子持续来家行奸，直至十二月里被赵和看破，向赵成斌查问属实后，将夫妇二人骂了一顿，二人替赵和叩头，立誓改悔，拒绝王五子继续行奸。赵和令他们搬到后院东房居住，把后门也锁了。赵成斌嘱咐妻子再不许容王五子进门。四十八年正月二十八日夜，王五子又来叫门，被赵成斌骂走了。二月初三日二更时分，赵王氏与儿子先睡，赵成斌还没睡，不料王五子跳墙进来，赵成斌忍无可忍，在父亲的帮助下将他打伤身死。

从上述案件中的供词可以看出，一般来说，发生奸情的妇女极易在心理上受到挟持（或者产生依赖），所以，对于她们来说，"行奸复拒奸"是非常之举，而与其通奸的男性则不易接受拒绝，从而引发激烈冲突。

---

① 中国第一历史档案馆藏清代刑科题本缩微胶卷，婚姻奸情类，第1705卷，第7号。

二 "行奸复拒奸"案中的本夫与邻佑乡保

在奸情案中，经常提到的情况是本夫毫不知情。这在前文所述朱小奶与姜氏案的供词中可见，朱小奶供："小的与侄媳姜氏通奸，只得两个人自己肚内明白，邻佑同侄子朱松受只晓得小的同姜氏戏谑。至于行奸实事，他们原不晓得的。"在孙建与刘孝之妻案中，本夫刘孝供："这孙建与小的同行，因此熟识。三十年九月里，他借小的院内一间空小房，十一月内往湖里拽柴去了。十二月十三日早晨小的进城粜粮，午后回来，女人已死在门外，说是孙建用镢头砍死了女人。在日原时常合孙建说笑是有的，小的是愚蠢人，竟不想到有什么歹事。"这种情况与平民小户男女不避嫌疑，因此当事人以外的人未必能够觉察有一定的关系。

然而，从档案中记录的口供看，即便本夫已经觉察到奸情，反应也各不相同。

1. 视为丑事而隐忍

如何庭溃与赵朱氏案。据赵朱氏的丈夫赵尚德供，妻子的奸夫何庭溃与他素识往来，妻子见面亦不避。咸丰七年二月间某日，他自外回家，撞遇何庭溃从房内走出，形色慌张，他进房向妻子盘问，得知二人通奸，就把妻子打骂了一顿。但是，当邻人李孟芳走来劝解，问明情由，要与他一起将何庭溃与其妻子送官究治的时候，他一方面因妻子跪地求饶，立誓改悔，另一方面"因是丑事，也就隐忍"。八月二十日下午，当他赶场转回，妻子告诉何庭溃要与自己续奸时，他再次说要控究，态度却并不坚决，又因有事耽搁下来没有去呈控。直到八年二月二十六日，他因出外未归，何庭溃在夜里又往他家向其妻逼奸，致被其妻戳砍受伤身死，此事才有个了结。

又如刘西禄与路氏案。据路氏的丈夫杨明龙供，因儿子认刘西禄做"干老子"，刘西禄时常到他家中来，趁他在羊圈里住的时候，不知怎么就与妻子通奸了。三月十五日，妻子到羊圈里来告诉说昨夜刘西禄挖门进去欺负她，是她喊叫起来才走的。他听了生气，就对妻子说："你去死在他手里罢。"妻子听了就往刘西禄家去，他随后跟着，到了刘西禄门口。妻子先行叫骂，刘西禄用饭碗砸她，他就走上前去捉拿，刘西禄跑了。晚间他盘问妻子时，得知刘西禄与她通奸有段日子了，如今她不愿意。他听了气得把妻子狠狠打了一顿，也就睡了。到十六日，他想既然不是强奸，那么即便捉拿了刘西禄去报官又有什么体面呢？就打消了念头，预备早饭以后继续看羊去。反而是妻子说："你难道不言不语，就是这样歇了吗？你时常不在家，倘若刘西禄再来可怎么处呢？不如去拴了他交给地方送官罢。"他听了觉得有理，就拿了一根绳子要走。妻子又说恐怕刘西禄不服，再带根棍子去防身才好，于是又带了一根木棍，同妻子找到村东空地里，与刘西禄相遇，上前捉拿，刘西禄抵挡，夫妻二人将其殴打，酿成人命。

2. 畏惧奸夫凶恶而隐忍

如王五子与赵王氏案。据赵王氏的丈夫赵成斌供，他与王五子平日认识，四十七年七月某日，妻子告诉他说，王五子来借口袋，趁机拉她胳膊。他因是丑事，怕人笑话，所以劝妻子不要声张，以后不许王五子上门就是了。十月初二日，他往城里去，晚上回来的时候，妻子又告知王五子拿一块白绸手帕、一副白棉线带子来给她，要和她奸宿，因她不依，王五子拿出刀子吓逼，她因为害怕就依从了。他惧怕王五子是个恶人，不敢招惹，又怕父亲知道责骂，所以隐忍不言。后来王五子居然索性常在他家里走动，他也只得任由其便。十二月里，此事被其父觉察，向他查问实情后大怒，将他与妻子一起骂了一顿，并叫他们搬到后院居住，把后门也锁了，他才嘱咐其妻再不许王五子进门。四十八年正月二十八日夜，王五子又来叫门，他将其骂走。二月初一日，他在村外与王五子撞见，王五子居然嗔怪他不给开门，把他打了两下，并且威胁说如果不令其妻与之行奸就要他的命。他畏其凶恶，挣脱逃回，也不敢有其他举动。直到二月初三日夜王五子大胆闯入他家，他忍无可忍，又有其父帮助，终于将王五子打死。

3. 纵奸图利

如王四、项三洪与魏查氏案。① 湖北襄阳县民妇魏杨氏因其子魏一观出外一夜未归，次日有人报他死在邓城地方，她疑心儿子是被与其儿媳通奸的王四、项三洪谋害，于是报官验究，官府将二人捉拿讯问，果然是他们所为。

据项三洪供，他与魏一观住隔壁半里。魏一观因家中穷苦，常向他借贷。乾隆四十五年十一月内，他到魏一观家，魏一观同母杨氏外出。他见四顾无人，便与魏查氏调戏成奸，魏一观回家撞遇，他给钱三百文，魏一观也就没有声张，以后他就常去奸宿，陆续给过魏一观些钱米。四十六年六月内，王四知道他与查氏有奸，便也要与查氏奸好，并许给三百文钱。他因魏一观常要钱米，照顾不来，想拉王四相帮，就引王四到魏一观家，与查氏奸宿。于是王四也常去走动，并给魏一观钱米。到了十二月，魏一观因没钱过年，向他二人借贷，他们都没钱借给，魏一观就拒绝他们继续跟妻子行奸。王四忿恨起意，欲将魏一观致死，便于与查氏往来。四十七年正月初九日，王四探知魏一观赴邓城地方做工，晚上才回，约项三洪各拿铁铜，在他回来

---

① 中国第一历史档案馆藏清代刑科题本缩微胶卷，婚姻奸情类，第1687卷，第9号。

的路上等候，将其杀死。

通奸男女周围的邻佑乡保等人，对于奸情事的态度也颇为不同。有一些比较积极地插手其中，如前述何庭溃与赵朱氏一案中，邻人李孟芳在赵尚德闻知妻子与何庭溃的奸情将妻子打骂之时，走来解劝，听说内情后就向赵尚德建议将何庭溃与赵朱氏一同送官究治。何庭溃找赵朱氏要求续奸时，赵朱氏不从喊叫，亦是李孟芳走来查问，并在赵尚德回家后再次建议送究。最后赵朱氏拒奸将何庭溃戳砍致死，李孟芳与祝成详等先后赶到，并前往尸父何子莞处告知，令其看明报验。

然而更多的邻右乡保虽然知情却并不大惊小怪，或出于多一事不如少一事的心态装作不知。如刘西禄与路氏案中，据邻佑赵起、刘西达等供："刘西禄与杨明龙的女人路氏平日有奸没奸，小的们不知道。小的们是种庄稼的人，辛苦，晚上睡的很□，十四日夜并没听得路氏叫喊。"据刘西戈供："小的哥子与杨明龙的女人路氏有奸没奸，小的不知道。"从名字来看，刘西达即便不是刘西禄的至亲兄弟，也是或近或远的族人，因此很有可能是知情不报。刘西戈真正是刘西禄的弟弟，却也坚称不知。

又如王得受与邓淋氏案中，据见证李炉匠、宋廷海同供："小的们与邓淋氏邻居，二十二年八月间，邓淋氏因素与王得受有奸，丑声外扬……（王得受）到邓淋氏家想与续旧，邓淋氏拒绝躲匿，小的们也都知道，邓淋氏屡次拒绝，欲王得受自己绝念息事，不曾首报，故此小的们不敢多管。"直到邓淋氏拒奸将王得受戳伤身死，他们才通知他父亲王组贵来看明具报。路氏一案中的地方更是不肯管事，维持乡里的治安原本是其分内之事，然而当杨明龙得知刘西禄趁自己不在家时来家中要求妻子与他续奸，前往打骂不遂后，便告知地方路尊贤，冀其插手。然而路尊贤却说只有等到拿获刘西禄才可以禀官，这在某种程度上促使杨明龙与路氏自行动手，将刘西禄殴打致死。

邻佑乡保等人的态度，一方面有可能因为他们对于身边的男女奸情比较宽容，正如郭松义、赖惠敏等学者所分析过的，这是民间社会的生活常态。另一方面也有可能因为这类事情的内部关系十分复杂，结果莫测。事实上，本夫先控案再撤销，将犯奸之妻具结领回家的情况绝不罕见。在能够呈现清代社会与基层司法审判样貌的顺天府——宝坻档案中，就可以看到这样的案例。

同治三年四月，县民李旺控刘永发奸占其妻张氏。① 李旺供："刘永发常把小的女人张氏引到他家，小的不敢惹他，他看小的无能，时常向小的要休书，那日晚上，刘永发踹门大骂，小的女人张氏出去开门，在外与刘永发商

① 中国第一历史档案馆藏顺天府—宝坻县档案缩微胶卷，胶片号28—3—168。

量别事，小的耳闻"，因此呈控。

刘永发则不承认自己与张氏有奸情，说李旺是讹诈："小的找李旺要短欠钱文。李旺酒醉，合小的吵闹，小的出来，他又叫他女人张氏把小的叫进，以邪事讹小的是实"。

李旺之邻佑韩文祥出面证实了刘永发与张氏之间的奸情："刘永发合张氏有奸，他男人李旺是老实人，管不了张氏。那日晚上刘永发又找到李旺家去为奸，用木板尺殴打李旺，小的眼见拉开。至李旺并不欠刘永发的钱文是实"。

此案是如何审理的，档案中没有记录，但是可以看到，一个月后两造再次到堂，四月那次因生产未能到堂的张氏供述："去年冬间，小的男人李旺并未在家，刘永发到小的家用刀威吓，小的害怕惜命，应允他奸。后小的躲避，刘永发常到小的家来闹，三月初六日夜三更天，刘永发到小的家，男人睡熟，小的开门"。李旺的供述增加了新的内容，称刘永发有谋害之心："去年秋后小的未在家内，刘永发到小的家，用刀威吓与女人行奸，向张氏商量要把小的谋害。小的女人张氏告诉知道。"

然而，据刘永发供述："今蒙讯明，从轻把小的责枷，小的无可分辩，以后再不敢滋事，求恩典就是了。"可以看到官府并未追究刘永发是否有谋害之意，这也许因为判断出李旺之语的目的在于耸人听闻，也许是因为觉得多一事不如少一事。并且官府也教训了李旺夫妇，据李旺供述："因小的和女人有不端之处，亦从宽责惩。"

面对此结果，李旺表示："小的女人张氏有心合小的过日"，也不打算追究刘永发与她之间的奸情了，"小的将女人张氏领回管束是实"。于是两造具甘结，李旺同妻张氏"依奉结得身等控刘永发奸占一案，蒙恩讯明，从轻将刘永发责枷。因身等有不端之处，亦从宽责惩，身将张氏领回管束，所具甘结是实"。

从此案的呈控与结案，可知当事人情感和说法之多变，因此，周围的人有必要保持谨慎的态度。

三 情罪如何允协

与前代法律相比，明清律对于奸罪要重视得多，规定的内容也丰富得多。《律例笺释》云："唐律奸事在杂律，明以奸为败伦伤化之事，宜特立禁条，使人知所惩创，将诸奸事为一类，而属之刑律。"[1]

---

① （清）薛允升：《唐明律合编》，怀效锋、李鸣点校，法律出版社，1999，第700页。

奸情案之审理较其他案件更难，首先，它涉及隐情，清代名幕万维翰说："奸情暧昧，最不易知。"① 仅仅是恰如其分地对案情进行叙述已经很不容易。其次，清代法律将奸罪极为细致地分为强奸、和奸、刁奸、轮奸、图奸、调奸等几种，其中的区别非常微妙，不易把握，而对应的刑罚却又"轻重悬绝"，因此必须非常谨慎。

在朱小奶与姜氏案中，承审官员所拟之案情已经认定二者有过通奸关系，据此拟断："查朱姜氏系朱小奶缌麻侄媳，若照本例拟发附近充军，则该犯不顾伦常，胆敢奸污后因不纳诬奸致缢，殊属淫恶，未便仍留内地。朱小奶一犯改发乌鲁木齐等处给种地兵丁为奴"。所谓"本例"，指"凡奸内外缌麻以上亲，及缌麻以上亲之妻，若妻前夫之女，同母异父姊妹者，依律拟罪，奸夫发附近地方充军"。②

而刑部却指出，通奸案的情节暧昧，"必出于被奸之人之口，乃可按情核实"，所以向来"指奸勿论"。所谓"指奸勿论"，即法律所规定的"其非奸所捕获及指奸者，勿论。"③ 即不是在行奸场所捕获并指明奸情的，不能论罪。此案因姜氏自缢身亡，无被奸之人的口供，本夫邻佑也俱称并不知情，"其果否通奸，但出该犯一人之口"。即使姜氏与吴小一奸情属实，朱小奶挟制图奸威逼致死，按律也应该抵偿，何况所谓姜氏与吴小一之奸情属于虚诬，因此，"该犯一面之辞，应照律指奸勿论"。而初拟"论情难成信谳，拟罪亦非正条"。据此，刑部驳回初拟，"令该抚逐加详审，务得实情，按律定拟"。

浙江巡抚将部驳转饬金华府，金华府知府详金华县知县，当即提案内应讯人等到案，遵照部驳，当堂逐一仔细讯问。朱小奶供："如今虽姜氏死了，无可质对，小的还有个凭据可质证的……如今小的荷包还在，可验的。小的若不与姜氏先有奸，那一日去寄信与姜氏，只须说一声就走了，如何还要他开门，他关着门不开，也是应该的，为什么就疑心他与别人有奸呢？就是他与人有奸，也与小的无干，何必定要去捉破他呢？实是小的与姜氏有奸在前，想去续奸，不肯开门，疑他别有奸夫，起醋心去捉他，做出这事来，并不是小的捏饰的。况小的到案，原不肯说自己与他有奸的，后来追问要他开门的缘故，小的瞒不过，才说出来的。"承审官员认为，朱小奶此言似乎不像是避重就轻，捏情狡饰。又讯问邻佑林秉文、林象奇、朱殿华等，皆供：姜氏平日不怕羞耻，曾见朱小奶戏谑玩耍，不成规矩。本夫朱松受亦供：其

---

① （清）万维翰：《幕学举要》，《官箴书集成》，黄山书社，1997。
② 田涛、郑秦点校《大清律例·刑律》，"犯奸"，法律出版社，1999，第525页。
③ 田涛、郑秦点校《大清律例·刑律》，"犯奸"，第522页。

妻曾换给朱小奶荷包,自己于二月二十八日出门不归,与朱小奶所供奸宿日期相符合。

虽然朱小奶言之凿凿,本夫邻佑的口供亦对得上,此次重审后,浙江巡抚仍改变了原来的说法,称:"查朱小奶与姜氏通奸,虽供情历出有姜氏给与荷包,究不足为犯奸确据,姜氏已死,不能起九泉而问,诚如部驳,该犯一面之词,应照律指奸勿论。朱小奶一犯应请改照因奸威逼致死拟斩监候例,应拟斩监候、刺字。姜氏虽因诬奸自尽,系再醮之妇,毋庸请旌,邻佑乡保人等已经问拟杖枷,毋庸再议。"可以看出,这次拟罪量刑是严格遵照部驳做出的,浙江巡抚这么做也许是为了省去麻烦,而刑部也的确没有再提出意见。

此案的承审官员认为朱小奶与姜氏之间的奸情理所当然存在,在审理时没有严格按照律例的规定进行认定,因此被刑部驳回重审,清代处理奸情案之谨慎程度可见一斑。

"行奸复拒奸"在奸情案中又是较为复杂的一种,从题本与成案的内容来看,承审官员无不小心谨慎,即便如此,仍未必合乎"情罪允协"的要求,经常遭到部驳。

大清律例中关于"行奸复拒奸"有如下条文:"凡妇女拒奸杀死奸夫之案,如和奸之后,本妇悔过拒绝,确有证据,后被逼奸,将奸夫杀死者,照擅杀罪人律减一等,杖一百、流三千里。"薛允升解释说:"此条系乾隆四十八年,刑部议覆直隶总督郑大进题张魏氏拒奸,殴伤魏贤生身死一案,奏请定例。"①

在此条例奏定之前,法律并没有对"行奸复拒奸"做出专门的规定,如前述邓敬添与林氏一案,隆昌县知县认为:"林氏先与邓敬添通奸,续因邓敬添向人混言拒奸争殴致死"。二人之间只是瞬间激起的纠纷,并没有谋杀与故杀的情节("究系衅起一时,并无谋故别情"),所以"应仍以斗杀论,林氏除犯奸轻罪不议外,合依斗杀人者不问手足他物金刃,并绞监候律,应拟绞监候"。由府、司核转后招解到总督,再到三法司,题准林氏"除犯奸轻罪不议外,合依斗杀人者不问手足他物金刃,并绞监候律,应拟绞监候。秋后处决"。②

上述案件中,有几个发生在此条例奏定之后,可以看到承审官员引以为据。其中一些案情及其拟断与该条文的符合程度较高,比较顺利地通过了刑部的审核。

---

① (清)薛允升:《读例存疑》卷三二《刑律·人命》"杀死奸夫",光绪三十一年刻本。
② 中国第一历史档案馆藏清代刑科题本缩微胶卷,婚姻奸情类,第969卷,第7号。

如赵朱氏案中，承审官员对案情的叙述是："赵朱氏与何庭溃通奸，被本夫赵尚德撞遇，赵朱氏跪地求饶，立誓改悔，经邻人李孟芳劝息。嗣何庭溃复约续奸，赵朱氏将其拒绝，亦经李孟芳目睹，实属确有证据。何庭溃复黉夜踢门入内，持刀吓逼，被赵朱氏夺刀砍戳致毙，自应按例问拟。"其中的关键词"立誓改悔""确有证据"，说明赵朱氏的行为属于"拒奸"，据此，"赵朱氏合依和奸之后，本妇悔过拒绝，确有证据，后被逼奸，将奸夫杀死者，照擅杀罪人律减一等杖一百流三千里例，拟杖一百流三千里"。

又如邓淋氏案中，承审官员对案情的叙述是："邓淋氏与王得受和奸之后，因丑声外著，愧悔拒绝，控经官断有案，从此断绝往来，亲邻皆知。后因王得受复萌淫念，屡至该氏家求奸，均被斥责拒绝，有亲邻可证。因王得受淫念不休，复向逼奸，致被该氏拒绝戳死，又有死者生前自向邻佑告知可证。实属和奸后悔过拒绝，确有证据，自应依例问拟。"因此，"邓淋氏合依妇女拒奸夫之案，和奸之后，本妇悔过拒绝，确有证据，后被逼奸，将奸夫杀死者，照擅杀罪人律减一等例，杖一百流三千里，系妇人照例收赎"。

然而，更多案件的案情却没有这么"标准"，不能够找到严格对应的法律条文，需要官员更多地进行斟酌考量。

如赵王氏案中，杀死奸夫的是本夫及其父亲，该署县拟：赵成斌"除纵妻与人通奸轻罪不议外"，比照"奸妇拒奸杀死奸夫之案，如和奸之后，本妇悔过拒绝，确有证据，后被逼奸，将奸夫杀死者，照擅杀罪人律减一等杖一百流三千里"本条，杖一百流三千里。其父赵和应照不应重律杖八十。对此，大同府做出进一步解释："查律载凡夜无故入人家内，已拘执而擅杀者，杖一百徒三年等语。今赵成斌虽纵容伊妻王氏与王五子通奸，但当伊父训斥之后，业已拒绝。乃王五子当该犯拒绝之后，不知断绝淫心，胆敢黉夜越墙至赵成斌家内欲图续旧，致被赵成斌殴伤身死。与夜无故入人家，已就拘执而擅杀无异，未便照斗杀拟绞。惟查王五子之意图续旧，究因该犯前次纵奸所致，若竟照律拟徒，亦未免情重法轻，似应酌量问拟。"也就是说，在大同府看来，王五子夜入赵成斌家被赵成斌父子殴伤身死的案情，更符合"夜无故入人家内，已拘执而擅杀者，杖一百徒三年"这一律条，但是因赵成斌此前有纵奸之过失，如果依此律条，则与案情的严重程度相比，显得刑罚的力度不够。所以，"赵成斌应如该县府司所拟，除纵妻与人通奸轻罪不议外，应比照和奸之后悔过拒绝，被奸夫逼奸因而致死者，照擅杀罪人律减一等，杖一百流三千里。"以此类推，"赵和亦未便照余人律问拟，其帮同伊子殴打，虽与同行助势无异，但被殴者系属罪人，与殴伤平人有间，亦毋庸照例加等，赵和应照不应重律杖八十，折责三十板。"这里面包含几层转折：赵和帮助其子殴打王五子，其实与同行助势无异，情节重于余人。① 但是，因被殴者王五子乃罪人，因此其行为又与殴伤普通人有区别，也无需照例加功。② 因此承审官员所拟照不应重律杖八十也是恰当的。此拟经过山西巡抚具题后，部议："应如该抚所题。"

无论如何，上述案件的拟断还算是"情罪允协"，而某些则被刑部指出案情与拟罪量刑不符，从而在根本上予以驳回。

在萨克达氏一案中，承审官员认为，双幅因为其母被西楞厄逼迫一起逃走，嘱令他进行救护，他激于义忿才将西楞厄殴毙。因此大清律例中有三种罪名和刑罚可以适用：其一，将双幅依强奸未成，罪人被本妇之子登时杀死例勿论。其二，照有服亲属登时杀死奸夫，依夜无故入人家，已就拘执擅杀律拟徒。其三，照非登时而杀，依擅杀罪人律拟绞监候。而萨克达氏则按照军民相奸例，拟以杖决枷赎。并报刑部核定。

对此，刑部奉天司首先给出正确的供参考的法律条文："查律载威力主使人殴打致死者，以主使之人为首，下手之人为从，减一等；又例载和奸之后，本妇悔过拒绝，确有证据，后被逼奸杀死者，照擅杀罪人律减一等，杖一百流三千里，又擅杀罪人余人杖一百；又律载，共犯罪而首从罪名各别者，各依本律首从论各等语。"

然后指出初拟罪名不妥："本妇之子杀死强奸未成罪人及有服亲属捉奸杀死奸夫各例，均系指本犯自行起意捉奸杀死奸夫者而言，若系他人主使殴打致死，即应照律以主使之人为首，不得复科该犯以杀人为首之罪。"从本案中各人的口供来看，是萨克达氏主令双幅将奸夫西楞厄殴打致死，并非双幅自行起意捉奸。双幅虽然有激于义忿的情节，但是萨克达氏与死者和奸，按律都属于有罪之人，她主使双幅将西楞厄殴打致死，应照一般的"威力主使"律问拟绞刑抵命，不能罪坐双幅一人。

对于萨克达氏对西楞厄的态度是否可以认为是拒奸，刑部也持怀疑态度，如果她真的是因为儿子长大，自觉羞耻，并且确有证据证明她曾拒绝与西楞厄继续来往，后被西楞厄逼迫同逃，无奈之下主令其子将其打死，也还可以称得上是拒奸。然而实际上她虽有彼此断绝之语，但终究并未坚决拒绝，而是仍然多次与西楞厄行奸。她不答应与西楞厄一起逃走，也仅仅是因

---

① 所谓"余人"，指斗殴及故杀人案中，不曾下手致命，又非原谋。（《大清律例·刑律·人命》，"斗殴及故杀人"，第430页）

② 所谓"加功"，按照沈之奇的解释："功者，杀人之事也；加者，用力之谓也。故下手杀人、伤人，方谓加功。"〔（清）沈之奇：《大清律辑注》，怀效锋、李俊点校，法律出版社，2000，第663页〕

为不能抛舍其子，与真心悔过者不同。何况她与西楞厄通奸长达二十余年，后者的兄嫂一直是知情的。西楞厄欲带她一同逃跑，她也马上将此事告诉了姑父多隆阿。所以她与西楞厄通奸之事名声在外，不仅众所周知，她自己也毫不忌讳，却在案发后将多年奸情一笔勾销，都说成是被逼所致，这是不能令人信服的。

再查阅其子双幅供词，他二十岁，弟兄四人，与三个兄弟跟随父母居住。双幅是萨克达氏的长子，案发时也只有二十岁。萨克达氏声称因子长大而向西楞厄提出断绝关系是在道光五年，彼时她应该尚未生子，何以当时就有"因子长大，欲行拒绝"之言？可见供词并不确切。

总之，刑部认为此案案情支离，拟断不当，承审官员未能确定实情，就草率地仅仅将萨克达氏科以奸罪，却不问其主使殴毙之罪，又草率地将双幅之罪所援引的各例咨请核定，"殊属错误"。应令承审官员再行提齐人证研讯确情，如果萨克达氏悔过拒绝确有证据，就将她按照本妇悔过拒绝例，于擅杀上减等，拟以流刑。如果其拒绝只属于口头言语，并无确据，就照威力主使殴打例，拟以绞刑抵命。至于双幅，如果他对于母亲与西楞厄通奸之事先不知情，后因其母告知，激于义忿将西楞厄致死，那么应酌情照擅杀余人律拟满杖。部驳之后，道光二十七年，承审官员将萨克达氏改依威力主使人殴死例，拟以绞刑，双幅依余人拟以杖刑，就此题结。

从刑部对上述案件的覆核可以看出，关于"行奸复拒奸"的法律规定虽然简洁，但是内涵十分丰富。要做到"情罪允协"，承审官员必须深谙律义，谨慎小心。

余论：一个社会性别分析

近年来，社会性别作为一个分析工具在人文社会科学研究领域的运用逐渐增加。它强调在资源、责任和权力的分配方面存在的性别不平等，其批判性已经使其成为审视两性之间看似既定的权力关系的必要视角。具体到历史研究中，社会性别分析提示了历史书写中妇女的失语以及揭示这种失语背后的历史过程的研究方法。而在法学研究中，"社会性别分析是运用社会性别视角对传统的以男性为中心建构的法律进行分析评判，发现并指出法律对社会性别偏见和女性屈从地位的塑造和建构"。①

由于社会性别理论的深刻影响，此前已有学者从这个视角对清代通奸行为和法律规定中的相关内容进行过研究。黄宗智分析了清代法律关于奸罪的几种

---

① 林建军：《法律的社会性别分析及其意义》，《法学论坛》2007 年第 2 期，第 137～141 页。

说法，指出，强奸与和奸的使用最频繁。强奸与和奸虽然是一组对立的概念，然而在其中妇女的角色都是被动的，区别只不过是一个被迫，一个配合。官员在现实中无疑会遇到妇女较为积极地发生奸情的情况，为此，他们也会使用一些相应的词汇，如通奸或相奸，在一定程度上显示出妇女的主动性，但是它们的使用相对较少。对于官员来说，由于法律的语境中就没有妇女主体性的位置，因此他们不会让妇女在奸情案中以主动的形象出现；如果案情与法律规定相差太远，最常见的行为是转而比附其他律例来解决量刑问题。

苏成捷指出，由于清代死刑案件的审理执行严格的"口供主义"，使得强奸者的招认成为强奸案定性的最终依据，这就要求妇女在作为绝对的受害者这个问题上不能有任何疑点。[1] 这对妇女来说显然是十分苛刻的。

戴真兰关注妇女的主体性问题。为其撰写书评的作者费丝言指出，在明清以降高涨的贞节文化下，究竟妇女是不是被动的受害者？是近年来很多学者开始思考的问题，已经有学者由理性考量的角度，指出在当时的法律制度、文化氛围下，守节的确是妇女现实上相当可行的一个人生选择。[2] 戴真兰的研究则进一步认为，在当时的法律框架与社会环境中，妇女为维护个人名誉而选择自杀未必是消极的逃避，反而有可能是一种攻击性报复行为。[3]

作为本文的结束，笔者亦试着从社会性别的视角出发，对于"行奸复拒奸"引发的刑案及相关的法律做一个简单的分析。

首先，关于法律条文背后的逻辑。

法律对于"行奸复拒奸"所规定的"和奸之后，本妇悔过拒绝，确有证据"一句，其内在逻辑与认定强奸罪的逻辑是一致的。大清律例："强奸者，绞（监候）。未成者，杖一百，流三千里。（凡问强奸，须有强暴之状，妇人不能挣脱之情，亦须有人知闻，及损伤肤体，毁裂衣服之属，方坐绞罪。若以强合以和成，犹非强也。）"小注的内容说明，法律对于强奸的界定是非常严格的，前提是妇女毫无挣脱的可能性，而且其抵抗行为还必须有人证明。如果以强为始，以和为终，仍不能视为强奸。

根据薛允升的按语，律内小注来自《读律琐言》："问强奸，须观强暴之状，或用刀斧恐吓，或用绳索捆缚，果有不可挣脱之情，方问绞罪。若彼以强来，此以和应，始以强合，终以和成，犹非强也。"之所以有这样的要求，是

① Sommer, Matthew H. , *Sex, Law, and Society in Imperial China*, p. 111, Stanford: Stanford University Press, 2000.
② 费丝言：《丑事：盛清的贞洁政治》，《近代中国妇女史研究》第 14 期，第 268 页，（台北）中研院近代史研究所，2006 年 12 月。
③ Janet M Theiss, *Disgraceful Matters: The politics of Chastity in Eighteenth-Century China*, Berkeley: Universtiy of California Press, 2004, pp. 203 - 208.

因为"律称和奸者杖，强奸者绞。轻重悬绝，最宜分别"，和奸与强奸的处罚差别太大。"以其或强来和应，或始强而终和，或因人见而反和为强，或惧事露而诈强以饰和，及获非奸所，奸由指摘者"，种种情况，均不能坐以强奸罪。

虽然看起来立法的出发点是为了谨慎行事，区别对待，但是造成的后果是对于强奸罪的认定要求妇女殊死抵抗，否则即以和奸论，强奸与和奸成为非此即彼的关系。由此，也决定了妇女的拒奸行为无疑必须是激烈的，从律例将拒奸的规定放在"人命"部分可见一斑。如果没有殊死抵抗，她们即便是被迫与从前的奸夫发生关系，也仍被称为和奸，其中区别无论是在法律层面还是在社会舆论层面，对于她们的影响都是至关重要。

其次，关于对犯奸妇女的追究。

从上述"行奸复拒奸"案的拟罪量刑可以看到，无论拒杀奸夫者是否妇女本人，行奸的初始原因如何，后来是否拒奸，一旦案件发生，该妇女都会被追究以往犯奸之罪。

如赵朱氏案中，承审官员称，赵朱氏系曾经犯奸之妇，拟杖决流赎。所谓"杖决流赎"，是指杖刑决发，流刑收赎。按照大清律例中赎刑的规定："老幼、废疾、天文生及妇人折杖，照律收赎。"但是同时又规定，"妇女犯奸，杖罪的决"，① 的决的意思是执行不许收赎。因赵朱氏曾经与何庭溃有奸，故有此拟。赵王氏案中，赵王氏"合依纵容妻妾与人通奸奸妇杖九十律，应杖九十，折责三十五板，系犯奸之妇，杖罪的决。仍离异归宗。"魏查氏案中，她虽然讯无知情同谋之事，却仍照纵奸本条科断。"本夫纵容妻妾与人通奸，奸妇杖九十律，折责三十五板。系犯奸之妇，照例的决"。

犯奸妇女与没有这方面过失的妇女（所谓良人妇女）的法律地位也不平等，按照法律规定，"又如见妇人与人通奸，见者因而用强奸之，已系犯奸之妇，难以强论，依刁奸律。"② 朱小奶与姜氏通奸案，报上刑部后遭到驳回，除了前述理由外，还有另外一个理由：姜氏系失节之妇，"难与抱璞完贞同日而语"，因此，朱小奶的行为与因奸威逼之条不符，与污人名节被诬自尽之例也不同。作为曾经犯奸的妇女，姜氏的自杀不仅不够旌表的资格，连名节被污都算不上，换句话说，她是没有名节可言的。

薛允升在"妇女拒奸杀死奸夫"条例之后加按语："此指所杀系先与和奸之人而言，因其悔过拒绝，是以量从末减……犯奸门内载有悔过自新，仍以良人妇女论之文，应与此条参看。"

所谓犯奸门内相关条文，指的是"轮奸已经犯奸妇女已成者，为首发黑

---

① 田涛、郑秦点校《大清律例·五刑》，第 83、84 页。
② 田涛、郑秦点校《大清律例·刑律》，"犯奸"，第 521 页。

龙江给披甲人为奴。为从同奸者，杖一百，流三千里。同谋未经同奸余犯，杖一百，徒三年。因而杀死本妇者，首犯拟斩立决。下手为从同奸者，拟绞立决。未同奸者，绞监候。同奸而未下手者，发黑龙江给披甲人为奴。并未同奸，又未下手者，杖一百，流三千里。如致本妇自尽者，首犯拟绞监候。为从同奸者，发黑龙江给披甲人为奴。同谋未经同奸余犯，杖一百，流三千里。若轮奸未成，首犯杖一百，流三千里。为从杖一百，徒三年。因而杀死本妇者，首犯拟斩监候。为从除案系谋杀，仍照谋杀本律分别曾否加功问拟外，如系殴杀帮同下手者，发黑龙江给披甲人为奴。未经下手者，杖一百，徒三年。如致本妇自尽者，首犯发黑龙江给披甲人为奴。为从杖一百，徒三年。如妇女犯奸后，已经悔过自新，审有确证者，仍以良人妇女论。"

薛允升按："此条系嘉庆十九年，由本门轮奸良人妇女例内摘出，另纂为例，二十二年、道光六年修改，二十五年改定。"

而"本门轮奸良人妇女例"则指："轮奸良人妇女已成之案，审实，照光棍例，为首拟斩立决。为从同奸者，拟绞监候。同谋未经同奸余犯，发黑龙江给披甲人为奴。因而杀死本妇者，首犯拟斩立决枭示。为从同奸又帮同下手者，拟斩立决。同奸而未下手及下手而未同奸者，构拟斩立决。其同谋而并未下手，又未同奸者，发黑龙江给披甲人为奴。如致本妇自尽者，首犯拟斩立决。为从同奸之犯，均拟绞立决。同谋未经同奸余犯，发黑龙江给披甲人为奴。若伙谋轮奸未成，审有实据者，为首发黑龙江给披甲人为奴。为从杖一百，流三千里。因而杀死本妇者，首犯拟斩立决。为从帮同下手者，拟绞立决。未经下手者，发黑龙江给披甲人为奴。如致本妇自尽者，首犯拟斩监候。为从发黑龙江给披甲人为奴。"①

可见，法律对轮奸罪的惩罚因受害者的身份不同而不同，犯奸妇女与良人妇女虽然受到同等程度的伤害，加害者得到的惩罚却不同，前者相对较轻。作为一种矫正，法律亦有可能给予加害者同等的惩罚，前提是有明确的证据证明犯奸妇女已经悔过，这一要求与强奸罪的定性原则是一致的。②

最后，关于妇女主体性的淹没。

应该说，"行奸复拒奸"类案件，为我们提供了一个观察清代妇女主

---

① （清）薛允升：《读例存疑》卷四三《刑律·犯奸》"犯奸"。

② 需要指出的是，如果单独看嘉庆十九年的条例，似乎是给犯奸妇女提供了一个自新的机会。但是，如果向前追溯，则可以看到，轮奸罪的量刑建立在妇女身份的差别在至少是乾隆四十三、四十四年之前都还不存在，所以并不见于吴坛的《大清律例通考》。据薛允升按：此例（轮奸良人妇女——笔者注）原系二条。一系雍正五年定例，嘉庆六年、十三年修改。一系嘉庆六年钦奉谕旨，因纂为例，十九年修并，咸丰元年改定。关于这一变化过程，笔者将在后续研究中进行分析。

体性的特殊角度。在本文中所列举的案件，姜氏之拒绝朱小奶是嫌其"不济事"，公然表达了她对于性爱享受的要求；萨克达氏与西楞厄之间的关系保持了长达二十余年，但是仍然拒绝与其一起逃走。还需要指出的是，在一般的奸情案中，比较容易出现的情况是本夫或奸夫有较为激烈的举动。而在"行奸复拒奸"案中，虽然本夫或奸夫也可能有激烈举动，但是妇女的主体性有比较突出的反映，如路氏怂恿并协同丈夫将刘西禄打死。

然而如前文提到黄宗智的研究所揭示的，在传统社会中，妇女的主体性是不被重视或提倡的，主流意识形态强调的都是其作为被动接受者的一面。王又槐的《办案要略》在区分几种奸情时特别指出："和奸者，乃奸夫奸妇两人苟合成奸，本夫与父母不知情也，若一知情而纵其往来，不加以防闲，则为纵容通奸，或本夫与父母知先有奸而后受奸夫之贿，任其出入，亦曰纵奸，或夫与父母希图奸夫资助，商诸妻女而妻女乐从者，则曰卖奸。"① 可见，当所谓妇女"家长"的行为加入其中的时候，妇女的主体性就被搁置一边，转而强调其客体的一面。

在这一前提下，虽然文中所引材料主要来自司法档案，且其中有大部分是所谓"口供"，却同样是经过"规范化"的。所谓"规范化"，除了令案情与拟罪量刑严丝合缝之外，还包括令司法审判达到恢复社会秩序的目的，因此，即便是口供，也无疑经过意识形态的加工。在这种情况下，对于妇女犯奸案由的说法、对于行奸复拒奸妇女心态的解释，等等，自有其固定的说法。例如，对于前文所提到的姜氏嫌弃朱小奶的行为，承审官员所拟的说法是："姜氏年少性淫，不畅所欲，遂生憎嫌之心"。对于妇女主观愿望的贬斥态度暴露无遗。对于萨克达氏不肯与西楞厄一同逃走，承审官员表示了深刻的怀疑："况萨克达氏与西楞厄通奸二十余年，西楞厄兄嫂素所稔知，而西楞厄欲带令同逃，萨克达氏即将其语向姑父多隆阿告知。是该氏与死者通奸，丑声外扬，不独众所周知，即该氏亦毫无讳忌，乃于多年奸好均谓为被逼所致，岂堪凭信？"这种质疑背后是对妇女在无外力干涉的情况下，拒绝维持与奸夫关系的不理解和不信任。

总之，由通奸案观察两性关系中的妇女，无疑是在史学和法制史领域推进社会性别研究的一个重要路径，因此也期待更加深入的研究；研究者从司法档案入手，一方面无疑是借重其"原始"价值，另一方面也需要认识到其中的意识形态问题。

---

① （清）王又槐：《办案要略》，收入《官箴书集成》编辑委员会编《官箴书集成》第四卷，黄山书社，1997。

《中国古代法律文献研究》第七辑
2013年，第433～454页

清代法律文献视野中的精神病与杀父母

陆　康　著　郭瑞卿　译[*]

　　摘　要：中国传统法律文化中，精神病人犯罪自唐朝以来一直被视为非常人犯罪，可予以减免。但发展至清朝时期，精神病人犯罪的惩罚加重，精神疾病不再是豁免刑事责任的充分理由。尽管司法中，对精神病人犯罪与常人犯罪亦作了一定的区分，然而一旦案关家族范畴，清政府基于传统文化中伦理关系的神圣性和旨在加强帝国统治正统的政治性因素的共同考量，精神病人犯罪被视同为常人犯罪，尤其是杀父母，被处以凌迟。这样的惩罚并非源于法律的规定，而是来自于对律意和司法原则的挥发性阐释，不仅与精神病犯罪和健全人犯罪之间所构建的区别适用法律之规定相背离，而且也遭到一些官员的质疑。虽然如此，但精神病人命运的真正改变却是在新政权的建立以后。

　　关键词：清代　精神病　杀父母

前　　言

　　在所有的传统与文化中，杀父母皆是十分可憎的犯罪行为。中国帝制时期的司法传统将杀父母视为家庭伦理中最严重的犯罪，[①] 这可从那些非常不幸而犯了此罪的人所受到的严厉惩罚中窥见一斑，他们被处以著名的凌迟之刑。[②]

---

　　*　陆康，法国远东学院研究员，北京分院中心主任；郭瑞卿，中国政法大学法律古籍整理研究所副教授。

　①　See Françoise Lauwaert, *Le meurtre en famille. Parricide et infanticide en Chine (XVIIIe-XIXe siècles)*, Paris: Odile Jacob, 1999.

　②　关于中国这一特殊的死刑，参见 Timothy Brook, Jérôme Bourgon and Gregory Blue, *Death by a Thousand Cuts*, Cambridge (Mass.), London: Harvard University Press, 2008.

　　本文将揭示精神病杀父母这一特定类型的犯罪，研究范围为清王朝（1644~1911）。^① 选择这一独特的视角，是因为清代时期将精神病杀父母视同为常人杀父母被处以凌迟。^② 于法律层面而言，这表示着精神病人不仅被认为能够意识到自身的犯罪行为，且是故意为之。这样的犯罪视同与中国司法传统相背离。至少从唐朝（618~907）时起，精神疾病在刑事犯罪中一直被视为减轻刑罚之因素，国家并制定了相关的具体司法处置原则。^③ 这一减刑姿态，尽管具有某些"现代"含义，但从未完全豁免精神病人犯罪的刑事责任。事实上，近来的研究强调了这样一种趋向：中国对精神病人犯罪的加重惩罚始于18世纪。^④ 然而即使在倾向将精神病杀伤行为犯罪化的法律条文中，亦明确规定了常人与精神病人实施同样犯罪的不同处置原则，其唯一的例外是杀父母。在下面的行文中，笔者将分析说明原因。

　　第一步，我们将全面考察档案的资料信息。由于精神病犯罪的独特性，清代时期的案例并非很多。所以，我们要着手研究的案例不是狭隘意义上的

① 中国古代司法机关将那些杀父母者称为疯子。在绝大多数杀害父母的案件中，罪犯并不是疯子，或没有被标注为疯子。有关这方面的文献从未提到基于何种理由——医学上的或其他的理由——来区分其与常人的不同。那一时期医学鉴定精神病的方法，本文不予考虑。关于从医学及司法的视角对晚期中华帝国精神病的有趣考察，见 Fabien Simonis, "Mad acts, mad speech, and mad people in late imperial Chinese law and medicine," (ph. d. dissertation), Princeton University, 2010.

② 有几位学者已提到了司法中对精神病杀父母的迅速处置。在儒家的世界观中，提及杀父母罪的可憎性，没有人认为必须对该问题进行更全面的思考。参见 F. Lauwaert, *Le meurtre en famille*, 3rd part, chap. 3; Vivien Ng, *Madness in Late Imperial China*, Norman, London: University of Oklahoma Press, 1990, chap. 4; Martha Li Chiu, "Insanity in imperial China: a legal case study," *in* A. Kleinman and Tsung-yi Lin (eds.), *Normal and Abnormal Behaviour in Chinese Culture*, Dordrecht, Boston, London: D. Reidel Publishing Co., 1981, pp. 75–94. 滋贺秀三的经典名著《中国家族法の原理》（創文社，1967）中没有任何关于精神病杀父母的内容。

③ 在20世纪40年代晚期和50年代初期，这个问题引发了专家的一次争论，其中包括了 Marius H. Van der Valk, Karl Bünger and Anthony Hulsewé 对此考察的论著，如 Karl Bünger, "The punishment of lunatics and negligents according to classical Chinese law", *Studia Serica*, vol. IX, n° 2, 1950, pp. 1–16; Anthony Hulsewé, *Remnants of Han law: introductory studies and an annotated translation*, *chapters* 22 *and* 23 *of the* "*History of the former Han dynasty*", Leiden: Brill, 1955. 中村茂夫在其关于清代刑罚的论著中以清朝统治时期，精神病人不是被免除了惩罚，而是其精神疾病被视作减轻惩罚的一个因素的观点结束了这场争论。参见《清代刑法研究》，東京大学出版会，1973。

④ See in particular Vivien Ng, *Madness in Late Imperial China*; Martha L. Chiu, "Insanity in imperial China", *loc. cit.*

杀父母，即字面上的"杀父亲或母亲的凶手"，而是中国帝制时期更广泛意义上的法律中的"杀父亲、母亲及任何法律上的尊长"。然后，再研究狭隘的杀父母的相关案例。从考察中，会得出两个重要的推论：第一，关于精神病杀父母（广泛意义上的）的司法处置是十八世纪争论的对象，尽管在此期间精神病杀父母被施以严厉的惩罚，但是通过中央司法机构的努力，这种严厉的惩罚并没有受到质疑。第二，当案件涉及直接的父子人伦关系（狭隘意义上的）时，精神病将失去其能够减刑的所有可能。此类案件的处置，适用极端严厉的惩罚，将精神病罪犯视为意识健全之人，这得到了国家最高层官员的公开支持。有意思的是，我们将会在下文中看到，法律对此措辞暧昧的立场，乃是基于政治及道德方面的考量。

文章的第二部分，我们将转向分析《大清律例》的内容规定，以便了解中国传统法律是否真正地维持精神病杀父母（此处是指严格意义上的）适用凌迟之刑。这个特殊的犯罪从未作为专门的法律条文而被写入《大清律例》。所以，对此类犯罪进行的惩罚源于对法律及其内在原则两个方面的诠释。尽管这种惩罚可能具有人为性——因为我们知道这样的情况下有系统地主张对其施以凌迟，是与法典内容相冲突的，但也有趣地揭示了传统中国法律以及国家司法实践的倾向。

一　清代的精神病杀父母：案例回顾
（17 世纪后期～19 世纪早期）

（一）有关杀父母的案例

清朝初期，法律史料表明，对实施一般性杀人的精神病患者皆采宽大原则进行处置。① 司法档案表明在家庭范围内实施的杀人犯罪亦适用同样的宽大处理。

1. 张氏，杀夫者（1696～1697）②

1696 年春，直隶一名叫张氏的妇女在精神病发作期间杀死了其丈夫刘

---

① 1667 年，康熙（1662～1722 年）谕令凡疯病杀伤人者免议。自 1669 年始，疯病杀伤人者须向受害者亲属支付一定的金钱赔偿（十二两四钱二分银两），这相当于将其行为等同于过失杀伤，参见《大清会典事例》卷八〇五，1899 年版，第 12 页 a、b 两面；黄静嘉主编的薛允升《读例存疑》《读例存疑重刊本》卷三四，（台北：中文研究资料中心，1970，第五卷），第 849 页。

② 参见张光月《例案全集》，卷二二"杀人"，第 26 页 a、b 面。该案在上述 Vivien Ng 的著作中亦有提及，第 134～135 页。

渊。由于中国传统家属关系结构中婚姻的重要性，在通常情况下，法律对此种极其严重的犯罪处以斩立决。这一时期的直隶最高长官沈朝聘在将该案送呈中央复核时，即提出了这样的判决。但是，下面的摘录清楚地显示，北京刑部驳回了总督沈朝聘的判决建议，理由是他的判决没有考虑张氏在实施其可怕行为时的精神状态：

> 律例内虽无妻因疯病殴死丈夫拟罪之例，凡人疯病殴死人不问抵偿者因疯病无知之故。妻虽殴死丈夫，其疯病无知，所行俱系相同。

刑部在张氏一案中的立场，被1697年夏的一道皇帝谕令而确认。① 因此，在迈入18世纪之际，清朝最高司法机关对精神病患者的所有犯罪皆是宽大处置，甚至其"犯罪"发生在家庭范围内。换言之，适用于张氏的判决表明，对清朝初期的司法者来说，缺乏犯罪意图可能高于家庭伦理关系。其后的数十年间，司法机关内部对该问题进行公开讨论的同时，刑部的判决立场也在承受着不断增加的压力，如下面之案例所显示。

2. 蒋氏"杀害"婆婆（1711）②

时间追溯到1711年，距前案发生仅十五年，刑部又遇到了情形非常相似的案件。这一次，刑部采取了相反的立场。悲剧发生在江苏省，蒋氏，花芳荣之配偶，素染疯疾，花芳荣乃将其锁禁。一天他外出下地，其母亲薛氏认为儿媳非常安静，决定暂解除其锁练。这个决定的后果极其严重，蒋氏甫获自由，突然发疯，就近抓起一根短棒冲向婆婆，打中其头部，薛氏登时殒命。

杀夫之祖父母或父母作为十恶之一列入《大清律例》，处以凌迟。毫不吃惊，江苏巡抚王度昭在将此案呈送北京复核时，提出了这样的判决。但在呈送刑部的意见中，他直接提到了1696的张氏先例，清楚地表明他认为蒋氏对其行为不能负法律责任。而刑部的官员对此有不同的意见：

> 查蒋氏係殴死亲姑薛氏之犯，不便照张氏殴死伊夫刘渊之案免罪。应将蒋氏殴杀夫之父母者凌迟处死律，应即凌迟处死。

蒋氏的精神病之所以完全被忽略，有三个主要因素。

---

① 刑部在将奏折转呈皇帝批复前，已要求直隶司法机关做了进一步的调查，以确定张氏的精神状况。

② 洪弘绪、饶瀚编《成案质疑》卷一九，"杀人"，1755年版，第39页a、b面。

第一，与家庭亲属关系有关。众所周知，中国传统社会中，配偶通过婚姻进入对方家庭，正式成为其家庭成员。杀夫之父母，在严格意义上讲，等同于杀害亲生父母。直接的父子人伦关系，是中国家庭所有社会关系中最神圣的关系，杀父母行为的可憎性导致最终减刑因素的模糊化，包括精神病。

第二，18 世纪中国精神病杀人犯罪化的倾向愈加明显。正如 Martha L. Chiu 和 Vivien Ng① 的考察所揭示，整个 18 世纪，直至 19 世纪初期，关于精神病人在家庭内外实施杀人犯罪的数个条例被增进《大清律例》，将这一特殊的犯罪纳入国家律典的框架内。由此，蒋氏一案可被视为此种犯罪化趋向的先驱。

第三，为了从各个不同的方面了解刑部的决定，不能不考虑当时司法过程中问案官员的个人因素。在中华帝国晚期复杂而完善的司法体制下，问案官员的个人因素依然起着重要的作用，其决策制定不可避免地受到影响。所以，不能排除由于人们各种各样的观点而导致了 1697 年刑部的立场与 1711 年立场之间的矛盾。现在仍如过去一样，人的因素一直对法律的阐释有着重要影响。蒋氏案即是这样的情形。尽管江苏巡抚倾向于宽大处理，但刑部官员主张予以最严厉的惩罚，完全推翻了他们在十五年前对张氏一案的判决。案件的最终裁决来自于皇帝本人。1713 年，康熙谕令判决蒋氏斩监候，秋后执行，以此结束了这场争议。② 在作出这个裁决时，康熙皇帝有效地考虑到了蒋氏案的发生对地方社会秩序所带来的危害性，不过，也考虑到了精神疾病可作为减轻刑罚的理由。康熙平衡了源于传统的中国家族法卑幼杀尊长的严惩原则与法律中关于精神病犯罪减免刑罚原则间的张力。实际上，可以说他的决定进一步加强了这一理念：即使在最严重的犯罪情形下，精神病患者亦不能在法律上被视为等同于具有健全身体与意识形态之人。

至此，这两个案例已经表明 18 世纪上半叶，关于精神病的法律概念以及在家庭中实施严重犯罪行为的司法惯例尚未被完全清晰地界定。下面的案例证实了这一观点，亦为这一问题所引发的司法机关内部的激烈争议提供了资料证明。

3. 邓氏杀兄案（1734～1737）③

这个案件要回到 1734 年年底，一个名叫邓廷梅的人，在精神病复发时，犯有杀害兄长邓廷柱罪。此处，犯罪的细节不是最重要的，但有两个方面需要强调：第一，兄弟两人自年轻时即生活在一起，没有矛盾冲突致使其分开

---

① See Martha L. Chiu, art. cit.; V. Ng., op. cit., especially chapters 4 and 5.
② 《成案质疑》卷一九，第 39 页 a 面。
③ 《成案质疑》卷二〇，第 37 页 a 面。

过；第二，几年前，邓廷梅的精神疾病开始发作，其兄长自那时起，即和母亲一直在照顾他，并为其寻医治疗。该案重要的是其最终裁决的过程。

因其犯罪，邓廷梅最后判以斩监候，秋后执行。这个判决为 1737 年春的一道皇帝谕令所确定。中国传统的家族法认为兄弟长幼关系与夫妻关系一样，因此，凡杀害丈夫或兄长的代价皆是处以同样的惩罚：斩立决。显然，在邓廷梅案中，精神状况可视为减刑的因素。这就说明了为何最后的判决可轻微减等。然而，邓廷梅的斩首之刑并未得到执行。他在乾隆皇帝登基后的大赦中被赦免，因此，其死刑判而未决。不过，邓廷梅在刑部的主张下依然被关押在牢狱中，以确保他不会伤害他人。① 这个裁决似乎与我们上面所提到的相关的宽大处理原则一致，但实际上是为了解决刑部的官员与广东巡抚之间产生的严重争吵而不得不妥协的结果。下面，我们来看一看双方的争议。

从一开始，杨永斌（1670～1740）巡抚即认为所有对邓廷梅提起的控诉，都应因其患有精神疾病而予以减免刑罚。按照杨巡抚的观点，此类案件的核心问题不是案情所涉及的伦理关系，而是犯罪意图。他清醒地认识到其观点不可能轻易地得到北京刑部的赞同，因此，他创造性地发展了律条本义以强化其观点。其观点是以《大清律例》第 35 条"本条别无罪名"的规定为基础。② 在第三段中，法律规定如下：

> 其本应罪重而犯时不知者，依凡人论。③

如果该条例适用于精神病人杀害家族成员，将会导致他们杀害家族成员和杀害常人的处置相同。因此，自 1669 年始，精神病杀害家族成员被视为过失杀。④

杨巡抚的辩论核心围绕着"犯时不知"这个概念，这非常符合精神病人犯罪时的非故意特点，这一特点亦被那一时期大部分的中国行政官员所认可，在司法奏折中习惯性地被表述为"罪犯""疯发无知"。但刑部官员为阻止其被采用，特意回避了这一观点。他们在回复中驳回了杨巡抚的提议，认为第 35 条定例的措词中并未有关于精神病人的规定。事实上，上述段落的字里行间小注⑤从没有提及精神疾病：

---

① 《成案质疑》，卷二〇，第 37 页 b 面。
② 本文《大清律例》条例编号，皆采黄静嘉版薛允升之《读例存疑重刊本》之编号。
③ 参见《读例存疑重刊本》第 134 页。
④ 这样的事例中，罪犯仅依法向受害者亲属支付一定的赔偿金，重刊本见第 435 页注①。
⑤ 《大清律例》中随处可见，这些小注解释具体法律处置的使用。

谓如叔侄别处生长素不相识，侄打叔伤官司推问始知是叔止依凡人斗法。又如别处窃盗偷得大祀神御之物，如此之类并是犯时不知，止依凡论同常盗之律。①

在批驳中，刑部继续写道：

今邓廷梅虽因疯病昏迷打伤胞兄邓廷柱身死，但邓廷梅与邓廷柱自幼同居共爨，何得比引此例以凡人定议？且弟殴胞兄致死，名分攸关，不便据咨遽议。应令该抚详查，妥拟具题，到日再议。②

与上述蒋氏案一样，刑部显然不打算仅根据罪犯的精神状况而忽视与之利害攸关的家庭伦理关系。1697 年张氏一案的宽大处理似乎因时间久远而被遗忘，即使两案所涉之家庭伦理关系相同。杨巡抚并未因刑部的驳回而气馁，他在第二次的奏折中依然采同样的推理方式：

按名例所载，本应罪重犯时不知依凡人论者，似重在犯时不知。今邓廷梅与邓廷柱虽同居共爨，非素不相识之人，但邓廷梅疯病昏迷不省人事之时，实以不识邓廷柱为何人，正与犯时不知无异……今本案弟因患疯颠殴死胞兄，与彼案情事相同，③邓廷梅应仍照原拟，免其抵偿，合依疯颠杀人例追埋葬银一十二两四钱二分给付死者之家。④

双方皆不愿意让步，争论到了关键时刻。在刑部的档案中发现最终打破僵局的是发生在湖北的一个案件。1735 年四月，通过一道由皇帝批准的裁决，刘国林，一个精神病患者，同样因殴打兄长致死而被判以斩监候，秋后执行。一年后，1736 年的晚春，刘国林被刑部写入帝国恩赦之行列。⑤该判决亦适用于邓廷梅，刑部和杨巡抚都能接受。即使这一司法处置，明确地偏袒了刑部努力强调的家庭伦理关系重于精神疾病可视为减轻刑罚因素的观点。

正如三个案例所显示，清朝前半期，对精神病人在家庭结构中实施的严

① 参见《读例存疑重刊本》第 134 页。
② 参见《成案质疑》卷二〇"斗殴"，第 35 页 b 面.
③ 此处所提的是康熙皇帝在 1669 年将精神病患者杀人案件视为过失杀的决定。见《大清会典事例》卷八〇五，第 15、227 页。这一事例未曾经过编纂而成为条例。
④ 因邓廷梅仍然和母亲及嫂子同居，他最终免除了赔偿。参见《成案质疑》卷二〇"斗殴"，第 35 页 b 面~36 页 a 面。
⑤ 《成案质疑》，第 36 页 a、b 面。

重犯罪予以适当的惩罚是部分司法机关犹豫和反复讨论的对象。久而久之，明确严厉惩罚的趋向似乎已确立起来，且这一趋向随着以家庭伦理关系为基础的道德原则愈渐重要，其在法律领域中用于阐释律义的现象亦愈加普遍。文献表明刑部是这一进程的发起者之一。现在，让我们试着去了解严格意义上的精神病杀父母，在此种情况下怎样处置。

（二）狭隘意义上的杀父母

清朝统治的第一个百年间，精神病人杀父母似乎前所未闻。这一段时间内，笔者在史料中仅找到一个事例，那是一个的名叫丁七十四的年轻旗人，自青少年时期就患有精神疾病，在1726年杀死了母亲，被判以凌迟。丁七十四在被递送省城进行惩治前，感染时疫，死于直隶的延庆监狱。直隶总督因此向皇帝上了一个专门的奏折，请求准予对丁七十四施以戮尸。请求被批准。此案中，精神疾病未被作为减轻刑罚的依据。奏折中，直隶总督将丁七十四案与1719年的一个案例联系在一起。此案中，一个名叫范见义的人，杀了父亲及其第二任配偶（继母）。他也是在行刑前死于监狱，因此被施以戮尸。将丁七十四案与范见义案联系在一起的事实告诉我们：范见义案件的档案中没有任何文字表明精神疾病是这起犯罪的成因。换言之，丁七十四之所以被施以戮尸，是因为他被归入了身体和意识形态皆健全的杀父母者的行列。①

这样的处置方式持续了很长时间。自1761年开始，狭隘意义上的精神病人杀父母案不时地出现在司法档案中。至1830年代，继之19世纪中期的危机，直至20世纪初期，② 所有的杀父母者均被处以凌迟。这样的司法统一惩治举措显示，在对此类案件的处理中，家庭伦理关系具有压倒性的影响力。直到20世纪初期，这一特殊社会关系的神圣性，以及整个社会对此种忤逆暴力行为的憎恶，仍然是司法界及其代表主张予以最严厉惩罚的强力动因。具体到精神病杀父母，极端的暴力正是此类犯罪的特征，③ 对其施以最严厉的惩罚亦得到了强有力的支持，甚至在最著名的法律家的眼中，也完全忽视了精神疾病可以减免刑罚。我们也将会看到，通过对清代中期（1760~1820年代）案例详细的分析，在将精神病人犯罪视同为思想健全者犯罪的司法过

---

① 《成案质疑》卷二○，"斗殴"，第1页a、b面。
② 此处所用案例包括：清代时期已公开刊行的判例资料汇编、台北故宫博物院收藏的军机处档案资料，以及北京第一历史档案馆收藏的刑部档案现审部分的资料。
③ 笔者所看到的案例都具有盲目而无控制地对父母施以暴力的特征。受害者一般都被其发疯的孩子殴打致死。例如，丁七十四在疯病发作时，将其母亲刺死后，割下其头颅，并手持头颅冲出家门，跑到街上。（见《成案质疑》第1页a、b面）

程中，政治考量和传统的道德原则是关键性的因素，而且没有遭到国家机关内外的公然反对。

下面，试以一个名叫姜会的精神病人弑母案件为例进行分析。

姜会弑母的资料非常有限。我们知道此案发生于 1761 年的安徽。在弑母这一可憎的行为发生前，他数年来一直遭受着精神病不稳定性发作的折磨。和丁七十四一样，他在判决执行前死在监狱中。此案之所以为我们所知是因为安徽巡抚上呈的宣布该犯死亡的奏折，该奏折似乎未能够被完整地保存下来，乾隆皇帝的一纸谕令将之作为事例编入了《大清会典事例》。奏折中，安徽巡抚建议应制定具体的措施以便对所有的杀父母者予以统一的处置。乾隆皇帝非常赞同他的建议：

> 向来各省间遇此等事件，有奏明请旨正法者，亦有径自杖毙，不以上闻者。殊不知似此蔑伦孽恶之人，虽为沴气所偶钟，然以天下之大，生民之众，即有之何足为讳。是奏闻正法，原属办理之正，特恐候旨治罪，时日未免有稽，其中或因病瘐死，或畏法自戕，即致幸逃显戮，又于宪典未协。①

为确保此种情形不再发生，乾隆皇帝同意制定新的条例，准许各省督抚，以后遇到此类案件，一面将该犯即行按法凌迟处死，一面具折奏闻。②

根据这道谕令，有两个方面需要强调：第一，没有提及任何有关姜会的精神状况。显然，和丁七十四案一样，此种情形下，在乾隆皇帝看来，只有家庭伦理关系才是关键的。有些讽刺意味的是，这道旨在通过皇帝建立统一的司法程序以处置杀父母者的谕令，实际上是由一个精神病人的案件所引发。它被编入到了清朝的司法事例集中，对于将杀父母的精神病人视为健全人的律外惯例的通行起到了决定性的推动作用。

第二个重要的方面是乾隆皇帝隐含的迅速的司法处置。它表明，不仅司法机关，而且整个社会，都认为伤害父母是极其可憎的行为。一些地方高级官员想到呈报自己辖下所发生的这些犯罪时，除了感到羞耻外，还有来自地

---

① 《大清会典事例》卷八〇〇，第14页b面，15页a面。
② 资料中，这一程序文字表述为"恭请王命"，而它最初是被用于军事，给予地方机关处理重大事件的权力，以缩短正常通信时间，在收到中央命令前可以便宜行事。见铃木秀光于 2003 年在东京大学举办的中国社会文化学会会议上提交的论文《恭请王命——清代死刑裁判の権宜の処置の一形態》。

方民众的压力，这也是他们对此类案件迅速裁决的重要因素之一。① 为防止被这种可憎的犯罪行为所影响，地方社会希望快速有效地进行惩治。尽管与其所显示的时代可能不相吻合，但乾隆在谕令中所表达的主要观点与我们今天所谓的"法治"比较相符。上述引文的结尾"未协宪典"，可译为"与我们法律的概念与制度精神相背离"，明显支持了这一观点。② 其所传达的内含主旨是：当处置这些最可憎的犯罪时，国家政府机构，无论它们是何等层级，都不能脱离维护合法统治的法律和制度框架。法律是最后的底线。对于那些超越了底线的国家官员来说，这相当于踏入了野蛮之行列。1761 年案例被采用的特殊性不仅源于对此类犯罪的憎恶，而且在于必须让所有人知道，尤其是对那些不幸发生了此类犯罪行为的地方民众来说，官府首要和最重要的职责是保障帝国正统原则不可动摇。

对国家统治合法的担忧——与"法治"所表述的一样，是对杀父母者主张进行严惩的根源。随着对家庭伦理关系神圣性争议的不断深入，使其成为最有效的激励动因。自 1760 年代始，司法机关有系统地将精神病杀父母视为常人杀父母，对二者无差别地处以凌迟之刑。

有意思的是，这种担忧在后来的数十年间非常强烈。如 1822 年，道光皇帝颁布了一道谕令，分别对广东辛宁和合浦县的县令江涵暾和倪澧予以行政处罚。因为他们将各自辖下的杀父母者施以杖责处死。二人并未隐瞒其判决，他们已经向省级官员上报了案情，解释他们有正当的理由相信罪犯在受到法律严惩前很可能死亡。③ 而且两人均提到了嘉庆皇帝的一个判例以证其判决有例可援。五年前，1817 年，一位陕西地方官员也是采用同样的方式处置了一个杀死母亲的罪犯，嘉庆没有对他进行处分。④ 且嘉庆皇帝的一道谕令表示，他并不认为此类案件的迅速处决不合法，"系属权宜办理，并无不

---

① 正如乾隆皇帝所强调，杀父母者在狱中处境非常危险，很容易被当地以"正义"之名而处死。见《大清会典事例》卷八〇〇，第 15 页 a、b 面，1764 年的谕令。同样，在丁七十四案中，直隶总督下令彻查以确证丁七十四在延庆监狱羁押期间是因病死亡，而不是死于暴力。（见《成案质疑》卷二〇，第 1 页 a 面）

② 关于帝制时期中国的"法治"问题，尽管分析的时代有所不同，但可以参考 Pierre-Etienne Will, "Checking Abuses of Power under the Ming Dynasty"（《明朝权力滥用的审查》），*in* Pierre-Etienne Will and Mireille Delmas-Marty（eds.）, *China, Democracy, and Law. A Historical and Contemporary Approach*（《中国、民主与法律：历史及当代之路径》）, chap. 3, Leiden: Brill, 2011.

③ 第一个，伍荣奕在取供后感染疾病，其身体状况迅速恶化；第二个，韩淳青犯罪事实被确认后，拒绝饮食。（见祝庆琪、鲍书芸、潘文舫、何维楷《刑案汇览三编》，北京古籍出版社，2004，第 1618～1619 页）

④ *Ibid.*

合"。但道光皇帝在其谕令中却持相反的态度:

> 援案杖毙殊属不合……嗣后各案遇有逆伦之案,该地方官务将要犯小心防范解省审鞫,照例办理,不准率行由县杖毙,以彰宪典。

嘉庆皇帝的判决因此被否定。有意思的是这个插曲所潜在的含义。显然,十九世纪初,帝国的司法机关在审理杀害父母案件时,于法律上仍在犹豫。由于此类犯罪性质恶劣,引发了民众以及官员对罪犯的憎恶,但六十年前乾隆皇帝拟制的明确统一的司法规定,并没有完全得到无可争议地忠实地继承与实施。在犯罪如此严重而不能保证依律而判的情形下,无疑,相较于希望对罪犯施以儆戒性的教化性的惩罚,其精神状况是第二位的考虑因素。

二 精神病、杀父母与《大清律例》

如上所见,清代精神病人杀害父母被处以凌迟,是出于中国家庭伦理关系的神圣性,以及满洲王命合法化的政治性因素的共同考量。在文章的第二部分,我们将试着从法律文本的视角分析这一判决究竟是否与律条规定的惩罚一致。为此,我们将简单地考察《大清律例》中关于这方面的法律发展,首先是精神病,其次是杀害父母。我们的考察时间跨度是从18世纪到19世纪中期。

(一) 精神病、杀人和中国传统法律

笔者坚持两个重要的观点:首先,如果精神病是此类案件的中心要素,但疾病本身从未成为一个议题。杀父母者之所以被贴上精神病的标签,是因调查结果显示他们已经罹患精神疾病一段时间。现存的司法档案亦显示,杀父母的精神病罪犯皆是如此。似乎没有资料表明有医学机构来确认精神疾病,我们也未发现有文献提到用来准确界定何种精神失常可视为精神病的标准。在研究这些精神病时,该方面资料的缺乏可能令人沮丧,但并不妨碍分析其司法路径。清代中国,不是所有的罪犯都标以精神病,更不用说杀害父母者。所以,对司法机关而言,将杀父母者标上精神病不是无意义的标示。①

---

① 值得注意的是清代史料中没有标明医学上的、宗教上的或普遍认知的精神病概念,与国家机关对精神病罪犯所施加的刑罚之间有直接的联系。当然,这一问题需要更全面的研究,由于本文篇幅所限,在此不予赘述。Vivien Ng "*Madness in late imperial China*",第2章对此问题有初步的探讨。

其次，正如上文所述，传统的中国法典中没有专门处置精神病杀父母的
律文规定，对其处以凌迟是源于对律义和司法原则的挥发性阐释。这不是法
定的无可争议的选择。无论中国法律传统中定义精神病的方式是否支持这个
选择，精神病的界定都是个重要的问题。我们将会在下文所看到，对于这个
问题没有明确的答案。

如 Vivien Ng 和 Martha L. Chiu 所强调，清代中国，精神病患者的犯罪行
为受到了国家日益严厉的审查，尤其是在 18 世纪到 19 世纪初期。① 将精神
病人数种最严重的杀人行为界定为犯罪，经历了艰难的发展历程，反映了国
家司法机关的犹豫及不确定性。从一开始，中国法律传统就建构于犯罪动机
或犯罪意图这一主要原则之上，它以最微妙的方式将惩罚与故意行为联系在
一起。② 清代的司法人员普遍地不愿意把精神病人视为无责任能力的人。③ 精
神病人无论犯有多么严重的罪过，但由于不能证实他们具有伤害的故意，所
以，应当撤销对其提起控诉。然而事实并非如此，这进一步反映了关于精神
病杀人问题中道德与法律方面之间的紧张关系。传统中国和其他地方一样，
期望刑法给予犯罪适当的惩罚以作为对其犯罪的报复。

如前面所暗示，在 1660 年代后期，清朝司法人员对精神病杀人（对家
庭成员外的他人）发起了第一次的进攻。1667 年的一道皇帝裁决直截了当地
指出所有的精神病杀人都将免予指控，"凡疯病杀伤人者免议"。两年后，刑
部轻微地修正了其立场，将这些特殊案件归入过失性的杀人案件。虽然新罪
名所涉及的惩罚没有产生大的差异，④ 但这从法律的视角公开确认了精神病
人对其行为负一定的责任。这一做法维持至 20 世纪初期没有变化。换言之，
至清朝最后数年，精神病杀人一直以过失杀进行处罚。就前现代司法制度而
言，这是一个相对宽大的处置。尽管这一画面必须加入一个重要元素：从 18
世纪中期始，逐渐增入到《大清律例》中的新条例规定精神病杀人者需囚禁
于监牢，直至他们完全康复。而自 1768 年以后，除了皇帝大赦，他们没有走
出牢狱的任何希望。1806 年，精神病人连这个最后的希望也被否决了。不论

① See Vivien Ng, *op. cit.*, especially chap. 4 and 5; Martha L. Chiu, "Insanity in imperial China: a legal case study". 下文很大程度上参考了这两部著作。
② Brian McKnight 认为这一思想的影响要追溯至公元前 12 世纪西周王朝的建立者。See *The Quality of Mercy: amnesties and traditional Chinese justice*, Honolulu: University of Hawaii Press, 1981, p. 2. T. Brook, J. Bourgon and G. Blue, *Death by a Thousand Cuts*, chap. 1, 对这一问题有创新性的观点。
③ 参见上文，第 6~7 页。
④ 《大清律例》沿袭了明律，规定精神病杀人须向受害者亲属支付十二两四分二厘白银做为赔偿。

其健康状况如何，所有的精神病杀人者都被判以终身监禁，以避免他们不会在疾病再次发作时制造新的悲剧。①

因为中国的法典认为监禁不是正式的惩罚，② 从法律的视角看，精神病杀人，就像过失杀人一样，对其行为仅负部分责任。这个原则，如上文所说是相对宽大的，但由于精神病杀害多人这样更为严重的犯罪事件的发生，致使上述原则没有持续过长时间。18 世纪至 19 世纪初，中央司法部门制订了新的条例专门处理精神病杀害多人案件，根据他们杀人的数目以及受害者是否为一家人，来确认其犯罪行为所负法律责任的程度。对于地方行政官、法官和中央政府的法律家们而言，此处主要的问题是进行适当的惩罚。1776年，刑部迈出了重要的一步。他们在审理一个精神病杀四人，且四名受害者为一家人的案件时，裁定将精神病罪犯以"斗殴律""杀伤人"条例论罪。此判决第一次为精神病杀人处以死刑铺平了道路。③ 半个世纪后，1824 年，刑部确认了此类案件中精神病犯罪判处死刑的法律上的可行性，甚至授权处以斩首。④ 在这一发展阶段中，唯一能分别精神病犯罪与精神健全者犯罪的刑罚程序，是精神病犯罪的有效死刑处决在秋审后执行。⑤

当然，这种发展不是如上面所言呈直线那样明显。18 世纪后半期的几份文献反映了这一司法进程中的犹豫过程。⑥ 但最后，可以明显地观察到对精神病杀人定罪逐渐加重的趋向。⑦ 如我们所见，在家族法的范畴内一直在强化这种趋向。事实上，到 18 世纪晚期，在司法实践中，针对精神病杀害家庭成员的案件，北京刑部令地方司法机关依照身体与思想健全者所适用之律例对其进

---

① 参见上文所引 Martha L. Chiu 的论文第 88～90 页中关于推翻这一决议的几点可能性因素。作者坚持认为，虽然存在着这些合法性的因素，但中央司法机关并不太情愿允许撤销对精神病人的惩罚。

② 在中国传统法典中，监禁并不包括在法官所实施的惩罚范围之内，它们是预防性的举措，旨在保护地方民众，以免他们受到被认为具有危险性的精神病人的伤害。

③ 实际的死刑执行被推迟到秋审后。参见 Martha L. Chiu, art. cit., p. 84。清代经过秋审真正被执行死刑的犯人数目相对较低，见 J. Bourgon, "Sauver la vie". De la faute judiciaire en Chine à la fin de l'empire ", *Actes de la recherche en sciences sociales*, n°133, june 2000, pp. 32 – 39。

④ 绞刑和斩刑是清代两种常规死刑。斩刑重于绞刑，适用于更为严重的犯罪。从法律上来说，凌迟虽然是合法的，但它是一种特殊的死刑，见 See T. Brook, J. Bourgon, G. Blue, *op. cit.*

⑤ See Martha L. Chiu, art. cit., p. 84.

⑥ 1766 年，刑部尚书将精神病杀人定为过失杀的辩护，参见《定例汇编》卷一三，第 74 页 b 面～第 75 页 a 面，这个案件是一个名叫刘复兴的精神病人杀害了一家四口。

⑦ 18 世纪中国法律的一个显著特点是精神病人被纳入了法律体系的框架，即在精神病人尚未触犯法律时将其收监，旨在控制其行为。参见《读例存疑》第 859 页上文所引 Vivien Ng 的著作，尤其是第 4 章和第 5 章。

行判决。这通常意味着处以斩刑或绞刑，立决或推迟至秋审后行刑。因精神疾病而可能被减刑处罚的决定留由皇帝裁决。这些规定在 19 世纪中期至 1870 年代期间被纳入到了《大清律例》中，这一事实验证了清朝连续几代的法律家们在关于精神病人杀人是否承担法律责任方面所承受的压力与犹豫。①

总而言之，笔者首先要强调的是，清代中国，自 1667 年开始，无论犯罪行为的性质如何，精神疾病不再是豁免刑事责任的一个充分的理由。清朝的司法机关，在后来的二百年期间，不顾中国法律传统中关于犯罪动机的界定，修订了关于精神病杀人的律例，这些律例导致其自相矛盾地将精神病人所实施的任何在法律上均会受到指责的行为置于法律的惩治体系中。在此方面，人们可以观察到，在一般性法律和家族法的范畴中，对精神病人惩治的加重并未模糊它们二者间的重大区别。具体的中国家族法的司法解释，要求对在家族范围内实施的犯罪进行更为严厉的惩罚。② 因此，自 18 世纪后半期始，一般情况下，只有精神病杀一家三口或三口以上，才被判处死刑。如果精神病罪犯与受害人有亲属关系，且精神病罪犯是受害人的晚辈或其身份卑于受害人，也可能被要求予以立决。

即使这并不标志着清代时期司法中对精神病杀父母的严厉惩治，与 18 世纪将精神病的侵害行为认定为犯罪的总体趋向之间有着直接的关系，但后者显然没有妨碍前者的发展。此处应当强调的第二个方面就是，对精神病犯罪予以逐渐加重惩罚的事实没有侵害中国传统法律的另一个基本原则：同样的犯罪，精神病罪犯所适用之惩罚不同于身体与意识形态健全罪犯之惩罚。这种区别，即一般性的法律和家族法对精神病都施以相对较轻的严厉惩罚，一直持续到 20 世纪初期清政府法律体系的改革。其唯一的例外是杀父母。如上文所显示，在中国文化中，这是最严重的犯罪，使得精神病人犯罪不再因精神疾病而被司法机关做为减轻其刑罚的理由。但是当转向《大清律例》时就会发现，这一司法惯例，与长久以来在精神病犯罪与健全人犯罪之间所构建的区别适用法律的规定相背离。这个惯例，从法律文本的视角来看，似乎没有合法的依据。

（二）杀父母与中国传统法律

1. 过失杀父母

第一部大清法典以明朝法典为模本，将杀父母分为两种情形：谋杀和过失

---

① See Martha L. Chiu, art. cit., p. 86.

② 在家庭结构中，卑幼身份低于尊长，如若他们有犯尊长，则加重处刑。因此，杀父母被认为是家庭伦理结构中最严重的犯罪行为。杀卑幼，至少从法律的视角看，则相反。见上文所引 F. Lauwaert, *Le meurtre en famille*。

杀。根据第 284 条律文（谋杀祖父母、父母），凡谋杀祖父母、父母致死亡者，皆凌迟处死；已杀或未伤，皆斩立决。① 同样的，第 319 条律文规定，殴祖父母、父母者，若故意致其死亡或已伤，则分别处以凌迟或斩立决。若过失致祖父母、父母死亡者，流三千里。若过失致祖父母、父母伤者，杖一百徒三年。②

换言之，按照最纯粹的中国法律构成——律，在那些最可怕的、令人憎恶的犯罪行为中，犯罪意图是关键的因素。有意思的是，这一因素实际上已与具体的精神病杀父母联系在了一起。自 1669 年起，精神病人实施的一般性杀人（家庭之外），如上文所见，被视同为过失杀。从司法一致的角度看，以同样的方式将之与精神病杀父母继续联系在一起应该是自然而然的事情，所以将其视同为身体与意识形态健全人的过失杀父母而不是谋杀父母。第 319 条律文在维持《大清律例》内部平衡的同时，也赋予了司法机关这样的处置方式。它们审理此类案件时，若适用第 319 条律文所规定的惩罚，显然将有助于维护犯罪意图这一概念的完整性。而且，这也有利于将司法实践中精神病犯罪与具有健全身体和意识形态人们犯罪本质的不同区分开来。最后，由于第 319 条律文对惩罚的进一步加重，根据它来处置精神病杀父母的案件，也符合围绕着亲属概念而建构的中国传统法律框架。

虽然如此，清朝时期，第 319 条律文关于过失杀父母的规定并未在司法中适用过。对司法机关而言，无论是中央的还是地方的，伤害父母身体的完整性是如此严重，致使其不可能被视为过失杀。且伤害父母是很大的道德污点，如果不以剥夺罪犯的生命做为惩罚是难以想象的。从法律上而言，对以父母生命为代价的杀人进行严厉惩罚的方式，只能是处以凌迟，别无他法。然而同样的，这样的处置亦面临着来自具体案件的压力。③ 这些压力导致清朝立法当局开始了拓展杀父母律文的努力进程。他们的努力取得了两个阶段性的成果：第一个阶段是在 1762 年，修订了《大清律例》第 292 条律文第 11 条例"子孙过失杀祖父母父母"；第二个阶段是在 1822 年，修订了第 319 律文第 10 条例"子孙误杀祖父母父母"。④

这两个条例都经历了长期艰苦的细致修订过程。第 292 律第 11 条例在第一次被采用时，已具有严厉惩治犯罪的显著特征，此后，又经历了不少于

① 参见《读例存疑重刊本》第 780～782 页。关于清代第一部法典的源起，参见郑秦《清代法律制度研究》，中国政法大学出版社，2000，第 1～21 页。

② 《读例存疑》，第 949 页。

③ 1726 年的案例，见《成案质疑》卷三一，第 2 页 a 面～第 3 页 a 面。

④ 参见《读例存疑重刊本》第 856 和 957 页。在《大清律例》中可以看到两条关于过失杀父母的条例——292 律第 11 条例及 319 律第 12 条例。它们实际上内容相似，但稍有分歧。319 律第 12 条例，见《读例存疑》第 958 页。

四次的连续修订，直至1843年。^①其繁琐性源于第319律条款的过度宽大处置。^②因此，在1762年的修订阶段，第292律第11条例调整了这一"瑕疵"，规定过失杀父母处以绞立决。其后的修订一直在宽大处理和严厉惩治之间摇摆。这场修订运动最后终止于1806年的一道裁决：其有效执行——一通常是绞监候，延至秋审后执行。^③有趣的是，薛允升对这一连续修订过程的详细分析表明，严厉惩罚的动因直接与罪犯和受害人的关系性质有关。当案关直接的父子人伦时，司法机关认为，无论有怎样的减刑情况，至少在形式上，不处以死刑是不合理的。

值得注意的是，即使在一般的法律中，精神病杀人视同过失杀，但精神病杀父母之惩罚此前从未适用过第292律第11条例的规定。可以说，第319律第10条例中的误杀伤父母之规定同样亦是如此，此前从未被适用。然而正当该条例修订完毕待批之时，精神病杀父母案再次被提起。

2. 误杀父母

中国传统法律中，误杀一般限于斗杀，受害人并未直接参与斗殴，具有殴打之故意并因此而致旁人受伤或死亡的特征。因受害人作为第三方没有参与斗殴，就其所适用的法律产生分歧。正是这种分歧，刑部选择于1822年随着第319律第10条例的修订而正式地将其适用于杀父母之范畴。有两个案件推动了这一进程，一个追朔到1813年，另一个则追朔到1822年。

第一个案件发生在山西，事关一个叫白鹏鹤的人，^④因琐事与嫂子结有宿怨，乃向其掷砖，结果误中其母亲头部，致其身亡。由于《大清律例》中没有关于此种情形的具体规定，地方司法机关根据第319条"子孙殴祖父母父母"律致死，将白鹏鹤判处凌迟。^⑤嘉庆皇帝驳回了这一判决，理由是当白鹏鹤掷砖时，他无法预料到其行为所带来的致命后果，与斗殴误杀者究属有间。因此谕令将惩罚减等——斩立决，且规定嗣后有案情似此者即照此问拟。

尽管将其修订为有效的条例又等了九年，是在一个名叫陇阿候的年轻苗

---

① 见《读例存疑重刊本》，第856~857页。有三个重要的案例导致了三次连续的修订，分别见《定例汇编》卷一〇，第86页a面~第87页b面；卷四六，第171页a面~第174页b面；卷四八，第80页a面~第85页b面。

② 此处必须注意的是，极少有人在杖一百后没有死亡——这一惩罚为319律过失杀父母条例所适用。

③ 1843年的修订并未改动既定的惩罚，而是将子孙之妇过失杀夫之祖父母、父母加入了这一条例中。

④ 参见《定例汇编》卷60，第77页a面~第79页a面。

⑤ 《大清律例》规定因斗殴而误杀旁人以斗殴论。

民于1821 年六月误杀其祖母的案件以后。陇阿候在与一名叫余茂胜的人激斗中，试图用木棍打他，而误中其祖母头部致其身亡。① 和白鹏鹤一样，陇阿候起初被判处凌迟，在1822 年初，其惩罚被道光皇帝减为斩立决。当时，道光皇帝没有提及其父亲几年前所作的同样判决，如嘉庆一样，谕令嗣后该条款适用于所有的误杀父母案。此次提议正式编订条例，最终形成了第319 律第10 条例。② 在编订该条例时，没有制定具体的惩治。按照第319 律第10 条例的规定，要求地方司法机关在审理此类案件时，首先依律定拟凌迟，然后援引白鹏鹤和陇阿候两个案内钦奉谕旨，最后恭候钦定。

第319 律第10 条例是清朝时期围绕着杀父母犯罪最后一个被纳入到刑罚结构行列中的条例。这一刑罚结构根据案情的严重程度而分级建构。误杀祖父母、父母较之谋杀祖父母、父母，殴祖父母、父母严重程度相对轻些；另外，较之过失杀祖父母、父母严重程度相对重些。根据《大清律例》的刑罚规定，故意行为处以凌迟，过失处以绞刑，误杀则处以斩首。③

（三）精神病问题

非常明显，司法机关在花费时间精心制定关于杀祖父母、父母的层级分明的刑罚结构时，从未考虑过将精神病杀祖父母、父母之惩治纳入该刑罚结构，即使这样的案件众所周知。被排除的主要原因，笔者认为与精神病人不可控制的突发性的暴力特征有关。这些无法控制的残忍行为和法律界定的过失杀概念并不相符，"耳目所不及，思虑所不到"④。精神病人不可控制的暴力行为使得在处理杀祖父母、父母此类案件时，不再适用以精神疾病作为减免刑罚的理由。这就解释了为什么在其他一般性的刑事案件中司法机关普遍地确认精神病人不能承担法律责任，而在遇到杀祖父母、父母这样严重的案件时，他们集体性选择忽略精神病人的特别状态。

如我们上文所见，一直以来，帝国的一些官员并不认为在杀祖父母、父

---

① 《定例汇编》卷六九，第83 页 a 面～第85 页 a 面。这两个案例，《读例存疑重刊本》均有提及，第957～958 页。

② 道光皇帝在谕令中没有提及九年前其父亲相同的立场。显然该立场已被遗忘。

③ 清朝时期关于处置杀父母的整个刑罚结构的前后矛盾，参见《读例存疑》第957～958 页。

④ 此语见第292 律第三段的行间小注，用于解释过失杀的特点与构成。《读例存疑重刊本》第849 页。过失杀最具有代表性的案例：儿子去提烧水的壶，不幸被烫，水壶摔落，水从坏掉的壶中流出，在地上形成一滩水坑。因被儿子惊叫所吓，母亲从隔壁冲出，于水坑处滑倒，跌落在地，为壶碎片割伤，不久因伤而殒命。参见 F. Lauwaert, *Le meurtre en famille*, p. 176 – 177。

母的案件中，将精神病人视同为健全人的司法惯例是正确的。第 319 律第 10
条例的修订过程可以提供这样的证明。1813 年四月，就在嘉庆皇帝谕令修订
《大清律例》误杀父母条款仅几个星期后，直隶总督温承惠公开质疑刑部对
精神病杀父母案的处置，建议他们应适用新条款。① 他的主要观点是：无论
精神病人杀父母的行为多么残忍，② 但不能认为它们较之精神健全者的误杀
行为更具有故意性：

> 诚以白鹏鹤衅虽起于斗殴而情寔近于过失，故改为斩立决以别于殴
> 杀之凌迟并过失杀之绞决，实为情法之平。至因疯殴杀祖父母、父母之
> 案向亦依律拟以凌迟，并无区别。窃以身为人子因疯而戕及所生罪固不
> 容于诛，惟……当其疯病猝发并不知被杀者为何人，与白鹏鹤……同为
> 无心之失，是以疯病杀人之例载在误杀及过失杀门内。③

温总督清楚地把关于处置精神病人杀祖父母、父母案具体律例的缺失，
看作是《大清律例》的一个薄弱点——"律例未有明条办理，诚恐岐误"。④
这一观点推动了他建议中央司法机关在修订误杀祖父母、父母条例时，应将
该条例适用于对此类案件的处置中。他争议的焦点在犯罪意图，但这可能将
上述问题明确地与 1813 年嘉庆皇帝对白鹏鹤案的最终处置紧密联系在一起，
该案打开了机遇的窗口。这是第一次在处置过失杀祖父母、父母时，司法官
员对罪犯有了怜悯的想法。原则上，精神病杀父母案适用新修订的条例更适
当，较之将其任何罪状都归结于过失行为更好。然而，这并不足以赢得刑部
的支持，刑部对其建议的答复简短生硬：

> 因是欲于律例并钦奉恩旨之外复滥行推广，殊不思子孙之于祖父
> 母、父母伦纪攸关，设有杀伤，何忍更言偷生视息，而执法者又何敢稍
> 存姑息，蔑视伦常？⑤

刑部除了上述音调外，其辩驳意见因缺乏合理的依据而受到打击。刑部
官员既没有提到犯罪的意图，也没有清楚地解释法律原则，讨论为何起草具

---

① 《定例汇编》卷六〇，第 80 页 a 面～第 83 页 a 面。
② 不是任何精神病人，只有认为其精神病无法治愈，且已向当地政府机关呈报才可以。所
  以，他希望减少精神正常者企图以精神疾病为借口逃避其责任的风险。
③ 《定例汇编》第 80 页 b 面～第 81 页 a 面。
④ 《定例汇编》，第 81 页 b 面。
⑤ 《定例汇编》，第 83 页 a 面。

体条例来处置这些犯罪是无用的。显然，对在司法领域中具有如此显著地位的机关——刑部来说，在精神病人杀父母案中，没有任何理由需要修改通常的惯例。再者，利用这个机会，刑部公开坚持这一观点，宣布地方司法机关在因精神病杀伤祖父母、父母案中不得"轻议夹签声请末减"。①

刑部坚持的主张，如上面所探讨，虽然从法律的视角完全没有依据，但在1823年，第319律第10条例修订后仅一年，在另一个精神病人杀父母的案件中再次得到了确认。十二月三十一日，道光皇帝颁布了一道谕令，再一次明确了刑部惩罚主张的效力，他们支持安徽省司法机关对一个名叫周传用的人处以凌迟的判决。周传用多年患有严重的精神疾病，几个月前杀死了父亲周建。② 周传用案在清代立法记录中留下了痕迹，它为将精神病人杀父母者处以凌迟而附入第411律第58条例铺平了道路。下面的引文中以斜体标识，原文如下："其子孙殴杀祖父母、父母之案，*无论是否因疯*，悉照本律问拟。"③ 既然该条例隶属《大清律例》"有司决囚等第门"——但此种情形下，处置杀父母者——就其所涉及的司法程序而言，从未发挥过重要作用。④但由于它是《大清律例》中明确提及精神病和杀父母的唯一文本，为了解中央司法机关的立场提供了一个有趣的窗口。下列文字可证明其所附入的动机：

> 至疯病杀人之犯虽由疯发无知，然所杀系祖父母、父母，则伦纪攸关，非常人可比。在本犯，身为人子戕及所生，寔系罪大恶极，执法者亦未便因其疯发无知，即令日久稽诛，必俟奏明后方加刑戮。⑤

在上述文字中，又一次没有找到对精神病人杀父母案件处置的法律依据。此表述仅强调了精神病人杀父母视同为精神健全者的不可回避性。这种视同，根据帝国最高司法机关的观点，与国家法律的基础有着必然的关系。

总之，1823年，第319律第10条例修订完成后一年，尽管该条例早在十年前（1813）即引发了刑部与直隶总督温承惠之间的争议，但最终以支持对精神病杀父母处以凌迟结束了争议。其后，因西方的影响剧烈地打破了传

---

① 在误伤祖父母、父母案中亦做了相同的禁止性规定。1822年修订的第319条律文第10条例的内容是以此而定。

② 《定例汇编》卷七一，第55页a面～第58页a面。

③ 《读例存疑重刊本》，第1266页。此处斜体部分系作者所加。

④ 其主要目的是确保精神病杀父母（和常人杀父母一样），不用监押数年再对他们进行适当的惩罚。

⑤ 《定例汇编》卷七一，第57页a面。

统中国长期以来所建立的法律传统和司法惯例，关于这一问题的争议再次被提起。

结　语

如我们所见，清代司法中将精神病人杀父母视为身体及意识形态健全者杀父母有以下几个方面的原因：中国长期以来家庭价值的神圣性及其在法律中的阐释运用是一个因素。另一个因素和此类犯罪中不可控制的暴力有关。这种暴力行为有助于解释为什么制定具体的法律以处置此类犯罪，理智和道德的角度不会为人们所接受。当清楚了清政府以前所未有的方式致力于在一般性法律以及家族法中，使精神病杀人具有了法律地位时，这一点显得尤为突出。最后，通过对现存史料中案例的调查分析，表明由精神病杀父母所引发的问题成为清朝 18 世纪后半叶的政治问题。清代司法对乾隆皇帝所提出的"法治"主张的维护，在确保精神病人杀父母的行为受到严惩方面起到了重要作用。虽然这种基于对法律误读的维护并不重要，但却导致了那些由于精神疾病而做了被认为是野蛮事情的人们被处以极刑的可怕命运。依据中国传统法律的基本原则，对精神病人施以惩治并不能达到理想的结果。①

清朝时期，不愿对精神病杀祖父母、父母犯罪施以任何的怜悯源于两个方面的共同作用：对《大清律例》律文本意与司法原则基本理念的阐释长时期没有发生变动，以及在司法过程中必须确保国家正统的政治考量。这些因素对上述法律的制定有着举足轻重的作用，致使其无法从内部自我发展。突破最终来自于外部，20 世纪初，在西方和日本榜样的刺激下，通过法律改革而完成。

事实上，这一长期以来受到合法性质疑的将精神病杀父母处以凌迟的司法惯例于 1904 年 2 月 8 日被废弃。产生这一判决的案件不是最重要的。② 与其密切相关的是，著名的法律改革家沈家本及其刑部律例馆的同事，在修律过程中上呈的请求结束他们所谓"尤觉参差"的法律条款。③ 他们在清政府法律框架原则的基础上，拟定了一份详细的辩论提纲，使慈禧皇太后确信杀父母案件和其他法律案件一样，精神病与犯罪故意不应一同对待。但是，作

---

① 对精神病这样处置的案例，见《定例汇编》卷一三，第 74 页 b 面~第 75 页 a 面。

② 这是一个名叫张有的人，于 1903 年 11 月末在北京杀死了母亲。参见中国第一历史档案馆（北京）清代刑部档，26 目，现审案卷 21174，光绪二十九年十二月二十三（1904.2.8）。

③ 具体内容，见《沈家本未刻书集纂》第 2 册，中国社会科学出版社，1996，卷一，第 494~495 页，光绪二十九年十二月十六日（1904.2.1）。

为这场辩论敏感性的一个见证，他们没有敢更进一步，仅建议精神病杀父母从今以后应根据误杀父母条款来处置，这是八十二年前已被人提出过的观点。换言之，沈家本及其同事所完成的是直隶总督温承惠八十年前所提出的、但没有效果的建议。①

至少从"罪犯"的角度来讲，这并不是具有重要意义的成就，② 但可以证明，进入 20 世纪后这个问题依然十分敏感。1905 年 4 月酷刑的废除提供了又一个证明。酷刑废除的结果，保留了两种死刑：斩首和绞刑，但并非是将凌迟并入斩首目下，而是司法机关选择将《大清律例》中原有的死刑层级减至一个等级。③ 结果，因 1904 年 2 月颁行的上述决定，一些地方督抚建议将精神病杀父母者处以绞立决。刑部迅速反应，起草了一份奏折呈送慈禧，请求驳回地方督抚的这个提议。根据刑部的建议，负责官员（包括沈家本在内）认为按照督抚所提之意见处置其实并不恰当，因为"本罪尚系凌迟，与原犯斩决者不同"。慈禧选择了支持刑部主张，认为改为斩决已邀实典，未便再改绞决。④

修订法律馆于 1904 至 1908 年间起草的《大清新刑律》草案，规定"精神病人之行为不为罪"。⑤ 如果该《刑律》被颁行，司法中精神病人的命运可能会彻底被改变。但是，在清帝国统治期间，这部法律未被颁行实施。众所周知，《新刑律》草案引发了最高层官员的激烈争论，这场争论导致了其颁行的延迟。最终是在共和时期，由新建立的政权将其颁行。

当时，许多人希望这个新的法律工具——《新刑律》将有助于使国家走向现代化。似乎精神病杀父母得益于这场制度革命及其实行的新法典。共和革命后不久，法部颁行的一项决议提供了这方面的证明，决议规定以后不得对精神病人因精神疾病而杀父母之行为提起任何诉讼，这使得精神病人可以合法地对其行为不负责任。⑥ 显然，近十年前发起的那场法律改革严重改变

---

① 对这一时期关于该问题的深入分析，请见 Luca Gabbiani，"Pour en finir avec la barbarie，" *T'oung pao*，Vol. 95/4 - 5 (2009)，pp. 334 - 392.

② 他们仍被处以死刑，但是斩首而非凌迟。档案资料显示这一法律变革立即得到了实施。案例，参见军机处录副奏折，台北故宫博物院，文献 159'735，光绪三十年三月二十九日 (1904.5.14)；谕折汇存，光绪三十一年一月三十日 (1905.3.5) 和光绪三十一年六月十六日 (1905.6.16)。

③ 凌迟为斩首所取代，斩首则为绞首取代；依次，绞刑则减至流刑。

④ 参见《沈家本未刻书集纂》第 1 册，第 508 页。

⑤ 参见《大清新刑律》第 1 部分，第 2 章，第 12 条。

⑥ 起初，四川省地方当局判其终身监禁。该案参见 Kristin Stapleton，*Civilizing Chengdu. Chinese urban reform*，1895 - 1937，Cambridge（Mass.），Harvard University Asia Centre，2000，p. 207。

了传统家庭价值观对法律的影响。但为了改善大众对精神病人的认识，其后又采用了另一种斗争方式。1915 年以后，中国开始了新文化运动。这个阶段的分析已不属于本文研究的范畴。然而，值得注意的是，这场运动是由在激进的报纸诸如《新青年》上发表的一系列文章而发起，它们以前所未有的猛烈语言，抨击中国传统社会和家族的专制，将其描述成野蛮的象征。

《中国古代法律文献研究》第七辑
2013年，第455～466页

《汉初典型诉讼案例》

——首部研究湖北张家山汉简《奏谳书》的西方语言专著

〔德〕吕德凯　劳武利[*]

竹书《奏谳书》出土于1983年12月至1984年1月湖北张家山砖厂附近的247号汉墓。这部竹书为我们了解汉初法律体系及其司法制度提供了一个全新的视角。汉帝国是世界古代史中最强盛、最成功的帝国之一，其法律制度的实施为帝国的发展和稳定起到了关键的作用。《奏谳书》作为全新的史料，不仅对中国法律史，而且对汉朝的国家社会发展史具有重要的研究价值。

我们合著的《汉初典型诉讼案例：湖北张家山汉简〈奏谳书〉译注》（Exemplarische Rechtsfälle vom Beginn der Han-Dynastie：Eine kommentierte übersetzung des *Zouyanshu* aus Zhangjiashan/Provinz Hubei）一书，于2012年3月由东京外国语大学（Tokyo University of Foreign Studies）的亚非语言文化研究所（Research Institute for Languages and Cultures of Asia and Africa）（ILCAA）以德文出版发行，是该研究所亚非语言文化研究专著系列（Study of Languages and Cultures of Asia and Africa Monograph Series）的第50册。该书是首部研究《奏谳书》的西方语言学术专著。

下文将对这本专著的内容、基本研究方法及研究成果做概括性的介绍。

一　内容简介

这本专著主要为《奏谳书》的德语译文，以及从中国古汉语、历史及法律体系等重要相关角度对译文所做的详尽注释。该书译文前还有导论，译文后附有详细的参考文献和五种附录。

---

* 吕德凯，德国埃尔兰根 - 纽伦堡大学国际人文研究中心研究员；劳武利，德国汉堡大学亚非学院中国语言文化系"秦代法律文献"研究项目研究者。本文的中文翻译得到汉堡大学博士生李婧嵘、王斌译的帮助，著者在此表示谢意。

（一）发掘地点、竹简名称及年代

导论介绍了《奏谳书》的发掘地点、发掘情况以及与同墓葬其他竹书的关系，并解释了题写在竹简上的《奏谳书》这一名称，认为它是指"请求皇帝或者上级行政司法机关对案件裁决的文书"。关于《奏谳书》的年代问题，导论从三个方面进行了论述：一是墓葬的年代；二是简文中所记录事件和刑事诉讼的年代；三是简文书写的年代。根据现有资料，墓葬最晚应于公元前185年被封埋。《奏谳书》中记载的秦代案例的年代应该在公元前246年到前209年之间，汉代的在公元前200年到前195年之间，而《奏谳书》文本的编纂应该完成于公元前195年。

（二）《奏谳书》的特点和作用

《奏谳书》在内容和语言形式上与传世文献中包含的司法文书和其他出土的法律文献有许多相同点，由此可以推断案例一至案例十八基本上是真实的司法文书。尽管这些司法文书并非原件，且其记录的法律案例的文本内容曾被重新编辑或者缩略，但这并不能证明这些案例是虚构的，或具有文学性。案例十九和二十为春秋时期的历史故事，从根本上说应该是教学材料。这两个案例在文本上注重叙事结构和文学效果，可能意图要彰显法官应要具备的素质。案例二十一可以认为是一个真实的法律案例，不过也可能被用来当作教学材料，因为该案例似乎为达到某种叙述效果而被编辑过。案例二十二也应是一个真实的案例记录，而且更像是一份晋升办案官员的推荐报告，案例文本可能为了凸显典范性的法官素质而被编辑过。

根据简文内容与其他文献的比较，《奏谳书》在本质上是多种判例的集录，其主要作用应为裁定疑难法案的参照资料。另外依据简文内容，这部竹书还具有其他几个作用。

为撰写向上级行政司法机构递交疑难法律案件的奏谳文书时，提供范本；

推荐有效破案手段；

对产生不良后果的调查方法的警告，如在案件审理中过度使用酷刑拷问犯罪嫌疑人；

对官员犯罪行为的警告；

对规定法律程序的坚持；

展示提出具有信服力的法律论据和结论的方法。

这些都为法律官员的才干和职责提供了标准，并且也都隶属于前文已经提到过的《奏谳书》教学作用的范畴。墓葬的情况、竹简的内容及与其他出土文献（像睡虎地秦墓法律写本）的关系都表明，《奏谳书》的诉讼案例在根本上是基于真实法律案例的非虚构性文本（案例十九和二十除外），主要为判决提供参照作用。尤其需要提出的是，案例十九到二十二中的文学性元素并不用于娱乐消遣，而是具有教学性质的。

（三）《奏谳书》诉讼案例的分类

《奏谳书》中的各种诉讼案例可以依据文本内容和形式结构进行如下分类。

第一类为公元前200年到前195年的案例一到案例十三，以及秦代案例二十一。这类案例的特点是使用"疑罪"这个法律术语。它们是给上级行政司法机关的奏谳文书，以便上级裁定疑难法律问题，即"谳"。这类案例又可细分为：

a. 案例一至案例五，有明确纪年，即公元前197年至前196年。它们是被完整记录的"谳"或者"疑罪"案例，构成了《奏谳书》的核心部分。从形式上看，这些案例都遵循一种几乎相同的模式，这种模式反映了刑事诉讼过程的规定形式。这些案例中所提到最主要的问题是，在针对某种罪行上，被告的行为是否确实构成了犯罪。

b. 案例六至案例十三，无明确纪年，推测为公元前200年至前195年。它们也是"谳"底本。这些案例中所提到最主要的问题是，在多种可能适用的不同的罪行或刑罚中，所陈述的犯罪行为究竟应该纳入哪种罪行或被判处哪种刑罚。相应地，案例中的案件记录被缩减成简短扼要的总结，也是就案件事实的认定、总结，即"鞫"，因为"鞫"的事实内容已经为判答案例所涉及的法律问题提供了足够的基础，所以没有必要再提供全部字句。

c. 案例二十一，秦代。该案例虽然不像其他案例那样含有诉讼程序记录，不过记述了一段最高法律机关的讨论。讨论的叙述很可能在后来编辑文本时添加了叙述性元素。即使不能完全断定这个案例将一个真实案件再现到多大程度，但在形式上也可确定该案例使用了"谳"的底本。

第二类为秦代的案例十八及汉初的案例十四至案例十六。这类案例的特点是使用了"当"这个法律术语。案例中没有给出判决，即"论"；而是提出了判决建议，即"当"。也就是说，"当"这种判决建议，是一种将其递交给上级行政司法机构等待批准的请求。按照简文内容和其他有关史料可以推断，请求上级机构的批准必须具备下列两种条件：（a）可能判定某种严重的罪行或刑罚（如案例十六中的杀人罪）；（b）被告的身份较高（任职县令以上或有汉代第九级以上的爵位）；除身份以外也应考虑可能判定刑罚的轻重（"耐"或者更重的罪）。因此这类案例的诉讼过程模式有所改动，主要体现为在案例中用到了"当",而不是其他案例中的"论"或"疑罪"。另外,所有第二类案例似乎是基于"劾"的。

第三类为战国时期秦国的案例十七和案例二十二。这类案例的特点是使用"论"这个法律术语。也就是说,案例中有在刑法标准诉讼程序中县一级的判决。在案例十七里,这个判决包含在一个关于重审的记录中;在案例二十二里,判决则在作为申请晋升破案官员依据的调查措施的陈述之中。

第四类为推测在公元前200年撰写的案例十九和案例二十。这类案例应是虚构的法律案件,案例的主人公都是春秋时期著名的法官。两个案例都使用独特的词语"异时",以此来明确区分该类案例和其他秦汉时期案例在时间上和内容上的不同。另外在这类案件里,对调查案件的法律处理措施并不是通过官僚式的、既定的刑事诉讼过程来实施的,而是通过统治者和他所派遣法官之间的直接对话体现。法官个人卓越的破案才智是这类案例要描述的重点。

(四)《奏谳书》案例记录与各级行政司法机关的对应归类

秦汉各级行政司法机关的等级是大家所熟知的,其由低到高依次为:县、郡、廷尉、皇帝。不过《奏谳书》案例记录与各级行政司法机关的对应归类中有些需要讨论的问题。在这里只对归类原则作概括性的综述。

对犯罪事实的刑事调查一般属于县级;

有一些案例记录的结尾有"论""当"及"疑罪"的术语,这类案例记录即属于主管调查犯罪事实的级别;

在案例记录中,"吏当"或者"吏议"为法律评审术语,其中的"吏"是各级行政司法机关官员的自称;

术语"廷报"中的"廷",是指上级行政司法机关;

术语"廷以闻",意味着廷尉将案例记录呈奏给皇帝。

(五)从法律史角度出发的观点

在研究《奏谳书》诉讼案例的法律内容时,我们遇到一个关于律令本身的难题,即我们没有这些案例所处年代时的律令文献。因此我们不得不参照更早的睡虎地秦律,或者比《奏谳书》晚十年左右的《二年律令》。比较而言,由于《奏谳书》只是一部判例集,我们不可能通过它从总体上了解当时所颁布的律令和所认定的罪行,案例中涉及的律令也并不具有代表性。不过另一方面,《奏谳书》中一大部分律令和罪行也出现在《二年律令》中,也有一部分出现在睡虎地法律简文中,而且很多法律术语和法律体系的细节(如量刑原则)也都相同。这再次肯定大部分秦代律令在汉初时没有经过实质上的修改就被继承下来，根据传世文献萧何可能是当时制定律令的主要负责人。而且公元前186年的《二年律令》也没有对前代律令做本质上的修改。在这个前提背景下，特别值得关注的问题是《奏谳书》与较早或较晚的法律史料之间的出入，因为这些出入可以让我们摸清中国古代法律历史的发展脉络。比如"盗杀伤人"罪，其行为是造成人身伤害的盗窃。该罪行在《奏谳书》战国秦国的案例二十二中，只被视为一般性的盗窃罪；而在汉初的《二年律令》中，该罪行被单独列为可能被判死刑的罪行。

《奏谳书》秦代案例二十一中出现了（当事寡妇所犯的）"和奸"及"敖悍"两种罪名。可是，在《二年律令》中并无未婚妇或寡妇犯"和奸"的罪行，只有"与人妻和奸"这个罪行，所受刑罚又较重。而"敖悍"这种罪行并未提及，只说"妻悍"是夫虽伤妻夫"无罪"的条件。这里出现的问题是，是否这两种罪行被汉初律令修改或废除，或现有的《二年律令》并不是汉初全部律令条文的完整钞本。

还有一些案例非常有特点。这些案例中，案情事实无法直接适用律令条文，所以对案情的处理采用诠释或类推的方法。比如《奏谳书》案例七的一个关键性的问题是：对非官吏人员是否可以判处"行受赇枉法"的罪行（企图妨碍司法公正的行贿受贿行为）？该罪行一般只适用于官吏受贿，而案中行贿者是在逃奴隶，受贿者是该奴的女主人，二者都不是官吏。另外一些关于律令的诠释难点涉及根本性的方法问题。如《奏谳书》案例四涉及的问题，即对案件不知情是否可以免于处罚。案例中一名男子因为娶亡人为妻被依据《亡律》判罪，尽管他对妻子为"亡人"在逃毫不知情。这些例子表明，要想研究汉初时相关律令对案件的适用，研究其诠释空间以及诠释策略，《奏谳书》是非常珍贵的史料。

（六）《奏谳书》所见的刑罚体系

比较《奏谳书》与《二年律令》的刑罚体系，其有一致性。这主要体现在有明确划分的刑罚等级上。

"罚"：罚金刑，从"一两金"到"四两金"，共三种处罚级别；

"赎"：赎金刑，从等于"八两金"到等于"四十两金"，共六种处罚级别；

"迁"：流放；

轻度劳役刑"司寇""隶臣"或"隶妾"，附加"耐"；

罪行应被判处重度劳役刑，因罪犯享有的特权而被减刑为"鬼薪"或"白粲"；

"城旦舂"：重度劳役刑，不附加肉刑，即"完"；

"城旦舂"：重度劳役刑，附加肉刑（除特别情况外，首次附加于罪犯的肉刑是"黥"，即脸上刺字以注明罪犯身份；更重的肉刑附加于已受黥刑的罪犯）；

"弃市""磔""腰斩"：死刑的三种处罚级别。

《奏谳书》法律案例中刑罚的使用频率分布如下：死刑出现过两次；宣告无罪出现过三次；出现最多的是附加肉刑的重度强制劳动，即"黥为城旦舂"（该刑罚和其他秦汉出土文献及传世文献中的记载一致）；附加"耐"刑的轻度劳役刑"耐为隶臣妾"只出现过一次；赎金刑出现过一次；罚金刑出现过一次。

（七）量刑原则

量刑原则是中国古代刑法体系的重要组成部分。它不仅反映出当时法律的发展变化，而且也蕴含着法律之外领域的考虑，比如社会结构。这种原则大部分可以在《二年律令》中找到，尤其是在《具律》中。而《奏谳书》的法律案例提供了运用这些原则的实例，能帮助我们更好地理解其使用情况。另外，在古巴比伦和希伯来法典里经常出现的量刑原则——以牙还牙的惩罚方法（Talion），在中国古代法律中似乎并不重要，充其量只反映在对杀人或人身伤害类犯罪行为规定的刑罚中。

还有十分清楚的一点是，秦汉法律体系中没有在很多现代法律体系里对量刑所给予的裁量空间。在现代法律中这种裁量空间表现为，在量刑时兼顾有利或不利于罪犯的两方面情况予以个别考虑，并据此在法律规定的最低刑罚和最高刑罚之间作出一个适用于个人的量刑。而秦汉法律中的原则是，对一定的犯罪行为给予一个非常确定的刑罚。对个人情况的考量并不由法官做出，只有当律令本身根据外部事实或者个别的罪行对等同的犯罪事实进行区分时，这种考量才会出现。例如，律令会通过一些不同术语如"贼""斗""过失"或"戏"来区别杀人或人身伤害类的犯罪事实，并处以不同定义的刑罚，这些刑罚实际暗含了对犯罪情况和犯罪动机的不同判断。在人身伤害类的罪行里，又区分在行凶时是否使用凶器、导致受害人重伤或者死亡的情况。还有，某些犯罪行为会被区别是无意（"失"）实施、还是有意（"故"）实施。举例而言，因过失而误下法律裁决的犯罪行是"论失"，故意妨碍司法公正的犯罪行为是"不直"。

除了律令对某些特定犯罪事实的区分外，还有一些法律规定会影响量刑尺度，即所判刑罚要根据罪犯的个人身份、地位（年龄、爵位等）决定。特别是《具律》里有这些规定内容。如果说在量刑时确定犯罪事实和其应对的犯罪构成是第一步，那么第二步就要审查是否根据这些法律规定减刑或者加刑。根据这些法律所进行的减刑、加刑，具有核算的特点。

有些案例还有另外一个量刑问题，即对某种犯罪处以的刑罚是根据与该犯罪事实相关联的另一种罪行做出的。比如，对"诬告"所处的刑罚是根据"反罪"原则做出的，也就是说，诬告者反过来被判处其所诬告被告的罪行。当然在这类案例中，最终所判刑罚的量刑复杂程度会更高。《奏谳书》和睡虎地秦简的《法律答问》都有这类在量刑上存在复杂问题的案例。

（八）刑事诉讼程序的复原

汉简《奏谳书》让我们第一次有机会在细节上复原秦汉时期的刑事诉讼程序，这是中国古代法律史研究的一大进步。尤其是案例一至五、十四至十八，这些案例记录了所有重要的诉讼步骤，是进行复原的基础。关于刑事诉讼程序复原的研究结果详见附录。

（九）结论

从整体上看，从公元前三世纪晚期到公元前二世纪早期的《奏谳书》案例反映了中国古代司法的高水平。这种司法带有理性和世俗性的主导倾向。世界其他古代法律文化中的宗教影响，如神灵判决（Ordal）或神性宣誓，在中国古代刑事诉讼中鲜有所见。在诉讼前，为了查明犯罪行为，办案人员会使用专业的法学、法医作为调查的手段。就诉讼本身而言，高度形式化的审讯技术和调查的有序步骤是其最大的特点，而且诉讼也极其注重案情调查的严密细致。比如说，跟现代的法律原则一样，如果司法审判机关在程序上存在错误，就无法将嫌疑人定罪。还有如何衡量司法官员的才干，在春秋时代时首先要看判决是否灵活机巧、富有才智；而汉初时是看能力。这种能力表现为：根据诉讼程序规定认真展开调查；谨慎确切地使用律令；根据律令定义的构成确定所犯罪行；在判决时根据通行规定兼顾可导致减刑或加刑的因素。量刑方面，可供裁量余地较小。此外诉讼时还有明显的官僚化方式。这表现为建立大量的卷宗，卷宗里保存着所有对判决意义重大的供词和证据，以便上级司法机关核查。秦汉刑事诉讼具有纠问性（而没有对抗性）的特色，被告身边也没有法律辅佐人。疑难案件按规定应移交给上级行政司法机关。为了避免妨碍司法公正及对嫌犯做出错误判决，还设置了很多防范措施。比如法律规定对为逼供而使用的严刑拷问进行限制；诬告如果被证实，诬告者将处以所诬告之罪应获的刑罚；对各种形式的违法行为给予严厉的处罚；保证被告人上诉的可能性。上级行政司法机关要利用各种机构核查下级行政司法机关的判决。国家行政司法机关连平民也要按照现行法律对待，且一定要防止官员的违法行为及诉讼误判的危险，以免影响其清廉、公正的声誉。国家的权力垄断还会提供某种法律保护，以此来防止私人审判权或家族审判权的出现。而正好在这方面，公元前二世纪中叶开始的所谓"法律儒家化"却可能削弱法制的力量。另外中国汉代史书记载的许多法律案件会给我们留下这样的印象，即判案时会出于政治目的而肆意滥用刑罚。但据出土文献看，秦汉帝国初期的司法实践并不完全如此。还有，后世常常抨击秦朝刑罚惨无人道，但与古巴比伦法典或欧洲中世纪中期和晚期的刑法比较，秦朝刑罚不见得特别残酷。如公元前167年被笞刑取代的肉刑，秦代和汉初的统治者并未过度使用，而且很明显他们更倾向于具有经济效益的劳役刑，前者只是后者的一个补充。《奏谳书》和其他新发现的公元前三、二世纪出土的法律文献表明，在司法和汉帝国初期通行的律令之间有一种紧密的联系，这种联系是从国家机构早期的官僚化中发展出来的，并且显现出理性统治的端倪。

二 德文译注方法的基本原则

《奏谳书》的德文翻译在译注方法上遵循了一系列的原则。其中一个重要原则是，在译注简文所有的法律术语和有疑问的地方时，比较同时代的文献。遵循这个原则的原因在于，《奏谳书》跟其他已知的史料比较，提供了非常丰富、前所未闻的新知识。无论在理解法律史的背景条件上，还是在翻译法律术语上，已有的研究资料只能提供有限的帮助。而且《奏谳书》与《二年律令》作为新的史料，提供了几近完整的法律体系的概况，所以必须予以全面的研究。在研究过程中，我们不仅参考了张家山法律文献，而且也尽可能顾及了其他所有的出土法律文献和传世法律文献。除了横向比较同时代文献外，在纵向上我们也参查了从金文到《唐律》等与法律相关的原始文献。

还有在注解时我们发现，如果对法律概念从法律体系、历史及词源学的角度进行全面分析，那么整个注解会超出翻译注解的范围。所以关于法律概念的研究，还有关于这些概念构成的法律体系以及法律机构的研究，将一起放在另一本专著里单独出版。

我们也对《奏谳书》法律案例涉及的历史和社会背景条件做了详尽的注释，因为我们认为这些背景知识是理解简文的前提。而且《奏谳书》提供了很多这方面新的信息：比如关于汉代女性（案例二、四、七、二十一）、奴隶（案例二、五、七）及少数民族（案例一）的法律和社会地位；汉代初期封建侯国的关系（案例三）；中央对地方官吏的控制（案例九、十、十四、十五、十六、十八）；古代物质文化的问题，像刻有齿痕、记录契约木券的用法（案例二十二）。我们为此做了详细的注释。

我们也对语言学上的问题做了注释，包括关于疑难字句的讨论或新式句法现象的发现，比如"所"用做后置介词（Postposition）来标识前面的间接宾语（案例二）。

另一个主要译注原则是，着重标明《奏谳书》案例记录中不同的主管行政司法机关。大部分《奏谳书》案例记录实际上最初都是案例档案。这些档案经由不同主管层处理，并留下了不同行政审判机关的处理意见。但简文经常不明确地提出案例记录中的哪个部分是由哪层行政司法机关添加的。比如案例一等的"吏当……或曰"，简文不提出是哪一层的"吏"的看法。原因可能是简文的读者，即当时的法律专家，非常清楚各级部门的情况，而且可以根据案例记录的内容结构、特定的标志性措辞或语序特点熟练地做出判断。但是译文应该帮助现代读者看清同一案例记录内从一个部门处理意见到另一部门处理意见的转换。否则他们在初次阅读时会产生这样的印象，即案例记录只是个人或者单独部门的陈述报告，这当然不符合实际情况。因此译文在每个段落前添加了小标题，以便让现代读者明白，这是关于县级部门对案件事实的认定、总结，即"鞫"，还是最高法律机关（即廷尉主管的机关）所做的法律意见，或是皇帝的决断等。

在译注简文时，法律术语的翻译尤为关键。这里重要的一个目的是，要确定识别法律术语及其术语性程度的合理标准与恰当翻译的合理标准。会遇到的难题是，秦汉时代和现代所用的专业术语不同，这些概念在同时代的文献中没有明确的定义。我们提出的术语标准是：（1）某概念与其他概念的对比和语义关系越固定，其专业术语性越高。（2）某概念在文本结构上的位置越固定，其专业术语性越高。（3）某概念越暗含不在其本义内的社会背景成分或法律机制成分，其专业术语性越高。下面分别举例说明这三个方面。

关于法律概念间的对比和语义关系，可举概念"斗"为例。在日常语言中，意味着"搏斗、抗争"的概念"斗"，与表示"使用武器的争斗"的"战"、表示"争执、争夺"的"争"进行对比。而在法律专业语言中，"斗"属于杀人或人身伤害犯罪行为中的一种类别，与表示"故意"的"贼"、表示"无意"的"过失"及表示"比赛或游戏中"的"戏"进行对比。因此，不同于"斗"在日常用语中的含义，"斗"在法律术语中的含义起因于与"贼""过失"及"戏"的对比，致使"斗"特定的法律含义不是"搏斗"，而是相关犯罪行为的归类。

关于法律概念在法律文本结构中的位置，可举概念"鞫"为例。在完整的《奏谳书》诉讼案例（案例一至五、十四至十八）的文本中，"鞫"引导的段落总是有固定的位置：一方面在表示"询问其他行政司法机关"的

"问"，或"检查"的"诊"之后；另一方面在表示"判决"的"论"、表示"判决建议"的"当"，或表示"因案件存在疑难而暂不予以判决"的"疑罪"之前。这种固定位置同时保障了法律概念较高的专业术语性。

关于法律概念的社会背景成分或法律机制成分，可举上文已经提到的概念"斗"和"鞫"。"斗"指明了适用于刑事诉讼范畴中归为"斗"类犯罪行为的具体刑罚措施，这种刑罚措施一般轻于适用"贼"类犯罪行为的刑罚处罚。"鞫"所引导的段落是由调查案件的行政司法机关撰写的，是犯罪事实的总结。它不包括判决（或刑罚处罚），并（除特别重审案例外）不受到上级行政司法机关的质疑。"鞫"对秦汉时期的日常书面语言来说是一个古字，本义是"竭尽、穷极"。这个含义与该字在法律简文中的含义毫无联系，后者合适的翻译应为"对事实的认定、总结"（英语"findings of fact"）。

基于对这些问题的考虑，本书始终坚持以下的译注原则，即在疑难情况下法律术语不应根据它在日常用语中的含义或词源本义进行翻译，而是根据它的法律含义。即便如此，由于中国古代法律制度和欧洲现代法律制度的极大差别，一些秦汉的法律专业术语缺乏在欧洲现代法律专业术语中的对应表达。在这种情况下，就应选择在法律含义方面与秦汉法律术语最有一致性的翻译词语。这种意译原则颇有成效，比如已提到的"鞫"。该术语与现代美国法系法律术语中的"findings of fact"相比，虽然历史文化背景完全不同，但极有一致性：在美国法系中这是得出判决的前提，跟"鞫"这一环节一样（而有别于欧洲大陆法系），不受上级司法部门的质疑。因此《奏谳书》的德语译文始终力求满足熟悉法律的西方读者的要求，以便于他们阅读理解。

专著中的译文力求清晰明了地还原《奏谳书》诉讼案例的法律内容。不过因为翻译首先假定案例中的论点和结论是合乎逻辑的，所以符合要求的翻译是把这种逻辑性体现在译文当中，而且即使碰到原文的疑点或难点，也要明确选定哪一个诠释选择是最恰当的。这样做当然很冒险，因为新的材料或更全面的分析有时会证明翻译或注释的错误，但是一种模糊的诠释对研究完全没有意义。只是注释对疑难之处还是会给出其他的诠释选择，并加以论证。

附录：据《奏谳书》复原的汉初刑事诉讼程序

向行政司法机关指控犯罪

·私人控告	告
·私人起诉	辞
·官员检举犯罪	劾
追捕和捕获嫌犯	求得

逮捕嫌犯	捕
·通过地方刑事案件调查机关	亭长/校长，求盗，发弩
·通过私人	
·通过受害方	

第一级行政司法机关（县）的刑事诉讼程序

被告（或证人）的待审拘留	系

审讯第一步：

被告和同犯的供述、证人的陈述	辞
被告的认罪口供	罪
供述与指控的比较	它如辞/劾

审讯第二步（如果被告没有招供）：

被告与其被依法指控的犯罪事实的对质	诘
询问被告是否有其他辩解	何解
及答复（如果被告坚持无罪）	无它解
及答复（如果被告认罪）	罪，无解
及答复（如果被告只在控告暗含的法律诠释符合法律规定的条件下认罪）	存吏当，罪，无解
法学、法医的检查结果	诊
法律部门关于影响量刑因素的询问（如果偷盗财产价值，罪犯的年龄及爵位，犯罪前科）	问

案件事实的认定、总结：

案件事实的认定、总结	鞫
证实被告犯罪事实	得
行政司法机关对案件事实的认定	审

第一级行政司法机关（县）的案件判决：

·无需判决/无罪释放	不当论/除
·判决	论
·下级给上级行政司法机关建议的案件判决	当
·对犯罪罪行或量刑存在疑难	疑某人罪
呈请上级行政司法机关决定	敢谳之
请求批复	谒报

第二级行政司法机关（郡）的刑事诉讼程序

郡级机关对案件的处理	治

附用适用的律/令/判例以得出判决	律/令/比以此当
对疑难案件不同的法律判决意见	吏当/议……或曰
疑难案件的呈奏	敢言之

最高行政司法机关的决定（在朝廷廷尉主管的最高司法机关）

朝廷的批复	廷报
廷陈奏皇帝案件	廷以闻

《中国古代法律文献研究》第七辑
2013年，第467～471页

广濑薰雄著《秦汉律令研究》

〔日〕宫宅　潔著　顾其莎译*

近年来陆续发现的秦汉时代的木简史料，为中国古代史研究带来了新发展，此已无须赘言。出土史料不仅示人以传世典籍史料未曾涉及的新事实，而且具有构筑具体议题平台的魅力，其吸引力难以抵御。

以往利用典籍史料的律令研究，重点在于收集律令佚文，在此基础上讨论律与令在形式与内容上的不同。佚文本身的内容表明秦汉时代的律令，不似唐律可区分为刑罚法典与非刑罚法典。那么汉律与汉令究竟不同于何处？它是如何向唐律令演变的？换言之，过去的研究是探讨秦汉律令在法典形成史上的地位。出土法制史料发现后，因为其中包含若干个法令集，依据实物讨论律令的形态与异同成为可能。本书就是立足于这样的研究新趋势，积极利用了这些出土法制史料，其中也包括还只是概要公布了的最新史料，展开了具有刺激性的论述。

本书整体分为三部分。第一、二部分主要讨论上述律令的形态及其形成史。第三部分收入了侧重于出土史料译注与册书复原的单篇论文。我们以本书核心观点所在的第一、二部分为中心，介绍本书的概要。

第一部分（即第一章），基于律令的存在形态论述了秦至唐的法典发展阶段。根据其说，秦汉时无固定的法典，法律条文伴随着诏敕的下达而随时增加；追加条文的工作在各官府独自进行，通过这种工作的不断进行，基本条文也逐渐稳定；至魏晋时代，律作为法典而稳定，晋时令法典化，北朝产生的格、式，至隋唐固定化。这样的法典发展史，尤其是秦汉不存在"法典"之说，在第二部分（第二至六章）有更具体的论述。

第二章就一般认为存在于汉以前的两部法典，即战国时代魏李悝的《法

---

* 宫宅潔，日本京都大学人文科学研究所副教授；顾其莎，中国政法大学法律古籍整理研究所。

经》与秦商鞅六律的存在与否予以论述。著者首先赞成否定说,在此基础上
分析了言及《法经》——商鞅六律——萧何九章律这一继承关系的《晋书·
刑法志》及其他记载。著者发现,越是古老的法典,出现在越晚的史料之
中,据此采用所谓的层累说推测其"传说"的形成过程。其结论是未见肉刑
的九章律(《律经》)与其所依据的《法经》,均为文帝以后法学家编纂的文
本,其中前者假托于萧何,后者假托于商鞅与李悝。尽管未出推测的范围,
但著者对传说的形成过程与各记载的来历加以讨论,其尝试可嘉。

然而从《法经》到九章律的继承关系,并不一定是基于实际的文本而形
成的。先于九章律而存在的六律,也有可能不过是根据九章律中总则(具
律)位居中间(九章中第六)而创设、空想的产物。

第三章讨论"令"的形态。其主要内容如下:令是诏,即君主的命令。
各官署保存、整理,甚至有时候摘录这些诏书,将其作为施行职务的指针。
由中央统一颁布的固定的"令典"当时不存在,而且一个诏不会下达给所有
的官署,因此除去每次参与诏的颁布的皇帝的秘书机构(御史与尚书)外,
各官署的诏敕集(等于令文集)只能收集与其职能相关的诏敕,因而互异。
这种令文集首先附加官署名取其称谓,又加以遴选("挈令"),有时候再进
一步依据事项分类,也有时候加以十干细分。至于无官署名而只有十干的令
名,著者推测,这种令引自秘书机构收录所有诏令而形成的令文集,所以未
附官署名。另外,新出岳麓书院购入简有"官名(或事项名)共令"这样的
令名,著者将其解释为:在隶属于某个官署的若干部门间"共通的令",这
种共通规定由官署长官(例如郡太守)编纂,有时候作为统一的文本颁布。

怀疑存在中央向全国颁布的统一法典的态度,在第四章有关"律"的论
述中继续体现。著者将律视为诏敕(即令)中具有规范效力的部分,我们现
在看到的秦汉"律文",是各官署或个人从诏敕中独自抽出并加以分类整理
的。出土于同一座墓葬的类似律文,其细节处有时有字句差异,也有时被称
为不同的名称,是其佐证。

然而发现于同一座墓葬,未必意味着该条文成立、书写于同一时代。对
于有的形式上为部分选择的令文,著者认为"将此称为律还是令,取决于各
人的理解"(第169页),那么所选择的规定何以特别设定了"律"这一称
呼,这是颇为费解的。最应当慎重探讨的是,律也是由官署与个人编集的主
张是否妥当。这个问题我们将在下文再次讨论。

第五章的内容如下:在《后汉书·章帝纪》的一道诏中,"律"与《春
秋》《月令》一起被引用。著者据此认为这是《律》(由法学家编纂并假托
萧何的所谓"律经〈九章律〉")的佚文,并依据内容推测《律》的成立时
代为武帝以后。又着眼于可看做是《律》的书籍不见于《汉书·艺文志》,

主张此书变成经典而被称为"律经"是在东汉古文经学兴盛以后。这是富于挑战性的一章，但是共同引用律文与经文的例子也见于西汉（《汉书·薛宣传》等），能否将《后汉书·章帝纪》所见佚文视为《律》佚文本身是存有疑问的。

第六章讨论"故事"。故事是"过去的事情"，广义上指一般历史事实，而本章讨论的对象则是作为一种规范而具有强制力，有时与律令发生矛盾的"故事"（"旧事""行事""决事"）。著者首先搜集"丞相故事"、郡故事等可知内容的故事，据此认为它们是自然发生或根据长官指示而制定的内部规定，有的具有永久约束力，廷尉故事等在广泛的范围内流布。

从该章可窥著者的这样一个认识，即当时各官署带有分权的倾向。其论旨虽然有启发性，但稍显错综。例如"汉家故事"之一，丞相于拜命之日封为列侯的先例，难以称为内部规定。著者虽然对"故事"一语的多义性有充分认识，但在考察对象中又含有不能称为内部规定的故事，此令读者困惑。

最后是第三部分（第七至九章），首先从《二年律令·史律》的考证开始。在对《史律》加以详细注释的基础上，就"史、卜年五十六……八更"所表现的"更"加以探讨。"更"为"更代"之意，"更"前面的数字表示几个人轮换。例如前述史（秘书官）、卜（占卜官）八个人轮换勤务。据此可知，下层的官吏不是经常上班，还有其他职业；他们轮换上班，得到报酬。此种"非常勤官吏"的存在，会为今后的汉代官制史研究带来很大的影响。

第八章尝试复原2000年发现的额济纳汉简中的王莽时代的册书。该册书的内容与《汉书》中王莽远征匈奴的记载可以相对应。著者主张12支简全部可以连读，又指出了《汉书》中的系年之误。

第九章讨论王杖木简。王杖是指授予70岁以上高龄者的杖，其持有者具有若干特权。目前有三种记有此种特权的木简出土，其中被称为王杖十简的册书形式特别，它同时记录了规定特权的诏敕与对特权侵害者的判决案例，因此从册书的排列复原到汉令的形态，众说纷纭。与此册书相似的有王杖诏书册，但并非正式发掘调查所得，因此也有人对其可信度存在疑问。著者认为王杖诏书册也应该积极利用，并注意到诏书册所见判决案例的年代均在诏敕发布之年以后。著者据此认为，判决案例是对令本文的注释，是以后附加的内容，从而推测具有此种形式的诏书册是一种精选的律令学习读本。

总之，著者论述明快，而且屡屡对过去的意见提出有意思的反对意见。对今后要致力于律令研究的人而言，此书无疑是应当参照的成果。但是在通读的过程中，一个疑问在评论者的心中挥之不去。疑问的根源系于这一问题，即对出土法令集的形态应持何种程度的尊重？

迄今为止，全部公开的出土法令集几乎都是墓葬出土简。它们是随葬品，所以基本上是私人物品。这些法令条文的内容姑且不论，其整理的方法与样式是个人创意还是在一定范围内共有并遵守所致，还难以判断。

墓葬出土的法令集究竟是如何书写的？如果着重于其私人物品这一点，则可视为完全是个人整理法律条文的记录。如果看做流布较广的法令集抄本，其范本又是什么，是中央颁布的"法典"，还是地方官府整理下达而至的各个法令的结果，或是在官吏之间普及的法律学习读本……即使以一言称之为"法令集"，它也有各种维度。如果说最具有私人性质的是个人整理法律条文的记录，那么我们可以设想其相反端有由王朝编纂且颁布于所有官府、具有共通内容的法令集。出土法令集是其中何物的书写本呢？

实际上，不少研究者无条件地认为秦汉时代存在有统一法典，对出土法令集是其写本信而无疑。这是受到了已具备这样法典的后世制度的影响，其看法过于简单，这种推测是无根据的。此外，近年来已有学者指出，汉代的令文集不作为首尾完整的法典存在，而是随着诏敕的发布随时追加条文，在各官府整理、分类的。评论者也出于同样的问题意识，指出过法文集的修订、更新有可能在各官署各自进行。在这点上，对本书法令集由各官署或个人编纂的主张有同感。不过本书的主张相当彻底，最终的结论是，无论律还是令都不存在统一的文本，所存在的只是根据官署或个人整理的法律条文集，这不得不说是极端的。

出土法令集确实有多种形式，同一规定中也可见文字的异同，令人怀疑统一文本的存在。此外冠以官署名的令名之多，可以推测诏敕首先是按官署汇编成规定集以供日常事务使用。从出土文献可窥，在郡一级有法律文本统一的意图，但是否存在全国规模的统一法典，尚缺乏证明材料，莫如说多有存在疑问的记载。不过下述的居延汉简，又意味着有与地方独自编纂不同、表现了另一种维度的文本。

　　·符令。制曰可。孝文皇帝三年七月庚辰下。凡六十六字。（332.9、179.5）

出土于居延 A33 遗址（肩水候官遗址）的该简，有两点颇具意味。首先，该断简是诏敕的末尾，无疑是有关"符令"的规定，其下达时间是文帝三年（前 177），即远在居延地区成为汉领域以前。因此该诏敕的断片，不是在日常事务中到达肩水候官的。尽管有各种可能性，但在居延地区设置官衙之际，它也许是带入当地的令文集的一部分。其末尾的数字，无疑是诏敕的字数，它完全保留了原诏敕的形式，可知汉代人对这点有所注意。我们据此可以指出，汉代虽然在书写、引用同一条文时经常出现字句差异，其书写、引用不是很准确，但也有对条文的书写、管理一字一句也不疏忽的情况。

出土法令集形式的多样性，是表示在汉代全然不存在统一的法典，还是私人性质写本的产物，其答案并不简单。评论者所期待的是里耶秦简。从古井中发现的这些简含有废弃、现实的公文，在官府实务方面，可以说反映了公权层面的法律文本的书写、编集、管理状况。如果其全貌得以公布，无疑将进一步深化律令研究。本书的真实价值，或可待至彼时再论。

本文 462 页，大 32 开，东京汲古书院，2010 年 3 月，含税价格 11550 円，ISBN：9784762925870

译自《古代文化》第 62 卷第 2 号，（京都）财团法人 古代学协会，2010 年 9 月。

《中国古代法律文献研究》第七辑
2013年，第472~482页

朝鲜王朝法律文献《推案及鞫案》初解

李雪梅　何赞国*

　　《推案及鞫案》是李氏朝鲜王朝时期（1392~1910）的"诏狱"文献汇编。文献内容全部以中文书写，所录案件审讯起止时间为1601~1892年，相当于中国从明万历二十九年到清光绪十八年，历朝鲜王朝宣祖李昖（1567~1608）到高宗李熙（1863~1897）共13个君王统治时期，是朝鲜王朝后期司法审判活动的真实记录。

　　《推案及鞫案》原版331册由韩国首尔大学奎章阁收藏（编号为"图书15149号"，以下简称"奎章阁本"）。① 1980年，韩国学文献研究所据奎章阁底本编辑的30卷本《推案及鞫案》（以下表述中的"1980版"及"现版"均指此书）由亚细亚文化社影印出版，作为《韩国近世社会经济史料丛书》的一种。该书出版迄今已30余年，但相关学术研究成果不多，主要原因是该文献全部以古代中文手书，当代韩国学者研究利用有一定难度，而中国学者多无缘见到此书。②

---

　　*　李雪梅，中国政法大学法律古籍整理研究所教授；何赞国，北京市人民检察院第三分院助理检察员。

　　①　奎章阁由朝鲜王朝22代王正祖李祘于1776年建造，用以收藏、保管历代君王的亲笔著作、遗物、重要档案书籍等，1922年移归朝鲜总督府管辖的京城帝国大学（现版每册正文首行上方均钤有"朝鲜总督府图书之印"可以印证这段历史），1992年成为首尔大学奎章阁图书馆。奎章阁现藏7件国宝（包括国宝第151号《朝鲜王朝实录》、国宝第303号《承政院日记》等）、8件宝物以及18万余卷古地图、5万多件古文书、1.8万多件书板等。奎章阁所藏331册《推案及鞫案》版本情况待考。

　　②　笔者利用中国各大图书馆的网上书目检索功能，尚未发现有收藏此书者。有关《推案及鞫案》的学术研究成果，现仅见韩国岭南大学郑奭钟教授所著《朝鲜后期社会变动研究》（韩国首尔，潮阁，1983）一书。据韩国庆北大学亚洲研究中心主任任大熙教授介绍：《推案及鞫案》中的一些资料多被用于文学创作和影视作品中，如第2卷第12册《癸亥三月以后狱事》（1634.3。为行文方便，本文中用阿拉伯数字表示的月份均为阴历——笔者注）、第5卷57册《内人等咀咒狱事推案》（1639.8）、第6卷第59册《咀咒逆贼义贞等推案》（1646.4）、第6卷64和65册《咀咒逆贼礼玉等推案》（1647.4）等内容，成为韩国古代宫廷剧中的重要素材。另据任大熙教授告知，将《推案及鞫案》资料翻译成韩文的工作已进行了一段时间，翻译工作由韩国全州大学人文学院承担。待此项工作完成后，会给韩国学者提供极大便利。

就笔者初步了解，已影印出版的 30 卷本《推案及鞫案》及尚未整理出版的"推案"文献群（见下文），对研究朝鲜王朝时代的政治、法律和社会发展，以及中国明清法律对朝鲜半岛的影响，有重要史料价值。鉴于此书篇幅巨大（16 开本，每卷 900 页左右，30 卷约计 27000 页），深入研究尚待时日，故笔者先就全书的结构编排、文献性质、主体内容等作初步介绍，以期引起学界的关注。

一 文献结构与编排

君王名号和在位顺序是 1980 版《推案及鞫案》的主体框架，并标示于各卷书脊、扉页和版权页上。其编排顺序是：第 1 卷（宣祖、光海君）、第 2~6 卷（仁祖）、第 7 卷（孝宗、显宗）、第 8~12 卷（肃宗），第 13 卷（肃宗、景宗），第 14~22 册（英祖）、第 23 和 24 卷（正祖）、第 25~27 卷（纯祖）、第 28 卷（宪宗、哲宗）、第 29 和 30 卷（高宗）。各卷册数、君王名号及所收案件开审时间见表 1。

表 1 《推案及鞫案》30 卷册内容排序

卷目和册数		王位世系、名号、在位时间		案件审讯起止时间
1 卷	6 册	第 14 代 宣祖（1567~1608）		1601. 7~1608. 4
	5 册	第 15 代 光海君（1608~1623）		1617. 11~1618. 1
2 卷	11 册	第 16 代 仁祖（1623~1649）	1	1623. 3~1624. 3
3 卷	14 册	仁祖	2	1624. 3~1628. 1
4 卷	13 册	仁祖	3	1628. 1~1631. 3
5 卷	10 册	仁祖	4	1631. 3~1644. 4
6 卷	6 册	仁祖	5	1644. 12~1647. 4
7 卷	8 册	第 17 代 孝宗（1649~1659）		1651. 11~1656. 5
	2 册	第 18 代 显宗（1659~1674）		1662. 12~1671
8 卷	8 册	第 19 代 肃宗（1674~1720）	1	1675. 5~1680. 8
9 卷	7 册	肃宗	2	1680. 8~1682. 10
10 卷	11 册	肃宗	3	1687. 4~1691. 11
11 卷	8 册	肃宗	4	1692. 12~1697. 1
12 卷	10 册	肃宗	5	1697. 1~1706. 9
13 卷	9 册	肃宗	6	1707. 8~1715. 12
	5 册	第 20 代 景宗（1720~1724）		1721. 10~1724. 11
14 卷	7 册	第 21 代 英祖（1724~1776）	1	1725. 1~1728. 3
15 卷	5 册	英祖	2	1728. 4~1728. 5

续表

卷目和册数	王位世系、名号、在位时间		案件审讯起止时间
16 卷　7 册	英祖	3	1728.5 ~ 1730.5
17 卷　7 册	英祖	4	1730.3 ~ 1730.6
18 卷　6 册	英祖	5	1730.6 ~ 1731.8
19 卷　9 册	英祖	6	1731.4 ~ 1734.2
20 卷　19 册	英祖	7	1734.3 ~ 1745.9
21 卷　17 册	英祖	8	1748.4 ~ 1755.10
22 卷　31 册	英祖	9	1756.2 ~ 1776.8
23 卷　9 册	第 22 代　正祖(1776 ~ 1800)	1	1777.1 ~ 1782.6
24 卷　9 册	正祖	2	1782.7 ~ 1796.12
25 卷　7 册	第 23 代　纯祖(1800 ~ 1834)	1	1801.2 ~ 1801.10
26 卷　11 册	纯祖	2	1804.3 ~ 1811.6
27 卷　12 册	纯祖	3	1812.3 ~ 1829.12
28 卷	9 册　第 24 代　宪宗(1834 ~ 1849)		1836.2 ~ 1848.11
	5 册　第 25 代　哲宗(1849 ~ 1863)		1853.10 ~ 1862.7
29 卷　18 册	第 26 代　高宗(1863 ~ 1897)	1	1866.1 ~ 1881.7
30 卷　12 册	高宗	2	1881.8 ~ 1892.12

　　1980 版各卷所收册数的编号为奎章阁本的顺序号，但在现版排列中常见跳号或排号顺序颠倒的情况，如第 2 卷所收 11 册的排列顺序是第 12、14、16、15、13、17、18、19、20、22、25 册，第 16 卷所收 7 册的排列顺序为 8、143、10、144、158、75、145 册。其原因是奎章阁底本编号较随意，有些以干支纪年标注的文献出现了间隔 60 年或者 120 年的错误，现版重新以审讯开始（原文称"开坐"或"推鞫"）的时间为序重新编排。

　　目录中有的册数号不止出现一次，第 15 卷中的第 5 册、第 16 卷中的第 8 册等排号均在第 1 卷中出现过。据《〈推案及鞫案〉解题》（以下简称《解题》）交待，① 是因为奎章阁本缺失 138 ~ 143 册，1980 版采用以奎章阁藏本《戊申逆狱推案》（编号为"图书第 15082 号"）10 册本中的第 1、5、8、10 等册代替缺失的内容。另 1980 版目录中不见 82 册和 207 册，是因为 85 册是 82 册的副本、208 册第 207 册的副本所致。减去 82 和 207 两册，增加《戊申

---

① 韩国岭南大学郑爽钟教授的《〈推案及鞫案〉解题》载《推案及鞫案》（亚细亚文化社，1980）第 1 卷卷首（第 3 ~ 17 页），该文由何赞国译为中文（未刊稿），本文多处内容参考了《解题》译文。

逆狱推案》中的 4 册，造成 1980 版实际册数较奎章阁本多出 2 册，为 333 册。

现版 30 卷目录的编排，有时会给人造成误解。如目录页 25 卷第 245 册为《辛酉　邪狱罪人李家焕等推案一》，给人的感觉是"邪狱罪人李家焕等推案一"为原文献的标题，"辛酉"为此案的时间。然文献的实际标题为："辛酉邪狱"小字居右占一行，"罪人李家焕等推案一"大字居左占一行，文献记述了对李家焕、李承薰、丁若庸等传布邪学妖书之事的审讯判决。该卷第 248 册目录页的《辛酉　邪狱罪人金铲等推案五》也是此种情况，更忠实原文献的目录编排应为"辛酉邪狱　罪人金钂等推案五"。估计现目录编排是考虑整部书的体例统一。

不过有时原标题也存在错误之处。奎章阁本第 286 册的题目是"甲午犯上不道罪人奎钦狱案"，"甲午"实际应该是"丙申"。1980 版正文内容按原样影印未动，但目录改为《丙申　犯上不道罪人奎钦狱案》。

二　"诏狱"及罪名

奎章阁收藏的 331 册底本，书名题为《推案及鞠案》，1980 版同样以此定名。至于定名的原因，笔者未见到明确解释。

就字义而言，推案意为推究审问案件，鞠案意为审讯考问案件，两者含义较近。《解题》引韩国李熙升编《国语大辞典》的解释，推鞠指（古代）义禁府根据特旨审问重罪人；朝鲜总督府编《朝鲜语词典》的解释也如此，推鞠指义禁府依据特旨讯问重罪人，案是指文书中以案件形式记载的事件。从这一解释看，"推"和"鞠"的含义没有不同，两者可以互换。不过涉及具体案件的审理程序，还需要对原文加以钻研才可得出判断。

从现版所收 333 册目录看，题目中的关键词有推案、鞠案、推案与鞠案、狱案、狱事文书等数种。其中以"推案"为题的有 200 余件，各卷均有分布；以"推案及鞠案"为题的有 24 件，出现在第 1~7 卷和第 16、20、21 卷中；以"鞠案"为题的 41 件，从 27 卷方始出现；以"狱事文书""文书"为题的有 30 件，集中在第 2~5 卷中；以"狱案"为题的仅 7 件，均在 28 卷中。

从标题分析，"推案"使用最普遍，"鞠案"则处于辅助地位，以这个角度理解"推案及鞠案"的命名具有合理性。但从文献性质看，"狱事文书"更贴切；从具体内容看，"推鞠"更能表达这些文献的主旨。

这批文献的形成，是基于朝鲜王朝义禁府的特殊职能和对"诏狱"审判活动的全面参与。

义禁府依据君王特旨，对变乱、逆谋、党争、邪学、假称御史、陵上放火等重案罪犯及与之有关的罪人进行逮捕、审问，并将审讯情况随时汇报给君王，听候君王指示，同时对审判过程作详细记录，以备君王查阅。其文献书写笔迹工整，似不是审讯时当堂所记，而是审讯结束后据草记内容工整抄录。①

义禁府依据君王特旨承审的案件可统称为"诏狱"。尹白南（1888～1954）所著《朝鲜刑政史》引柳诚源（？～1456）《题名记》之言道："国朝掌狱之官曰刑曹也，曰义禁府也。刑曹治寇贼，刑暴乱，义禁府则古之诏狱也。朝廷大狱及中外之滞难断之事，皆于是焉，归任尤重矣。"②

根据案件的性质及轻重，"诏狱"主要采用"亲鞫""推鞫""三省推鞫"等方式审讯。"亲鞫"由君王亲自主持，参加者有大臣、金吾堂上（义禁府堂上）、两司诸台（司宪府、司谏院诸台）、左右捕将等。"推鞫"一般由两司参与，审问郎厅（问事郎厅）由义禁府选出。"三省推鞫"的参与者为义禁府、刑曹、捕盗厅等部门。"亲鞫""推鞫"适用于恶逆、诬上不道、干犯大训等牵涉宫廷政治及危及君王统治的政治犯罪，"三省推鞫"受理之案多为弑父、杀夫、奴婢杀主之类的"纲常之犯"。

就各册标题所见罪名及定性，可以大致看出《推案及鞫案》偏重于政治和宫廷犯罪的特色。如"逆"在标题中出现的频率极高，"逆贼"出现 35 次，在各卷均有分布；"逆狱"出现 28 次，主要集中在英祖（1724～1776）时期；"大逆不道"出现 11 次，在 26 卷以后，"谋反大逆"出现 3 次，在 29、30 卷，反映出后期的罪名定性较前期的具体明确。

以"推案及鞫案"为标题的 24 件案件，也以逆反案件为主，其中不乏"文字狱"类的案件。另也有明确标为"凶书""邪学""邪狱"的案件。如第 290 册题为《己亥 邪学谋叛罪人洋汉进吉等案》，此处"邪学谋叛"是主标题所表示的案件性质。在这类案件的审讯记录中，往往可以看到相关人

---

① 《解题》对"亲鞫"程序解释道：在拷问结束后，委官、刑房承旨和问郎一起在亲鞫场所内停留，用正楷整理罪人的文案，放入推案柜并上锁。另据《日省录》95 册"正祖五年（1780）辛丑一月二十二日乙未（判下秋曹各道杀狱案覆启）条"记载："教曰：大体杀狱事体重大，若或小忽，则可生者或死，当死者或生，其为冤枉当何如。此等处不可不着意审慎……杀狱体重，一字添漏，文势判异。今此楷书之命，良以此也。"从纯祖时期（1807 年以后）开始，对偷窃、强盗、铸钱、伪科、作变、科场换封等普通刑事案件，审问时可以半草书的形式记录。《解题》所引《日省录》均为中文，载《推案及鞫案》第 1 卷（亚细亚文化社，1980），卷首第 4 页。

② 引自〔韩〕郑奭钟《〈推案及鞫案〉解题》注释 2，载《推案及鞫案》第 1 卷，卷首第 3 页。

员对儒家经典的纯熟运用。第6册《珒推案四》（1608.4）记载参审大臣商议对大逆罪犯珒应判罪刑时写道："河大谦、金天遇等已正典刑，其身犯大逆，自绝于天，获罪于宗社，天地所不容，人神之所共愤，王法之所必诛。自有天地以来，穷凶极恶，未有甚于此者也。《春秋》之义，人臣无将，将而必诛，况凶逆败露，不特将而已，其必诛无疑矣。"① 另文献中对殿牌偷取、殿牌作变、诬人恶逆、乱言犯上、弑父等案件的审讯，也常见"灭伦败常""灭天纪、贼人伦"等谴责用语。如第74册《殿牌偷取罪人生伊推案》（1662.12）的"身犯纲常重律，自陷于不测之诛"。② 这些文字，反映出朝鲜王朝上层社会对中国传统儒学所宣扬的《春秋》决狱、原心定罪及纲常名教等思想的推崇和吸收。

三 文献构成与审问程序

各册"诏狱"文献的构成有一定规律可循，大致包括：1. 审讯依据和罪囚来源；2. 参加审讯人员名单；3. 问供纪录；4. 刑讯情况；5. 判决与执行。

1. 罪囚来源和审讯依据。如第288册《罪人姜时焕鞫案》（1836.2）首行交待："都事郑兴教：罪人姜时焕自永同地拿来，罪人姜时焕具格拿来囚。"③ 286册《犯上不道罪人奎钦狱案》（1836.4）首载"刑曹启目""本府（指义禁府）启"之文，讲明"自刑曹移王府设鞫"的理由及王"知道"的批示。此后分别列明罪人郑奎钦、李勉一、申莹、金永晋、金宇大、金启玉、黄海哲、李二千"自刑曹具格拿来囚"。④

2. 参加审讯人员列为"坐目"或"进单"等，各卷所用名称不一。第6册《戊申珒推案四》（1608.4）标为"四月六日坐起"，下列参加审讯人员的官职和姓名；⑤ 19册《逆适狱事文书四第二十二》（1624.2）标为"甲子二月初四日庭鞫推官"，下面依次排列领议政、领中枢府事、左议政、右议政、行判义禁府事（2人）、知义禁府事（2人）、大司宪、行大司谏、右承旨名单，以及问事郎厅之弘文校理、成均馆直讲、吏曹佐郎、弘文馆修撰、别刑房都事、文书色都事等人员名单。⑥ 第288册《罪人姜时焕鞫案》

---

① 《推案及鞫案》第10卷，第440页。
② 《推案及鞫案》第7卷，第808页。
③ 《推案及鞫案》第28卷，第3页。
④ 《推案及鞫案》第28卷，第39~40页。
⑤ 《推案及鞫案》第1卷，第387页。
⑥ 《推案及鞫案》第2卷，第595~596页。

（1836.2）标为"今此推鞫时进不进单子"，后列官职名单。①

从所列名单可以看出，参加审讯者有众大臣（如领议政、领中枢府事、判中枢府事、议政府左议政、议政府右议政、行判义禁府事、知义禁府事、兼判义禁府事、兼知义禁府事、兼同知义禁府事，以及司宪府、司谏院、承政院的职官等十人以上）及问事郎厅（由吏曹、兵曹的正郎、佐郎，弘文馆修撰、副修撰、校理，副护军、副司直等四五人组成）、别刑房和文书色（各由都事 2 到 3 名担当）等机构的人员，每次参加者少者十余人，多则三十余人，但以二十人左右为常见。②

一般一个案件会持续讯问一段时间，参加审讯的人员相对稳定，但每次重新审讯均再次记录参审人员名单，直到案件审理结束。自第 4 卷开始，参审名单下面开始标注"在外""病""奉使"等未参加审讯的原因，有的卷则以"进"表示参加，"病不进""呈辞"等表示缺席。

3. 问供纪录是各册文献的主体内容，所占篇幅最大。每次提审时，均会交待罪犯的年龄等自然情况，再次审问（更招）时会同样注明。审问过程经常就一事情反复询问，以判断罪人供词是否真实，故文献中所记内容多有重复之处。审问中常见固定的套语，如"王府鞫覆，事体至严，毋敢毫发吞吐，斯速一一直告"；"王府鞫覆，事体莫严，毋敢吞吐漫漶，一一从实直告"等。③

4. 刑讯情况。施实拷问是义禁府审案的明显特点。从文献记述看，用刑极普遍，常见有压膝、烙刑、刑杖等，以刑杖最普遍。行刑一般会记录次数及效果，如"推鞫厅启曰：爱玄刑问六次，不省人事，命在喉间，今明当毙，似难加刑"；"推鞫厅启曰：孝一烙刑不服，病势极重，恐难遽为加刑。河大谦累被重刑而曾无一言，及遭烙刑，如是供招，临死胡乱之说，虽未必尽实，而所言极为凶惨……"④

5. 判决与执行。在判决依据中，无论是与明朝并存的宣祖李昖（1567 ~ 1608）至仁祖李倧（1623 ~ 1649）时期，还是与清朝同时的孝宗李淏（1649 ~ 1659）至高宗李熙（1863 ~ 1897）时期，《大明律》"谋叛大逆条""死囚覆奏待报条"均被多次引用。⑤ 与此同时，朝鲜王朝自定的《经国大

---

① 《推案及鞫案》第 28 卷，第 5 ~ 6 页。
② 第 78 册《妖僧处琼推案》（1676.11）参加审讯者，第一次 36 人，第二次 38 人，第三次以后均为 19 和 20 人，见《推案及鞫案》第 8 卷，第 107 ~ 185 页。
③ 第 286 册《犯上不道罪人奎钦狱案》（1836.4），载《推案及鞫案》第 28 卷，第 43、55 页。
④ 《推案及鞫案》第 1 卷，第 391、399 页。
⑤ 详见第 1 册《辛丑推案与鞫案》（1601.7）、第 6 册《珒推案四》（1608.4），载《推案及鞫案》第 1 卷，第 79 ~ 80、418、424 页。

典》及一些定例，也是对案犯判罪的定刑依据，① 故时见《大明律》和《经国大典》并用的情况，如第 100 册《金益勋等推案》（1689.2）载："《大典》'推断条'云：'凡乱言若干犯于上，情理切害者，斩，籍没家产。诬告者反坐。'《大明律》'死囚覆奏待报条'云：'其犯十恶之罪应死者，决不待时。'"② 第 270 册《罪人东稷推案》（1813.4）载："《大典通编》'推断条'云：'凡乱言若干犯于上，情理切害者，斩，籍没家产。'《大明律》'死囚覆奏待报条'云：'其犯十恶之罪应死者，决不待时。'"③

判决处罚见有凌迟处死、枭示、斩绞、流配荒岛、绝岛安置等。死刑的执行，多注明在军器寺前路及堂古介（或者堂岘）等处。另外未等判决而"物故"狱中的，在文献中比比皆是。

四 "推案"文献群及研究价值

现版 30 卷《推案及鞫案》是朝鲜王朝官修的第一手史料，文献涵盖年代长达 292 年，内容丰富，真实性强，史料价值显而易见。但其本身也存在一定的缺陷，如据以影印的奎章阁底本中存在缺页、掉页、字迹腐蚀、涂改不清等情况，这些问题同样存在于 1980 版中。另案件分布年代存在间隔或空缺的现象，也是此书的一个缺憾。

不过这些不足可以通过其他史料弥补。首尔大学奎章阁所藏尚未影印出版的十余种"推案"日记和审判纪录，对现版《推案及鞫案》的缺失部分能起到一定的弥补作用，因而具有重要的辅助研究价值。这些文献资料包括：

《秋曹决狱录》1 册
《秋曹审理案》1 册
《亲鞫庭鞫日记合》1 册
《亲鞫庭鞫日记合》，编者、刊者未详，哲宗十二年至高宗二十四年（1861~1887）
《亲鞫举行誊录》1 册
《亲鞫日记》2 册

① 如第 215 册《罪人朴义良等推案》（1707.8）引用《大典》"推断条"（《推案及鞫案》第 13 卷，第 60 页），第 123 册《诬告罪人张千连等推案》（1711.10）也有引用（《推案及鞫案》第 13 卷，第 79 页）。

② 《推案及鞫案》第 10 卷，第 620 页。

③ 《推案及鞫案》第 27 卷，第 198 页。第 269 册《乱言犯上罪人兑镇等推案》（1813.6）也有同样引述，见同卷第 262、263 页。

《亲鞫日记》，编者、未详，孝宗二年至宪宗十四年（1651～1848）

《鞫厅日记》，编者、刊者未详，仁祖二十四年至纯祖四年（1646～1804）

《三省推鞫日记》2 册，纯祖二十九年（1829）

《推鞫日记》，承政院（朝鲜）编，刊者未详，英祖三十八年至宪宗元年（1762～1834）

《推鞫日记》，编者、未详，纯祖二十九年至高宗五年（1829～1868）

《推鞫日记》，承政院（朝鲜）编，刊者未详，仁祖二十四年至高宗十九年（1646～1882）

其中《鞫厅日记》第 1 册（仁祖二四丙午）、第 4 册（显宗一一庚戌）、第 9 册（肃宗三五己丑）、第 17 册（英祖三八壬午）；《推鞫日记》第 1 册（仁祖二四丙午）、第 4 册（孝宗八丁丑二月）；《亲鞫日记》第 21 册（纯祖一四甲戌）等记录，均可弥补《推案及鞫案》中的缺失。①

此外朝鲜王朝时期的普通刑案审讯资料，如《秋曹决狱案》43 册（1822～1893 年刑曹审案记录）、《右捕厅誊录》30 册、《左捕厅誊录》18 册（1807～1884 年刑事案件记录）、《左右捕厅誊录》2 册（1882～1890 年刑事案件）等所载案件，有些与《推案及鞫案》中的案件有直接联系。

就文献价值而言，以史料最丰富的《推案及鞫案》为核心，以其他文献为重要补充的朝鲜王朝"推案"文献群，对研究朝鲜王朝的政治、刑政和民众运动具有重要意义。

郑奭钟认为《推案及鞫案》是了解"壬辰倭乱"②之后朝鲜王朝新的政治史的重要资料。他将《推案及鞫案》所收案件进行长时段排列对比后发现，17 世纪有 113 册，18 世纪有 146 册，纯祖以后的 19 世纪有 74 册，而 18 世纪的肃宗（1674～1720）、英祖（1724～1776）时期的记录具有压倒性的多数（参见表 2），③ 似可以推断 17 世纪末到 18 世纪前半叶是朝鲜王朝后期的剧变期。

---

① 奎章阁收藏"推鞫"文献的情况，参考了韩国庆北大学任大熙教授提供的信息及《解题》中的提示。

② 壬辰倭乱也称万历朝鲜战争或朝鲜之役。战争由日本权臣丰臣秀吉在 1592 年派兵入侵朝鲜引起。朝鲜向中国求援，明神宗应请派军救援。战争从万历二十年（1592）开始至万历二十六年结束，朝鲜摆脱亡国危机，但付出了数十万军民伤亡的沉重代价。

③ 此表无题，作者在行文中解释为"是按照君王、世纪分类计算涵盖册数的表格"，笔者据此拟为"册数世纪分布表"。

郑奭钟还认为《推案及鞫案》是朝鲜王朝后期民众运动史的实录，是研究朝鲜后期社会史、政治史的新资料宝库。在朝鲜王朝历史研究中，作为第一手史料的《朝鲜王朝实录》《承政院日记》《备边司謄录》《日省录》等众多官方史料无疑非常重要，但它们都是对以君王为中心的上层社会活动的纪录，存在忽略民众活动真实状况的局限性。《推案及鞫案》所载众多案件多表现出反抗体制的特色，也反映了社会下层的活动。如17世纪中叶以奴婢阶层为中心的反抗身份制的运动，17世纪末工商阶层热衷于参与政治的现象，18世纪流浪知识层的不断增加以及对政治现状的不满等。许多社会矛盾在统治阶层内部会产生连锁反应，并以党争的形式表现出激烈的权力之争。①

表2　《推案及鞫案》册数世纪分布表

年代	一六〇一～一七二〇					一七二一～一八〇〇				一八〇一～一八九二				合计
君王	宣祖	光海君	仁祖	孝宗	显宗	肃宗	景宗	英祖	正祖	纯祖	宪宗	哲宗	高宗	13王
册数	6	5	54	8	2	53	5	108	18	30	9	5	30	333册
世纪	17世纪113册 宣祖三四年至肃宗四六年					18世纪146册 肃宗四七年至正祖二四年				19世纪74册 纯祖元年至高宗二九年				292年

资源来源：采自郑奭钟《〈推案及鞫案〉解题》，《推案及鞫案》第1卷，卷首，第7页。

除了上述郑奭钟所指出的史料特性和研究意义外，对中国学者而言，以《推案及鞫案》为中心的文献群也有助于比较法制史的研究。

中国传统法律对古代朝鲜半岛的影响，近几十年的研究成果不少，但学者多偏重于律典对朝鲜王朝的影响，②并多依据官方修订的正史，对审判案件等实证资料的使用较为欠缺，以致相关研究一直难有大的突破。从《推案

① 参见何赞国所译《解题》。
② 中国学者的研究成果主要有：陈潮《明清之季中韩宗藩关系探索》，《学术论坛》1997年第1期；何勤华《试论明代中国法学对周边国家的影响》，《比较法研究》2001年第1期；张春海《朝鲜王朝的刑罚制度与中国古代法律文化的关系——以〈经国大典〉和〈续大典〉为中心》，《韩国学论文集》第10辑（辽宁民族出版社，2002），第179～193页；李青《从〈大明律〉对东亚的影响看其历史地位》，《比较法研究》2004年第3期；柳岳武《清代中期以前中朝宗藩关系下的司法运作之研究》，《福建师范大学学报（哲学社会科学版）》2007年第2期；高艳林《〈大明律〉对朝鲜王朝法律制度的影响》，《求是学刊》2009年第4期；孙蕊《中国古代法律对朝鲜法律制度的影响》，《山西经济管理干部学院学报》2009年第3期；张春海《论唐律对朝鲜王朝前期法制之影响——以"华化"与"土俗"之关系为中心》，《中外法学》2010年第4期；等等。韩国学者研究《大明律》的成果，在郑肯植《韩中法律书籍的交流》一文中的参考文献中列有十余篇，可参见《中华法系国际学术研讨会文集》（中国政法大学出版社，2007）第84～90页。

及鞫案》所载情况看，《大明律》对朝鲜王朝司法审判活动影响极深，甚至在明朝灭亡、清朝与朝鲜确立新的宗藩关系后仍持续有效。如第 79 册《齐陵失火张得善推案》（1676.7），首先载"康熙十五年七月初一日"状启，记述六月二十九日夜齐陵失火事的发生经过；接着是"丙辰七月初二日"逮捕拘押相关人犯的程序纪录；然后是"同月初八日三省推鞫开坐"，参加者有委官左议政、行判义禁府事、知义禁府事、大司宪、同知义禁府事、同知义禁府事、同副承旨、献纳及问事郎厅副应、吏曹佐、刑房都事等 11 人。再次正式"开坐"时间为八月初四。由于此案"非如纲常之比，系是犯逆"，故又"依法例推鞫"，对参审人员作了较大调整，扩充为领议政等 12 人、问事郎厅 4 人、别刑房和文书色各 2 人，总计 20 人参审。当日给罪犯定罪时引用《大明律》"谋叛大逆条"云："凡谋叛及大逆，谋毁宗庙山陵及宫阙，但共谋者，不分首从，皆凌迟处死。父子年十六以上皆绞，十五以下及母女妻妾祖孙兄弟姊妹，若子之妻妾，给付功臣之家为奴，财产并入官……女许（家）〔嫁〕已定，归其夫，子孙过房与人及聘妻未成者，俱不追坐。"八月初五日，也即定罪第二天，"罪人张得善、李仁立、张成中军器寺前路行刑"，"缘坐妻子为奴籍，没家产"。此案发生于清康熙十五年（1676），清朝与朝鲜的宗藩关系早已确立，但并未影响《大明律》在朝鲜王朝的有效性。①甚至，《大明律》的效力一直持续到朝鲜王朝的末代君王，并成为朝鲜王朝末期对罪大恶极者"决不待时"立即行刑的法定依据。②

因此就比较中朝古代法制而言，要想了解《大明律》与朝鲜王朝司法制度的关系，《大明律》和朝鲜王朝《经国大典》的关系，清朝法律对朝鲜王朝的影响如何，《推案及鞫案》等文献群的价值还有待进一步发掘，相关研究也有待进一步深入。

---

① 《推案及鞫案》第 8 卷，第 63～101 页。
② 可参见第 329、260、268 等册鞫案和推案内容，载《推案及鞫案》第 30 卷第 871～874 页，第 26 卷 677～690 页、第 27 卷 981～994 页。

《中国古代法律文献研究》第七辑
2013年，第483～498页

中国法制史教科书编写臆说

——评石冈浩等著《史料所见中国法史》

赵　晶*

　　2012 年，日本和台湾地区的法制史学者先后推出了最新版的中国法制史教科书：石冈浩、川村康、七野敏光、中村正人合撰《史料所见中国法史》（法律文化社，以下简称《中国法史》）和黄源盛独著《中国法史学导论》（元照出版有限公司）。据笔者所知，此前布施弥平治所撰《中国法史学概要》（1973）、① 李甲孚所撰《中国法制史》（1988），可能是日、台两地最晚近出版的相关教科书。由此可见，两地皆已三四十年没有相应的作品问世了。

　　滋贺秀三曾言："某种科学要在学术界确立地位，为世人所承认，必须在大学里正规地系统地讲课。"② 教学之于一门学科的意义，不言而喻。教科书作为指明学问门径、条理知识体系、展现系学科系统的必备用书，其撰写者应在考虑教学进度与读者理解能力的基础上，及时吸收最新的研究成果，相对准确、晓畅地表述知识信息，以及在前人编纂经验的基础上，精心地谋篇布局，甚至形成独自的风格体系、融入个人的问学体悟。

　　若是如此定位教科书的撰写，那么同行的最新成果自然应为吾侪所重视。由于大陆地区已有专文评介黄源盛的大作，③ 故而笔者将行文的起点定位于《中国法史》一书。该书作者分别是石冈浩（1963 年出生）、川村康

---

　*　赵晶，中国政法大学法律古籍整理研究所讲师。

　①　岛田正郎的《东洋法史》虽于 1980 年增订再版，但若以新撰成书为标准，则应属布施弥平治之书。

　②　〔日〕滋贺秀三著《日本对中国法制史研究的历史和现状》，吕文忠译，《法律史论丛》第 3 辑，法律出版社，1983，第 296 页。

　③　李启成：《行深融豁　过渡津梁——黄源盛教授著〈中国法史导论〉读后》，《政法论坛》2013 年第 3 期，第 186～191 页。

（1961 年出生）、七野敏光（1955 年出生）和中村正人（1964 年出生），① 由川村康负责统稿。四位作者皆是日本中国法制史研究领域的中坚力量，是以《唐律疏议》日文译注为目标的"唐律疏议讲读会"的成员，其中川村氏和中村氏分别执译了《杂律》《断狱》；就研究成果分布而言，四位作者各擅胜场，研究侧重分布于秦汉、宋代、元代、清代。这一作者群体，既精于律学，又谙熟各个断代的史料与研究积累，可谓上佳组合。

以下将分中国法制史课程的意义、篇幅与结构、史料与解读、疑问四个部分逐一予以评介。当然，笔者也不拟将本文定位为纯粹的书评，② 还想将笔触拓伸至自己对教科书编写的理解上，这自然不可避免地涉及笔者所使用过的各种前辈之作。之所以用"臆说"一词，一则因为作者本人在中国法制史领域的教学与研究（甚至学习）上为时尚浅，既无经验之谈，观察亦相当有限；二则，中国大陆的教科书编写受制于诸如本科教学大纲等"官方文件"，改进云云恐怕只是书生空想罢了。

一　中国法制史课程的意义

对于日本法科学生而言，中国古代法制史（即该书所言的"前近代中国法制史"）在形式上是与日本及中国当代法制无甚关联的一门课程。如果将法学定位于实践学科，法制史这种"虚学"的教学意义何在？《中国法史》所枚举的理由大约有三：第一，历史学习的意义在于对当下的理解；第二，有助于理解现代中国法；第三，有助于理解日本法，即不但明治以前的日本法深受中国古代法制的影响，而且现代日本的文化与制度亦可追溯于古代中国。

如果说，教科书一再申说学习理由以吸引外国学生选修本门课程具有相对合理性，③ 那么中国法制史之于中国法科学生，是否也需作如此强调？从

---

① 四位作者的学术履历，可见该书"执笔者介绍"部分，第 228～229 页；亦可参考陈新宇《外在机缘与内在理路——当代日本的中国法制史研究》之"东洋法制史学会会员情况表"，《政法论丛》2013 年第 3 期，第 72～74 页。

② 对于该书，日本国内也已出版专门的书评，如〔日〕冈野诚《书评：石冈浩·川村康·七野敏光·中村正人著〈史料からみる中国法史〉》，《法史学研究会会报》第 17 号，2013 年 3 月，第 175～179 页；〔日〕松田惠美子《书评：石冈浩·川村康·七野敏光·中村正人著〈史料からみる中国法史〉》，《东洋法制史研究会通信》第 24 号，2013 年 8 月。

③ 20 世纪前半期，由于领土扩张，日本国内对于中国法制史的学习与研究热情极其高涨，根本无需反复申说学习的意义。如《京都帝国大学史》载：九一八事变之后，为日本国内对中国问题的关注热情所影响，京都帝国大学法学部于 1940 年特别增设了"东洋法制史"课程。参见〔日〕京都帝国大学编《京都帝国大学史》，1943，第 185、194 页。

广义言之，人文学科恐怕不能以理性的功利性目的予以评估，否则无法创造实际价值的文史哲等传统学科将无以立足。自近代以来，国人因亡国灭种的压力以及被殖民、后殖民心态的影响，始终追随西方文化亦步亦趋。在此时代背景之下，若拷问中国法制史之教学与研究能否直接为当下法治社会之构建添砖加瓦，无疑是一种"强盗逻辑"的产物。为了回应这样的"强盗逻辑"，中国法制史教科书的编写者大多设专门章节予以探讨课程学习的意义与目的，借此论证自己存在的合法性与合理性，其苦心孤诣何其悲壮！

然而，在中国法制史作为必修课的情况下，不论学生为真心抑或被迫，修习课程并不源自选择自由、意思自主，苦苦劝诱也不可能改变大部分学子只为求取学分的功利心态；若其降格为选修课，则爱国主义教育之必需、传统文化之镜鉴等说教是否有足够魅力（这些说法能否成立，则另当别论），也令人高度怀疑。就课程设置而言，黄源盛的观察可资佐证："在台湾，法律学系的中国法制史……民国四十八年至六十年间（1959① ~ 1971）曾列为司法考试科目，声价顿高，惟自六十一年起不再列为应试科目后，从此跌入'冷渊'，今各校已成或选修或免修的局面"；② 就教科书的市场需求而论，陈顾远也有体会："中国法制史课程虽为必修，实系冷门，抗战军兴，求愚著（指《中国法制史》，商务印书馆1934年版——笔者注）于重庆肆上，竟不可得……适去年高考，以中国法制史列入必试课目，此一课程声价顿高，而愚在二十五年前所写之中国法制史，竟在此热闹声中发现于肆矣！"③ 由此可知，在与传统渐行渐远（甚至割裂传统之言甚嚣尘上）之际，中国法制史课程及教科书的受众市场的大小只能取决于公权力。

方流芳在回答"为什么公司法研究的主要成果是制度批判、问题的提出和分析，而不是问题的解决方案"时说："一个社会针对它自身的问题应当采取什么样的解决方案，不是，也不应当由学者决定，社会科学研究的贡献在于展示和剖析真实的问题，一旦问题得到充分的认识、自由的表达，政策就会或多或少地受到影响，政策确定之后，即使一时难以找到最好的解决方案，问题也能得到控制。"④ 无独有偶，张五常在悼念科斯的文章中亦作了类似表达："我不相信经济学者有本领改进社会，更不同意改进社会是他们的责任。我认为经济学者的职责只是解释世事或现象，或者解释怎么样的政策

---

① 原文作"1949"，误，故改。
② 黄源盛：《中国法史导论·序》，元照出版有限公司，2012。
③ 陈顾远：《序》，林咏荣：《中国法制史》，自印增订第6版，1976，第1页。
④ 方流芳：《序言》，〔美〕罗伯塔·罗曼诺编《公司法基础》（影印本），法律出版社，2005，第16页。

会导致怎么样的效果"。① 若以此定位学科、学者、课程的功能与价值,中国法制史未必是"虚学",以历史的视角观察现实,以现实的困惑证诸历史,本来就是身处现实社会之法史学人"自发"而非"自觉"的本能反应。换言之,在这一理念下,若法制史被斥为"虚学",社会科学之任一学门皆难以幸免。

事实上,随便检视民法、商法、刑法、诉讼法等法学其他核心课程的教科书,几乎每本都是开篇即奔主题,全然不见类似"功能论"的说法,这恐怕是"存在即合理"的底气使然。"吾侪所学关天意,并世相知妒道真",②若法史学者有此自信,何必汲汲自辩?

二 篇幅与结构

《中国法史》分为五大部分,共20讲。③ 第一部分即第0讲阐述了学习中国法史的意义、中国法史的分期问题以及该书的构成与内容;第二部分动态勾勒了中国古代法典编纂与刑罚演变的历史过程;第三部分主要论述了司法机关、诉讼程序、司法官责任,以及审判所据最高法源的问题(如何处理道德与法律的冲突);第四部分则以刑法为内容,主要涉及法定刑立法模式、中国古代是否存在罪刑法定主义、老幼废疾者、自首、正当防卫与共同犯罪的处理,以及六杀;第五部分则是家族法,涉及婚姻与继承。

在具体写法上,除了法典编纂与刑罚演变依据朝代顺序逐次编排外,其余各篇则基本以唐代以后的史料(尤其是唐律)为基础,间或涉及唐—清之间的演变,尤其以日本现代法律制度作为参照对象,缕析异同,乃是一大特色。

此外,该书还特别设计了十五个专栏,分布于相关各讲之后,有介绍法律文献者,如专栏1"秦汉的出土法制史料"、专栏8"判语和刑案";有涉及理论前提者,如专栏2"基本法典与副法典";有关于古代立法技术及该书行文体例者,如专栏3"条文标示方法";有提示学术争议者,如专栏14"女子分法之谜"。当然,更多的则是阐释具体制度、专有名词,如专栏5"对待官员的特别措施"(即议、请、减、赎等)、专栏6"八议"、专栏9

---

① 张五常:《悼科斯》(现题名:"据科斯路线建议两权分离曾被干部骂个半死"),凤凰网财经频道"诺贝尔经济学奖得主科斯逝世"专题,2013年9月9日,http://finance.ifeng.com/a/20130909/10639941_0.shtml。

② 陈寅恪:《挽王静安先生》,陈美延编《陈寅恪集·诗集》,三联书店,2001,第11页。

③ 详细目次,可参见本文附录。

"不应为条与坐赃条"等。

相较于既往日本的中国法制史教科书（如仁井田陞《中国法制史》），《中国法史》削减了相当篇幅，这大约体现在三个方面：第一，除法典编纂与刑罚外，唐代以前的法律制度基本未加措意；第二，即便是作为论述重心的唐代以后法制，也不再关注土地法、交易法、身分法、行会法、亲族法与宗族法、村落法等内容；第三，叙述对象仅限于古代中国。

这样的结构设计自然有其合理之处，笔者个人以为：

第一，随着出土文献的大量发现，秦汉法制史的研究虽然获得极大推进，但许多观点仍非定谳之论，以此为教科书内容，需要对学术史及诸家之说予以充分展开，若仅示以其中一说，则有误导之嫌。《中国法史》在法典编纂部分曾提出了一个聚讼不休的难题：《法经》六篇与《九章律》是否真实存在？该书首先提出了质疑的理由：《法经》编纂的说法首见于《晋书》，较此更早的《史记》与《汉书》皆无相关记载，且《史记·萧何世家》中也未见萧何增加律三篇之事与"九章"之语；其次，又列出了二者真实存在的可能性：《睡虎地秦墓竹简》含有战国魏律，从秦律与魏律的关系看，魏文侯时李悝所定《法经》之存在不能遽然否定，且《睡虎地秦墓竹简》中有多见与户口、军役、租税征收等相关的行政规定，萧何所增"事律"三篇多与行政运行相关，为上述秦法增加刑法规定而入汉律，亦有可能；最后，该书又对滋贺秀三关于"六篇""九章"的看法作了专题介绍，即"3"的倍数是前近代中国人在制度记述时常用的数字，东汉法律世家将法置于儒家经典的地位，由此出现"法经六篇""九章"之语（第 11~12 页）。如此复杂的论证过程，且作者亦未明确给予一个倾向性的观点，这恐怕在一定程度上会令初学者迷惑不已。[1] 更何况，另有学人对《晋书·刑法志》等相关记载予以彻底质疑，[2] 上述讨论尚不能全面覆盖目前的研究成果。秦汉法制已然如此，资料更为欠缺、文字更为古奥的先秦法制恐怕更不易廓清。《中国法史》将叙述重心后移，不失为一种策略。

相较于《中国法史》对学术争议的申说、比较，中国大陆的法史教科书则多"独断"之语，即便如民法等其他学科教科书中常见的"A 说""B 说""折中说""通说"等枚举方式，都几乎绝迹于此。这恐怕不仅仅是出于篇幅

---

① 冈野诚也有类似看法，参见〔日〕岡野誠《書評：石岡浩·川村康·七野敏光·中村正人著〈史料からみる中国法史〉》，第 177 页。

② 〔日〕廣瀬薫雄：《秦漢律令研究》，汲古書院，2010，第 68~69 页。转引自徐世虹、支强《秦汉法律研究百年（三）——1970 年代中期至今：研究的繁荣期》，徐世虹主编《中国古代法律文献研究》第 6 辑，社科文献出版社，2012，第 105~106 页。

或难易的考虑吧？

第二，中国法制史虽为法学课程与学科门类之一，但究其本质，亦为一种专门史。虽然官制科举、军事外交、财税贸易等皆应被视为中国法制史学习所需的背景知识，如不知各代官僚行政机构设置，便无法理解诉讼审判机构及其管辖层级，但这并不意味着中国法制史的教科书应该对应现代法意义上的"行政法"而设计"职官法"的内容；又如，为了迎合现代部门法之"经济法"而设置经济法规的篇章，内中所涉赋役、榷征、商税等，几乎全是经济史所关注的话题。虽然诚如陈顾远所言"此不过编著体例上之争，尚非中国法制之史的重要问题"，① 且当下学科门类的设置几近一种随意（或有其他利益驱动）的"行政行为"，一味强调法制史、经济史、政治制度史等划分，实在无助于培育博文通识的学养，有伤人文学科设置之本意，但是课程设计因受限于"培养方案"中课时均衡等考虑以及讲授者的知识结构，其内容必然无法包罗万象，只能求其大者。以中国政法大学法学本科课程设置为例，中国法制史为54课时，如欲全面铺开"广义"之法制史，且相对准确地介绍各种制度、现象之源流（如唐代赋役中的"杂徭"，其复杂程度导致学说纷纭，至今未能定谳②），恐怕得不偿失。③《中国法史》将"以具备经济史知识为前提的土地法与交易法"（第5页）作为进阶学习的内容而略过不述，可谓明智。

事实上，精简篇幅、集中主题也是中国大陆法制史教科书编写的趋势，如范忠信、陈景良主编的《中国法制史》在第二次修订时，"对全书文字进行了较大规模的删节"，"使总章数由二十一章减少为十六章"，"尽量删除原书关于经济管理法制、赋税徭役法制、科举和治吏法制、军事法制、民族和边疆管理法制等方面的内容"等，④ 便是例证。

此外，《中国法史》采用专题划分设计（以下称"专题模式"），即分"法与刑罚""法与裁判""刑事法""家族法"。这种分章体系并非创自该

---

① 陈顾远：《中国法制史》，中国书店据商务印书馆1934版影印，1988，第3页。

② 参见李锦绣《敦煌吐鲁番文书与唐史研究》，福建人民出版社，2006，第198～210页。

③ 当然，亦有作者未尝自限其作为"教材"，如此便无需计较教科书与课时安排之间的关系。如林咏荣所著《中国法制史》稿成，以陈顾远昔年之书"渊博，（学生）间有接受困难，且亦讲教不完"为刊印其稿之理由，陈顾远回答道："实则愚著向为参考用书，非为教本者，二十年来另有教材为用"。（参见陈顾远《序》，林咏荣：《中国法制史》，第2页）只是，对于应付考试、求取学分者而言，教科书是唯一读本，参考用书并无价值；对于想要深入了解官制、赋役等专门之学者，彼学之著述亦称宏富，法史学者所著之"参考用书"在彼学领域能占据何种学术地位、具有何种学术价值，实是需要甄别评估。

④ 范忠信、陈景良主编《中国法制史》（第二版）之"第二次修订说明"，北京大学出版社，2010，第4页。

书，早在20世纪三十年代、五十年代，中国学者陈顾远、日本学者仁井田陞即如此谋篇布局，此后台湾地区林咏荣、戴炎辉、李甲孚等所撰《中国法制史》教科书也莫不如此。而中国大陆的教科书（包括日本学者布施弥平治的《中国法史学概要》①）通常依朝代顺序编排，在某朝某代中再以部门法进行分节（以下称"通史模式"），其缺点十分明显："这样的写法容易造成内容的重复，而且在篇幅有限的情况下易于形成面面俱到而缺乏深度"，②"一方面是叙述历史的分量过重，使读者容易混淆法制史和普通历史的区别……另一方面是将各部门法的发展变化的叙述因为朝代的原因而割裂开来……"。③鉴于此，以笔者目力所及，继郭建、姚荣涛、王志强合著《中国法制史》之后，杨一凡、④廖宗麟等也纷纷转向了以制度为纲目，叙述其流变的专题模式。当然，这样的写法也未必毫无缺陷，如果说通史模式割断了部门法的发展线索，那么专题模式则难以展现某朝某代的整体法律状况。对此，邓建鹏和黄源盛进行了另一种尝试，即虽然全书仍采用通史模式，但在对各代制度的叙述中仅取其有别于前代的最具时代特色的内容，且意图沟通制度史与思想史。在邓著中，被既往教科书于各朝各代反复提及的"婚姻制度"如三媒六聘、七出三不去等，仅出现在第一章第三节"西周的法律制度"中（暂且不论西周时期是否已然出现了这些原则或制度），且在该节简略地提示了这些原则在后世的变化，⑤这就避免了通史模式最为病诟的"内容重复"；而黄著在先秦部分侧重法律思想，在秦汉部分以出土法律文献、制度及其运作、春秋折狱为内容，继而融合制度与思想以阐发唐律，标举"法制的变与不变"及司法考试和案牍判语来凸显宋元法制之特色，等等，"以'历史时代'区分为经，以'问题导向'为纬"，"兼采变与不变的'静态'与'动态'观察法"，"虽然未必对于历代法制的各种动态细节都加查考，但是对于若干重要问题的观念如何形成、如何演变，必须有所洞悉"。⑥这些写法皆足为后来者借鉴。

第三，虽然《中国法史》的作者并未明确言及该书不涉及近代中国法制的理由，但笔者猜测原因如下：从知识、经验获取角度言，近代以后逐步西化的中国法制，对于日本的法科学生而言恐怕并不陌生，毕竟日本也经历了

---

① 〔日〕布施弥平治：《中国法史学概要》，八千代出版社，1973。
② 郭建、姚荣涛、王志强：《中国法制史》（第二版），上海人民出版社，2006，第7页。该书初版由上海人民出版社于2000年出版。
③ 廖宗麟：《新编中国法制史》，中国检察出版社，2007，第3页。
④ 杨一凡主编《新编中国法制史》，社会科学文献出版社，2005。
⑤ 邓建鹏：《中国法制史》，北京大学出版社，2011，第41~44页。
⑥ 黄源盛：《中国法史导论》，第30页。

类似的阶段，在某种程度上，他们可于日本近代法制史的学习中获取中国近代法制变革的部分印象。而且该书在"中国法史的学习意义"中也已申说，考察曾经作为日本法文化母体的古代中国是深入理解现代日本法的一种途径，这自然与近代中国法制史无涉。

只不过，中国近代法制史之于中国学生乃至于中国研究者而言，则具有与之不同的重要意义，尤陈俊以为："从某种程度上讲，它将是一种有着直接现实意义的学术实践。这不仅是因为，从清末变法开端，后来通过法律继受建立起来的知识系统，与现代法学有着更多的共融性，因此更能够在学术上做适度对接，更重要的还在于，这一百多年来的法制实践，已经构成了深刻影响我们今天的（新）法律传统"。① 这种论断显然有"功利性"诉求，与上文所述爱国主义等说教有殊途同归之意。事实上，如此论说未必全然准确，持论者本人也在后文中有所说明："帝制中国时期的法律文化基因，在今天仍有遗存，对它们的学术研究，也因此仍会具有模糊的现实性。故而，只有限制在清末以来的法律发展历史与今天更为直接地存在着相对承袭性的意义上，上述的这一判断才可能成立"。② 对此，笔者以为：即便学科与课程的存在确须以具有实用价值为前提，那么对于当下中国而言，"直接"的"承袭"对象与"模糊的""基因""遗存"究竟谁发挥着更大的影响，这恐怕不能单纯以时间远近予以论定。如方流芳认为："清末的'官办'、'官督商办'、民国的'国营事业'、'公营事业'和中华人民共和国的'国有企业'有一线贯通的思路——在中国社会占支配地位的企业应当是那些由国家控制的企业"。③ 这样的一以贯之的"思路"应追究至何时？起码不是始于近代中国。又，严复这段为当下宋史学者多番强调之论，也颇值玩味："若研究人心政俗之变，则赵宋一代历史，最宜究心。中国所以成于今日现象者，为善为恶，姑不具论，而为宋人之所造就什八九，可断言也"。④ 人文社会学科之所以饱受争议，恐怕在于"科学"祛魅之未果，相关结论之孰优孰劣无法精确计算，全凭个体感官经验作出判断。因此，以"价值"衡量古代、近代，永远不可能得出令所有人都满意的结论。法制史"功能论"或许应该休矣。

---

① 尤陈俊：《知识转型背景下的中国法律史——从中国法学院的立场出发》，《云南大学学报（法学版）》2008 年第 1 期，第 113～114 页。

② 尤陈俊：《知识转型背景下的中国法律史——从中国法学院的立场出发》，第 115 页。

③ 方流芳：《试解薛福成和柯比的中国公司之迷——解读 1946 年和 1993 年公司法的国企情结》，梁治平《法治在中国：制度、话语与实践》，中国政法大学出版社，2002，第 314 页。

④ 王栻主编《严复集》，中华书局，1986，第 668 页。

又，中国共产党领导的革命根据地法制乃至于中华人民共和国成立之后的法制建设，是否应该进入中国法制史的教科书？仁井田陞在修订《中国法制史》时增加了有关土地改革法和新婚姻法两章，其理由是："历史不仅仅存在于过去的岁月里，现在和未来也都将融入历史的发展中。我对历史的观察，是与现在联系在一起的，毋宁说是以现在为出发点而面向未来。因此若将第二个方面的问题（指有关土地改革法与婚姻法——笔者注）置之度外，就不能对中国历史，对中国独具特色的法的历史，作完整的把握。实际上，对中国的过去，是要联系新中国的变革也就是对过去的否定中，才能够理解的"。① 其实，中国学者也曾对此进行过尝试，如薛梅卿、叶峰所撰《中国法制史稿》（高等教育出版社，1990）。这种尝试之初衷令人钦佩，然其所遇到的技术难题（如档案不解密）及政治难题，恐怕会导致相关论述有"隔靴搔痒"之嫌。

三　史料与解读

史料是史学研究的基础，中国法制史研究之推进、热点问题之形成，既来自于对传世史籍的深入解读，也部分仰赖新史料的不断涌现。《中国法史》密切追踪新出史料，如以叙述的方式提到韩国于 2007 年公布的元代《至正条格》残卷（第 30 页）；又如发挥了天一阁藏明钞本《天圣令》的史料价值及吸收了相关唐令复原成果。冈野诚对后一做法表示了审慎态度："《天圣令考证》（指《天一阁藏明钞本天圣令校证 附唐令复原研究》，后简称《校证》——笔者注）中的复原唐令（包括条文序号、字句）仅是中国研究者的试行意见，作为资料对待时需要注意"。② 应当说，冈野氏的提醒有其合理性，《校证》一书所复原的唐令条文及其排序未必能与历史上真实存在的"唐令"完全符合，而且中日学术界对此亦多争论。③ 但是，就目前的研究而言，许多争论只能说是各执一词、仁者见仁，无法判定孰优孰劣，那么径直使用《校证》的复原成果也未尝不失为一种可行之法，否则《中国法史》将《唐令拾遗》《唐令拾遗补》"作为资料对待"，是否也应提

---

① 〔日〕仁井田陞：《中国法制史·增订版序》，岩波书店，1963；牟发松译，上海古籍出版社，2011。需要注意的是，仁井田氏对于此研究的"价值"定位是"学术指向"而非"实用目的"。

② 〔日〕冈野誠：《書評：石岡浩·川村康·七野敏光·中村正人著〈史料からみる中国法史〉》，第 178 頁。

③ 参见赵晶《〈天圣令〉与唐宋法典研究》，徐世虹主编《中国古代法律文献研究》第 5 辑，社科文献出版社，2011，第 262～292 页。

醒其"注意"?

以此反观中国大陆的法制史教科书,其对于新史料的敏感度始终不惬人意,而对于传世史料的解读也偶有轻率之论。如西夏法典存世者有《贞观玉镜将》(又译为《贞观玉镜统》)、《天盛改旧新定律令》《亥年新法》和《法则》等,其制定、颁行起自西夏崇宗贞观年间(1101~1113),经由仁宗天盛初年①(天盛元年即公元1149年),到神宗光定年间(1211~1224),历经100余年,反映了西夏的立法水准与法制状况。虽然上述法典皆为西夏文,于法史学人而言,释读困难,但早在1988年,便已出版了名为《西夏法典——〈天盛改旧新定律令〉(1~7章)》的汉译本,②1995年出版了《贞观玉镜将》的汉译本,③ 使用便利。然而,在笔者印象中,除薛梅卿主编《新编中国法制史教程》在第七章第二节专设一目"西夏《天盛改旧新定律令》简介"(中国政法大学出版社,1995,第234~237页)外,当时的教科书鲜有措意西夏法制者。进入21世纪以后,这种现状并未得到明显改善,大部分教科书依然满足于利用"刑法志",粗线条地勾勒"辽金"法制以展示少数民族政权的立法特色,而忽略西夏,即便有所涉及,也仅以《天盛改旧新定律令》为介绍对象,并未涉及其他法典。又如,中国法制史教科书一般会以《周礼》等传世文献为据构建西周时期的司法机构体系,将"司寇"视为当时的司法官。若将这种观点证之以青铜器铭文,则其结论不免令人怀疑。有学者考证认为:"就目前所见的相关材料看,司寇之设大致还只能定在两周之际","至于西周末年王朝是否专门设有司寇之官,目前还是不太容易说清楚","如《周礼》所述的具有相对独立性的司法职能部门的'司寇'之建制,只有在宗法等级社会逐步解体过程中才能得以萌芽并走向完善,而在西周甚至于春秋中期以前是不太可能的"。④ 换言之,即便青铜器铭文存在"司寇"一词,也不能想当然地将它与《周礼》所载之职官等同,"在金文中出现某人掌管某事的记载,仅仅根据这一点,我们

---

① "……我们推测《天盛律令》是在任得敬刚入朝不久,权势还没有很大膨胀的天盛初年颁行的"。引自史金波、聂鸿音、白滨译注《天盛改旧新定律令·前言》,法律出版社,2000,第3页。

② 〔苏联〕克恰诺夫俄译,李仲三汉译、罗矛昆校,宁夏人民出版社,1998。此后,中国学者史金波、聂鸿音、白滨据苏联东方文献出版社刊布的原件照片翻拍制版,译注了《天盛改旧新定律令》(科学出版社,1994)。

③ 陈炳应:《贞观玉镜将研究》,宁夏人民出版社,1995。

④ 陈絜、李晶:《夆季鼎、扬簋与西周法制、官制研究中的相关问题》,《南开学报(哲学社会科学版)》2007年第2期,第110页。又,李峰认为西周晚期的铭文可证明,出现在人名之前的"司寇"便是职官名,参见李峰著《西周的政体:中国早期的官僚制度和国家》,吴敏娜等译,三联书店,2010,第79~80、98页。

似乎还不足以充分肯定在西周就设有这一类职官"。①法制史教科书理应采取这种更为谨慎的态度。

当然，也有部分教科书对史料保持了相对敏感性且持论谨慎，如前述初版于 2000 年 12 月的郭建、姚荣涛、王志强合著的教科书，即已吸收了戴建国《天一阁藏明抄本〈官品令〉考》（《历史研究》1999 年第 3 期）的成果；② 又，马志冰主编的教科书认为："古代文献所载夏桀囚禁商汤的夏台（均台），只是王城里的一座宫室；而殷纣王关押周文王的羑里，则是一座城垣。它们充其量是一种临时软禁囚所，并非一般意义的监狱"。③ 以目前所见史料看，此乃善论。

四　两点疑问

对于该书，笔者亦略有疑问，借此求教作者以及学界先进。④

第一，该书将中国历史划分为三大阶段：以春秋战国为止，为"前帝政国家期"；秦至清，乃是以皇帝为中心的"帝政国家期"；清亡以后，则为"民主政国家期"。具体落实到法制史研究上，"前帝政国家期"是法律萌芽时期，"帝政国家期"则是以律这一刑罚法典为国家法之核心的时期，"民主政国家期"则是以宪法作为核心的近代西欧国家法体系逐步形成的时期。在"帝政国家期"中，法史的时代区分可以隋唐为界一分为二，而且与作为"经济史"分期的"唐宋变革"不同，应将变革期定位在"南北朝时期"（第 3～4 页）。就此分期问题，冈野诚提出了质疑：该书一方面将"帝政国家期"的法史分界定于隋唐，另一方面又称变革期在南北朝，其原因何在？⑤ 这的确令人疑惑，而且关于分期的论断尚有以下两个问题：第一，内藤湖南认为："唐宋时期一词虽然成了一般用语，但如果从历史特别是文化史的观点考察，这个词其实并

---

① 张亚初、刘雨：《西周金文官制研究·前言》，中华书局，1986，第 3 页。即便如此，该书还是将"大量描述官员职责的词语看作是职官的名称"。引自李峰著《西周的政体：中国早期的官僚制度和国家》，吴敏娜等译，第 46 页。

② 郭建、姚荣涛、王志强：《中国法制史》，第 105 页。

③ 马志冰主编《中国法制史》（第二版），北京大学出版社，2012，第 28 页。

④ 冈野诚亦有所论，凡与冈野氏不谋而合者，笔者便不再提及。参见〔日〕冈野诚《书评：石冈浩·川村康·七野敏光·中村正人〈史料からみる中国法史〉》，第 177～179 頁。

⑤ 〔日〕冈野誠：《書評：石冈浩·川村康·七野敏光·中村正人著〈史料からみる中国法史〉》，第 177 頁。

没有甚么意义"。^① 亦即内藤氏对于"唐宋变革"的判断，是基于"文化史"的视角，这一"文化"的内涵包罗万象，"是政治、经济和学术文艺等的总和，几乎是历史的整体发展"，^② 这似乎与《中国法史》所定位的"经济史"领域有相当差距。第二，有关分期的问题，应该区分"时期"与"过渡期"，如内藤湖南的分期论认为：中国史的第一期是有史以来到东汉中期，为上古；此后是第一过渡期，即东汉后半期到西晋前期；第二期是五胡十六国到唐中期，为中世；此后是第二过渡期，为唐末到五代时期；第三期是宋元时代，为近世前期；第四期是明清时代，为近世后期。^③ 其中，"过渡期"亦可等同于"变革期"，亦即这是发生剧烈变化的历史阶段，此前与此后则是两个特征相对明显的"稳定期"。若以此为前提，则该书所谓"帝政国家期"的法史分期或可表述为：秦至西晋为帝政国家期前期，东晋南北朝为变革期，隋唐以后为帝政国家期后期。

第二，该书在叙述梁朝刑罚等级时提到，作为财产刑的赎罪可分为九个等级，即赎死（金二斤）、赎髡钳五岁刑笞二百（金一斤十二两）、赎四岁刑（金一斤八两）、赎三岁刑（金一斤四两）、赎二岁刑（金一斤）、罚金十二两、罚金四两、罚金二两、罚金一两（第44页）。然由《隋书》卷二五《刑法志》所载"罚金一两已上为赎罪。赎死者金二斤，男子十六匹。赎髡钳五岁刑笞二百者，金一斤十二两，男子十四匹。赎四岁刑者，金一斤八两，男子十二匹。赎三岁刑者，金一斤四两，男子十匹。赎二岁刑者，金一斤，男子八匹。罚金十二两者，男子六匹。罚金八两者，男子四匹。罚金四两者，男子二匹。罚金二两者，男子一匹。罚金一两者，男子二丈"可知，^④ 梁朝财产刑共分十等，该书为何删去"罚金八两"一等？又，该书同页还言道："赎死即罚金二斤则由男性纳绢十六匹、女性纳绢八匹来代替"。然而，赎罪十等分"赎五等"与"罚金五等"，^⑤ "赎○○刑"作为实刑与"罚金"别为两种刑罚，"赎死即罚金二斤"之表达是否略失严谨？

---

① 〔日〕内藤湖南著《概括的唐宋时代观》，黄约瑟译，刘俊文主编《日本学者研究中国史论著选译》第1卷，中华书局，1992，第10页。

② 柳立言：《何为"唐宋变革"》，氏著《宋代的家庭和法律》，上海古籍出版社，2008，第6～10页。

③ 参见〔日〕谷川道雄著《战后日本的中国史论争·总论》，夏日新译，刘俊文主编《日本学者研究中国史论著选译》第1卷，中华书局，1993，第317～318页。

④ （唐）魏征等撰《隋书》，中华书局，1973，第698页。

⑤ 〔日〕仁井田陞：《中國における刑罰體系の變遷》，氏著《補訂 中國法制史研究·刑法》，東京大學出版會，1991，第98頁。

五 余论

若将浅井虎夫所撰《支那法制史》① 作为最早的中国法制史教科书，则本学科教科书之编纂已逾百年。百年间，无论是通史模式还是专题模式，无论是谋篇布局还是援入新说，中日两国学者皆为此作出了卓越的努力。《中国法史》体现了目前日本中国法制史研究者对于研究与教学的思考心得，值得中国同行细细体味。尤其是该书将中国古制与现行日本法制进行比较、评析，更能体现法史学之法学属性。或许中国大陆的法制史教科书及课程设计亦可作如下尝试：对《大清律例》② 进行系统的规范解释，辅以古法古判、古法今判、今法古判等案例分析与古今对比，全面引入法律教义学的方法，强调对规则系统与法律原理的灵活运用，而非知识点的识记。如此，本门课程的授课群体宜定位为拥有基础法学知识的高年级本科生，至于通史式法史教学则可置于研究生培养方案中。

在西风东渐依旧盛行之当下，中国法制史学科边缘化乃是大势所趋。2012 年年底至 2013 年年初所发生的中国法制史被取消法学类核心课程之"风波"，即便在不久的将来再度上演且最终"成真"，也未必会影响法史学者与二三才俊共享教学相长之乐。如此，教科书依然是学科事业中的重要一环，期待有更多的如《中国法史》《中国法史导论》般优质教科书不断涌现。

附记 2012 年 7 月 15 日，笔者收到川村康教授寄赠的《史料所见中国法史》一册，而在该书版权页上赫然印着"2012 年 7 月 15 日 初版第 1 刷发行"字样，这岂非是天意？感谢川村康、黄源盛两位先生慷慨赐下新作，使笔者在 2013 年 3 月 1 日第一次踏上中国政法大学本科中国法制史讲台时，已充分吸收了两地学人最新的教学成果。鉴于当下日版书籍流通的现状，谨此抄译《史料所见中国法史》一书目录，与至今尚未寓目者分享。最后，承蒙徐世虹教授、王志强教授、游逸飞博士等师友不吝赐正，一并申谢！

---

① 〔日〕浅井虎夫：《支那法制史》，東京博文館藏版，1904。后为邵修文、王用宾所译，古今图书局、晋新书社发行，1906。

② 笔者一度主张以《唐律疏议》为讲授对象，王志强教授以为《大清律例》条例细密，与律文两相对照，更有优势。诚然如是，故改。

附录：石冈浩、川村康、七野敏光、中村正人：《史料所见中国法史》，法律文化社，2012年，229页。

序

第0讲 本书以何为课题？

1. 学习中国法史的意义；2. 中国法史的时期区分；3. 本书的构成与内容；中国王朝略图

第一部 法与刑罚

第1讲 律令法体系如何形成：从周到隋

1. 成文法的形成：春秋时代；2. 法经六篇与九章律：从战国时期到秦汉；3. 睡虎地秦墓竹简：战国末期的秦法；4. 张家山汉墓竹简"二年律令"：西汉初期的律与令；5. 基本法典的形成：三国魏的新律十八篇；6. "律令"基本法典的形成：西晋的泰始律令；7. 副法典的形成：北朝的律令；8. 唐律的原型：隋的开皇律；专栏1：秦汉的出土法制史料

第2讲 律令法体系如何演变：从唐至清

1. 律令法体系的完成：唐前半期；2. 再副法典的时代：从唐后半期到五代；3. 从编敕到敕令格式：从北宋到南宋；4. 征服王朝的法：从辽到元；5. 律例法体系的形成：从明到清；专栏2：基本法典与副法典

第3讲 五刑的刑罚体系如何形成：从周到隋

1. 周的五刑；2. 死刑、劳役刑、财产刑：秦的刑罚体系；3. 西汉文帝的刑罚制度改革；4. 向秦的刑罚体系回归：魏、晋的刑罚体系；5. 南朝的刑罚体系；6. 走向五刑的形成：北朝的刑罚体系；7. 唐律五刑的原型：隋的刑罚体系；专栏3：条文标示方法

第4讲 五刑的刑罚体系如何演变：从唐至清

1. 唐律的五刑；2. 五刑的崩坏：从唐后半期到北宋前半期；3. 演变的五刑与追放刑体系的并存：从北宋后半期到南宋；4. 征服王朝的刑罚：从辽到元；5. 新五刑：从明到清；前近代中国法制年表；专栏4：十恶

第二部 法与裁判

第5讲 裁判的构造为何？

1. 裁判案件的区别；2. 裁判机关的审级；专栏5：对待官员的特别措施

第6讲 裁判如何进行？

1. 起诉；2. 调查与宣判；3. 拷问；专栏6：八议

第7讲 拷问为何必要？

1. 自认的必要性；2. 拷问的实态；3. 官箴所见的劝诫；专栏7：五服；男系男性五服亲属图

第8讲 裁判官如何平息纷争

1. 阻碍起诉；2. 对健讼的处理；3. 裁判官的任务是教化；4. 教谕式调停；专栏 8：判语与刑案

第 9 讲　如何处理误判？

1. 过则勿惮改；2. 重新审问直至服判；3. 责难误判的方向

第 10 讲　如何解决法与道德的冲突？

1. 尽忠舍孝；2. 复仇为孝之最；3. 复仇是违法行为；4. 妥协的理论构成

第三部　刑事法

第 11 讲　犯罪与刑罚如何对应？

1. 相对法定刑与绝对法定刑；2. 绝对法定刑不足的弥补；3. 前近代中国法与"犯罪法定"；4. 前近代中国法中是否存在罪刑法定主义？专栏 9：不应为条与坐赃条

第 12 讲　高龄者、年少者与残废者如何处理？

1. 法律规定的处理；2. 与现代日本的比较；3. 实际的应对；4. （罪犯的）亲人是高龄者与残废者的时候；专栏 10：五流

第 13 讲　自首者如何处理？

1. 唐律的自首；2. 即便自首也不宽恕的情况；3. 前近代中国法对自首的期待

第 14 讲　正当防卫被承认吗？

1. 正当防卫为何？2. 前近代中国的正当防卫；3. 与现代日本正当防卫的区别

第 15 讲　如何处理共同犯罪？

1. 共犯处罚的一般原则；2. 例外的共犯处罚；3. 为一般人的感觉所熟悉的前近代中国法的共犯观念

第 16 讲　杀人如何被类型化？

1. 六杀：典型的六种杀人类型；2. 谋杀；3. 故杀与斗杀；4. 戏杀；5. 误杀；6. 过失杀；专栏 11：六赃

第四部　家族法

第 17 讲　如何举行婚姻？

1. 前近代中国的婚姻；2. 婚姻成立的阶段；3. 制度的弊端；专栏 12：宗族与姓

第 18 讲　如何进行离婚与再婚？

1. 离婚；2. 寡妇的再婚；专栏 13：妻与妾

第 19 讲　家产如何继承？

1. 家产的管理处分；2. 家产的分割与户籍的分割；3. 家产均分的原则；

更　正

　　《中国古代法律文献研究》第六辑所载《秦汉法律研究百年（三）——
1970 年代中期至今：研究的繁荣期》一文，在述及德语学术圈对张家山汉简
《奏谳书》的研究成果时写道："2012 年日本东京外国语大学亚非语言研究
所出版了由陶安、劳武利、史达研读《奏谳书》的成果——《汉初代表案
例——湖北张家山〈奏谳书〉译评》（第 103 页）。"今更正为："2012 年日
本东京外国语大学亚非语言研究所出版了由劳武利（Ulrich Lau，德国汉堡大
学亚非学院中国语言文化系"秦代法律文献"研究项目研究者）、吕德凯
（Michael Lüdke，德国埃尔兰根－纽伦堡大学国际人文研究中心研究员）撰
写的《汉初典型诉讼案例：湖北张家山汉简〈奏谳书〉译注》。"

《中国古代法律文献研究》编辑部

2013 年 9 月 1 日

《中国古代法律文献研究》稿约

　　《中国古代法律文献研究》为中国政法大学法律古籍整理研究所所刊，于 1999 年创刊，自 2010 年改版为年刊，欢迎海内外同仁不吝赐稿。

　　《中国古代法律文献研究》以中国古代法律文献为主要研究对象，刊发原创性的学术论文、书评和研究综述。本刊以中文简体出版，来稿以 2 万字以下为宜，同时请附 300 字以内的中文摘要、关键词与英文标题；如是外文稿件，请作者授予本刊中文版的首发权利。已经公开发表（包括网络发表）过的中文稿件，请勿投稿。本刊采取同行专家匿名评审制度，将在收到稿件后两个月内回复作者有关采用与否的信息。

　　有关投稿中的版权问题，请作者自行妥善解决。

　　本刊投稿截止时间为 6 月 30 日。

　　来稿一经刊发，本刊将向作者寄赠该辑图书 1 册。

　　来稿请附作者简历、详细通讯地址、邮编、电子邮件等联系方式，以纸版或电子版形式，分别寄至：

　　（100088）北京海淀区西土城路 25 号中国政法大学法律古籍整理研究所赵晶　收

　　电子邮箱：zhaojing0628@gmail.com

《中国古代法律文献研究》编辑部

Journal of Chinese Ancient Legal Literature Studies

The Journal of Chinese Ancient Legal Literature Studies is edited by the Institute for Chinese Ancient Legal Documents, China University of Political Science and Law. It was published for four times during the period of 1999 – 2007. The Institute starts to publish it annually from 2010. Submission of papers both from domestic and overseas is welcomed.

The Journal mainly focuses on the research of the legal literature in ancient China, publishing original academic papers and book reviews, each of which should be no more than 20000 words. The journal will be published in simplified Chinese, please submit your paper with a Chinese abstract no more than 300 words, keywords and an English title. If it is a paper in other language, the authorization for publication of its Chinese version in this journal for the very first time will be appreciated. If the paper in Chinese was published in any form including on Internet, please don't submit again. All the papers submitted will be reviewed and examined by the scholars in an anonymous manner. Whether it is accepted or not, the author will be informed within two months upon the receipt of the paper.

For copyright related matters, please properly address on your own in advance.

The deadline of submission is June, 30th annually.

Once the paper is published, the contributors will receive one copy of the Journal.

The paper for contribution, prepared in soft or hard copy, and supplied with a brief resume of the author and his/her detailed information for contact, such as the address, post code, and email etc, shall be sent to the following address:

Dr. Zhao Jing, Institute for the Research of Legal Literature in Ancient China, China University of Political Science and Law, Beijing (100088), China.

E - mail: zhaojing0628@ gmail. com.

Institute for the Research of Legal Literature in Ancient China
China University of Political Science and Law

《中国古代法律文献研究》撰稿凡例

一 论文缮打格式

字体：中文请使用宋体简体字，英文请使用 Times New Roman。字号：正文五号字，注解小五号字。

二 标题层级

请依次使用 一、（一）1.（1）A. a.

三 标点

请使用新式标点，除破折号、省略号各占两格外，其他标点均占一格。书刊及论文名均请使用《》。

四 数字表示

公元纪年使用阿拉伯数字，中国年号、古籍卷数使用中文数字（年号例如建武二十五年、贞观八年、乾隆三十五年，卷数例如卷一〇、卷二三、卷一五四）。第一次涉及年号者，请用（）配加公元纪年。

五 注释体例

请采取当页脚注、每页连续编码的方式。

注释号码采用阿拉伯数字表示，作①②③……。

再次征引，不需出现来源书刊或论文的全部信息，采用"作者，书名/论文名，页码"的形式。

引用古籍，应依次标明作者、书名、版本、卷数，如（清）顾炎武著，黄汝成集释《日知录集释》卷一五，清道光十四年嘉定黄氏刻本。

引用专著（包括译者）或新印古籍或古籍之点校整理本，应依次标明作者（包括译者）/整理者、书名、章/卷数、出版者、出版年代、版次（初版无需标明）、页码，如瞿同祖：《瞿同祖法学论著集》，中国政法大学出版社，1998，第50页；（清）黄宗羲著，全祖望补修，陈金生、梁运华点校：《宋元学案》第 1 册，中华书局，1986，第 150 页。

引用论文，应依次标明作者、论文名称、来源期刊/论文集名称、年代、卷次、页码，如徐世虹：《对两件简牍法律文书的补考》，载中国政法大学法律古籍整理研究所编：《中国古代法律文献研究》第 2 辑，中国政法大学出版社，2004；第 90 页；张小也：《明清时期区域社会中的民事法秩序——以湖北汉川汈汉黄氏的〈湖案〉为心》，《中国社会科学》2005 年第 6 期，第 190 页。

引用外文文献，依常规体例，如 Brian E. McKnight, *Law and Order in Sung China*, Cambridge University Press, 1992, pp. 50 – 52。

图书在版编目（CIP）数据

中国古代法律文献研究. 第 7 辑/徐世虹编. —北京：社会科学
文献出版社，2013.12
ISBN 978 - 7 - 5097 - 5370 - 5

Ⅰ.①中… Ⅱ.①徐… Ⅲ.①法律－古籍－研究－中国－文集
Ⅳ.①D929 - 53

中国版本图书馆 CIP 数据核字（2013）第 286492 号

中国古代法律文献研究【第七辑】

主　编／徐世虹

出 版 人／谢寿光
出 版 者／社会科学文献出版社
地　　址／北京市西城区北三环中路甲 29 号院 3 号楼华龙大厦
邮政编码／100029

责任部门／近代史编辑室（010）59367256　　责任编辑／宋　超
电子信箱／jxd@ ssap. cn　　　　　　　　　责任校对／张　曲　张　羡
项目统筹／宋荣欣　　　　　　　　　　　　责任印制／岳　阳
经　　销／社会科学文献出版社市场营销中心（010）59367081　59367089
读者服务／读者服务中心（010）59367028

印　　装／北京季蜂印刷有限公司
开　　本／787mm×1092mm　1/16　　　　印　　张／32
版　　次／2013 年 12 月第 1 版　　　　　字　　数／605 千字
印　　次／2013 年 12 月第 1 次印刷
书　　号／ISBN 978 - 7 - 5097 - 5370 - 5
定　　价／89.00 元

本书如有破损、缺页、装订错误，请与本社读者服务中心联系更换
▲ 版权所有　翻印必究